CADERNOS
O DIREITO

4 (2009)

CADERNOS O DIREITO

O DIREITO

Director
Inocêncio Galvão Telles

Fundadores
António Alves da Fonseca
José Luciano de Castro

Antigos Directores
José Luciano de Castro
António Baptista de Sousa (Visconde de Carnaxide)
Fernando Martins de Carvalho
Marcello Caetano

Directores-Adjuntos
António Menezes Cordeiro
Jorge Miranda
Mário Bigotte Chorão

Propriedade de JURIDIREITO – Edições Jurídicas, Lda.
Sede e Redacção: Faculdade de Direito de Lisboa – Alameda da Universidade – 1649-014 Lisboa
Editora: Edições Almedina, SA
      Rua da Estrela, n.º 6
      Telef.: 239 851 904 – Fax: 239 851 901
      3000-161 Coimbra – Portugal
      editora@almedina.net

Coordenação e revisão: Veloso da Cunha
Execução gráfica: G.C. – Gráfica de Coimbra, Lda.
      Rua do Progresso, 13 – Palheira
      3040-692 Assafarge
      Telef.: 239 802 450 – Fax: 239 802 459
      producao@graficadecoimbra.pt
Depósito legal: 254088/07

TEMAS
DE DIREITO COMERCIAL

J. P. Remédio Marques
Bruno Ferreira
Nuno Tiago Trigo dos Reis

ÍNDICE

J. P. Remédio Marques, *A patenteabilidade de substâncias químicas e farmacêuticas de selecção e de métodos de terapia, no domínio do CPI de 1940 – A* (dis)simulação *de reivindicações de processo e a entrada em vigor do CPI, de 1995, e do Acordo TRIPS*

1. O problema *sub iudice*	13
2. Introdução. Os dados legais pertinentes	16
3. Enquadramento histórico-positivo do problema	19
4. A *estrutura* e os *elementos* dos pedidos de patente. Espécies de reivindicações e o regime jurídico de alteração das reivindicações durante e após o termo do procedimento administrativo de patenteabilidade	21
4.1. As *reivindicações de produto* nas invenções químicas e farmacêuticas	22
4.2. As *reivindicações de processo* nas invenções químicas e farmacêuticas e a relevância do *licere* atribuído ao titular de patentes de processo	23
4.3. Realidades intermédias	27
4.4. A forma interna dos pedidos de patente	29
4.5. As reivindicações no caso *sub iudice*; reivindicações de selecção	31
4.5.1. Requisitos específicos de protecção das invenções de selecção e os casos *sub iudice*	32
4.5.2. Teriam os, então, requerentes reivindicado, substancial e efectivamente, o processo de obtenção dos compostos químicos?	34
4.6. A dissimulação de invenções de produto através da apresentação de (pseudo) *reivindicações de processo*	38
4.7. A invalidade das reivindicações de processo formuladas no domínio do CPI de 1940 por muitos requerentes; os motivos dessa invalidade: a ausência de reivindicações de processo e a falta de objecto da invenção reivindicada; a falta de novidade, a insuficiência da descrição	43

6   *Temas de Direito comercial*

4.7.1. A licitude da reivindicação n.º 1 enquanto reivindicação de *processo de analogia?* 48

4.7.2. A falta de reivindicação das concretas etapas ou reacções do processo de analogia 53

4.7.3. A falta de industrialidade 54

4.8. Síntese conclusiva parcial 56

5. A sucessão de leis no tempo e o direito aplicável às realidades para que se pede protecção por direito de patente: a proibição da patenteabilidade dos métodos terapêuticos; concretização nos casos *sub iudice* 57

5.1. A exclusão da patenteabilidade dos métodos terapêuticos no direito estrangeiro no domínio de vigência do CPI de 1940 62

5.2. A questão da exclusão da patenteabilidade dos métodos terapêuticos no domínio do CPI de 1940 64

5.3. Os termos actuais da exclusão da patenteabilidade dos métodos terapêuticos: CPE e CPI de 2003 65

5.3.1. A densificação do conteúdo da exclusão: métodos de terapia 66

5.3.2. Métodos aplicados ao corpo humano ou animal 67

5.3.3. A realização ou a supervisão do método por um médico? 68

5.4. A natureza de *lei interpretativa* do actual CPI de 2003, quanto à exclusão da patenteabilidade dos métodos terapêuticos 68

6. O problema *sub iudice* visto à luz da proibição da realização de *alteração de elementos essenciais* dos pedidos de patente ou de patente já concedida 70

6.1. A distinção entre *patentes europeias* e as *patentes portuguesas* 70

6.2. A intangibilidade das reivindicações respeitantes aos elementos essenciais dos inventos; finalidades; a protecção da confiança de terceiros; desvios 73

6.3. A alteração das características técnicas: a supressão, o aditamento e a substituição de características técnicas 76

6.4. A possibilidade de convalidação das reivindicações nos casos *sub iudice* após a entrada em vigor do Acordo TRIPS? 79

7. A (in)aplicação directa e imediata do disposto no Acordo TRIPS aos casos concretos: análise de algumas disposições pertinentes do artigo 70.º do TRIPS 81

7.1. A tendencial recusa de atribuição de efeito directo às normas do Acordo TRIPS 82

7.2. A falta de concretude, a (im)precisão e a (in)condicionalidade das disposições do Acordo TRIPS 86

Cadernos O Direito 4 (2009)

7.3. Em particular, as normas do artigo 70.º/1 a 4 do Acordo TRIPS 87
    7.3.1. A impossibilidade da *sanação* ou da *convalidação* de reivindicações de produto *nulas* ao abrigo do CPI de 1940 87
    7.3.2. A articulação entre o n.º 2 e o n.º 3 do artigo 70.º do TRIPS 90
    7.3.3. A irretroactividade prescrita no artigo 70.º/3 do TRIPS e os factos passados resultantes da divulgação da invenção de produto químico farmacêutico antes da data de aplicação efectiva do TRIPS 93
    7.3.4. A irretroactividade da aplicação do disposto no artigo 27.º/1 do TRIPS a direitos de patente já concedidos na data da sua aplicação efectiva enquanto alteração substancial do objecto da invenção originariamente depositada 95
8. Conclusões 96

BRUNO FERREIRA, *Mecanismos de garantia em* Project Finance

1. Introdução 105
    1.1. Considerações gerais 105
    1.2. Plano de exposição 107
2. Enquadramento: as operações de financiamento de projectos 108
    2.1. Noção 108
    2.2. Génese e evolução 112
    2.3. Regulamentação legal 114
    2.4. A estrutura do *Project Finance* 115
    2.5. Algumas vantagens e desvantagens do *Project Finance* 121
3. Mecanismos de garantia 122
    3.1. Noção de mecanismos de garantia 122
    3.2. Os riscos em *Project Finance* – o risco de crédito 130
        3.2.1. Riscos principalmente relacionados com a fase de execução 136
        3.2.2. Riscos principalmente relacionados com a fase de exploração e manutenção 136
        3.2.3. Riscos comuns à fase de execução e à fase de operação 137
            3.2.3.1. Riscos de ocorrência de actos ou factos de força maior 137
            3.2.3.2. Riscos de aumento de custos 138
            3.2.3.3. Riscos de natureza política 138

8 *Temas de Direito comercial*

3.2.4. Riscos ambientais 139
3.2.5. Riscos de incumprimento pelos participantes no projecto 140
3.3. Mecanismos de garantia no Project Finance – a distribuição de risco.. 140
3.3.1. Desafio da transposição de mecanismos de garantia 142
3.4. Mecanismos de garantia prestados pela Sociedade de Projecto .. 143
3.4.1. Garantias prestadas pela Sociedade de Projecto.............. 143
3.4.1.1. Penhor das coisas móveis que compõem o projecto 148
3.4.1.2. Penhor de contas bancárias 151
3.4.1.3. Mecanismos de garantia relativos aos direitos de crédito 154
3.4.1.4. Hipoteca dos imóveis que compõem o projecto 160
3.4.1.5. Refinamento da tutela do crédito e cláusulas de garantia e/ou de segurança........................... 161
3.4.1.6. Procuração irrevogável 163
3.4.2. Mecanismos de garantia prestados pelos Promotores – *Non-Recourse* e *Limited Recourse* 164
3.4.2.1. A limitação da responsabilidade dos promotores no *Project Finance*............................. 166
3.4.2.2. Penhor das participações sociais e mecanismos de garantia sobre créditos detidos pelos promotores 167
3.4.2.3. Apoio adicional prestado pelos promotores (*credit support*)... 169
3.4.3. Mecanismos de garantia relacionados com outras entidades 173
3.4.3.1. *Step-in right* – Acordos directos........................ 174
3.4.3.2. Construtor.. 175
3.4.3.3. Fornecedor (*input supply agreement*) e cliente (*offtake agreement*) 176
3.4.3.4. Entidade responsável pela exploração e manutenção... 178
3.4.3.5. Seguradora e peritos técnicos........................ 178
3.4.3.6. Cobertura de taxa de juro.............................. 179
4. Natureza jurídica do *Project Finance* 179
5. Conclusões 181

Cadernos O Direito 4 (2009)

Índice 9

Nuno Tiago Trigo dos Reis, *A eficácia negocial da mensagem publicitária*

I – Introdução. Delimitação do objecto. Indicação da sequência 183
II – Conceito de mensagem publicitária e seu enquadramento na teoria do negócio jurídico 186
  § 1. Acção publicitária, actividade publicitária e mensagem publicitária 186
  § 2. Mensagem publicitária e negócio jurídico........................ 194
    2.1. As teorias performativas do negócio jurídico............ 194
    2.2. Crítica... 198
    2.3. A teoria da "autovinculação sem contrato"............... 202
    2.4. Crítica... 207
  § 3. O sentido negocial útil da mensagem publicitária. Em particular, as declarações publicitárias não sérias 209
III – A mensagem publicitária como oferta ao público.................. 215
IV – A relevância da mensagem publicitária para a noção de conformidade nos contratos de compra e venda celebrados com consumidores 223
  § 1. Considerações gerais...................................... 223
  § 2. Critérios de relevância da mensagem publicitária para a determinação da qualidade do objecto contratual 232
    2.1. "As qualidades e do desempenho habituais em bens do mesmo tipo"... 232
    2.2. As expectativas razoáveis do consumidor 236
    2.3. A responsabilidade por declarações de terceiros 241
    2.4. As condições negativas de relevância da mensagem publicitária... 252
  § 3. As mensagens publicitárias e o conteúdo do contrato de compra e venda 257
    3.1. As coordenadas do problema........................... 257
    3.2. A posição de Oliveira Ascensão 258
    3.3. A posição de Ferreira de Almeida...................... 258
    3.4. Crítica... 259
  § 4. A eficácia da publicidade relativamente a contratos celebrados com não consumidores.............................. 262
  § 5. As garantias voluntárias................................... 268
V – A responsabilidade pré-negocial em virtude da emissão de mensagens publicitárias incorrectas 270
  § 1. Âmbito de aplicação...................................... 270

Cadernos O Direito 4 (2009)

10   *Temas de Direito comercial*

§ 2. Natureza da responsabilidade civil por mensagens publicitárias incorrectas 272
§ 3. O direito à remoção do contrato como indemnização 275
VI – Conclusões 277

NUNO TIAGO TRIGO DOS REIS, *Os deveres de lealdade dos administradores de sociedades comerciais*

§ 1. Introdução. Delimitação do objecto. Sequência............................ 279
§ 2. Direito estrangeiro 282
    2.1. Direito norte-americano 282
        2.1.1. Enquadramento.. 282
        2.1.2. Fontes. Os *Principles of Corporate Governance* 283
        2.1.3. Fenomenologia 285
        2.1.4. Sequência... 293
    2.2. Direito alemão 293
        2.2.1. Enquadramento.. 293
        2.2.2. Os deveres de lealdade dos sócios 296
        2.2.3. Os deveres de lealdade dos administradores................ 298
            2.2.3.1. O dever de não concorrência...................... 303
            2.2.3.2. O dever de não aproveitamento de oportuni-
dades de negócio pertencentes à sociedade.... 307
§ 3. A relação com figuras próximas.. 312
    3.1. A distinção relativamente aos deveres de cuidado 312
    3.2. O *business judgement rule* 317
    3.3. A relação com a "diligência de um gestor criterioso e orde-
nado"... 331
§ 4. A referência aos "interesses" 335
    4.1. O "interesse da sociedade" 335
    4.2. O "interesse de longo prazo dos sócios".............................. 339
    4.3. Os "interesses dos outros sujeitos relevantes para a sustentabi-
lidade da sociedade".. 340
§ 5. A recondução à boa fé 342
    5.1. A dimensão normativa da boa fé e os deveres acessórios de
conduta.. 342
    5.2. O papel fundamentador da tutela da confiança..................... 349
§ 6. A relação especial de fidúcia na administração de patrimónios
alheios.. 356

Cadernos O Direito 4 (2009)

Índice   11

§ 7. Conteúdo dos deveres de lealdade 360
    7.1. A concretização de conceitos indeterminados e cláusulas gerais. A vaguidade da linguagem. A especificidade dos conceitos (indeterminados) normativos 360
        7.1.1. A função conformadora dos tipos legais e sociais de *sociedade* e de *administrador* 365
        7.1.2. O preenchimento da cláusula geral através de constelações típicas de casos 369
    7.2. Fenomenologia 369
        7.2.1. Deveres de lealdade no exercício da administração 369
            7.2.1.1. Negócios celebrados com a sociedade 369
            7.2.1.2. Dever de não concorrência 372
            7.2.1.3. Dever de não apropriação de oportunidades de negócio pertencentes à sociedade 378
            7.2.1.4. Dever de lealdade dos titulares dos órgãos de administração na pendência de uma operação de tomada de controlo (*takeover*) 395
        7.2.2. Deveres de lealdade *post factum finitum* 403
§ 8. Deveres de lealdade para com os sócios? 406
§ 9. Efeitos decorrentes da violação de deveres de lealdade. Remissão
§ 10. Conclusão: o enquadramento dogmático dos deveres de lealdade dos administradores das sociedades comerciais 412

A patenteabilidade de substâncias químicas e farmacêuticas de selecção e de métodos de terapia, no domínio do CPI de 1940 – A (dis)simulação de reivindicações de processo e a entrada em vigor do CPI, de 1995, e do Acordo TRIPS

PROF. DOUTOR J. P. REMÉDIO MARQUES

SUMÁRIO: *1. O problema* sub iudice. *2. Introdução. Os dados legais pertinentes. 3. Enquadramento histórico-positivo do problema. 4. A estrutura e os elementos dos pedidos de patente. Espécies de reivindicações e o regime jurídico de alteração das reivindicações durante e após o termo do procedimento administrativo de patenteabilidade. 5. A sucessão de leis no tempo e o direito aplicável às realidades para que se pede protecção por direito de patente: a proibição da patenteabilidade dos métodos terapêuticos; concretização nos casos* sub iudice. *6. O problema* sub iudice *visto à luz da proibição da realização de alteração de elementos essenciais dos pedidos de patente ou de patente já concedida. 7. A (in)aplicação directa e imediata do disposto no Acordo TRIPS aos casos concretos: análise de algumas disposições pertinentes do artigo 70.° do TRIPS. 8. Conclusões.*

1. O problema *sub iudice*

Antes da entrada em vigor do Código da Propriedade Industrial de 1995 (doravante CPI de 1995) e da adesão da República Portuguesa à Convenção da Patente Europeia (doravante CPE), não raras vezes os requerentes de protecção depositavam pedidos de patente portuguesa, que formalmente denominavam como *pedidos de patente* de *processo químico*, sendo certo que tais pedidos respeitavam à tentativa de tutela de verdadeiras *invenções de produtos químicos* e *farmacêuticos*. Isto porque, como veremos melhor, na época, o ordenamento português impedia a patenteabilidade destas *invenções de produto*. Noutros casos,

14   *J. P. Remédio Marques*

ainda, os pedidos de patente incluíam *reivindicações de métodos terapêuticos*, matéria cuja admissibilidade era omissa no domínio do Código da Propriedade Industrial de 1940 (doravante CPI de 1940).

Após a data de *aplicação efectiva* do Acordo TRIPS à República Portuguesa – ou seja, a partir do dia 1/01/1996 (artigo 65.°/1 deste Acordo) – pode questionar-se se algumas dessas patentes (concedidas como *patentes de processos químicos* e processos de preparação de substâncias ou de composições farmacêuticas, *maxime*, os processos de preparação e de obtenção dos respectivos *princípios activos*, mas que podem ser substancialmente qualificadas como patentes de produtos e de composições farmacêuticas), a despeito de poderem ser inválidas à luz do CPI de 1940, podem ser objecto de *convalidação* ou de *sanação* à face do disposto na norma dos artigos 27.°/1 e 70.°/2 do TRIPS, segundo as quais devem ser concedidas patentes em todos os domínios da tecnologia, *quer se trate de produtos ou de processos*, e que esta injunção se aplica aos direitos de patentes já concedidos ("todos os objectos existentes") e em vigor, em Portugal, naquela data da aplicação efectiva.

É legítimo supor que o Instituto Nacional da Propriedade Industrial (doravante, INPI) tenha concedido direitos de patente a certas *invenções de produtos químicos* e *farmacêuticos*, bem como a certos *métodos de terapia* ou de *diagnóstico*. Algumas destas invenções – que formalmente foram protegidas através de *patentes de processo* – foram ou irão ser agora protegidas por via de *certificados de protecção de produtos farmacêuticos* ou *fitofarmacêuticos*.

O estudo que se segue pretende analisar algumas *situações-tipo*, à luz do conteúdo das reivindicações (de processo) que, então, era usual depositar junto do INPI – p. ex., era usual depositar pedidos de patente cujo título consistia no que segue: "*Processo para a preparação de compostos de ....*", aí onde se plasmavam adicionalmente reivindicações do tipo "*método para a profilaxia e a terapia de uma doença X, caracterizado pelo facto de se administrar a um paciente o composto Y, tal como se definiu na reivindicação n.° ..., ou um seu sal farmacologicamente aceitável, de preferência numa dose diária compreendida entre cerca de 1 mg e 100 mg, dividida por n porções*".

A actual orientação de *política legislativa* nacional e da União Europeia, dirigida ao aumento da área de mercado dos *medicamentos genéricos*[1], tem levado

---

[1] De acordo com o artigo 3.°/1, alínea *mm*), do Decreto-Lei n.° 176/2006, de 30 de Agosto, sobre o regime jurídico a que obedece a *autorização de introdução no mercado* dos medicamentos para uso humano, *medicamento genérico* é todo o "medicamento com a mesma composição qualitativa e quantitativa em substâncias activas, a mesma forma farmacêutica e cuja bioequivalência com o medicamento de referência haja sido demonstrada por estudos de biodisponibilidade apropria-

muitas empresas farmacêuticas (e/ou respectivas associações) desta área a peticionar a declaração de *nulidade* de *patentes nacionais* desta natureza e dos respectivos *certificados complementares* de protecção – quais *invenções de produto químico* e *farmacêutico* "travestidas" de *invenções de processo* –, de jeito a permitir, uma vez emitida a *autorização de introdução no mercado* (AIM) e uma vez fixada a eventual *comparticipação* e o *preço final de venda*, a colocação no mercado português de *substâncias activas iguais* às substâncias activas respeitantes aos *medicamentos de referência* precipuamente patenteados antes de 1995, através de esquemas deste jaez.

dos", o que corresponde ao conceito de *medicamento genérico* em vigor no direito comunitário, constante do artigo 10.°/2, alínea *b*), da Directiva n.° 2001/83/CE, do Parlamento Europeu e do Conselho, de 6 de Novembro (in *Jornal Oficial da União Europeia*, n.° L 311, de 28/11/2001, p. 67 ss.), na redacção da Directiva n.° 2004/27/CE, do Parlamento Europeu e do Conselho, de 31 de Março (in *Jornal Oficial da União Europeia*, n.° L 136, de 30/04/2004, p. 34 ss.).
O *medicamento de referência* é o medicamento sobre o qual incidem normalmente direitos de patente ou certificados complementares de protecção para produtos farmacêuticos e cuja autorização de colocação no mercado foi emitida com base em documentação completa, incluindo os resultados de ensaios farmacêuticos, *pré-clínicos* e *clínicos* (artigo 3.°/1, alínea *ii*), do citado Decreto-Lei n.° 176/2006, de 30 de Agosto). O artigo 19.°/8 do citado Decreto-Lei n.° 176/2006 – à luz da expressão *"e as exigências práticas daí decorrentes, não são contrárias aos direitos relativos a patentes ou a certificados complementares de protecção de medicamentos"* – não faz depender do consentimento do titular da patente ou do titular do certificado complementar de protecção (sobre o *medicamento de referência*) a prática dos seguintes actos: a realização de estudos e de ensaios sobre o medicamento de referência; a importação ou a produção em Portugal de amostras dessa substância, destinadas a ser postas à disposição da *Autoridade Nacional do Medicamento* (que sucedeu *ao Instituto da Farmácia e do Medicamento*: INFARMED); o *pedido de autorização* e o próprio *acto administrativo de autorização* de introdução do *medicamento genérico* no mercado, por parte da referida *Autoridade Nacional*. Outrossim, não carece de autorização do titular da patente o pedido de autorização e o acto administrativo pelo qual, ao abrigo do preceituado nos artigos 9.° e 10.° do Decreto-Lei n.° 65/2007, de 14 de Março, e dos artigos 5.°/5, 7.° e 10.° da Portaria n.° 300--A/2007, de 19 de Março, se procede à *fixação do preço de venda* ao público dos *medicamentos genéricos*, competência que, à luz do *regime dos preços máximos* aplicável aos medicamentos sujeitos a receita médica e aos medicamentos comparticipados, é, actualmente, atribuída à *Direcção Geral das Actividades Económicas* (artigo 4.°/1 do mencionado Decreto-Lei n.° 65/2007 e artigo 1.° da citada Portaria n.° 300-A/2007). A fixação da comparticipação compete à *Autoridade Nacional do Medicamento* – a qual sucedeu, como referi, ao INFARMED (artigo 4.°/3 do citado Decreto-Lei n.° 65/2007).
Assim se vê que, tal como já deveria ser entendido ao abrigo do anterior *Estatuto do Medicamento*, aprovado pelo Decreto-Lei n.° 72/91, de 8 de Fevereiro, a qualificação de um *medicamento* como *medicamento genérico*, pelo menos *para efeitos de emissão da autorização de introdução no mercado* (AIM), não depende da circunstância de já terem caducado ou terem sido invalidados os direitos respeitantes a patentes ou a certificados complementares de protecção do medicamento de referência.

É claro que esta efectiva colocação no mercado do *medicamento genérico*, bem como a prática de todos os *actos com escopo merceológico directamente ligados a essa colocação no mercado* (*v.g.*, importação, fabricação, armazenamento, transporte, promoção da venda, exposição, venda propriamente dita) – que não respeitem à observância das *regras de direito administrativo* de tutela da *saúde pública*, por cujo respeito é sindicada a identidade de *composição*, de *forma farmacêutica* e de *bioequivalência* –, somente pode ser realizada após a *extinção* do direito de patente ou do direito relativo ao certificado complementar de protecção.

2. Introdução. Os dados legais pertinentes

I. A questão analisada neste estudo reconduz-se a saber se, *no âmbito de patentes portuguesas de processo*, cujos pedidos tenham sido depositados no domínio de vigência do CPI de 1940, se pode estar perante concretas e verdadeiras *patente de processo* ou se, pelo contrário, tais patentes e as reivindicações que caracterizam os inventos se reconduzem, não raras vezes, a *composições farmacêuticas* e a *compostos químicos* e/ou a singulares substâncias *seleccionadas* de um grupo de compostos mais vasto previamente divulgado; que o mesmo é dizer se as reivindicações independentes de pedidos, que eram apresentadas *formalmente* como pedidos de patente de processo, se podem, afinal, reconduzir a *invenções de produto*.

A nossa atenção centrar-se-á, sobretudo, na influência da *sucessão de leis no tempo* sobre o *objecto da protecção*, isto é, sobre as *realidades que, incidindo sobre substâncias químicas com propriedades farmacológicas, não eram patenteáveis à face do CPI de 1940 e passaram a sê-lo sob o manto do Código da Propriedade Industrial de 1995* (doravante CPI de 1995) e sob a égide do Acordo TRIPS (artigos 27.º/1 e 70.º). Mais em particular: faz-se mister saber até que ponto as *patentes portuguesas pedidas e concedidas* antes da entrada em vigor do CPI de 1995 e da data de *aplicação efectiva* do Acordo TRIPS à República Portuguesa, mas que podem ser *inválidas* à luz do direito então existentes (CPI de 1949), por *ilicitude do objecto* (*in casu*, patentes de produto químico e farmacêutico dissimuladas sob o *nomen* de patentes de processo químico), são, ou não, susceptíveis de *sanação* ou de *convalidação* à face da aplicação do disposto no Acordo TRIPS ao nosso país.

Por outro lado, é também importante considerar a eventual relevância de, à luz da legislação posterior a 1/01/1992 (quanto às *patentes europeias*) e a 1/06/1995 (quanto às *patentes portuguesas*), ser expressamente vedada a patenteabilidade das *invenções respeitantes a métodos de diagnóstico, de terapia e cirúrgicos* aplicados ao corpo humano e animal, sendo certo que no domínio de vigência do CPI de 1940 a lei era completamente omissa quanto à patenteabilidade

A patenteabilidade de substâncias químicas e farmacêuticas 17

destes métodos.Vale dizer: será possível sustentar que o actual artigo 53.°/3, alínea *c*), do Código da Propriedade Industrial de 2003 – doravante CPI de 2003 – (*idem*, o artigo 49.°/2 do CPI de 1995) pode ser aplicado na apreciação da validade de um pedido de patente portuguesa apresentado no domínio da vigência do CPI de 1940, na medida em que constitui *lei interpretativa* do direito então vigente?

II. Atentemos nas disposições normativas pertinentes, de cuja relevância e de cujo sector normativo deverá decorrer a solução mais adequada ao problema decidendo.

Em primeiro lugar, o § 4 do artigo 5.° do CPI de 1940 preceituava que:

> *Não podem ser objecto de patente:*
>
> (...)
> *2.° – As invenções cuja utilização for contrária à lei, à segurança pública, à saúde pública e aos bons costumes;*
> *3.° – Os alimentos, bem como os produtos e preparados farmacêuticos, destinados ao Homem ou aos animais, podendo contudo ser patenteados os aparelhos ou sistemas do seu fabrico;*
> *4.° – Os produtos da indústria química, definidos ou resultantes de elementos definidos, com reacção total ou parcial destes elementos entre si, podendo porém ser objecto de patente os processos de os obter.*

Depois, o artigo 48.°/2 do CPI de 1995, embora excluísse expressamente a patenteabilidade dos *métodos de tratamento cirúrgico ou terapêutico do corpo humano* ou animal, bem como os *métodos de diagnóstico* aplicados ao corpo humano ou animal, afirmava, não obstante, que podiam "*contudo ser patenteados os produtos, substâncias ou composições utilizados em qualquer desses métodos*" – regime que foi vazado, *qua tale*, no artigo 53.°/3, alínea *c*) do CPI de 2003, na redacção do Decreto-Lei n.° 143/2008, de 25 de Julho.

Acresce que, uma vez revogada disposição *transitória especial* constante do artigo 3.° do diploma que aprovou o CPI de 1995 (o Decreto-Lei n.° 16/95, de 24 de Janeiro), veio o Decreto-Lei n.° 141/96, de 23 de Agosto, dispor que as patentes cujos pedidos foram efectuados antes da entrada em vigor do CPI de 1995 conservam a duração de *15 anos a contar da data da sua concessão*, ou de *20 anos a contar da data do pedido*, consoante o prazo que for mais longo.

Repare-se ainda que o CPI de 1995 introduziu, pela primeira vez no ordenamento português, o *princípio da proibição de alteração dos elementos essenciais* constantes do *pedido de patente* ou de patente *já* concedida, nos termos do seu artigo 26.°/1 – princípio que foi obviamente mantido no artigo 25.°/1 do

CPI de 2003, pois corresponde, *cum grano salis*, ao disposto no artigo 123.°/2 da Convenção da Patente Europeia (doravante, CPE). Ainda quando as alterações não sejam essenciais, carecem tais alterações (ou correcções) de ser devidamente *fundamentadas* e *publicadas* no *Boletim da Propriedade Industrial*, para efeitos de recurso, nos termos do artigo 26.°/1, *in fine*, do CPI de 1995.

Em ambos os Códigos (de 1995 e o de 2003), é *fundamento geral de recusa da protecção* (ou de *nulidade de patente* já concedida) a inobservância de *formalidades legais indispensáveis* para a concessão do direito [artigo 25.°/1, alínea *c*), do CPI de 1995; *idem*, artigo 24.°/1, alínea *c*), do CPI de 2003]. Outrossim, é *fundamento especial de recusa* de protecção o facto de a epígrafe ou o *título* dado ao invento *abranger objecto diferente* [artigo 69.°/1, alínea *d*), do CPI de 1995; *idem*, artigo 73.°, alínea *c*), do CPI de 2003].

De igual jeito, o artigo 123.°/2 da CPE determina que o pedido de patente europeia não pode ser modificado, excepto *quando essa alteração não implicar o alargamento do objecto da protecção*. Ou seja, essa modificação é proibida:

> *de forma a que o seu objecto se estenda para além do conteúdo do pedido, tal como foi depositado.*

Por sua vez, o artigo 70.°/2 do Acordo TRIPS dispõe que o presente Acordo

> *estabelece obrigações relativamente a todos os objectos existentes à data da aplicação do Acordo ao Membro em questão, e que sejam protegidos nesse Membro na referida data, ou que satisfaçam ou venham posteriormente a satisfazer os critérios de protecção definidos no presente Acordo.*

E o n.° 3 do mesmo normativo determina que:

> *Não haverá qualquer obrigação de restabelecer a protecção de objectos que, à data da aplicação do presente Acordo ao Membro em questão, tenham caído no domínio público.*

De forma mais dirigida aos direitos de patente dos Estados membros da O.M.C., o n.° 7 do artigo 70.° do Acordo TRIPS determina que:

> *No caso dos direitos de propriedade intelectual em relação aos quais a protecção está subordinada ao registo, será permitida a alteração dos pedidos de protecção pendentes na data da aplicação do presente Acordo em relação ao Membro em questão, com vista a reivindicar uma protecção acrescida ao abrigo do disposto no presente Acordo. Essas alterações não incluirão elementos novos.*

É preciso, no entanto, atentar no n.° 8 deste artigo 70.° – pois ele, como veremos adiante, deverá ser conjugado com o n.° 7 anteriormente citado –, segundo o qual,

A patenteabilidade de substâncias químicas e farmacêuticas 19

Sempre que, a partir da data de entrada em vigor do Acordo OMC, um Membro não conceda a protecção ao abrigo de uma patente em relação a produtos farmacêuticos e a produtos químicos para a agricultura de acordo com as suas obrigações nos termos do artigo 27.°, esse Membro:

a) *Não obstante as disposições da parte VI, facultará a partir da data da entrada em vigor do Acordo OMC [ou seja, desde 1/01/1995], um meio de depósito dos pedidos de patente relativos a essas invenções;*

b) *Aplicará a esses pedidos, a partir da data de aplicação do presente Acordo [ou seja, desde 1/01/1996[2]], os critérios de patenteabilidade nele definidos, como se esses critérios fossem aplicados na data do depósito nesse membro ou, caso seja possível obter uma prioridade e a mesma seja reivindicada, na data de prioridade (…).*

3. Enquadramento histórico-positivo do problema

O problema *sub iudice* surge por motivo de, em primeiro lugar, após a entrada em vigor da CPE no ordenamento português, em *1/01/1992,* ter passado a ser possível designar o Estado português como ordenamento para onde, em sede de pedido de *patente europeia,* se pode pedir protecção para invenções respeitantes a *produtos químicos* e *farmacêuticos.* E, em segundo lugar, o artigo 27.°/1 do Acordo TRIPS, com data de *aplicação efectiva* em Portugal a partir de *1/01/1996* (artigo 65.°/1 do Acordo TRIPS)[3], passar a obrigar os Estados Contratantes a concederem protecção por patente às invenções *em todos os domínios tecnológicos,* independentemente de serem materializadas em *processos* ou *produtos, incluindo produtos químicos e farmacêuticos.*

De facto, o § 3 do artigo 5.° do CPI de 1940 impedia, como referimos, a patenteabilidade das invenções respeitantes a *produtos químicos* e *farmacêuticos;* outrossim, vedada a protecção a inventos materializados em quaisquer *produtos químicos;* ele apenas autorizava, no § 4 do seu artigo 5.°, a protecção das invenções materializadas em *processos de obter tais produtos ou preparados.*

O que significa que, após o início de vigência da CPE no ordenamento português, terá continuado a ser vedada a dedução de *pedidos* de *patentes nacionais* respeitantes a tais realidades (*patentes de produto*), bem como a *concessão* dessas patentes.

No entretanto, em 1995, as coisas alteraram-se.

---

[2] *Ex vi* do artigo 65.°/1 do Acordo TRIPS.
[3] Embora tenha entrado em vigor, no nosso país, no dia 1/01/1995.

20   *J. P. Remédio Marques*

O CPI de 1995, com início de vigência no dia 1/06/1995, passou a admitir a protecção de *invenções de produtos químicos* e *farmacêuticos*, e não apenas as *invenções de processo*.

Ademais, a adesão, em 1/01/1995, da República Portuguesa ao *Acordo Que Cria a Organização Mundial do Comércio* (O.M.C.), fê-la submeter-se à observância do *Acordo TRIPS* (constitutivo do Anexo IV ao referido Acordo de adesão à O.M.C.), o qual determina que, como referi, todos os Estados Contratantes devem proteger as *invenções em qualquer domínio da tecnologia,* "*quer se trate de produtos ou de processos*" (artigo 27.º/1 do referido Acordo TRIPS). Esta disposição passou a vincular a República Portuguesa desde a *data de aplicação efectiva* do Acordo TRIPS, ou seja, desde o dia 1 de Janeiro de 1996, nos termos do disposto no artigo 65.º/1 do referido Acordo.

Acresce que o artigo 70.º/7 do mesmo Acordo TRIPS prevê a possibilidade de ser promovida a alteração dos pedidos de protecção *pendentes na data de aplicação efectiva* do referido Acordo, no sentido de ser reivindicada uma *protecção acrescida*. Outrossim, o n.º 2 deste artigo 70.º determina que o TRIPS estabelece obrigações em relação a todos os *objectos existentes* à data da sua *aplicação efectiva* ao Estado Contratante em questão (*scilicet*, relativamente a todas as *criações do espírito humano* já tuteladas ou tuteláveis por direitos de propriedade intelectual, cujos tipos estejam previstos neste mesmo TRIPS: direito de autor e direitos conexos, topografias de produtos semicondutores, direito de patente, desenhos ou modelos, marcas).

É, de facto, legítimo questionar se os titulares de *patentes de processo químico* e *farmacêutico* concedidas antes de 1995 poderiam aproveitar-se do disposto neste n.º 2 do artigo 70.º do Acordo TRIPS, no sentido de, por via de uma *sanação* ou *convalidação* da eventual *nulidade da patente de processo químico*, lograr agora tutelar as *reivindicações de produto* que, eventualmente, tenham *dissimulado* sob o *nomen* das *reivindicações de processo*, obtendo, ao cabo e ao resto, tutela para uma realidade (uma invenção de *produto químico*, com propriedades farmacológicas) cuja protecção estava liminarmente afastada ao abrigo da lei vigente na data da apresentação do pedido de patente (*id est*, o CPI de 1940). Ao que acrescerá a tutela do *certificado complementar de protecção* obtido a partir da emissão da autorização administrativa de colocação no mercado do invento assim protegido por *patente de produto* (a *patente de base*, que assim emergiria da sanação da referida nulidade quanto ao objecto da protecção).

Coloca-se, pois, a questão de saber se as *patentes de produto químico* ou *farmacêutico* (ainda quando "travestidas" de *patentes de processo*) concedidas, em sede de VIA NACIONAL, antes da data da *aplicação efectiva* do Acordo TRIPS à República Portuguesa podem ser objecto *sanação* ou de *convalidação* à luz da entrada em vigor de uma lei (o Acordo TRIPS e o CPI de 1995) que passou a permitir a protecção dessas realidades inventivas.

Está, por conseguinte, em questão um problema de *sucessão de leis no tempo* (o CPI de 1940 *versus* o CPI de 1995 e a entrada em vigor, no ordenamento português, do Acordo TRIPS, cuja data de *aplicação efectiva* ocorreu, entre nós, no dia 1/01/1996, nos termos do artigo 65.°/1 deste Acordo), aí onde é relevante saber se o disposto no citado n.° 2 do artigo 70.° do Acordo TRIPS desfruta de *eficácia directa, imediata e vertical* no ordenamento nacional, independentemente da emissão de um acto normativo interno (de *interpositio legiferante*).

Além de que este problema deverá ser conjugado com o princípio segundo o qual não são admissíveis alterações dos pedidos de patente e *alterações às patentes já concedidas*, se e quando essas alterações respeitarem a *elementos essenciais* e *característicos* do invento para que se pedira protecção (ou do invento já protegido)

Caso se entenda que estes titulares de patentes de processo químico e farmacêutico não poderiam beneficiar de qualquer *sanação* ou *convalidação* de uma (inválida) patente portuguesa de *produto químico ou farmacêutico* concedida antes da data de *aplicação efectiva* do Acordo TRIPS ao nosso país (em 1/01/1996), nem, tão pouco, poderiam promover junto do INPI a substituição das *reivindicações de processo* por *reivindicações de produto* respeitante a uma patente já concedida antes da data da entrada em vigor do CPI de 1995 e na referida data de *aplicação efectiva* do Acordo TRIPS, então a resposta é clara e dura: poderá ocorrer a *nulidade total* ou *parcial* das reivindicações respeitantes à *substância activa* (reivindicações de produto) do composto protegida junto do INPI antes de 1995. É o que iremos ver.

4. **A *estrutura* e os *elementos* dos pedidos de patente. Espécies de reivindicações e o regime jurídico de alteração das reivindicações durante e após o termo do procedimento administrativo de patenteabilidade**

I. Antes de analisarmos o regime da *lei aplicável aos requisitos materiais de concessão dos direitos de patente*, bem como o regime da *sucessão das leis sobre propriedade industrial no tempo*, à luz dos pedidos de patente já pendentes, na data da entrada em vigor do CPI de 1995 e na data da aplicação efectiva do Acordo TRIPS, e dos *direitos de patente já concedidos ao abrigo da lei antiga* (como é o caso da *EISAI*), faz-se mister compreender a *estrutura* e os *elementos* constantes dos

22   J. P. Remédio Marques

pedidos de patente, bem como delimitar as realidades cuja patenteabilidade se
acha vedada.

II. As *reivindicações* efectuadas nos pedidos de patentes (artigo 62.°/2 e 3 do
CPI de 2003) são, talvez, os elementos escritos mais importantes: elas permitem
não só *aferir a susceptibilidade de protecção de uma invenção*, mas também *determinar
o âmbito (tecnológico) de protecção do direito de patente* adrede concedido, demar-
cando a linha divisória para aquém da qual o titular pode impedir que terceiros
desenvolvam certas actividades com finalidades merceológicas (*v.g.*, venda,
importação, transporte, fabrico, posse, etc.: artigo 101.° do CPC de 2003[4]).

As *reivindicações* são proposições linguísticas, as quais caracterizam, clara e
sucintamente, os elementos de natureza técnica constitutivos da própria solução (técnica) em que se exprime o invento, que o titular do *direito à patente* pretende proteger[5].

4.1. *As* **reivindicações de produto** *nas invenções químicas e farmacêuticas*

Dado que as *reivindicações* visam definir com mais densidade o objecto do
invento e demarcar o âmbito de protecção do *ius prohibendi* exercido pelo titular à face de terceiros, faz-se mister distinguir as espécies mais comuns de reivindicações.

Em primeiro lugar, temos as *reivindicações de produto*.

Estas *reivindicações de produto* incidem sobre uma *realidade física*, sobre uma
coisa corpórea; sobre um produto, um dispositivo, uma composição, uma substância ou uma máquina. Respeitam a uma realidade corpórea certa e determinada, ainda que imaterial (*v.g.*, a electricidade), ou a uma combinação de coisas dotada de uma particular estrutura que a distingue de outro produto ou
artefacto anteriormente conhecido.

Na verdade, no caso das *invenções de produto*, o *problema técnico* reside na *obtenção de um produto que desfruta de certas propriedades ou características susceptível, ou bem*

---

[4] Como veremos mais adiante, em matéria de *lei aplicável à violação do direito de patente* é atendí-
vel a *lei vigente no momento da prática dos actos* alegadamente lesivos do direito do titular, ainda
quando essa patente tenha sido constituída à luz de uma *lei anterior* e dos respectivos requisitos
de protecção nela previstos.
[5] Sobre isto, cfr., agora, J. P. REMÉDIO MARQUES, "O conteúdo dos pedidos de patente: a descrição do invento e a importância das reivindicações – Algumas notas", in *O Direito*, ano 139.°,
2007, IV, p. 869 ss., p. 796, p. 814.

para ser utilizado numa específica finalidade, ou bem de uma forma mais geral para a consecução de um qualquer escopo prático-industrial[6]. A obtenção do produto *de per se* constitui, por isso, *o problema técnico* que a invenção resolve. *Se o método de obtenção do produto é descrito mas não é validamente reivindicado*, isso pode ser apenas uma necessidade imposta ao requerente para que a invenção (*de produto*), cuja protecção é requerida, possa ser suficientemente descrita para ser executada por um perito na especialidade. E o *modo de utilização do produto* serve apenas para justificar a satisfação dos requisitos da industrialidade e do nível inventivo.

O antigo CPI de 1940 referia-se a esta realidade inventiva reivindicada como traduzindo um *"artefacto"* ou *"produto material comerciável"*. As *reivindicações de produto* ou, como por vezes se afirma, as reivindicações de produto *de per se* conferem protecção ao titular da patente em relação a todos e quaisquer usos do produto ou da substância objecto da reivindicação, independentemente do processo de obtenção desse mesmo produto (doutrina da *protecção absoluta* das patentes de produto). Isto sem prejuízo de alguma doutrina – e agora o legislador alemão e francês, quanto às *patentes de genes* e de *sequências genéticas* – sustentar que a protecção somente se estende à *função* ou às *funções* exercidas pelo produto químico ou às *funções equivalentes* (Vincenzo de Cataldo[7]), ou, quanto muito, às *funções concretamente reconhecidas no fascículo da patente pelos peritos na especialidade*, de harmonia com o *resultado interpretativo* que se faz mister efectuar (Remédio Marques[8]) com base nessas mesmas reivindicações, nos termos dos artigo 97.º/1 do CPI de 2003 e 69.º/1 da CPE.

4.2. *As* reivindicações *de processo nas invenções químicas e farmacêuticas e a relevância do* licere *atribuído ao titular de patentes de processo*

As *reivindicações de processo* incidem, pelo contrário, sobre *actividades ou acções* providas de várias etapas ou estádios ou sobre um método ou procedimento de utilização.

---

[6] J. P. REMÉDIO MARQUES, *Biotecnologia(s) e Propriedade Industrial*, vol. I, Almedina, Coimbra, 2007, p. 880.

[7] VINCENZO DI CATALDO, *I brevetti per invenzione e per modello*, 2.ª edição, Giufré, Milano, 2000, pp. 120-121. No mesmo sentido, veja-se José António GÓMEZ SEGADE, "El ámbito de protección de las patentes biotecnológicas [A propósito de la sentencia del juzgado de lo mercantil, núm. 6, de Madrid, de 27 de Julio de 2007 (Pendiente de Apelación), en el caso «Soja Transgénica Monsanto»]", in *Actas de Derecho Industrial y Derecho de Autor*, vol. 28 (2007-2008), p. 725 ss., p. 747, pp. 751-752.

[8] J. P. REMÉDIO MARQUES, *Biotecnologia(s) e Propriedade Intelectual*, vol. I, 2007, cit., p. 913 ss..

24 J. P. Remédio Marques

O *objecto da invenção* consiste precipuamente, nestas eventualidades precipitadas em *invenções de processos*, na manipulação humana controlável das forças naturais dirigidas à realização ou à consecução das referidas *actividades* e *acções*. As reivindicações dirigem-se a *métodos de obter* ou de *fabricar*, bem como a *métodos de usar* ou de *testar* realidades corpóreas preexistentes[9].

Nas *invenções de processo* (de *substâncias* ou *compostos químicos* ou *farmacêuticos*), a *ideia inventiva industrial* manifesta-se, assim, neste *aspecto dinâmico* da manipulação (combinação, justaposição, uso) das forças e dos elementos químicos (produtos) preexistentes na Natureza. Essa manipulação – a qual traduz, de resto, a ideia inventiva industrial – tanto pode desembocar na *obtenção ou na fabricação de um produto* como um *outro resultado* (ou *efeito imaterial*)[10]. Todavia, o que é patenteável e *objecto necessário de reivindicação* – e em relação ao qual se perscruta a presença de novidade, de actividade inventiva, de industrialidade e de suficiência da descrição – é, nestas eventualidades, apenas o acervo de *etapas, fases* ou *actividades* e não o resultado industrial (que é apenas um *efeito* imaterial que se faz mister estar na livre disposição de todos, pelo que não é patenteável).

A *solução técnica* nas *invenções de processo químico* consiste precisamente no *pôr em acção* uma série de actividades pré-ordenadas, qual sequência pela qual se opera a combinação, a justaposição ou, em geral, a manipulação de diferentes substâncias químicas intermédias.

A ideia inventiva *não* se materializa, nestas invenções, numa substância química, antes em *regras técnicas de produção, de obtenção* ou de *alteração* das características ou propriedades de substâncias químicas ou farmacêuticas. A *materialidade* ou a *sensibilização* da ideia inventiva não se refere aqui ao *resultado último* (*scilicet*, ao produto: produto final ou substância intermédia).

Excluída a apropriação das *ideias*, das *metodologias abstractas*, pode dizer-se que a materialização da ideia inventiva nas *invenções de processo* tange, pelo contrário, à *fase de realização* (*fase realizativa*) dirigida à obtenção (ou ao aperfeiçoamento de propriedades ou características)[11] daquele resultado material corpóreo.

---

[9] PHILIP GRUBB, *Patents for Chemicals, Pharmaceuticals and Biotechnology*, 4.ª edição, Oxford University Press, 2004, p. 337.

[10] Entre outros, FRÉDÉRIC POULLAUD-DULIAN, *Droit de la propriété industrielle*, Montchrestien, Paris, 1999, p. 105.

[11] Tb., neste sentido, MAURIZIO AMMENDOLA, *La brevetttabilitá nella Convenzioni di Monaco*, Giufré, Milano, 1981, pp. 91-92. A ideia inventiva nas invenções de processo pode, assim, consistir e materializar-se, por exemplo, em efeitos técnicos que resultam na poupança de energia ou de tempo, na simplificação ou na melhoria do funcionamento de máquinas ou de quaisquer dispositivos.

A *patenteabilidade de substâncias químicas e farmacêuticas*   25

Nas *invenções de processo* ou de *método*, o *objecto da tutela é o procedimento enquanto tal*. É este *procedimento* que constitui o verdadeiro *resultado da actividade inventiva*, que não o produto ou a substância *corpórea*, por cujo respeito esse processo é actuável. O esforço traduzido na obtenção da solução do problema técnico é o próprio procedimento enquanto sequência pré-ordenada de actividades humanas de manipulação das forças naturais. O resultado obtido, que o mesmo é dizer, o *quid* que deriva da realização destas actividades não é senão a utilidade (ou o efeito) almejados por essa invenção; por essa *invenção de processo*.

Daí que, como já afirmei atrás, a exigência da novidade, de actividade inventiva, de industrialidade e da suficiência da descrição se referem (se têm que referir), sem margem para dúvidas, ao *procedimento enquanto tal*. Isto significa que o *resultado* obtido (*id est*, o eventual produto) através da execução das etapas ou das actividades (precipuamente reivindicadas) subjacentes às regras técnicas da invenção de processo não interfere nos juízos acerca da verificação destes requisitos de patenteabilidade.

A *materialização* do processo inventivo *não está*, destarte, *no resultado* obtido através da execução do processo (*id est*, no produto), mas antes na *realização do próprio processo*, enquanto procedimento constitutivo de *fases, etapas* ou *ciclos,* que convocam a manipulação humana controlada (ou controlável) das forças naturais.

Nestas *invenções químicas ou farmacêuticas de processo*, as reivindicações (de processo) devem caracterizar a *acção de misturar* ou de *fazer reagir* a substância activa (seja ela uma substância nova ou já constante do estado da técnica) com outras substâncias activas (conhecidas ou ainda não divulgadas) e/ou com substâncias auxiliares (*v.g.*, reagentes, excipientes, etc.) dotadas de determinadas propriedades ou características necessárias à consecução das etapas seguintes; e devem tais reivindicações caracterizar especificamente a estabilidade (e a forma de a obter), a apresentação, a dosagem, a metabolização, a absorção, a activação ou a administração do medicamento.

Tais *reivindicações de processo* abarcam, por exemplo, processos de síntese, de isolamento, de purificação e de extracção de substâncias químicas (ainda que seleccionadas de um grupo mais vastos de compostos); outrossim, podem incidir (e caracterizar) métodos de uso ou de aplicação, incluindo o primeiro e os subsequentes usos farmacêuticos de substâncias químicas já divulgadas, os métodos de diagnóstico, cirúrgicos e de terapia (nos ordenamentos jurídicos onde tal seja admitido[12]), bem como os métodos pelos quais se testam outras

---

12 Por exemplo, nos ordenamentos dos E.U.A. (mediante uma expressa previsão da lei), do Canadá, da Nova Zelândia (por influência da jurisprudência). O que, como veremos e pelo con-

realidades. Os *meios materiais* da ideia inventiva nas *invenções de processos químicos e farmacêuticos* são precisamente aquelas *fases, etapas* ou *ciclos* (de misturar e de fazer reagir substâncias químicas inorgânicas ou matérias biológicas em determinadas condições químicas) executadas através de actividades humanas precipuamente enformadas por regras técnicas.

Pelo contrário, nas *invenções de produto*, a ideia inventiva industrial e, assim, a solução técnica residem *nas próprias substâncias químicas reivindicadas enquanto tais*, que até aí não integravam o estado da técnica.

A importância destas distinções está no facto de que, mesmo ao abrigo do CPI de 1940 (*idem*, no quadro do CPI de 1995 e do CPI de 2003), as reivindicações que incidem validamente sobre *actividades* (ou conjunto sucessivo e sequencial de actividades) implicam que a patente, caso seja concedida, tutele apenas a(s) actividade(s) reivindicada(s) e as substâncias *directamente obtidas* pelo processo patenteado[13] – por exemplo, a comercialização, em Portugal, de fórmulas que, incorporando a ideia inventiva, indiquem os conhecimentos e a informação necessária à execução do processo; utilização, em Portugal, dos dispositivos ou dos objectos no exercício da actividade protegida –, que não os diferentes dispositivos, matérias ou substâncias *utilizados fora do exercício* da(s) actividade(s) reivindicada(s).

Pelo contrário, para a doutrina maioritária, as reivindicações que incidem validamente sobre uma *entidade física, maxime*, sobre uma *substância química* ou uma *composição terapêutica* tutelam, no Estado da protecção, qualquer *utilização merceológica* dessa substância e todos e *quaisquer usos industriais*, qualquer que seja o processo da sua fabricação, contanto que os terceiros tenham, na perspectiva do perito na especialidade, reproduzido *literalmente* ou por *meios equivalentes* as regras técnicas caracterizadoras do invento (*de produto*). Para esta doutrina maioritária, esta protecção não se limita ao fim ou ao concreto uso dessas substâncias: a invenção traduz-se na *estrutura química do produto*, a qual é assim protegida *em absoluto, in se* e *de per si*.

Nas patentes de *substâncias químicas*, os titulares destas patentes apenas se confrontam com dificuldades nas eventualidades em que as substâncias ou composições químicas protegidas estão presentes em *quantidades diminutas* ou há delas *vestígios* nas substâncias químicas utilizadas merceologicamente pelos

---

trário, não acontece no ordenamento português, mesmo à luz do CPI de 1940. Cfr. J. P. Remédio Marques, "A patenteabilidade dos métodos de diagnóstico, terapêuticos e cirúrgicos: questão (bio)ética ou questão técnica – O estado da questão", in *Lex Medicinae, Revista Portuguesa de Direito da Saúde*, 2006, p. 73 ss., p.84 ss.

[13] Salvo se forem tais substâncias obtidas por um processo *tecnicamente não equivalente*.

terceiros, *maxime* se as *propriedades* ou *funções* destas últimas substâncias nada ficam a dever à presença das primeiras; se elas não foram utilizadas na fabricação destas últimas; ou se as primeiras substâncias protegidas não foram utilizadas como material de partida (*starting material*) na fabricação destas últimas[14].

Assim se constata que é tendencialmente maior o *licere* atribuído às *patentes de produtos* do que o *licere* reconhecido pelos ordenamentos jurídicos às patentes de processo (ou às patentes de uso e substâncias já conhecidas). O titular do direito de requerer a protecção desejará, em primeira linha, obter *patente de processo* e, simultaneamente, *patente de produto*, se este for também *novo* e estiver dotado de *nível inventivo*.

O que antecede serve para significar o enorme interesse em obter (e reivindicar), no Estado da protecção, *patentes de produto*, que não apenas *patentes de processo* (ou de uso).

Os requerentes da protecção, impossibilitados, ao abrigo do CPI de 1940, de obter legalmente uma patente de produto respeitante ao *composto químico* e à *composição farmacêutica* que o integra como *substância activa*, não desconheciam, decerto, este regime jurídico e as consequências dele emergentes.

4.3. *Realidades intermédias*

Concebem-se, ainda, *realidades intermédias* em que a mesma invenção, ou várias invenções unidas pelo *mesmo conceito inventivo*, são caracterizadas, nas reivindicações, seja pela série de etapas da sua consecução (*aspecto dinâmico*), seja pela realidade física, corpórea, em que tais etapas se materializam (*aspecto estático*).

Noutros casos, ainda, os requerentes usam uma consabida estratégia reivindicativa nos pedidos de patente, qual seja a da formulação de *reivindicações de processo*, para o efeito de, na realidade, proteger verdadeiras *invenções de produto*[15].

---

[14] Teremos, então, casos em que as *substâncias químicas intermédias* não são incorporadas, não incluem ou não são fundidas na substância final. Só que, ainda assim, a substância química ou o *produto finais* podem exibir determinadas *propriedades*, *características* ou *funções* que são devidas *essencialmente* à utilização das *substâncias químicas intermédias*, ainda que o produto *final* seja diferente ou não seja equivalente. Cfr., desenvolvidamente, J. P. REMÉDIO MARQUES, *Biotecnologia(s) e Propriedade Intelectual*, vol. I, 2007, cit., pp. 981-982.

[15] J. P. REMÉDIO MARQUES/NOGUEIRA SERENS, "Direito de patente: sucessão de leis no tempo e a proibição da outorga de patentes nacionais sobre produtos químicos e farmacêuticos no quadro do CPI de 1940 – o aditamento de reivindicações de produtos químicos ou farmacêuticos no quadro do CPI de 1995, nos procedimentos de protecção pendentes na data de adesão à Convenção da Patente Europeia e ao Acordo TRIPS", in *O Direito*, ano 138.°, V, 2006, p. 1111 ss., pp. 1025 ss.

28   *J. P. Remédio Marques*

Enfim, surpreendemos também *reivindicações de produtos mediante a descrição do método da sua obtenção (product-by-process claims)*, as quais são admitidas sempre que o produto não pode ser satisfatoriamente caracterizado com base na sua estrutura, composição ou outros parâmetros físico-químicos[16]. Trata-se de verdadeiras *reivindicações de produto*. Todavia, como o *efeito do processo* se manifesta no *resultado final* (o produto), este é a consequência das etapas técnicas. Assim, o invento destarte reivindicado traduz uma *nova interacção entre as etapas descritas* (e reivindicadas) *e o produto resultado* da execução dessas etapas.

Por outra banda, no quadro dos países contratantes da CPE, é possível reivindicar o *novo e inventivo modo de usar substâncias ou dispositivos já constantes do estado da técnica para gerar ou lograr um determinado efeito técnico*, em atenção a uma propriedade ou função desconhecidas dessa substância *já* conhecida. Estas reivindicações (de uso) são commumente consideradas como *reivindicações de processo ou método*[17] ou patente de produto limitada ao uso. E, de facto, não repugna subsumi-las às aplicações novas de meios ou processos já conhecidos, com vista a obter um resultado prático-industrial, previstas no artigo 4.°, alínea *b*), do CPI de 1940.

Doutra sorte, pode conceber-se e admitir-se as *reivindicações de uso de produtos novos enquanto meios de obtenção específica de um determinado efeito técnico (product-for-use claims)*. − p. ex., reivindicar o produto X susceptível de ser usado para o propósito Y. Estas reivindicações dirigem-se a um *produto* (novo e inventivo), embora sejam especificamente limitadas por um uso, função, finalidade ou pela qualidade do produto, o que pode, por vezes, limitar o âmbito de protecção do direito de patente adrede constituído, circunscrevendo-o ao uso reivindicado ou aos usos tecnicamente equivalentes[18].

---

[16] Cfr. J. P. REMÉDIO MARQUES, *Biotecnologia(s) e Propriedade Intelectual*, vol. I, Almedina, Coimbra, 2007, § 221, p. 894 ss.; S. THORLEY/R. MILLER/G. BURKILL/C. BIRSS/D. CAMPBELL, in *TERREL On the Law of Patents*, 16.ª edição, Sweet & Maxwell, London, 2006, § 6-125, pp. 200-201; RUDOLF KRASSER, *Patentrecht*, 5.ª edição, C. H. Beck, München, 2003, p. 493, p. 670; LIONEL BENTLEY/BRAD SHERMAN, *Intellectual Property*, 2.ª edição, Oxford University Press, 2004, pp. 358-359; VINCENZO DI CATALDO, *I brevetti per invenzione e per modello*, 2.ª edição, Giufré, Milano, 2000, pp. 120-121.

[17] J. ÜTERMANN, "Purpose-Bound Process Claims for Pharmaceuticals − Two Solutions for the Second Indication", in *International Review of Industrial Property and Copyright Law*, 1986, p. 41 ss., p. 54; GERALD PATERSON, "The Patentability of Further Uses of Known Product Under European Patent Convention", in *European Intellectual Property Review*, 1991, p. 13 ss., p. 16; AMIRAN BENYAMINI, *Patent Infringement in the European Patent Community*, VCH, Weinheim, 1993, p. 80.

[18] Sobre este tipo de reivindicações, J. P. REMÉDIO MARQUES/NOGUEIRA SERENS, "Direito de Patente: sucessão de leis no tempo e a proibição da outorga de patentes de produtos químicos ou farmacêuticos no domínio do CPI de 1940 …", 2006, cit., 2006, pp. 1032-1033; LUÍS M. COUTO GONÇALVES, *Manual de Direito Industrial*, 2.ª edição, Almedina, Coimbra, 2008, p. 94.

4.4. *A forma interna dos pedidos de patente*

Os *pedidos de patente* podem ser, de facto, formalmente divididos em quatro segmentos principais: o *resumo*, as *reivindicações*, a *descrição* da invenção e os (eventuais) desenhos respeitantes às reivindicações e/ou à descrição. Há, ainda um quinto elemento, cuja importância formal não deixa de ser também decisiva: a *epígrafe* ou o *título* que sintetiza o *objecto da invenção* [artigo 61.°/1, alínea *b*), do CPI 03; *idem*, artigo 57.°/1, alínea *b*), do CPI de 1995].

Estes *componentes formais* dos pedidos de patente desempenham papéis distintos. Alguns, tais como o *resumo* da invenção, servem para publicitar a existência da patente (ou do pedido de patente). As *reivindicações* e a *descrição*, que formam o "coração" do pedido de patente (e do fascículo da patente, que serve de título jurídico) servem para divulgar as características técnicas da invenção e para delimitar o seu âmbito (tecnológico) de protecção.

É importante notar que o *conteúdo de um pedido de patente* difere do *direito de patente*, uma vez transitado em julgado o *acto administrativo* de concessão. Há, no entanto, elementos comuns: o *pedido de patente* e a *patente propriamente dita* encerram a *descrição* e as *reivindicações*. Todavia, o *pedido de patente*, exigido para fins de desencadear o procedimento administrativo de protecção, inclui o *título do invento*, bem como os elementos biográficos do requerente e a identificação do agente de propriedade industrial (ou do advogado constituído).

O *resumo* consiste num breve sumário (aproximadamente 150 palavras) das características técnicas mais importantes do invento. Normalmente, o *resumo* contém o *título da invenção* e o *domínio tecnológico* a que o invento pertence. Este *resumo* deve, ainda, identificar o *problema técnico* que o invento visa resolver, a *solução técnica* trazida pelo invento e as *principais aplicações* desse invento. A *finalidade* do *resumo* é a de servir como instrumento usado nas actividades de exame de outros pedidos de patente no quadro do sector tecnológico pertinente. Ele não serve assim para *delimitar o âmbito (tecnológico) de protecção* do invento. O *resumo*, cuja *publicação* ocorre normalmente no prazo de *18 meses* após a apresentação do pedido de protecção (artigo 66.°/2 do CPI de 2003; *idem*, artigo 62.°/2 do CPI de 1995), *adverte os terceiros* acerca da existência do pedido de protecção, levando-os, porventura, a empreender uma diferente linha de pesquisa ou desenvolvimento que não colida com a do requerente da protecção, e evitando que invistam financeira e desnecessariamente na confiança do empreender de uma pesquisa já iniciada ou sucedida pelo requerente da patente.

As *reivindicações* são, como referimos, as peças escritas que – através de proposições linguísticas bem definidas e seguindo uma ordem hierárquica que arranca do *geral* para o *particular*[19] –, expõem e caracterizam a invenção do ponto de vista técnico. Elas são expressas em locuções não acessíveis ao homem médio (*v.g.*, enquanto as pessoas se referem a ratos ou roedores, as reivindicações expressam normalmente a locução "mamífero não humano"; um puxador de uma porta pode ser definido como um "mecanismo rotativo de actuação", etc.). A sua *função* é a de delimitar o âmbito (tecnológico) de protecção do direito de patente (artigo 97.º/1 do CPI de 2003; *idem*, artigo 93.º/1 do CPI de 1995; artigo 69.º/1 da CPE). As reivindicações tecnicamente mais abrangentes ou generalizantes (*reivindicações independentes* ou principais) são, normalmente, seguidas de *reivindicações dependentes*, que, reportando-se às reivindicações independentes, densificam e concretizam alguns pormenores técnicos do invento.

A *descrição* serve para explicar pormenorizadamente a invenção que haja sido alcançada. Aí se menciona o *problema que a invenção soluciona*, a *importância* do problema e da respectiva solução (além das vantagens propiciadas relativamente ao estado da técnica), os *modos de execução* do invento (ou, pelo menos, um deles: *one way rule*), de modo a que o perito na especialidade o possa fazer sem exercer actividade inventiva própria, bem como as *diferenças entre essa solução técnica e o estado coetâneo da técnica*, aí onde o requerente procederá à enunciação de outras patentes e das publicações mais relevantes.

Esta informação é, já se vê, usada para compreender a natureza da invenção e para efectuar a pesquisa acerca do estado da técnica. A *descrição* deve "forrar" as *reivindicações*, no sentido em que a informação dela constante sirva de suporte adequado às reivindicações (*suficiência da descrição*). É preciso que a invenção, tal como tenha sido reivindicada, tenha sido, igualmente, descrita de uma forma clara e esclarecida, de modo a ser executada pelo perito na especialidade (artigo 62.º/4, *in fine*, do CPI de 2003). Por exemplo, se no pedido de patente se reivindica um específico método de fabrico de uma substância, a descrição deve enumerar as etapas através das quais, à luz do que haja sido reivindicado, essa substância é obtida.

Há, como dissemos, um outro *elemento formal* constitutivo dos pedidos de patente, o qual consiste na indicação da *epígrafe* ou do *título* que sintetiza o

---

[19] A razão de ser desta metodologia parece residir na circunstância de permitir que o requerente da protecção (ou o titular) disponham de um mecanismo mais flexível para responder a qualquer objecção (p. ex., falta de novidade ou de actividade inventiva) colocada por terceiros ou pela própria entidade administrativa competente: uma eventual objecção conduzirá, se for bem sucedida, ao abandono ou à limitação da reivindicação redigida de uma forma tecnicamente mais abrangente, tornando a reivindicação mais específica e concreta imune a esta limitação.

objecto do invento. Esta menção do *título* ou da *epígrafe* do objecto do invento é feita no *próprio requerimento aprovado pelo INPI*, enquanto as reivindicações, a descrição, o *resumo* e os eventuais *desenhos* são peças escritas (e gráficas) apresentadas em separado juntamente com esse requerimento.

Seja como for, o *título* ou a *epígrafe* do objecto do invento não pode abranger objecto diferente daquele para que se pede protecção. Nem podem proteger-se ideias industriais excluídas da protecção pela lei material concretamente aplicável. Se tal suceder, este vício é causa específica de *recusa da concessão da patente* [artigo 73.º/1, alínea *c*), do CPI 03; *idem*, artigo 69.º/1, alínea *b*), do CPI de 1995] ou de *nulidade do direito de patente* já concedido [artigo 113.º, alínea *c*), do CPI 03; *idem*, artigo 120.º, alínea *b*), do CPI de 1995].

Mais uma vez, avulta nesta grave sanção a *necessidade de proteger terceiros*, que podem ter confiado numa certa delimitação do campo tecnológico de actuação da invenção, cuja protecção é anteriormente peticionada, e investido nessa confiança, desenvolvendo projectos e linhas de investigação não colidentes com esse título ou epígrafe. Isto porque a publicitação do pedido de patente somente abrange o *título* e o *resumo* do invento e não é normal que os terceiros peçam cópias dos restantes elementos (não publicados) constantes do procedimento administrativo de patenteabilidade.

4.5. *As reivindicações nos casos* sub iudice; *reivindicações de selecção*

Como é sabido, no que tange às *patentes portuguesas*, somente em 1/06/1995 o nosso ordenamento jurídico passou a permitir a protecção das invenções de *substâncias químicas* e *produtos, composições* ou *preparados farmacêuticos*. O artigo 48.º/2 do CPI de 1995 passou a autorizar a patenteabilidade dos *produtos, substâncias ou composições* utilizados na execução de métodos de diagnóstico e de tratamento cirúrgico ou *terapêutico* aplicados ao corpo humano ou animal. Mas já a partir da data de aplicação efectiva do Acordo TRIPS a Portugal, a República Portuguesa foi obrigada a proteger as invenções em todos os domínios da tecnologia, quer de produto ou de processo: obviamente que essa imposição atingiu as invenções de produto químico e farmacêutico (*v.g.*, "preparação farmacêutica", "composição farmacêutica", etc.).

À luz do título dado comummente, na época, aos pedidos de protecção, e do início das proposições linguísticas colocadas no dealbar de cada uma das reivindicações (independentes e dependentes), estes pedidos de patente portuguesa e as próprias patente protegiam formalmente uma *invenção de processo*.

32 J. P. Remédio Marques

Mas seria isso mesmo assim? Ou, ao invés, poder-se-á vislumbrar no conteúdo de múltiplas reivindicações a tentativa de protecção de duas *invenções de produto* (*rectius*, o composto químico e a composição terapêutica)?

Embora os requerentes da protecção não o tivessem expressamente afirmado, creio que muitas das reivindicações apresentadas em vários pedidos de patente portuguesa *eram substancialmente reivindicações de produto apresentadas formalmente como reivindicações de processo*. Vejamos.

Por exemplo, múltiplas *reivindicações independentes* caracterizavam *"processos para a preparação de um composto X de fórmula Y, ou de um seu sal farmacologicamente aceitável, em que J é: a) um grupo substituído ou não substituído, seleccionado do conjunto que consiste (...)"*.

4.5.1. *Requisitos específicos de protecção das invenções de selecção e os casos* sub iudice

Repare-se o modelo da caracterização das invenções efectuada, na época, pelas empresas farmacêuticas, a qual é típica de uma *invenção de selecção* (*de produto*)[20].

Nestas invenções, a *selecção* ou a *individualização* dos compostos químicos pode ser efectuada:

(1) Ou bem a partir de um grupo de compostos químicos,
(2) Ou bem que é circunscrita a uma banda ou variação específica de parâmetros ou de valores físico-químicos,
(3) Ou bem que é realizada a partir de um grupo muito vasto de compostos químicos (de uma fórmula geral) aglutinadora de múltiplas substâncias cuja existência concreta não é certa – compostos que são dotados de uma *estrutura idêntica* ou partilham um conjunto de *características* ou *propriedades*, como tais reconhecíveis pelos peritos na espe-

---

[20] Cfr., agora, PHILIP GRUBB, *Patents for Chemicals, Pharmaceuticals and Biotechnology*, 4.ª edição, 2004, cit., pp. 215-217; LIONEL BENTLY/BRAD SHERMAN, *Intellectual Property Law*, 2.ª edição, cit., 2004, pp. 466-468; KLAUS-JÜRGEN MELULLIS, in BENKARD, *Europäisches Patentübereinkommen*, C. H. Beck, München, 2002, Artigo 54, anotações à margem 181-193, p. 463; WILLIAM CORNISH/DAVID LLEWELYN, *Intellectual Property, Patents, Copyright*, etc., 5.ª edição, Sweet & Maxwell, London, 2003, pp. 188-189 = 6.ª edição, Sweet & Maxweel, London, 2007; GEORGE SZABO, "Problems concerning novelty in the domain of selection inventions", in *International Review of Industrial Property and Copyright Law*, 1989, p. 295 ss., pp. 299-300; J. P. REMÉDIO MARQUES, *Biotecnologia(s) e Propriedade Intelectual*, vol. I, cit., 2007, pp. 614-624 (nas invenções químicas em geral), pp. 624-629 (nas invenções biotecnológicas).

cialidade, através da combinação das diferentes alternativas em função das diferentes posições que as substâncias podem assumir nessa fórmula geral.

A *fórmula química geral* compreende uma *classe* inteira de compostos, sendo que o pedido de patente *individualiza* uma nova molécula, indicando expressamente as variantes susceptíveis de serem obtidas através da alteração dos grupos terminais, com base em cálculos teóricos.

Na verdade, a partir de uma *fórmula química genérica* são reivindicados grupos substituídos e a respectiva denominação[21].

Nessa caracterização, os requerentes têm a preocupação de salientar não só as vantagens substanciais do uso das substâncias químicas seleccionadas, como também procedem à caracterização dos *membros seleccionados* enquanto substâncias providas de vantagens nas respectivas propriedades, as quais, enfim, são propriedades alegadamente partilhadas por todos os membros do grupo seleccionado.

Se bem analisarmos, constatamos que toda a caracterização de inventos desta natureza diz respeito a *substâncias químicas*, que, enquanto *seleccionadas* de um grupo mais vasto de substâncias, exibem propriedades ou características específicas. Um ou mais membros de uma classe de produtos exibem vantagens específicas relativamente a um determinado escopo[22]. As então requerentes caracterizavam e definiam, não raras vezes, um acervo de características do composto em questão, identificando a classe e as respectivas propriedades partilhadas por todos os membros dessa classe. Mais: os então requerentes, não raro, *reivindicavam e descreviam as vantagens do composto químico* e da inerente *composição farmacêutica*.

Em suma, substancialmente, estas empresas reivindicavam a invenção de *dois ou mais produtos*: um ou mais *compostos* químicos (ou de sais farmacologicamente aceitáveis) e uma *composição terapêutica*, cuja *substância activa* (ou *princípio activo*) incluía os *compostos químicos*.

---

[21] Não se analisa aqui a questão da *novidade* do composto seleccionado. De todo o modo, a especificidade das *invenções de selecção* de substâncias químicas reside no seguinte: deve sindicar-se até que ponto a divulgação da classe ou do género mais vasto de compostos químicos poderá, ou não, na perspectiva do perito na especialidade, ter destruído a novidade do específico composto ou grupo de compostos seleccionados (e reivindicados) pelo inventor/requerente, a partir daqueles outros.

[22] Cfr. Simon Thorley/Richard Miller/Guy Burkill/Colin Birss/Douglas Campbell, in *TERREL On The Law of Patents*, 16.ª edição, 2006, cit., p. 294.

34 J. P. Remédio Marques

4.5.2. *Teriam os, então, requerentes reivindicado, substancial e efectivamente, os processos de obtenção dos compostos químicos?*

Mas será que, à luz do exemplo típico atrás apresentado, poderá obtemperar-se dizendo que os então requerentes de protecção também haviam normalmente reivindicado autonomamente os *métodos de obtenção dos compostos químicos*, dado que, ao tempo, era somente lícito reivindicar os processos de obtenção de produtos químicos ou farmacêuticos? Em muitos casos, esta hipótese revela-se enganadora. Vejamos.

Em particular: nestas *invenções de selecção* de compostos químicos (*invenções de produto*), as reivindicações devem identificar as características ou as propriedades da classe, bem como o *método de obtenção*, para além de que os compostos químicos reivindicados devem possuir as propriedades ou as características da classe em que se integram.

Olhemos para algumas hipóteses extraídas das reivindicações apresentadas no domínio de vigência do CPI de 1940: muitas vezes, os requerentes afirmavam, na verdade, que, "*para se preparar um composto de fórmula geral (I) em que* **X** *é um grupo representado pela fórmula (...) se faz reagir um halogeneto Y, de fórmula geral (IV) ... com um derivado da substância Z representado pela fórmula geral (V) ... em presença de um agente de ligação de ácido, no seio de um dissolvente orgânico, enquanto se arrefece, se mantém à temperatura ambiente ou se aquece a mistura reaccional ...*". Mais afirmavam os requerentes, nas reivindicações, que "*em alternativa (...), se faz reagir a substância M substituído, representado pela fórmula (...),* <u>na qual *m* e *A* possuem as significações acima mencionadas com aldeido representado pela fórmula (VIII)</u> ... *na qual* **n** *e* **A** *têm as significações acima citadas, em presença de um catalisador normalmente usado na reacção O e no seio de um dissolvente, a uma temperatura compreendida entre a temperatura ambiente e 100.°C, de maneira a obter-se um composto da fórmula geral ...*".

Ou seja: na caracterização do composto seleccionado, os requerentes eram levados a descrever sumariamente o *processo de obtenção*. Só que esta estratégia gramatical é inevitável quando, de harmonia a doutrina e a jurisprudência estrangeiras há muito sedimentadas, se pretendem reivindicar compostos em *invenções de selecção*. Ou seja, esta forma de redacção (de *reivindicações de produto*) constitui uma via inevitável destinada a assegurar a patenteabilidade de *invenções de produto químico*.

De facto, nestas eventualidades em que se formulam de reivindicações de tipo *Markush*[23] – *maxime*, na *descrição* do pedido de *patente de produto* –, o reque-

---

[23] J. P. REMÉDIO MARQUES, *Biotecnologia(s) e Propriedade Intelectual*, vol. I, 2007, cit., pp. 616-624.

A patenteabilidade de substâncias químicas e farmacêuticas   35

rente da protecção deve *divulgar o método de obtenção* do composto seleccionado de uma classe ou género mais vasto. Essa divulgação é feita na peça escrita denominada *descrição*, mas também consta, sumária e vagamente, nas reivindicações.

Aqui, se bem vemos, a sumária e vaga *descrição do processo de obtenção* da substância química, por parte dos então requerentes de protecção, não constitui o *objecto principal* das reivindicações: reivindicações com este conteúdo caracterizam, pelo contrário, *o* composto seleccionado de um grupo mais vasto. São elas "puras e duras" *reivindicações de produto* plasmadas numa *invenção de selecção*.

A descrição sumária, nas próprias reivindicações apresentadas na época por muitas empresas farmacêuticas, do *processo de obtenção* é efectuada de uma forma *instrumental* ou *ancilar* à própria caracterização do *composto químico* pertencente a um grupo mais vasto de compostos químicos, enquanto composto dotado de *novidade* e de *nível inventivo*: apenas se diz, por exemplo, que se fazem reagir certas substâncias (*v.g.*, lactona do ácido 2-hidroximetilnicotínico de fórmula …) com outras substâncias (*v.g.*, com uma N-benzil-(2-aminoetil)-piperidina substituída …). Noutros exemplos de reivindicações, afirma-se que se faz reagir "*um 1-idanon-2-ilfosfonato substituído representado pela fórmula … em presença de um catalisador normalmente usado na reacção de … e no seio dum dissolvente, a uma temperatura compreendida entre a temperatura ambiente e 100.°C, de maneira a obter-se um composto da fórmula geral ….*".

Isto – observe-se – só na aparência caracteriza as *etapas* ou *sequência* de *actividades* ou *operações* destinadas a obter uma substância, ou de combinar meios químicos, tal como se faria mister proceder numa válida *reivindicação independente de processo*.

Cfr. as *Directrizes para Exame do Instituto Europeu de Patentes*, Parte C, Cap. III, 7.3. e 7.4., de acordo com as quais a divulgação de um género ou de uma classe de substâncias não destrói, por regra, a *novidade* de um elemento individual potencialmente nesse género ou classe, sendo que a divulgação de um composto não torna, *por si só*, acessível ao público as substâncias químicas que o compõem, salvo se essa divulgação indicar, clara e inequivocamente, a presença das substâncias químicas posteriormente reivindicadas *e a forma técnica de elas poderem ser individualmente identificadas e isoladas, mediante a utilização de métodos convencionais incluídos nos conhecimentos dos peritos na especialidade*; REINHARD SPANGENBERG, "The Novelty of Selection Inventions", in *International Review of Industrial Property and Copyright Law*, 1997, p. 808 ss., p. 810. Veja-se, também, o estudo clássico de V. I. RICHARD, "Claims Under the Markush Formula", in *Journal of the Patent and Trademark Office*, vol. 12, 1935, p. 179 ss., aqui onde se tornou claro que a admissibilidade deste tipo de reivindicações visou salvar o mais possível o *princípio da unidade da invenção* (cfr., entre nós, o artigo 71.° do CPI de 2003), sempre que esta respeitava ou pretendia abranger uma *classe genérica* de compostos químicos ou sempre que, posteriormente, se lograva atingir uma substância ou um composto integrante dessa classe.

36   *J. P. Remédio Marques*

Na realidade, nesta vaga e sumária caracterização presente nas próprias reivindicações respeitante à existência de uma certa reacção química pode observar-se que os então requerentes de direito de patente não apresentavam nem reivindicavam uma *série de etapas ou de reacções químicas* de uma substância *Z* com outra substância *W*. E nem ao procederem desta maneira isso significava o efectuar de uma específica reivindicação do *processo de isolamento* ou de *extracção*, indicando os parâmetros químicos e físicos das reacções químicas.

Ainda que se conceda que os então requerentes de protecção o faziam, iremos adiante ver que esta forma de caracterização está, em regra, desprovida de *novidade* (e, *a fortiori*, de *actividade inventiva* ou de *originalidade*, como ao tempo se dizia), atenta a enorme margem ou latitude indicada nas *reivindicações*, quanto aos parâmetros químicos usadas nas reivindicações, onde os então requerentes afirmavam a existência de uma reacção química entre duas substâncias e a forma como ela se processava.

Esta forma de reivindicar apenas identificava sumariamente as *características da classe* e o *genérico método de obtenção*, pois, doutro modo, os requerentes que assim procediam poderiam confrontar-se com objecções baseadas na *falta de novidade*, na *ausência de nível inventivo* ou na *insuficiência da descrição*[24] das verdadeiras *reivindicações de produto* que apresentavam: de facto, as reivindicações (e a descrição) devem conter a informação suficiente para o efeito de o perito na especialidade ficar em condições de obter os compostos seleccionados precipuamente reivindicados. Para escapar à objecção de *falta de novidade* ou de *insuficiência da descrição* do *próprio produto químico*, os então requerentes eram quase invariavelmente levados a mencionar o facto de que o composto químico seleccionado (sobre o qual se pretendiam afinal constituir a patente) se obtinha através de uma determinada reacção química – reacção *cujos contornos não reivindicavam* – entre duas substâncias.

Não se esqueça que nas *invenções de selecção de compostos químicos* (*invenções de produtos*) adentro de uma classe ou de um género mais vasto de compostos é não apenas necessário descrever as características e as propriedades do *composto seleccionado*, como também se faz mister enunciar o *processo* de o obter.

É claro que, quando se reivindicam estas substâncias (*reivindicações de produto*), *o método da sua obtenção* é invariavelmente mencionado na peça escrita do pedido de patente denominada *descrição*. Mas esse método e a sequência de eta-

---

[24] Entre outros, Lionel Bently/Brad Sherman, *Intellectual Property Law*, 2.ª edição, Oxford University Press, New York, etc., 2004, pp. 467-468; Frédéric Pollaud-Dulian, *La brevetabilité des inventions*, Litec, Paris, 1997, p.137;

pas que o caracterizam *não eram normalmente detalhada e especificamente reivindi-cadas*, pois normalmente integravam os *conhecimentos gerais dos peritos na especia-lidade* ou eram desprovidas de *nível inventivo*. Se o método for sumariamente mencionado nas reivindicações, essa caracterização é meramente *instrumental* da caracterização dos *compostos seleccionados* que se reivindicam. Era isso que sucedia em muitos pedidos de patentes portuguesas apresentados antes de 1995.

De resto, no comum das *invenções de produto*, quando se pergunta o que é *objecto de reivindicação* e o que é *objecto de descrição*, a resposta é aparentemente óbvia e clara: reivindica-se e descreve-se *o produto*. Mas, mesmo nestas outras reivindicações de produto, isto não é suficiente. Com efeito, atenta a impor-tante *função de divulgação de informações tecnológicas*, que é normalmente atribuída à concessão de patentes nas invenções de produto, as regras técnicas inerentes à a invenção do produto não podem manter-se secretas. É preciso mencionar e identificar (reivindicar e descrever) a invenção que se materializa nesse pro-duto.

Daí que seja necessário, enquanto normal *modus operandi* dos pedidos de patente, escrever os elementos físicos e químicos que compõem o produto; a identificação deste último (do produto) deve ser efectuada de tal maneira que um perito na especialidade possa obtê-lo, sem ter que exercer actividade inven-tiva própria ou esforço desmesurado. A necessidade de colocar a comunidade tecnológica em condições de realizar a invenção (*de produto*) implica, invaria-velmente, *a indicação da forma como esse produto pode ser obtido ou fabricado*, men-cionando-se sumariamente as etapas ou fases necessárias à consecução deste resultado.

O que se reivindica é, pelo contrário e tão só, *o produto*, se e quando o *pro-cedimento* da sua obtenção não for novo e inventivo.

Mas *a protecção conferida pela lei deve poder ser determinada com base apenas no que tiver sido reivindicado*, com auxílio (somente para fins interpretativos em casos de ambiguidade ou plurisignificação) da descrição.

Se a lei aplicável não permitir a protecção do *produto*, a protecção do *pro-cedimento* somente será actuável quando este tiver sido efectivamente *reivindi-cado* e reunir os demais requisitos de patenteabilidade, não bastando ter sido apenas *descrito*.

Esta é, de facto, uma especificidade de tomo das reivindicações que se faz mister utilizar nos pedidos de patente nas *invenções de selecção de compostos* quí-micos, quais *invenções de produto*[25]. Com efeito, se numa divulgação anterior se

---

[25] Thorley/Miller/Burkill/Birss/Campbell, in *TERREL On the Law of Patents*, 16.ª edi-

38   *J. P. Remédio Marques*

descreve um processo de obtenção de uma classe de substâncias químicas, e os membros da classe são definidos (e reivindicados) à luz de um conjunto de *parâmetros mínimos* e *máximos*, pode suceder que os peritos na especialidade consigam preparar tais substâncias (seleccionadas e reivindicadas como invenções de produto), com base nas regras técnicas anteriormente divulgadas: se assim for, deve então concluir-se que todas as substâncias posteriormente seleccionadas integram o *estado da técnica*.

4.6. *A dissimulação de invenções de produto através da apresentação de (pseudo)* reivindicações de processo

I. Vale dizer: substancialmente os então requerentes de protecção reivindicavam muitas vezes *invenções de selecção de compostos químicos* (quais *invenções de produto*), sendo que, para o efeito, tinham que, genérica e sumariamente, mencionar, nas próprias reivindicações (de produto), o *modo de obtenção* desse composto, por forma a salientar as suas *vantagens técnicas* (*maxime*, as *propriedades* ou características) ou a salientar a forma de evitar as desvantagens.

Se bem repararmos, em lado algum das reivindicações acima exemplificadas surpreendemos a caracterização das operações ou das múltiplas reacções através das quais duas ou mais substâncias químicas são postas em contacto em determinado meio e em *determinadas condições físico-químicas*, bem como em lado algum vislumbramos a *identificação concreta dos matérias de partida e reaccionais* (dissolventes, reagentes, agente de ligação de ácido) e a *forma e condições como devem reagir*, ou seja, a concreta identificação dos *meios* que permitem executar as *actividades* constitutivas do "coração" das *invenções de processo*.

Pelo contrário, em muitas *reivindicações independentes* e em *reivindicações dependentes* o objecto da caracterização consistia, quase sempre, em certas *substâncias químicas* (a "J", a "Q" e a "K") ou num *composto químico* [o "N"] ou um seu *sal* farmacologicamente aceitável *seleccionadas* de um grupo mais vasto de compostos químicos.

ção, 2006, cit., pp. 294-295, citando o caso *Pharmacia Corp. v. Merck & Co. Inc.*, decidido pelo *Court of Appeal*, in *Report of Patent Cases*, 2002, p. 41 ss., §§ 55-56, segundo o qual: "… if the invention is a selection of certain compounds, in order to secure an advantage or avoid some disadvantage, *not only must the specification contain sufficient information on how to make the compounds*, it must also describe the advantage or how to avoid the disadvantage. Further, the compounds monopolised by the claim must all have that advantage or avoid the disadvantage (…)" – o itálico é meu.

A patenteabilidade de substâncias químicas e farmacêuticas   39

II. Mais impressivo era, ainda, a caracterização densificada do próprio *produto químico* que os requerentes faziam nas *reivindicações dependentes*: em algumas dessas reivindicações estava perfeitamente ausente a menção a específicas reacções químicas e respectivas características efectuadas numa ou em várias etapas, fases ou sequências. Não obstante, os requerentes iniciavam as proposições linguísticas em todas essas reivindicações dependentes com a palavra "processo" e limitavam-se a identificar, nessas reivindicações dependentes, as substâncias químicas seleccionadas de um grupo ou classe mais vasto[26].

Mesmo quando os requerentes, em certos passos das proposições linguísticas insertas na reivindicação n.º 1, afirmavam que se deveria:

fazer reagir um halogeneto de fórmula geral ... em presença de um agente de ligação ..., no seio de um dissolvente orgânico, enquanto se arrefece ...,

ou que se deveria:

fazer reagir um 1-indanon-2-ilfosfonato substituído representado pela fórmula ... com o aldeído representado pela fórmula ... em presença de um catalisador normalmente usado na reacção de ... e no seio de um dissolvente, a uma temperatura compreendida entre ... de maneira a obter-se um composto da fórmula geral ...,

Como dizíamos, ainda quando os então requerentes tivessem mencionado estas reacções químicas, eles faziam-no normalmente com o simples propósito de caracterizar correctamente a reivindicação de uma *invenção de selecção* de vários compostos químicos (*invenção de produto*) retirados de uma classe mais vasta de compostos químicos.

III. Os então requerentes de patentes nacionais limitavam-se, não raro, a substituir a palavra "*substância*" ou "*produto*", constante da similar *patente europeia depositado junto do Instituto Europeu de Patentes*, pelas palavras "*processo*" ou pelas expressões "*processo para a preparação*" e "*processo de acordo com a reivindicação ...*".

---

[26] Como é sabido, as *reivindicações dependentes* destinam-se a *densificar* e a *concretizar* as regras técnicas enunciadas nas reivindicações independentes.

Os requerentes poderiam, por exemplo, afirmar que *J* tem as significações mencionadas na alínea *a*) da reivindicação n.º 1, ou seja um grupo, substituído ou não substituído, seleccionado do conjunto que consiste em (1) fenilo, (2) piridilo, (3) quinolilo, etc. Caso fosse uma *verdadeira reivindicação dependente de processo*, os requerentes de protecção não se limitariam apenas a caracterizar, de uma maneira mais pormenorizada, uma substância química, um produto; ao invés, essas reivindicações dependentes de processo deveriam, pelo contrário, caracterizar detalhadamente as etapas envolvidas nas reacções químicas constitutivas do processo que se desejava reivindicar.

40   J. P. Remédio Marques

Tudo isto estaria certo – e nada haveria a dizer acerca das reivindicações depositadas em pedidos de protecção apresentados antes de 1995 – se o CPI de 1940 admitisse, ao tempo, a protecção das *patentes de substâncias químicas* e dos *medicamentos* enquanto *patentes de produto*. Mas não admitia.

No domínio de vigência do CPI de 1940 não era permitida a tutela do *resultado industrial*, ou seja, não era possível podia proteger o *efeito* obtido; pelo contrário, podia patentear-se *o produto* (o corpo certo, determinado na sua composição, forma, estrutura) ou o *processo* ou *meio*. E esse *meio* ou *processo* tinha (e tem) que ser novo e inventivo.

Mas se o produto fosse uma *substância química* ou *farmacêutica* era, inclusivamente, vedada a patenteabilidade do *próprio produto*. Mais: proibia-se, inclusivamente, a patenteabilidade dos *usos novos de substâncias já divulgadas*, visto que apenas era admitida a *aplicação nova de meios ou processos conhecidos* para se obter um produto comercializável [artigo 4.º, alínea *b*), *in fine*, do CPI de 1940].

De igual sorte, no domínio de vigência do CPI de 1940 estava vedada a patenteabilidade de substâncias químicas ou farmacêuticas (já divulgadas ou novas) *dirigidas à obtenção de específicas finalidades ou propósitos*.

Facilmente se vê, por conseguinte, que os então requerentes não poderiam validamente reivindicar *o* composto seleccionado de uma classe mais vasta de compostos, nem poderiam ter reivindicado a *composição terapêutica*, com vista a obter a protecção por *patente* (*de produto*) de uma *invenção de selecção*. Os requerentes eram, não raro, levados a *dissimular* estas reivindicações de produto sob o manto de proposições linguísticas pautadas pelo vocábulo "processo". Era esta, como veremos já a seguir, a forma normal da metodologia "dissimuladora" actuada na época por muitos requerentes de direitos de patente.

Mas é certo que, se a questão fosse analisada à luz do direito actual e das actuais condições e objectos de protecção, o *licere* das patentes desta natureza (*patentes de produto*) é mais amplo do que o das *patentes de usos de substâncias já conhecidas* (*use claims*), que o das *patentes de produtos novos usados para certos fins* (*product-for-use claims*) e que o das *patentes de produtos reivindicados e descritos por via do processo da respectiva obtenção* (*product-by-process claims*).

IV. Como ultrapassar, então nessa época, aquela proibição da patenteabilidade das substâncias e dos compostos químicos seleccionados (bem como das composições terapêuticas ou medicamentos cujos *princípios activos* radicam em tais substâncias)? A resposta era, ao tempo, clara.

Os então requerentes da protecção formulavam, não raras vezes, *reivindicações de processo* para o efeito de, na realidade, lograr protecção para verdadeiras *invenções de produto*. De facto, nos termos do § 3 do artigo 214.º do CPI de

A patenteabilidade de substâncias químicas e farmacêuticas　41

1940, quanto interpretado em conformidade com o disposto no artigo 5.°-*quater* da convenção da União de Paris, o âmbito de protecção de uma *patente de processo* já abarcava, à época, os *produtos obtidos pelo processo químico patenteado*, mesmo que tais produtos tivessem sido fabricados no estrangeiro e, de seguida, importados para Portugal[27]. É claro que, na época, já era admissível a interpretação segundo a qual o produto deveria ter sido *obtido directamente* pelo *processo patenteado*, o que, de resto, corresponde ao regime jurídico introduzido já na reforma de 1891 da lei de patentes alemã de 1877 (§ 4) – influenciado pelo caso "Methylenbalu", tirado no Tribunal do Reich, em 7/04/1891, em tudo semelhante ao que esteve na origem do Assento n.° 1/79 do STJ[28] –, bem como à jurisprudência britânica a partir do caso *Saccharin Corporation Ltd. v. Anglo-American Continental Chemical Works Ltd et alii*, decidido em 8/05/1900, pela *Chancery Division*[29].

V. A jurisprudência portuguesa dá-nos conta desta realidade por via da qual algumas sociedades farmacêuticas lograram obter, até 1/01/1992 (ou seja, até ao advento das *patentes europeias*, que passaram a designar Portugal como Estado da protecção) e até 1/06/1996 (quanto às *patentes portuguesas*) *protecção indirecta* para certos *princípios activos* (e medicamentos) através da concessão de *patentes de processo*, que verdadeiramente dissimulavam *reivindicações de produto*.

Por exemplo, o acórdão do STJ, de 21/06/1983[30] revogou um acórdão da Relação de Lisboa, de 12/11/1982, já que entendeu, contrariamente à decisão da Relação, que um "*processo para a preparação de uma solução aquosa de doxiciclina para uso local, oral e parental*" não passava, ao cabo e ao resto, de uma invenção

---

[27] Veja-se, neste sentido, o Assento do STJ, n.° 1/79, de 14/03/1979, in *Boletim do Ministério da Justiça*, n.° 285, p. 127 ss., segundo o qual a *patente de processo* é ofendida através da "fabricação, manipulação ou venda, por terceiro, em Portugal, de um produto que contenha, ainda que importado, um princípio activo obtido pelo processo industrial a que a patente se refere". Já, em sentido, análogo, SILVA CARVALHO sustentava, em 1970 (*O Objecto da Invenção*, Coimbra Editora, Coimbra, 1970, p. 96), que o titular da patente poderia impedir a "prática por terceiros de todos os actos em que se manifeste a exploração do produto" obtido por processo idêntico ou semelhante ao que fora objecto da patente de processo. Tb. FERNANDO OLAVO, "Patente de Invenção", in *Colectânea de Jurisprudência*, 1981, Tomo II, pp. 21-22; OLIVEIRA ASCENSÃO, *Direito Comercial*, vol. II, *Direito Industrial*, Associação Académica da Faculdade de direito da Universidade de Lisboa, Lisboa, 1988, pp. 263-266.

[28] J. P. REMÉDIO MARQUES, *Biotecnologia(s) e Propriedade Intelectual*, vol. I, 2007, cit., pp. 1041--1042, nota 2394 e bibliografia aí referida.

[29] In *Report of Patent Cases*, 1900, p. 307 ss., p. 319.

[30] In *Boletim da Propriedade Industrial*, 1984, n.° 4, pp. 480-482.

42   J. P. Remédio Marques

de produto, de uma preparação farmacêutica: não era a variação do *pH* que podia ser responsável pela qualidade específica do produto obtido, além de que o simples ajustamento do *pH* nunca pode ser qualificado como *processo de preparação* de um produto.

Num caso anterior, tanto a Relação de Lisboa (em 17/10/1958[31]) quanto o STJ (em 15/12/1958[32]) mantiveram o despacho de recusa de concessão de duas patentes, aqui onde se haviam reivindicado, *inter alia*, "*Aperfeiçoamentos nos processos radiográficos pelo emprego de meios de contraste para raios X, contendo derivados de ácidos N-acil-3-amino,2,4,6-tríodo-benzóico, segundo a fórmula indicada no apenso ...*". De facto, neste caso, a requerente reivindicara substancialmente a obtenção de *produtos químicos* resultantes dos elementos definidos em determinadas percentagens, que indicara: sendo o meio de contraste o produto químico acima designado como substância opaca (era esse o produto que se tornava opaca aos raios *X*), facilmente se vê que ela não reivindicara, nem descrevera o acervo de etapas, sequências ou fases de reacções químicas susceptíveis de constituir meios ou processos radiográficos aperfeiçoados.

Num outro caso, a Sentença proferida pelo 7.° Juízo da Comarca de Lisboa, de 14/06/1960, confirmou a recusa de protecção de uma invenção respeitante a uma "*composição herbicida à base de 2,4 (duas unidades e quatro décimas)-biclorofenoxi-acetamida e o seu emprego contra o panicum-cum-gallis e outras ervas que infestam os arrozais*", invenção que era caracterizada pelo facto de se empregar essa substância num terreno submerso sob uma camada de água de 10 centímetros a 20 centímetros, administrando-se o produto na forma granulada no momento da emergência das ervas infestantes ou por meio de rega sobre essas ervas. Isto porque, na perspectiva correcta deste 7.° Juízo Cível, o meio (aquoso) em que o produto seria aplicado *não constituía um processo novo*. A requerente, nas palavras do tribunal, desejava, isso sim, obter protecção para *um novo agente químico* (um *herbicida*), ao arrepio do disposto no então § 4 do artigo 5.° do CPI de 1940: mais precisamente a aplicação de um determinado produto químico conhecido como substância activa de uma composição herbicida em terrenos submersos, qual *aplicação nova de produto já divulgado*, invenção que, na época, era insusceptível de ser protegida por direito de patente [artigo 4.°, alínea *b*), do CPI de 1940].

---

[31] In *Boletim da Propriedade Industrial*, 1960, n.° 4, p. 340.
[32] In *Boletim da Propriedade Industrial*, 1960, n.° 4, p. 361.

4.7. *A invalidade das reivindicações de processo formuladas no domínio do CPI de 1940 por muitos requerentes; os motivos dessa invalidade: a ausência de reivindicações de processo e a falta de objecto da invenção reivindicada; a falta de novidade, a insuficiência da descrição*

Conceda-se, enquanto mero exercício académico, que muitos requerentes formulavam *reivindicações de processo*, pelas quais tentavam caracterizar uma *invenção de processo* traduzida nas várias etapas, sequências ou fases de obtenção de um *composto X* ou de um seu *sal* farmacologicamente aceitável, bem como se conceda que eles tentavam caracterizar um *processo de preparação* de uma "*composição terapêutica caracterizada pelo facto de se misturar uma quantidade efectiva de um composto X preparado de acordo com a reivindicação n.° 1 ou de um seu sal farmacologicamente aceitável, com um agente veicular farmacologicamente aceitável*" (qual *excipiente*).

I. Todavia, estas (*pseudo*)*reivindicações de processo* não resistem ao olhar crítico de uma perfunctória observação crítica.

Lembremo-nos de alguns princípios sacrossantos que se impõem neste domínio do Direito.

Desde logo, o âmbito de protecção das patentes é definido pelas reivindicações (pelo conteúdo ou pelo teor das reivindicações), com o seguinte corolário: *as realidades inventivas que não são reivindicadas não podem ser protegidas* (artigo 97.°/1 do CPI de 2003; artigo 69.°/1 da CPE), mesmo que tais realidades se encontrem detalhadas na *descrição: o que não é reivindicado não é protegido*[33] – não se esqueça que *a invenção cuja protecção é controvertida é apenas aquela que se acha contida nas reivindicações*, embora interpretada, se for caso disso, pela *descrição* e pelos *desenhos*[34] –, pertencendo ao domínio público das livres utili-

---

[33] Entre muitos, Frédéric Pollaud-Dulian, *Droit de la propriété industrielle*, 1999, cit., p. 173; J. P. Remédio Marques, "O conteúdo dos pedidos de patente: a descrição do invento e a importância das reivindicações …", 2007, cit., p. 827 ss.

Atente-se nas lapidares afirmações de Lorde Porter, em 1939, nos *obicter dicta* do caso *Electric and Musical industries Ltd. v. Lissen Ltd.*, decidido na Câmara dos Lordes, a mais alta instância jurisdicional do Reino Unido: "The function of the claims is to define clearly and with precision the monopoly claimed, so that others may know the exact boundaries of the area within which they will be trespassers. Their primary object is to limit and not to extend the monopoly. *What is not claimed is disclaimed.* The claims must undoubtely be read as part of the entire document, and not as a separate document; *but the forbidden field must be found in the language of the claims and not elsewhere* (…) *A patentee who describes an invention in the body of a specification obtains no monopoly unless it is claimed in the claims*" – o itálico é meu.

[34] Thorley/Miller/Burkill e outros, in *TERREL On the Law of Patents*, 16.ª edição, 2006, cit., p. 299.

44   *J. P. Remédio Marques*

zações, pouco importando que a *descrição* do invento albergue tais características, regras ou elementos técnicos.

O *que não é reivindicado não é protegido.* E *o que for reivindicado, na medida em
que o for e de acordo com o teor das reivindicações,* pode revelar-se um "nada jurídico" no direito de patente, ou ser passível de violar os requisitos da novidade,
da actividade inventiva, da industrialidade e da suficiência da descrição.
Seguindo Lorde Porter, da Câmara dos Lordes, nos idos finais dos anos trinta
do século passado, deverá dizer-se que o objecto da invenção e os limites à livre
actividade económica dos terceiros (reais ou potenciais concorrentes do titular) devem encontrar-se claramente *no teor das reivindicações,* e não na descrição
ou nos desenhos.

Não é lícito, com base no teor da descrição ou nos desenhos, transformar
o sentido de uma reivindicação dirigida a uma determinada realidade (*in casu,*
dirigida a produtos químicos e farmacêuticos) num sentido completamente
diferente susceptível de atingir uma outra realidade ou *quid* patenteável, pois
que esse proceder altera arbitrariamente os limites do direito de exclusivo
constituído pela concessão do direito de patente. Isso somente será possível nos
casos em que, durante o procedimento administrativo de patenteabilidade, o
requerente altera o pedido de patente no sentido de restringir o seu objecto (e
não no sentido de o alargar).

II. Em segundo lugar, exige-se que as reivindicações sejam *claras* (*clareza das
reivindicações*), sendo certo que, como se verá a seguir, essa *falta de clareza* pode
(indirectamente) conduzir à *insuficiência da descrição.* Por último, quanto maior
tiver sido o campo tecnológico reivindicado, maior é a possibilidade de as reivindicações violarem o requisito segundo o qual a invenção cuja protecção é
requerida não pode achar-se incluída no estado da técnica (*novidade*).

III. Pois bem.
Atentemos, novamente, em alguns exemplos de reivindicações extraídas de
vários pedidos de protecção depositados no domínio do CPI de 1940: o dizer-
-se, enquanto caracterização do alegado *processo para a preparação de compostos de
amina,* que se submete o composto da fórmula X a uma "*redução catalítica*"; o
afirmar-se que se faz reagir "*lactona do ácido Y de fórmula Z … com uma piperidina M substituída … a uma temperara elevada …*"; o afirmar-se que se faz "*reagir
um halogeneto de ácido de fórmula geral N com um derivado da piperidina representado
pela fórmula V … em <u>presença de um agente de ligação</u>, no seio de um <u>dissolvente orgâ-
nico</u>, enquanto se arrefece, se mantém à temperatura ambiente ou se aquece a mistura*";
ou, ainda, o reivindicar-se, singelamente, a reacção de "*da substância P substituída*

A patenteabilidade de substâncias químicas e farmacêuticas 45

representada pela fórmula Q ... com um aldeido representado pela fórmula R ... em presença de um <u>catalisador normalmente usado na reacção T</u> e no <u>seio de um dissolvente,</u> a uma temperatura compreendida entre a temperatura ambiente e ..., de maneira a obter--se o composto de fórmula geral U ..." – os sublinhados são meus –; como dizíamos, o dizer tudo isto mais não exprime, por um lado, e salvo melhor opinião, senão a referência a elementos e regras técnicas respeitantes a métodos e processos químicos à época *incluídas no estado da técnica*: a informação técnica disponível pelos peritos na especialidade, na data destes pedidos de patente, necessária à *destruição da novidade* (e, *a fortiori*, a actividade inventiva) dos inventos permitia facilmente a execução das *reacções químicas* vaga e genericamente reivindicadas. Para que o perito na especialidade fique em condições de *executar as reacções químicas*, nas condições reivindicadas, ele tem não apenas de conhecer, a partir das reivindicações, a fórmula geral do composto químico, mas também, a partir daí, o *processo da sua preparação*.

Ora, creio que os *processos de preparação*, tal como surgiam reivindicados, eram notoriamente conhecidos na data do pedido de patente (bem como na data da prioridade); que o mesmo é dizer que, em muitos casos, já se achavam divulgados, por pertencer aos *conhecimentos gerais* dos peritos na especialidade. Os próprios requerentes reconheciam, por exemplo, que a reacção da substância *X* com um derivado da *substância Y* se efectuava na presença de um "*agente de ligação de ácido*" e que para isso era necessário usar um "*dissolvente orgânico*", aquecendo e arrefecendo a mistura reaccional. Só que tais requerentes, por exemplo, não reivindicavam (em sede de *reivindicações dependentes*) nem o específico tipo ou *nomen* do dissolvente, nem o *agente de ligação de ácido*.

Como já sabemos, *o que não é especificamente reivindicado não pode ser protegido*: os *meios* ou os agentes químicos não especificamente reivindicados numa *verdadeira invenção de processo* conduzem à invalidação da patente de processo que haja sido eventualmente concedida.

Tendo em vista a correcta sindicação dos requisitos da *novidade* e da *actividade inventiva*, uma verdadeira *reivindicação de processo* deverá circunscrever-se à caracterização mais específica e concreta de reagentes, dissolventes e outros catalizadores, bem como das actividades envolvidas na manipulação destes elementos químicos.

Não se esqueça que – contrariamente ao regime jurídico subsequente à alteração do § 103(b) do Título 35 do *United States Codes* (lei de patentes dos E.U.A) ocorrida em 1993 (*Biotechnology Patent Protection Act*[35]) –, à luz do CPI

---

[35] Posto que esta alteração legislativa contrariava claramente o disposto no Acordo TRIPS, na

46   J. P. Remédio Marques

de 1940, bem como à face da legislação posterior (CPI de 1995, CPI de 2003 e CPE), *um processo não é novo e inventivo só pelo simples facto de ser novo e inventivo o produto obtido, fabricado ou utilizado através desse processo.* Para mais quando esse produto (químico) não poderia, tão pouco, ser protegido por patente à face da vigente na data do pedido de protecção.

IV. Será que, insisto, estas actividades ou a forma de reacção química, na medida em que eram caracterizadas nas reivindicações de uma maneira tão ampla e generalizante, eram desconhecidas do *estado da técnica*? Eram tais reacções novas? Creio que não. E de nada vale dizer que os então requerentes enumeravam pormenorizadamente e com múltiplos exemplos, na peça escrita denominada *descrição*, as etapas ou as actividades da reacção química entre os dois compostos com o auxílio de um determinado *agente de ligação*, de um *dissolvente orgânico* e a uma temperatura predeterminada.

De nada vale, na verdade, aos então requerentes terem descrito o método, visto que, não raras vezes, não reivindicavam as específicas etapas ou reacções, nem os meios concretamente usados (*v.g.*, o concreto dissolvente orgânico, o agente de ligação de ácido).

Na verdade, os então requerentes também não reivindicavam os concretos *dissolventes orgânicos* usados, nem os *agentes de ligação de ácido*, nem, tão pouco, os *catalisadores usado* nas *reacções químicas*, nem, enfim, os *dissolventes* aí mobilizados. Deveriam tê-lo feito, visto que formalmente estavam a pedir protecção para uma *invenção de processo*.

Ademais, alguns requerentes chegavam ao ponto de afirmar, nas reivindicações, que a reacção aí onde actuava o *catalisador* e o *dissolvente* se efectuava a uma temperatura compreendida entre a temperatura ambiente e 100.°C. Ora, se os elementos técnicos estão *a priori*, nas reivindicações, claramente desprovidos de um *sentido claro* e *não ambíguo* para o perito na especialidade, eles não devem ser objecto de interpretação, não devendo o intérprete socorrer-se da *descrição*.

Dito de outra maneira: ou bem que a reacção de uma *substância química X* com um *derivado da substância Y* é feita na presença de um *vulgar agente de ligação de ácido*, no seio de um *dissolvente geralmente dos meios especializados*, e então

---

medida em que privilegiava o regime jurídico de um concreto tipo de inventos, a jurisprudência estadunidense curou logo de o fazer aplicar a todos os sectores tecnológicos (*In re Ochiai* 37 *United States Patent Quarterly, second series*, 1127, tirado pelo *Federal Circuit*, em 1995; *In re Brouwer* 37 *United States Patents Quarterly, second series*, 1663, pelo mesmo *Federal Circuit*).

não se percebe como se podia validamente ter *reivindicado um processo* desta natureza, visto que, decerto, atenta a amplitude dos parâmetros respeitantes aos elementos e meios técnicos, estes se achavam claramente compreendidos no estado da técnica na data da prioridade, padecendo de falta de novidade (§ 1 do artigo 32.º do CPI de 1940); ou bem que essa e outras *reivindicações de processo* do mesmo teor *não são claras* e podem gerar, eventual inclusivamente como veremos, insuficiência da descrição e *falta de industrialidade*.

V. O mesmo deverá dizer-se, *por maioria de razão*, do teor de outras reivindicações: de facto, nelas, muitas vezes, não se caracterizava validamente o *processo de preparação de uma composição* (v.g., *terapêutica*). Estes processos e as etapas, ciclos ou reacções químicas que neles se incluíam não eram validamente caracterizados se e quando os requerentes se limitassem a dizer que se fazia mister "*misturar uma quantidade efectiva de um composto X preparado de acordo com a reivindicação 1 … com o agente veicular farmacologicamente aceitável*".

Como vimos atrás, não se tendo precipuamente reivindicado os meios (*id est*, as etapas, as fases, as actividades, os materiais de partida, reagentes, dissolventes) caracterizantes das *reacções químicas*, consequentemente, estas últimas reivindicações da composição terapêutica padeciam do mesmo vício: ou bem que se curava de uma (ilícita) *reivindicação dissimulada de produto químico*, ou bem que, sendo qualificada como *reivindicação de processo*, ela ostentava claramente *falta de novidade*, mesmo à luz das disposições pertinentes do CPI de 1940 [artigo 4.º, alínea *b*) deste diploma].

VI. Quer a verificação dos *requisitos substanciais de protecção* do direito de patente, quer a *delimitação do âmbito de protecção* faz-se com base nas *reivindicações* (artigo 97.º/1 do actual CPI de 2003). Já o disposto no § 4 do artigo 32.º do CPI de 1940 fulminava com a anulação da patente se a epígrafe ou o título dado ao invento abrangesse fraudulentamente objecto diferente. Neste caso, posto que *não* estão em causa interesses particulares, mas antes *interesses públicos*, o vício é a *nulidade*, tal como, de resto, se reconhece na epígrafe da Secção IV do Capítulo I deste CPI de 1940.

Não se objecte a isto dizendo que as concretas reacções, a respectiva temperatura, as substâncias de partida (*starting materials*), os *catalisadores*, os *reagentes* e os *dissolventes* estão presentes na descrição, *maxime* em muitos exemplos que aí eram normalmente apresentados.

É que, como já sabemos, a *descrição* e os *desenhos*, embora sejam elementos auxiliares, só devem ser utilizados quando subsistem dúvidas acerca do sentido e do alcance (tecnológico) do conteúdo das *reivindicações*.

48   J. P. Remédio Marques

4.7.1. *A licitude das reivindicações enquanto reivindicações de* processo de analogia?

Poderá, no entanto, obtemperar-se dizendo que aquele tipo de reivindicações de processo traduz a reivindicação de um *processo de analogia*, o qual, dando origem a um *produto novo*, seria patenteável à face do CPI de 1940 enquanto *invenção de processo*.

I. Como é sabido, até ao advento da CPE, nos países europeus que proibiam a patenteabilidade dos produtos químicos e farmacêuticos enquanto *patente de produto*, desenvolveu-se uma teoria, apoiada na prática jurisprudencial[36], de acordo com a qual poderiam ser patenteados os *processos* derivados do estado da técnica – isto é, os processos desprovidos na prática de *novidade* –, se e quando as *reacções químicas* e os *materiais de partida* permitissem a obtenção de uma substância química *nova* e, além disso, esta substância química fosse dotada de *actividade inventiva*, em virtude de esta substância ostentar determinadas propriedades, efeitos ou características novas e inventivas. Se o produto assim obtido fosse novo e, simultaneamente, ostentasse nível inventivo (ou *progresso técnico*, como era dito na época), *o processo* era "candidato positivo" a direito de patente, mesmo que representasse um desenvolvimento praticamente *trivial* ou *banal* dos processos já divulgados[37].

A realidade era (e é) bem mais complexa no que tange a estes *processos químicos análogos (Chemische Analogieverfahren)*, pois que: (1) podiam consistir na aplicação de um método químico conhecido a substâncias em relação às quais nunca havia sido aplicado, substâncias que são análogas (estrutural e/ou funcionalmente) às que são normalmente usadas na execução desses métodos (analogia da substância que serve de ponto de partida: *Analogie Ausgangstoffe*); e

---

[36] Estas primícias podem ver-se na Alemanha, no acórdão do então Tribunal do Reich (*Reichsgericht*), de 20/03/1889, no caso "Kongorot", in *Patent Blatt*, n.º 19, de 8/05/1889, cit., por KARL BRUCHHAUSEN, "Methylenblau: 100 Jahre Kongorot-Urteil", in *Gewerblicher Rechtsschutz und Urheberrecht*, 1989, p. 153 ss.

[37] KLAUS-JÜRGEN MELULLIS, in *Benkard Europäisches Patentübereinkommen*, C. H. Beck, München, 2002, p. 324, anotação à margem n.º 86, pp. 338-338, e anotação à margem n.º 134; ALFRED KEUKENSCHRIJVER, in BUSSE, *Patentgesetz, Kommentar*, De Gruyter, Berlin, 1999, § 1, anotação 146; KARL BRUCHHAUSEN, in BENKARD, *Patentgesetz, Kommentar*, 9.ª edição, C. H. Beck, München, 1993, § 1, anotação à margem n.º 94a = KLAUS BACHER/KLAUS JÜRGEN MELULLIS, in BENKARD, *Patentgesetz, Kommentar*, 10.ª edição, C. H. Beck, München, 2006, in, pp. 113-114; BENGT DOMEIJ, *Pharmaceutical Patents in Europe*, Kluwer Law International, The Hague, London, Boston, 2000, pp. 331-335; SILVA CARVALHO, *O Objecto da Invenção*, 1970, cit., pp. 108-109; J. P. REMÉDIO MARQUES, *Biotecnologia(s) e Propriedade Intelectual*, Vol. I, 2007, cit., p. 667, p. 695.

Cadernos O Direito 4 (2009), 13-104

(2) podiam traduzir-se na utilização de um processo químico diferente do utilizado pelo estado da técnica, embora aplicado às mesmas substâncias, qual analogia do método de trabalho (*Analogie der Arbeitswiese*)[38].

No ordenamento jurídico francês, tais realidades eram denominadas, pelo menos desde o dealbar do século XX, como *aplicações novas de meios conhecidos*[39] – isto se os meios fossem os *processos*.

E o mesmo ocorria no domínio do CPI de 1940: a alínea *b*) do artigo 4.º deste Código autorizava a patenteabilidade das "*aplicações novas de meios ou processos conhecidos para se obter um produto comercializável ou resultado prático comercial*". É claro que o produto (comercializável) obtido através destes meios poderia ser um *produto químico* ou *farmacêutico*, visto que o direito de patente não protegeria este último, mas apenas os meios ou *processos*.

A *aplicação nova de meios ou processos conhecidos* implicava isso mesmo: que os meios ou *processos* já tivessem sido divulgados. O objecto da patente tanto poderia um produto ou um *processo*: a expressão "meios ou processos" atingia ambas as realidades.

Note-se, porém, que ao abrigo do CPI de 1940 era vedada a *patenteabilidade de certos usos novos de substâncias já conhecidas*: não era patenteável a mera transferência de um meio conhecido para uma aplicação diferente, se e quando o meio continuasse a exercer *a mesma função*: por influência da doutrina e da jurisprudência francesas (produzidas ao abrigo da lei de patentes francesa de 1844), distinguia-se, então, a *aplicação nova de meios conhecidos* e o *emprego novo de meios conhecidos*. Só a primeira seria patenteável: somente seriam patenteáveis os *meios conhecidos* dirigidos à obtenção de um objecto diferente, seja para lograr um *resultado industrial diferente*, seja para, modificando os meios existentes, os adaptar à nova aplicação. Pelo contrário, não seria objecto de protecção *a aplicação dos mesmos meios a objectos similares com vista à obtenção de um resultado igual ou similar*[40], mesmo que houvesse alteração da forma, das dimensões ou da matéria.

---

[38] RAINER SCHULTE, *Patentgesetz mit EPÜ*, 6.ª edição, C. H. Beck, München, 2001, pp. 42-43; J. P. REMÉDIO MARQUES, *Biotecnologia(s) e Propriedade Intelectual*, vol. I, 2007, cit., p. 695.

[39] Cfr. P. DEVANT/R. PLASSERAUD/R. GUTMANN/H. JACQUELIN/M. LEMOINE, *Brevets D'Invention*, 4.ª edição, Dalloz, Paris, 1971, pp. 53-58; ALBERT CHAVANNE/JEAN-JACQUES BURST, *Droit de la propriété industrielle*, 5.ª edição, Dalloz, Paris, 1998, pp. 88 ss.

[40] *Vg.*, a aplicação a velocípedes de meios aplicados anteriormente a veículos ligeiros; a utilização de uma substância com vista a obter um efeito bronzeador da epiderme, sendo certo que a mesma substância era conhecida enquanto meio de pigmentação involuntária da pele quando era absorvida oralmente enquanto medicamento (a *Cour de Cassation* francesa decidiu-se pela não patenteabilidade deste meio num acórdão de 28/02/1968, in *Annales de la propriété industrielle, littéraire et artistique*, cit., 1968, p. 26). Se a aplicação lograsse produzir um resultado distinto daquele

50 J. P. Remédio Marques

II. Nas hipóteses que estamos a analisar, somente nos interessa a eventual patenteabilidade de *aplicações novas de processos químicos conhecidos com vista à obtenção de um produto comercializável* – isto porque, como referi, os processos químicos à época reivindicados, ou bem que não traduziam verdadeiras reivindicações de processo químico (mas antes reivindicações de produto), ou bem que eram reivindicações de processo sem objecto, ou cujo objecto não estava claramente reivindicado, atenta a indeterminação, a ambiguidade ou latitude dos meios de reacção concretamente reivindicados, o que, *inter alia*, levaria a considerá-la como uma reivindicação de *meios já conhecidos* na data da prioridade.

Estas invenções *de processos de analogia entendidas como aplicações novas de processos conhecidos* postulavam (e ainda postulam) necessariamente a verificação dos respectivos requisitos de patenteabilidade, ainda quando se cura de *processos químicos*: a novidade, a *industrialidade* e, sobretudo, a *actividade inventiva* – ou, como na época se dizia, a *originalidade*, o *merecimento* ou o *contributo técnico*, quais sinónimos do actual requisito da *actividade inventiva*.

Quanto à *novidade* dos *processos de analogia* enquanto *aplicações novas de processos conhecidos*, deve observar-se que não é suficiente que seja novo o objecto ao qual seja aplicado o *meio* ou, *in casu*, o *processo*: segundo esta doutrina, não era suficiente para preencher este requisito a circunstância de o composto químico cuja protecção fora requerida ser efectivamente um composto novo seleccionado de uma classe mais vasta de compostos químicos. Era (e é) preciso que o meio produza um resultado que até esse momento não haja sido produzido, no sentido de, na data da prioridade, esse resultado ainda não ter sido obtido pelo meio em questão.

Ou seja: de acordo com a doutrina[41] e a jurisprudência[42] da época, faz-se

---

que anteriormente havia sido divulgado, a invenção já seria patenteável (como aconteceu com o caso do D.D.T., que era anteriormente conhecido, não como insecticida, mas enquanto substância laboratorial sem uso definido: Tribunal do Sena, de 28/04/1949, in *Annales*, cit., 1951, p. 143; Tribunal de Milão, de 15/07/1949, in *Il Foro Italiano*, 1949, I, p. 622; tb. no caso "Schadlingsbekämpfungsmittel", decidido pelo Supremo Tribunal Federal alemão, em 24/02/1970, in *Gewerblicher Rechtsschutz und Urheberrecht*, 1970, p. 361). Cfr. P. DEVANT/R. PLAISERRUD/R. GUTMANN e outros, *Brevetes D'Invention*, 4.ª edição, 1971, cit., pp. 53-55.

[41] Por todos, cfr. ALBERT CHAVANNE/JEAN-JACQUES BURST, *Droit de la propriété industrielle*, 5.ª edição, 1998, p. 89; P. DEVANT/R. PLASSERAUD/R. GUTMANN/H. JACQUELIN/M. LEMOINE, *Brevets D'Invention*, 4.ª edição, 1971, cit., pp. 54-57, espec. p. 57; na Alemanha, na época, EDUARD REIMER, *Patentgesetz und Gebrauchsmustergesetz*, 2.ª edição, Carl Heymmans Verlag, München, Köln, Berlin, 1958, p. 46, § 1; entre nós, SILVA CARVALHO, *O Objecto da Invenção*, 1970, cit., p. 110.

[42] Cfr. o acórdão da Relação de Lisboa, de 26/03/1964, in *Boletim da Propriedade Industrial*, 1964,

A patenteabilidade de substâncias químicas e farmacêuticas   51

mister que a *novidade* resida na *relação entre o meio* (*id est*, o processo, no caso *sub iudice*) *e o resultado*. Se a função já tivesse sido divulgada, a aplicação não era nova. A novidade resultava da concatenação do meio com o resultado; as características ou as propriedades do produto novo não determinavam, só por si, a novidade (e a actividade inventiva).

Quanto à *actividade inventiva* – requisito de patenteabilidade que já era exigido no domínio de vigência do CPI de 1940, embora sob outra denominação (merecimento, originalidade) – nas *invenções de processos de analogia*, deve observar-se que ela era determinada pelo conjunto de todos os elementos da invenção: as *substâncias de partida* e o *resultado* da operação[43]. Não eram as características ou as propriedades da substância nova que determinavam a patenteabilidade do *processo de analogia*, tal como se julgou no referido caso "Kongorot" e era, em França, a doutrina de E. Pouillet; pelo contrário, de acordo com a jurisprudência tirada, na Alemanha, num caso contemporâneo – o caso "Methylenblau", de 14/03/1888[44] do mesmo Tribunal do *Reich* – era o processo simultaneamente associado ao produto novo que determinava a presença de *actividade inventiva*. Em França, desde a doutrina de E. Pouillet, em finais do século XIX, a então dita *originalidade* também se surpreendia apenas na combinação ou *relação de causalidade* entre *o meio* (processo ou produto) e *o resultado*, pese embora alguns autores, como Alain Casalonga, fizessem depender a *originalidade* da existência de uma *modificação*, ainda que pequena, da estrutura do meio (produto ou processo) e a sua *adaptação* ao novo resultado[45].

---

n.° 6, pp. 758-759; acórdãos da *Cour de Cassation*, de 16/10/1970, in *Annales de la propriété industrielle, littéraire et artistique*, 1970, p. 107; e de 28/02/1968, *ivi*, 1968, p. 26, com anotação de G. Gaultier.

[43] Como é sabido, são três os elementos que determinam um processo químico: (1) a substância base (ou a substância de partida), (2) os meios ou métodos de actuação sobre a substância base e (3) a substância química final ou resultado. Já assim, na época do advento e teorização da patenteabilidade dos *processos químicos de analogia*, cfr. Wilhelm Kisch, *Handbuch des deutschen Patentrechts*, J. Bensheimer, Mannheim, Berlin, Leipzig, 1923, p. 94.

[44] Karl Bruchhausen, "100 Jahre Kongorot-Urteil …", 1989, cit.

[45] Alain Casalonga, *Traité Technique et Pratique des Brevets D'Invention*, Tomo I, Librairies Générale de Droit & de Jurisprudence, Paris, 1949, n.° 137 ss., pp. 94-108, citando jurisprudência convergente, desde o acórdão da *Cour de Cassation*, de 22/04/1859, no caso *Margra c. Geoffroy*. Casalonga, ob. cit., pp. 156-157, ao referir-se à situação então existente na Alemanha criticava severamente a posição do *Patentamt* e dos tribunais, segundo a qual a mera novidade da substância química obtida no final das reacções (não patenteável, ao tempo, em si mesma) permitia que um processo químico perfeitamente *banal* pudesse assim ser protegido por direito de patente.

52 J. P. Remédio Marques

III. Se a *função* já tivesse sido divulgada, a aplicação não era nova: a mera transferência de um meio de aplicação já conhecido para uma outra aplicação vizinha não era dotada de *actividade inventiva*, se a função permanecesse a mesma ou se os resultados (*rectius*, a substância obtida através da utilização dos meios ou processos) ostentassem as características ou as qualidades já divulgadas.

Mas é quanto à verificação deste último requisito que a protecção tenderá a soçobrar na maioria das eventualidades. A patenteabilidade dos processos químicos de analogia não podia (nem) pode deixar de exigir a sindicação da *originalidade* da invenção (ou, como agora, se diz, da *actividade inventiva* ou *nível inventivo*). Na verdade, quanto mais evidente for a aplicação nova relativamente ao estado da técnica, maior será a probabilidade de a *invenção do processo de analogia* não gozar de actividade inventiva. É que não basta um mero desenvolvimento do estado da técnica. O processo químico de analogia, enquanto processo equivalente ao que já integra o estado da técnica, é acessível a qualquer perito na especialidade e, por isso, não é em geral patenteável por falta de actividade inventiva[46]. Em se curando de *processos*, nas *aplicações novas destes meios já conhecidos*, é necessário ainda que o inventor substitua uma das etapas de reacção química por uma outra (ou outras) que, à partida, fosse encarada pelos peritos nas especialidades como conferindo uma *menor expectativa de êxito*[47]. Também haverá actividade inventiva se, no seu conjunto, o novo processo de analogia não for estritamente equiparável a outros processos já divulgados. Se o *processo químico de analogia se destinar à obtenção de substâncias já conhecidas* (o que não é o caso), a actividade inventiva poderá residir nos aperfeiçoamentos reivindicados por esse método relativamente ao estado da técnica.

Ou seja: somente haverá *actividade inventiva* ou *originalidade* (à luz das coordenadas preexistentes no domínio do CPI de 1940) nestes *processos de analogia* quando, tal como em outras invenções de aplicação de meios conhecidos, a invenção não consiste apenas na utilização de uma técnica conhecida (traduzida na sequência de reacção de substâncias) para produzir um resultado análogo ou idêntico ou para reproduzir qualidades, características ou propriedades já conhecidas.

---

[46] Já, assim, na Alemanha, onde, como vimos, esta doutrina se desenvolveu e teve larga expressão, o acórdão do Supremo Tribunal Federal (BGH), de 3/11/1966, in *Gewerblicher Rechtsschutz und Urheberrecht*, 1966, p. 312 ss., p. 315.

[47] BERND HANSEN/FRITJOFF HIRSH, *Protecting Inventions in Chemistry*, Wiley-VCH, Weinheim, Berlin, New York, etc., 1997, pp. 222-223.

A patenteabilidade de substâncias químicas e farmacêuticas   53

Se há uma *combinação de meios conhecidos* (*in casu*, substâncias químicas que reagem umas com as outras, com vista à obtenção de uma outra substância química seleccionada de uma classe mais vasta de compostos químicos), a *originalidade* deverá residir no *agrupamento em si* destes elementos (no seio dessa combinação e não em cada um dos meios isoladamente considerados[48]) – que ainda não havia sido obtido e cuja obtenção não estava ao alcance do perito na especialidade à luz dos processos análogos de reacção –, no sentido de concorrerem para um *resultado comum* diverso do resultado obtido através da soma dos resultados alcançados por cada um dos elementos *tomados isoladamente*.

Embora a título meramente académico se possa admitir que, nos exemplos acima analisados, a relação *meio* (*in casu*, os alegados processos químicos reivindicados pelos requerentes de protecção) *versus* o *resultado* (substância química e composição farmacêutica finais) não estava compreendida no estado da técnica, parece claro que a ideia de utilizar um *processo químico conhecido* para a obtenção das referidas substâncias poderia, normalmente, ter sido concebida pelos peritos na especialidade.

Ademais, a escolha pelos requerente de certas substâncias de reacção, de certos valores de temperatura providos de uma latitude paramétrica muito acentuada e de outros parâmetros – requerentes que apenas reivindicavam de uma forma *generalizante* e *abrangente* –, implica que tais parâmetros e valores já estejam compreendidos no estado da técnica.

4.7.2. *A falta de reivindicação das concretas etapas ou reacções do processo de analogia*

Seja como for, há uma derradeira razão para negar a patenteabilidade das eventuais *invenção de processo químico de analogia* de que resultam os compostos e as composições farmacêuticas indicados nas reivindicações de muitos pedidos de patente portuguesas. E consiste ela na constatação de que é preciso, não apenas que essa *combinação* tenha sido descrita, como também, e sobretudo, que essa *combinação* de meios tenha sido *especificamente reivindicada*[49]. Como demonstrei atrás, esta última condição não se acha verificada em muitos casos que analisei: os requerentes de protecção não reivindicavam, especificamente, as con-

---

[48] Entre outros ALBERT CHAVANNE/JEAN-JACQUES BURST, *Droit de la propriété industrielle*, 5.ª edição, 1998, cit., pp. 95-96; já a Sentença do 4.º Juízo Cível da comarca de Lisboa, de 18/05/1963, in *Boletim da Propriedade Industrial*, 1964, n.º 6, pp. 759-761, espec. p. 761.

[49] ALBERT CHAVANNE/JEAN-JACQUES BURST, *Droit de la propriété industrielle*, 5.ª edição, 1998, cit., p. 97.

54 J. P. Remédio Marques

dições pelas quais os meios (*in casu*, as substâncias químicas de partida, os reagentes, os dissolventes e os catalisadores) se achavam reunidos em vista de uma cooperação dirigida à obtenção do referido composto químico e da composição farmacêutica. E o que não é reivindicado, mas apenas é descrito, não pode obter protecção por direito de patente, *in casu*, não é pode obter protecção por *patente de processo*.

4.7.3. *A falta de industrialidade*

Por outro lado, ainda, esta *falta de clareza das reivindicações* pode ocasionar, por si só, a *insuficiência da descrição*, o que, como sabemos, pode originar a invalidação do direito de patente, mesmo ao abrigo do CPI de 1940, por um outro motivo menos ostensivo e, aparentemente, mais difícil de explicar: a *falta de industrialidade*[50].

Pois bem. Pode dizer-se que, mesmo à luz do CPI de 1940, as invenções deveriam ser descritas de forma suficientemente clara para poder ser executada por *qualquer pessoa competente na matéria* [§ 2, alínea *b*), do artigo 15.°, na redacção do Decreto-Lei n.° 27/84, de 18 de Janeiro]. Mas a *falta de clareza* das reivindicações não constitui *motivo de nulidade da patente*, ao abrigo do artigo 32.° do CPI de 1940. É apenas *causa de recusa* de protecção por parte do INPI. Só que esta patente já foi, há muito, concedida.

Em particular, se a invenção respeita a *processos*, os *elementos essenciais* da invenção que hajam sido reivindicados devem ser susceptíveis de execução pelo perito na especialidade.

Olhemos para os casos *sub iudice*. A forma pela qual as (*pseudo*)*reivindicações de processo* se acham postuladas – isto é, de uma forma vaga, ambígua, generalizante – sugerem que, ainda quando de *forma indirecta*, essa *ambiguidade* e a *falta de concretude* das (*pseudo*)*reivindicações de processo* podem colocar os peritos na especialidade perante a tarefa impossível de determinar se uma qualquer variante indicada substituída ou não substituída, pode ser preparada através das reacções químicas genérica e vagamente reivindicadas. De nada vale, lembremo-nos, especificar tais condições na *descrição*, mesmo que sejam dados vários exemplos, posto que o acervo de potenciais variações é imenso.

---

[50] Atente-se que, ao abrigo do preceituado do § 3 do artigo 22.° do CPI de 1940, a insuficiência da descrição somente era *causa de recusa da patente por parte do INPI*. Mas a falta de industrialidade da invenção já implicava, ao tempo, a *nulidade da patente*, nos termos do § 1 do artigo 32.° do mesmo Código.

Isto significa que, embora o legislador português actual e o do CPI de 1940 não permitam que o direito de patente seja declarado *nulo* por motivo da desconformidade entre as reivindicações e a descrição ou por causa da falta de clareza ou da excessiva extensão das reivindicações, há princípios comuns usados para determinar se as reivindicações são suportadas pela descrição ou se são nelas baseadas, bem como há princípios comuns para dilucidar se o invento foi *descrito de uma forma suficientemente breve e clara*, de modo a poder ser executado pelos peritos na especialidade, sem exercício de actividade inventiva própria, nem diligência ou perícia desmesuradas [§ 2, alínea *b*), do artigo 15.º do CPI de 1940]. Um destes princípios é o seguinte, o qual pode bem constituir *doutrina interpretativa* do disposto no citado normativo do CPI de 1940: quando a invenção, tal como é reivindicada, se estende a realidades e regras técnicas que não são tornadas acessíveis aos peritos na especialidade, isso significa que, não só as reivindicações não são claras, como também há *insuficiência da descrição*.

Que o mesmo é dizer que é exigível que as reivindicações incluam todos os *elementos essenciais* da invenção (*in casu* a pseudo-invenção de processo), indicados como tal na descrição, como deve reflectir o efectivo contributo desse invento para o estado da técnica *em toda a área tecnológica reivindicada*. A *amplitude* das reivindicações conjugada com a *vaguidade*, a *indeterminação* ou a *generalização* das regras técnicas descritas incapacita a execução do invento por qualquer pessoa competente na matéria *em toda a extensão reivindicada*[51].

Assim se vê que, aplicado o direito vigente no CPI de 1940, isto conduz à invalidação das patentes assim descritas e reivindicadas, exactamente por falta de *industrialidade* (§ 1 do artigo 32.º) em toda a área tecnológica reivindicada. É que, nesta sede, a *industrialidade da invenção em toda a área tecnológica reivindicada* traduz a susceptibilidade de execução do invento (*executabilidade*), tantas vezes quantas as necessárias, pelo perito na especialidade, sem o exercício de actividade inventiva própria nem a aplicação de esforço ou de diligência desmesurados. Isso significa que o invento está concluído e a ideia inventiva industrial (*in casu*, traduzida num pseudo-processo) se encontra exteriorizada de uma forma tecnicamente capaz de assegurar ou garantir a solução técnica reivindicada em toda a área tecnológica reivindicada e que o perito na especiali-

---

[51] Por todos, J. P. REMÉDIO MARQUES, *Biotecnologia(s) e Propriedade Intelectual*, vol. I, 2007, cit., pp. 528-531 e notas 1158, 1159 e 1160, bem como a jurisprudência e doutrina aí citadas; LIONEL BENTLY/BRAD SHERMAN, *Intellectual Property Law*, 2.ª edição, 2004, cit., pp. 494-495; THORLEY/MILLER/BURKILL e outros, in *TERREL On the Law of Patents*, 16.ª edição, 2006, cit., pp. 290-295.

56 J. P. Remédio Marques

dade está, igualmente, em condições de o fazer com êxito tantas vezes quantas sejam necessárias, qual *probabilidade razoável e maneira constante*[52] de atingir a solução técnica reivindicada em toda a área atingida pelas reivindicações.

4.8. *Síntese conclusiva parcial*

Vem tudo para significar que: não raras vezes, as reivindicações apresentadas por muitos requerentes de patentes caracterizavam *invenções de produto químico* e de *composição farmacêutica*, cuja protecção era fulminantemente proibida à luz do § 3 do artigo 5.° do CPI de 1940.

Ainda quando, por absurdo, se conceda que tais reivindicações podem ser qualificadas como *reivindicações de processo*, deve observar-se que, em primeiro lugar, elas são claramente desprovidas de *novidade* – atenta a enorme latitude e distância indicada pelos então requerentes, no que tange aos parâmetros fisico-químicos, bem como em atenção à *generalização* e à *vaguidade* constatadas nas, não raro, parcas regras técnicas mencionadas em sede de reacções químicas –, bem como, *a fortiori*, são destituídas de *actividade inventiva*.

Em muitas eventualidades não fica demonstrado que os procedimentos reivindicados impliquem uma mudança essencial das qualidades ou características do composto químico seleccionado (lembre-se que, ao tempo, o objecto da invenção nunca podia ser esse *composto químico* e a *composição farmacêutica* que o inclui como *princípio activo*). Isso apenas parece implicar uma série de vantagens farmacológicas (não patenteáveis de *per si*), de harmonia com os *procedimentos conhecidos* na data da prioridade. Sendo assim, sob o "disfarce" dessas vantagens plasmadas no *resultado* (no *efeito* que o *princípio activo* seleccionado exerce no combate a algumas doenças), alguns requerentes terão tentado, ao tempo, equiparar o *procedimento* a *resultado* e, como tal, a *produto*, o que não poderia ter sido feito ao abrigo do disposto no então § 3 do artigo 5.° do CPI de 1940.

De resto, ainda quando se entenda estarmos perante *reivindicações de processo*, deve dizer-se que, *mesmo ao abrigo do CPI de 1940, uma invenção de processo não é nova só porque é novo e inventivo o produto químico seleccionado e isolado a partir de uma classe mais vasta de compostos* através da execução do mencionado processo. A novidade e o nível inventivo (ou, quanto a este último requisito, o *contributo*

---

[52] Entre outros, J. P. REMÉDIO MARQUES, *Biotecnologia(s) e Propriedade Intelectual*, vol. I, 2007, cit., pp. 493-494; RUDOLF KRAβER, *Patentrecht*, 5.ª edição, C. H. Beck, München, 2004, p. 191.

técnico, como então se dizia) da substância química seleccionada de uma classe mais vasta de compostos (e da composição terapêutica assim obtida) *não se comunicam* ao processo da sua obtenção ou fabricação.

Em segundo lugar, mesmo que assim se não entenda – ou seja, mesmo que se conceda que se trata de reivindicações de processo –, a *falta de clareza, obscuridade* e a *vaguidade* de muitas dessas reivindicações de processo (conduz, indirectamente, se não à *falta e objecto* das mencionadas reivindicações de processo, pelo menos à *insuficiência da descrição*, o que, ao abrigo do CPI de 1940, só podia conduzir à *falta de industrialidade* enquanto causa tipificada de *nulidade do direito de patente*, e não apenas à recusa do pedido de protecção.

Enfim, ainda quando se pretenda ver nas ditas reivindicações a eventual caracterização de *processos químicos de analogia*, logo se constata a *falta de objecto* reivindicado ou, quando muito, a *falta de novidade* e de *nível inventivo* (a então *originalidade* ou *merecimento*), já que a patenteabilidade de tais *processos de analogia* estava, ao tempo, dependente da reivindicação das concretas fases, etapas ou ciclos de reacção química e respectivos parâmetros físico-químicos, bem como da articulação entre os concretos meios utilizados e o produto químico novo adrede obtido.

5. A sucessão de leis no tempo e o direito aplicável às realidades para que se pede protecção por direito de patente: a proibição da patenteabilidade dos métodos terapêuticos; concretização nos casos *sub iudice*

Visto o que antecede, é agora oportuno perceber as razões que fundamentam e suscitam a aplicação da lei (da doutrina e da jurisprudência) vigentes no domínio do CPI de 1940 às reivindicações de pedidos de patentes nacionais depositadas antes de 1/06/1995 e de 1/01/1996 (data da *aplicação efectiva* do Acordo TRIPS à República Portuguesa).

I. Os problemas da *sucessão de leis no tempo* suscitados pelo início de vigência de uma *lei nova* são, por via de regra, resolvidos por essa mesma lei, através da inserção de *disposições transitórias*.

As *disposições de direito transitório formal* limitam-se assim a determinar qual das leis – se a antiga, se a nova – é aplicável a determinadas situações jurídicas. As disposições de *direito transitório material* estabelecem uma disciplina própria para as situações que se encontram na fronteira, com vista a adaptar o regime da lei nova a situações jurídicas *já constituídas* ou *em constituição* ao abrigo da lei antiga, com o propósito de alargar os benefícios da lei nova, mediante a concessão de certas faculdades que não eram previstas na lei antiga ou para remover certas proibições previstas na lei antiga.

O *direito de patente* consiste num acervo de faculdades jurídicas subjectivas privadas de natureza absoluta constituídas mediante *acto administrativo constitutivo* dessas mesmas faculdades jurídicas. Daí que a sua constituição pressuponha a verificação de um acervo de *requisitos* ou *condições* de protecção *mutáveis* ao longo da evolução das *situações jurídico-económicas* e por mor da orientação conferida por certas *políticas legislativas* adoptadas pelos Estados ou grupo de Estados associados, internamente ou no seio de *Organizações Internacionais* (*v.g*, o Instituto Europeu de Patentes). Dado que a outorga do direito de patente é uma prerrogativa soberana dos Estados, os *procedimentos administrativos de patenteabilidade* podem ser tocados e afectados por alterações legislativas realizadas ao nível dos requisitos e dos pressupostos procedimentais, bem como dos *requisitos materiais* de cuja verificação depende a *válida* constituição destes exclusivos industriais.

II. Nas hipóteses que estamos a analisar, *os procedimentos nacionais de patenteabilidade foram iniciados e terminados ao abrigo do CPI de 1940.* Em algumas eventualidades, os procedimentos administrativos terminaram antes de 1/01/1992; em outros casos, o acto administrativo final ocorreu depois desta data, ou seja, quando, note-se, em Portugal *já* vigorava a CPE. Este último diploma, embora tivesse admitido a patenteabilidade das invenções de produtos químicos e farmacêuticos, acolheu, pelo contrário, no seu artigo 52.º/4, o *princípio da exclusão da patenteabilidade dos métodos de tratamento cirúrgico ou terapêutico do corpo humano ou animal.*

Ora bem. Sempre que o legislador nada diz em especial sobre a lei aplicável a situações jurídicas em que se suscite um problema de *conflito de leis no tempo,* é aplicável o *princípio da não retroactividade da lei,* ao abrigo do preceituado no artigo 12.º do Código Civil.

Em particular, deve convocar-se o n.º 2 deste artigo 12.º, segundo o qual as normas da lei nova [*in casu*, o CPI de 1995 e, agora, o CPI de 2003, a própria CPE e o Acordo TRIPS, *maxime* a alínea *a*) do seu artigo 27.º/3] que dispõem sobre os *requisitos de validade* de *factos* ou de *efeitos de factos* somente se aplicam aos *factos novos.* Isto significa que tais normas da lei nova (da CPE) se aplicam somente aos *pedidos de patente europeia* apresentados junto do INPI ou do Instituto Europeu de patentes, a partir do dia 1/01/1992. Os casos que estamos a analisar não respeitam a patentes europeias, em cujos pedidos de protecção tenha sido designado o Estado português como Estado da protecção;

são antes tais casos respeitantes a patentes portuguesas, cujos pedidos e exames foram efectuados junto do INPI.

O *inventar* é um *facto natural*, que traduz uma *criação do espírito humano* plasmada numa solução técnica para um *problema técnico lograda através de meios técnicos susceptíveis de manipular as forças naturais de forma controlada pelos seres humanos*[53]. Inventar constitui, pois, um *facto natural*.

Ora, um dos *efeitos desse facto natural* consiste precisamente no *direito de requerer a patente* (o direito à patente), cuja *titularidade* é atribuída, pela lei, de harmonia com a verificação de um acervo de *condições substanciais de patenteabilidade*[54] *vigentes na data da prática desse facto natural*.

III. Nos casos que estamos a analisar quer o *facto natural*, quer o *efeito do facto* ocorreram na vigência do CPI de 1940.

Deste modo, as *leis novas* (*maxime*, o CPI de 1995, a CPE, esta última com início de vigência, no nosso país, em 1/01/1992, ou o Acordo TRIPS) não só não se aplicam formalmente a situações jurídicas subsistentes ou em curso de constituição na data do seu início de vigência[55], por mor da ausência de *disposições transitórias* de direito material quanto à concessão de direitos de *patente nacional* a invenções atinentes, por um lado, a compostos e substâncias químicas e, por outro, a *métodos terapêuticos do corpo humano*; como também não se aplicam a *situações jurídicas que já foram constituídas ao abrigo da lei antiga* – de resto, o n.º 1 do artigo 70.º do Acordo TRIPS é claro neste ponto do regime jurídico.

Vale dizer, na ausência de *disposições transitórias* de direito material que disciplinem de forma adaptada os princípios e as regras do procedimento administrativo de patenteabilidade, deve entender-se, sem qualquer rebuço, que as *realidades patenteáveis*, a *atribuição do direito de requerer a patente*, as categorias de reivindicações, o regime jurídico dos contratos, etc., devem achar-se submeti-

---

[53] J. P. REMÉDIO MARQUES, *Biotecnologia(s) e Propriedade Intelectual*, vol. I, 2007, cit., pp. 231-237.

[54] Estas condições ou requisitos substanciais de patenteabilidade dizem naturalmente respeito às *realidades (in)susceptíveis de protecção* (*v.g*, programas de computador, substâncias químicas, métodos terapêuticos, genes humanos, embriões geneticamente manipulados, métodos terapêuticos aplicados ao corpo humano, etc.), às realidades que constituem invenções, mas que por diversos motivos, são insusceptíveis de protecção (*v.g.*, variedades vegetais ou raças animais) e aos requisitos da *novidade*, da *actividade inventiva*, da *industrialidade* e da *suficiência da descrição*.

[55] Neste sentido, por todos, BAPTISTA MACHADO, *Introdução ao Direito e ao Discurso Legitimador*, 4.ª reimpressão, Almedina, Coimbra, 1990, p. 233.

60 J. P. Remédio Marques

das às regras vigentes, no Estado da protecção (*in casu*, em Portugal), na data do pedido (nacional) de patente[56].

IV. No que concerne ao *exercício do direito de patente* e o *licere* que o seu conteúdo incorpora (*rectius*, os *poderes jurídicos* do titular de conteúdo negativo e positivo), ele acha-se, pelo contrário, regulado pelas *disposições da lei nova relativamente aos factos futuros ocorridos na vigência desta lei nova* – por exemplo, a *sanção* e os demais instrumentos destinadas a reprimir ou a prevenir alegadas violações de um direito de patente *cometidas após o início de vigência da lei nova* são disciplinadas por esta lei.

V. Em particular, no que às *realidades patenteáveis* diz respeito – *scilicet*, saber que *produtos* ou *processos* são patenteáveis ou se certas realidades podem subsumir-se, elas próprias, ao conceito de *invenção* –, creio ser pacífico intuir e aceitar que é mobilizável a *lei vigente na data do pedido de patente*[57], mesmo que possa ser controversa, como veremos *infra*, a discussão acerca da atribuição de valor de *lei interpretativa* ao disposto nos artigos 48.°/2 do CPI de 1995, 53.°/3, alínea *c*), do CPI de 2003 e 49.°/2 da CPE: proibição da patenteabilidade, *inter alia*, dos métodos terapêuticos.

É, destarte, irrelevante tanto a *data da invenção*, quanto a *data do pedido originário ao qual tenha sido conferido a prioridade unionista* ou, inclusivamente, a *data da violação*, em Portugal, do direito de patente.

Na falta de *disposição transitória específica* do CPI de 1995, esta solução de aplicar o regime previsto no CPI de 1940, para o efeito de saber quais os *produtos* ou *processos* que são susceptíveis de patenteação, constitui um afloramento de um princípio geral, nos termos do qual *as regras que disciplinam ou dispõem sobre os requisitos de validade de quaisquer factos ou actos jurídicos somente se aplicam aos factos novos* (artigo 12.°/2, 1.ª parte, do Código Civil).

O que vale por dizer que as regras contidas na lei nova respeitantes a esta questão *não afectam, em princípio, as situações jurídicas em curso de constituição na data do início de vigência da lei nova* (*in casu*, o CPI de 1995 ou a CPE), que haja alterado tais *requisitos de validade* quanto aos pedidos de patente que designaram o Estado português como Estado da protecção.

---

[56] J. P. REMÉDIO MARQUES/NOGUEIRA SERENS, "Direito de patente: sucessão de leis no tempo …", 2006, cit., p. 1039.

[57] Já assim, entre muitos, JEAN-MARC MOUSSERON, *Traité des brevets*, Librairies Techniques, Paris, 1984, p. 14.

É, inclusivamente, possível recortar o afloramento desta regra nas próprias *disposições transitórias especiais* constantes do Decreto-Lei n.º 16/95, de 24 de Janeiro (que aprovou o CPI de 1995), em matéria de *caducidade de direitos de patente* cujos pedidos tenham sido apresentados no domínio do CPI de 1940 e que ainda não haviam sido decididos na data do início de vigência do CPI de 1995: o legislador, coerente com a ideia de que as causas de extinção do direito de patente (*inter alia*, a *caducidade*) devem ser regidas à luz das normas cuja aplicação foi suscitada para *constituir* (para *fazer nascer*) o direito de patente, dispôs, no artigo 7.º/1 deste decreto-lei, que a tais *pedidos de caducidade* seria aplicável a *lei antiga* (o CPI de 1940).

Isto às reivindicações apresentadas, antes de 1/01/1992, por todos os requerentes aí onde se tentava, não raro, dissimular a caracterização de verdadeiros *compostos químicos e farmacêuticos* mediante a inserção meramente formal da palavra *"processo"* no dealbar do enunciado linguístico respeitante a cada uma das reivindicações.

VI. À primeira aparência, o problema *sub iudice* pode ser mais complexo quanto a saber se, à luz do CPI de 1940 – normativo que, como vimos, deve ser aplicado no que tange à verificação das condições substanciais de validade do direito de patente –, se achava vedada a patenteabilidade dos *métodos terapêuticos*. E, lembre-se que muitas das reivindicações depositadas nessa época rezavam mais ou menos assim: *"Método para a profilaxia e a terapia de uma doença devida à actividade da substância X, caracterizado pelo facto de se administrar a um paciente o composto Y, tal como se definiu na reivindicação 1, ou um seu sal farmacologicamente aceitável, de preferência, numa dose diária entre 1 e P mg, dividida por uma a N porções".*

À *data da apresentação destes pedidos de patente* a lei material então vigente, o CPI de 1940 – o qual, como já sabemos, se aplica neste ponto ao caso *sub iudice* –, não proibia *expressamente* a concessão de direitos de patente respeitantes a *métodos terapêuticos* aplicados ao corpo humano, mas apenas vedava o direito de patente aos produtos farmacêuticos e às demais substâncias químicas (artigo 5.º/3 do referido Código).

Mas será que a circunstância de essa proibição da *patenteabilidade dos métodos terapêuticos* não constar *expressamente* do CPI de 1940 nos leva a reconhecer, no anverso, *a licitude* da patenteabilidade de tais métodos, tal-qualmente essa patenteação nos surge nos exemplos de reivindicações *supra* mencionados?

62   *J. P. Remédio Marques*

5.1. *A exclusão da patenteabilidade dos métodos terapêuticos no direito estrangeiro no domínio de vigência do CPI de 1940*[58]

No moderno direito de patente, a recusa da patenteabilidade dos *métodos de terapia* tem a sua génese no início do século XX, por influência das orientações do Instituto de patentes alemão (*Patentamt*).

A justificação da proibição da patenteabilidade dos métodos que visam o restabelecimento do bem-estar psíco-físico ou a prevenção da ocorrência de desequilíbrios desta natureza foi, desde logo, surpreendida na *falta de industrialidade* destes métodos[59]. É que, uma vez que este tipo de inventos se destinava a influenciar a vida ou o equilíbrio psico-físico, eles não seriam providos de novidade. A *industrialidade* verificava-se apenas nas invenções que eram susceptíveis de utilização nas operações ou nas actividades de natureza mecânica ou química com vista a *transformar matérias-primas em produtos finais*: somente estes últimos inventos é que, para a jurisprudência e doutrina da época, pertenciam ao campo da "técnica"[60]. Ainda na Alemanha, pouco antes do início de vigência da *Patentgesetz* de 1936, o alargamento dos confins adentro dos quais a actividade humana podia ser qualificada como actividade industrial levou à mudança do fundamento da proibição da patenteabilidade dos métodos terapêuticos: essa recusa de protecção passou a fundar-se substancialmente em razões éticas.

De sorte que era permitida a constituição de exclusivos respeitantes a invenções com finalidades puramente cosméticas, precisamente na medida em que não desfrutassem de uma *eficácia propriamente terapêutica*, ou seja, contanto que a sua execução não implicasse *modificações ou alterações no organismo humano*[61].

Vale isto por dizer que o exercício do *ius prohibendi* inerente às patentes de métodos cuja execução influía no estado de saúde dos pacientes passou a ser maioritariamente encarado como ofensivo dos *bons costumes (gute Sitten)*[62].

---

[58] Por todos, cfr. J. P. REMÉDIO MARQUES, *Biotecnologia(s) e Propriedade Intelectual*, vol. I, 2007, cit., pp. 304-336; J. P. REMÉDIO MARQUES, "A patenteabilidade dos métodos de diagnóstico, terapêuticos …", 2006, cit., pp. 90 ss.

[59] Decisão do *Patentamt*, de 30/12/1904, no caso "Badewaser", in *Blatt für Patent-, Muster- und Zeichenwesen*, 1905, p. 4.

[60] Nestes termos, veja-se a decisão do *Patentamt*, de 12/06/1914, in *Blatt für Patent-, Muster- und Zeichenwesen*, 1914, p. 257.

[61] Neste sentido, ao que parece, a decisão do *Patentamt*, de 28/01/1935, in *Blatt für Patent*, cit., 1935, p. 31.

[62] HANS DERSIN, "Über die patentfähigkit von Verfahren zur Behandlung des lebenden menschlichen Körpers", in *Gewerblicher Rechtsschutz und Urheberrecht*, 1951, p. 2 ss., p. 5.

A patenteabilidade de substâncias químicas e farmacêuticas   63

Novamente, a partir do início dos anos sessenta do século passado, a cláusula geral dos bons costumes aplicável à constituição do direito de patente sofreu uma certa menorização em favor, novamente, da tradicional justificação, de acordo com a qual a estes métodos terapêuticos falta a suficiente *industrialidade* e carácter merceológico para serem objecto de direito de patente. As justificações da proibição de cariz *ético-social*, embora nunca tivessem sido afastadas, foram então instrumentalizadas para o efeito de negar a *industrialidade* destes inventos. A posição do Supremo Tribunal Federal alemão, em 26/09/1967, no caso "Glatzeoperation"[63] constitui um marco paradigmático na solidificação desta dogmática.

No Reino Unido, as restrições à patenteabilidade dos métodos etapas ou actividades actuam no corpo humano remontam ao caso *In the Manner of C and W's Application for a Patent*, de 1914[64], respeitante a um método de extracção de chumbo do corpo de pessoas que sofriam de envenenamento: foi aí excluída a patententeabilidade destes métodos por motivo de a invenção não respeitar a uma nova "forma de fabrico" (*manner of manufacture*); ideia que foi retomada, logo em 20/04/1918, pelo *Solicitor-General*, nos procedimentos de impugnação da decisão anterior: o processo de extracção do chumbo do corpo humano não traduzia um processo de fabrico de uma substância, um aparato corpóreo ou o melhoramento desse processo de fabrico. No Reino Unido, ainda antes da vigência do actual Patents Act, de 1977, formou-se uma jurisprudência, pelo menos a partir de 1975 (do caso *Eli Lilly and Co.'S Application*[65]), segundo a qual a razão de ser da exclusão da protecção radica em razões éticas e deontológicas: a utilização de tais métodos não deverá ser objecto de eventuais limitações ou constrangimentos por motivo da existência de direitos exclusivos sobre esses métodos terapêuticos.

De igual jeito, na França e na Bélgica, a doutrina fez-se eco da posição segundo a qual os métodos terapêuticos (de diagnóstico e cirúrgicos) traduzem o exercício de actividades típicas dos médicos, o que exclui que sejam havidas como actividades que relevam do domínio da "indústria" enquanto modos de actuar que não traduzem actividades comerciais[66].

---

[63] In *Gewerblicher Rechtsschutz ud Urheberrecht*, 1968, p. 142 ss.

[64] In *Report of Patent, Design and Trademark Cases*, 1914, p. 235.

[65] In *Report of Patent, Design and Trademark Cases*, 1975, p. 438 ss. (reivindicara-se aí um método de utilização terapêutica de um composto químico já conhecido, no qual foram identificadas propriedades anti-inflamatórias).

[66] ALBERT CHAVANNE/JEAN-JACQUES BURST, *Droit de la propriété industrielle*, 5.ª edição, 1998, cit., p. 36.

5.2. **A questão da exclusão da patenteabilidade dos métodos terapêuticos no domínio do CPI de 1940**

Como referi, o CPI de 1940 era omisso quanto a esta específica questão de saber se eram patenteáveis as invenções respeitantes a *métodos terapêuticos*. Ele dispunha, porém, que não eram patenteáveis as invenções respeitantes aos "*produtos e preparados farmacêuticos destinados ao homem e aos animais*"; além de que, nos termos do seu § 3 do artigo 4.°, também proibia a patenteabilidade de invenções (de produto) respeitantes a *alimentos* (destinados ao homem ou aos animais).

Idêntico regime vigorou, entre nós, no domínio da Lei de 21 de Maio de 1896, que, pela primeira vez, regulou em conjunto a chamada propriedade industrial: de facto, o artigo 11.° desta Lei excluía expressamente a patenteabilidade dos "*preparados pharmaceuticos e os remédios destinados á alimentação humana ou aos irracionaes*"[67]. O mesmo regime já constava do Decreto de 28 de Março de 1895, o qual, tendo sido mantido em vigor após a normalização constitucional, regulamentou aquele Decreto Ditatorial: o § 2 do seu artigo 9.° preceituava que: "*Na industria da pharmacia só se concedem patentes aos processos por que se obtêem os produtos e não aos preparados ou remédios*".

Deve, todavia, observar-se que, a despeito desta ausência de regulamentação em Portugal acerca da tutela por direito de patente dos métodos terapêuticos (bem como dos métodos cirúrgicos e de diagnóstico), o § 2 do referido artigo 5.° do CPI de 1940 vedava a patenteabilidade das invenções *cuja utilização* fosse contrária à lei, à segurança pública, à *saúde pública* e aos bons costumes. Esta referência já permitia inculcar a ideia segundo a qual tais inventos de processo nunca poderiam ser protegidos por direito de patente[68]. Além disso, o então requisito da *realidade* ou da *industrialidade* também depunha contra a protecção deste métodos: tais inventos, por que ligados à pessoa, aos conhecimentos ou à destreza manipuladora do concreto medico inventor não eram susceptíveis de *aplicação em série*, com vista a uma produção de tipo industrial: ou os resultados seriam provavelmente aleatórios, ou dependiam de habilida-

---

[67] A proibição da concessão de patentes às invenções de produtos ou preparados farmacêuticos remonta, entre nós, ao § 2 do artigo 4.° do Decreto de 31 de Dezembro de 1852. O anterior Decreto de 16 de Janeiro de 1837 não plasmava qualquer limitação à patenteabilidade no que respeitava ao objecto da invenção, mas autorizava a cessação destes privilégios mediante a emissão de uma sentença que os declarasse "nullos ou nocivos" (§ 2 do artigo 222.°).

[68] J. P. REMÉDIO MARQUES, "A patenteabilidade dos métodos de diagnóstico, terapêuticos e cirúrgicos ...", 2006, cit., p. 78.

A patenteabilidade de substâncias químicas e farmacêuticas   65

des pessoais do inventor. De sorte que *o resultado* – *id est*, a concreta terapia – não se coadunava com uma produção ou prestação de tipo industrial, independentemente do seu valor económico.

Em particular, a proibição da patenteabilidade destes métodos parece justificar-se, ao tempo, com base na protecção da *saúde pública* e na tutela do *acesso aos cuidados de saúde*. Se, quanto aos *remédios* e aos *alimentos*, o CPI de 1940 negava a concessão de exclusivos industriais, visto que estes exclusivos permitiriam que o seu titular especulasse com os preços[69], *a fortiori*, ao abrigo do CPI de 1940 impõe-se negar a patenteabilidade dos *métodos de terapia*, pois, não só o *acesso aos cuidados de saúde* ficaria fortemente condicionado e a *liberdade terapêutica* tendencialmente tolhida, como também a *regulação pública* do preço desses tratamentos seria dificultada com a titularidade de patentes desta natureza. O Prof. Oliveira Ascensão[70] já enquadrava esta proibição no princípio da licitude e, igualmente, em motivos ético-sociais.

5.3. *Os termos actuais da exclusão da patenteabilidade dos métodos terapêuticos: CPE e CPI de 2003*

Na sequência da recente entrada em vigor, em 13/12/2007, da revisão da CPE, ocorrida em Novembro de 2000, mantém-se a exclusão da patenteabilidade dos *métodos terapêuticos* (bem como dos métodos *cirúrgicos* e de *diagnóstico*) aplicados *ao* corpo humano e animal. Todavia, esta exclusão aparece agora inserida nas *realidades que constituem invenções, mas cuja patenteabilidade está, à partida, excluída por motivos atinentes à tutela da saúde pública e dos bons costumes, mais precisamente a exigências deontológicas respeitantes ao exercício das profissões médicas.* Abandonou-se a tradicional justificação segundo a qual a recusa da concessão de direito de direito radicava na *falta de industrialidade* destas invenções, substituindo-a por uma mais adequada visão, de harmonia com a qual a exclusão da patenteabilidade funda-se numa política legislativa de *tutela da saúde pública* e do *acesso aos cuidados de saúde*[71].

---

[69] Silva Carvalho, *O Objecto da Invenção*, 1970, cit., p. 91.

[70] Oliveira Ascensão, *Direito Comercial*, vol. II, *Direito Industrial*, 1988, cit., p. 236.

[71] Tb. agora David Vaver/Shamnad Basheer, "Pooping Patented Pills: Europe and a Decade's Dose of TRIPs", in *European Intellectual Property Review*, 2006, p. 282 ss., p. 284; J. P. Remédio Marques, "A patenteabilidade dos métodos ...", 2006, cit., p. 118 ss; J. P. Remédio Marques, *Biotecnologia(s) e Propriedade Intelectual*, vol. I, 2007, cit., pp. 310-311.

66   J. P. Remédio Marques

O actual CPI de 2003 mantém a expressa proibição da patenteabilidade destes métodos, embora tenha deixado de a fundar numa alegada *falta de industrialidade* (veja-se agora o artigo 53.º/3, alínea *c*), do CPI, na redacção do Decreto-Lei n.º 143/2008, de 25 de Julho).

5.3.1. *A densificação do conteúdo da exclusão: métodos de terapia*

A doutrina e a jurisprudência dominantes no seio da CPE privilegiam um sentido amplo de método terapêutico. De facto, a proibição atinge os *métodos cuja execução visa restituir o equilíbrio psico-físico* (e/ou social) perdidos, bem como os *métodos com escopo profiláctico* (*v.g.*, métodos de injecção, de vacinação, de remoção de tártaro dos dentes, de queda do cabelo, etc.), cuja execução envolve actividades, ciclos ou etapas dirigidas a *prevenir a causação de doenças* ou de outras disfunções e, outrossim, os métodos destinados a *aliviar ou suprimir a dor, o desconforto físico ou a restaurar a capacidade física*[72].

A proibição atinge tanto os casos em que a disfunção ou o desequilíbrio que a invenção visa prevenir ou tratar é interna ou externa, quanto as situações em que esse desequilíbrio ou disfunção são temporários ou duradouros, independentemente da origem da dor, do desconforto ou da incapacidade que a terapia visa remover ou atenuar.

A proibição já não atinge os *métodos cosméticos*. A patenteabilidade não deve ser afastada se a execução do método produzir um *resultado estético autonomizável, cindível ou dissociável* do resultado terapêutico (ou profiláctico), em termos, na minha opinião, da existência de um *nexo causal invariável ou inevitável* entre os dois tipos de efeitos[73]. Se o resultado terapêutico for *indissociável* ou *inseparável* do *resultado cosmético* – o que, por exemplo, sucede quando se melhoram as propriedades ou características de certos animais e, simultaneamente, a execução do método produz um certo efeito estático (*v.g.*, a perda do peso corporal por ocasião da administração de uma substância com propriedades higiénicas) –, deve valer a proibição da patenteabilidade.

---

[72] J. P. REMÉDIO MARQUES, "A patenteabilidade dos métodos de diagnóstico, terapêuticos e cirúrgicos ...", 2006, cit., pp. 104-105, com abundante doutrina e jurisprudência; LIONEL BENTLY/BRAD SHERMAN, *Intellectual Property Law*, 2.ª edição, 2004, pp. 388-389.

[73] J. P. REMÉDIO MARQUES, "A patenteabilidades dos métodos ...", 2006, cit., p. 107.

Cadernos O Direito 4 (2009), 13-104

A patenteabilidade de substâncias químicas e farmacêuticas   67

5.3.2. *Métodos aplicados ao corpo humano ou animal*

A proibição da patenteabilidade dos métodos de terapia atinge somente as invenções cuja execução implica um *contacto directo* com o corpo humano vivo – os métodos executáveis *in vivo* –, o que significa que não se encontram abrangidos pela proibição os métodos executáveis sobre cadáveres ou os métodos aplicados directamente em *próteses amovíveis* aplicadas ao corpo humano (que não os métodos executáveis em próteses ou em implantes *permanentemente* ligados ou introduzidos no corpo humano[74]). Outrossim, não se acham abrangidos pela proibição os métodos de programação de *pacemakers*, destinados a controlar os impulsos eléctricos, pois a ideia inventiva, tal como é caracterizada nas reivindicações, liga-se imediatamente ao aperfeiçoamento de uma máquina e não à saúde humana[75].

Em suma, independentemente do método terapêutico poder ser executado em uma única etapa, actividade ou ciclo, ou em várias, o certo é que a sua patenteabilidade está afastada em todas as vezes em que as reivindicações (ou uma reivindicação independente) revelarem a presença de uma *actividade física praticada directamente sobre o corpo humano*. É, por exemplo, o caso da administração de substâncias químicas activas por via oral, parentérica, os casos de punções lombares para administração de injecções epidurais, etc[76].

Por outras palavras: ainda quando a execução de uma *invenção de processo* possa *interagir com o corpo humano vivo*, ela somente será patenteável enquanto invenção de método terapêutico se e quando não for actuada directamente sobre esse corpo *in vivo*. Ela será patenteável quando não existir uma ligação funcional e um nexo físico entre as etapas ou actividades constituintes da ideia inventiva materializada num aparato corpóreo de natureza terapêutica e o efeito produzido por esse aparato corpóreo no corpo humano[77].

---

[74] Visto que estes objectos, sobre os quais incidem as actividades ou as etapas constitutivas do método, passam a formar uma *unidade* com as demais partes ou *elementos componentes* do corpo, constituindo um *todo inseparável*: a execução do método afecta *directamente* o corpo humano vivo (*v.g.*, método de modelação da forma de uma lente de contacto *implantada permanentemente* na córnea do paciente: decisão T 24/91, no caso *THOMPSON/Cornea*, in *Official Journal of the European Patent Office*, 1995, p. 512 ss.).

[75] Assim, a decisão T 789/96, no caso *ELA MEDICAL*, in *Official Journal of the European Patent Office*, 2002, p. 364 ss., p. 369.

[76] Veja-se agora a decisão G 1/04, de 16/12/2005, da Grande-Câmara de Recurso do Instituto Europeu de Patentes, in *Official Journal of the European Patent Office*, 2006, p. 334 ss.

[77] Neste sentido, a decisão T 245/87, no caso SIEMENS, in *Official Journal*, cit., 1989, p. 171 ss., § 3.2.3.

68   *J. P. Remédio Marques*

5.3.3. *A realização ou a supervisão do método por um médico?*

Aqui chegados, e uma vez apurado o sentido da expressão métodos "aplicados ao corpo humano ou animal", é necessário ainda precisar se a exclusão da patenteabilidade está ainda condicionada ao facto de as actividades, as etapas ou os ciclos terapêuticos deverem ser executadas por médicos.

A referida decisão G 1/04, da Grande-Câmara de Recurso do Instituto Europeu de Patentes não condiciona a exclusão da patenteabilidade ao facto de o *método ser executável por médicos* ou envolver a *participação* ou a *supervisão* de médicos. A qualificação de um método como sendo de terapia ou de diagnóstico não depende do *nomen* por que seja conhecido ou da *qualificação profissional* de quem o deva executar ou supervisionar.

A proibição ou a admissão da tutela por direito de patente não depende, deste modo, das *qualificações profissionais das pessoas* que os podem executar[78]: mesmo que não haja *o pôr em perigo a liberdade* e os deveres deontológicos dos médicos, pode ser negada a patenteabilidade se a invenção consistir numa *método terapêutico aplicado directamente ao corpo humano*

Aplicado o exposto aos casos que estamos a analisar, logo constatamos que, visto à luz das leis actuais (CPI de 2003, CPE e jurisprudência uniformizadora do Instituto Europeu de Patentes), as reivindicações exemplificadas *supra* no n.º 1, traduzem:

(1) Um método terapêutico (para tratar da doença *X*);
(2) Um método aplicado *directamente* ao corpo humano vivo (administração ao paciente, por via oral, numa dose diária dividida por uma a quatro tomas); e
(3) Um método cuja concreta execução não carece irremissivelmente da presença, da participação ou da supervisão de pessoal médico.

5.4. *A natureza de* **lei interpretativa** *do actual CPI de 2003 quanto à exclusão* *da patenteabilidade dos métodos terapêuticos*

Coloca-se agora a questão de saber se, ainda quando se entenda que o CPI de 1940 não contém uma expressa proibição da patenteabilidade das invenções

---

[78] Contra, SVEN BOSTYN, "No Cure Without Pay? Referral to the Enlarge Board of Appeal Concerning the Patentability of Diagnostic Methods", in *European Intellectual Property Review*, 2005, p. 412 ss., pp. 417-418.

A patenteabilidade de substâncias químicas e farmacêuticas   69

materializadas em métodos terapêuticos, pode ser *aplicada a lei nova a uma situação jurídica constituída ao abrigo da lei antiga* e que, como vimos atrás, por ela é regida. Postula-se, pois agora, o problema de saber se pode ser aplicado o disposto no artigo 53.º/3, alínea *c*), do CPI de 2003 (*idem*, artigo 52.º/4 da CPE, na versão anterior à revisão de Novembro de 2000).

Como é sabido, a qualificação (pelo legislador, pela jurisprudência ou pela doutrina) de uma lei nova como *lei interpretativa* significa que, relativamente a normas desta natureza, não se aplica o *princípio da não retroactividade* previsto no artigo 12.º do Código Civil. O artigo 13.º do mesmo Código diz-nos assim que a lei interpretativa se integra na lei interpretada.

Isto significa que a *lei interpretativa*, posto que fixa uma das interpretações possíveis da lei antiga com a qual os interessados deveriam contar, pode aplicar-se a factos passados, já que assim vistas as coisas ela não viola quaisquer expectativas seguras e fundadas. As *leis interpretativas* só o são quando consagram soluções que, quanto a certos pontos controvertidos ou incertos, os tribunais poderiam ter consagrado se tivessem que decidir tais pontos controvertidos no domínio da lei antiga. Mas não é preciso que, no domínio da lei antiga, os tribunais alguma vez se tivessem pronunciado sobre pelo menos uma das soluções adoptada pela lei nova. Se no domínio da lei antiga os tribunais tiverem tido ocasião de fixar um interpretação diferente, seguramente que a lei nova é, pelo contrário, uma *lei inovadora*[79]. Concretizemos nos casos *sub iudice*.

Será que, no domínio do CPI de 1940, a questão da patenteabilidade dos métodos terapêutico, a solução susceptível de vigar era uma solução controvertida ou, pelo menos, incerta? Quanto a isto, poderemos dizer, no mínimo, que *a solução consistente na proibição da patenteabilidade dos métodos terapêuticos era incerta, pois a lei somente previa expressamente a proibição da patenteabilidade dos alimentos, embora negasse a patenteabilidade dos inventos contrários a lei, a saúde pública, aos bons costumes e a segurança pública.*

E será que a solução prevista na lei nova (o CPI de 1995 e, agora, o CPI de 2003) se situa no interior dos quadros da controvérsia, de tal modo que esta solução da proibição expressa da patenteabilidade de tais métodos poderia ter sido lograda pelos tribunais da época ou pelo intérprete sem violar os limites normalmente impostos à interpretação da lei?

Creio que, neste ponto, a resposta também é aqui afirmativa: os quadros normativos estrangeiros e jusinternacionais na época em que vigorou o CPI de

---

[79] Sobre isto, Baptista Machado, *Introdução ao Direito e ao Discurso Legitimador*, 4.ª reimpressão, Almedina, Coimbra, 1990, pp. 246-247.

70 *J. P. Remédio Marques*

1940 proibiam expressamente (e quase sempre) a patenteabilidade dos métodos terapêuticos, do mesmo modo que *os tribunais portugueses e o intérprete da época poderiam naturalmente sentir-se autorizados a adoptar a solução traduzida na exclusão da patenteabilidade de tais métodos.*

6. O problema *sub iudice* visto luz da proibição da realização de *alteração de elementos essenciais* dos pedidos de patente ou de patente já concedida

Pense-se, porém, a título de hipótese meramente académica, que aos *requisitos de validade* da concessão de patentes requeridas antes de 1/06/1995 e já concedidas nesta data é aplicável a *lei nova* (o CPI de 1995 e agora o CPI de 2003), por mor do (discutível) propósito de lograr a harmonização do regime relativo aos pedidos de *patentes europeias* e dos pedidos de *patentes nacionais* respeitantes às mesmas invenções.

Mesmo à luz desta hipótese académica, creio poder demonstrar a impossibilidade de *convalidação* e, logo, de *sanação da invalidade* das reivindicações de produto depositadas, na época, por muitos requerentes, caso elas sejam consideradas verdadeiras reivindicações de produto químico ou farmacêutico.

6.1. *A distinção entre as* patentes europeias *e as* patentes portuguesas

Os então requerentes de patentes estão impedidas de agora verem afirmada a validade das reivindicações que hajam depositado antes de 1/01/1992, ainda que aleguem que, considerando que são *substancialmente reivindicações de produto*, estas eram as reivindicações da patente europeia correspondente, já concedida para a mesma invenção.

Poderá este facto − a circunstância de, na época, ter sido concedido a muitos requerentes uma *patente europeia* com este mesmo objecto − servir de fundamento para legitimar a convalidação do objecto do pedido e da correspondente *patente portuguesa* n?

Creio decisivamente que não. Vejamos.

A CPE, com início de vigência em 7/10/1977 apenas introduziu um *sistema unificado de exame* e *concessão* de patentes, que é válido *nos Estados Contratantes no momento da apresentação do pedido de patente europeia* (artigo 79.º/1 da CPE). Patentes europeias e patentes nacionais são realidades jurídicas distintas: não apenas quanto às *fontes normativas*, quanto ao seu *nascimento e constituição*,

A patenteabilidade de substâncias químicas e farmacêuticas 71

mas também quanto à *sua vigência no ordenamento dos Estados Contratantes* e, outrossim, quanto à sua extinção.

É desde logo verdade que uma *patente europeia* não constitui, contrariamente a outros direitos de propriedade industrial de jaez comunitário (*v.g.*, marca comunitária, desenhos ou modelos comunitários, direito de obtentor de variedades vegetais), um *direito subjectivo privado absoluto* de natureza *extraterritorial*, vigente, simultânea e unitariamente, em todos os Estados Contratantes. Após a sua concessão – lograda através de um procedimento administrativo unitário, que tem lugar junto dos órgãos competentes do Instituto Europeu de Patentes –, ela configura-se como um *feixe* de direitos nacionais de patente, independentes e autónomos entre si, que passam a vigorar nos ordenamentos dos Estados contratantes designados; e que passam a conferir ao titular os *mesmos direitos que lhe seriam reconhecidos por uma patente nacional concedida no Estado Contratante* (artigo 64.°/1 da CPE). O que *não é*, por isso, *uma assimilação ao regime jurídico das patentes nacionais* concedidas nesses mesmos Estados Contratantes, na eventualidade de os requerentes não desejarem seguir a Via Europeia.

A *patente europeia*, mesmo quando concedida para o território português não deixa de ter uma *existência jurídica autónoma* relativamente às *patentes nacionais* que poderiam ter sido concedidas para a mesma invenção. Isto por mor dos seguintes motivos.

Desde logo, a *intensidade das faculdades jurídicas* reconhecidas ao titular de uma patente europeia (*v.g.*, proibir a venda, a importação, a comercialização do objecto da invenção, etc.) depende do disposto no regime jurídico interno do Estado Contratante designado (artigo 64.°/1 da CPE).

Depois, a disciplina respeitante à *validade de uma patente europeia* é exclusivamente determinada pelo *regime substantivo previsto na CPE* e não pelo regime plasmado nos ordenamentos internos dos Estados Contratantes (artigo 138.°/1 da CPE).

Em terceiro lugar, é nesta Convenção que se encerra da atribuição de *legitimidade para solicitar o pedido de patente europeia*, bem como a *designação do inventor*, que não o direito interno dos Estados contratantes (artigos 58.° a 62.° da CPE).

Depois, é a CPE que confere alguns direitos ao requerente da protecção, direitos resultantes da *publicação do pedido de patente europeia*, cuja aplicabilidade *impõe*, pelo baixo, aos Estados Contratantes (artigo 67.°/2, 3 e 4, *idem*).

Também é a CPE que determina os *efeitos do pedido de patente europeia* ou da sua *revogação*, no caso de esta última eventualidade ocorrer durante o *processo de oposição* junto do Instituo Europeu de Patentes (artigo 67.°/4 da CPE).

72   J. P. Remédio Marques

De igual jeito, é a CPE que autoriza a *transmissão* ou a *autorização* ("licença contratual") respeitante ao pedido de patente para um ou para vários Estados Contratantes designados nesse pedido (artigo 71.º a 73.º, *ibidem*).

Enfim, o *âmbito de protecção* de uma *patente europeia* é determinado à luz das regras inscritas na CPE – ou seja, as do artigo 69.º/1 e dos respectivos Protocolos Interpretativos de Outubro de 1973 e de Novembro de 2000 –, e não, designadamente, à face do artigo 93.º do CPI de 1995 ou do artigo 97.º/1 do CPI de 2003.

Assim se vê que as *patentes europeias* estão sujeitas a um duplo regime jurídico, consoante a proveniência das fontes jurídico-materiais que se interessam pela sorte de uma patente europeia. Não vigora, pois, a regra da *assimilação total* de uma *patente europeia* a uma *patente nacional* no Estado contratante designado, após ter sido publicado o aviso de concessão. Além disso, o *objecto de protecção* e o *âmbito de protecção* sujeitam-se a um *regime de continuidade* no quadro dos ordenamentos de todos os Estados Contratantes[80].

Observe-se, finalmente, que o destino de uma patente europeia, no que em particular respeita à sua validade é regido exclusivamente pela CPE (p. ex., em matéria das realidades que podem ser patenteáveis).

Assim se alcança que a *acção de nulidade* de uma *patente europeia* somente pode ser fundada nos motivos de invalidade previstos na referida CPE, e não com base nos fundamentos previstos no ordenamento dos Estados Contratantes.

Do exposto anteriormente intui-se facilmente que uma *patente nacional* nunca pode ser *equiparada* ou *assimilada* a uma *patente europeia*, e vice-versa, ainda quando esta, após a concessão do pedido de protecção, se converte num *feixe* de múltiplos direitos (territoriais) de patente vigentes nos Estados para que foi concedida. É inelimínável a *coexistência alternativa*, dentro do mesmo território estadual, de duas patentes: a europeia e a nacional.

Vale tudo por significar a irrelevância da obtenção, pelos então requerentes de patentes portuguesas antes do dia 1/01/1992, de uma *patente europeia* respeitante à mesma *invenção de produto químico e de composição terapêutica*. E nem podem tais requerentes (e agora titulares de patentes) lograr colocar essas reivindicações de produto em lugar das iniciais *reivindicações de processo*. Isto, como vimos, se se entender que tais requerentes depositaram verdadeiras e válidas reivindicações de processo.

---

[80] Assim, PILAR JIMÉNEZ BLANCO, *El derecho aplicable a la protección internacional de las patentes*, Editorial Comares, Valência, 1998, p. 50; RETO HILTY, *Der Schutzbereich des patents (Eines Unterschung des Europäischen Patentübereinkommens anhand des vergleichbaren schweizerischen Rechts)*, Carl Heymanns, Helbing & Lichtenhahn, Berlin, Bonn, München, 1990, pp. 38-39.

A patenteabilidade de substâncias químicas e farmacêuticas 73

Da circunstância de essas *reivindicações de produto* constarem, *qua tale*, das alegadas *patentes europeias* não decorre a legitimação para pretender efectuar, uma *sanação* ou *convalidação* das (inválidas) reivindicações de produto "travestidas" de reivindicações de processo.

6.2. *A intangibilidade das reivindicações respeitantes aos elementos essenciais dos inventos; finalidades; a protecção da confiança de terceiros; desvios*

Embora haja valores ponderosos subjacentes à faculdade jurídica posta à disposição dos requerentes de alterar o pedido de patente *durante o procedimento administrativo de protecção* – seja, porque, *v.g.*, o requerente é confrontado com objecções por falta de novidade ou de nível inventivo, seja porque ocorre uma *insuficiência da descrição* face aos elementos técnicos concretamente reivindicados, seja porque o requerente deseja utilizar as melhores palavras ou expressões para caracterizar o invento e concluiu que tinha usado –, decerto que também há um acervo de interesses e de valores veiculados por terceiros, que tenham identificado uma *situação de confiança* (por via da publicação do pedido no *Boletim da Propriedade Industrial*[81]), *devidamente justificada* e tenham *investido a sua confiança*[82] na luta pela inovação tecnológica num conjunto de objectos, elementos e características técnicas não reveladas (e não divulgadas) inicialmente pelo requerente de uma patente[83]. Pois, a *divulgação* através da *publicação* do

---

[81] Neste caso, a lei, ao exigir a publicação dos pedidos de protecção e dos pedidos de alteração, bem como o respectivo despacho, no referido *Boletim*, determina, assim, a adopção de um comportamento destinado a realizar ou a não defraudar representações alheias (dos terceiros que equacionam investir no mesmo domínio tecnológico ou que já investiram).

[82] Adopta-se aqui a terminologia de MENEZES CORDEIRO, *Da boa fé no Direito civil*, Almedina, Coimbra, reimpressão, 1997, pp. 1247-1248; MENEZES CORDEIRO, *Tratado de Direito Civil Português*, vol. I, *Parte Geral*, tomo I, *Introdução. Doutrina Geral. Negócio Jurídico*, Almedina, Coimbra, 1999, pp. 185-186; tb. CARNEIRO DA FRADA, *Teoria da Confiança e Responsabilidade Civil*, Almedina, Coimbra, 2004, p. 428, mas com uma construção diferente, que acentua a *responsabilização objectiva* emergente da *responsabilidade pela confiança*, por não resultar da inobservância de nenhum dever jurídico (*v.g.*, deveres de conduta).

[83] É legítimo conceber que tais terceiros poderão ter desviado o curso das suas actividades de inovação tecnológica, por modo a não colidir com as realidades técnicas reivindicadas no pedido (publicado) de patente; e é legítimo imaginar a hipótese inversa: poderão tais terceiros ter concentrado meios com vista a aperfeiçoar, no futuro, a invenção cuja protecção é reclamada e publicitada ou a conceber *alternativas técnicas não equivalentes*, dotadas de actividade inventiva que usam ou se "inspiram" nos elementos reivindicados.
Se for admitida uma *irrestrita alteração das reivindicações durante o procedimento* de patenteabilidade *ou uma sanação* ou *convalidação* de reivindicações de produto nulas *após a patente ter sido concedida*,

Cadernos O Direito 4 (2009), 13-104

74   J. P. Remédio Marques

pedido de protecção informa os terceiros acerca das áreas e respectivos domínios tecnológicos que permanecem *livres* e os domínios ou áreas que, *já desde o início da protecção provisória*, constituem actos reservados do requerente da protecção, fazendo parte do seu *ius prohibendi*.

A *responsabilidade* (do INPI) *pela confiança* é aqui, praticamente, uma *responsabilidade objectiva*. Caso fosse admitida a substituição das *reivindicações de processo* pelas *reivindicações de produto* durante o procedimento de patenteabilidade ou se fosse admitida, após a concessão da patente, a *sanação* ou a *convalidação* de (ilícitas) *reivindicações de produto* em *válidas* reivindicações da mesma natureza, os terceiros *imputariam* naturalmente ao INPI *a situação de* confiança criada (*v.g.*, traduzida em estes terceiros terem seguido uma linha de investigação correspondente à área tecnológica já "ocupada" pelo requerente da protecção, tal como esse facto resulta do inicial pedido de protecção).

A *tutela da confiança* destes terceiros exige que a delimitação das utilizações económicas reservadas ao titular da patente e as utilizações que passam, no anverso, a ser *livres* seja efectuada da forma a mais exacta possível[84]. A extensão e a qualidade desta determinação do *âmbito tecnológico de protecção da patente* vai influenciar o conjunto de utilizações reservadas dos produtos ou processos protegidos (artigo 101.º/2 do CPI de 2003: *v.g.*, importação, colocação no mercado, transporte, armazenamento, venda, etc.). Para mais quando é o *conteúdo* ou o *teor* das reivindicações que define e delimita aquele *âmbito tecnológico de protecção* (artigo 93.º/1 do CPI de 1995; artigo 97.º/1 do CPI de 2003; *idem, artigo 69.º/1 da CPE*).

A *Grande-Câmara de Recurso* do Instituto Europeu de Patentes, em sede de harmonização da jurisprudência das Câmaras Técnicas de Recurso, já teve ocasião de salientar a observância destes valores e interesses enquanto critérios de decisão da licitude de tais alterações ou modificações. Na Decisão G 1/93, tirada no caso *ADVANCE SEMI-CONDUCTOR PRODUCTS II/Conflicting requirements of Article 123(2) and (3) EPC*, In *Official Journal of the European*

é bom de ver que esta confiança e o *investimento* que nela é feito pelos terceiros caem por terra, se e quando a invenção inicialmente reivindicada e publicitada (e, inclusivamente, concedida) *dá lugar* à protecção de uma *invenção completamente diferente*. A questão da *protecção provisória* emergente da publicação dos pedidos de patente é também aqui um factor decisivo. Não se esqueça que, actualmente, a maior e mais fecunda *fonte de informação tecnológica* é constituída pelos pedidos de protecção de invenções devidamente publicitados (em linha ou fora de linha) pelos institutos de patentes e armazenados em poderosas bases de dados (*v.g.*, a DERVENT)

[84] J. P. REMÉDIO MARQUES/NOGUEIRA SERENS, "Direito de patente – sucessão de leis no tempo ...", 2006, cit., p. 1047.

A patenteabilidade de substâncias químicas e farmacêuticas   75

Patent Office, 1994, p. 541 ss., os juízes desta mais alta instância jurisprudencial afirmaram, em sede de uniformização jurisprudencial, que o objectivo principal do disposto no artigo 123.°/2 da CPE é *"to create a fair balance between the interests of applicants and patentees, on the one hand, and competitors and other third parties on the other. The problem […] is […] what constitutes such a fair balance in the circunstances of an individual case"*.

Seja como for, dado que a *validade* de um direito de patente é aferida, sob cenário de *sucessão de leis no tempo*, com respeito ao momento coetâneo da *apresentação do pedido* de protecção junto da Administração do Estado que a concede ou junto do Instituto Europeu de Patentes, os valores da *certeza jurídica* e da *tutela da confiança de terceiros* restringem fortemente a possibilidade de proceder a *modificações* ou a *alterações* das reivindicações, seja durante o procedimento administrativo de patenteabilidade, *seja após a concessão da patente*. Veja-se, num lugar paralelo do artigo 26.°/1 do CPI de 1995 e do artigo 25.°/1 do CPI de 2003, o disposto no artigo 123.°/2 da CPE, de harmonia com o qual o pedido de patente (europeia) não pode ser modificado *"de forma a que o seu objecto se estenda para além do conteúdo do pedido, tal como foi depositado"*.

Na verdade, ainda que se aplique aos casos *sub iudice* o preceituado no artigo 26.°/1 do CPI de 1995, aquele artigo 123.°/2 da CPE densifica o sentido e o alcance deste nosso normativo nacional: *haverá alteração de características essenciais, sempre que a protecção resultante das novas reivindicações ou da convalidação adrede efectuada traduza um alargamento do objecto da protecção*, tal como ele inicialmente havia sido conformado.

O *objecto do pedido* de protecção é determinado unicamente pelo *teor* ou *conteúdo das reivindicações*, e não pelo conteúdo da descrição ou dos desenhos. De tal sorte que a *alteração (ou a convalidação) das reivindicações* não pode consistir numa *transformação radical* dessas reivindicações dirigidas a suprimir totalmente o conteúdo original do pedido e a inserir, no seu lugar, o que não havia sido inicialmente reivindicado[85], seja por opção ou por inépcia do requerente, seja por impossibilidade de o fazer na época do depósito do pedido de patente.

Faz-se, pois, mister analisar a validade de alguns tipos de alterações das reivindicações e compará-los com o que terá sucedido nos casos *sub iudice*.

---

[85] Já, assim, MAURIZIO AMMENDOLA, *La brevettabilità nella Convenzione di Monaco*, Giufré, Milano, 1981, p. 236, nota 71, em sede de alteração das reivindicações, nos casos de *dupla patenteação* do mesmo invento por parte de diferentes sujeitos; J. P. REMÉDIO MARQUES/NOGUEIRA SERENS, "Direito de patente: sucessão de leis no tempo …", 2006, cit., p. 1051.

76   J. P. Remédio Marques

6.3. *A alteração das características técnicas: a supressão, o aditamento e a substituição de características técnicas*

Os requerentes da protecção e os titulares do direito de patente tanto podem desejar *suprimir* ou *aditar* características técnicas ou, pura e simplesmente, efectuar a *substituição* de alguma(s) característica(s) por outra(s) mais *generalizantes*.

I. Se a *supressão* de características técnicas ocorrer *durante ou após o procedimento de patenteabilidade*, não se verifica, em regra, a violação do artigo 123.º/2 da CPE ou do artigo 26.º/1 do CPI (*idem*, artigo 25.º/1 do CPI de 2003), desde que o perito na especialidade possa reconhecer, através da análise das reivindicações, da descrição e dos desenhos que a resolução do *problema técnico* pode ainda ser alcançada sem o(s) elemento(s) técnico(s) suprimido(s)[86]; e o mesmo se passa com as eventuais *generalizações* de características técnicas: forçoso é que estas alterações já apareçam reflectidas no conteúdo inicial do pedido e possam, como tal, ter sido percepcionadas e intuídas pelo perito na especialidade. Também não existe violação daqueles normativos quando se dá a *supressão* de características desprovidas de um contributo técnico para a execução do invento[87]. Outrossim, quando o requerente ou o titular da patente desejam *reduzir o âmbito* de protecção da sua (futura) patente e não *acrescenta qualquer elemento técnico adicional*: esta redução (p. ex., renunciar aos exemplos apresentados no pedido de patente, acerca do modo como o invento possa funcionar) não confere uma vantagem ao requerente da protecção violadora dos interesses e da confiança que terceiros já teriam depositado no inicial pedido de protecção.

II. Já, pelo contrário, existe violação daquelas normas *quando se suprime uma característica técnica essencial contida numa reivindicação independente*, especialmente se o pedido inicial não revela quaisquer elementos que, expressa ou implicitamente, sugiram que essa característica possa ser posteriormente suprimida ou retirada. É que, se o elemento que é removido desempenha um *papel essencial* no pedido inicial, então os elementos técnicos que permanecem após a remoção constituem *matéria nova*[88].

---

[86] Assim, *inter alia*, Decisão T 514/88, da Câmara Técnica de Recurso do Instituto Europeu de Patentes, no caso *ALZA/Infuzer*, in *Official Journal of the European Patent Office*, 1992, p. 570.
[87] Assim, Decisão T 802/92, da Câmara Técnica de Recurso, no caso *Colorado/Photovoltaic cell*, in *Official Journal of the European Patent Office*, 1995, p. 379 ss.
[88] GERALD DWORKIN, "Implied Added Subject-atter: An Academic Overview", in *CIPA Journal*,

A patenteabilidade de substâncias químicas e farmacêuticas 77

Para determinar se uma característica é *essencial*, deve avaliar-se o signifi-cado dessa característica à luz das peças gráficas e *escritas* contidas no pedido de patente, levando em consideração o *problema técnico* que, a partir de tais peças, é suposto que o invento *resolva*. Por exemplo, se num pedido de patente, claro e completo, se caracteriza uma invenção como sendo, no caso, uma *combinação de características* dirigidas à resolução de um problema técnico, daqui resulta que uma qualquer dessas características ou elementos técnicos sem os quais o pro-blema é insusceptível de ser resolvido não pode ser qualificada como uma característica *acessória* ou *não essencial*; ela é, pelo contrário, nesses casos, uma característica *essencial*[89].

III. Um importante *critério de decisão* é o seguinte: a alteração é inadmissí-vel se uma actividade de terceiro insusceptível de violar a patente (ou o pedido de patente, em sede de protecção provisória), uma vez admitida, passar a ser, após a referida alteração ou *convalidação*, uma actividade reservada que careça do consentimento do titular da patente[90] ou do requerente da protecção (no caso de protecção provisória).

É preciso que a alteração das reivindicações (ou a convalidação de reivin-dicações nulas) seja consistente com a globalidade dos elementos técnicos que hajam sido objecto da divulgação constante do pedido de patente, devendo dele decorrer de uma maneira não ambígua e sem contradição, na perspectiva do perito na especialidade. Em particular: a substituição ou a remoção de uma característica das reivindicações não tem importado a violação do citado artigo 123.°/2 da CPE, desde que o perito na especialidade possa directa e clara-mente reconhecer, sem qualquer ambiguidade, que:

(1) Essa característica não tinha sido havida, no pedido de patente, como *essencial*;

(2) Essa característica não se apresente como *indispensável* ao exercício da função técnica do invento, à luz do problema técnico que ele, invento, é suposto resolver, sem a qual esse problema não seria solucionado; e

---

Vol. 20, 1990, p. 340 ss.; D. STANLEY, "Euphemism v. Pragmatism of the Implication of Added Subject matter", in *CIPA Journal*, Vol. 17, 1988, p. 108; LIONEL BENTLY/BRAD SHERMAN, *Intel-lectual Property*, 2.ª edição, 2004, cit., p. 501.

[89] RAINER SHULTE, *Patentgesetz mit EPÜ*, 6.ª edição, Carl Heymanns, Köln, Berlin, Bonn, Mün-chen, 2001, § 34, p. 671; Decisão T 401/88, da Câmara Técnica de Recurso, no caso *OTTO BOSCH/Test piece*, in *Official Journal of the European Patent Office*, 1990, p. 227 ss.

[90] Neste sentido, a Decisão T 1149/97, da Câmara Técnica de Recurso, no caso *SOLA-TRON/Fluid transducer*, in *Official Journal of the European Patent Office*, 2000, p. 259 ss.

78   *J. P. Remédio Marques*

(3) A substituição ou a remoção não provocam uma real alteração de outras características ou elementos técnicos para compensar essa alteração[91].

Embora não me repugne admitir um alargamento do âmbito das reivindicações, *durante o procedimento de patenteabilidade* ou *após a concessão da patente*, devidamente apoiado na descrição, bem como possa aceitar a *reivindicação da mesma invenção de uma forma diferente*, creio que devemos, ao invés, proscrever a admissibilidade do alargamento de reivindicações susceptível de proteger um *diferente conceito inventivo*, que nelas estava ausente na versão inicial[92].

Mas mais impressiva é aquela tipo de alteração das reivindicações (durante o procedimento de patenteabilidade ou por via de *convalidação* num direito de patente que foi objecto de concessão) *de que resulta a substituição, total ou parcial, de uma invenção por outra invenção distinta*, ou naquelas outras eventualidades em que as características ou elementos adicionados produzem um contributo técnico para a execução do invento, que alarga seguramente o (futuro e definitivo) âmbito de protecção[93].

IV. O posicionamento doutrinal e jurisprudencial acerca do problema da admissibilidade da *mudança de categoria* ou de *tipo*, que atinge as reivindicações, é muito relevante nos casos *sub iudice*, aí onde os então requerentes de patente podem agora pretender *convalidar* as (pseudo)reivindicações de processo em reivindicações de produto, na medida em que o artigo 70.° do Acordo TRIPS o permita.

Primo conspectu, tem sido admitida a modificação de *reivindicações de produto* para *reivindicações de uso* (*rectius*, reivindicações de uso do produto por ocasião da realização de uma determinada actividade física), uma vez que este último tipo de reivindicações confere uma *protecção inferior* ao requerente da protecção (ou ao titular), relativamente à que era propiciada pelas reivindicações de pro-

---

[91] Neste sentido, veja-se a Decisão T 331/87, da Câmara Técnica de Recurso, no caso *HOUDAILLE/Removal of feature*, in *Official Journal of the European Patent Office*, 1991, p. 22 ss.

[92] Neste sentido, cfr. VINCENZO DI CATALDO, *I brevetti per invenzione e per modello*, 2.ª edição, 2000, cit., p. 20; no panorama jurisprudencial transalpino, veja-se este entendimento no acórdão da *Corte di Cassazioni*, de 3/06/1998, n. 5445, in *Giurisprudenza annotata di diritto industriale*, 1998, n. 3729.

[93] Decisão G 1/93, no citado caso *ADVANCE SEMICONDUCTOR PROTECTION/Conflicting requirements of Article 123(2) and 123(3) EPC*, in *Official Journal of the European Patent Office*, 1994, p. 541 ss.

A patenteabilidade de substâncias químicas e farmacêuticas   79

duto: não aumenta o âmbito de protecção da patente (ou da protecção provisória), mas, pelo contrário, alarga o leque de actividades tornadas livres e susceptíveis de ser exercidas por terceiros sem o consentimento do titular da patente.

Secundum, admite-se a modificação de *reivindicações de produto efectuadas mediante a descrição do processo da sua obtenção ou preparação* (*product-by-process claims*) para reivindicações de processo. Isto pelas mesmas razões, há pouco enunciadas.

Ao invés, tem sido recusada a alteração de *reivindicações de métodos de utilização de um produto* ou de uma entidade física para *reivindicações de produto* (reivindicações dessa mesma entidade física); e, bem assim, não tem sido admitida a alteração das *reivindicações do processo de preparação de um produto* (*processo for preparai a produto*) para reivindicações do produto mediante a descrição do processo da sua preparação ou obtenção (*product-by-process claims*).

E, naturalmente, tem sido recusada a pretensão de alterar as *reivindicações de processo* para *reivindicações de produto*, bem como a transformação das *reivindicações de produto* em *reivindicações do processo de preparação do produto*[94].

Vale isto por dizer que, nos casos *sub iudice*, tenho por seguro que, se *mudança de categoria* das reivindicações *for total* – de *reivindicações de processo* de obtenção ou de preparação de produto químico ou farmacêutico para reivindicações do próprio produto químico ou farmacêutico –, ela constitui uma *alteração de elementos ou características essenciais do objecto da patente*.

6.4. *A possibilidade da convalidação das reivindicações, nos casos* sub iudice, *após a entrada em vigor do Acordo TRIPS?*

Se aplicarmos o que vimos de dizer aos casos sobre que estamos a discorrer, daí decorre que, ainda quando se admita que as características técnicas respeitantes às *ilícitas reivindicações de produto* já constam da *descrição* inicialmente apresentada, temos de reconhecer que a posterior *convalidação de reivindicações de produto em substituição* das iniciais (pseudo) *reivindicações de processo* revela que estas últimas reivindicações são *necessárias* ou *indispensáveis* à resolução do problema

---

[94] Cfr. RAINER SHULTE, "Die Änderung des europäisches patents nach seiner Erteilung und das Verbot der Erweiterung des Schutzbereichs", in *Gewerblicher Rechtsschuz und Urheberrecht – Internationaler Teil*, 1989, p. 460 ss.; B. HANSEN/F. HIRSCH, *Protecting Inventions in Chemistry*, 1997, cit., p. 175 ss.; GUY TRITTON, *Intellectual Property in Europe*, 2.ª edição, Sweet & Maxwell, London, 2002, pp. 142-146 = 3.ª edição, Sweet Maxwell, 2008, pp. 159-165; CARMEN SALVADOR JOVANÍ, *El ámbito de protección de la patente*, Tirant lo blanch, Valencia, 2002, p. 410 ss.; REMÉDIO MARQUES/ NOGUEIRA SERENS, "Direito de patente: sucessão de leis no tempo …", 2006, cit., p. 1054, nota 65.

técnico inicialmente posto, constituindo o *resultado final* das etapas, ciclos ou actividades inicialmente reivindicadas. O que implica que de tudo isto tenha resultado uma *nova invenção* (*de produto*), que não fora inicialmente reivindicada.

Caso não fosse admitida esta *sanação* ou *convalidação*, passariam a ser livres, em Portugal, todas as utilizações que terceiros fizessem da substância, que fora objecto de reivindicações de produto.

Terá de se reconhecer, no caso concreto, que esta possibilidade de *sanação* ou *convalidação* das reivindicações desemboca na *substituição total de uma invenção* (*de processo*), tal como fora inicialmente peticionada por outra invenção (*de produto*), totalmente diferente.

Se for admitida esta *sanação* ou a *convalidação* haverá uma mudança radical de *categoria* das reivindicações de processo de preparação destes compostos químicos e de composições farmacêuticas, no sentido de passar a reivindicar--se e a proteger-se *o próprio composto químico* e a *composição farmacêutica*, o que altera, sem sombra para dúvida, os *elementos essenciais* do objecto de muitos pedidos de patente nacional ou de patentes então concedidas, antes da data de aplicação efectiva do TRIPS a Portugal (1/01/1996).

Esta eventual *sanação* ou *convalidação* das reivindicações de produto substancial e originariamente apresentadas junto do INPI exprime um *alargamento do objecto da protecção* (então provisória e agora definitiva)*,* pois a eventual referida *convalidação transmuda* e *traveste* a *fisionomia essencial* ou característica da *invenção de processo* para que inicialmente se pedira protecção.

E nem se diga que, nos casos *sub iudice*, ocorre apenas uma *reformulação do mesmo objecto inicial*. É verdade que não pode reivindicar-se mais do que o divulgado na *descrição*. Só que nem sempre (a totalidade do) *conteúdo da descrição* originariamente apresentada tem vocação para ser transformado em reivindicações durante o procedimento administrativo de protecção ou após a concessão da patente. Isto acontece, de modo particular, quando se passa a pedir protecção para *uma outra invenção*, que, respeitando embora o *princípio da unidade das invenções*, não havia sido inicialmente reivindicada.

Não se esqueça a seguinte e importante diferença: para efeitos da aplicação do disposto no artigo 26.º/1 do CPI de 1995, não interessa se as reivindicações são suportadas pela descrição; relevante é saber se, na sequência de uma eventual *sanação* ou *convalidação* de reivindicações de produto *nulas* ao abrigo do CPI de 1940, *foram acrescentados elementos novos às reivindicações susceptíveis de configurarem a caracterização de uma invenção completamente diferente da que havia sido reivindicada no pedido inicial.* O obstáculo não está sequer em proibir o alargamento do potencial âmbito de protecção (ainda que provisório) do pedido inicialmente depositado, mas em impedir que, por efeito dessa *sanação* ou con-

A patenteabilidade de substâncias químicas e farmacêuticas   81

validação, seja reivindicada uma *invenção completamente diferente* da que fora inicialmente reivindicada[95].

Nos casos *sub iudice*, pode dizer-se que, mesmo que na *descrição* inicial do invento, apresentada antes de 1/01/1992, já estivessem presentes os elementos técnicos respeitantes à substância química reivindicada, não poderemos esquecer que, com a uma eventual *sanação* ou *convalidação* operada nas reivindicações de produto, por mor da data de aplicação efectiva do Acordo TRIPS em Portugal, em 1/01/1996, passariam tais requerentes e titulares de patentes a reivindicar *invenções de produto*, sendo certo que, originariamente, haviam formalmente reivindicado *invenções de processo*. É que a função de delimitação do âmbito de protecção das patentes cuja concessão é pedida não é, actualmente, desempenhada pela *descrição*, mas, pelo contrário e como vimos, é função que cabe, hoje (e cabia já no domínio do CPI de 1940 e de 1995), sem qualquer dúvida, às *reivindicações*.

Além disso, como veremos, o disposto no artigo 70.°/3 do TRIPS parece opor-se a semelhante entendimento *relativamente às patentes já concedidas no Estado contratante* na data da aplicação efectiva do TRIPS nesse Estado.

Conclui-se, deste modo, que, *na falta de uma permissão normativa legislativa interna específica para proceder a esta concreta convalidação de reivindicações* de produto ilícitas no domínio de vigência do CPI de 1940, *não é possível afirmar a validade* de semelhante mutação das reivindicações eventualmente pretendida pelos requerentes de protecção ou já pelos titulares antes da data de aplicação efectiva do TRIPS á República Portuguesa.

7. A (in)aplicação directa e imediata do disposto no Acordo TRIPS ao casos concretos: análise de algumas disposições pertinentes do artigo 70.° do TRIPS

Ainda assim, poderíamos, não obstante, obtemperar afirmando a validade dessa *convalidação* ou *sanação* das reivindicações, com base na *aplicação directa, vertical e imediata*, sem *interpositio* legiferante (efeito *self executiva*) interna, do disposto no já mencionado artigo 70.° do Acordo TRIPS.

Creio, contudo, como demonstrarei adiante, que, à excepção do novo regime do prazo de validade do direito de patente, esta norma não pode aplicar-

---

[95] Tb., neste sentido, LIONEL BENTLEY/BRAD SHERMAN, *Intellectual Property*, 2.ª edição, 2004, p. 500, citando o caso *Southco v. Dzus Fasteners Europe*, do *Court of Appeal* britânico, in *Report of Patent Cases*, 1990, p. 587 ss., p. 615 = *Report of Patent Cases*, 1992, p. 299 ss.

82   J. P. Remédio Marques

-se directa e imediatamente na ordem jurídica portuguesa, seja por um tribunal, seja por qualquer outra autoridade (*in casu*, o INPI).

7.1. *A tendencial recusa de atribuição de efeito directo às normas do Acordo TRIPS*

I. O artigo 1.º/1 do Acordo TRIPS determina que os Estados contratantes *"implementarão as disposições do presente Acordo"*, o que significa que estes Estados devem transpor efectivamente as suas disposições para os respectivos ordenamentos internos. Mais se afirma na parte final deste n.º 1 que "os Membros determinarão livremente o método adequado para a execução das disposições do presente Acordo, *no quadro dos respectivos sistemas e práticas jurídicas"* – o itálico é meu.

Vale isto claramente por dizer que, em geral, o Acordo TRIPS não é de *aplicação imediata, directa e vertical*[96]. Ele vincula apenas os Estados Contratantes na obrigação de estes Estados procederem à alteração dos respectivos ordenamentos internos. Além disso, o TRIPS visou apenas estabelecer *pautas mínimas de protecção* dos direitos de propriedade intelectual, e não tanto uma *harmonização vertical ou horizontal* do regime jurídico destes exclusivos[97]. Nuns casos, *incorpora* ou *reenvia* o regime de protecção para o disposto em certos instru-

---

[96] Neste sentido, entre outros, OLIVEIRA ASCENSÃO, "Relatório final de actividade da Comissão de Acompanhamento do Código da Propriedade Industrial", in *Revista da Faculdade de Direito da Universidade de Lisboa*, 1997, p. 339 ss., p. 341; REMÉDIO MARQUES/NOGUEIRA SERENS, "Direito de patente: sucessão de leis no tempo ...", 2006, cit., p. 1060 ss.; DANIEL GERVAIS, *The TRIPS Agrement – Drafting History and Analysis*, 2.ª edição, Thompson, Sweet & Maxwell, 2003, p. 87, nota 19; FRÉDÉRIC POLLAUD-DULIAN, *Droit de la propriété inustrielle, montchrestien*, Paris, 1999, p. 786; JOSÉ ANTONIO GÓMEZ SEGADE, "El Acuerdo ADPIC como nuevo marco para la protección de la propriedad industrial e intelectual", in *Actas de Derecho Mercantil*, Tomo XVI, 1994-1995, p. 33 ss., p. 55; JUAN L. IGLESIAS PRADA, "Disposiciones Generales y Princípios Básicos en el Acuerdo ADPIC", in JUAN L. IGLESIAS PRADA (dir.), *Los Derechos de Propriedad Intelectual en la Organización Mundial del Comércio*, Tomo I, Cadernos CEFI, 1997, p. 119 ss., p. 121; M. HOLTMANN YDOATE, "La obligación de Aplicación del Acuerdo sobre los ADPIC y las Disposiciones Transitórias", in JUAN L. IGLESIAS PRADA (dir.), *Los Derechos de Propriedad Intelectual en la Organización Mundial del Comércio*, Tomo I, 1997, cit., p. 106; JOSE MASSAGUER, "La protección de las invenciones de productos químicos y farmacêuticos mediante patentes solicitadas y concedidas con anterioridad a la fecha de aplicación del acuerdo sobre los TRIPS", in *Revista de Derecho Mercantil*, n.º 258, 2005, p. 1341 ss., p. 1350 ss.; DÁRIO MOURA VICENTE, *A Tutela Internacional da Propriedade Intelectual*, Almedina, Coimbra, 2008, pp. 151-152.

[97] Cfr., entre nós, J. P. REMÉDIO MARQUES, *Biotecnologia(s) e Propriedade Intelectual*, vol. II, cit., pp. 628-632 e notas; JÓNATAS MACHADO, *Direito Internacional Público – Do Paradigma Clássico ao Pós-11 de Setembro*, 2.ª edição, Coimbra Editora, Coimbra, 2004, p. 420.

A patenteabilidade de substâncias químicas e farmacêuticas 83

mentos jurídicos internacionais (*v.g*, a Convenção da União de Paris); noutros casos, consagra *regimes autónomos* (p. ex., a extensão da tutela do direito de autor aos programas de computador); e em outras eventualidades, ainda, o TRIPS limita-se a disciplinar a matéria pertinente mediante o *reenvio*, expresso ou tácito, para o ordenamento interno dos Estados Contratantes – o que, na minha opinião e para além de muitos outros exemplos, parece suceder com a *densificarão* das *condições* de cuja verificação depende a *alteração das reivindicações* nos pedidos de patentes apresentados antes de 1/01/1995.

Algumas disposições revestem, todavia, natureza *self-executing* – é o caso do artigo 33.º, respeitante ao *prazo de duração* direito de patente (20 anos), o qual parece preencher os requisitos de *precisão* e de *incondicionalidade*, condições do seu *efeito directo*[98]. A esmagadora maioria dessas disposições não goza de efeitos *self-executing*. Uma delas é o artigo 70.º/7 deste Acordo, que não é, como veremos adiante, uma destas normas à qual possa ser atribuído efeito directo. Além de que, no caso *sub iudice*, os pedido de patente portuguesa formulados pelos requerentes *já não estavam pendentes* na data da aplicação efectiva do Acordo à República Portuguesa (1/01/1996), já que o procedimento administrativo de concessão havia terminado em 1992.

II. O Conselho das Comunidades Europeias tem dado como adquirido que as normas do TRIPS *não são directamente aplicáveis* pelos órgãos jurisdicionais dos Estados Contratantes, sendo que a União Europeia é uma das organizações internacionais Contratantes: veja-se o último considerando da Decisão n.º 94/800/CEE, de 22/12/1994[99].

De igual sorte, no quadro dos Acordos do GATT, de 1947, que, depois, deram origem à assinatura do Acordo de Marraquexe, de 1994, instituidor da *Organização Mundial do Comércio* (O.M.C.), o *Tribunal de Justiça das Comunidades* já rejeitou, em diversas ocasiões, a atribuição de *efeito directo* àqueles Acordos.

No domínio do Acordo TRIPS – corpo normativo que especificamente nos interessa –, a questão já foi abordada em diversas ocasiões junto do *Tribu-*

---

[98] Tb., neste sentido, o acórdão do STJ, de 3/11/2005, proc. n.º 05B1640, in *http://www.dgsi.pt* = *Colectânea de Jurisprudência*, Acórdãos do STJ, 2005, Tomo 3, p. 105; José Joaquim Gomes Canotilho/Paulo Canelas de Castro, "Do efeito directo do artigo 33.º do Acordo TRIPS", in *Homenagem ao Prof. Doutor André Gonçalves Pereira*, Faculdade de Direito da Universidade de Lisboa, Coimbra Editora, Coimbra, 2006, p. 747 ss., p. 785 ss., p. 799 ss.; Dário Moura Vicente, *A Tutela Internacional da Propriedade Intelectual*, 2008, cit., p. 152; Luís Couto Gonçalves, "A competência do Tribunal de Justiça para interpretar o ADPIC e o efeito directo do artigo 33.º deste Acordo", in *Cadernos de Direito Privado*, 2008, p. 17 ss., p. 28 ss.

[99] In *Jornal Oficial das Comunidades Europeias*, n.º L 336, de 23/12/1994, p. 1 ss.

84   J. P. Remédio Marques

nal de Justiça das Comunidades, em sede de *reenvio prejudicial*. Em todas elas[100], o Tribunal de Justiça entendeu que as disposições dos Acordos, incluindo o TRIPS, celebrados no quadro da O.M.C., não admitem o *efeito directo*, visto que as suas disposições não são suficientemente *precisas* e *incondicionais* para criar *direitos subjectivos* de que os particulares possam beneficiar e os juízes aplicar nos casos concretos submetidos ao seu julgamento[101].

A própria doutrina sustenta, na sua esmagadora maioria, que existe uma *liberdade de escolha da metodologia adequada para dar execução* às disposições do Acordo TRIPS, quer atribuindo efeito *self-executing* a algumas disposições, quer introduzindo *medidas legais internas para as executar*[102] ou participar em acordos intergovernamentais com outros Estados.

De resto, o artigo 63.°/1 do Acordo TRIPS determina que os Estados contratantes publiquem os mecanismos de aplicação geral deste Acordo, postos em vigor nesse Estado-membro, notificando o Conselho do TRIPS acerca do conteúdo das disposições legislativas.

É, então, nesta hipótese, suficiente para cumprir este normativo o facto de o INPI ter emitido uma alegada *nota de serviço*, de 7/09/1992, cujo conteúdo se desconhece, segundo a qual os serviços passariam a admitir a substituição das reivindicações de processo de preparação de substâncias químicas por reivindicações de produtos? Não é, visto que essa *nota de serviço* é, quanto muito um *acto administrativo interno* e não visa, obviamente, dar execução e densificar o Acordo TRIPS, cuja vigência no nosso país se iniciou no dia 1/01/1996.

---

[100] Veja-se o caso *Portugal c. Conselho*, processo n.° 149/96, in *Colectânea de Jurisprudência do Tribunal de Justiça das Comunidades*, 1999, I, p. 8395, n.os 42 a 46; *idem*, no caso *Parfums Christian Dior S.A. c. Tuk Consultancy BV*, processos n.os 300/98 e 392/98, in *Colectânea*, cit., 2000, I, p. 11307 ss., n.os 36 e 37, pp. 11359-11361, n.os 41 a 48; *ibidem*, no caso *Biret International S.A. c. Conselho da União Europeia*, processo n.° 93/02, in *Colectânea*, cit., p. 2003, I, p. 10535 ss., pp. 10560-10561, n.os 62 a 64; *ibidem*, no caso *Établissements Biret et Cie S.A. c. Conselho da União Europeia*, processo n.° 94/02, in *Colectânea*, cit., 2003, I, p. 10603 ss., pp. 10618-10619, n.os 71 a 73; *ibidem*, no caso *Anheuser-Busch Inc.*, processo n.° 245/02, in *Colectânea*, cit., 2004, I, 10989 ss., n.° 54; *ibidem*, no caso *Van Parys*, processo n.° 377/02, in *Colectânea*, 2005, I, p. 1465.

[101] Cfr., por todos, neste sentido, N. LAVRANOS, *Legal interaction Between Decisions of International Organizations and European Law*, Europa Law Publishing, Groningen, Amsterdam, 2004, pp. 37-38.

[102] NUNO PIRES DE CARVALHO, *The TRIPS Regime of Patent Rights*, 2.ª edição, Kluwer Law International, London, The Hague, New York, 2005, p. 63 ss.; p. 66; P. PICONE/A. LIGUSTRO, *Diritto Dell'Organizzazione Mondiale del Commercio*, Cedam, Padova, 2002, p. 405; M. KUMAR, in *Ressource Book on TRIPS and Development*, UNCTAD, Cambridge University Press, New York, 2005, pp. 765-766; J. WATAL, *Intellectual Property Rights in the WTO and Developing Countries*, Kluwer Law International, 2000, p. 51.

A patenteabilidade de substâncias químicas e farmacêuticas   85

Quanto muito, essa *nota de serviço* visava efectuar uma *equiparação impossível* e *ilegal*, como atrás demonstrámos: a de uma *patente europeia* a uma *patente nacional*[103].

Não é suficiente autorizar a junção de *reivindicações de produto químico* ou *farmacêutico* a *pedidos de patentes de processo* ou a direitos de patente já concedidos antes da data de aplicação efectiva do Acordo TRIPS à República Portuguesa, numa época em que o CPI de 1940 proibia terminantemente a concessão de patentes dessa natureza. E não vale tal "nota de serviço" como densificação do disposto no artigo 70.°/7 do TRIPS, visto que, por um lado, este Acordo somente foi negociado em 1994 (em Marraquexe) e entrou (para Portugal) *em vigor* em 1/01/1995 (com data de *aplicação efectiva* a contar desde 1/01/1996) e, por outro, o cumprimento de uma *ordem de legislar* faz-se mediante a *concretização de todas as condições* de que depende a alteração de reivindicações (de processo) por reivindicações de produto (químico ou farmacêutico) nos processos "pendentes" em 1/01/1995 (*v.g.*, o prazo para efectuar a alteração, os documentos a juntar, o conceito de processos "pendentes", o que deve entender-se por "elementos novos", a possibilidade de peticionar a emissão de certificados complementares de protecção, etc.).

De resto, como afirmei, na data de aplicação efectiva do TRIPS a Portugal os procedimentos administrativos de patenteabilidade iniciado por muitos requerentes de *patentes portuguesas* já haviam, há muito, sido concluídos. Pelo que, mesmo quando se reconhecesse a existência de um efeito *self-executing* à referida disposição do artigo 70.°/7 do TRIPS, ele seria inaplicável aos casos *sub iudice*. Seria, de todo em todo, necessária a expressa intervenção do legislador português, no sentido de permitir o aditamento de reivindicações de produto a direito de patentes cuja constituição (com o registo no INPI) *tenha sido anterior à data de aplicação efectiva do TRIPS a Portugal*. O que não aconteceu em muitos destes casos.

Concluo, assim, que o INPI não emitiu *regulamentos independentes* ou *autónomos* daquela natureza, através dos quais tenha procurado estabelecer essa disciplina específica de adaptação do Acordo TRIPS ao ordenamento jurídico português, no que tange à *alteração dos pedidos de protecção* "pendentes" ou às *patentes já concedidas e em vigor na data de aplicação efectiva* do Acordo TRIPS; e podia fazê-lo, *pelo menos quanto aos procedimentos administrativos pendentes nessa data*, pois existia uma *lei habilitadora recebida automaticamente no ordenamento jurí-*

---

[103] Sobre a diferença entre estes dois tipos de patentes, cfr., desenvolvidamente, REMÉDIO MARQUES/NOGUEIRA SERENS, "Direito de patente: sucessão de leis no tempo ...", 2006, cit., pp. 1014-1024.

dico português, precisamente o artigo 70.°/7 do TRIPS. Ademais, o INPI ou o próprio Governo (ou Assembleia da República) deveriam ter promovido, ainda antes do início de vigência do CPI de 2003, a adaptação do CPI de 1995 às *ordens de legislar* plasmadas nos n.° 2, 4 e 7 do TRIPS. Mas isso não foi feito. Não cabe, agora, aos tribunais portugueses *substituir* o legislador nessa sua tarefa densificadora.

Só que nos casos *sub iudice* o procedimento administrativo de concessão já não estavam pendentes no INPI na data da aplicação efectiva do TRIPS à República Portuguesa. Haviam sido concluídos alguns anos antes.

7.2. *A falta de concretude, a (im)precisão e a (in)condicionalidade das disposições do Acordo TRIPS*

I. Como afirmei, algumas disposições do Acordo TRIPS são *incondicionais* e suficientemente *precisas*, concretas e *claras* para serem *directamente aplicáveis* pelos tribunais e invocáveis pelos particulares, sem necessidade de *interpositio normativa* interna. É o caso, como referimos, do artigo 33.°[104]; e de algumas condições impostas no artigo 31.°. Outras disposições normativas, porventura a larga maioria, não gozam destas características[105], como é, por exemplo, o regime das *medidas cautelares* (artigo 50.°/3 do Acordo TRIPS) e o caso da norma, que aqui nos interessa, constante do artigo 70.°, *maxime* os n.os 2 e 3 do mesmo Acordo.

Acresce que a *vinculatividade* do TRIPS não é *homogénea* ou *uniforme*: a ser atribuído o referido *efeito directo*, *vertical* e *imediato*, tal causaria ponderosa *incerteza* sobre se uma norma era, ou não, de *aplicação facultativa*, sempre que fosse suscitada num caso concreto em tribunal.

---

[104] Mas, mesmo neste caso, foi necessário introduzir *normas transitórias especiais* constantes do Decreto-Lei n.° 141/96, de 23 de Agosto, relativamente às *patentes já concedidas na data da entrada em vigor do CPI de 1995*, o qual já se começou a aplicar (1/06/1996) após o início de vigência, em Portugal, do Acordo TRIPS (1/01/1995); patentes que assim continuaram vigentes ao abrigo da *lei nova*.

[105] Por todos, JUAN L. IGLESIAS PRADA, "Disposiciones Generales y Princípios Básicos en el Acuerdo sobre los ADPIC", in JUAN L. IGLESIAS PRADA (dir.), *Los Derechos de Propriedad Intelectual en la Organización Mundial del Comercio*, Tomo I, 1997, cit., p. 119 ss., p. 123.

A patenteabilidade de substâncias químicas e farmacêuticas   87

7.3. **Em particular, as normas do artigo 70.°/1 a 4 do Acordo TRIPS**

Nas situações que estamos a analisar não está em causa a *alteração* de um pedido de patente (ou de outros exclusivos industriais, *maxime*, os modelos de utilidade), no sentido de incluir reivindicações portadoras de uma *"protecção acrescida"* por mor das próprias previsões do TRIPS, em especial a possibilidade de patentear quaisquer invenções, *"quer se trate de produtos ou processo"* (artigo 27.°/1, 1.ª parte, do Acordo TRIPS)[106]. A admissão do aditamento (ou da substituição de reivindicações) é, de facto, permitida relativamente àquelas substâncias que já haviam sido divulgadas no inicial pedido de patente, já que a parte final deste n.° 7 exige que as alterações *"não incluirão elementos novos"*.

Pode continuar a discutir-se se o artigo 70.°/7 do Acordo TRIPS é de aplicação directa, imediata e vertical[107]. Mas este não é o problema suscitado pelos casos *sub iudice*, visto que muitas das *patentes portuguesas* peticionadas pelos então requerentes já haviam sido constituídas em data anterior à data de aplicação efectiva do TRIPS ao nosso país.

7.3.1. *A impossibilidade da* sanação *ou da* convalidação *de reivindicações de produto* nulas *ao abrigo do CPI de 1940*

Surpreendem-se, porém, no meu entender, múltiplas razões, ponderosas e irrefutáveis, para afastar liminarmente a possibilidade de *sanação* ou de *convalidação de patentes portuguesas de produtos químicos e farmacêuticos concedidas antes* da data de início de vigência do TRIPS ao nosso país, ou seja, antes de 1/01/1995. A análise do disposto no artigo 70.°/1, 2 e 3 do referido TRIPS permite iluminar melhor esta afirmação.

Vejamos.

O artigo 70.°/1 do TRIPS determina, desde logo, que este Acordo *"não cria obrigações relativamente a actos ocorridos antes da data de aplicação do Acordo ao Membro em questão"*. O n.° 4 deste normativo preceitua que o Estado Membro

---

[106] O propósito dos negociadores foi o de atingir os *produtos* descritos nos *pedidos de patente de processos*, os quais não podiam ser autonomamente reivindicados em virtude da recusa de protecção de tais inventos, à luz do ordenamento material então vigor no Estrado Contratante, como sucedia, em muitos países, com as substâncias químicas e os produtos farmacêuticos. Cfr. NUNO PIRES DE CARVALHO, *The TRIPS Regime of Patent Rights*, 2.ª edição, 2005, cit., p. 443.

[107] Sobre isto, por todos, J. P. REMÉDIO MARQUES/NOGUEIRA SERENS, "Direito de patente: sucessão de leis no tempo ...", 2006, cit., espec. p. 1057 ss.

88   *J. P. Remédio Marques*

pode prever uma *"limitação das medidas correctivas à disposição do titular do direito no que se refere à prossecução desses actos após a data de aplicação do presente Acordo em relação a esse Membro"* relativamente a *"actos relativos a objectos específicos em que sejam incorporados objectos protegidos que passem a ser considerados em infracção nos termos da legislação adoptada"*, que tenham sido iniciados, por esses terceiros, na data do início de vigência do TRIPS nesse Estado Membro. Estas regras traduzem a ideia da *proibição da retroactividade*. Mas em que termos?

Em primeiro lugar, o disposto no Acordo TRIPS (a lei nova), normativo susceptível de obrigar a uma protecção mais alargada no que às *realidades patenteáveis* e ao *âmbito de protecção* das patentes diz respeito, não se aplica a *situações definitivamente decididas* por *sentenças* transitadas ou por qualquer *outro título* equivalente (sentença arbitral, sentença homologatória de transacção, etc.) ou qualquer *acto administrativo* cujos efeitos já se tenham esgotado o abrigo da lei nacional antiga do Estado-membro. Outrossim, não atinge os *factos* praticados por terceiros ao abrigo da lei vigente até à data da aplicação efectiva do Acordo TRIPS que passaram a ser considerados *actos ilícitos* (contratualmente ou extra-contratualmente) nos termos das disposições do TRIPS.

Em segundo lugar, tão pouco o TRIPS se aplica a *efeitos jurídicos já produzidos* antes do seu início de vigência no Estado Membro em questão, mas que não chegaram a ser objecto de uma decisão judicial, nem foram abrangidos ou consolidados por um título equivalente. Em suma: o Acordo TRIPS não se aplica a *factos passados*, nem aos *efeitos destes factos passados; ele somente se aplica a factos futuros*, ainda que digam respeito a situações jurídicas de direito de patente constituídas ao abrigo da lei antiga (*in casu*, o CPI de 1940) *e que subsistem ou estão em curso de desenvolvimento na data do início de vigência do TRIPS no Estado Membro em questão*. Este regime traduz a regra segundo a qual, se à constituição das situações jurídicas (*in casu*, o direito de patente) e aos seus requisitos de validade substancial e formal se aplica a lei que vigorava no momento em que essa constituição se verificou, já o *conteúdo das situações jurídicas que subsistem* na data do início de vigência da lei nova é regulado por esta lei[108].

Os "actos" de que fala o n.º 1 deste artigo 70.º podem ser os *actos administrativos* de concessão de patentes emitidos antes da data de início de vigência do TRIPS em Portugal.

Estamos agora em condições de analisar o disposto na 1.ª parte do n.º 2 do artigo 70.º do TRIPS, de acordo com o qual "*o presente Acordo estabelece obriga-*

---

[108] Baptista Machado, *Introdução Direito e ao Discurso Legitimador*, 4.ª reimpressão, Almedina, Coimbra, 1990, p. 234.

A patenteabilidade de substâncias químicas e farmacêuticas 89

ções relativamente a todos os objectos existentes à data de aplicação do Acordo ao Membro em questão, e que sejam protegidos nesse Membro na referida data, ou que satisfaçam ou venham posteriormente a satisfazer os critérios de protecção definidos no presente Acordo".

Mesmo que o n.° 1 do artigo 70.° determine que o TRIPS não se aplica a actos (administrativos) de concessão de patentes ocorridos, em Portugal, *antes de 1/01/1995*, decerto que não poderemos afastar a aplicação do TRIPS a direitos de patente concedidos *antes de 1995*, mas cujos efeitos se continuaram a produzir após aquela data[109]. O *acto administrativo* de concessão de uma patente resulta na protecção de certos *objectos (subject matter)* ou realidades patenteadas (as *invenções*), protecção que continuou a produzir efeitos na vigência da lei nova. Neste sentido, o TRIPS aplica-se a todos os direitos de patente (nacional ou europeia) *já constituídos* e cujo gozo estivesse a ser efectuado pelos titulares na data do início de vigência do TRIPS em relação a Portugal.

Mas quererá isto significar que – tendo o TRIPS um impacto em situações jurídicas de *direitos de patente constituídas anteriormente* ao abrigo do CPI de 1940 e cujos efeitos jurídicos *ainda* se produzem na data da sua entrada em vigor (ou na data da sua aplicação efectiva relativamente a Portugal: 1/01/1996) – o titular destas patentes pode lograr obter uma *protecção acrescida* na sequência do disposto no artigo 27.°/1 do TRIPS, *maxime* no que respeita à protecção das *invenções do composto químico* e da *composição terapêutica* enquanto verdadeiras e lícitas *patentes de produto*, quando era certo que tais realidades não poderiam ser protegidas ao abrigo do CPI de 1940?

Será que, ainda quando se conheça a invalidade de reivindicações de produto respeitantes a pedidos de patente apresentados e decididos antes da data de *aplicação efectiva* do TRIPS, se poderá operar uma *convalidação* ou *sanação* dessa *nulidade* por efeito do novo regime previsto no TRIPS (artigo 27.°/1), aqui onde tiveram os Estados Membros que prever a concessão de direitos de patentes nacionais a *substâncias químicas* e *farmacêuticas*?

Já vimos que não pode ser aplicado aos casos *sub iudice* o preceituado no artigo 70.°/7 – o qual permitiria a alteração dos *pedidos de patente de processo químico* pendentes em 1/01/1996, mediante a junção de adequadas *reivindica-*

---

[109] Neste sentido, veja-se a decisão do Órgão de Apelação, de 18/09/2000, no seio do Mecanismo de Resolução dos Diferendos da Organização Mundial do Comércio, no caso *Canada – Term of Patent Protection*, DocumentoWT/DS/170/AB/R, §§ 64-66, 69. Tb. NUNO PIRES DE CARVALHO, *The TRIPS Regime of Patent Rights*, 2.ª edição, 2005, cit., pp. 439-440; M. KUMAR, in *Resource Book on Trips and Development*, Cambridge University Press, Cambridge, New York, Melbourne, etc., 2004, pp.757-758; DANIEL GERVAIS, *The TRIPS Agreement – Drafting History and Analysis*, 2.ª edição, 2003, cit., pp. 367-368.

90 *J. P. Remédio Marques*

ções de produto químico ou farmacêutico –, ainda quando a esta norma fosse atribuído um efeito *self-executing*, visto que não estamos a pensar e a analisar as situações em que os *pedido de patentes portuguesas* foram apresentados *antes* de 1/01/1992 e foram decididos favoravelmente *já depois* de 1/01/1996.

De modo que só resta perscrutar a possibilidade de uma eventual *sanação* da *nulidade* traduzida na apresentação, em 1988, das reivindicações de produto químico e de composição farmacêutica.

7.3.2. *A articulação entre o n.° 2 e o n.° 3 do artigo 70.° do TRIPS*

É aqui que deveremos relevar a articulação entre os n.° 2 e 3 do artigo 70.° do Acordo TRIPS. Na verdade, o Acordo TRIPS aplica-se a *todos os direitos de propriedade intelectual* que, na data da aplicação efectiva deste Acordo em Portugal, tenham já sido *concedidos* na sequência de procedimentos administrativos (no caso dos direitos de propriedade industrial) ou *reconhecidos* por via do disposto na lei (no caso dos direitos de autor, a partir da *criação* exteriorizada ou sensibilizada) e que ainda produzam os respectivos efeitos jurídicos durante o prazo de vida que a lei nacional (ou comunitária) assinalam a cada um dos "tipos" de propriedade industrial.

Mas daqui não decorre que uma patente cuja invenção satisfizesse o objecto e os requisitos de protecção vigentes no Estado Contratante na data em que a protecção fora requerida, mas não o objecto e os requisitos de protecção vigentes previstos no artigo 27.° do TRIPS, possa ser objecto de um *pedido de alteração* a partir da data da data do início de vigência do TRIPS nesse Estado Contratante – se tal possibilidade estivesse aberta, naturalmente que os titulares de patentes portuguesas de *processos químicos e farmacêuticos já concedidas* antes dessa data ficariam livres de peticionar a *alteração do objecto da protecção* mediante a junção de reivindicações (*reivindicações de produto*) respeitantes ao composto químico e da composição farmacêutica. De facto, o sentido do disposto nesse n.° 2 do artigo 70.° do TRIPS deverá intuído à luz dos *requisitos de patenteabilidade* previstos na lei interna do Estado Contratante e no artigo 27.°/1 do TRIPS.

Não se esqueça que o proémio do n.° 2 do artigo 70.° ressalva o preceituado "em contrário do presente Acordo" e as disposições dos n.ᵒˢ 3, 4 e 7 deste artigo 70.° constituem exemplos de normativos que dispõem em contrário[110].

---

[110] NUNO PIRES DE CARVALHO, *The TRIPS Regime of Patent Rights*, 2.ª edição, 2005, cit., p. 441.

A patenteabilidade de substâncias químicas e farmacêuticas 91

Assim, se uma invenção (*in casu*, uma *invenção de produto químico*) tiver sido divulgada *antes da data da entrada em vigor do Acordo TRIPS* ou, inclusivamente, antes do início de vigência da CPE no nosso país (em 1/01/1992), – na sequência de um pedido de *patente europeia*, sendo certo que, em Portugal, se o requerente apenas depositou *reivindicações do processo químico* no pedido de patente portuguesa –, daqui resulta uma consequência decisiva, a saber: *que a invenção do produto químico e a da eventual composição farmacêutica já não são novos à luz dos requisitos de patenteabilidade previstos no artigo 27.°/1 do TRIPS*[111]. Isto porque o legislador português não introduziu um mecanismo conhecido sob o nome de "pipeline suíço" – adoptado, por exemplo, no México e no Brasil[112] –, segundo o qual o Estado membro do TRIPS está livre de prever a pos-

---

[111] Ressalvado o caso de, atento o regime jurídico do direito de patente estadunidense, essa novidade ainda poder ser mantida, não obstante a divulgação por qualquer meio (nos E.U.A. e a divulgação escrita, se ocorrer fora dos E.U.A.) durante um *período de graça* com a duração de *12 meses* a contar da divulgação. Mas este último problema só interessa à aplicabilidade do Acordo TRIPS nos E.U.A.

[112] Artigo 230.° do Código da Propriedade Industrial, aprovado pela Lei n.° 9.279/96, alterado pela Lei n.° 10/196/2001. O legislador brasileiro optou, também, por aceitar o exame dos requisitos de patenteabilidade efectuado pela autoridade administrativa estrangeira, de modo que a *invalidação* dessa patente no primeiro país que onde tenha sido depositada importará a consequente extinção da patente brasileira "pipeline", mas já não originará a *caducidade* desta patente brasileira, na eventualidade de ocorrer a caducidade por *falta de pagamento de taxas* no país estrangeiro do primeiro depósito. Cfr., entre outros, CLÉMERSON CLÉVE/MELINA BREKENFELD, "A repercussão, no regime da patente de pipeline, da declaração e nulidade do privilégio originário", in *Revista da* ABPI (Associação Brasileira de Propriedade Intelectual), São Paulo, n.° 66, Setembro/Outubro, 2003, p. 24. De igual sorte, dada a *independência entre os direitos de patente* concedidos pelas autoridades administrativas competentes dos diferentes Estados, a eventual *prorrogação da vigência da patente* ou a concessão de um *outro título jurídico* provido, na prática de efeitos similares (p. ex., através da concessão de um *certificado complementar de protecção para produtos farmacêuticos ou fitofarmacêuticos*, como acontece no quadro dos Estados-membros da União Europeia), não terá repercussões na patente "pipeline" brasileira. Estas vicissitudes inerentes ao ordenamento do Estado onde foi efectuado o primeiro depósito não se devem repercutir no ordenamento brasileiro, para efeitos de extensão do prazo da patente "pipeline" brasileira. Isto parece ser indubitavelmente assim quanto essa extensão é assegurada através da concessão de um *novo (e diferente) direito de exclusivo previsto na legislação do Estado do primeiro depósito*. Mas já parece mais duvidoso negar a extensão da duração dessa patente "pipeline" brasileira quando ocorre uma *mera extensão da duração do direito de patente* concedido no país do primeiro depósito (como sucede, por exemplo, nos E.U.A., no Japão, na Austrália ou no Canadá), por motivo do lapso de tempo que tenha decorrido entre a ata desse primeiro pedido e a emissão da autorização de colocação no mercado, nesse mesmo país, dos produtos objecto da patente, em atenção ao cumprimento de certas *exigências regulatórias administrativas* tuteladoras, designadamente, da saúde pública e da qualidade e da segurança dos medicamentos para uso humano.

sibilidade de depósito de pedido de patente relativo a substâncias e processos químicos, farmacêuticos ou alimentares que já tenham sido divulgadas no estrangeiro, e hajam sido aí objecto de pedidos de patente ou de concessões de direitos de patente, antes da data da aplicação efectiva do TRIPS, mas que ainda não tenham sido objecto de comercialização em qualquer parte do planeta (*novidade merceológica*), sendo que a patente é concedida neste Estado tal como fora concedida no país de origem e vigorará pelo prazo remanescente da protecção no país onde haja sido depositado o primeiro pedido.

Vale dizer: *este Acordo TRIPS não protege retroactivamente realidades que poderiam ter sido anteriormente protegidas por patente, mas que deixaram de o ser em virtude de falta de novidade no momento em que o TRIPS entrou em vigor no Estado contratante onde o problema seja colocado*[113].

O n.º 3 do artigo 70.º do TRIPS confirma claramente este entendimento. Segundo este normativo os Estados Contratantes não têm a obrigação de *restabelecer* a protecção de *objectos* que, à data da aplicação do TRIPS ao Estado Membro em causa, tenham caído no *domínio público*. *A fortiori*, os Estados Contratantes do TRIPS não se acham obrigados a conceder protecção, após a data de aplicação do TRIPS, a invenções que nunca tenham sido protegidas nesses Estados[114].

Por outras palavras reflectidas nos casos *sub iudice*: *quando um pedido de patente de produto químico e de composição farmacêutica tenha sido apresentado e publicado num país diferente de Portugal* (antes do início de vigência do TRIPS e antes da vigência da CPE em Portugal, quando esse pedido fosse o de uma patente europeia: antes de 1/01/1992), *ou junto do Instituto Europeu de Patentes, o objecto da protecção cai imediatamente no domínio público em todos os países em cujas administrações não foi apresentado um idêntico pedido de patente de produto químico e de composição farmacêutica. Os Estados Contratantes, nos territórios em que exercem soberania, não são obrigados a "ressuscitar" ou a "restabelecer" a protecção de invenções de produtos químicos e farmacêuticos que tenham sido objecto (e ainda sejam) de protecção em outros Estados.*

O n.º 2 do artigo 70.º do TRIPS, quando conjugado com o seu n.º 8 e com os artigos 65.º e 66.º do mesmo TRIPS, já seria aplicável àquelas invenções de produtos químicos e farmacêuticos insusceptíveis de protecção na data da sua *aplicação efectiva*, contanto que *ainda* satisfizessem os requisitos de pro-

---

[113] Em sentido análogo, M. KUMAR, in *Resource Book on TRIPS and Development*, cit., 2004, p. 759.

[114] Tb. NUNO PIRES DE CARVALHO, *The TRIPS Regime of Patent Rights*, 2.ª edição, 2005, p. 441.

A patenteabilidade de substâncias químicas e farmacêuticas 93

tecção na data da aplicação efectiva do TRIPS ao Estado membro em questão, *maxime*, desde que ainda não tivessem perdido a *novidade* e o *nível inventivo*. O que é conseguido através do sistema de *mail box* previsto citado n.º 8 do artigo 70.º do TRIPS.

Mas é claro que este sistema de *black-box* ou de *mail box*[115] – mediante o qual os pedidos de patente de produto químico e farmacêutico são aceitos e ficam numa situação de *quiescência* ou *pendência*, sendo certo que quando, anos mais tarde, forem examinados (a partir de 1/01/2005, para os países em desenvolvimento; ou partir de 2016 – 1/01/2016 –, para os países menos desenvolvidos no que respeita às invenções de produtos farmacêuticos), conservam a novidade e o nível inventivo de que eram dotadas na data do pedido de protecção ou na data da prioridade –, como dizíamos, este sistema de "caixa de correio" não se aplicou, nem se aplica a Portugal.

7.3.3. *A irretroactividade prescrita no artigo 70.º/3 do TRIPS e os factos passados resultantes da divulgação da invenção de produto químico ou farmacêutico antes da data de aplicação efectiva do TRIPS*

O que antecede mostra não só que os tribunais portugueses estão impedidos de considerar *sanada* a eventual *nulidade* das patentes de produto químico ou farmacêutico "travestidas" de patentes de *procedimento químico e farmacêutico pedidas e concedidas antes do início de vigência do TRIPS em Portugal*, através da errónea consideração, segundo a qual o qual 27.º/1 do TRIPS proíbe a discriminação da concessão de patentes quanto ao domínio tecnológico em que se inserem (*in casu*, produto, processo, uso químico ou farmacêutico), e que essa regra se aplica aos direitos de patente pedidos e concedidos antes do início de vigência do TRIPS em Portugal. Mesmo que os "objectos existentes" cuja protecção era impedida pelo CPI de 1940 venham posteriormente a satisfazer os critérios de protecção definidos no TRIPS, concluímos que a irretroactividade deste Acordo (artigo 70.º/1 e 3) respeitante a *factos passados* – *in casu*, a *divulga-*

---

[115] Cfr. NUNO PIRES DE CARVALHO, *The TRIPS Regime of Patent Rights*, 2.ª edição, 2005, cit., pp. 445-446; DANIEL GERVAIS, *The TRIPS Agreement*, 2.ª edição, 2003, cit., pp. 365-366; M. KUMAR, in *Resource Book on TRIPS and Development*, 2004, cit., pp. 767-772; MICHAEL BLACKENEY, *Trade Related Aspects of Intellectual Property Rights: A Concide Guide to the Trips Agreement*, Sweet & Maxwell, London, 1996, p. 83; J. P. REMÉDIO MARQUES, *Biotecnologia(s) e Propriedade Intelectual,* vol. II, *Obtenções Vegetais, Conhecimentos Tradicionais, Sinais Distintivos, Bioinformática e Bases de Dados, Direito da Concorrência,* Almedina, Coimbra, 2007, pp. 555-556 e nota 1376.

ção das *reivindicações de produto químico e farmacêutico* em pedidos de patente europeia apresentados em data sensivelmente coetânea da apresentação, em Portugal, dos pedidos de patente de processo químico de obtenção de tais substâncias – impede a sua aplicação imediata a *factos ocorridos antes da sua aplicação efectiva em Portugal*, mesmo que, nesta data, se curem de patentes (de processo químico) ainda em vigor no nosso país.

Repare-se que, mesmo em Espanha (e também da Grécia e da Áustria) – aí onde o legislador reservou, ao abrigo do artigo 167.°/2, alínea *a*), e 3 da CPE, a faculdade de as patentes *europeias* respeitantes a produtos químicos e farmacêuticos não poderem ser protegidas como tal, como *patentes de produto*, mas apenas como *patentes de processo*, senão a partir de 1/10/1992 –, os tribunais têm vindo a entender que o artigo 70.°/7 do TRIPS desfruta de um efeito *self-executing* aplicável directa e imediatamente aos pedidos de patente (de processo) apresentados antes de 7/10/1992 e ainda não decididos em 25/01/1995. *Não existe, em Espanha, qualquer pronúncia judicial que tenha reconhecido a validade de reivindicações de produto respeitantes a patentes, aí onde, quando foram peticionadas em data anterior a 7/10/1992, apenas foram apresentadas e concedias com base em reivindicações de processo*[116].

Este problema e a eventual insegurança jurídica, que dele possa brotar, somente poderia ser resolvido pelo legislador português e não pelos tribunais. Mas o legislador (ainda) não se pronunciou sobre esta questão.

---

[116] A decisão do *Juzgado Mercantil* n. 3, de Barcelona, tirada em 16/10/2006, proc. ordinário 601/2005D2, no caso que opôs a ELLI LILLY a vários fabricantes do genérico do fármaco *Zyprexa* reconheceu a validade das reivindicações de produto existentes numa *patente europeia* solicitada, concedida para o Reino de Espanha, antes de 7/10/1992, cujas reivindicações de produto tinham sido, inclusivamente, traduzidas para castelhano, tal qual haviam sido concedidas pelo Instituto Europeu de Patentes. A mesma situação fáctica terá ocorrido no caso decidido no *Juzgado* de 1.ª instância de Madrid, n. 17, em 9/12/2005, no proc. ordinário 598/2003, que opôs a ARNAR-LAMBERT à RATIOPHARM, a propósito da patente sobre a substância *Atorvastatina*, cuja decisão foi confirmada pela *Audiência Provincial* de Madrid, Secção 26, em 26/10/2006.
Havia, de facto, uma especificidade resultante da *reserva* que Espanha formulou por ocasião da adesão à CPE: os então requerentes de *patentes europeias*, quando designavam o Reino de Espanha como Estado da protecção, podiam logo apresentar um conjunto de reivindicações de processo, omitindo as reivindicações de produto, diferentemente do que faziam para os restantes países designados; outros requerentes apresentavam simultaneamente reivindicações de produto e reivindicações de processo para todos os países designados, assumindo o risco de que tais reivindicações de produto fossem *declaradas nulas* pelos tribunais espanhóis, embora viesse a ser concedida a patente europeia. Entre nós, esta questão nunca se pôs.

A patenteabilidade de substâncias químicas e farmacêuticas   95

7.3.4. *A irretroactividade da aplicação do disposto no artigo 27.°/1 do TRIPS a direitos de patente* já concedidos *na data da sua aplicação efectiva enquanto* alteração substancial *do objecto da invenção originariamente depositada*

Ocorre, finalmente, uma derradeira razão – de resto já aludida anteriormente –, nos termos da qual *não pode ser sanada a invalidade de reivindicações de produto químico e farmacêutico* apresentadas em pedidos de patentes portuguesas antes do início de vigência do TRIPS no nosso país, ou antes do início de vigência do CPI de 1995 (em 1/06/2005). E diz ela respeito ao facto de que, ao abrigo do disposto no actual artigo 25.°/1 do CPI de 2003 (*idem*, artigo 26.°/1 do CPI de 1995), a *alteração do objecto de direitos de patente já concedidos* não pode atingir os *elementos essenciais* e característicos das patentes tal como foram concedidas.

Neste mesmo sentido vai agora a recomendação do Instituto Europeu de Patentes, datada de 18/06/2007[117], na decorrência da recomendação de 8/03/2007[118], respeitante à *aplicabilidade directa* do artigo 70.°/7 do TRIPS em Espanha, no que toca às *patentes europeias* cujos pedidos foram apresentados antes do prazo em que terá expirado a reserva feita por Espanha ao artigo 167.°/2, alínea *a*), da CPE.

Na verdade, embora o Instituto Europeu de Patentes tenha deixado de aconselhar[119] os peticionantes de *patentes europeias* o depósito de um conjunto de reivindicações diferente, se designarem Espanha como Estado da protecção – relativamente aos pedidos de *patentes europeias* apresentados *antes de 7/10/1992* e ainda não decididos com trânsito em julgado –, o certo é que se os requerente tiverem apresentado (ou mantiverem) somente um conjunto de *reivindicações de processo* para o território espanhol e um conjunto de *reivindicações de produto e de processo* para os restantes Estados designados, não será concedida protecção para invenções de produtos químicos ou farmacêuticos no Reino de Espanha, independentemente de as *disposições transitórias* do Acordo TRIPS serem, eventualmente, havidas pelos tribunais espanhóis como normativos aplicáveis *directa e imediatamente* ao ordenamento jurídico espanhol. Isto porque, nesta última eventualidade, o Instituto Europeu de Patentes declara que não irá alterar as suas práticas no âmbito dos *procedimentos de oposição à concessão de patentes europeias*, que correm nas Divisões Oposição.

---

[117] *http://www.epo.org/patents/law/legal-texts/InformationEPO/archiveinfo/20070618.html* (acesso efectuado em 27/07/2007).

[118] In *Official Journal of the European Patent Office*, 2007, p. 258.

[119] Tal como vinha fazendo desde 13 de Maio de 1992.

96   *J. P. Remédio Marques*

Que o mesmo é dizer: uma vez que, no entender do Instituto Europeu de Patentes, o artigo 70.°/7 do TRIPS se aplica, *quanto muito, aos processos pendentes* na data da sua aplicação efectiva no Estado designado no pedido de patente europeia, tanto o n.° 1 quanto o n.° 3 do artigo 70.° do mesmo Acordo tornam claro que *o TRIPS não desfruta de efeito retroactivo*, no sentido de permitir o *alargamento da protecção da patente* já concedida no quadro dos *procedimentos de oposição à concessão de patentes europeias* (artigo 99.° e segs. da CPE), para além do que é permitido nos estreitos limites fixados pelo artigo 123.°/3 da mesma CPE, o que acontecerá sempre que se pretenda proteger *reivindicações de produto* em lugar de originárias *reivindicações de processo*[120].

8. Conclusões

De todo o exposto ressaem as seguintes conclusões:

I. O CPI de 1940 vedava a patenteabilidade das *"substâncias químicas"* e dos *"preparados farmacêuticos"*, ou seja, este Código impedia a concessão de *patentes de produto* respeitantes à obtenção de invenções nestes concretos sectores tecnológicos, apenas autorizando a concessão de *patentes de processo* ou *método* de obter tais substâncias.

II. Deve entender-se que esta proibição abrange as reivindicações de *"composto"*, *"composição farmacêutica"*, *"forma de dosagem unitária"*, *"utilização de um composto"*, *"utilização da preparação farmacêutica"*, entre outras, já que todas elas são qualificáveis como *reivindicações de produtos*, caracterizando os elementos técnicos do invento para que se requer protecção.

III. As reivindicações de *uso ou de utilização de composto novo* são qualificáveis como *reivindicações de produto*, precipuamente dirigidas a caracterizar uma *invenção de produto*; trata-se, nos casos *sub iudice*, de *reivindicações de produto novo* – seleccionado do grupo de compostos X –, especificamente utilizado para uma determinada finalidade (*product-for-use claim*).

Mesmo que tais reivindicações fossem qualificadas como elementos caracterizantes de *invenções de processo* (por *o produto* não ser *novo* na data da prioridade), e aos casos *sub indice* fosse aplicado o CPI de 1995, a sua patenteabilidade

---

[120] Já assim, J. P. REMÉDIO MARQUES/NOGUEIRA SERENS, "Direito de patente: sucessão de leis no tempo ...", 2006, cit., pp. 1050-1057.

Cadernos O Direito 4 (2009), 13-104

pode achar-se sempre proibida, por motivo de violação do disposto no artigo 48.º/2, 1.ª parte, deste Código (*idem*, artigo 52.º/4, da Convenção da Patente Europeia): invenções de *métodos de terapia* aplicados ao corpo humano ou animal.

IV. Mas, mesmo no domínio do CPI de 1940, as patentes concedidas sobre *métodos terapêuticos* são inválidas (e inválidas são as reivindicações inseridas em pedidos de patente mais abrangentes), pese embora este diploma não contivesse nenhuma norma que expressamente vedasse a patenteabilidade destes métodos: o disposto no 48.º/2, 1.ª parte, do CPI de 1995, bem como o CPI de 2003 constituem *normas interpretativas aplicáveis a factos ou a situações jurídicas anteriores*, já que a proibição nelas constante traduz uma das interpretações possíveis da lei antiga (o CPI de 1940) com que os interessados podiam e deviam contar, em nada violando ou beliscando as suas expectativas jurídicas.

V. Tal proibição, constante do CPI de 1995 (e do CPI de 2003) aplicada a *factos passados*, é uma solução que se contém dentro dos quadros da controvérsia em questão, sendo certo que os tribunais e a doutrina poderiam tê-la alcançado sem ultrapassar os limites impostos à interpretação e aplicação da lei antiga: se esta questão tivesse sido alguma vez levantada nos tribunais portugueses, no domínio de vigência do CPI de 1940, os juízes e o intérprete sentir-se-iam provavelmente à vontade para adoptar a solução segundo a qual é vedada a *patenteabilidade dos métodos terapêuticos aplicados directamente ao corpo humano ou animal*.

VI. Esta *proibição da patenteabilidade dos métodos de terapia* era uma *questão controvertida* cujo regime proibitivo poderia ter sido, ao tempo, adoptado. Mas não é preciso que a jurisprudência portuguesa tirada no domínio do CPI de 1940 já se tivesse pronunciado sobre este problema: as *leis interpretativas* podem surgir antes mesmo de se formar uma corrente jurisprudencial.

De modo que as reivindicações de métodos terapêuticos apresentadas e obtidas pelos requerentes antes da entrada em vigor do CPI de 1995 são manifestamente *nulas*.

VII. Pese embora as *patentes europeias* atribuam os mesmos direitos e as mesmas obrigações que decorrem das *patentes portuguesas*, o destino das primeiras não se pode confundir com a sorte das *patentes nacionais*, nem a estas podem ser equiparadas – embora possam respeitar às *mesmas invenções* –, designadamente em matéria de *validade*, que o mesmo é dizer das *realidades que (não) são patenteáveis* por não constituírem invenções ou, sendo-o, o certo é que a sua patenteabilidade encontra-se excluída por razões de *interesse público* e *interesse geral da comunidade*: as primeiras (as patentes europeias) estão sujeitas a um *duplo regime*, não vigorando a regra da *assimilação total* da *patente europeia* a uma *patente nacional* no Estado Contratante designado, após a publicação do aviso de concessão.

VIII. Essa diferença é particularmente notória em matéria do *objecto de protecção*, ou seja, no que concerne às realidades que podem constituir *invenções patenteáveis* à luz do preceituado no artigo 52.º da Convenção da Patente Europeia, visto que a violação dessa norma implica sempre a *nulidade da patente europeia* já eventualmente transformada num *feixe de patentes nacionais*, consoante os Estados Contratantes designados; *nulidade* que, sendo decretada, abrange todos os Estados, caso obtenha provimento a *oposição* à concessão da patente europeia, promovida junto da Divisão de Oposição; ou abrange apenas o território do(s) Estado(s) Contratantes em cujos tribunais esta questão tenha sido julgada, sendo certo que, em qualquer das eventualidades, é somente aplicável o disposto no artigo 138.º desta *lei material uniforme*.

IX. Daí também decorre que uma *patente portuguesa* nunca pode ser equiparada a uma *patente europeia*, que seja (ou venha a ser) concedida para proteger as mesmas invenções. Mesmo que as empresas então requerentes viessem a ser titulares de uma *patente europeia*, respeitante à mesma substância química, esta *nunca poderia ser equiparada*, quanto ao respectivo regime jurídico, às patentes nacionais.

X. Se o CPI de 1940 proibia a protecção dos *fármacos* por direito de patente, *rectius*, por *patente de produto*, aos interessados sempre ficava salva a possibilidade de – na ausência da *harmonização legislativa interna* do regime das *patentes nacionais* com o disposto na Convenção da Patente Europeia, entre o *dia 1/01/1992* e o *dia 1/06/1995*, sobre a protecção das substâncias químicas e dos fármacos, através de patentes de produto – deduzir um pedido de *patente europeia*, a partir do dia 1/01/1992, designando o Estado português como Estado da protecção dessa *patente europeia*.

Isto sem prejuízo de os então requerentes estarem livres de, antes de 1/01/1992, deduzir um pedido de *patente europeia* para proteger o mesmo composto químico e farmacêutico. Só não podiam designar o Estado português como *Estado da protecção* dessa *patente europeia*. Tiveram que limitar-se a seguir a VIA NACIONAL. E, nessa medida, a lei apenas lhes facultava a possibilidade de peticionar uma *patente do processo* de preparação do referido composto e da composição terapêutica.

A patenteabilidade de substâncias químicas e farmacêuticas   99

XI. Os interessados não podiam, pelo contrário, *antes dessa data* (1/01/1992) ou *depois dessa data, até ao dia 1/06/1995*, deduzir um pedido de *patente nacional* dirigido à protecção de uma invenção de substâncias daquela natureza (substâncias químicas e fármacos) provido de elementos técnicos idênticos ou semelhantes aos de uma *patente europeia* apresentada na mesma altura junto dos órgãos competentes do Instituto Europeu de Patentes. Todavia, fizeram-no; e fizeram-no em violação do artigo 5.º/3 do CPI de 1940, que é a lei material aplicável ao caso *sub iudice*.

XII. Se os então requerentes não poderiam depositar, por *falta de novidade*, pedidos de *patente europeia*, a partir de 1/01/1992, relativamente às substâncias químicas, no quais designassem Portugal como Estado da protecção – *scilicet*, por, *nessa data*, já ter decorrido o período de *1 ano* a contar da apresentação do primeiro pedido no Japão, em 22/06/1987, *data da prioridade*, de modo que o pedido de *patente europeia* do composto químico em litígio somente poderia ter sido eventualmente apresentado até ao dia 22/06/1988 –, estavam eles impedidos, outrossim, de obter uma *patente nacional* cujo objecto abrangesse realidades (invenções de produtos químicos e farmacêuticos) eventualmente protegidas por uma *patente europeia*, que, tutelando *as mesmas invenções*, não tivesse designado Portugal como Estado da protecção, por virtude de, na época da apresentação do pedido de *patente europeia*, o ordenamento português não se encontrar *alinhado* com disposto no *regime substantivo* previsto na dita Convenção.

XIII. Nestas eventualidades, a falta de *disposição transitória* no Decreto-Lei n.º 16/95, de 24 de Janeiro, ou no Decreto-Lei n.º 141/96, de 23 de Agosto, susceptível de *alargar os benefícios da lei nova* (o CPI de 1995) a situações jurídicas que por ela não poderiam ser contempladas, quer já se encontrassem *em curso de constituição, quer já tivessem sido definitivamente constituídas*, importa a aplicação das disposições pertinentes do CPI de 1940, no que respeita às *realidades* que, à luz dessa lei, podiam lograr uma *patente portuguesa*.

O que corresponde à melhor e mais adequada aplicação do *princípio da não retroactividade da lei*, nos termos do artigo 12.º do Código Civil, em particular o seu n.º 2, 1.ª parte: as *normas da lei nova* – o CPI de 1995 ou, inclusivamente, caso ocorresse uma *assimilação* do regime das patentes europeias ao das patentes portuguesas, após a publicação do aviso de concessão (e da apresentação da tradução junto do INPI) –, que dispõem sobre os *requisitos de validade de factos* ou de *efeitos de factos*, somente se aplicam aos *factos novos* verificados após o seu início de vigência.

100   *J. P. Remédio Marques*

XIV. Vale isto por dizer que as normas do CPI de 1995, respeitantes à patenteabilidade dos *produtos químicos* e *farmacêuticos*, somente eram aplicáveis aos pedidos de *patente portuguesa* apresentados junto do INPI, a partir do dia 1/06/1995, já que o *acto de inventar* é um *facto natural* (*rectius*, uma *criação do espírito* humano traduzido na emergência de uma nova e inventiva solução técnica para um problema técnico lograda através de meios técnicos), sendo que um dos *efeitos* (*jurídicos*) desse *facto natural* consiste exactamente no *direito de requerer a patente*, uma vez verificadas certas *condições substantivas de patenteabilidade*.

XV. Nos casos *sub iudice*, quer *o facto*, quer o *efeito do facto* (o direito de requerer a patente) ocorreram no domínio do CPI de 1940, pelo que é perfeitamente pacífico a *não aplicabilidade da lei nova* – que o mesmo é dizer: é pacífica a não aplicabilidade do CPI de 1995 ou da Convenção da Patente Europeia, se, neste último caso, estas *patentes europeias* fossem *assimiladas* às *patentes nacionais*.

XVI. Mas as *patentes europeias* seguem um regime jurídico diverso das *patentes nacionais*. Pelo que o INPI não podia aplicar a um pedido de *patente nacional* o regime substantivo da *patente europeia*, que, posteriormente, passou a vigorar em Portugal, visto que o pedido da patente *sub iudice* foi publicado em 31/05/1989.

XVII. Mesmo que a estes casos fosse aplicado o regime previsto no CPI de 1995 – e já vimos que esta é uma pretensão manifestamente inviável –, os requerentes e titulares nunca poderiam ter logrado obter a *sanação da invalidade das reivindicações de produto que apresentaram, embora dissimuladas em termos de reivindicações de processo*, já que isso representa uma violação do disposto no artigo 26.º/1 daquele CPI de 1995 (*princípios da estabilidade da instância e da intangibilidade das reivindicações* reflectidos na *proibição da alteração de elementos essenciais constantes de patentes já concedidas ou de pedido de patente*), o que traduz a violação de uma *formalidade susceptível de pôr em causa o resultado final* do procedimento de patenteabilidade.

XVIII. Dado que o *Acordo TRIPS não desfruta de efeito retroactivo* (artigo 70.º/1 e 3 do referido Acordo), *no sentido de permitir o alargamento da protecção de patentes já concedidas no quadro de procedimentos de oposição ou de invalidade*, daqui decorre que não é possível alargar a protecção de um direito de patente *já* concedido na data da *aplicação efectiva* do TRIPS a Portugal (1/01/1996) em violação ao disposto no então artigo 26.º/1 do CPI de 1995, e agora ao abrigo do artigo 25.º/1 do CPI de 2003 (*idem*, nos termos do artigo 123.º/3 da CPE).

A patenteabilidade de substâncias químicas e farmacêuticas   101

XIX. Mesmo que os "objectos existentes", cuja protecção era impedida pelo CPI de 1940, venham, posteriormente, a satisfazer os requisitos de protecção definidos no TRIPS, a *irretroactividade* deste acordo internacional respeitante a *factos passados* (artigos 70.°/1 e 3) – ou seja, a *divulgação das reivindicações de produto químico* e farmacêutico nos pedidos de *patente europeia* apresentados em data sensivelmente coetânea da apresentação, em Portugal, do pedido de *patente de processo químico* de obtenção de tais substâncias (embora "mascarado" pelo pedido de patente do processo – impossibilita a sua *aplicação imediata a factos ocorridos antes da data da sua aplicação efectiva a Portugal*, ainda quando, nessa data, se cure de uma patente (de processo químico) ainda em vigor no nosso país.

XX. Isto significa que os Estados Contratantes do TRIPS não têm a obrigação de *restabelecer a protecção* de objectos que, na data da aplicação efectiva deste Acordo ao Estado-membro em questão, tenham caído no *domínio público*. Que o mesmo é dizer: sempre que um pedido de patente de produto químico (mesmo que, como tal, deva ser substancialmente considerado em Portugal) tenha sido apresentado e publicado num país diferente de Portugal (antes do início de vigência do TRIPS e da CPE no nosso país.: por exemplo, no Japão), ou junto do Instituto Europeu de Patentes, *o objecto da protecção cai imediatamente no domínio público em todos os países em cujas administrações não foi apresentado um idêntico pedido de patente de produto químico ou de composição farmacêutica.*

XXI. De modo que, nestas eventualidades, os Estados Contratantes do TRIPS, em cujos territórios exercem soberania, não são obrigados a "ressuscitar" ou a "restabelecer" a protecção de invenções de produtos químicos e farmacêuticos que tenham sido objecto (e anda sejam) de protecção em outros Estados.

XXII. As obrigações decorrentes do disposto no artigo 70.°/7 do Acordo TRIPS, em particular a faculdade de, após o dia 1/01/1996, poder ser admitida a alteração dos *pedidos* pendentes *de patente de processo,* suscitando o *aditamento* de *reivindicações de produto* (químico ou farmacêutico) a um pedido que contenha apenas *reivindicações de processo* ou a *substituição* destas últimas por *reivindicações de produto* não é aplicável aos casos *sub iudice* – exactamente na medida em que os procedimentos administrativos de patenteabilidade tenham sido iniciados e terminado antes de 1/01/1996 – independentemente de alguma doutrina e jurisprudência poder eventualmente entender que tal norma do TRIPS desfruta de *efeito directo* e *imediato* nas situações jurídicas que estivessem, nessa data, a ser objecto de apreciação no INPI, susceptível de permitir a *aplicação directa e imediata* de tal norma do Acordo TRIPS pelos tribunais portugueses.

XXIII. A nulidade destas *reivindicações de processo* decorre da circunstância nos termos da qual tais reivindicações não caracterizam tecnicamente as várias *etapas, fases* ou *actividades constitutivas das reacções químicas* ocorridas entre as substâncias que nelas são referidas. Na verdade, faz-se mister que as reivindicações incluam todos os *elementos essenciais* da invenção.

Nos casos analisados era necessário que tais reivindicações incluíssem os *elementos técnicos essenciais* caracterizantes do *iter* das reacções, bem como os concretos solventes, os concretos agentes de ligação de ácido e os dissolventes orgânicos.

Pelo contrário, o dizer-se que a reacção química se dá na presença de *um agente de ligação*, ou *no seio de um dissolvente orgânico*, ou em presença de *um catalisador normalmente utilizado na reacção de W…* não equivale a caracterizar o <u>processo</u> e os seus *elementos técnicos essenciais*. Isto equivale, isso sim, a caracterizar uma *invenção de selecção de produto químico* e *farmacêutico* (invenção de produto), a qual reclama a menção, pelo menos na descrição (que não nas reivindicações) do processo pelo qual pode ser obtida a substância seleccionada de um grupo mais vasto.

XXIV. Dado que *o que não é reivindicado não é protegido*, o requerente que descreva a invenção (*in casu*, de processo) na peça escrita denominada descrição, sem a reivindicar, não obtém − nem pode obter − qualquer protecção, senão somente a protecção derivada do que tiver especificamente reivindicado. Isto porque a função das reivindicações − tanto à luz do actual CPI de 2003 como à face do CPI de 1940 − é a definir e delimitar claramente o objecto e o âmbito de protecção da patente peticionada.

XXV. Este tipo de reivindicações *não traduz verdadeiras reivindicações de processo*, pois não se caracteriza de forma clara e específica qualquer uma das reacções químicas pelas quais se fazem reagir as substâncias químicas mencionadas nessas reivindicações. E mesmo que fossem qualificadas como *reivindicações de processo*, elas padecem, em muitos casos, de *falta de objecto*: a *falta de clareza* das reivindicações gera a *insuficiência da descrição*, a qual provoca a *falta de industrialidade* do invento, ao abrigo do CPI de 1940.

XXVI. Mesmo que assim não seja entendido, sempre tais *reivindicações de processo carecem de novidade*, visto que se limitam, não raras vezes, a fazer apelo

A patenteabilidade de substâncias químicas e farmacêuticas   103

aos *conhecimentos gerais dos peritos na especialidade* acerca da escolha do *dissolvente orgânico*, do *agente de ligação ácido* ou do *catalizador normalmente usado na reacção de W...*, substâncias, estas, que já estavam inseridas no *estado da técnica* na data da prioridade.

XXVII. Ainda quando se considere existir novidade, suficiência da descrição e clareza das reivindicações, em muitos destes processos químicos reivindicados enquanto *processos de analogia de obtenção de produtos novos* (dogmática não raras vezes usada na jurisprudência dos ordenamentos de futuros Estados Contratantes da CPE, que, até aos finais dos anos sessenta do século passado, também proibiam a concessão de patentes de produtos químicos e farmacêuticos), sempre se dirá que estes alegados *processos de analogia* teriam que revelar um processo *inventivo* e não meramente um processo *novo*: a novidade e o nível inventivo destes *processos de analogia* residia, de acordo com a então doutrina e jurisprudência portuguesas, na combinação ou na *relação de causalidade entre o meio* (in casu, o processo) *e o resultado*, embora alguns autores (p. ex., em França, M. A. CASALONGA) já então exigissem a presença de uma *modificação* da estrutura do meio (in casu, do processo) e a sua adaptação ao novo resultado (in casu, à substância química e à composição farmacêutica identificadas nas reivindicações).

XXVIII. Nestes processos, então denominados *processos de analogia*, o nível inventivo (o *contributo técnico*, como então se dizia) implicava que, as mais das vezes, o inventor substituísse uma das etapas de reacção química por uma outra (ou outras), que, à partida, fossem encaradas pelos peritos na especialidade como conferindo uma *menor expectativa de êxito*. E também não havia nível inventivo (ou contributo técnico) se, no seu conjunto, o novo *processo de analogia* fosse estritamente equiparável a outros processos já divulgados.

XXIX. Em muitos casos, a ideia de os requerentes de patentes utilizarem um processo químico conhecido para obter as referidas substâncias químicas poderia ter sido facilmente concebida pelos peritos na especialidade: a escolha, pelos requerentes, de certas substâncias químicas reaccionais, a indicação de valores de temperatura, que ostentam uma enorme latitude paramétrica, a vaga, generalizante e ambígua reivindicação de tais valores e parâmetros técnicos sugere que todos eles já se encontravam compreendidos no estado da técnica ou, pelo menos, que não eram providos de qualquer *contributo técnico* à luz da *escolha dos meios de reacção e do processo especificamente empregado* (Silva Carvalho).

XXX. A eventual *declaração de nulidade* das *patentes nacionais*, nos termos *supra* analisados, implica, consequentemente, a *nulidade* dos *certificados complementares de protecção* respeitantes aos medicamentos preparados e comercializados com as referidas *substâncias activas*, bem como importa a nulidade dos eventuais direitos deles derivados (*v.g.*, licenças, penhor, penhora, arresto, etc.), ao abrigo do disposto no artigo 15.°/1, alínea *c*), do Regulamento (CEE) n.° 1768/92, do Conselho, de 18 de Junho de 1992.

ÍNDICE ONOMÁSTICO

(Os números correspondem às notas de rodapé onde os Autores são citados pela primeira vez)

AMMENDOLA, Maurizio – 11
ASCENSÃO, José de Oliveira – 27, 96
BACHER, Klaus – 37
BASHEER, Shamnad – 71
BENKARD, Georg – 37
BENTLY, Lionel – 16
BENYAMINI, Amiran – 17
BIRSS, Colin – 16
BLACKENEY, Michael – 115
BOSTYN, Sven – 78
BREKENFELD, Melina – 112
BRUCHHAUSEN, Karl – 36, 37
BURST, Jean-Jacques – 39
CAMPBELL, Douglas – 16
CANOTILHO, José Joaquim Gomes – 98
CARVALHO, Américo Silva – 27
CARVALHO, Nuno Pires de – 102
CASALONGA Alain – 45
CASTRO, Paulo Canelas de – 98
CHAVANNE, Albert – 39
CLÉVE, Clémerson – 112
CORDEIRO, António Menezes – 82
CORNISH, William Randolph – 20
DERSIN, Hans – 62
DEVANT, P. 39
DI CATALDO, Vicenzo – 7
DOMEIJ, Bengt – 37
DWORKIN, Gerald – 88
FRADA, Carneiro da – 82
GERVAIS, Daniel – 96
GÓMEZ SEGADE, José António – 7, 96
GONÇALVES, Luís Manuel – 18, 98
GRUBB, Philippe – 9
GUTMANN, R. – 39
HANSEN, Bernd – 47
HIRSH, Fritjoff – 47
HILTY, Reto – 80
HOLTMANN YDOATE, M. – 96

IGLESIAS PRADA, Juan L. – 96
JACQUELIN, H. 39
JIMÉNEZ BLANCO, Pilar – 80
KEUKENSCHRIJVER, Alfred – 37
KRAβER, Rudolf – 52
KUMAR, M – 102
LAVRANOS, N. – 101
LEMOINE, M. – 39
LIGUSTRO, A. – 102
LLEWELYN, David – 20
MACHADO, Baptista – 55
MACHADO, Jónatas – 97
MARQUES, João Paulo F. Remédio – 5, 6, 12, 15, 115
MASSAGUER, Jose – 96
MELULLIS, Klaus Jürgen – 20, 37
MILLER, Richard – 16
MOUSSERON, Jean-Jacques – 57
OLAVO, Fernando – 27
PATERSON, Gerald – 17
PICONE, P. – 102
PLASSERAUD, R. – 38
POLLAUD-DULIAN, Frédéric – 10
REIMER, Eduard – 41
RICHARD, V. I. – 23
SALVADOR JOVANÍ, Carmen – 94
SCHULTE, Rainer – 38, 94
SERENS, Nogueira – 15
SHERMAN, Brad – 16
SPANGENBERG, Reinhard – 23
STANLEY, D. – 88
SZABO, George – 20
THORLEY, Simon – 16
TRITTON, Guy – 94
ÜTERMANN, Jasper. – 17
VAVER, David – 71
VICENTE, Dário Moura – 96
WATAL, Jayashree – 92

Mecanismos de garantia em Project Finance⋆

DR. BRUNO FERREIRA

SUMÁRIO: *1. Introdução. 2. Enquadramento: as operações de financiamento de projectos. 3. Mecanismos de garantia. 4. Natureza jurídica do* Project Finance. *5. Conclusões.*

1. **Introdução**

1.1. *Considerações gerais*

O presente trabalho ocupar-se-á da análise de um dos aspectos mais relevantes da modalidade de financiamento de projectos ou infra-estruturas, que tem vindo a assumir uma importância crescente, quer no estrangeiro, quer em Portugal: o *Project Finance* ou *Project Financing*[1].

⋆ A investigação que deu origem ao texto foi realizada no âmbito do Seminário "Operações Bancárias" do Curso de Mestrado em Ciências Jurídicas – Direito Bancário, coordenado pelo Professor Doutor Manuel Januário da Costa Gomes, na Faculdade de Direito da Universidade de Lisboa no ano lectivo 2006/2007.

[1] Em termos nacionais o *Project Finance* tem mesmo sido apontado como um dos mercados de maior expansão para os bancos portugueses, tendo-se vindo a assistir a um aumento exponencial das receitas obtidas neste sector, *vide* PETER WISE, "Project finance saves the day", *in* The Banker (May 2005), Financial Times Business Ltd., Londres, 2005, p. 81. Em termos internacionais, o investimento efectuado através de operações de *Project Finance* ascendeu, no ano de 2006, a 328 biliões de dólares norte-americanos (tendo evoluído de 217 biliões de dólares norte-americanos, no ano de 2001), *vide* BENJAMIN C. ESTY/ALDO SESIA JR., *An Overview of Project Finance & Infrastructure Finance – 2006 Update – Case Note*, Harvard Business School Publishing, Boston, 2007, p. 1.

106 Bruno Ferreira

Como teremos oportunidade de ver ao longo do presente trabalho, uma parte central da implementação de um *Project Finance* é ocupada pela negociação detalhada de um complexo conjunto de instrumentos contratuais. Esta relevância dos aspectos contratuais, para além de outros aspectos jurídicos, leva a que o *Project Finance* seja qualificado como *lawyer intensive*[2]. Porém, apesar da relevância que os aspectos jurídicos assumem na implementação de um *Project Finance*, e da crescente importância que este tem vindo a assumir em Portugal, não tem a dogmática nacional vindo a acompanhar este desenvolvimento com uma análise das implicações da utilização do *Project Finance* na jurisdição nacional.

Uma das facetas jurídicas mais importantes do *Project Finance* diz respeito aos mecanismos de garantia ou de segurança do crédito que se consubstanciam, quer em garantias especiais, quer em outros institutos usados com função de garantia, quer em diversos instrumentos negociais complexos, através dos quais são estabelecidas diversas relações jurídicas que visam mitigar ou distribuir o risco de não reembolso do capital e não pagamento dos juros.

A presente análise debruçar-se-á sobre o Financiamento de Projectos de natureza privada, sendo que, contudo, não deixaremos de fazer algumas referências às chamadas Parcerias Público-Privadas ou PPP[3], enquanto forma de contratação de bens e serviços pelas administrações públicas (*procurement*), sendo que a quase totalidade da análise efectuada sobre os mecanismos de garantia é aplicável às PPP.

Tal como acontece noutras práticas com génese e expansão no estrangeiro, neste caso no universo anglo-saónico, e posterior utilização no nosso ordenamento, como o *factoring*, o *forfaiting* ou o *leasing*[4], colocam-se também com o *Project Finance* (para além dos problemas jurídicos que analisaremos ao longo

---

[2] GIAN LUCA RABITTI, "*Project Finance* e collegamento contrattuale", *in* Contratto e impresa, Ano XII – n.º 1, pp. 224-252, 1996, p. 233.

[3] Apenas uma breve nota para algumas das diversas tipologias de PPP. Ainda que as mesmas sejam por vezes referidas como modalidades de *Project Finance*, pressupõem a existência de uma concessão ou licença, típica das PPP: BOT (*Build, Operate and Transfer*) em que o concessionário constrói, explora e transfere a infra-estrutura no final da concessão ou licença; DBOT (*Design, Build, Operate and Transfer*) idêntica à anterior, sendo que aqui o concessionário também projecta a infra-estrutura; BOO (*Build, Operate and Own*) em que o concessionário constrói e explora a infra-estrutura, mantendo contudo a sua propriedade; BOL (*Build, Operate and Lease*) o concessionário constrói, explora e arrenda o projecto. Cfr. NEIL CUTHBERT (Editor), *A guide to project finance*, Denton Wilde Sapte LLP, London, 2004, pp. 32-33.

[4] Esta com uma maior difusão da expressão portuguesa "locação financeira" devido ao seu acolhimento em sede legislativa.

Mecanismos de garantia em Project Finance   107

do presente trabalho) algumas dificuldades no que diz respeito à escolha entre a utilização da expressão no original inglês ou na sua tradução para português, que corresponde a Financiamento de Projectos.

Na presente situação (como, aliás, acontece em parte nos exemplos acima referidos), as dificuldades residem não tanto na dificuldade de tradução, mas na profusão (e, em certos casos, até mesmo exclusividade) da utilização da expressão em língua inglesa em países de matriz não anglo-saxónica. A utilização da expressão em inglês permite mais facilmente identificar a modalidade de financiamento de projectos objecto do presente trabalho e que corresponde a uma realidade específica desenvolvida no mercado: o *Project Financing*. Ainda que concordemos que, do ponto de vista da construção dogmática, se afiguraria mais correcta a utilização em exclusivo da expressão em português – Financiamento de Projectos – consideramos, pelas razões acima referidas, que existem vantagens na utilização de ambas as designações, como, aliás, acontece na doutrina estrangeira não anglo-saxónica[5].

1.2. *Plano de exposição*

Em primeiro lugar, tendo em conta a escassez de análise doutrinal nacional, vamos começar a presente análise por um percurso genérico, ainda que breve, sobre a génese, detalhe e enquadramento do esquema global do *Project Finance*.

Entrando nos aspectos nucleares do tema de que nos ocuparemos no presente trabalho, iniciaremos a análise dos diversos riscos normalmente identificados no desenvolvimento do *Project Finance*. Em seguida, analisaremos os diversos mecanismos de garantia utilizados em *Project Finance,* dando especial destaque não só aos problemas que surgem da tentativa de transposição para o ordenamento jurídico nacional dos mecanismos de garantia utilizados na prática anglo-saxónica, mas também às questões problemáticas que têm vindo a ser debatidas sobre tais mecanismos de garantia.

---

[5] Por exemplo, em Espanha, MARIA JOSÉ VAÑÓ VAÑÓ, *El contrato de "Project Finance"*, Tirant lo blanch, Valencia, 2002 e, em Itália, FRANCESCO TOTARO, "Il project financing", *in* VICENZO CUFFARO (Dir.), *Il mutuo e le altre operazioni di finanziamento*, pp. 333-402, Zanichelli Editore, Bologna, 2005.

2. Enquadramento: as operações de financiamento de projectos

2.1. *Noção*

Ainda que com uma preocupação de índole mais descritiva, tendo em conta a natureza seminal da análise, Gabriela Figueiredo Dias avança a seguinte noção de *Project Finance*: "O Project Finance constitui uma modalidade de engenharia ou colaboração financeira, contratualmente sustentada e garantida pelo fluxo de caixa gerado pelo projecto empresarial financiado"[6]. Calvão da Silva, por seu lado, também propõe uma noção descritiva, nos termos da qual o *Project Finance* se trata de uma "operação de financiamento de um singular projecto de investimento, em atenção ao mérito, potencialidades e características do negócio idealizado"[7].

Percorrendo a doutrina estrangeira temos acesso a diversas posições, umas mais descritivas que outras, as quais, no essencial não divergem das noções acabadas de descrever, sendo que, contudo, explicitam alguns elementos que não estão ali referidos, especialmente no que diz respeito ao relacionamento dos promotores com o projecto.

Antes, porém, de entrar na identificação das diversas posições no campo jurídico, e iniciando a nossa análise pelas ciências económicas, verificamos que, como no âmbito jurídico, não existe uma noção única de *Project Finance*, sendo que podemos encontrar nomeadamente a consideração do *Project Finance* como uma forma de recolha de fundos numa base *nonrecourse* ou *limited recourse* (veremos em seguida o sentido a dar a estas expressões) para financiar um projecto de investimento separável em termos económicos, em que aqueles que disponibilizam os fundos olham principalmente para o fluxo de caixa gerado pelo projecto como fonte de reembolso dos respectivos empréstimos e como fonte de rendimento do capital investido[8].

---

[6] "Project Finance (Primeiras Notas)", *in* Instituto de Direito das Empresas e do Trabalho – Miscelâneas n.º 3, Almedina, Coimbra, 2004, p. 115.

[7] CALVÃO DA SILVA, *Direito Bancário*, Almedina, Coimbra, 2001, p. 435.

[8] *"[T]he raising of funds on a limited-recourse or nonrecourse basis to finance an economically separable capital investment project in which the providers of the funds look primarily to the cash flow from the project as the source of funds to service their loans and provide the return of and a return on their equity invested in the project."*. Cfr. J.D. FINNERTY, *Project Finance Asset-Base Financial Engeneering*, John Wiley & Sons, Hoboken, 2007 *apud* BENJAMIN C. ESTY/ALDO SESIA JR., *An Overview of Project Finance & Infrastructure Finance – 2006 Update – Case Note*, cit., p. 2.

Mecanismos de garantia em Project Finance   109

Ainda em termos económicos Esty e Sesia definem o *Project Finance* como envolvendo a criação de uma sociedade comercial, legalmente independente, financiada com dívida *nonrecourse* (e com capitais de outras sociedades, denominadas como promotores) para financiar o investimento num activo dedicado exclusivamente a um determinado fim, normalmente com uma duração temporal limitada[9].

Passando agora ao âmbito especificamente jurídico, mais precisamente pela doutrina anglo-saxónica, começando pelos Estados Unidos da América, Scott Hoffman[10], autor de uma das obras de referência sobre o presente tema, refere que a expressão *Project Finance* é utilizada para referir uma estrutura de financiamento em que os promotores não se responsabilizam pelo não reembolso do crédito ("*nonrecourse or limited recourse*"), em que dívida (de terceiros), capital (no sentido de capitais próprios) e mecanismos de mitigação de risco ("*debt, equity and credit enhancement*") são combinados para a construção e exploração, ou refinanciamento, de uma particular infra-estrutura (ou, melhor, projecto) numa indústria de capital intensivo, na qual os financiadores baseiam a avaliação do risco de crédito nas receitas que se estima venham a ser obtidas na exploração da referida infra-estrutura, e não no património em geral ou no risco de crédito do promotor do projecto, confiando nos activos da infra-estrutura, incluindo quaisquer contratos geradores de receitas e outros fluxos de caixa, como garantia do crédito[11].

Dois dos elementos desta noção são essenciais para o problema que nos ocupa e apresentam particulares dificuldades na transposição para a língua portuguesa: a referência à natureza *nonrecourse* ou *limited recourse* e o chamado *credit enhancement*.

---

[9] "*Project finance involves the creation of a legally independent project company financed with nonrecourse debt (and equity from one or more corporations know as sponsoring firms) for the purpose of financing investment in a single purpose capital asset, usually with a limited life.*". Cfr. *An Overview of Project Finance & Infrastructure Finance – 2006 Update – Case Note*, cit., p. 2.

[10] *The Law and Business of International Project Finance*, 2.ª Edição, Transnational Publishers/Kluwer Law International, New York/Hague, 2001, p. 4.

[11] No original: "*The term 'project finance' is generally used to refer to a nonrecourse or limited recourse financing structure in which debt, equity and credit enhancement are combined for the construction and operation, or the refinancing, of a particular facility in a capital-intensive industry, in which lenders base credit appraisals on the projected revenues from the operation of the facility, rather than the general assets or the credit of the sponsor of the facility, and rely on the assets of the facility, including any revenue-producing contracts and other cash flow generated by the facility, as collateral for the debt*", SCOTT L. HOFFMAN, *The Law and Business of International Project Finance*, cit., pp. 4 e 5.

110 *Bruno Ferreira*

Em primeiro lugar, surge a expressão *nonrecourse* ou *limited recourse*, sendo que esta coloca em evidência uma das principais características do financiamento através de *Project Finance*, a qual se traduz numa certa separação entre os promotores e o projecto em causa, sendo que o financiamento do projecto deve ser suportado através dos fluxos de caixa gerados pelo próprio projecto. Neste sentido, no *nonrecourse* Project Finance os promotores não assumem responsabilidades pelo reembolso do crédito concedido e no *limited recourse* Project Finance assumem, ainda que apenas de forma limitada, determinadas responsabilidades pelo reembolso do crédito. Mas adiante veremos alguns dos problemas que se podem levantar nas situações de *nonrecourse*, relativamente aos limites da responsabilidade dos promotores.

Por outro lado, há o chamado *credit enhancement*, que também está, ainda que parcialmente, relacionado com as responsabilidades assumidas pelos promotores[12]. Trata-se no *credit enhancement* de encontrar mecanismos que sirvam para mitigar ou eliminar determinados riscos, sendo que estes mecanismos (apoio por parte dos promotores, por exemplo, seguros para cobertura de riscos, instrumentos contratuais com alguns dos diversos participantes com condições especiais para toda a duração do prazo de reembolso do crédito, etc.) terão como objectivo fazer com que os riscos do projecto sejam alocados aos participantes no projecto ou a terceiros[13]. Numa perspectiva positiva, trata-se de melhorar (*enhance*) a qualidade do crédito – no fundo, mitigar o risco de crédito.

Outra das noções que também é avançada no universo anglo-saxónico, desta vez no Reino Unido, considera que o *Project Financing* consiste no financiamento do desenvolvimento ou exploração de um direito, recurso natural ou outro activo em que o grosso do financiamento é disponibilizado através de crédito e deverá ser reembolsado principalmente a partir dos activos financiados e dos respectivos rendimentos[14].

No que diz respeito à doutrina italiana, verificamos que alguns autores[15] partem da noção de natureza económica, proposta por P. K. Nevitt, que define

---

[12] Scott L. Hoffman, *The Law and Business of International Project Finance*, cit., p. 382.
[13] *Ibidem*.
[14] Neil Cuthbert (Editor), *A guide to project finance*, cit., p. 2.
[15] Francesco Totaro, "Il project financing", cit., p. 334; Gian Luca Rabitti, "*Project Finance* e collegamento contrattuale", p. 226; Laura Constantino, "Profili privatistici de *project financing* e gruppi di contratti", *in* Contratto e impresa, Ano XIX – n.° 1, pp. 395-432, 2003, p. 396; Federico Dabizzi, "Il *trust* e il *project financing*", *in* Giurisprudenza Commerciale, Vol. 28 – n.° 6, pp. 733/I-746/I, 2001, p. 734/I.

o *Project Finance* como o financiamento de uma particular unidade económica em que a entidade financiadora observa os fluxos de caixa e os lucros dessa unidade económica como fonte de reembolso desse financiamento e os activos da unidade económica como garantia do empréstimo[16].

No cômputo geral, temos, portanto, diversos elementos que podemos enumerar, *prima facie*, da seguinte forma: estamos perante um modelo ou estrutura de financiamento (ou re-financiamento) da construção e exploração de um projecto ou infra-estrutura; tal financiamento, que tipicamente assumirá a forma de abertura de crédito, é, normalmente, feito a favor de uma sociedade especialmente criada para o efeito pelos respectivos promotores – a sociedade de projecto ou *special purpose vehicle* (SPV) – cuja actividade é exclusivamente dedicada ao desenvolvimento do projecto[17]; ainda que em menor parte, o investimento no projecto é também financiado com recurso a capitais dos próprios promotores (que serão tratados como capitais próprios do SPV); o reembolso do financiamento é efectuado principalmente através do fluxo de caixa gerado pelo projecto, sendo, aliás, a análise inicial de viabilidade do projecto efectuada no sentido de determinar se o mesmo será capaz de gerar fluxos de caixa suficientes durante o prazo de reembolso do crédito; os promotores não prestam garantias ou prestam garantias de forma bastante limitada, relativamente ao reembolso do crédito e pagamento dos juros, sendo que as receitas geradas pelo projecto e os activos que estão afectos ao projecto servem de principal garantia de reembolso do crédito, sendo, em paralelo, estabelecidos diversos mecanismos de mitigação do risco de crédito.

Em termos jurídicos, poderemos então tentar avançar com a seguinte noção: o *Project Finance* é uma estrutura de financiamento[18] a longo prazo, na qual a entidade ou entidades financiadoras disponibilizam crédito para a construção e exploração de determinado projecto, levando em linha de conta, principalmente, a capacidade do projecto gerar as receitas e não, ou não tanto, a

---

[16] "*A financing of a particular economic unit in which a lender is satisfied to look initially to the cash flow and earnings of that economic unit as the source of funds from which a loan will be repaid and to the assets of the economic unit as collateral for the loan.*". Cfr. P.K. NEVITT/F. FABOZZI, *Project Financing*, 7.ª Edição, Euromoney, Londres, 2000 *apud* BENJAMIN C. ESTY/ALDO SESIA JR., *An Overview of Project Finance & Infrastructure Finance – 2006 Update – Case Note*, cit., p. 2.

[17] Temos aqui o chamado *ring fence*, em que se pretende isolar a sociedade de projecto dos riscos relacionados com outras actividades que não o projecto.

[18] Entendido aqui como a disponibilização de meios financeiros com a respectiva obrigação de reembolso. Cfr. RENATO CLARIZIA, "La causa di finanziamento", *in* Banca Borsa e Titoli di Credito, Ano XLV, pp. 580-622, 1982, p. 622.

112 *Bruno Ferreira*

capacidade dos promotores, cujo envolvimento é bastante limitado em termos de responsabilidade pelo serviço de dívida, sendo que como forma de tentar assegurar que o projecto gera as receitas que permitem o reembolso do capital e pagamento dos juros são estabelecidos diversos mecanismos de garantia que envolvem não apenas garantias reais ou pessoais, mas também outros mecanismos de garantia, utilizando outros institutos com funções de garantia e estabelecendo um conjunto de contratos capazes de assegurar a manutenção dos pressupostos relativos à viabilidade do projecto.

A presente forma de financiamento distingue-se do *corporate finance*[19], entendido este como o conjunto de mecanismos tradicionais de financiamento da actividade das sociedades e dos respectivos investimentos, quer mediante capitais próprios obtidos no desenvolvimento da respectiva actividade, quer através de financiamento de terceiros a curto prazo, cujo reembolso é garantido pelo desenvolvimento em geral da sua actividade e não apenas da actividade cujo investimento é financiado[20].

Deverá também distinguir-se das formas de financiamento baseadas no valor de um determinado activo (*asset-based finance*), na medida em que, em *Project Finance*, o valor dos activos é inferior ao montante financiado, sendo que o importante na decisão de concessão de crédito é a previsão das receitas a gerar pelo projecto[21].

2.2. *Génese e evolução*

Alguns autores identificam a utilização de técnicas semelhantes ao *Project Finance*, especialmente no que diz respeito ao envolvimento dos promotores, nas empresas marítimas gregas e romanas no mediterrâneo[22] e também nalgumas expedições marítimas dos séculos XVII e XVIII, da Companhia Holandesa das Índias Orientais e da Companhia Inglesa das Índias Orientais[23], em que os empréstimos concedidos aos promotores das viagens apenas seriam

---

[19] KRISHNAMURTHY SUBRAMANIAN/FREDERICK TUNG/XUE WANG, "Project Finance Versus Corporate Finance", Working Paper, 2007, disponível na SSRN em http://ssrn.com/abstract= 972415.

[20] SCOTT L. HOFFMAN, *The Law and Business of International Project Finance*, cit., pp. 10-11.

[21] Ob. cit., p. 11.

[22] NEIL CUTHBERT (Editor), *A guide to project finance*, cit., p. 1.

[23] BENJAMIN C. ESTY/ALDO SESIA JR., *An Overview of Project Finance & Infrastructure Finance – 2006 Update – Case Note*, cit., p. 4.

reembolsados na proporção do valor de venda dos bens que fossem trazidos no regresso. Teríamos aqui algo semelhante ao contrato de risco ou empréstimo a risco, que era regulado nos artigos 626.º a 633.º do Código Comercial, cujas origens também são reconduzidas aos *nauticum foenus* romanos[24].

Para além destas origens mais remotas, têm sido encontrados na segunda parte do séc. XIX e no início do séc. XX mecanismos semelhantes ao *Project Finance*, quer na construção e exploração de caminhos-de-ferro, quer na exploração de recursos petrolíferos, neste caso com recurso aos chamados *production payment loans*, empréstimos reembolsados com os ganhos obtidos com a produção do projecto[25].

A explosão moderna do *Project Finance*, com as características mais específicas que hoje lhe reconhecemos, teve origem no início da década de 70 do séc. XX, para o financiamento dos investimentos no sector da energia, sendo dado especial destaque ao financiamento da exploração de petróleo no Mar do Norte, cujo exemplo é o projecto promovido pela British Petroleum com o chamado *Forties Field*[26].

Nos Estados Unidos, e desta feita na década de 80 do séc. XX, também surgiu a utilização em massa do *Project Finance* para o desenvolvimento de estações produtoras de energia devido à crise energética do início da década[27].

A utilização pelas autoridades públicas de mecanismos de financiamento similares ao Financiamento de Projectos terá surgido no início da década de 90 do séc. XX, com as chamadas PPP (Parcerias Público-Privadas ou Public Private Partnerships)[28].

Neste âmbito, pretendem as autoridades públicas utilizar as instituições financeiras e outras empresas privadas para construir e explorar activos tais como estradas, prisões e escolas, que até então haviam sido construídos mediante o recurso a capitais públicos e explorados numa lógica sem fins lucrativos[29].

---

[24] ADRIANO ANTHERO, *Comentário ao Código Commercial Portuguez*, Volume II, Typographia 'Artes & Lettras', Porto, 1915, pp. 524 e ss.; LUIZ DA CUNHA GONÇALVES, *Comentário ao Código Comercial Português*, Volume III, Livraria Moraes, Lisboa, 1918, pp. 378 e ss.; AZEVEDO MATOS, *Princípios de Direito Marítimo*, Volume I, Edições Ática, Lisboa, 1955, p. 277.

[25] BENJAMIN C. ESTY/ALDO SESIA JR., *An Overview of Project Finance & Infrastructure Finance – 2006 Update – Case Note*, cit., p. 4.

[26] NEIL CUTHBERT (Editor), *A guide to project finance*, cit., p. 1.

[27] BENJAMIN C. ESTY/ALDO SESIA JR., *An Overview of Project Finance & Infrastructure Finance – 2006 Update – Case Note*, cit., p. 4.

[28] Ob. cit., p. 5.

[29] *Ibidem.*

114   *Bruno Ferreira*

Como principal exemplo de PPP, temos a PFI ou *Private Finance Initiative*, iniciada no Reino Unido, em 1992, então sob o governo de John Major, como uma das alternativas ao *procurement* tradicional. No *procurement* tradicional há uma simples aquisição dos bens ou prestação de serviços sem qualquer co-responsabilidade do fornecedor/produtor/prestador pela economia, eficiência e impacto do empreendimento na satisfação da necessidade pública[30].

Em Portugal, o nascimento do *Project Finance* ficou associado às PPP através especialmente de grandes obras públicas realizadas na segunda metade da década de 90 do séc. XX, mais precisamente com o financiamento de parte da rede de auto-estradas, quer em sistema SCUT, quer com portagens reais, e da construção da segunda travessia do rio Tejo, naquela que viria a ser a Ponte Vasco da Gama[31].

Em termos mais recentes, verificou-se uma maior utilização privada do *Project Finance*, quer com a construção de alguns dos Estádios de Futebol para a fase final do Campeonato Europeu de Futebol realizada em 2004, quer também com o desenvolvimento de projectos de produção de energia[32].

2.3. *Regulamentação legal*

Em termos gerais, quer em Portugal, quer noutras jurisdições, apenas as PPP são objecto de regulamentação legal específica, enquadrando-se tal regulamentação no âmbito do regime legal da contratação de serviços pelo Estado e demais pessoas colectivas públicas (o chamado *procurement*).

As PPP, em geral, são reguladas pelo Decreto-Lei n.° 86/2003, de 26 de Abril, alterado pelo Decreto-Lei n.° 141/2006, de 27 de Julho, que define as PPP como o contrato ou a união de contratos, por via dos quais entidades privadas, designadas por parceiros privados, se obrigam, de forma duradoura, perante um parceiro público, a assegurar o desenvolvimento de uma actividade tendente à satisfação de uma necessidade colectiva, e em que o financiamento e a responsabilidade do investimento e pela exploração incumbem, no todo ou

---

[30] António Pombeiro, *As PPP/PFI Parcerias Público-Privadas e a sua Auditoria*, Áreas Editora, Lisboa, 2003, p. 45.

[31] Gabriela Figueiredo Dias, "Project Finance (Primeiras Notas)", in AAVV, *Instituto de Direito das Empresas e do Trabalho – Miscelâneas n.° 3*, Almedina, Coimbra, 2004, p. 118.

[32] BPI SGPS, S.A., *Relatório e Contas 1999*, 2000, pp. 96 e 97; Banco Comercial Português de Investimento, S.A., *Relatório e Contas 2001*, 2002, p. 17; CAIXA – Banco de Investimento, S.A., *Relatório e Contas 2003*, 2004, p. 34; Banco Espírito Santo de Investimento, S.A., *Relatório e Contas 2004*, 2005, p. 55.

em parte, ao parceiro privado (artigo 2.º/1). Em termos mais específicos, existe também um diploma que regulamenta as PPP no âmbito da saúde, o Decreto--Lei n.º 185/2002, de 20 de Agosto.

Tal como em Portugal, também noutros países comunitários a regulamentação legal específica diz apenas respeito às parcerias público-privadas, por exemplo em Espanha temos a *Ley 13/2003, de 23 de mayo, reguladora del contrato de concesión de obras públicas* e em Itália temos a chamada Lei Merloni-ter ou seja a *Legge 11 febbraio 1994 n. 109, Legge quadro in materia di lavori pubblici*.

Em termos comunitários, há a destacar o Livro Verde sobre as Parcerias Público-Privadas e o Direito Comunitário em matéria de contratos públicos e concessões, preparado pela Comissão Europeia, em 30 de Abril de 2004, e a Comunicação da Comissão sobre as Parcerias Público-Privadas e o Direito Comunitário sobre Contratos públicos e Concessões, de 15 de Novembro de 2005, que resultou da consulta pública realizada sobre o Livro Verde.

Em termos internacionais e supra-governamentais temos, ainda, as *Model Legislative Provisions on Privately Financed Infrastructure Projects* de 2003 e a *Model Law on Procurement of Goods, Construction and Services* de 1994 ambas preparadas pela Comissão das Nações Unidas para o Direito Comercial Internacional (UNCITRAL).

2.4. *A estrutura do* **Project Finance**

Como resulta em parte da noção que avançámos *supra*[33], enquanto operação complexa o *Project Finance* envolve um número considerável de participantes ou sujeitos, muitas vezes localizados em mais do que uma jurisdição e que poderão desempenhar mais do que uma função em cada projecto.

Faremos, em seguida, um breve percurso sobre a estrutura habitual de um *Project Finance* de natureza privada, de forma a identificar os diversos vínculos obrigacionais que se estabelecem entre os participantes, sendo que, como analisaremos nos pontos seguintes[34], quase todos desempenham um papel na mitigação dos riscos do projecto. Deixaremos de parte as situações em que é estabelecido apenas um *Project Finance* para o financiamento de um conjunto de projectos relacionados mas autonomizáveis.

---

[33] *Vide* ponto 2.1.
[34] *Vide* ponto 3.

116 *Bruno Ferreira*

Em primeiro lugar, temos os promotores do projecto (*sponsors*). Trata-se, normalmente, de entidades privadas (sendo mais frequentemente pessoas colectivas, ainda que existam situações em que os promotores são pessoas singulares, especialmente os investidores que detêm posições minoritárias no capital da sociedade de projecto), com uma miríade de objectivos. Estes pretendem, por exemplo, entrar numa determinada área de negócio em que desempenha um papel importante a infra-estrutura a construir ou, encontrando-se nessa área de actividade, pretendem desenvolvê-la ou, também, construir a infra-estrutura de forma a que esta desempenhe um papel a montante ou a jusante da sua actividade[35], tudo isto com as vantagens do *Project Finance*.

A relação entre os promotores e o projecto desempenha um papel essencial em toda a estruturação e implementação do *Project Finance*: os promotores terão de realizar as entradas de capital da sociedade de projecto, realizando também prestações suplementares, acessórias ou suprimentos[36], sendo ainda

---

[35] Imaginem-se situações em que os promotores produzem as matérias-primas que serão utilizadas pela sociedade de projecto ou em que os promotores serão os principais (ou mesmo únicos) clientes dos produtos que resultam da actividade da sociedade de projecto; cfr. GABRIELA FIGUEIREDO DIAS, "Project Finance (Primeiras Notas)", cit., p. 130.

[36] No caso da sociedade de projecto adoptar a forma de sociedade por quotas, as prestações suplementares (que têm sempre dinheiro por objecto – artigo 210.°/2 do Código das Sociedades Comerciais), as prestações acessórias (que podem ser pecuniárias ou não pecuniárias – artigo 209.°/2 do Código das Sociedades Comerciais) e os suprimentos (que têm por objecto dinheiro ou outra coisa fungível – artigo 243.°/1 do Código das Sociedades Comerciais) são expressamente reguladas, as primeiras nos artigos 210.° a 213.°, as segundas no artigo 209.° e os terceiros nos artigos 243.° a 245.°, todos do Código das Sociedades Comerciais. Como principais diferenças entre as três figuras, temos, por um lado, o facto das primeiras não poderem ser remuneradas (artigo 210.°/5 do Código das Sociedades Comerciais), ao passo que as segundas e as terceiras poderão, ou não, sê-lo; como principal diferença temos, por outro lado, o facto das prestações suplementares serem consideradas, em termos contabilísticos, um elemento integrante do capital próprio, sendo que as prestações acessórias têm sido consideradas como integrando o capital próprio sempre que tenham por objecto dinheiro e que o regime estatutário assegure que as mesmas não são facilmente "retiradas", ou seja, reembolsadas, sendo que, por fim, os suprimentos considerados como um elemento do passivo (*vide* RUI PINTO DUARTE, "Suprimentos, Prestações Acessórias e Prestações Suplementares – Notas e Questões", *in* AAVV, *Problemas do Direito das Sociedades*, pp. 257-280, Almedina, Coimbra, 2003, p. 265). No que diz respeito às sociedades anónimas, apenas as prestações acessórias se encontram expressamente reguladas (no artigo 287.° do Código das Sociedades Comerciais), com um regime semelhante ao estabelecido para as sociedades por quotas. Porém, tem sido entendido pela doutrina, com âmbito mais ou menos limitado, que a regulamentação dos suprimentos (RUI PINTO DUARTE, "Suprimentos, Prestações Acessórias e Prestações Suplementares – Notas e Questões", cit., pp. 266 a 269) poderá ser aplicada às sociedades anónimas. Por outro lado, podendo as prestações acessórias ter por

Mecanismos de garantia em Project Finance   117

obrigados, nas situações de *limited recourse*, que representam a modalidade mais frequente do *Project Finance*[37], a prestar apoio ao projecto (mitigando, nomeadamente, através da prestação de garantias, os riscos do projecto). A influência dos promotores faz-se sentir de forma mais relevante nas situações em que estes desempenham um papel importante na construção ou funcionamento do projecto, seja como construtores, fornecedores, clientes ou ainda como operadores do projecto (prestando-lhe serviços de gestão ou obrigando-se a indicar gestores)[38].

A par dos promotores poderemos encontrar também investidores, que encaram a sua participação na sociedade de projecto, por regra minoritária, como um investimento financeiro, não estando, normalmente, envolvidos nos aspectos técnicos do projecto[39].

Quando existe mais do que um promotor é habitual que seja celebrado entre eles um acordo parassocial, em que são regulados diversos aspectos do respectivo relacionamento, no âmbito quer da sua participação na sociedade de projecto (contendo, portanto, a regulamentação dos temas usualmente objecto deste tipo de acordos, tais como a transferência das participações sociais, a participação em aumentos de capital ou a realização de prestações suplementares, prestações acessórias ou suprimentos), quer da sua integração no projecto, como fornecedores, clientes ou como prestadores de serviço de gestão.

Em seguida, como participante central temos a sociedade de projecto ou *special purpose vehicle*, que é parte da quase totalidade das relações jurídicas estabelecidas por ocasião do *Project Finance* (sendo, por vezes, excepção os acordos directos celebrados entre as entidades financiadoras e alguns dos outros participantes no projecto).

---

objecto dinheiro, e tendo os sócios deliberado que as mesmas sigam o regime das prestações suplementares, tem-se considerado, como referido, que estas poderão ser também qualificadas como um elemento do capital próprio. Tendo em conta que as prestações suplementares (no caso das sociedades por quotas) e as prestações acessórias que sigam o regime das prestações suplementares (no caso das sociedades anónimas) apresentam vantagens sobre o capital social, nomeadamente em termos de "retirada" das prestações suplementares (RUI PINTO DUARTE, "Suprimentos, Prestações Acessórias e Prestações Suplementares – Notas e Questões", cit., p. 275), a componente de participação dos promotores em termos de prestações que não de capital social é, em termos habituais, bastante superior às entradas de capital, especialmente tendo em conta que apesar das vantagens de "retirada" as prestações referidas continuam a ser consideradas capital próprio. A realização de suprimentos tem menor expressão no âmbito do *Project Finance*.

[37] GABRIELA FIGUEIREDO DIAS, "Project Finance (Primeiras Notas)", cit., p. 130.

[38] *Vide* nota 35 e NEIL CUTHBERT (Editor), *A guide to project finance*, cit., p. 10.

[39] NEIL CUTHBERT (Editor), *A guide to project finance*, cit., p. 11.

118 *Bruno Ferreira*

A sociedade de projecto poderá assumir diversas formas jurídicas, consórcio, ACE, AEIE, sociedade comercial[40], sendo esta última a mais frequente, tendo em conta as vantagens que a personalidade colectiva representa em termos dos limites de responsabilidade dos promotores.

A esta sociedade é concedido o financiamento, sendo-lhe cometida a contratação da construção, exploração, manutenção e operação do projecto em causa. Sendo ela a titular da quase totalidade dos activos e posições jurídicas que compõem o projecto, é à sociedade de projecto que cabe o principal papel na prestação das garantias e outros mecanismos de segurança do crédito.

Na posição de entidades financiadoras temos, principalmente, os bancos, as agências de exportação de crédito e as agências multilaterais (tais como o Banco Europeu de Investimentos, o Fundo Europeu de Investimentos[41] ou a International Finance Corporation do Banco Mundial[42]).

Diferentemente do que acontece noutras formas de financiamento, no *Project Finance* as entidades financiadoras têm maior influência na actividade da entidade financiada: na fase de preparação do projecto, no que diz respeito à elaboração do plano de negócios e ao chamado caso base, uma projecção de fluxos de caixa, por forma a assegurar que as estimativas relativas aos montantes que se espera venham a ser gerados pelo projecto e aos respectivos custos foram, da sua perspectiva, realizadas com base em critérios credíveis, permitindo, portanto, o reembolso do financiamento; na fase de construção, assegurando (directamente ou através de técnicos independentes) que os montantes disponibilizados ao abrigo do financiamento são efectivamente utilizados na construção da infra-estrutura (nomeadamente com pagamentos ao empreiteiro); na fase de exploração, acompanhando em termos regulares a actividade desenvolvida pela sociedade de projecto (nomeadamente através do controlo dos diversos rácios relacionados com a situação económico-financeira do projecto), sendo que no contrato de financiamento celebrado entre a sociedade de projecto e as entidades financiadoras são estabelecidas inúmeras restrições à prática pela sociedade de projecto de determinados actos, em termos absolutos ou sem que tenha sido obtida a prévia autorização das entidades financiadoras. Quer na fase de construção, quer, mais frequentemente, na fase de funcionamento e operação do projecto, as entidades financiadoras poderão

---

[40] GABRIELA FIGUEIREDO DIAS, "Project Finance (Primeiras Notas)", cit., p. 130.

[41] Ob. cit., p. 132.

[42] LILIANA D. KONIGSMAN, "Il project financing e le Agenzie multilaterali", *in* CESARE VACCÀ (Dir.), *Il project financing*, pp. 258-273, Egea, Milano, 2002, pp. 261 e ss.

intervir directamente na gestão do projecto, naquilo a que se tem vindo a chamar de *step-in-right*[43], sendo-lhes possibilitado, por exemplo, o cumprimento de obrigações em nome da sociedade de projecto perante outros participantes (v.g. fornecedores ou clientes), sendo que, tendo como um dos objectivos a acautelar o cumprimento das obrigações da sociedade de projecto pelas entidades financiadoras, são celebrados entre alguns dos participantes e estas mesmas entidades os chamados acordos directos[44].

Ainda que a forma de financiamento mais comum seja a abertura de crédito, o financiamento poderá também ser efectuado através de uma das seguintes modalidades (ou através de uma combinação da abertura de crédito com uma das seguintes modalidades): emissão de obrigações colocadas junto de investidores[45] e, com menor frequência, locação financeira[46].

Tendo em conta a dimensão do projecto, poderá existir mais do que uma entidade financiadora, sendo frequente que o financiamento seja assumido por um sindicato bancário[47]. Como noutros sindicatos bancários, em termos habituais, o banco escolhido pelo cliente organiza o sindicato bancário, convidando os restantes bancos que integrarão o sindicato[48], e desempenha funções de banco agente, servindo de ponto de contacto entre a sociedade de projecto, os promotores e o sindicato bancário e desempenhando funções burocráticas relativamente à gestão do financiamento, tais como a notificação aos restantes membros do sindicato para que disponibilizem as diversas tranches dos montantes disponibilizados após solicitação da sociedade de projecto, a recepção da diversa documentação enviada pela sociedade de projecto e o acompanhamento mais imediato da actividade da mesma[49]. Em termos jurídicos, deverá qualificar-se como mandato com representação a relação estabelecida entre o

---

[43] GABRIELA FIGUEIREDO DIAS, "Project Finance (Primeiras Notas)", cit., p. 132.

[44] NEIL CUTHBERT (Editor), *A guide to project finance*, cit., pp. 53-54.

[45] NEIL CUTHBERT (Editor), *A guide to project finance*, cit., pp. 29-30.

[46] Ob. cit., pp. 30-31.

[47] ALESSANDRA VERONELLI, *I Finanziamenti di Progetto – Aspetti Societari e Contrattuali*, Giuffrè Editore, Milano, 1996, p. 117; GABRIELA FIGUEIREDO DIAS, "Project Finance (Primeiras Notas)", cit., p. 147. Em termos semelhantes ao que acontece no chamado Empréstimo Cristal. Cfr. INOCÊNCIO GALVÃO TELLES, "Empréstimo Cristal (Uma nova realidade bancária)", *in* O Direito, Ano 125.º – I-II, pp. 177-192, 1993 e MENEZES CORDEIRO, "Empréstimos 'Cristal': Natureza e Regime", *in* O Direito, Ano 127.º – III-IV, pp. 463-509, 1995.

[48] LUÍS VASCONCELOS ABREU, "Os Sindicatos Bancários no Direito Português", *in* AAVV, *Estudos em Homenagem ao Professor Doutor Inocêncio Galvão Telles*, Volume II – Direito Bancário, pp. 519-565, Almedina, Coimbra, 2002, p. 529.

[49] Ob. cit., pp. 531 e ss.

120 *Bruno Ferreira*

banco agente e as restantes entidades financiadoras[50], na medida em que o banco agente se obriga a praticar actos jurídicos por conta dos bancos que integram o sindicato, sendo-lhe frequentemente atribuídos poderes de representação, ou no próprio contrato de financiamento ou em contrato separado celebrado entre o banco agente e os membros do sindicato, e invocando o banco agente o nome dos membros do sindicato no relacionamento com os restantes participantes no projecto[51].

Como função adicional do banco agente, que poderá também ser desempenhada por uma entidade separada, temos a de banco depositário, a quem cabe receber em depósito os fluxos de caixa gerados pelo projecto, dando-lhes o destino solicitado pela sociedade de projecto, estando, por vezes, o depositário obrigado a verificar se os referidos fluxos de caixa estão a ser utilizados de acordo com os estabelecido no contrato de financiamento.

A par da relação de crédito estabelecida entre a sociedade de projecto e as entidades financiadoras, temos, como um dos elementos nucleares da presente análise[52], as garantias prestadas pela sociedade de projecto a favor das entidades financiadoras, e que são prestadas, habitualmente, através do chamado contrato de garantias.

Fora das situações de refinanciamento, desempenham um papel essencial no *Project Finance* as entidades responsáveis pela construção da infra-estrutura[53]. Em termos ideais, na medida em que permite concentrar os riscos de construção numa única parte[54], a construção do projecto deverá ser adjudicada a um empreiteiro principal[55], que, consoante a dimensão do projecto, poderá subcontratar partes da construção em sub-empreiteiros (cuja contratação está

---

[50] Ob. cit., p. 537. Temos dúvidas, contudo, que, como faz Luís Vasconcelos Abreu ("Os Sindicatos Bancários no Direito Português", cit., p. 537), seja necessário recorrer à figura da prestação de serviços para qualificar os actos materiais praticados pelo agente no desempenho das suas funções, tendo em conta que estes actos materiais parecem ser acessórios dos actos jurídicos para que são conferidos poderes ao agente, ficando este adstrito à prática dos mesmos no âmbito da relação de mandato (*vide* M. Januário da Costa Gomes, "Contrato de Mandato", *in* Menezes Cordeiro (Coord.), *Direito das Obrigações,* III Volume, 2.ª Edição, AAFDL, Lisboa, 1991, p. 277).

[51] Características essenciais do mandato com representação. Cfr. M. Januário da Costa Gomes, "Contrato de Mandato", cit., pp. 395 e ss.

[52] Pelo que serão pormenorizadamente objecto de análise no ponto 3 *infra*.

[53] Deixamos de parte as situações em que pode ser a sociedade de projecto ela própria incumbida da construção da infra-estrutura. Cfr. Gabriela Figueiredo Dias, "Project Finance (Primeiras Notas)", cit., p. 143.

[54] Neil Cuthbert (Editor), *A guide to project finance*, cit., p. 13.

[55] Ou a diversos empreiteiros associados, nomeadamente através de um ACE.

normalmente sujeita à aprovação das entidades financiadoras ou da sociedade de projecto e/ou ao cumprimento de apertados requisitos). Como veremos, também o contrato de empreitada (normalmente empreitada "chave-na-mão" ou *turnkey*) servirá como instrumento de mitigação de risco, mais precisamente do risco de construção.

Desempenhando um papel relevante na geração de fluxos de caixa que permitam reembolsar o crédito, podemos, normalmente, encontrar as entidades responsáveis pela operação e manutenção da infra-estrutura[56], os fornecedores das matérias-primas e os clientes que adquirem o resultado da produção do projecto. Os contratos celebrados pela sociedade de projecto com os fornecedores (*supply agreements*) e com os clientes (*offtake agreements*) servem também um propósito de mitigação de risco.

Para além das seguradoras, cuja participação no projecto equivale ao desenvolvimento normal da sua actividade, temos ainda os diversos peritos ou técnicos independentes[57], de que se destacam os consultores de seguros, cuja função consiste na determinação das necessidades do projecto nesse âmbito, os chamados peritos independentes em engenharia, a quem incumbe, nomeadamente, verificar se, em termos técnicos e, por exemplo, através de medições *in loco*, os trabalhos efectuados pelo empreiteiro correspondem aos constantes das facturas por este emitidas, e os advogados, cuja importância se acentua pela multiplicidade de contratos já referidos nesta breve análise, caracterizando-se o *Project Finance* como um processo *lawyer intensive*, como já salientado, e, por vezes, *over lawyered*.

No âmbito das PPP, temos ainda a presença essencial do Estado ou outras pessoas colectivas públicas, como concedentes da montagem ou exploração de um determinado bem ou serviço público[58], sendo que a sua participação fora do domínio das PPP poderá ocorrer em termos menos importantes, nomeadamente quanto às licenças necessárias para a construção do projecto ou para o desenvolvimento da respectiva actividade.

2.5. *Algumas vantagens e desvantagens do* Project Finance

Antes de entrar no âmbito específico do presente trabalho, resta fazer uma breve referência àquelas que são apontadas como as principais vantagens e des-

---

[56] A própria sociedade gestora assume, frequentemente, a operação do funcionamento da infra--estrutura, sendo, contudo, menos frequente a assunção da manutenção da infra-estrutura.

[57] GABRIELA FIGUEIREDO DIAS, "Project Finance (Primeiras Notas)", cit., p. 133.

[58] Ob. cit., p. 129.

122 Bruno Ferreira

vantagens do *Project Finance* (face, é claro, a outras formas de financiamento), sendo que, como veremos, algumas delas estão relacionadas com os riscos que envolvem toda a estrutura.

Para os promotores, são óbvias as vantagens, que se consubstanciam na separação (quase total, no que diz respeito ao *Project Finance* na modalidade *nonrecourse*[59]) que poderá ser conseguida entre os promotores e o projecto. Assim, é possível financiar o projecto através da associação (mediante contrapartidas) das entidades financiadoras e outras partes ao risco da actividade a desenvolver com o projecto, confiando as mesmas que o projecto será capaz de produzir as receitas necessárias ao reembolso do crédito, após análise, normalmente cuidada, dos pressupostos em que o mesmo se baseia.

Como principal desvantagem do *Project Finance* tem sido avançada a complexidade de implementação da estrutura e de identificação dos riscos, envolvendo não apenas a realização de diversas auditorias (*due diligence*) de natureza jurídica, fiscal, técnica (em termos de engenharia, ambientais, etc.) e uma extensa negociação dos diversos documentos contratuais, envolvendo custos bastante elevados[60].

Para além deste facto, para entidades financiadoras existe uma maior associação ao risco da actividade, sendo que, para os promotores, a actividade desenvolvida através da sociedade de projecto está sujeita a maiores constrangimentos e a um maior controlo pelas entidades financiadoras[61].

Por fim, poderão existir outras vantagens ou desvantagens, sendo que estas dependerão da forma jurídica assumida pela sociedade de projecto, pelo regime fiscal que esteja em vigor a cada momento, etc.

3. Mecanismos de garantia

3.1. *Noção de mecanismos de garantia*

São diversos os significados normalmente atribuídos à "garantia". Saliente-se, desde logo, que a nossa análise se situa no domínio do direito privado comum ou direito civil[62], mais precisamente no âmbito do direito das obriga-

---

[59] Quanto aos problemas que se levantam a este respeito *vide* ponto 3.4.2.1.
[60] SCOTT L. HOFFMAN, *The Law and Business of International Project Finance*, cit., p. 18.
[61] Ob. cit., pp. 18-19.
[62] OLIVEIRA ASCENSÃO, *O Direito – Introdução e Teoria Geral*, 13.ª Edição, Almedina, Coimbra, 2005, p. 343.

ções[63], o que nos permite, desde logo, afastar não apenas os significados que são atribuídos à garantia no âmbito de ramos de direito público[64], como o direito constitucional (em que se destacam as garantias constitucionais, contidas na Constituição da República Portuguesa[65]), o direito administrativo (por exemplo, as chamadas garantias de imparcialidade da Administração Pública[66]) e o direito penal, ainda que se considere o mesmo no âmbito do direito privado[67] (destacando-se as medidas de garantia patrimonial, tratadas a par das medidas de coacção[68]), mas também outros eventuais significados de direito civil que não digam respeito ao direito das obrigações (como por exemplo a garantia dos alimentos devidos a menores[69]).

Ainda que nos permita fazer esta precisão, a localização da análise no âmbito do direito das obrigações coloca-nos perante um outro termo polissémico: a obrigação. Para além de outros sentidos que podem ser atribuídos à obrigação[70], temos dois sentidos principais que relevam para a presente análise. O termo obrigação é utilizado para referir o lado passivo de qualquer relação jurídica[71], dita esta relação obrigacional ou de crédito, pretendendo pois designar a posição do devedor perante o credor[72]. Por outro lado, a expressão obrigação poderá ser também utilizada como referência à relação jurídica de crédito ou obrigacional no seu todo[73], analisada, nomeadamente, pelo prisma passivo, enquanto uma situação jurídica que tem por conteúdo a vinculação de uma pessoa em relação a outra à adopção de uma determinada conduta em benefício desta[74], achando-se, pois, determinada pessoa (sujeito passivo e devedor) adstrita a fazer ou não fazer algo no interesse de outra (sujeito activo e credor), também determinada (ou determinável), algo que se designa por pres-

---

[63] Ob. cit., p. 345.

[64] Ob. cit., p. 342.

[65] Cfr. nomeadamente artigos 24.º e ss. da Constituição da República Portuguesa.

[66] Cfr. artigos 44.º e ss. do Código do Procedimento Administrativo.

[67] OLIVEIRA ASCENSÃO, O Direito – Introdução e Teoria Geral, cit., p. 352.

[68] Cfr. artigos 227.º e 228.º do Código de Processo Penal.

[69] Cfr. Lei n.º 75/98, de 19 de Novembro.

[70] Tal como a obrigação do tesouro, etc. Vide MENEZES CORDEIRO, Direito das Obrigações, 1.º Volume, Reimpressão da 1.ª Edição de 1980, AAFDL, Lisboa, 1999, pp. 10 e ss..

[71] INOCÊNCIO GALVÃO TELLES, Direito das Obrigações, cit., p. 9.

[72] E. SANTOS JÚNIOR, Da Responsabilidade Civil de Terceiro por Lesão do Direito de Crédito, Almedina, Coimbra, 2003, p. 76.

[73] INOCÊNCIO GALVÃO TELLES, Direito das Obrigações, cit., p. 11.

[74] MENEZES LEITÃO, Direito das Obrigações – Volume I, 5.ª Edição, Almedina, Coimbra, 2006, p. 13.

124 *Bruno Ferreira*

tação[75], ou pelo prisma activo, como vínculo jurídico por virtude do qual uma pessoa pode exigir a outra uma prestação[76].

A prestação a que se encontra adstrito o devedor destina-se a satisfazer um interesse do credor[77], sendo que esta satisfação do interesse do credor se poderá identificar como o fim ou da obrigação ou do vínculo obrigacional[78]. Em termos normais, o interesse do credor é satisfeito através do cumprimento da obrigação pelo devedor, realizando a prestação a que se encontra adstrito[79]. Para além das situações em que o interesse do credor é satisfeito de outras formas[80], cujo estudo não cabe no âmbito do presente trabalho, ocasiões existem em que a prestação pode ser realizada por um terceiro que não o devedor, em que a actuação do devedor é fungível, sendo que o interesse do credor poderá ser satisfeito por comportamento de um terceiro[81]. Contudo, ainda que objecto de ampla difusão, a referência a esta situação como cumprimento de terceiro não se afigura como a mais correcta, pois o cumprimento deverá tecnicamente restringir-se ao comportamento prestacional do credor[82].

Ora, é exactamente o não cumprimento da obrigação que nos traz à primeira acepção de garantia no âmbito do direito das obrigações: a garantia identificada, tradicionalmente, enquanto elemento da relação jurídica[83]. Nesta ver-

---

[75] INOCÊNCIO GALVÃO TELLES, *Direito das Obrigações,* cit., p. 10.

[76] E. SANTOS JÚNIOR, *Da Responsabilidade Civil de Terceiro por Lesão do Direito de Crédito,* cit., p. 77.

[77] INOCÊNCIO GALVÃO TELLES, *Direito das Obrigações,* cit., p. 13.

[78] M. JANUÁRIO DA COSTA GOMES, *Assunção Fidejussória de Dívida,* Almedina, Coimbra, 2000, p. 7. Adoptando a posição maioritária na doutrina nacional deixamos aqui de parte a análise detalhada das diversas posições que se debatem em torno do conceito e estrutura da obrigação. Para uma descrição do problema *vide,* entre outros, M. JANUÁRIO DA COSTA GOMES, *Assunção Fidejussória de Dívida,* cit., pp. 6 e 7; INOCÊNCIO GALVÃO TELLES, *Direito das Obrigações,* cit., p. 16; MENEZES CORDEIRO, *Direito das Obrigações,* cit., pp. 171 e ss.; MENEZES LEITÃO, *Direito das Obrigações –* Volume I, cit., p. 67 e ss.; E. SANTOS JÚNIOR, *Da Responsabilidade Civil de Terceiro por Lesão do Direito de Crédito,* cit., pp. 74 e ss..

[79] CALVÃO DA SILVA, *Cumprimento e Sanção Pecuniária Compulsória,* 2.ª Edição (2.ª Reimpressão), Suplemento ao Boletim da Faculdade de Direito da Universidade de Coimbra, Faculdade de Direito da Universidade de Coimbra, Coimbra, 1997, pp. 67 e 68.

[80] Como acontece, por exemplo, com a dação em cumprimento ou a compensação. Ob. cit, p. 67, nota 129.

[81] M. JANUÁRIO DA COSTA GOMES, *Assunção Fidejussória de Dívida,* cit., p. 8.

[82] M. JANUÁRIO DA COSTA GOMES, *Assunção Fidejussória de Dívida,* cit., p. 10, nota 14; CALVÃO DA SILVA, *Cumprimento e Sanção Pecuniária Compulsória,* cit. p. 78.

[83] MANUEL DE ANDRADE, *Teoria Geral da Relação Jurídica,* Vol. I, Reimpressão, Almedina, Coimbra, 2003, pp. 22 e ss.; CARLOS ALBERTO DA MOTA PINTO, *Teoria Geral do Direito Civil,* 4.ª Edição por ANTÓNIO PINTO MONTEIRO e PAULO MOTA PINTO, Coimbra Editora, Coimbra, 2005, pp. 663 e ss..

tente, partindo do artigo 817.º do Código Civil (nos termos do qual o credor tem o direito de exigir judicialmente o cumprimento e de executar o património do devedor não tendo a obrigação sido voluntariamente cumprida), temos a garantia judiciária, que compreende a faculdade do credor recorrer a juízo, para condenar ou compelir o devedor ao cumprimento, bem como para obter, por execução forçada, a satisfação do seu interesse de modo específico ou não específico, ou, ainda, para defender preventivamente o seu crédito[84]. Esta garantia judiciária é uma das medidas de tutela do crédito que se inclui na garantia, enquanto elemento da relação jurídica, estando aí, tradicionalmente, incluídas todas as medidas que o credor possa exercer para tutela do seu crédito[85].

Ligada à garantia enquanto elemento da relação jurídica, temos também a chamada responsabilidade ou garantia patrimonial. De acordo com o artigo 601.º do Código Civil, pelo cumprimento da obrigação respondem todos os bens do devedor susceptíveis de penhora, sem prejuízo dos regimes especialmente estabelecidos em consequência da separação de patrimónios. Encontra-se aqui estabelecida aquela que, tradicionalmente, vem sendo apelidada de responsabilidade patrimonial ou garantia geral ou patrimonial[86].

É no confronto com esta garantia geral que encontramos a referência e, em certa medida, a regulação legal[87], do significado do termo garantia que será relevante para a presente análise: a garantia enquanto garantia especial das obrigações. Ainda que, para tal, pudesse bastar a referência a que apenas trataríamos das garantias especiais, uma breve menção às dúvidas que existem na doutrina quanto à garantia geral ou garantia patrimonial a propósito da responsabilidade patrimonial, permitirá tirar algumas notas para a noção de garantia especial, permitindo ainda focar alguns aspectos que nos auxiliarão na determinação do que se deverá entender como mecanismos de garantia.

Na verdade, ainda que vendo alguma vantagem em termos explicativos na utilização da referência a uma garantia geral[88], Januário da Costa Gomes considera que o conceito de garantia deveria ser apenas utilizado no que diz res-

---

[84] M. Januário da Costa Gomes, *Assunção Fidejussória de Dívida*, cit., p. 13.
[85] Ob. cit, p. 14; Manuel de Andrade, *Teoria Geral da Relação Jurídica*, Vol. I, cit., pp. 22 e ss.; Carlos Alberto da Mota Pinto, *Teoria Geral do Direito Civil*, cit., pp. 663 e ss.
[86] M. Januário da Costa Gomes, *Assunção Fidejussória de Dívida*, cit., pp. 14 e ss.
[87] Na medida em que as garantias especiais se encontram reguladas no Capítulo VI do Código Civil, o qual é antecedido pela regulação da chamada garantia geral, que é feita no Capítulo V.
[88] M. Januário da Costa Gomes, *Assunção Fidejussória de Dívida*, cit., p. 16.

peito às garantias especiais, considerando que para poder existir uma referência a garantia teria de haver um aumento da possibilidade ou da probabilidade da satisfação do crédito, através de um alargamento da massa de bens responsáveis ou de uma reserva de determinado bem para servir de base à satisfação do crédito, sendo que tal não ocorre na chamada garantia geral, cujo significado último pretende referir apenas o facto de existir responsabilidade patrimonial[89]. Aliás, estas dúvidas estão também relacionadas com a identificação da garantia enquanto elemento da relação jurídica e são partilhadas pelo referido Autor[90] com Oliveira Ascensão[91].

Por outro lado, saliente-se, neste âmbito, apenas que não impende sobre o devedor qualquer dever genérico de manter íntegro o seu património, em termos de que este cubra o crédito existente, admitindo, contudo, a lei interferência do credor no poder de gestão do devedor (através dos chamados meios de conservação da garantia patrimonial regulados nos artigos 605.º e seguintes do Código Civil)[92]. Porém, tal não impede as partes da relação de estabelecerem, em termos contratuais tal dever, prerrogativa de que se faz frequentíssimo uso no âmbito do *Project Finance*, como veremos.

Nestes termos, estaremos perante garantias especiais quando exista um reforço quantitativo (alargamento da massa de responsáveis) ou qualitativo (reserva de um determinado bem pertencente ao devedor) ou quantitativo e qualitativo (reserva de um bem pertencente a terceiro), tendo em vista a satisfação do crédito[93].

Dentro das garantias especiais temos as garantias pessoais, em que se dá a adstrição de um património ou de parte dele à satisfação de um crédito, em que é devedor um outro, através da própria vinculação do titular desse património que, assim, se torna devedor[94], e as garantias reais, nas quais existe a vinculação ou afectação de determinados bens, quer do próprio devedor, quer de terceiro, ao pagamento preferencial das obrigações que asseguram, mas em que

---

[89] M. Januário da Costa Gomes, *Assunção Fidejussória de Dívida*, cit., pp. 15, 16, 18 e 19.

[90] Ob. cit., p. 18.

[91] Oliveira Ascensão, *Direito Civil – Teoria Geral*, Volume III, Coimbra Editora, Coimbra, 2002, pp. 317 e 318.

[92] M. Januário da Costa Gomes, *Assunção Fidejussória de Dívida*, cit., pp. 20-22.

[93] Ob. cit., p. 19.

[94] M. Januário da Costa Gomes, "A Fiança no Quadro das Garantias pessoais. Aspectos de Regime", *in* M. Januário da Costa Gomes, *Estudos de Direito das Garantias*, Volume I, Almedina, Coimbra, 2004, p. 8; M. Januário da Costa Gomes, *Assunção Fidejussória de Dívida*, cit., pp. 121 e ss..

Mecanismos de garantia em Project Finance   127

o terceiro prestador da garantia não fica devedor[95]. Saliente-se, contudo, que o facto da garantia ser limitada a um determinado bem não significa, necessariamente, que estejamos perante uma garantia real, na medida em que deverá ser considerada válida, por exemplo, a limitação da responsabilidade fidejussória a apenas um bem ou conjunto de bens[96]. Procurando notas características adicionais, também se poderá adiantar que as garantias pessoais (onde se destaca a fiança) são prestadas por terceiro, não fazendo, pois, sentido a fiança do devedor[97]. Como nota distintiva adicional entre garantias pessoais e garantias reais temos também o facto das primeiras não perturbarem o chamado princípio *par conditio creditorum*[98], ínsito no artigo 604.° do Código Civil.

Temos nas garantias pessoais e reais formas de protecção do credor que tanto se poderão inserir nas chamadas soluções internas, como nas soluções externas ao vínculo obrigacional[99]. Soluções estas que são dirigidas ao aumento da probabilidade de satisfação do crédito[100].

Nas soluções internas temos medidas estabelecidas negocialmente, em que o credor se pretende precaver contra o perigo de não satisfação do seu interesse[101]. Neste âmbito, incluem-se não apenas soluções as obrigacionais, mas também o estabelecimento de garantias reais pelo próprio devedor[102]. Dentro destas soluções internas, poderão identificar-se separadamente aquelas que consistem na especificação, ou melhor, nas palavras de Januário da Costa Gomes, no refinamento das condições estabelecidas em termos gerais na tutela-base do crédito e daquelas soluções que passam pelo recurso a mecanismos que não fazem parte desta tutela, ainda que estejam legalmente tipificados[103]. Como exemplos dos primeiros temos, nomeadamente, o estabelecimento de situações adicionais de perda do benefício do prazo e de exigibilidade antecipada e o estabelecimento de cláusulas resolutivas especiais,

---

[95] Paulo Cunha, *Da Garantia nas Obrigações*, Tomos I-II (Pelo aluno Eudoro Pamplona Côrte-Real), Lisboa, 1938-1939, Tomo I, p. 10.
[96] M. Januário da Costa Gomes, "A Fiança no Quadro das Garantias pessoais. Aspectos de Regime", cit., p. 9.
[97] M. Januário da Costa Gomes, *Assunção Fidejussória de Dívida*, cit., p. 63.
[98] Ob. cit., p 56.
[99] M. Januário da Costa Gomes, *Assunção Fidejussória de Dívida*, cit., pp. 38 e ss.
[100] M. Januário da Costa Gomes, "A Fiança no Quadro das Garantias pessoais. Aspectos de Regime", *in* M. Januário da Costa Gomes, *Estudos de Direito das Garantias*, Volume I, Almedina, Coimbra, 2004, p. 8.
[101] M. Januário da Costa Gomes, *Assunção Fidejussória de Dívida*, cit., p. 38.
[102] Ob. cit, pp. 38-41.
[103] *Ibidem.*

128 *Bruno Ferreira*

sendo que, relativamente aos segundos, encontramos, por exemplo, a cláusula penal, a constituição de garantia real pelo devedor e a atribuição de procuração irrevogável com vastos poderes[104]. Por outro lado, nas soluções externas, temos a prestação de garantias pessoais (típicas ou atípicas[105]), em que há a adstrição de um património de um terceiro, que se torna, ele também, devedor, e a prestação de garantias reais por terceiro.

Para além das garantias reais, das garantias pessoais e do refinamento dos mecanismos de tutela-base do crédito, são ainda utilizados outros institutos para fins de garantia, que tanto poderão fazer parte das soluções internas, como das soluções externas ao vínculo obrigacional. Destacam-se, neste âmbito, a excepção do não cumprimento, a sanção pecuniária compulsória e, ainda, outras figuras "a cujo delineamento não presidiu a consideração de tal função [de garantia]", tais como a alienação fiduciária em garantia, a cessão em garantia, a promessa de aquisição de créditos, o depósito "*in escrow*" e a procuração irrevogável[106].

Haverá, contudo, que determinar se as soluções internas ou externas que não seguem as notas típicas das garantias pessoais ou reais podem ser apelidadas de garantias.

Para Paulo Cunha, a par das garantias pessoais e das garantias reais, existiriam as garantias eventuais, enquanto categoria separada de garantias especiais[107]. Aqui estariam incluídos os institutos que, não se destinando contudo ao reforço da garantia geral, traduzir-se-iam, na prática e como efeito reflexo, pela colocação do credor numa posição de maior segurança[108]. Como exemplos de garantias eventuais ou incidentais teríamos a acção subrogatória directa, a excepção do não cumprimento e a compensação legal[109].

Por outro lado, Romano Martinez e Fuzeta da Ponte identificam duas categorias específicas: as garantias aparentes (em que se inserem, nomeadamente, a carta de conforto e as cláusulas *negative pledge* e *pari passu*) e as garantias indirectas (em que se enquadram, por exemplo, a transferência de propriedade, a cessão de créditos e o mandato irrevogável), não inserindo qualquer uma delas directamente no âmbito das garantias especiais[110].

---

[104] *Ibidem.*
[105] M. Januário da Costa Gomes, *Assunção Fidejussória de Dívida*, cit., p. 77.
[106] Ob. cit., pp. 78 e ss.
[107] Paulo Cunha, *Da Garantia nas Obrigações*, Tomo I, cit., p. 375.
[108] *Ibidem.*
[109] Ob. cit., p. 376 a 378.
[110] Romano Martinez/Fuzeta da Ponte, *Garantias de Cumprimento*, 4.ª Edição, Almedina, Coimbra, 2003, pp. 53 e ss. e pp. 219 e ss.

Menezes Leitão considera ser actualmente insuficiente a sistematização tradicional entre garantias pessoais e garantias reais, "na medida em que se encontram variadíssimas figuras que não correspondem a nenhum dos termos desta categoria"[111]. Para este Autor, como garantias especiais dotadas de tipicidade legal, mas que não se enquadram nas garantias pessoais ou reais, são identificados três grupos de garantias especiais: as situações em que é utilizada a propriedade como garantia (em que se inclui a reserva de propriedade, a alienação fiduciária em garantia e a locação financeira)[112]; as garantias especiais sobre direitos (o penhor de direitos e a cessão de créditos em garantia)[113] e as garantias especiais sobre patrimónios (a separação de patrimónios, os privilégios gerais, a cessão de bens aos credores e o penhor de estabelecimento comercial)[114]. Para além destas categorias é ainda identificada uma categoria de garantias especiais atípicas, em que se inserem aqueles institutos cuja função primordial não é propriamente a de atribuir uma garantia, mas que representam um reforço da posição dos credores (temos aqui a excepção do não cumprimento, a compensação como garantia, o contrato-promessa de garantia, as cláusulas de garantia e a consignação de garantias)[115].

Tendo em conta a natureza do presente trabalho, não será possível proceder a uma análise detalhada da questão, na medida em que a mesma passaria necessariamente por percorrer de forma exaustiva o regime de todas as figuras ou mecanismos para dele retirar elementos comuns que permitam efectuar uma redução dogmática. Contudo, vemos com dificuldade a qualificação como garantia (especial atípica, indirecta ou mesmo eventual) de mecanismos em que não haja um aumento da probabilidade de satisfação do crédito através da adstrição de novos patrimónios ou da colocação à disposição de bens. Assim, tal como resulta da posição de Januário da Costa Gomes, e como já referimos *supra*, a referência a garantia deveria ser reservada apenas para o aumento quantitativo e/ou qualitativo da massa de bens responsáveis[116].

Desta forma, dentro de uma categoria geral de meios ou mecanismos de segurança, de protecção ou de tutela do crédito (mecanismos de garantia, em que está presente uma função de garantia, como presença única ou incidental),

---

[111] Menezes Leitão, *Garantias das Obrigações*, Almedina, Coimbra, 2006, p. 38.
[112] Menezes Leitão, *Garantias das Obrigações*, cit., pp. 254 e ss..
[113] Ob. cit., pp. 252 e ss.
[114] Ob. cit., pp. 292 e ss.
[115] Ob. cit., pp. 309 e ss..
[116] M. Januário da Costa Gomes, *Assunção Fidejussória de Dívida*, cit., pp. 80-81.

130 *Bruno Ferreira*

temos, por um lado, as garantias especiais, e, dentro destas, as garantias pessoais e reais, e a par destas garantias especiais, outros meios ou mecanismos que poderão desempenhar funções de garantia, sem o serem, assim protegendo o crédito[117].

Esta protecção diz respeito ao risco ou perigo do credor não ver satisfeito o respectivo interesse, através da verificação do cumprimento espontâneo pelo devedor ou através da execução forçada[118]. Visto o risco como a probabilidade de verificação ou ocorrência da não satisfação do interesse do credor, temos, portanto, que estes mecanismos de garantia visam, como vimos por diversas formas, aumentar a segurança[119], diminuindo o risco da verificação do incumprimento no âmbito do vínculo obrigacional.

Apenas uma nota final para afastar da presente análise (como já resulta em parte do caminho andado até este momento) outro dos principais sentidos que é ainda atribuído à garantia no âmbito do direito civil: a garantia no âmbito dos vícios ou defeitos de uma coisa ou de um direito, no sentido de garantia do objecto contratual[120], com destaque para a compra e venda[121].

3.2. *Os riscos em* **Project Finance** *– o risco de crédito*

Como já referido, a complexidade do *Project Finance* passa, em grande medida, pela exaustividade da identificação e distribuição de todos os riscos que envolvem a transacção.

Porém, antes de partir para a dissecação dos diversos riscos normalmente identificados em *Project Finance*, haverá que identificar aquela que é a relação obrigacional nuclear ou central, com a qual estarão relacionados todos os riscos sobre os quais nos debruçaremos.

Como já resulta da análise estrutural a que procedemos *supra*[122], são diversos os negócios jurídicos que compõem a complexa estrutura de *Project Finance*. Contudo, um desses negócios jurídicos assume um papel central, mais

---

[117] Ob. cit., p. 79.
[118] Ob. cit., p. 44.
[119] Ob. cit., p. 14; PAULO CUNHA, *Da Garantia nas Obrigações*, Tomo I, cit., p. 21.
[120] CARLOS FERREIRA DE ALMEIDA, *Texto e Enunciado na Teoria do Negócio Jurídico*, Vol. I, Almedina, Coimbra, 1992, p. 550.
[121] GIUSEPPE TUCCI, "Garanzia", *in* AAVV, *Digesto delle Discipline Privatistiche (Sezione Civile)*, Vol. VIII, UTET, Torino, 1992, p. 583.
[122] *Vide* ponto 2.4.

precisamente um negócio jurídico plurilateral ou contrato[123] estabelecido entre a sociedade de projecto e as entidades financiadoras (habitualmente bancos). Sendo o Financiamento de Projectos uma modalidade ou estrutura de financiamento, o contrato de crédito ou de financiamento celebrado entre a sociedade de projecto e o banco desempenha um papel central ou fundador em toda a complexa estrutura contratual.

Na verdade, alguns dos outros contratos estabelecidos apenas existem por causa e em resultado do contrato de financiamento (como, por exemplo, os contratos de garantia, cuja causa-função[124] está ligada exclusivamente à garantia de alguns dos vínculos obrigacionais estabelecidos no contrato de financiamento), sendo que outros desses contratos verão uma parte relevante do seu regime modelado para salvaguardar ou acautelar determinados pressupostos em que se baseou o contrato de financiamento (por exemplo, os contratos de fornecimento de matérias-primas em que, como veremos, as respectivas condições contratuais são determinadas por forma a assegurar, por exemplo, uma certa estabilidade no preço das matérias-primas).

Este contrato de financiamento assume habitualmente a forma de abertura de crédito[125], entendida esta como a operação pela qual o banco se obriga a fornecer capitais ao seu cliente até ao limite de certa quantia e dentro de certo período de tempo[126]. Trata-se aqui da abertura de crédito na sua modalidade simples, em que o crédito disponibilizado apenas pode ser usado uma vez (ainda que através de várias utilizações), por contraposição com a chamada abertura de crédito em conta-corrente em que o cliente pode sacar diversas vezes sobre o crédito[127]. A maleabilidade da abertura de crédito[128] permite

---

[123] INOCÊNCIO GALVÃO TELLES, *Manual dos Contratos em Geral*, 4.ª Edição, Coimbra Editora, Coimbra, 2002, p. 31.

[124] Aqui considerada objectiva e subjectivamente, mas neste caso apenas como motivo típico (INOCÊNCIO GALVÃO TELLES, *Manual dos Contratos em Geral*, cit., pp. 289 e ss.).

[125] Especialmente fora das situações de refinanciamento.

[126] PINTO COELHO, "Operações de Banco", *in* RLJ, Ano 81, n.º 2912, 1949, p. 195. Sobre a abertura de crédito *vide,* para além dos autores citados nas notas seguintes: SOFIA GOUVEIA PEREIRA, *O Contrato de Abertura de Crédito Bancário*, Principia, Cascais, 2000; ANTÓNIO PEDRO A. FERREIRA, *Direito Bancário,* Quid Juris?, Lisboa, 2005, p. 628; QUIRINO SOARES, "Contratos Bancários", *in* Scientia Ivridica – Revista de Direito Comparado Português e Brasileiro, Tomo LII, N. 295 (Jan-Abr. 2003), 2003, p. 116; FRANCESCO GALGANO, *Diritto Civile e Commerciale,* Volume 2, 4.ª Edição, CEDAM, Padova, 2004, p. 191; ROSS CRANSTON, *Principles of Banking Law*, 2.ª Edição, Oxford University Press, Oxford, 2002, p. 304.

[127] MENEZES CORDEIRO, *Manual de Direito Bancário*, 3.ª Edição, Almedina, Coimbra, 2006, p. 542.

[128] JOAQUIN GARRIGUES, *Contratos Bancarios*, 2.ª Edição, Aguirre, Madrid, 1975, p. 181.

132   *Bruno Ferreira*

que, durante o período de construção do projecto[129], o crédito vá sendo utilizado à medida que vão surgindo as despesas.[130]

Ainda que esteja dependente, contudo, dos termos concretos que as partes estabeleçam entre si[131], na sua forma socialmente típica, através da abertura de crédito, o banco fica obrigado a disponibilizar, no caso do *Project Finance*, em diversas utilizações ou *tranches* e sujeito à verificação de determinadas condições e ao cumprimento de determinados procedimentos[132], um determinado montante em dinheiro, surgindo, neste âmbito, diversas questões interpretativas que devem ser resolvidas pelas partes mais avisadas na regulamentação contratual, tais como o facto da sociedade de projecto ser obrigada ou ter apenas uma

---

[129] Deixamos agora de parte algumas das outras utilizações que poderão ser dadas aos montantes disponibilizados pelos bancos, tais como o reembolso de créditos anteriores (por exemplo, os chamados créditos-ponte ou *bridge finance*, celebrados para fazer face a algumas despesas de preparação do *Project Finance*) e pagamento de outros custos do projecto, relativos nomeadamente à compra de máquinas já construídas, à aquisição de matérias primas e outros custos de investimento e exploração que constem dos documentos económico-financeiros, nomeadamente do modelo financeiro, plano de negócios ou de investimento. Como veremos na nota seguinte no que diz respeito aos custos de construção, também estas utilizações dos montantes desembolsados são controladas minuciosamente pelo banco agente, no sentido de determinar que os referidos montantes foram utilizados para fins autorizados, quer através da exigência de facturas previamente ao desembolso, quer na necessidade de envio posterior de recibo que ateste a utilização correcta dos montantes.

[130] Num processo controlado minuciosamente pelo banco agente: normalmente o empreiteiro emite uma factura relativa a um determinado conjunto de trabalhos efectuados; o técnico independente verifica que os trabalhos constantes da factura correspondem aos trabalhos efectivamente realizados; com esta certificação do técnico a sociedade de projecto efectua um pedido de desembolso (de acordo com um formulário previamente acordado); após verificação de que o pedido está efectuado correctamente, o banco disponibilizará os montantes, sendo que numa situação de sindicação, o banco agente notificará os restantes bancos e todos eles deverão disponibilizar os montantes solicitados num determinado prazo. Temos também aqui claramente uma nota de crédito de escopo (MENEZES CORDEIRO, *Manual de Direito Bancário*, cit., p. 538), sendo o cumprimento deste verificado de perto pelo banco, ficando normalmente estabelecido em termos contratuais que o desrespeito pelo escopo determina a exigibilidade antecipada dos montantes já utilizados e/ou não permite a utilização de mais montantes ao abrigo do contrato.

[131] Tendo em conta a sua atipicidade legal e tipicidade social. Cfr. MENEZES CORDEIRO, *Manual de Direito Bancário*, cit., p. 544, salientando o facto de se tratar, contudo, de um contrato bancário nominado, tendo em conta a referência constante no artigo 362.º do Código Comercial: "São comerciais todas as operações de bancos tendentes a realizar lucros sobre numerário, fundos públicos ou títulos negociáveis, e em especial as de câmbio, os arbítrios, empréstimos, descontos, cobranças, aberturas de créditos, emissão e circulação de notas ou títulos fiduciários pagáveis à vista e ao portador".

[132] *Vide* nomeadamente nota 130 *supra*.

opção de utilizar o dinheiro e, nas situações em que existe sindicato bancário, a responsabilidade dos restantes bancos perante a não disponibilização de dinheiro por um deles.

Também em termos normais, as utilizações são limitadas em termos temporais, devendo ser efectuadas dentro de um certo prazo, normalmente, correspondente ao prazo estimado para que esteja terminada a construção. O reembolso do crédito é efectuado em prestações, cujo pagamento se inicia, normalmente, no prazo de um ano contado a partir do termo do período de utilização, assim permitindo ao projecto que comece a gerar receitas, sendo que até ao momento em que se dá início ao reembolso do capital são, normalmente, apenas efectuados pagamentos relativos a juros.

Diferentemente do que acontece em alguns outros negócios jurídicos de crédito[133], como por exemplo, no mútuo (que, normalmente[134], poderemos qualificar como contrato unilateral ou não sinalagmático[135], na medida em que dele só resultam obrigações para uma das partes[136], i.e. para o devedor beneficiário do crédito), na abertura de crédito surgem, tipicamente, obrigações para ambas as partes[137], o banco fica obrigado a disponibilizar o dinheiro, a sociedade de projecto fica obrigada a reembolsar tal dinheiro e a pagar os juros correspondentes.

Porém, fixar-nos-emos aqui apenas nas obrigações[138] que impendem sobre o devedor beneficiário da abertura de crédito (neste caso a sociedade de projecto) de reembolsar o dinheiro e pagar os juros, como dever de prestar, a que correspondem os direitos de crédito do banco enquanto direitos subjectivos[139].

---

[133] SIMÕES PATRÍCIO, *Direito Bancário Privado*, Quid Juris?, Lisboa, 2004, p. 288.

[134] Na verdade existe, actualmente, uma maior abertura a aceitar o mútuo como contrato consensual, ao invés da tradicional qualificação de negócio real *quod constitutionem*. Cfr. MENEZES CORDEIRO, *Manual de Direito Bancário*, cit., p. 527; SIMÕES PATRÍCIO, *Direito Bancário Privado*, cit., p. 291. Ainda que se possa ter dúvidas acerca desta maior abertura, não se poderá negar a tendência "para abandonar no esquema negocial da concessão de crédito o carácter de natureza real [realità] típico do mútuo", VINCENZO ALLEGRI, *Credito di Scopo e Finanziamento Bancario delle Imprese*, Giuffrè Editore, Milano, 1984, p. 95.

[135] SIMÕES PATRÍCIO, *Direito Bancário Privado*, cit., p. 291.

[136] INOCÊNCIO GALVÃO TELLES, *Manual dos Contratos em Geral*, cit., p. 485.

[137] Fixando-nos aqui apenas nas situações em que não existe crédito sindicado.

[138] Entendidas aqui como o lado passivo da relação obrigacional.

[139] MENEZES CORDEIRO, *Direito das Obrigações*, cit., p. 218; M. JANUÁRIO DA COSTA GOMES, *Assunção Fidejussória de Dívida*, cit., p. 9; MENEZES LEITÃO, *Direito das Obrigações* – Volume I, cit., p. 67; E. SANTOS JÚNIOR, *Da Responsabilidade Civil de Terceiro por Lesão do Direito de Crédito*, cit., p. 74.

Referimos aqui separadamente as obrigações de reembolso do dinheiro, também chamado de reembolso do capital, e de pagamento dos juros, tendo em conta a natureza autónoma desta última[140], ainda que a obrigação de juros pressuponha ou se constitua por referência à obrigação de restituição do capital.[141] Contudo, por facilidade de discurso, referiremos o direito de crédito do banco, enquanto direito subjectivo, como apenas um único direito, pretendendo, pois, englobar o direito de crédito relativo a capital e a juros.

Pois bem, é este direito de crédito e a sua satisfação que ocupa um papel central do nosso estudo, na medida em que os mecanismos de garantia que nos propomos analisar pretendem, de forma mais ou menos conseguida, reduzir ou mesmo eliminar o risco do credor, neste caso, o banco, de não ver satisfeito o respectivo interesse, não havendo, portanto, lugar ao reembolso do capital ou ao pagamento dos juros. Referimo-nos ao chamado risco de crédito, ou risco de contraente[142], que, em linguagem de técnica bancária, é referido como "o risco (…) associado à existência de incerteza sobre a capacidade das contrapartes fazerem face às suas obrigações no que respeita ao serviço da dívida"[143] ou a probabilidade de que um mutuário falhe no cumprimento das respectivas obrigações de acordo com os termos acordados[144].

Todos os restantes riscos analisados em seguida, dizem respeito a situações cuja probabilidade de ocorrência, ou seja, cujo risco de ocorrência, aumenta o risco de crédito.

São normalmente identificadas três fases num *Project Finance*: a fase de identificação do projecto e de análise da respectiva viabilidade[145], em que se inserem a realização de estudos de viabilidade técnica e económico-financeira e a identificação da estrutura financeira e jurídico-societária, sendo que neste último âmbito se encontra a escolha de entidades financiadoras e a negociação de toda a documentação contratual, depois daquelas entidades terem apresentado uma proposta de condições de financiamento; a fase de execução[146], em

---

[140] Menezes Leitão, *Direito das Obrigações* – Volume I, cit., p. 161; Simões Patrício, *Direito Bancário Privado*, cit., p. 300.

[141] Menezes Cordeiro, *Manual de Direito Bancário*, cit., p. 527; Menezes Leitão, *Direito das Obrigações* – Volume I, cit., p. 161.

[142] Calvão da Silva, *Direito Bancário*, cit., p. 246.

[143] Banco de Portugal, *Relatório de Estabilidade Financeira*, Lisboa, 2004, p. 67.

[144] Comité de Supervisão Bancária de Basileia, *Principles for the Management of Credit Risk*, Basileia, 2000, p. 1.

[145] Carlo Salvato, "Le operazioni di project financing: struttura, sogetti, ruoli, tratti operativi", *in* Cesare Vaccà (Dir.), *Il project financing*, pp. 3-76, Egea, Milano, 2002, pp. 25 e ss.

[146] Ob. cit., pp. 35 e ss..

Mecanismos de garantia em Project Finance   135

que se destaca, principalmente, a construção do projecto; e, por último, a fase de gestão ou funcionamento do projecto[147], onde o projecto se encontra em funcionamento e, verificando-se os pressupostos em que foi baseada a viabilidade do projecto, se inicia o reembolso do capital e pagamento de juros.

O âmbito da presente análise não inclui a determinação dos riscos (e respectivos mecanismos de segurança) que possam eventualmente verificar-se na primeira fase, tendo em conta o critério acima adoptado, que implica a análise do risco que impende sobre o banco na sequência da utilização da abertura de crédito pela sociedade de projecto. Ainda que não desconhecendo que, em certas situações, o banco poderá, antes da celebração dos contratos relativos ao *Project Finance*, ter disponibilizado dinheiro aos promotores ou à sociedade de projecto para fazer face às despesas ou custos de estudo e preparação do mesmo, pensamos que tal análise não cabe no âmbito do presente trabalho pois não são exclusivas do *Project Finance*, enquanto mecanismo de financiamento, apesar de poderem levantar problemas de grande interesse, nomeadamente em termos de responsabilidade pré-contratual.

De salientar, adicionalmente, que a presente análise é efectuada partindo da perspectiva das entidades financiadoras, ou seja, no sentido de analisar o risco de crédito das entidades financiadoras. Assim, poderão identificar-se outros riscos que não aumentam o risco de crédito dos bancos, mas que afectam, por exemplo, o direito de crédito dos promotores na sequência da realização das entradas de capital ou suprimentos quando o veículo de financiamento assume a forma societária comercial. Como um dos exemplos deste risco, temos o aumento dos custos do financiamento, que implicam o aumento dos juros devidos às entidades financiadoras, diminuindo, portanto, a capacidade da sociedade de projecto para, por exemplo, proceder ao reembolso do crédito de suprimentos.

Como vimos, o risco de crédito desempenha um papel nuclear, sendo que, na perspectiva aqui adoptada, todos os outros riscos que identificaremos no *Project Finance*, e que, grosso modo, correspondem aos riscos normalmente identificados, são relevantes na medida em que tornam, directa ou indirectamente, maior o risco de crédito do banco e, portanto, maior o perigo de não satisfação do interesse do credor/banco.

---

[147] Ob. cit., pp. 39 e ss..

136   *Bruno Ferreira*

3.2.1. *Riscos principalmente relacionados com a fase de execução*

De importância essencial no *Project Finance* é a correcta e atempada construção e entrada em funcionamento do projecto, na medida em que, como salientado por variadíssimas vezes, o reembolso do capital e o pagamento dos juros está intimamente relacionado e, por vezes, exclusivamente dependente da geração de receitas pelo projecto.

No que diz respeito à construção do projecto, temos os chamados riscos de construção, nomeadamente relacionados com a adequação do projecto de construção e correspondência com as especificações técnicas, com a natureza da tecnologia utilizada, com os defeitos dos equipamentos ou materiais e com a verificação de eventos ou condições não previstas, tais como condições meteorológicas desfavoráveis ou condições do terreno não esperadas[148]. Ainda neste âmbito existe também o risco de falta de disponibilidade de mão-de-obra ou de materiais de construção[149].

Por outro lado, temos que, quando acabadas as obras, existe o risco das mesmas não estarem correctamente efectuadas, tendo deficiências, erros ou imprecisões[150].

Por fim, no que exclusivamente diz respeito à execução ou implementação do projecto, temos um dos mais frequentes e temidos riscos: o de atraso na construção ou na entrada em funcionamento do projecto[151]. O início atempado de funcionamento do projecto é essencial para o cumprimento das obrigações assumidas perante os fornecedores e, especialmente, perante os clientes[152].

3.2.2. *Riscos principalmente relacionados com a fase de exploração e manutenção*

Na sequência da entrada em funcionamento do projecto, haverá o risco de se verificar que o rendimento ou rendibilidade do projecto não são os esperados, sendo, aliás, essencial a correspondência da *performance* do projecto ao pla-

---

[148] JEFFREY DELMON, *Project Finance, BOT Projects and Risk*, Kluwer Law International, Den Haag, 2005, p. 129.
[149] *Ibidem.*
[150] Ob. cit., p. 130.
[151] Ob. cit., p. 131; CARLO SALVATO, "Le operazioni di project financing: struttura, sogetti, ruoli, tratti operativi", cit., p. 63.
[152] JEFFREY DELMON, *Project Finance, BOT Projects and Risk*, cit., p. 131.

Cadernos O Direito 4 (2009), 105-181

neado, para que tenha lugar uma geração de receitas que permita o reembolso do capital e juros.

Neste âmbito, temos que esta falta de *performance* poderá estar relacionada com o desenho ou construção do projecto[153], com a operação ou exploração do projecto[154], com a qualidade da matéria-prima fornecida[155], com a qualidade da estrutura disponibilizada pelo cliente ou clientes[156]. Ainda relacionados com a exploração, temos o risco de mercado inerente à diminuição do preço de venda dos bens ou produtos ao cliente ou clientes do projecto[157] e com o aumento do preço da matéria-prima necessária para o funcionamento do projecto[158].

3.2.3. *Riscos comuns à fase de execução e à fase de operação*

Temos aqui um conjunto de riscos que se verificam quer na fase de construção, quer na fase de exploração ou funcionamento, sendo que alguns deles podem ser mais frequentes numa ou noutra fase.

3.2.3.1. Riscos de ocorrência de actos ou factos de força maior

Neste particular, temos o risco da ocorrência das chamadas situações de "força maior", que incluem normalmente acontecimentos tais como inundações, terramotos, guerra, desordem civil[159], hostilidades ou invasão, rebelião ou terrorismo, epidemias, radiações atómicas, fogo, raio, ciclones e outros cataclismos naturais.

---

[153] JEFFREY DELMON, *Project Finance, BOT Projects and Risk*, cit., p. 136.
[154] Ob. cit., p. 137.
[155] *Ibidem*.
[156] *Ibidem*.
[157] Ob. cit., p. 139.
[158] Ob. cit., p. 140.
[159] CARLO SALVATO, "Le operazioni di project financing: struttura, sogetti, ruoli, tratti operativi", cit., p. 67.

138 Bruno Ferreira

3.2.3.2. Riscos de aumento de custos

Em ambas as fases ora sob análise existem riscos relacionados com o aumento de custos dos diversos elementos necessário para a construção e funcionamento do projecto.

No que à construção especificamente diz respeito, temos o aumento dos custos laborais e dos materiais de construção, dos serviços necessários para a construção e outros custos relacionados com a construção[160]. Por outro lado, quanto ao período de funcionamento temos também o aumento dos custos laborais e das matérias-primas e serviços necessários para o funcionamento do projecto (água, electricidade e outros serviços), a falta de disponibilidade de gestores experientes e qualificados para a gestão do projecto e o aumento dos custos peças de manutenção e peças necessárias para a manutenção do projecto[161].

Estas variações também podem ser resultantes, nomeadamente, de inflação ou do aumento de impostos[162].

No âmbito dos custos financeiros, temos o aumento de taxas de juros[163] e, nos *Project Finance* com elementos plurilocalizados, o risco de variação das taxas de câmbio[164].

3.2.3.3. Riscos de natureza política

Especialmente relevantes nas PPP (nomeadamente no que diz respeito à legitimidade da entidade pública concedente, ao cumprimento de todos os procedimentos necessários para a concessão, nomeadamente no que diz respeito a concursos públicos, à alteração dos responsáveis políticos, restrições orçamentais e natureza da forma de governo, etc.[165]), os riscos de natureza política não deixam de estar presentes no *Project Finance* de natureza exclusivamente privada.

---

[160] JEFFREY DELMON, *Project Finance, BOT Projects and Risk*, cit., p. 130.

[161] Ob. cit., p. 138; CARLO SALVATO, "Le operazioni di project financing: struttura, sogetti, ruoli, tratti operativi", cit., p. 62.

[162] JEFFREY DELMON, *Project Finance, BOT Projects and Risk*, cit., p. 133.

[163] GABRIELA FIGUEIREDO DIAS, "Project Finance (Primeiras Notas)", cit., p. 152.

[164] *Ibidem.*

[165] JEFFREY DELMON, *Project Finance, BOT Projects and Risk*, cit., p. 140.

Mecanismos de garantia em Project Finance   139

Como exemplos dos riscos de natureza política, com especial relevância para a nossa análise, temos não só alguns dos riscos acima referidos relativamente às PPP para situações em que a actividade desenvolvida pela sociedade de projecto esteja dependente de alguma forma de autorização administrativa ou licenciamento, mas também, por exemplo, riscos relacionados com alterações legais que tornem necessários requisitos técnicos adicionais (mais custosos) para a construção ou funcionamento do projecto[166] ou risco de expropriação[167].

3.2.4. *Riscos ambientais*

Com cada vez maior importância temos os riscos ambientais, quer os relacionados com a construção (nomeadamente quanto à produção de materiais perigosos), quer os relacionados com o funcionamento do projecto (tais como a produção de emissão de gases poluidores).

Saliente-se que a problemática ambiental poderá ser referida numa perspectiva ampla, no sentido de desenvolvimento sustentável[168], e não apenas a face mais relevante relacionada com a actividade poluidora dos solos, das águas ou da atmosfera e com o consumo de recursos naturais.

Este risco torna-se bastante relevante, na medida em que a evolução da forma como o problema ambiental vem sendo analisado, tende a caminhar no sentido de tornar mais apertadas e onerosas algumas actividades económicas[169].

---

[166] Ob. cit., p. 143.
[167] Ob. cit., p. 142.
[168] Ob. cit., p. 148.
[169] Esta evolução tem vindo a ser feita também no que diz respeito à responsabilidade social dos projectos, ainda que mais no âmbito da auto-regulação, tendo sido acordados entre alguns dos maiores bancos de investimento de todo o mundo os chamados Princípios do Equador, em que, para além da necessidade de observação de cuidados em matéria ambiental, surgem também princípios a observar em termos de responsabilidade social. Dois grupos bancários nacionais já aderiram aos princípios do Equador (para além de outros bancos internacionais a operar em Portugal): o Banco Espírito Santo e o Banco Comercial Português.

140 Bruno Ferreira

3.2.5. Riscos de incumprimento pelos participantes no projecto

Para finalizar a presente análise, temos o risco dos diversos participantes não cumprirem as respectivas obrigações nos diversos contratos que compõem o Project Finance[170].

3.3. Mecanismos de garantia no Project Finance – a distribuição de risco

A determinação e negociação dos mecanismos de garantia é um dos aspectos mais importantes do Project Finance, apenas podendo ser equiparado à cuidada análise e negociação dos diversos documentos que contêm a descrição económico-financeira e de negócio do projecto (o modelo financeiro, contendo nomeadamente uma descrição das receitas e custos do projecto, o plano financeiro, o caso base, etc.). Como veremos, os mecanismos de garantia envolvem não só a negociação das garantias especiais, mas também de outros mecanismos de garantia, incluídos, nomeadamente, nos restantes contratos, tais como o contrato de construção, de fornecimento e de prestação de serviços.

Podemos, grosso modo, distinguir duas categorias principais de mecanismos de garantia no âmbito do Project Finance.

Temos, por um lado, os mecanismos que visam directamente mitigar o risco de crédito das entidades financiadoras, permitindo-lhes aumentar a probabilidade de satisfação do respectivo interesse através da colocação à disposição das mesmas de bens (garantias reais), do aumento do universo de patrimónios responsáveis (garantias pessoais)[171] e da utilização de outros institutos com fins de garantia. Todos estes mecanismos de garantia têm uma relação directa com o risco de crédito.

Por outro lado, destacam-se aqueles mecanismos de garantia que visam indirectamente mitigar o risco de crédito das entidades financiadoras, sendo dirigidos a assegurar a estabilidade dos pressupostos estabelecidos para o projecto (dos quais se retirou a estimativa de geração de receitas que permite o reembolso do capital e o pagamento dos juros), a responsabilizar outras entidades perante as alterações dos pressupostos que possam ocorrer ou a atribuir a outras entidades riscos que, em situações normais, seriam suportados pela sociedade de projecto. Neste âmbito, não estão presentes garantias especiais, sendo dada relevância ao refinamento dos mecanismos de tutela e ao esquema

---

[170] JEFFREY DELMON, Project Finance, BOT Projects and Risk, cit., p. 150.
[171] Sendo este último elemento tendencialmente menos relevante.

Mecanismos de garantia em Project Finance   141

contratual, cujas condições são estabelecidas de forma a garantir as condições necessárias para a produção dos fluxos de caixa[172]. Temos aqui a chamada distribuição de riscos (*risk spreading*)[173].

Na tentativa de enquadrar os mecanismos de garantia, surge a questão de determinar se os mesmos abrangem a distribuição de riscos através da negociação de determinadas condições contratuais com os diversos participantes no *Project Finance*. Como veremos mais adiante[174], algumas das condições dos contratos celebrados, por exemplo, com os fornecedores ou com os clientes, são especificamente acordadas de forma a que determinados riscos não sejam suportados pela sociedade de projecto, mas sim pelos fornecedores e clientes. Em regra, nestes contratos são estabelecidas determinadas cláusulas tendentes a estabilizar quer o preço e disponibilidade das matérias-primas, quer o preço e procura dos serviços ou bens produzidos. Desta forma, apesar de não se tratarem de contratos cuja função principal seja a de garantia, consideramos que algumas destas cláusulas, talvez já dotadas de alguma tipicidade social, integram os mecanismos de segurança, pois visam, como acontece, por exemplo, com a cláusula penal[175], proteger o crédito, ainda que, neste caso, em termos mais indirectos, pois visam que determinados riscos não sejam suportados pela sociedade de projecto.

Saliente-se que as garantias especiais também podem ter importância, ainda que em termos menos relevantes, na manutenção dos pressupostos do projecto, tendo em conta que podem actuar como meio de pressão sobre a sociedade de projecto. Aliás, durante a fase de construção e nos primeiros anos da fase de exploração, o valor dos activos dados como garantia real pela sociedade de projecto é inferior ao valor em dívida. Este facto implica, portanto, uma proporção ou relação entre crédito e garantia, diferente da verificada nas formas de financiamento tradicional[176]. No *Project Finance* existe uma maior exposição das entidades financiadoras, estando o reembolso do crédito e o pagamento dos juros mais proximamente relacionados com o sucesso do projecto, sucesso este que há que tentar assegurar. Uma das consequências desta diferente proporção crédito/garantias reais e o menor valor destas últimas face à divida contraída[177]

---

[172] Mario Miscali, "I tratti giuridici delle operazioni di project financing", *in* Cesare Vaccà (Dir.), *Il project financing*, pp. 109-120, cit., p. 112.
[173] Francesco Totaro, "Il project financing", cit., p. 353.
[174] *Vide* ponto 3.4.2.
[175] M. Januário da Costa Gomes, *Assunção Fidejussória de Dívida*, cit., p. 81.
[176] Francesco Totaro, "Il project financing", cit., p. 353.
[177] Eduardo Salomão Neto, *Direito Bancário*, Editora Atlas, São Paulo, 2005, p. 405.

142 Bruno Ferreira

torna evidente que as garantias reais prestadas pela sociedade de projecto têm uma função de pressão mais relevante em termos iniciais[178].

Por outro lado, para além de revelar esta maior vertente de pressão, o menor valor dos activos, aliado ao pouco envolvimento que os promotores procuram ter no *Projecto Finance* em termos de responsabilidade pelo reembolso da dívida e do pagamento de juros, permite entender a importância da cuidada análise e cobertura dos riscos existentes através de outros mecanismos que não as garantias especiais, cuja importância é bastante inferior àquela desempenhada no *corporate finance*[179].

Ainda que tenham uma importância menor, para além de constituírem meio de pressão e de permitirem um ressarcimento, ainda que, por vezes, não integral, de parte dos juros e do capital em dívida, as garantias reais, aliadas a outros mecanismos de garantia[180], permitem que as entidades financiadoras possam procurar outras alternativas em termos de promotores que estejam dispostos a desenvolver o projecto.

3.3.1. *Desafio da transposição de mecanismos de garantia*

A origem anglo-saxónica do *Project Finance* (ainda que o surgimento da figura tenha, como vimos, ocorrido nos Estados Unidos da América, pensamos que a influência na jurisdição nacional se tem feito sentir mais por intermédio do Reino Unido, tendo em conta diversos factores, tais como o impulso das PFI, a proximidade geográfica e política, tendo em conta a participação comunitária, e o facto de alguns dos grandes projectos realizados em Portugal terem tido a assistência de juristas ingleses) coloca bastantes desafios na transposição dos mecanismos tipicamente utilizados em termos internacionais, tornando necessária redobrada atenção e cuidado em termos dogmáticos, evitando a tentativa de transposição acrítica[181], especialmente perante a transposição entre diferentes subsistemas de direito: entre ordenamentos da *common law*, ou subsistema anglo-americano, e o ordenamento nacional, que se insere no subsistema romanístico[182].

---

[178] Isto para além da função de pressão normalmente atribuída aos mecanismos de garantia inseridos nas soluções internas que não as garantias reais. Cfr. M. Januário da Costa Gomes, *Assunção Fidejussória de Dívida*, cit., p. 43.

[179] Gabriela Figueiredo Dias, "Project Finance (Primeiras Notas)", cit., p. 153.

[180] De forma mais relevante o *step-in* de que falaremos adiante.

[181] Mario Miscali, "I tratti giuridici delle operazioni di project financing", cit., p. 112.

[182] Oliveira Ascensão, *O Direito – Introdução e Teoria Geral*, cit., pp. 152 e ss.

Acresce a este desafio as normais dificuldades que preexistem no nosso ordenamento, por exemplo no que diz respeito à interpretação e aplicação do regime jurídico nacional, tais como as dificuldades relativas à admissibilidade do penhor de conta bancária e à sua natureza jurídica, à determinação da existência de uma garantia bancária autónoma ou de uma fiança acessória, etc.

A transposição dos mecanismos de garantia normalmente utilizados na prática bancária internacional no âmbito do Financiamento de Projectos, levanta, portanto, problemas bastante interessantes quanto à sua admissibilidade no ordenamento nacional, levantando desafios quer à prática da advocacia, quer à investigação doutrinal, no sentido de encontrar mecanismos que respondam às necessidades sentidas pelo mercado.

3.4. *Mecanismos de garantia prestados pela Sociedade de Projecto*

3.4.1. *Garantias prestadas pela Sociedade de Projecto*

O principal problema que se coloca neste âmbito está relacionado com as dificuldades existentes quanto à admissibilidade no ordenamento jurídico nacional de uma figura contratual que se assemelhe a uma garantia universal sobre todos os bens de uma sociedade, a chamada *universal business charge*[183], mais precisamente de uma figura semelhante à *floating charge* inglesa[184] ou ao *floating lien* norte-americano[185].

Como princípio aplicável às transacções de *Project Finance*, todos os activos que compõem o projecto ou que pertencem à sociedade de projecto devem ser dados em garantia às entidades financiadoras. Neste sentido, é bastante expressiva a expressão utilizada por Scott Hoffman que se refere a um *"blanket lien"*,

---

[183] PHILIP R. WOOD, *Comparative Law of Security and Guarantees*, Sweet & Maxwell, London, 1995, p. 10.

[184] Ob. cit., p. 11; MENEZES LEITÃO, *Garantias das Obrigações*, cit., pp. 58 e 59; CRISTINA GALVÃO LUCAS, *Floating Charges*, Policopiado, Lisboa, 2002, pp. 8 e ss.; RIZWAAN MOKAL, "The Floating Charge – An Elegy", *in* SARAH WORTHINGTON (Ed.), Commercial Law and Commercial Practice, Hart, Oxford, 2003, disponível na SSRN em http://ssrn.com/abstract=386040; ALBINA CANDIAN, *Le Garanzie Mobiliari – Modelli e Problemi nella Prospettiva Europea*, Giuffrè Editore, Milano, 2001, p. 274.

[185] ANNA VENEZIANO, *Le Garanzie Mobiliari non Possessorie – Profili di Diritto Comparato e di Diritto del Commercio Internazionale*, Giuffrè Editore, Milano, 2000, p. 157; SCOTT L. HOFFMAN, *The Law and Business of International Project Finance*, cit., p. 570.

144 Bruno Ferreira

como se um cobertor ou véu cobrisse todas as coisas móveis, imóveis, corpóreas e incorpóreas da sociedade[186]. Saliente-se que o Autor refere aqui *lien* no sentido amplo de garantia, não querendo identificar um instituto único.

Objecto de exaustivo estudo pela doutrina do Reino Unido, quer no âmbito do direito bancário[187], quer no âmbito do direito das sociedades[188], a *floating charge* é uma garantia não possessória, i.e. o proprietário dos bens ou titular dos direitos, neste caso, a sociedade de projecto, poderá continuar a utilizá-los[189], sendo que a sua natureza "flutuante" se traduz no facto da garantia abranger activos presentes ou futuros que estejam na posse da sociedade (ainda que não identificados especificamente) abrangendo inclusivamente mercadorias, créditos detidos perante os clientes (*receivables*), valores mobiliários e direitos de propriedade intelectual[190]. A sociedade de projecto poderá continuar a utilizar os activos abrangidos pela *floating charge* até ao momento em que esta se converte numa *fixed charge*, sendo este momento designado por cristalização (*crystallisation*)[191]. Esta conversão, a partir da qual a sociedade deixa de poder dispor sobre os activos, ocorre perante a verificação de determinados eventos descritos no documento constitutivo (*debenture*) ou ainda em situações tipificadas pela jurisprudência, nomeadamente situações relacionadas com a insolvência da sociedade, com a cessação da actividade da sociedade e com a execução de outras garantias[192]. Nos Estados Unidos da América o *floating lien* ou *continuing general lien*[193] é admissível no quadro geral dos *security interests* estabelecidos no artigo 9.º do Uniform Commercial Code[194], redigido em parceria pela National Conference of Commissioners on Uniform State Laws e pelo American Law Institute, e já transposto por todos os Estados norte-americanos[195], ainda que com algumas adaptações[196].

---

[186] Scott L. Hoffman, *The Law and Business of International Project Finance*, cit., p. 570.

[187] Onde se destaca, como exemplo, Ross Cranston, *Principles of Banking Law*, cit., p. 404.

[188] Como exemplos, Paul L. Davies, *Gower and Davies' Principle of Modern Company Law*, 7.ª Edição, Sweet & Maxwell, London, 2003, pp. 40-41 e 818 e ss.; Janet Dine, *Company law*, 5.ª Edição, Palgrave Macmillan, Hampshire, 2005, pp. 291 e ss..

[189] Paul L. Davies, *Gower and Davies' Principle of Modern Company Law*, cit., p. 819.

[190] Ross Cranston, *Principles of Banking Law*, cit., p. 404.

[191] Paul L. Davies, *Gower and Davies' Principle of Modern Company Law*, cit., p. 823.

[192] Ob. cit., p. 824.

[193] Anna Veneziano, *Le Garanzie Mobiliari non Possessorie – Profili di Diritto Comparato e di Diritto del Commercio Internazionale*, cit., p. 157.

[194] *Ibidem.*

[195] Albina Candian, *Le Garanzie Mobiliari – Modelli e Problemi nella Prospettiva Europea*, cit., p. 116.

[196] Ob. cit., p. 317.

Mecanismos de garantia em Project Finance   145

Ainda que lhe sejam reconhecidamente atribuídas bastantes imperfeições, tais como o facto de ser colocada após outros credores em situações de concurso (tais como credores de dívidas de impostos ou de dívidas laborais)[197], a *floating charge* englobar numa única garantia os activos não imóveis, permitindo à sociedade de projecto continuar a laborar, sendo que, de forma mais relevante, vai automaticamente abrangendo os novos activos. Esta *floating charge* é normalmente estabelecida a par com uma *mortgage*[198] ou *fixed charge*[199] sobre as coisas imóveis, sendo que a *mortgage*, apesar de se assemelhar à nossa hipoteca, apresenta uma diferença bastante relevante, na medida em que na *mortgage* a propriedade do imóvel é transferida para o beneficiário da garantia[200].

Tendo em conta a sua relevância para o funcionamento da economia[201], especialmente face à necessidade de resposta aos desafios criados pela evolução da actividade comercial e bancária, o Direito das Garantias está sujeito a grandes pressões sendo que a actual tendência de resposta tem passado, nomeadamente, pelo surgimento de garantias atípicas[202]. Em paralelo podemos encontrar algumas respostas de natureza legislativa, onde se insere o Código Comercial de Macau, que nos artigos 928.º e seguintes regula a "garantia flutuante", cuja definição legal a enquadra como sendo uma garantia que versa sobre todos ou parte dos bens, exceptuados os imóveis, que estejam ou venham a estar afectados ao exercício de uma empresa, e cujos efeitos ficam suspensos até ao momento em que, verificado o fundamento previsto na lei ou no contrato, o credor provoque a consolidação da garantia[203].

O *trust*[204] é outro instituto de origem anglo-saxónica também utilizado neste âmbito particular do *Project Finance* e que não tem assento legal no ordenamento jurídico nacional. Para além dos chamados *trust borrowing vehicles* uti-

---

[197] Philip R. Wood, *Comparative Law of Security and Guarantees*, cit., p. 13.
[198] Scott L. Hoffman, *The Law and Business of International Project Finance*, cit., p. 573.
[199] Paul L. Davies, *Gower and Davies' Principle of Modern Company Law*, cit., p. 41.
[200] Menezes Leitão, *Garantias das Obrigações*, cit., p. 57.
[201] Como "substrato jurídico fundamental para o desenvolvimento do crédito", John Gilissen, *Introdução Histórica ao Direito*, 3.ª Edição, Fundação Calouste Gulbenkian, Lisboa, 2001, p. 753.
[202] Menezes Leitão, *Garantias das Obrigações*, cit., p. 43.
[203] Cristina Galvão Lucas, *Floating Charges*, cit., p. 28.
[204] Pedro Pais de Vasconcelos, *Contratos Atípicos*, Almedina, Coimbra, 1995, pp. 267 e ss.; Diogo Leite de Campos/Maria João Tomé, *A Propriedade Fiduciária (Trust) – Estudo para a sua consagração no direito português*, Almedina, Coimbra, 1999; Rui Pinto Duarte, *Curso de Direitos Reais,* Principia, Lisboa, 2002, pp. 150 e ss..

146 *Bruno Ferreira*

lizados como veículo de investimento[205] (em lugar da sociedade comercial), através dos *security trust* é instituído um *trust* que inclui todas as garantias e cujos beneficiários são nomeadamente as entidades financiadoras[206], sendo que o *security trustee* funciona também como depositário das receitas do projecto[207]. A admissibilidade desta figura tem sido debatida em Itália, especialmente face à admissibilidade do *trust* no âmbito das PPP, onde, contudo, a discussão é marcada pelo facto da República Italiana ter assinado a Convenção de Haia, de 1 de Julho de 1985, relativa à lei aplicável aos *trusts* e ao seu reconhecimento[208].

Em abstracto, uma das alternativas que estaria à disposição para solucionar a problemática ausência de uma *universal business charge*, poderia ser o penhor de estabelecimento comercial, sendo que, contudo, o facto de existirem algumas dúvidas quanto à admissibilidade ou natureza da figura e algumas dificuldades na determinação dos activos que estão incluídos no estabelecimento comercial, têm, em nossa opinião, levado a que, na prática, tal figura não tenha o sucesso que seria esperado no âmbito do *Project Finance*.

Em primeiro lugar, refira-se que a discussão doutrinal em torno da admissibilidade da figura tem sido mantida em torno da compatibilidade da exigência do artigo 666.º do Código Civil (de que o penhor seja estabelecido sobre certa coisa móvel) como o facto do objecto do penhor ser uma universalidade[209], como o estabelecimento comercial[210]. Ainda que existam posições que consideram que as exigências do artigo 666.º do Código Civil são incompatí-

---

[205] FRANCESCO TOTARO, "Il project financing", cit., p. 369; VINCENZO LOPILATO, "Il trust e la finanza di progetto", *in* Giurisprudenza Commerciale, Vol. 30 – n.º 1, pp. 88/I-106/I, Giuffré Editore, 2003, p. 100/I; FEDERICO DABIZZI, "Il *trust* e il *project financing*", cit., p. 738/I.

[206] Podendo também ser beneficiários os promotores relativamente ao pagamento das despesas de preparação do projecto, *vide* FEDERICO DABIZZI, "Il *trust* e il *project financing*", cit., p. 743/I.

[207] NEIL CUTHBERT (Editor), *A guide to project finance*, cit., p. 57.

[208] VINCENZO LOPILATO, "Il trust e la finanza di progetto", cit., p. 90/I.

[209] MENEZES LEITÃO, *Garantias das Obrigações*, cit., p. 302.

[210] Sobre o estabelecimento comercial *vide* nomeadamente ORLANDO DE CARVALHO, *Critério e Estrutura do Estabelecimento Comercial I – O problema da empresa como objecto de negócios*, Coimbra, 1967, pp. 3 e ss.; FERRER CORREIA, *Lições de Direito Comercial – De harmonia com as preleções feitas ao 4.º ano jurídico de 1972-73, com a colaboração de Manuel Henrique Mesquita e António A. Caeiro*, Volume I, 1973, pp. 201 e ss.; BARBOSA DE MAGALHÃES, *Do Estabelecimento Comercial – Estudo de Direito Privado*, 2.ª Edição, Edições Ática, 1964, pp. 9 e ss.; OLIVEIRA ASCENSÃO, *Direito Comercial – Institutos Gerais*, Volume I, Faculdade de Direito de Lisboa, Lisboa, 1998/98, pp. 103 e ss.; COUTINHO DE ABREU, *Da Empresarialidade – As empresas no direito*, Reimpressão, Almedina, Coimbra, 1999, pp. 41 e ss.; MENEZES CORDEIRO, *Manual de Direito Comercial*, 2.ª Edição, Almedina, Coimbra, 2007, pp. 286 e ss.; FILIPE CASSIANO SANTOS, *Direito Comercial Português*, Volume I, Almedina, Coimbra, 2007, pp. 283 e ss.

veis com a figura do penhor de estabelecimento[211], a maioria da doutrina parece aceitar a figura[212].

Contudo, para além de existirem dúvidas quanto à admissibilidade da figura, existem bastantes dificuldades no que diz respeito, por exemplo, à identificação dos bens que integram o estabelecimento, dificuldades essas que são visíveis no que diz respeito ao trespasse, nomeadamente quanto à determinação do âmbito natural, mínimo e obrigatório[213], sendo que, no trespasse a resolução do problema se encontra à disposição das partes, na medida em que as mesmas poderão sempre discriminar quais os elementos que consideram integrar o estabelecimento.

Porém, em termos futuros, a evolução dogmática, quer em termos do penhor *omnibus*, quer no que diz respeito ao penhor rotativo, ou flutuante, poderá permitir encontrar soluções globais que não tornem necessária a individualização de cada um dos mecanismos de garantia analisados em seguida[214].

---

[211] ANTUNES VARELA, *Das Obrigações em Geral,* Vol. II, 7.ª Edição, Almedina, Coimbra, 1997, p. 528; ALMEIDA COSTA, *Direito das Obrigações*, 8.ª Edição, Almedina, Coimbra, 2000, p. 851. *Vide* ainda Parecer da Procuradoria Geral da República n.º 77/84, *in* BMJ 348 (1985), pp. 116-128.

[212] ROMANO MARTINEZ/FUZETA DA PONTE, *Garantias de Cumprimento*, cit., p. 169; RUI PINTO DUARTE, *Curso de Direitos Reais,* cit., p. 222; MENEZES LEITÃO, *Garantias das Obrigações*, cit., pp. 302 e 303; MENEZES CORDEIRO, *Manual de Direito Comercial*, 2.ª Edição, Almedina, Coimbra, 2007, pp. 305-306; FILIPE CASSIANO SANTOS, *Direito Comercial Português*, cit., p. 295. Considerando apenas admissível caso do estabelecimento não fizesse parte um imóvel, *vide* BARBOSA DE MAGALHÃES, *Do Estabelecimento Comercial – Estudo de Direito Privado*, cit., p. 172.

[213] ORLANDO DE CARVALHO, *Critério e Estrutura do Estabelecimento Comercial I – O problema da empresa como objecto de negócios*, cit., pp. 476 e ss.; COUTINHO DE ABREU, *Curso de Direito Comercial,* Vol. I, 5.ª Edição, Almedina, Coimbra, 2004, pp. 281 e ss..

[214] No que diz respeito ao penhor *omnibus* e ao penhor rotativo, *vide* M. JANUÁRIO DA COSTA GOMES, *Assunção Fidejussória de Dívida*, cit., p. 669, nota 342; MENEZES LEITÃO, *Garantias das Obrigações*, cit., p. 108; JOANA FORTE PEREIRA DIAS, *Mecanismos Convencionais da Garantia do Crédito: Contributo para o Estudo da Garantia "Rotativa" Mobiliária no Ordenamento Jurídico Português*, Policopiado, Lisboa, 2005; FRANCESCO GALGANO, *Diritto Civile e Commerciale,* Volume 2, cit., pp. 506 e ss.; ENRICO GABRIELLI, "I negozi costitutivi di garanzie reali", *in* Banca Borsa e Titoli di Credito, Ano LIX, pp. 149-193, 1996, pp. 9 e ss.; CARLOS SALINAS, "Il Pegno 'Omnibus'", *in* Banca Borsa e Titoli di Credito, Ano LX, pp. 603-622, 1997; MATTEO RESCIGNO, "Le garanzie 'rotative'", *in* Banca Borsa e Titoli di Credito, Ano LIV, pp. 1-29, 2001; LAURA PROSPERETTI, "Eccesso e riduzione di garanzia nel pegno rotativo di strumenti finanziari", *in* Diritto della Banca e del Mercato Finanziario, Ano XIX, n.º 3, pp. 357-406, 2005; FRANCESCO TOTARO, "Il project financing", cit., pp. 359-362; ABEL VEIGA COPO, "Prenda Omnibus, Prenda Rotativa de Acciones y Garantía Flotante", *in* Revista de Derecho Bancario y Bursátil, Ano 20, n.º 82, pp. 33-72, 2001.

3.4.1.1. Penhor das coisas móveis que compõem o projecto

A forma de tornear as dificuldades relacionadas com o penhor do estabelecimento comercial passa necessariamente por constituir uma garantia sobre cada um dos activos detidos pela sociedade de projecto. Neste âmbito integra-se o penhor sobre as mais diversas coisas móveis susceptíveis de serem empenhadas.

Como vimos a propósito do debate acerca da admissibilidade do penhor do estabelecimento comercial, uma das principais preocupações que surgem neste âmbito diz respeito à necessidade de identificar cada uma das coisas sobre as quais haverá de recair o penhor. Optando-se por não estabelecer o estabelecimento comercial como objecto do penhor, referindo o seu âmbito a uma universalidade, haverá, então, que identificar todos os equipamentos e outras coisas sobre as quais há-de recair o penhor. Nos termos do artigo 666.° poderão ser objecto do penhor quaisquer móveis, desde que não susceptíveis de hipoteca[215].

Neste particular, com mais relevância do que nas restantes formas de financiamento[216], pois o reembolso do crédito e o pagamento dos juros tem uma maior dependência do correcto funcionamento do projecto, a sociedade de projecto terá necessariamente de continuar a utilizar as coisas sobre as quais recai o penhor.

De acordo com o disposto no artigo 669.°/1 do Código Civil, o penhor só produz os seus efeitos pela entrega da coisa empenhada, ou de documento que confira a exclusiva disponibilidade dela, ao credor ou a terceiro, sendo que o segundo número do mesmo artigo acrescenta que a entrega pode consistir na simples atribuição da composse ao credor, se essa atribuição privar o autor do penhor da possibilidade de dispor materialmente da coisa.

Têm sido indicados diversos fundamentos para esta necessidade de desapossamento, nomeadamente a necessidade de publicidade de constituição do penhor por forma a proteger terceiros[217] e a possibilidade de maior controlo pelo credor pignoratício relativamente ao destino do penhor[218].

---

[215] MENEZES LEITÃO, *Garantias das Obrigações*, cit., p. 199.

[216] Como veremos, a continuação de utilização do objecto do penhor como meio económico parece, aliás, ser o fundamento genérico do desejo de não verificação do desapossamento. Cfr. INOCÊNCIO GALVÃO TELLES, *O penhor sem entrega no Direito Luso-Brasileiro*, Scientia & Ars, Braga, 1954, p. 9.

[217] VAZ SERRA, "Penhor", *in* BMJ 58 (1956), pp. 17-292 e BMJ 59 (1956), pp. 13-296, BMJ 59, p. 38; ANTUNES VARELA, *Das Obrigações em Geral*, Vol. II, cit., p. 532.

[218] *Ibidem*; PAULO CUNHA, *Da Garantia nas Obrigações*, Tomo II, cit., p. 174; RAFAELLO FONTANA, *O Penhor sem Entrega*, Policopiado, Lisboa, 2002, p. 15.

Contudo, verifica-se que existem situações nas quais se torna necessário que as coisas empenhadas se mantenham na posse do devedor para que continuem a ser utilizadas como meio de produção económica[219], como acontece na situação sob análise.

Em algumas jurisdições foi criado um sistema específico de registo para estas situações, sendo que, como exemplo mais próximo, em Espanha foi criado um *Registro de Hipoteca Mobiliaria y Prenda sin Desplazamiento* (hoje *Registro de Bienes Muebles*) pela *Ley 16 diciembre 1954* sobre a *Hipoteca mobiliária y la prenda sin desplazamiento*. A contrapartida pela ausência do desapossamento foi a obrigatoriedade de inscrição no registo, sendo que ambas as figuras apenas podem recair sobre bens que sejam destinados ao comércio[220].

Porém, não foi este o caminho seguido pelo legislador nacional. Como refere Inocêncio Galvão Telles, a origem histórica (verificada no Direito Romano) da distinção entre penhor e hipoteca funda-se na existência ou não de desapossamento ou entrega da coisa ao credor e, não como parece sugerir a actual natureza da distinção, no objecto sobre o qual pode recair: penhor sobre móveis e hipoteca sobre imóveis[221]. Na verdade, a distinção fundada no objecto começou a fazer-se, no nosso direito, apenas a partir de 1836, tendo nesse ano sido publicado o Decreto de 26 de Outubro, que veio exigir o registo de hipotecas, mas apenas daquelas que incidissem sobre imóveis (para além das que incidissem sobre navios)[222]. A partir deste momento passou a considerar-se que estas hipotecas "ficariam privativas dos [bens] imobiliários"[223]. Esta distinção, que veio a ser reconhecida pelo Código Civil de 1867[224] e mantida pelo Código Civil de 1966, levou à abolição das hipotecas mobiliárias[225], com excepção da hipoteca de algumas coisas móveis relacionadas com transportes, mais precisamente os navios[226], automóveis[227] e aeronaves[228].

---

[219] Inocêncio Galvão Telles, *O penhor sem entrega no Direito Luso-Brasileiro*, cit., p. 9.

[220] Ángel Carrasco Perera/Encarna Cordero Lobato/Manuel Jesús Marín López, *Tratado de los Derechos de Garantia*, Editorial Aranzadi, Madrid, Navarra, 2002, p. 943.

[221] Inocêncio Galvão Telles, *O penhor sem entrega no Direito Luso-Brasileiro*, cit., pp. 10 e ss..

[222] Ob. cit., p. 13.

[223] *Ibidem*.

[224] *Ibidem*.

[225] Ob. cit., p. 16.

[226] Artigos 584.º e ss. do Código Comercial. Cfr. Menezes Leitão, *Garantias das Obrigações*, cit., p. 233.

[227] Decreto-Lei n.º 54/75, de 12 de Fevereiro. Cfr. Menezes Leitão, *Garantias das Obrigações*, cit., p. 232.

[228] Decreto-Lei n.º 133/98, de 15 de Maio. Cfr. Menezes Leitão, *Garantias das Obrigações*, cit., p. 236.

150 *Bruno Ferreira*

Reconhecendo-se, contudo, a utilidade económica da inexistência de desapossamento, foram criados alguns regimes especiais de penhor sem desapossamento[229], de entre eles se destacando o penhor em garantia de créditos de estabelecimentos bancários, constituído nos termos do Decreto-Lei n.º 29:833, de 17 de Agosto de 1939. Esta admissibilidade, com paralelo no Direito Brasileiro[230], foi efectuada sem, contudo, ter sido criado um sistema de registo do penhor sem desapossamento[231], tendo sido considerado que a chamada "garantia penal", no sentido de que o devedor fica possuidor em nome alheio da coisa objecto do penhor e sujeito às "penas de furto" (artigo 1.º, § 1.º do Decreto-Lei n.º 29:833), mitigaria de alguma forma a ausência de desapossamento[232]. Refira-se, aliás, que, nos termos do artigo 2.º, § único, do Decreto-Lei n.º 29:833, terão de transcrever-se obrigatoriamente no documento constitutivo do penhor as disposições dos §§ 1.º e 2.º do artigo 1.º relativas à chamada "garantia penal".

O penhor bancário[233] constituído neste âmbito deverá qualificar-se como penhor mercantil, pois, de acordo com o artigo 397.º do Código Comercial a dívida procede de acto comercial.

Tendo em conta a ausência de rotatividade, no sentido de permitir que o penhor venha a abranger aquelas coisas móveis que vão sendo adquiridas pela sociedade de projecto, é normalmente estabelecido um mecanismo contratual mediante o qual a sociedade de projecto se obriga a informar as entidades financiadoras, mais precisamente o banco agente, no momento em que certas coisas móveis ainda não empenhadas atingem um determinado valor, obrigando-se a constituir penhor sobre as mesmas. Como exemplo mais relevante, temos as situações de empreitada de construção de coisas móveis com bens, no todo ou na sua maior parte, pelo empreiteiro, em que, nos termos do artigo 1212.º/1 do Código Civil, a propriedade dos bens só se transfere após a aceitação da coisa.

Não cumprindo o devedor esta obrigação, poderá o banco agente fazer uso da procuração irrevogável que normalmente lhe é atribuída pelo devedor e que, habitualmente, inclui poderes para dar coisas em penhor, consentido a celebração de negócio consigo mesmo, nos termos do artigo 261.º do Código

---

[229] Na sua maioria relacionados com instrumentos agrícolas ou industriais, *vide* INOCÊNCIO GALVÃO TELLES, *O penhor sem entrega no Direito Luso-Brasileiro*, cit., p. 17.

[230] Ob. cit., p. 17; RAFAELLO FONTANA, *O Penhor sem Entrega*, cit., pp. 25 e ss..

[231] Como considerava ser aconselhável VAZ SERRA ("Penhor", BMJ 58, cit., p. 50).

[232] INOCÊNCIO GALVÃO TELLES, *O penhor sem entrega no Direito Luso-Brasileiro*, cit., pp. 19 e 21.

[233] MENEZES CORDEIRO, *Manual de Direito Bancário*, cit., p. 608.

Civil. Ainda assim, apesar da existência da procuração irrevogável, saliente-se que esta não assegura a prioridade no registo, sendo que a sociedade de projecto poderá dar de penhor as coisas móveis adquiridas a terceiro (mesmo que em incumprimento contratual), penhor este que poderá ser registado antes do registo do penhor pelo banco agente.

A determinação da natureza da obrigação da sociedade de projecto, enquanto promessa de penhor ou penhor de coisa futura, dependerá da interpretação caso a caso dos contratos pelos quais são constituídas as garantias[234]. Contudo, sempre se salienta que a conclusão pelo penhor de coisa futura, apesar das dúvidas que possam surgir acerca da sua admissibilidade[235], poderá fazer surgir o problema de determinar se quando a coisa móvel passa a integrar o património da sociedade de projecto, a mesma já se encontra empenhada. Na verdade, tendo em conta que estamos perante uma situação em que a lei dispensa o desapossamento não existem outras formalidades para a constituição do penhor, sendo que a sociedade de projecto ficaria proprietária da coisa no momento em que a mesma integrasse o seu património e, desde esse momento, possuidora em nome alheio da mesma coisa[236].

3.4.1.2. Penhor de contas bancárias

Para que seja mais facilmente controlada a actividade da sociedade de projecto e o cumprimento das obrigações assumidas por esta, estabelece-se, no contrato de financiamento ou em contrato separado, que a sociedade de projecto deverá manter diversas contas bancárias em que devem, nomeadamente, ser depositados os montantes em dinheiro gerados pela respectiva actividade, sendo que cada uma dessas contas apenas poderá ser movimentada para os fins determinados nos contratos. Estas contas bancárias são normalmente abertas junto do banco agente ou de um outro banco depositário[237].

---

[234] Relativamente ao penhor de coisa futura *vide* VAZ SERRA, "Penhor", BMJ 58, cit., p. 71. Apesar de considerar inadmissível a figura, por impossibilidade de tradição da coisa, este Autor acaba por considerar que poderá interpretar-se o contrato como contrato incompleto (mas válido), que apenas se considerará completo quando a coisa passe a existir e seja entregue. Esta posição parece deixar alguma margem para considerar a admissibilidade do penhor de coisa futura em situações de penhor sem desapossamento.

[235] *Vide* nota anterior.

[236] Como acontece em geral no penhor sem desapossamento, *vide* INOCÊNCIO GALVÃO TELLES, *O penhor sem entrega no Direito Luso-Brasileiro*, cit., p. 20.

[237] Como exemplos das contas bancárias temos a conta de receitas, onde devem ser depositadas

152 Bruno Ferreira

Uma das garantias prestadas pela sociedade de projecto passa pelo chamado penhor destas contas bancárias, em termos mais rigorosos, penhor do saldo das contas bancárias[238].

Ainda que nem sempre concordando quanto à natureza jurídica do depósito bancário, havendo posições que defendem que se trata de um depósito irregular[239], de um mútuo[240] ou de um contrato *sui generis*[241], e outros ainda que determinam a natureza jurídica de acordo com a modalidade do depósito[242], existe, contudo, unanimidade na doutrina quanto ao facto de, com o depósito, a propriedade do dinheiro entregue pelo cliente ao banco passar a pertencer a este último, nos termos do disposto no artigo 1144.º, aplicável por remissão do artigo 1206.º, ambos do Código Civil, passando o cliente a ser credor do banco quanto a esse montante[243].

No penhor de conta bancária são estes mesmos créditos dados em penhor a favor de um determinado credor pignoratício, fazendo-se, portanto, apelo à figura do penhor de direitos, tal como estabelecida nos artigos 679.º e seguintes do Código Civil. Contudo, para além da discussão relativa à consideração do penhor como uma garantia pessoal ou real, existem também dúvidas se o penhor de conta bancária é um verdadeiro penhor.

Neste âmbito, tem a doutrina maioritariamente entendido que o penhor de conta bancária é um penhor de direitos, mais precisamente de créditos,

---

as receitas geradas pelo projecto, a conta de reserva do serviço de dívida, onde deverá ser mantido um montante equivalente a um determinado período do serviço de dívida (capital mais juros), normalmente seis meses, a conta de pequenos movimentos, para utilização na gestão corrente diária, a conta de dividendos, única a partir da qual podem ser feitos pagamentos aos promotores a título de dividendos, etc.

[238] EDUARDO SALOMÃO NETO, *Direito Bancário*, cit., p. 408.

[239] Entre muitos outros *vide* LUIZ CUNHA GONÇALVES, *Comentário ao Código Comercial Português*, Vol. II, cit., p. 381 e ss.; Para indicações bibliográficas e jurisprudenciais adicionais *vide* PAULA PONCES CAMANHO, *Do Contrato de Depósito Bancário*, Reimpressão, Almedina, Coimbra, 2005, p. 149 e ss. e CARLOS LACERDA BARATA, "Contrato de Depósito Bancário", in AAVV, *Estudos em Homenagem ao Professor Doutor Inocêncio Galvão Telles*, Volume II – Direito Bancário, Almedina, Coimbra, 2002, p. 25.

[240] Também entre muitos outros *vide* PAULA PONCES CAMANHO, *Do Contrato de Depósito Bancário*, cit., p. 249. Para referências bibliográficas adicionais *vide* PAULA PONCES CAMANHO, *Do Contrato de Depósito Bancário*, cit., p. 157 e CARLOS LACERDA BARATA, "Contrato de Depósito Bancário", cit., p. 27.

[241] MENEZES CORDEIRO, *Manual de Direito Bancário*, cit., p. 482. Para referências bibliográficas adicionais *vide* CARLOS LACERDA BARATA, "Contrato de Depósito Bancário", cit., p. 27.

[242] CARLOS LACERDA BARATA, "Contrato de Depósito Bancário", cit., pp. 47 e ss.

[243] MENEZES CORDEIRO, *Manual de Direito Bancário*, cit., p. 481.

ainda que com algumas especialidades (neste sentido *vide* Menezes Leitão[244], Calvão da Silva[245], Romano Martinez/Fuzeta da Ponte[246] e António Pedro Ferreira[247]), sendo que com posição contrária surge Menezes Cordeiro[248], que considera o penhor de conta bancária como uma garantia pessoal dobrada pela autorização de debitar, na conta do garante, determinadas importâncias. Aliás, na esteira desta última posição, surgiu um acórdão da Relação do Porto, de 3 de Outubro de 1996[249], que qualificou o penhor de conta bancária como uma fiança. Este acórdão recebeu apreciação discordante por parte de Januário da Costa Gomes que considerou não poder concluir-se pela presença de uma assunção fidejussória de dívida na situação em causa no referido aresto, mas sim de um penhor[250]. Recentemente, o Supremo Tribunal de Justiça pronunciou-se favoravelmente pela qualificação do penhor de conta bancária enquanto penhor de direitos, tendo ido ao ponto de o qualificar como direito real de garantia[251].

Aliás, em apoio da consideração do penhor de conta bancária enquanto penhor, vem a recente consagração na lei da figura do penhor financeiro de numerário, entendido este como "o saldo disponível de uma conta bancária, denominada em qualquer moeda, ou créditos similares que confiram direito à restituição de dinheiro, tais como depósitos no mercado monetário" (artigo 5.º), efectuada através do Decreto-Lei n.º 105/2004, de 8 de Maio, relativo aos acordos de garantia financeira.

Porém, ainda que se verifique o âmbito subjectivo de aplicação do Decreto-Lei n.º 105/2004, constante do seu artigo 3.º, o que normalmente acontece, tendo em conta que o devedor não é uma pessoa singular, não poderá, em circunstâncias normais ou típicas, o presente penhor ser concedido ao abrigo do regime do penhor financeiro. Na verdade, para que se pudesse recorrer ao penhor financeiro, teria de haver desapossamento, nos termos do configurado no artigo 6.º do Decreto-Lei n.º 105/2004. De acordo com o número 1 deste

---

[244] *Garantias das Obrigações*, cit., pp. 287 e 288.
[245] *Direito Bancário*, cit., p. 415.
[246] *Garantias de Cumprimento*, cit., pp. 181 e ss.
[247] *Direito Bancário*, cit., p. 662.
[248] *Manual de Direito Bancário*, cit., p. 612.
[249] Relação do Porto 3/10/1996 (CESÁRIO DE MATOS), CJ XXI (1996), 4, p. 213-216, cujo sumário se encontra também disponível em www.dgsi.pt sob o número de processo 9531254.
[250] *Assunção Fidejussória de Dívida*, cit., pp. 48 e ss.
[251] STJ 7/06/2005 (LOPES PINTO), CJ STJ XIII (2005), 2, p. 116-118. *Vide* ainda Relação do Porto 4/05/2004 (MARQUES DE CASTILHO), disponível em www.dgsi.pt sob o número de processo 0220779.

artigo, o objecto da garantia terá de ser efectivamente prestado para que o diploma seja aplicável, sendo que, nos termos do número 2 do mesmo artigo, considera-se prestada a garantia financeira cujo objecto tenha sido entregue, transferido, registado ou que de outro modo se encontre na posse ou sob o controlo do beneficiário da garantia ou de uma pessoa que actue em nome deste, incluindo a composse ou o controlo conjunto com o proprietário. Temos aqui uma exigência de desapossamento semelhante à que consta do artigo 669.° do Código Civil[252].

3.4.1.3. Mecanismos de garantia relativos aos direitos de crédito

São diversos os créditos que poderão ser objecto de garantia a favor das entidades financiadoras. Ainda que possam existir situações em que se procura estabelecer uma garantia com âmbito exaustivo sobre todos os créditos de que venha a ser titular a sociedade de projecto, o que, tendo em conta as exigências do disposto no artigo 280.°/1 do Código Civil, implica a identificação exaustiva de, pelo menos, as possíveis fontes contratuais para que o objecto seja determinável, as garantias sobre os direitos de crédito tendem apenas a abranger os créditos resultantes para a sociedade de projecto dos contratos que integram o esquema contratual.

Assim, são objecto de garantia não só os créditos originados em virtude da venda de bens ou prestação de serviços ao respectivos clientes, mas também os créditos de que a sociedade de projecto venha a ser titular nos contratos celebrados com o construtor, fornecedor e clientes ou mesmo créditos relativos às apólices de seguro[253].

Diferentemente do que acontece, por exemplo, no âmbito do recurso ao penhor de estabelecimento, em que parece existir alguma hesitação tendo em conta as dúvidas e dificuldades que suscita a figura, no que especificamente diz respeito às garantias sobre estes direitos de crédito, parece existir uma maior abertura na utilização de um mecanismo de garantia que não o penhor de cré-

---

[252] CALVÃO DA SILVA, *Banca, Bolsa e Seguros*, Tomo I – Parte Geral, Almedina, Coimbra, 2005, p. 200; MENEZES CORDEIRO, *Manual de Direito Bancário*, cit., p. 621.

[253] No âmbito destes créditos cedidos em garantia também se incluem, por vezes, os créditos resultantes do incumprimento das respectivas contrapartes. A cedibilidade dos direitos de indemnização por incumprimento ou mora tem sido debatida na doutrina, especialmente alemã (MENEZES LEITÃO, *Cessão de Créditos*, Almedina, Coimbra, 2005, p. 448), sendo que o próprio MENEZES LEITÃO parece adoptar uma posição favorável à cessão em garantia.

Mecanismos de garantia em Project Finance   155

ditos, mais precisamente a cessão de créditos em garantia[254], talvez devido quer ao facto de relativamente à mesma existirem menos dúvidas, quer às vantagens que a mesma representa face ao penhor.

O debate acerca da admissibilidade da cessão de créditos em garantia, i.e., da cessão de créditos para garantia de um crédito do cessionário[255], ou seja, do cumprimento de uma obrigação[256], tem sido feito em torno de dois problemas: a admissibilidade do negócio fiduciário e a compatibilidade com a proibição de pacto comissório[257].

No que diz respeito aos negócios fiduciários, apesar de existir uma posição tradicional que os considera inadmissíveis[258], especialmente com a consideração de que o negócio fiduciário seria um negócio simulado[259], parece verificar-se uma tendência actual para considerar tais negócios admissíveis[260].

No que diz respeito ao pacto comissório, existe uma menor abordagem doutrinal do problema, sendo que, em termos algo semelhantes ao que acontece relativamente ao penhor, a cessão de créditos em garantia se poderá considerar compatível com a proibição de pacto comissório desde que sejam implementados certos mecanismos relativos à verificação da correspondência entre o valor do crédito cedido em garantia e do crédito garantido[261]. Em termos muito breves, a proibição de pacto comissório encontra, o seu funda-

---

[254] VAZ SERRA, "Cessão de créditos ou de outros direitos/Mora do credor", in BMJ Número Especial, 1955, pp. 147 e ss.; CARLOS MOTA PINTO, Cessão da Posição Contratual, Reimpressão, Almedina, Coimbra, 2003, pp. 227-229; PEDRO PAIS DE VASCONCELOS, Contratos Atípicos, Almedina, Coimbra, 1995, pp. 254 e ss.; M. JANUÁRIO DA COSTA GOMES, Assunção Fidejussória de Dívida, cit., pp. 97 e ss.; ANTUNES VARELA, Das Obrigações em Geral, Vol. II, cit., p. 319, nota 2; LUÍS MIGUEL PESTANA DE VASCONCELOS, Dos Contratos de Cessão Financeira (Factoring), Coimbra Editora, Coimbra, 1999, pp. 327 e ss.; VITOR PEREIRA DAS NEVES, "A afectação de receitas futuras em garantia", in Themis, Ano I, n.º 2, pp. 153-188; ROMANO MARTINEZ/FUZETA DA PONTE, Garantias de Cumprimento, cit., p. 237; MENEZES LEITÃO, Cessão de Créditos, Almedina, Coimbra, 2005, pp. 440 e ss.; VITOR PEREIRA DAS NEVES, A Cessão de Créditos em Garantia – Entre a realização das situações obrigacionais e a relativização das situações reais, Policopiado, Lisboa, 2005.
[255] VAZ SERRA, "Cessão de créditos ou de outros direitos/Mora do credor", cit., p. 147.
[256] M. JANUÁRIO DA COSTA GOMES, Assunção Fidejussória de Dívida, cit., p. 97.
[257] Ibidem.
[258] PEDRO PAIS DE VASCONCELOS, Contratos Atípicos, cit., p. 277; M. JANUÁRIO DA COSTA GOMES, Assunção Fidejussória de Dívida, cit., p. 88.
[259] M. JANUÁRIO DA COSTA GOMES, Assunção Fidejussória de Dívida, cit., p. 88, nota 343.
[260] PEDRO PAIS DE VASCONCELOS, Contratos Atípicos, cit., pp. 284-285; OLIVEIRA ASCENSÃO, Direito Civil – Teoria Geral, Volume III, cit., p. 309; M. JANUÁRIO DA COSTA GOMES, Assunção Fidejussória de Dívida, cit., p. 90.
[261] M. JANUÁRIO DA COSTA GOMES, Assunção Fidejussória de Dívida, cit., p. 99.

156   *Bruno Ferreira*

mento, nomeadamente, na necessidade de protecção do devedor perante a extorsão do credor e na necessidade de assegurar que o devedor não atribui privilégios injustificados a determinados credores, sendo esta última preocupação em homenagem ao princípio da *par condicio creditorum*.[262] Figura semelhante ao pacto comissório, e que com ele tem sido confundida, até mesmo em termos legislativos, é o pacto marciano, nos termos do qual, em caso de incumprimento, a propriedade sobre a coisa dada em garantia se transfere para o credor, ficando, contudo, este obrigado a restituir ao devedor a soma correspondente à diferença entre o valor do bem e o montante do débito[263]. Na esteira da doutrina italiana, Januário da Costa Gomes[264] considera admissível a figura no ordenamento jurídico nacional, a par com outra doutrina nacional mais recente[265]. Aliás, entretanto, este pacto marciano foi recentemente introduzido no que respeita ao penhor financeiro, regulado pelo Decreto-Lei n.º 105/2004, de 8 de Maio (artigo 11.º), ainda que sob o *nomen iuris* de pacto comissório.[266]

Traçando um quadro sinóptico do esquema típico da cessão de créditos em garantia, temos que os créditos são cedidos por efeito do contrato, ficando a titularidade dos mesmos a pertencer ao cessionário. Na eventualidade do crédito garantido ser pago, adquire o cedente o direito a que o crédito lhe seja transmitido[267], sendo que esta retransmissão é por vezes celebrada de imediato entre as partes, funcionando o pagamento do crédito garantido como condição resolutiva[268] da cessão inicial em garantia ou como condição suspensiva do negócio de retransmissão. Tendo em conta a função de garantia, o cessionário, no nosso caso, as entidades financiadoras, apenas poderá cobrar o crédito em caso de não cumprimento do crédito garantido[269]. De notar que, verificada a insolvência do cedente, "o crédito cedido não se encontra no património deste, pelo que não é incluído na massa insolvente"[270], desde que não se veri-

---

[262] M. Januário da Costa Gomes, *Assunção Fidejussória de Dívida*, cit., p. 94.

[263] Op. cit., p. 95.

[264] *Assunção Fidejussória de Dívida*, cit., p. 95.

[265] Isabel Andrade de Matos, *O Pacto Comissório – contributo para o estudo do âmbito da sua proibição*, Almedina, Coimbra, 2006, p. 88.

[266] Neste sentido Isabel Andrade de Matos, *O Pacto Comissório – contributo para o estudo do âmbito da sua proibição*, cit., p. 156 e Patrícia Afonso Fonseca, *O Penhor Financeiro*, Policopiado, 2005, p. 34.

[267] Menezes Leitão, *Cessão de Créditos*, cit., p. 447.

[268] *Ibidem*.

[269] Ob. cit., p. 441.

[270] Ob. cit., p. 450.

Mecanismos de garantia em Project Finance   157

fiquem os pressupostos que fundam a possibilidade de resolução da cessão em benefício da massa insolvente[271].

Como outro dos mecanismos de garantia a que também recorrem as partes, especialmente no que diz respeito a constituir mecanismos de garantia sobre receitas futuras, temos a cessão de créditos futuros em garantia. Neste particular, estamos perante um mecanismo idêntico à analisada cessão de créditos em garantia, sendo que os créditos cedidos são porém futuros.[272] Assente que parece estar a admissibilidade da cessão de créditos futuros[273], não existe, contudo, unanimidade no que diz respeito a determinar se o crédito futuro nasce na esfera do cedente, apenas sendo transmitido em seguida para o cessionário[274], se, por outro lado, nasce directamente na esfera jurídica do cessionário[275] ou se, numa posição intermédia[276], os créditos futuros originados de relações contratuais já constituídas à data da cessão, nasceriam na esfera do cessionário, enquanto que os originados de relações que hão-de ser constituídas, nasceriam na esfera do cedente. Para além de outros argumentos que podem ser retirados do Código Civil[277], favoráveis à teoria da transmissão, o recentemente aprovado CIRE parece consagrar, no seu artigo 105.º/1, a teoria da transmissão, ainda que apenas no que diz respeito a determinados créditos[278], na medida em que determina que a cessão desses créditos fica limitada aos créditos respeitantes ao período anterior à data de declaração de insolvência, ao resto do mês então em curso e aos 24 meses subsequentes, pelo que se poderá dizer que estes créditos nasceram na esfera jurídica do cedente.

---

[271] *Vide* artigos 120.º e ss. do CIRE. Cfr. MENEZES LEITÃO, *Cessão de Créditos*, cit., p. 450; MENEZES LEITÃO, *Código da Insolvência e da Recuperação de Empresas Anotado*, 3.ª Edição, Almedina, Coimbra, 2006, pp. 146 e ss.

[272] MENEZES LEITÃO, *Cessão de Créditos*, cit., pp. 455 e ss..

[273] ANTUNES VARELA, *Das Obrigações em Geral*, Vol. II, cit., p. 316 ; MENEZES LEITÃO, *Cessão de Créditos*, cit., p. 414.

[274] A chamada teoria da transmissão defendida em Portugal nomeadamente por CARLOS MOTA PINTO, *Cessão da Posição Contratual*, cit., p. 230 e, mais recentemente, MENEZES LEITÃO, *Cessão de Créditos*, cit., p. 425.

[275] A chamada teoria da imediação, *vide* para uma descrição dos seus defensores na Alemanha e em Itália CARLOS MOTA PINTO, *Cessão da Posição Contratual*, cit., p. 229, nota 1; MENEZES LEITÃO, *Cessão de Créditos*, cit., p. 422.

[276] ANTUNES VARELA, *Das Obrigações em Geral*, Vol. II, cit., p. 316.

[277] Nomeadamente dos artigos 1058.º, 821.º e 408.º/2. Cfr. CARLOS MOTA PINTO, *Cessão da Posição Contratual*, cit., p. 230; MENEZES LEITÃO, *Cessão de Créditos*, cit., p. 424.

[278] MENEZES LEITÃO, *Código da Insolvência e da Recuperação de Empresas Anotado*, cit., p. 144.

158 Bruno Ferreira

Em suma, a cessão de créditos (existentes) em garantia, diferentemente do que parece acontecer na cessão de créditos futuros em garantia antes destes serem transmitidos para o cessionário, acaba por constituir uma causa de preferência[279], na medida em que permite ao cessionário ser pago em termos preferenciais relativamente aos restantes credores.

No confronto com o penhor de créditos, salientam-se como vantagens o facto de, na cessão de créditos, não ser aplicável o artigo 685.°/2 do Código Civil, nos termos do qual se o crédito tiver por objecto a prestação de dinheiro ou de outra coisa fungível, o devedor não pode fazê-la senão aos dois credores conjuntamente (credor originário e credor pignoratício)[280], sendo que, por outro lado, e como vimos, os créditos cedidos em garantia não integram a massa patrimonial, não tendo o cessionário de se sujeitar a alguns inconvenientes do processo de insolvência, no mínimo, a morosidade.

Haverá, contudo, que distinguir entre a cessão de créditos em garantia e a chamada consignação de receitas, garantia meramente obrigacional, não estabelecendo qualquer preferência a favor do credor[281], através da qual o devedor se obriga a utilizar determinados rendimentos para o cumprimento de uma obrigação.

No que diz respeito aos créditos detidos sobre o construtor, haverá que fazer uma precisão. Como teremos oportunidade de analisar[282], é habitual que uma das formas de mitigar o risco de crédito[283] relativamente ao incumprimento pelo construtor das suas obrigações, passe pela obtenção de garantias pessoais atípicas, tais como garantias bancárias autónomas, frequentemente com cláusula de pagamento ao primeiro pedido[284]. Assim, tal como acontece em

---

[279] M. Januário da Costa Gomes, *Assunção Fidejussória de Dívida*, cit., pp. 56-57, nota 219.

[280] Menezes Leitão, *Código da Insolvência e da Recuperação de Empresas Anotado*, cit., p. 445.

[281] Romano Martinez/Fuzeta da Ponte, *Garantias de Cumprimento*, cit., pp. 45-46; M. Januário da Costa Gomes, *Assunção Fidejussória de Dívida*, cit., p. 43, nota 159; Vasco Soares da Veiga, *Direito Bancário*, Almedina, Coimbra, 1994, p. 363.

[282] *Vide* ponto 3.4.3.2.

[283] *Vide* ponto 3.2.5.

[284] Sobre a necessidade de distinção entre autonomia e automaticidade *vide* M. Januário da Costa Gomes, "A Chamada 'Fiança ao Primeiro Pedido'", in M. Januário da Costa Gomes, *Estudos de Direito das Garantias*, Volume I, Almedina, Coimbra, 2004, p. 142. Quanto à exigência de garantias autónomas e automáticas em *Project Finance*, Jeffrey Delmon, *Project Finance, BOT Projects and Risk*, cit., p. 215. Em geral sobre a garantia bancária autónoma *vide* Inocêncio Galvão Telles, "Garantia Bancária Autónoma", *in* O Direito, Ano 120.° – III-IV, pp. 275-293, 1988; Calvão da Silva, *Estudos de Direito Comercial (Pareceres)*, Reimpressão, Almedina, Coimbra, 1999, pp. 327 e ss.; M. Januário da Costa Gomes, *Assunção Fidejussória de Dívida*, cit., pp. 66 e ss..

Mecanismos de garantia em Project Finance   159

situações fora de *Project Finance*, são normalmente exigidas ao construtor quer garantias bancárias de garantia de reembolso ou pagamento antecipado (*advance payment bond*), quer garantias bancárias de garantia de boa execução ou de cumprimento (*performance bond*)[285].

Nas garantias de reembolso[286] pretende-se assegurar que a parte do preço paga antecipadamente pelo beneficiário, no nosso caso, a sociedade de projecto, seja reembolsado caso exista incumprimento[287], na presente situação do construtor. Por outro lado, nas garantias de boa execução pretende-se garantir perante o beneficiário o cumprimento das diversas obrigações assumidas pelo construtor[288].

Resta saber, contudo, se os créditos detidos pela sociedade de projecto frente à instituição emitente da garantia bancária podem ser objecto de cessão em garantia. Estamos a referir-nos aqui à cessão dos créditos e não à cessão da posição contratual de beneficiário da garantia, que continuaria a ser a sociedade de projecto. Como vimos, o artigo 577.º/1 do Código Civil exige que a cessão não seja interdita por determinação da lei ou convenção das partes e o crédito não esteja, pela própria natureza da prestação, ligado à pessoa do cre-

---

[285] JEFFREY DELMON, *Project Finance, BOT Projects and Risk*, cit., p. 214. Esta garantia de boa execução pode ser substituída pela retenção pelo dono de obra de uma determinada percentagem do preço, parte da qual será reembolsada após a aceitação da obra sendo que o restante será reembolsado no termo do prazo de garantia relativamente aos defeitos do objecto, *vide* ob. cit. pp. 214-215.

[286] Na prática designadas muitas vezes por garantia de sinal, ainda que o pagamento antecipado não assuma esta natureza.

[287] ANTÓNIO SEQUEIRA RIBEIRO, "Garantia Bancária Autónoma à Primeira Solicitação", *in* AAVV., *Estudos em Homenagem ao Professor Doutor Inocêncio Galvão Telles*, Volume II – Direito Bancário, pp. 298-423, Almedina, Coimbra, 2002, p. 322; ALMEIDA COSTA/PINTO MONTEIRO, "Garantias Bancárias", *in* CJ XI (1986), 5, p. 15-34; MANUEL CASTELO BRANCO, "A Garantia Bancária Autónoma no Âmbito das Garantias Especiais das Obrigações", *in* ROA, Ano 53 (1993), pp. 61-83, 1993, p. 72; FÁTIMA GOMES, "Garantia bancária autónoma à primeira solicitação", *in* Direito e Justiça, Volume VIII, Tomo 2, pp. 119-210, 1994, p. 136; PEDRO ROMANO MARTINEZ, "Garantias Bancárias", *in* AAVV, *Estudos em Homenagem ao Professor Doutor Inocêncio Galvão Telles*, Volume II – Direito Bancário, pp. 265-288, Almedina, Coimbra, 2002, p. 271; MÓNICA JARDIM, *A Garantia Autónoma*, Almedina, Coimbra, 2002, p. 72.

[288] ANTÓNIO SEQUEIRA RIBEIRO, "Garantia Bancária Autónoma à Primeira Solicitação", p. 321; ALMEIDA COSTA/PINTO MONTEIRO, "Garantias Bancárias", cit., p. 20; MANUEL CASTELO BRANCO, "A Garantia Bancária Autónoma no Âmbito das Garantias Especiais das Obrigações", cit., p. 72; FÁTIMA GOMES, "Garantia bancária autónoma à primeira solicitação", cit., p. 136; PEDRO ROMANO MARTINEZ, "Garantias Bancárias", cit., p. 271; MÓNICA JARDIM, *A Garantia Autónoma*, cit., p. 70.

160 Bruno Ferreira

dor. A doutrina parece considerar não haver impedimentos a que estes créditos sejam cedidos, mantendo-se o beneficiário da garantia[289].

Por outro lado, a procuração irrevogável concedida pela sociedade de projecto[290] atribui por vezes poderes ao banco agente para, em representação da sociedade de projecto, solicitar o pagamento no âmbito da garantia, sendo que, tendo em conta a importância do elemento textual da garantia autónoma[291], deverá no texto da garantia ser feita referência à possibilidade do pedido ser efectuado por quem represente o beneficiário.

3.4.1.4. Hipoteca dos imóveis que compõem o projecto

Continuando a percorrer os activos susceptíveis de serem dados em garantia, encontramos agora os imóveis, que deverão ser hipotecados a favor das entidades financiadoras[292].

Um dos principais problemas que surge na prática, diz respeito à situação registral dos imóveis, sendo que, especialmente naqueles *Project Finance* localizados em áreas rurais, tais como os projecto de energia, verifica-se, com grande frequência, que os imóveis não se encontram registados a favor dos actuais proprietários.

Nas situações em que a resolução desta situação não se afigura possível ou é demasiado morosa, é adoptada uma solução de recurso, através da promessa de hipoteca do imóvel logo que a situação esteja regularizada. Não cumprindo o devedor a obrigação de dar o imóvel em hipoteca, poderá o banco agente fazer uso da procuração irrevogável que normalmente lhe é atribuída pelo devedor e que, habitualmente, inclui poderes para dar coisas em hipoteca, consentindo a celebração de negócio consigo mesmo, nos termos do artigo 261.º do Código Civil. Ainda assim, como referido acima, saliente-se, ainda que a constituição da hipoteca esteja na disponibilidade das entidades financiadoras, que não se encontra assegurada a prioridade no registo, sendo que a sociedade

---

[289] FÁTIMA GOMES, "Garantia bancária autónoma à primeira solicitação", cit., p. 184; PEDRO ROMANO MARTINEZ, "Garantias Bancárias", cit., p. 278; MÓNICA JARDIM, *A Garantia Autónoma*, cit., p. 146.

[290] *Vide* ponto 3.4.1.6.

[291] MENEZES CORDEIRO, *Manual de Direito Bancário*, cit., p. 642.

[292] ANTUNES VARELA, *Das Obrigações em Geral*, Vol. II, cit., pp. 549 e ss.; RUI PINTO DUARTE, *Curso de Direito Reais,* cit., p. 207; MARIA ISABEL MENÉRES CAMPOS, *Da Hipoteca – Caracterização, constituição e efeitos*, Almedina, Coimbra, 2003.

de projecto poderá hipotecar imóvel a terceiro (mesmo que em incumprimento contratual), sendo que esta hipoteca poderá ser registada antes do registo do hipoteca pelo banco agente.

3.4.1.5. Refinamento da tutela do crédito e cláusulas de garantia e/ou de segurança

Como mecanismos de garantia com natureza meramente obrigacional estabelecidos apenas a respeito da relação principal entre a sociedade de projecto e as entidades financiadoras, temos quer o refinamento dos mecanismos de tutela do crédito já previstos legalmente, quer as chamadas cláusulas de garantia e/ou segurança.

No âmbito do refinamento da tutela do crédito, encontram-se aquelas situações em que perante o regime legal relativo, por exemplo, à exigibilidade antecipada as partes acordam em incluir situações adicionais, para além da previsão contida no artigo 780.º/1 do Código Civil, em que se inclui a insolvência do devedor ou a diminuição das garantias do crédito por motivos imputáveis ao devedor e a falta de prestação de garantias prometidas[293].

Como exemplos de factos ou ocorrências que, na prática, têm sido utilizados para motivar a exigibilidade antecipada para além das causas legais, temos o incumprimento ou simples mora do próprio contrato de financiamento (sendo que, por vezes, apenas se consideram como incumprimento ou simples mora caso os mesmos se prolonguem por um certo número de dias, período este que tende a ser muitíssimo mais curto no que diz respeito ao incumprimento de obrigações pecuniárias), inexactidão das chamadas "declarações e garantias" e de qualquer outra informação prestada pela sociedade de projecto ou pelos promotores, incumprimento pela sociedade de projecto de obrigações legais, incluindo obrigações fiscais, a existência de litígios judiciais, a não obtenção ou perda de autorizações administrativas, o desrespeito pelos rácios constantes do contrato de financiamento[294], a perda de valor dos bens dados

---

[293] M. JANUÁRIO DA COSTA GOMES, *Assunção Fidejussória de Dívida*, cit., p. 39.

[294] Por forma a controlar e avaliar a performance da sociedade de projecto são utilizados diversos rácios, estando o incumprimento dos rácios mínimos sujeito à exigibilidade antecipada do crédito, podendo, em termos mais favoráveis, por vezes, ter lugar uma diminuição do *spread* ou margem nas situações em tais rácios ultrapassem determinada medida. Temos como exemplos mais frequentes destes rácios: o rácio de cobertura anual do serviço de dívida, em que se determina a capacidade do *cash flow* para cobrir o serviço de dívida (pagamentos de capital e juros)

162 *Bruno Ferreira*

em garantia, entre muito outros. Por vezes, alguns destes factos apenas fundamentam a exigibilidade antecipada quando, na opinião das entidades financiadoras, por vezes discricionária, outras vezes fundamentada, possam afectar o bom cumprimento do contrato de financiamento.

Outra das situações mais relevantes, em que também se estabelece um fundamento para a exigibilidade antecipada, é na chamada cláusula de *cross default*[295]. Neste âmbito, em termos semelhantes ao que acontece nos empréstimos internacionais e nas condições das obrigações objecto de colocação internacional[296], são estabelecidas como situações que podem motivar a exigibilidade antecipada, o incumprimento ou simples mora, relativamente quer aos chamados contratos do projecto (i.e., todos os contratos celebrados por ocasião do projecto, nomeadamente com fornecedores e clientes), quer aos outros contratos financeiros celebrados com as entidades financiadoras (v.g. contratos de garantias, contratos de cobertura de taxa de juros, etc.).

Ainda em termos contratuais, são também normalmente incluídas no contrato de financiamento as chamadas cláusulas de *negative pledge*[297] e de *pari*

---

durante um determinado ano; o rácio de cobertura da duração do empréstimo: em que se determina a capacidade do *cash flow* (pelo valor actual do *cash flow* projectado) para cobrir o período de duração do empréstimo. Cfr. NEIL CUTHBERT (Editor), *A guide to project finance*, cit., p. 67.

[295] FERNANDO PESSOA JORGE, "A Garantia Contratual da Igualdade dos Credores nos Empréstimos Internacionais", *in* AAVV., *Estudos Comemorativos do XX aniversário"*, pp. 133-176, CEF, Lisboa, 1983, p. 138; CORRÊA FREIRE/BARBOSA CASELLA, *Contratos Financeiros Internacionais*, Editora Revista dos Tribunais, São Paulo, 1994, p. 83; M. JANUÁRIO DA COSTA GOMES, *Assunção Fidejussória de Dívida*, cit., p. 39; VASCO SOARES DA VEIGA, *Direito Bancário*, Almedina, Coimbra, 1994, p. 377; ARMINDO SARAIVA MATIAS, *Garantias Bancárias Activas e Passivas*, Edições Scripto, Lisboa, 1999, p. 57; MENEZES LEITÃO, *Garantias das Obrigações*, cit., p. 314; JOANA FORTE PEREIRA DIAS, "Contributo para o Estudo dos Actuais Paradigmas das Cláusulas de Garantia e/ou Segurança: a *Pari Passu*, a *Negative Pledge* e a *Cross Default*", *in* AAVV, *Estudos em Homenagem ao Professor Doutor Inocêncio Galvão Telles*, Volume IV – Novos Estudos de Direito Privado, pp. 879-1029, Almedina, Coimbra, 2003, p. 966.

[296] JOANA FORTE PEREIRA DIAS, "Contributo para o Estudo dos Actuais Paradigmas das Cláusulas de Garantia e/ou Segurança: a *Pari Passu*, a *Negative Pledge* e a *Cross Default*", cit., p. 969.

[297] FRANCESCO TOTARO, "Il project financing", cit., p. 375. Em geral sobre as cláusulas *negative pledge*, FERNANDO PESSOA JORGE, "A Garantia Contratual da Igualdade dos Credores nos Empréstimos Internacionais", cit., p. 138; CORRÊA FREIRE/BARBOSA CASELLA, *Contratos Financeiros Internacionais*, cit., p. 65; M. JANUÁRIO DA COSTA GOMES, *Assunção Fidejussória de Dívida*, cit., p. 25; VASCO SOARES DA VEIGA, *Direito Bancário*, cit., p. 375; ARMINDO SARAIVA MATIAS, *Garantias Bancárias Activas e Passivas*, cit., p. 57; ROMANO MARTINEZ/FUZETA DA PONTE, *Garantias de Cumprimento*, cit., p. 54; MENEZES LEITÃO, *Garantias das Obrigações*, cit., p. 313; JOANA FORTE PEREIRA DIAS, "Contributo para o Estudo dos Actuais Paradigmas das Cláusulas de Garantia e/ou Segurança: a *Pari Passu*, a *Negative Pledge* e a *Cross Default*", cit., p. 930.

passu[298]. Na primeira, temos uma cláusula mediante a qual a sociedade de projecto se obriga a não onerar mais o seu património, vinculando-se a não constituir quaisquer garantias reais ou pessoais que onerem os seus bens ou rendimentos[299]. Quanto à segunda, a sociedade de projecto assegura que o crédito das entidades financiadoras se encontra e, se manterá, em pé de igualdade com todos os seus demais créditos comuns ou quirografários em que é devedor[300].

3.4.1.6. Procuração irrevogável

Como já temos vindo a fazer referência, outro dos mecanismos de garantia que está normalmente presente no *Project Finance* é a chamada procuração irrevogável, em que a sociedade de projecto confere poderes, normalmente ao banco agente, para que este, por exemplo, realize formalidades acordadas nos contratos de financiamento que não sejam realizadas voluntariamente pela sociedade de projecto.

Levantam-se neste particular diversos problemas jurídicos de notável interesse, relacionados não só com a distinção entre procuração e mandato[301] (sendo que, em termos habituais, temos procurações, não pelo *nomen iuris* utilizado pelas partes, mas nomeadamente pelo facto do banco agente não ter obrigação, mas sim a faculdade de praticar os actos para os quais lhe são conferidos poderes[302]), mas também com a admissibilidade das procurações em

---

[298] Francesco Totaro, "Il project financing", cit., p. 379. Em geral sobre as cláusulas *pari passu* Fernando Pessoa Jorge, "A Garantia Contratual da Igualdade dos Credores nos Empréstimos Internacionais", cit., p. 137; Corrêa Freire/Barbosa Casella, *Contratos Financeiros Internacionais*, cit., p. 54; M. Januário da Costa Gomes, *Assunção Fidejussória de Dívida*, cit., p. 25; Vasco Soares da Veiga, *Direito Bancário*, cit., p. 376; Armindo Saraiva Matias, *Garantias Bancárias Activas e Passivas*, cit., p. 56; Romano Martinez/Fuzeta da Ponte, *Garantias de Cumprimento*, cit., p. 56; Menezes Leitão, *Garantias das Obrigações*, cit., p. 315; Joana Forte Pereira Dias, "Contributo para o Estudo dos Actuais Paradigmas das Cláusulas de Garantia e/ou Segurança: a *Pari Passu*, a *Negative Pledge* e a *Cross Default*", cit., p. 908.

[299] Joana Forte Pereira Dias, "Contributo para o Estudo dos Actuais Paradigmas das Cláusulas de Garantia e/ou Segurança: a *Pari Passu*, a *Negative Pledge* e a *Cross Default*", cit., p. 932.

[300] Ob. cit., p. 909.

[301] M. Januário da Costa Gomes, *Em tema de revogação do mandato civil*, Almedina, Coimbra, 1989, pp. 230 e ss.; M. Januário da Costa Gomes, "Contrato de Mandato", cit., pp. 295 e ss.; Pedro Leitão Pais de Vasconcelos, *A Procuração Irrevogável*, Almedina, Coimbra, 2002, pp. 42 e ss.

[302] M. Januário da Costa Gomes, "Contrato de Mandato", cit., p. 302.

164   *Bruno Ferreira*

interesse exclusivo do representante[303], como parece ser aqui o caso, e, ainda, com a natureza da cláusula de irrevogabilidade e a possibilidade de revogação por justa causa[304]. Isto para além da determinação da respectiva admissibilidade face à proibição de pacto comissório, da boa-fé e da usura[305].

3.4.2. *Mecanismos de garantia prestados pelos Promotores* – Non-Recourse *e* Limited Recourse

Passando aos mecanismos de garantia que envolvem os promotores, entramos numa das facetas mais distintivas do *Project Finance* e que tem que ver com o nível ou grau de responsabilidade assumida pelos promotores relativamente ao reembolso do crédito.

Ainda que por vezes utilizadas em termos sinónimos[306], as expressões *limited recourse* e *nonrecourse* pretendem significar o nível de responsabilidade assumida pelos promotores do projecto, no que diz respeito ao reembolso do crédito e pagamento dos juros, sendo que no primeiro (*limited recourse*) estes assumem uma responsabilidade apenas limitada e no segundo (*nonrecourse*) não assumiriam qualquer responsabilidade[307]. Contudo, diferentemente do que parece sugerir a expressão, este *nonrecourse*, de verificação menos frequente[308], não implica a total ausência de responsabilidade ou de assunção de obrigações.

Na verdade, como já vimos anteriormente[309], o financiamento em *Project Finance* implica também a utilização de capitais próprios da sociedade de projecto, a par com os capitais disponibilizados pelas entidades financiadoras, os quais resultam quer da realização de entradas de capital, quer de prestações suplementares ou prestações acessórias no regime de prestações suplementares[310].

---

[303] M. Januário da Costa Gomes, *Assunção Fidejussória de Dívida*, cit., p. 100; M. Januário da Costa Gomes, *Em tema de revogação do mandato civil*, cit., pp. 146 e ss.; Pedro Leitão Pais de Vasconcelos, *A Procuração Irrevogável*, cit., pp. 119 e ss..

[304] M. Januário da Costa Gomes, *Em tema de revogação do mandato civil*, cit., pp. 203 e ss.; Pedro Leitão Pais de Vasconcelos, *A Procuração Irrevogável*, cit., pp. 94 e ss.; Pedro de Albuquerque, *A Representação Voluntária em Direito Civil*, Almedina, Coimbra, 2004, pp. 969 e ss.

[305] M. Januário da Costa Gomes, *Assunção Fidejussória de Dívida*, cit., p. 100.

[306] Scott L. Hoffman, *The Law and Business of International Project Finance*, cit., p. 13, nota 9.

[307] Ob. cit., p. 13.

[308] Gabriela Figueiredo Dias, "Project Finance (Primeiras Notas)", cit., p. 115, nota 2.

[309] *Vide* ponto 2.4.

[310] *Vide* ponto 2.4., em especial a nota 36.

Cadernos O Direito 4 (2009), 105-181

Mecanismos de garantia em Project Finance   165

Aliás, um dos rácios que normalmente tem de ser respeitado no *Project Finance*, diz respeito exactamente à relação entre dívida de terceiros (*debt*) e capitais próprios (*equity*), no fundo, pelo menos em termos iniciais, a relação entre os fundos contribuídos pelas entidades financiadoras e os fundos contribuídos pelos promotores, referido como rácio dívida/capitais próprios (*debt to equity ratio* ou *gearing ratio*)[311]. Como mencionado acima, no que diz respeito à respectiva composição, o elemento de capitais próprios corresponde, quase na íntegra, a prestações suplementares ou prestações acessórias que seguem o regime das prestações suplementares, sendo que a parte que corresponde a entradas de capital social é reduzida[312].

Para além desta participação nos fundos necessários para desenvolver o projecto, integra, ainda, aquele a que podemos chamar de âmbito mínimo de participação dos promotores, verificando-se, portanto, nas situações de *limited recourse* e de *nonrecourse*, a prestação de garantias pelos promotores sobre as participações sociais detidas na sociedade de projecto e também sobre os créditos que aqueles detenham sobre esta sociedade relativos a prestações suplementares ou a prestações acessórias. No fundo, mesmo no *nonrecourse* existe uma prestação de garantias por parte dos promotores[313].

Como nos vários aspectos daquilo que diz respeito ao *Project Finance*, não existe, contudo, uma fronteira explícita entre aquilo que são as obrigações assumidas pelos promotores em ambas as modalidades, pelo que na análise que faremos trataremos de percorrer aqueles mecanismos de garantia que, na prática, estão relacionados com os promotores, sem, porém, tentar enquadrar exaustivamente cada uma delas na categoria de *Project Finance* na modalidade *nonrecourse* ou *limited recourse*.

---

[311] CARLO SALVATO, "Le operazioni di project financing: struttura, sogetti, ruoli, tratti operativi", cit., p. 31; JEFFREY DELMON, *Project Finance, BOT Projects and Risk*, cit., p. 85.
[312] Tendo em conta a maior facilidade de "retirada" das prestações referidas do que do capital social. *Vide* nota 36.
[313] JEFFREY DELMON, *Project Finance, BOT Projects and Risk*, cit., p. 86; SCOTT L. HOFFMAN, *The Law and Business of International Project Finance*, cit., p. 13. Ainda que normalmente esta prestação de garantias possa não ser tratada principalmente como uma forma de responsabilização dos promotores pelos créditos de capital e juros devidos pela sociedade de projecto, mas sim como uma forma das entidades financiadoras "tomarem conta" do projecto, considerando, portanto, as participações sociais detidas na sociedade de projecto e os créditos sobre esta detidos como activos ou elementos que integram o projecto. Adoptando esta perspectiva e considerando que existe uma "absoluta e rigorosa separação e independência do projecto em relação à pessoa e ao património dos seus promotores" *vide* GABRIELA FIGUEIREDO DIAS, "Project Finance (Primeiras Notas)", cit., p. 155.

Cadernos O Direito 4 (2009), 105-181

166 *Bruno Ferreira*

3.4.2.1. A limitação da responsabilidade dos promotores no *Project Finance*

Antes de entrarmos na análise dos mecanismos de garantia propriamente ditos, haverá que fazer uma precisão adicional e levantar um problema relativamente à limitação da responsabilidade dos promotores.

Em primeiro lugar, deverá salientar-se que, em regra, quando se menciona a limitação da responsabilidade dos promotores se pretende referir a responsabilidade pelo reembolso do crédito e pelo pagamento dos respectivos juros, não no sentido de limitação da responsabilidade civil ou patrimonial[314].

A limitação da responsabilidade patrimonial dos promotores aos bens dedicados à construção e exploração de um projecto, nos termos do artigo 602.º do Código Civil, não permite criar uma verdadeira separação de patrimónios, nomeadamente não permitindo que tais bens respondam apenas por créditos relacionados com o projecto[315], e tornando difícil a limitação da responsabilidade patrimonial aos bens relacionados com o projecto em todas as relações jurídicas com ele relacionadas.

Neste sentido, a utilização da sociedade comercial como veículo de investimento apresenta maiores vantagens. Contudo, a limitação proporcionada pela escolha do veículo societário mercantil não permite uma limitação total da responsabilidade[316]. No âmbito do direito societário, encontram-se estabelecidas determinadas salvaguardas, relativamente ao chamado abuso de personalidade colectiva, nomeadamente no que diz respeito ao levantamento da personalidade colectiva[317].

Aliás, no sentido de disponibilizar uma alternativa à forma societária, a reforma do *Codice Civile* italiano, realizada em 2003[318], veio permitir, através

---

[314] Situação em que teríamos que lidar com os problemas relacionados com limitação ou exclusão da responsabilidade. *Vide* nomeadamente INOCÊNCIO GALVÃO TELLES, *Direito das Obrigações,* cit., pp. 422 e ss.; M. JANUÁRIO DA COSTA GOMES, *Assunção Fidejussória de Dívida,* cit., pp. 1092 e ss..

[315] Impedindo assim que as entidades financiadoras tenham de concorrer com os restantes credores ditos comuns dos promotores, i.e., não relacionados com o projecto. Não é, portanto, possível estabelecer uma autonomia patrimonial perfeita. Cfr. OLIVEIRA ASCENSÃO, *Direito Civil – Teoria Geral,*Volume III, cit., p. 126.

[316] EDUARDO SALOMÃO NETO, *Direito Bancário,* cit., p. 415.

[317] *Vide* entre muitos outros MENEZES CORDEIRO, *Da responsabilidade civil dos administradores das sociedades comerciais,* Lex, Lisboa, 1997, pp. 322 e ss. Podendo ainda levantar-se problemas relacionados com a subcapitalização da sociedade, cfr. ALESSANDRA VERONELLI, *I Finanziamenti di Progetto – Aspetti Societari e Contratuali,* cit., pp. 111 e ss.

[318] Pelo *D.lgs. n 5-6 del 17 gennaio 2003.*

Mecanismos de garantia em Project Finance   167

da introdução dos artigos 2447-bis a 2447-decies, que as sociedades estabeleçam uma separação patrimonial criando um património destinado ao desenvolvimento de uma actividade ou projecto específico (*patrimoni destinati ad uno specifico affare*)[319].

3.4.2.2. Penhor das participações sociais e mecanismos de garantia sobre créditos detidos pelos promotores

Como referido acima, constitui normalmente nível mínimo do envolvimento dos promotores no projecto a prestação de garantias sobre as participações sociais detidas na sociedade de projecto e também sobre os créditos detidos pelos promotores sobre a sociedade de projecto, na sequência da realização de suprimentos, prestações suplementares ou acessórias.

No que diz respeito aos primeiros, temos o penhor sobre as quotas ou acções representativas do capital social da sociedade de projecto, caso esta adopte o tipo de sociedade por quotas ou sociedade anónima, respectivamente.

No que diz respeito ao penhor de quotas, refira-se apenas a necessidade de registo junto do registo comercial [artigo 3.°/1/*f*) do Código do Registo Comercial] o qual, na sequência da Reforma das Sociedades de 2006[320], deverá ser efectuado por depósito (artigo 53.°-A/4 do Código do Registo Comercial) e promovido pela sociedade, a pedido do credor pignoratício (neste caso, as entidades financiadoras), nos termos dos artigos 242.°-A e 242.°-B do Código das Sociedades Comerciais.

Quanto ao penhor de acções[321] representativas do capital social, refira-se que o mesmo pode ser concedido ao abrigo do regime do penhor financeiro, estabelecido pelo Decreto-Lei n.° 105/2004, caso se verifique o âmbito sub-

---

[319] Sobre o tema e a sua relevância no âmbito do *Project Finance vide* PAOLA MANES, "Sui 'patrimoni destinati ad uno specifico affare' nella riforma del diritto societario", *in* Contratto e impresa, Ano XIX – n.° 1, pp. 181-210, Cedam, Padova, 2003; PAOLO CARRIÈRE, "Il *leveraged financing* e il *project financing* alla luce della riforma del diritto societario: opportunità e limiti", *in* Rivista delle Società, Ano 48, n.° 5, pp. 995-1073, 2003; ROLAND ARDT, "I patrimoni destinati ad uno specifico affare: le *protected cell companies* italiane", *in* Contratto e impresa, Ano XX – n.° 1, pp. 323-356, Cedam, Padova, 2004; LUIGI SALAMONE, "Il finanziamento dei patrimoni destinati a 'specifici affari'", *in* Giurisprudenza Commerciale, Vol. 33 – n.° 2, pp. 235/I-65/I, Giuffré Editore, Milano, 2006.

[320] Realizada pelo Decreto-Lei n.° 76-A/2006, de 29 de Março de 2006.

[321] O penhor financeiro pode ter como objecto valores mobiliários [artigo 5.°/*b*) do Decreto-Lei n.° 105/2004], onde se incluem as acções [artigo 1.°/*a*) do Código dos Valores Mobiliários].

168   *Bruno Ferreira*

jectivo de aplicação constante do seu artigo 3.º, situação que normalmente se verifica, tendo em conta que o devedor não é uma pessoa singular.

Como já referimos, para que seja possível recorrer ao penhor financeiro terá de haver desapossamento das acções, nos termos do disposto no artigo 6.º do Decreto-Lei n.º 105/2004, em termos semelhantes ao que acontece no artigo 669.º do Código Civil.[322] Saliente-se, também, a faculdade que as parte têm de, como já referido acima, estabelecer os mecanismos necessários para recorrer ao pacto marciano (artigo 11.º do Decreto-Lei n.º 105/2004).

As formalidades específicas para a constituição do penhor sobre as acções dependerão da forma de representação das acções (escriturais ou tituladas), da sua modalidade (nominativas ou ao portador) e, ainda, do facto das mesmas estarem integradas ou não em sistema centralizado[323].

Em termos habituais, as entidades financiadoras preferem que os títulos assumam a forma titulada, na modalidade nominativa, não sendo, normalmente, objecto de integração em sistema centralizado, permitindo um maior controlo sobre o seu destino. Nestes termos, para além da correspondente declaração de penhor, escrita no título, a favor do credor pignoratício, seguida de registo junto do emitente ou junto de intermediário financeiro que o represente[324], os títulos são, em seguida, entregues ao banco agente.

Em paralelo com estas garantias, também tem por vezes sido estabelecida uma opção de compra que permite às entidades financiadoras adquirir o capital social da sociedade de projecto aquando da verificação de determinados eventos, normalmente efectuada por forma a permitir a efectivação do chamado *step-in right*. A admissibilidade deste mecanismo deverá ser sempre aferida face à proibição de pacto comissório, remetendo-se para a análise efectuada supra[325].

Por outro lado, temos também as garantias sobre os suprimentos e prestações suplementares e acessórias, tratando-se, aqui, dos créditos detidos pelos promotores relativos à realização dos mesmos.

No que diz respeito aos suprimentos, as partes poderão optar pela cessão de créditos em garantia ou pelo penhor de direitos de crédito; tendo em conta

---

[322] CALVÃO DA SILVA, *Banca, Bolsa e Seguros*, Tomo I – Parte Geral, cit., p. 200; MENEZES CORDEIRO, *Manual de Direito Bancário*, cit., p. 621; PAOLO CARRIÈRE, "La nuova normativa sui contratti di garanzia finanziaria. Analisi critica", *in* Banca Borsa e Titoli di Credito, Ano XLV, pp. 580--622, 1982, p. 622.

[323] TIAGO SOARES DA FONSECA, *O Penhor de Acções*, Almedina, Coimbra, 2005, pp. 58 e ss.

[324] Nos termos dos artigos 103.º e 102.º do Código dos Valores Mobiliários. Cfr. TIAGO SOARES DA FONSECA, *O Penhor de Acções*, cit., p. 61.

[325] *Vide* ponto 3.4.1.3.

Mecanismos de garantia em Project Finance   169

considerações já descritas a escolha tenderá a recair sobre a cessão de créditos em garantia[326]. No que diz respeito às prestações suplementares e acessórias, a escolha encontra-se limitada ao penhor de créditos, uma vez que a cessão de créditos em garantia implica a mudança de titularidade e, portanto, a reclassificação das mesmas enquanto integrando a rubrica dos capitais próprios[327].

3.4.2.3. Apoio adicional prestado pelos promotores (*credit support*)

Entramos aqui num dos principais pontos de discussão que envolvem a negociação dos instrumentos contratuais com que se estabelece o *Project Finance*, sendo que algumas decisões neste âmbito são deixadas para a fase final do processo, quer devido a motivos relacionados com o processo de negociação em si e das conclusões a que chegam as auditorias, quer porque, tendencialmente, caberá aos promotores suportar aqueles riscos que não foram assumidos por quaisquer outras partes e que as entidades financiadoras não estão dispostas a suportar ou a que a sociedade de projecto as suporte[328]. Numa situação ideal, o único risco suportado pelas entidades financiadoras seria o de viabilidade do projecto enquanto gerador das receitas necessárias (mantendo--se estáveis os respectivos pressupostos)[329].

Existe, neste âmbito, uma grande variedade de situações, sendo aqui abundante a criatividade das partes[330], quer por força da posição das entidades financiadoras no sentido de diminuir o risco de crédito, quer em resultado da pressão em sentido contrário dos promotores, algumas vezes tendo nomeadamente como propósito evitar os eventuais custos fiscais inerentes à prestação de garantias[331], especialmente nas situações de Financiamento de Projectos plurilocalizadas[332].

---

[326] *Vide* ponto 3.4.1.3.

[327] *Vide* ponto 2.4., em especial a nota 36.

[328] MARIO MISCALI, "I tratti giuridici delle operazioni di project financing", cit., p. 114.

[329] SCOTT L. HOFFMAN, *The Law and Business of International Project Finance*, cit., p. 382.

[330] Nas palavras de SCOTT HOFFMAN "the types of credit enhancement are limited only by the imagination and creativity of those structuring the deal", ob. cit., p. 383.

[331] A prestação de garantias poderá ser objecto de tributação em sede de imposto de selo, nos termos do Ponto 10 da Tabela Geral do Imposto do Selo. Neste sentido, relativamente às cartas de conforto, M. JANUÁRIO DA COSTA GOMES, *Assunção Fidejussória de Dívida*, cit., p. 407.

[332] Tendo em conta que no *Project Finance*, em que todas as partes são localizadas na jurisdição nacional, poder-se-á beneficiar da excepção contida no Ponto 10 da Tabela Geral do Imposto do Selo, nos termos do qual não se encontram aí abrangidas as garantias materialmente acessórias de

170 *Bruno Ferreira*

Em termos semelhantes ao que acontece no âmbito das cartas de conforto[333], também neste particular o principal problema que se coloca passa por determinar se, perante cada uma das situações, temos uma assunção fidejussória ou outra forma de garantia pessoal atípica.

Antes porém de entrar nos critérios que devem guiar esta distinção, devemos percorrer alguns exemplos das diversas formas de apoio prestado pelos promotores, referindo, desde já, que a posição dos promotores nem sempre se mantém a mesma durante a vida do *Project Finance*, podendo a assunção de específicas responsabilidades ser limitada em termos temporais ou mesmo ir variando de "intensidade".

Podemos, desde logo, encontrar uma assunção de responsabilidade em termos directos pelo pagamento das prestações de capital ou de juros. Tendo em conta, porém, que esta é uma posição que os promotores pretendem evitar pelo recurso ao *Project Finance*, este tipo de assunção de responsabilidade pelo pagamento do chamado serviço de dívida, tende a ser indirecto e/ou condicional à verificação de determinadas situações, como veremos adiante.

Como referido acima, assumindo tendencialmente o risco que não foi possível atribuir a outro participante no projecto, os promotores acabam, por vezes, por assumir tais riscos caso as entidades financiadoras não estejam satisfeitas com a forma como no contrato de construção, por exemplo, foi assegurado o risco de construção. Nesta situação, os promotores, muitas vezes, assumem a responsabilidade apenas caso tenha, por exemplo, surgido algum atraso no início da construção.[334] Por outro lado, em termos frequentes, esta responsabilidade assume a forma de obrigação de indemnização da sociedade de projecto pelos danos que esta tenha sofrido com o atraso no projecto.

---

contratos especialmente tributados na referida Tabela (como por exemplo a abertura de crédito concedida pelas entidades financiadoras à sociedade de projecto, tributada nos termos do Ponto 17 da Tabela) que sejam constituídas simultaneamente com a obrigação garantida, ainda que em instrumento ou título diferente. Porém, como se pode verificar, o problema fiscal poderá surgir caso exista a necessidade da intervenção dos promotores ocorrer em data diversa daquela em que é celebrada a abertura de crédito.

[333] Relativamente às cartas de conforto *vide*, nomeadamente, MENEZES CORDEIRO, *Manual de Direito Bancário*, cit., pp. 650 e ss.; M. JANUÁRIO DA COSTA GOMES, *Assunção Fidejussória de Dívida*, cit., pp. 405 e ss.; CALVÃO DA SILVA, *Estudos de Direito Comercial (Pareceres)*, cit., pp. 369 e ss.; ANTÓNIO PINTO MONTEIRO, "Sobre as cartas de conforto na concessão de crédito", *in* AAVV, *Ab uno ad omnes – 75 anos da Coimbra Editora – 1920-1995*, pp. 413-467, Coimbra Editora, Coimbra, 1998; ROMANO MARTINEZ/FUZETA DA PONTE, *Garantias de Cumprimento*, cit., pp. 150 e ss.; MENEZES LEITÃO, *Garantias das Obrigações*, cit., pp. 158 e ss..

[334] Podemos ter aqui as chamadas *completion guarantees* – MARIA JOSÉ VAÑÓ VAÑÓ, *El contrato de "Project Finance"*, cit., p. 193.

Mecanismos de garantia em Project Finance   171

Em termos também bastante frequentes, uma das obrigações assumidas pelos promotores diz respeito à manutenção do já referido rácio dívida/capitais próprios (*debt to equity ratio* ou *gearing ratio*)[335], obrigando-se os promotores a realizar as entradas de capital ou outras contribuições (em regra prestações suplementares ou acessórias) necessárias para que o referido rácio se mantenha num certo nível. Por outro lado, temos o chamado *claw-back* em que os promotores podem ser obrigados a voltar a colocar na sociedade de projecto montantes já distribuídos a título de dividendos[336].

Neste particular, temos ainda um vasto conjunto de situações correspondentes, em termos gerais, aos compromissos assumidos no âmbito das cartas de conforto[337], aqui referidas em termos próprios, tendo em conta a relação societária normalmente existente entre os promotores e a sociedade de projecto[338]. De entre estas, temos, nomeadamente, as situações em que os promotores se obrigam a manter a sua participação na sociedade de projecto, em que se obrigam a desenvolver os melhores esforços para que os compromissos sejam efectivamente assumidos pela sociedade de projecto[339] ou mesmo em assegurar a solvabilidade da sociedade[340]. Poderão ainda inserir-se neste âmbito, obrigações de informação assumidas pelos promotores, no que diz respeito ao andamento da sociedade de projecto e à disponibilização de informações, ou assistência técnica que devam ser providenciadas quer à sociedade de projecto, quer a outras partes, tais como os peritos independentes.

Por outro lado, temos também por vezes a assunção de obrigações pelos promotores no sentido de, directamente como accionistas ou através do membros dos órgãos da sociedade por si indicados, não desenvolver quaisquer actos que levem a sociedade de projecto a incumprir os compromissos assumidos nos diversos contratos que integram o esquema contratual, nomeadamente no que concerne ao respeito pelas limitações de distribuição de dividendos.

Outra das formas em que o "apoio" dos promotores também se pode consubstanciar, diz respeito à assunção por este de uma promessa unilateral de

---

[335] *Vide* ponto 3.4.2.

[336] SCOTT L. HOFFMAN, *The Law and Business of International Project Finance*, cit., p. 387.

[337] MARIA JOSÉ VAÑÓ VAÑÓ, *El contrato de "Project Finance"*, cit., p. 194.

[338] M. JANUÁRIO DA COSTA GOMES, *Assunção Fidejussória de Dívida*, cit., p. 406.

[339] MENEZES CORDEIRO, *Manual de Direito Bancário*, cit., p. 656.

[340] Temos aqui, nomeadamente, os chamados *keep well agreements* referidos por GABRIELA FIGUEIREDO DIAS, "Project Finance (Primeiras Notas)", cit., p. 155. Nestes acordos poderemos ter situações em que os promotores asseguram, por exemplo, que a sociedade participada manterá uma determinada situação líquida positiva, e que, na prática, podem ser reconduzidos às cartas de conforto.

172   *Bruno Ferreira*

compra (*put option*) de parte dos créditos detidos nomeadamente pelas entidades financiadoras[341].

Passando agora ao problema da determinação da natureza do envolvimento dos promotores, desde logo se poderá salientar que, como podemos verificar pelos exemplos acima referidos, na maior parte das situações não é possível enquadrar num compartimento estanque as obrigações assumidas pelos promotores, sendo que em cada situação haverá uma combinação das diversas obrigações descritas.

Em termos similares ao que acontece no âmbito das cartas de conforto, existem situações que podem ser reconduzidas a verdadeiras garantias pessoais[342], quer garantias pessoais acessórias ou fianças, quer, com menor frequência, garantias pessoais autónomas, ou que, por outro lado, configuram obrigações, não no sentido de efectuar pagamentos directos aos promotores[343], mas de dotar a sociedade dos meios necessários para cumprir, sendo que, mais raramente, configuram meras informações sobre o estado actual da relação de participação ou de informação acerca da política de relacionamento com as participadas[344]. De forma que também parece exorbitar do universo socialmente típico das cartas de conforto, temos ainda obrigações relativas à transmissão de informação às entidades financiadoras.

Como já foi aqui referido, nas garantias pessoais temos a adstrição de um património ou de parte dele à satisfação de um crédito, em que é devedor um outro, através da própria vinculação do titular desse património que, assim, se torna devedor[345]. Para além deste facto, saliente-se que a garantia pessoal não terá apenas de dizer respeito ao pagamento directo do capital e juros devidos às entidades financiadoras[346], podendo também ser dirigida a garantir o paga-

---

[341] SCOTT L. HOFFMAN, *The Law and Business of International Project Finance*, cit., p. 390. Figura não desconhecida enquanto mecanismo de garantia, cfr. M. JANUÁRIO DA COSTA GOMES, *Assunção Fidejussória de Dívida*, cit., p. 99.

[342] Que, na verdade, não se inserem no âmbito das cartas de conforto, cfr. M. JANUÁRIO DA COSTA GOMES, *Assunção Fidejussória de Dívida*, cit., p. 409, em especial nota 25.

[343] Traço distintivo entre as cartas de conforto forte e as garantias pessoais, cfr. M. JANUÁRIO DA COSTA GOMES, *Assunção Fidejussória de Dívida*, cit., p. 412.

[344] Como acontece nas cartas de conforto fracas para MENEZES CORDEIRO, *Manual de Direito Bancário*, cit., p. 656.

[345] M. JANUÁRIO DA COSTA GOMES, "A Fiança no Quadro das Garantias pessoais. Aspectos de Regime", *in* M. JANUÁRIO DA COSTA GOMES, *Estudos de Direito das Garantias*, Volume I, Almedina, Coimbra, 2004, p. 8; M. JANUÁRIO DA COSTA GOMES, *Assunção Fidejussória de Dívida*, cit., pp. 121 e ss..

[346] No sentido de garantia de cumprimento primário M. JANUÁRIO DA COSTA GOMES, *Assunção Fidejussória de Dívida*, cit., p. 55.

mento de uma eventual indemnização[347], a garantir a solvabilidade do devedor, sendo que a garantia apenas poderá ser accionada após confirmação da insuficiência do património do devedor[348], ou, ainda, a garantir um determinado resultado objectivamente considerado[349].

Apenas uma nota final para o facto de a determinação da natureza jurídica do envolvimento dos promotores depender da análise e interpretação em concreto da vontade das partes, sendo que a clara identificação da posição dos promotores enfrenta ainda dificuldades acrescidas nas situações em que estes assumem outra função no âmbito do projecto, por exemplo sendo o único cliente dos bens por este produzidos, pelo deverão ser tidos em conta os mecanismos de garantia analisados no ponto seguinte.

3.4.3. *Mecanismos de garantia relacionados com outras entidades*

Passemos então a outra das notas características do *Project Finance* e que diz respeito à cuidada distribuição de determinados riscos que, em termos normais, poderiam ser suportados pela sociedade de projecto, mas que, através de condições negociais estabelecidas com os restantes participantes no projecto, são por estes suportadas. Como tivemos oportunidade de ver, consideramos que algumas destas cláusulas, talvez já dotadas de alguma tipicidade social, integram os mecanismos de segurança[350]. Estamos aqui no âmbito do chamado "*contracting-out*"[351].

Ainda que negociados separadamente, muitos destes contratos contêm remissões ou referências entre eles, sendo que a sua regulamentação em concreto se encontra dependente, por vezes, da subsistência de um outro dos contratos que irão ser referidos em seguida ou dos contratos celebrados entre as entidades financiadoras, a sociedade de projecto e os promotores[352], tratando-se aqui de permitir que não existam discrepâncias, nomeadamente procedimentais, entre os diversos contratos (*back-to-back*).

---

[347] Garantia de cumprimento secundário, cfr. *Ibidem*.

[348] Ob. cit., p. 54.

[349] Como acontece na garantia bancária autónoma M. Januário da Costa Gomes, *Assunção Fidejussória de Dívida*, cit., p. 55.

[350] *Vide* ponto 3.3.

[351] A que Gabriela Figueiredo Dias se refere como "garantias contratuais", cfr. "Project Finance (Primeiras Notas)", cit., p. 154.

[352] Neste sentido Gian Luca Rabitti, "*Project Finance* e collegamento contrattuale", cit., p. 238.

174 *Bruno Ferreira*

De salientar apenas que, em termos gerais, se torna aconselhável obter de algumas destas partes garantias especiais, tendo em conta o nível de risco por estas assumido e o respectivo risco de incumprimento das obrigações por si assumidas[353].

3.4.3.1. *Step-in right* – Acordos directos

Uma das prerrogativas tipicamente concedidas às entidades financiadoras consubstancia-se no chamado direito de "*step-in*", em que as entidades financiadoras poderão subrogar-se na posição contratual da sociedade de projecto, ou indicar um terceiro que o faça, nos diversos contratos de projecto, na sequência de um incumprimento pela sociedade de projecto, por forma a evitar os inconvenientes da resolução desses mesmos contratos pelas respectivas contrapartes, especialmente tendo em conta a importância dos mesmos para a viabilidade do projecto e para o reembolso da dívida[354].

O *step-in* confere, nomeadamente, o direito às entidades financiadoras, ou outras entidades indicadas por estas, de "cumprir" as obrigações da sociedade de projecto ou a compensar as contrapartes pela falta de cumprimento da sociedade de projecto, de forma a que estas não resolvam os respectivos contratos[355].

Para além das obrigações assumidas pela sociedade de projecto perante as entidades financiadoras, este *step-in* é também, normalmente, assegurado pela celebração dos chamados acordos directos entre as entidades financiadoras e cada um dos participantes no projecto. No âmbito destes contratos os restantes participantes acordam, nomeadamente, em notificar as entidades financiadoras de qualquer incumprimento ou mora por parte da sociedade de projecto, sendo que fica estabelecido que os participantes apenas poderão resolver os respectivos contratos depois de um determinado período de tempo, durante o qual as entidades financiadoras poderão accionar o direito de *step-in* "cumprindo" as obrigações da sociedade de projecto[356].

Aproveitando a celebração destes acordos directos, tem também sido prática incluir nos mesmos algumas declarações das respectivas contrapartes, relativamente ao projecto e às entidades financiadoras, nomeadamente no que diz

---

[353] *Vide* ponto 3.2.5.
[354] Maria José Vañó Vañó, *El contrato de "Project Finance"*, cit., p. 204.
[355] Jeffrey Delmon, *Project Finance, BOT Projects and Risk*, cit., pp. 90-91.
[356] Neil Cuthbert (Editor), *A guide to project finance*, cit., p. 54.

Mecanismos de garantia em Project Finance   175

respeito ao reconhecimento, por exemplo, das cessões em garantia dos créditos detidos sobre estas e a assunção de determinadas obrigações relacionadas com a não alteração dos contratos de projecto em causa ou com o não exercício de direitos de compensação de créditos detidos sobre a sociedade de projecto que não relacionados com o próprio contrato de projecto em causa[357].

A este direito de *step-in* é também, por vezes, expressamente atribuído um direito de *step-out* ou, pelo menos, é estabelecido que as entidades financiadoras ou quem estas venham a indicar deixem de ser responsabilizadas pelo cumprimento das obrigações da sociedade de projecto a partir do momento em que informem as respectivas contrapartes.

3.4.3.2. Construtor

Enquanto entidade a quem cabe, normalmente, sozinha ou com terceiros subcontratados, conceber tecnicamente o projecto em si[358] e o projecto de construção e executá-los, recairão sobre o empreiteiro determinados riscos relacionados com a construção, especialmente os riscos relacionados com a fase de execução e, também, os riscos relacionados com o nível de performance do projecto[359]. Habitualmente, este contrato é configurado como "chave-na--mão", nos termos do qual o construtor se responsabiliza pela construção do projecto, no prazo ajustado, e dentro do preço acordado, sendo que, sempre que as suas funções incluam a concepção do projecto, será também responsabilizado pelo nível de performance relacionado com a qualidade da concepção.

Como preocupações essenciais no âmbito do contrato de construção, algumas das quais são aliás já comuns nos contratos de construção fora do âmbito específico do *Project Finance*, temos, nomeadamente, a declaração expressa pelo construtor de que o projecto será adequado para o propósito pretendido, o estabelecimento de um preço fixo para toda a obra, a determinação de uma

---

[357] *Ibidem.*

[358] Ainda que nem sempre caiba à entidade responsável pela construção conceber ou desenhar o projecto, em termos ideais esta responsabilidade deveria caber a apenas uma entidade, pelo que seria aconselhável que o empreiteiro a quem foi contratada a construção subcontratasse tal concepção ou desenho (*single point responsability*), JEFFREY DELMON, *Project Finance, BOT Projects and Risk*, cit., p. 193. Como já vimos acima é preferível que a responsabilidade neste âmbito seja atribuída a apenas um empreiteiro que depois subcontrata, simplificando assim a distribuição de riscos. NEIL CUTHBERT (Editor), *A guide to project finance*, cit., p. 21.

[359] Tendo em conta a responsabilidade assumida pela concepção ou desenho do projecto.

176 Bruno Ferreira

data fixa para o termo da obra, estabelecendo eventualmente penalidades para atrasos, negociação detalhada dos mecanismos de recepção provisória e definitiva da obra, incluindo, nomeadamente, testes e inspecções, determinação detalhada do âmbito e limite temporal da responsabilidade por defeitos ou vícios ocultos e respectiva forma de compensação no âmbito da mesma responsabilidade, estipulação do sistema de pagamento dos trabalhos à medida que os mesmos vão sendo realizados[360], descrição detalhada das diversas obrigações do empreiteiro, nomeadamente no que diz respeito ao cumprimento de normas ambientais, fiscais, de higiene e segurança e à manutenção de apólices de seguro e obtenção das necessárias autorizações administrativas, referência à necessidade de autorização para a contratação de subempreiteiros e à ausência de responsabilidade relativa aos mesmos por parte da sociedade de projecto, a emissão de garantias bancárias, normalmente autónomas e automáticas, de reembolso do adiantamento ou de boa execução[361-362].

3.4.3.3. Fornecedor (*input supply agreement*) e cliente (*offtake agreement*)

Também ocupam uma posição relevante no *Project Finance* os contratos celebrados quer com os fornecedores, relativos a matérias-primas ou a serviços necessários para a laboração do projecto, quer com os clientes, no sentido de escoar os bens ou produtos que resultam do projecto.

Começando pelo contrato celebrado com o fornecedor (*input supply agreement*), através do mesmo deverá normalmente ficar estabelecido que caberá ao fornecedor suportar o risco de mercado (nomeadamente no que diz respeito ao aumento de custos) e certa parte do risco de *performance* ou exploração do projecto, na medida em que assume uma obrigação de fornecer uma determinada quantidade de matéria-prima de uma certa qualidade, pelo que caso a *performance* do projecto diminua devido ao não cumprimento desta obrigação deverá ser assacada responsabilidade ao fornecedor.

Na negociação do contrato deverão ser tidas em conta, nomeadamente, as questões relacionadas com o estabelecimento de um mínimo de quantidade de matéria-prima, estabelecendo a qualidade da mesma e o preço a que a mesma

---

[360] *Vide* nota 130.
[361] *Vide* ponto 3.4.1.3.
[362] MARTA AZPITARTE MELERO, "Los contratos como herramienta para mitigar el riesgo en Project Finance", *in* Revista de Derecho Bancario y Bursátil, Ano 20, n.º 81, pp. 105-126, 2001, pp. 110-114; NEIL CUTHBERT (Editor), *A guide to project finance*, cit., pp. 21-22.

Mecanismos de garantia em Project Finance   177

irá ser adquirida, o qual deverá ser fixo ou, tendo em conta a duração do contrato, com actualizações determinadas por referência a um indexante[363]. Como preocupação essencial temos também a necessidade do prazo de duração dever ser longo, quanto mais próximo da duração do prazo de reembolso melhor, e a necessidade de estabelecer determinadas limitações às causas convencionais de resolução normalmente incluídas nos contratos.

Quanto aos clientes, entramos aqui nos chamados *offtake purchase agreements*, relacionados com a venda dos bens produzidos pelo projecto. Temos assim uma das vertentes essenciais dos mecanismos de garantia em *Project Finance*, no sentido de assegurar os pressupostos que levaram a confiar na rentabilidade do projecto.

Serão suportados pelo cliente, em termos semelhantes ao que acontece com o fornecedor, os riscos de mercado, no que diz respeito à variação do preço de mercado dos bens produzidos, e os riscos de *performance* ou exploração do projecto, na medida em que este se obriga a adquirir um determinado volume de bens produzidos[364].

Para além do prazo de duração do contrato, sendo que, neste particular, existe uma maior exigência de que a duração seja idêntica ao prazo de reembolso do financiamento, surge a necessidade quer de limitação das causas convencionais de resolução, quer de determinar um preço fixo de aquisição ou um preço actualizável de acordo com um determinado indexante[365].

Estas obrigações relativas à aquisição dos bens produzidos pelo projecto tendem a assumir duas principais formas: acordos *pass through* e *take or pay*[366]. Em ambas as situações existe uma obrigação do comprador relativa à quantidade e ao preço de bens que deverá adquirir, sendo que, na primeira, o preço e o aumento dos custos de produção é directamente passado para o preço de venda dos bens, sendo que, na segunda, o cliente se obriga a comprar uma determinada quantidade de bens desde que disponíveis, quer precise deles ou não, sendo que, por vezes, é ainda incluída a chamada cláusula *hell-or-high-water* em que o comprador se obriga a pagar o preço independentemente do incumprimento pela sociedade de projecto[367].

---

[363] Jeffrey Delmon, *Project Finance, BOT Projects and Risk*, cit., pp. 273-285.
[364] Ob. cit., p. 260.
[365] Marta Azpitarte Melero, "Los contratos como herramienta para mitigar el riesgo en Project Finance", cit., 2001, p. 117.
[366] Ob. cit., p. 116.
[367] Neil Cuthbert (Editor), *A guide to project finance*, cit., p. 24; Gabriela Figueiredo Dias, "Project Finance (Primeiras Notas)", cit., p. 159.

178   *Bruno Ferreira*

As condições de cada um destes contratos dependerão, ainda, é claro, do tipo e dimensão do projecto em causa, variando, nomeadamente, se o acesso à matéria-prima é fácil ou se existe um mercado com muita procura para os bens produzidos pelo projecto.

3.4.3.4. Entidade responsável pela exploração e manutenção

Ainda que seja menosprezado, tendo em conta que a sociedade de projecto tende a assumir, por vezes, a exploração do projecto, os aspectos relacionados com a exploração e manutenção do projecto também devem ser cuidadosamente negociados, sendo, neste particular, nomeadamente relevantes a obtenção de garantias relativamente ao nível de quantidade e qualidade da produção do projecto e à duração do contrato.

Podem ser identificadas três estruturas básicas relativamente à remuneração da exploração e manutenção do projecto: o pagamento de um preço fixo pelos serviços, o pagamento dos custos acrescido de uma remuneração adicional fixa e o estabelecimento de um mecanismo de incentivos/penalizações perante a quantidade e qualidade da produção[368].

3.4.3.5. Seguradora e peritos técnicos

Existem determinados riscos que são objecto de cobertura através da tomada de seguros. Para além dos seguros relativos à construção, que o empreiteiro deverá subscrever e manter, as entidades financiadoras exigem a subscrição de seguros que cubram riscos relativos ao funcionamento do projecto, à integridade dos activos que integram o projecto[369] e até mesmo riscos políticos[370]. A identificação das necessidades do projecto em termos de seguros é, normalmente, efectuada por um consultor especializado.

Por outro lado, existem também certos riscos que são assumidos por diversos peritos técnicos, nomeadamente consultores de engenharia, relativamente à construção do projecto, e advogados, relativamente por exemplo à "solidez" ou perfeição das garantias reais, no sentido de cumprimento de todas as for-

---

[368] NEIL CUTHBERT (Editor), *A guide to project finance*, cit., p. 23.
[369] Ob. cit., p. 60.
[370] SCOTT L. HOFFMAN, *The Law and Business of International Project Finance*, cit., p. 397.

malidades legais necessárias para que estas assegurem uma preferência às entidades financiadoras[371].

3.4.3.6. Cobertura de taxa de juro

Para cobertura do risco de variação da taxa de juro[372], a sociedade de projecto celebra com uma instituição de crédito, normalmente com o banco agente ou com outro dos bancos que integram o sindicato, um contrato de *swap* de taxa de juro[373].

Através do *swap*, a sociedade de projecto paga uma taxa de juro fixa e recebe uma taxa de juro variável, podendo, portanto, a sociedade de projecto pagar uma taxa de juro variável às entidades financiadoras com recurso ao contrato de *swap*, sendo que apenas tem de fazer face a uma taxa de juro fixa no referido contrato[374].

4. **Natureza jurídica do *Project Finance***

Tendo em conta a multiplicidade de contratos que, como detalhadamente observámos, são celebrados a propósito do *Project Finance*, a frequente simultaneidade da respectiva celebração e, talvez de forma mais relevante, as ligações existentes entre os mesmos, que por vezes se traduzem no estabelecimento de condições contratuais tendo por referência outros contratos, torna-se necessário determinar qual a natureza da relação entre tais contratos.

Tendo isto em mente, podemos, contudo, desde logo começar por afastar a classificação do *Project Finance* como contrato misto, pois não consideramos que o mesmo resulte da fusão de dois ou mais contratos ou de partes

---

[371] Através da emissão de uma opinião legal nesse sentido (*legal opinion*).

[372] Relativamente ao *swap* de taxa de juro como instrumento de cobertura dos riscos de variação de taxa de juro *vide* JOSÉ MANUEL SANTOS QUELHAS, *Sobre a evolução recente do sistema financeiro: novos produtos financeiros*, Separata do Boletim de Ciências Económicas, Coimbra, 1996, pp. 93 e ss.

[373] MARTA AZPITARTE MELERO, "Los contratos como herramienta para mitigar el riesgo en Project Finance", *in* Revista de Derecho Bancario y Bursátil, Ano 20, n.º 81, pp. 105-126, 2001, p. 125.

[374] *Ibidem*.

180 *Bruno Ferreira*

de contratos distintos, ou da participação num contrato de aspectos próprios de outros contratos[375]. No *Project Finance* não existe uma unidade contratual[376].

Parece, contudo, ser de enquadrar o *Project Finance* no âmbito da união de contratos, vista esta como uma cumulação de contratos[377] ou interconexão de tipos contratuais[378], quer em termos subjectivos, porque parece existir visivelmente uma vontade contratual das partes em estabelecer uma ligação cumulativa entre os contratos, quer também em termos objectivos, pois parece existir uma interconexão funcional (e não uma fusão) entre estes, a qual é revelada pela função de garantia desempenhada, por exemplo, pelo contrato celebrado com o cliente, não deixando este, contudo, de desempenhar uma função principal de venda de bens ao cliente[379].

A este respeito haverá que determinar se estamos perante uma união[380] de contratos extrínseca ou externa, no sentido dos contratos apenas estarem ligados extrinsecamente pela circunstância de se celebrarem na mesma ocasião[381], inexistindo qualquer nexo de relevância jurídica entre ambos[382], ou, por outro lado, uma união com dependência ou interna, no sentido de existir uma dependência entre os contratos[383-384].

Parece que a relação entre os contratos que integram o *Project Finance* se pode considerar, em termos habituais, como de união interna, na medida em que não é por motivos ocasionais que são celebrados em conjunto os diversos contratos, mas sim porque os mesmos são vistos como um todo, um conjunto

---

[375] INOCÊNCIO GALVÃO TELLES, *Manual dos Contratos em Geral*, cit., p. 469.

[376] PEDRO PAIS DE VASCONCELOS, *Contratos Atípicos*, cit., p. 216.

[377] INOCÊNCIO GALVÃO TELLES, *Manual dos Contratos em Geral*, cit., p. 475.

[378] MENEZES CORDEIRO, *Direito das Obrigações*, cit., p. 429. Analisando a questão sobre um ponto de vista tipológico *vide* PEDRO PAIS DE VASCONCELOS, *Contratos Atípicos*, cit., pp. 222 e ss e RUI PINTO DUARTE, *Tipicidade e Atipicidade dos Contratos*, Almedina, Coimbra, 2000, pp. 50 e ss.

[379] No que diz respeito aos critérios subjectivo e objectivo para determinar a distinção entre contrato misto e união de contratos *vide* PEDRO PAIS DE VASCONCELOS, *Contratos Atípicos*, cit., pp. 217 e 218.

[380] Ou coligação de contratos como refere ANTUNES VARELA, *Das Obrigações em Geral*, Vol. I, 9.ª Edição, Almedina, Coimbra, 1996, p. 288.

[381] INOCÊNCIO GALVÃO TELLES, *Manual dos Contratos em Geral*, cit., p. 475.

[382] MENEZES CORDEIRO, *Direito das Obrigações*, cit., p. 429.

[383] INOCÊNCIO GALVÃO TELLES, *Manual dos Contratos em Geral*, cit., p. 476; MENEZES CORDEIRO, *Direito das Obrigações*, cit., p. 429.

[384] Deixamos de parte a união alternativa, por manifesta desadequação à presente situação. Cfr. INOCÊNCIO GALVÃO TELLES, *Manual dos Contratos em Geral*, cit., p. 477; MENEZES CORDEIRO, *Direito das Obrigações*, cit., p. 429.

económico[385], podendo, inclusivamente, estar a celebração de alguns deles, como o contrato de financiamento, dependente da celebração de outros[386]. Ainda sujeito à interpretação, caso a caso, dos termos negociados entre as partes, como de resto se encontram as afirmações acima realizadas, tendemos a considerar que estamos perante uma dependência mais bilateral que unilateral[387].

5. Conclusões

Como vimos na noção que tentámos avançar, o *Project Finance* é uma estrutura de financiamento a longo prazo, na qual a entidade ou entidades financiadoras disponibilizam crédito para a construção e exploração de determinado projecto, levando em linha de conta principalmente a capacidade do projecto gerar receitas.

Tendo em conta que o reembolso do crédito e o pagamento de juros será efectuado com o fluxo de caixa gerado pelo projecto financiado existe uma maior preocupação em distribuir ou mitigar os diversos riscos do projecto.

Neste particular, temos os seguintes mecanismos de garantia no *Project Finance*: garantias que pretendem directamente diminuir o chamado risco de crédito das entidades financiadoras, a utilização de outros institutos com funções de garantia que também visam directamente proteger o risco de crédito (v.g. cessão de créditos em garantia), mecanismos que indirectamente pretendem proteger o risco de crédito das entidades financiadoras, quer através de um controlo mais activo da actividade da sociedade de projecto (v.g. refinamento dos mecanismos de tutela de crédito e controlo apertado da actividade da sociedade), quer através do estabelecimento de um conjunto contratual.

---

[385] INOCÊNCIO GALVÃO TELLES, *Manual dos Contratos em Geral*, cit., p. 476.
[386] No mesmo sentido parece considerar GABRIELA FIGUEIREDO DIAS ["Project Finance (Primeiras Notas)", cit., p. 118] ao referir o *Project Finance* como uma coligação de contratos. Também no sentido da coligação ou união de contratos *vide* LAURA CONSTANTINO, "Profili privatistici de *project financing* e gruppi di contratti", cit., p. 427. Indo mais além e considerando o *Project Finance* como uma *"fattispecie ulteriore" vide* GIAN LUCA RABITTI, "*Project Finance* e collegamento contrattuale", p. 245 e FRANCESCO TOTARO, "Il project financing", cit., p. 384.
[387] *Ibidem*.

A eficácia negocial da mensagem publicitária*

DR. NUNO TIAGO TRIGO DOS REIS

SUMÁRIO: *I – Introdução. Delimitação do objecto. Indicação da sequência. II – Conceito de mensagem publicitária e seu enquadramento na teoria do negócio jurídico: § 1. Acção publicitária, actividade publicitária e mensagem publicitária; § 2. Mensagem publicitária e negócio jurídico; § 3. O sentido negocial útil da mensagem publicitária. Em particular, as declarações publicitárias não sérias. III – A mensagem publicitária como oferta ao público. IV – A relevância da mensagem publicitária para a noção de conformidade nos contratos de compra e venda celebrados com consumidores: § 1. Considerações gerais; § 2. Critérios de relevância da mensagem publicitária para a determinação da qualidade do objecto contratual; § 3. As mensagens publicitárias e o conteúdo do contrato de compra e venda; § 4. A eficácia da publicidade relativamente a contratos celebrados com não consumidores; § 5. As garantias voluntárias. V – A responsabilidade pré-negocial em virtude da emissão de mensagens publicitárias incorrectas: § 1. Âmbito de aplicação; § 2. Natureza da responsabilidade civil por mensagens publicitárias incorrectas; § 3. O direito à remoção do contrato como indemnização. VI – Conclusões.*

I – Introdução. Delimitação do objecto. Indicação da sequência**

I. O presente estudo tem por objecto a relevância da mensagem publicitária no quadro do negócio jurídico. A relevância jurídica da publicidade tem sido analisada sob diversas perspectivas, desde o Direito económico ao Direito

---

* A investigação que deu origem ao texto foi realizada no âmbito do Seminário "Direito Civil II – Direito do Consumo" do Curso de Mestrado em Ciências Jurídicas, coordenado pelo Senhor Professor Doutor António Menezes Cordeiro e pelo Senhor Professor Doutor Pedro de Albuquerque, na Faculdade de Direito da Universidade de Lisboa no ano lectivo de 2006/2007.
** Abreviaturas utilizadas: BFDUL = Boletim da Faculdade de Direito da Universidade de Lis-

da concorrência passando pelo Direito dos consumidores. A perspectiva adoptada cinge-se ao estudo da relevância jurídica da publicidade no âmbito do Direito dos contratos, procurando tratar de aspectos pertencentes aos quadros da teoria geral do Direito civil – como o do enquadramento da mensagem publicitária no processo formativo do consenso negocial – e do Direito das obrigações – a relevância da publicidade para a aferição de uma situação de não conformidade no cumprimento do contrato de compra e venda e os problemas conexos com a *culpa in contrahendo* ("cic") pela emissão de mensagens publicitárias incorrectas. É sabido que, no Direito civil, a publicidade suscita constelações típicas de problemas em função dos distintos institutos jurídicos a que surge associada. Por um lado, esta circunstância dificulta o desenvolvimento de um plano de análise claro e consistente. Por outro, porém, apresenta-se como um tema desafiante: surgindo no ensejo de um novo "Direito do consumo", convoca princípios estruturantes de todo o Direito privado.

II. A primeira restrição a apontar na delimitação do tema em estudo prende-se com o próprio título. O referente é a mensagem publicitária e não a actividade publicitária, deixando de fora o estudo dos chamados "contratos de publicidade". Em segundo lugar, não pretendemos tratar de forma exaustiva o problema do surgimento de situações obrigacionais decorrentes da emissão de uma mensagem publicitária, designadamente o surgimento de deveres de indemnizar associados à publicidade ilícita. Fazemos apenas uma breve referência à responsabilidade civil pré-contratual decorrente da emissão de mensagens publicitárias, na medida em que dela poderá advir, pensamos, um efeito extintivo do próprio negócio jurídico.

Acrescentamos que também não procuramos servir-nos do conceito de mensagem publicitária para tratar da natureza da declaração negocial ou do conceito de negócio jurídico. As referências que faremos a algumas teorias relativas à declaração negocial ou ao negócio jurídico servirão apenas como instrumentos para o estudo do nosso tema: a relação entre a publicidade e o contrato, entre a mensagem publicitária e a autonomia privada. No que respeita aos problemas relacionados com os vícios da vontade, limitar-nos-emos a tecer algumas

---

boa; BGB = Bürgerliches Gesetzbuch; BMJ = Boletim do Ministério da Justiça; DB = Der Betrieb; EDC = Estudos de Direito do Consumo; ERCL = European Review of Contract Law; LDC = Lei de Defesa do Consumidor; JZ = Juristenzeitung; MDR = Monatsschrift für Deutsches Recht; OD = O Direito; Rev. Pod. Jud. = Revista del poder judicial; Riv. Dir. Civ. = Rivista di Diritto Civile; RLJ = Revista de legislação e de jurisprudência; ROA = Revista da Ordem dos Advogados; The Phil. Rev. = The Philosophical Review.

A *eficácia negocial da mensagem publicitária* 185

considerações relativas às insuficiências reveladas pelo regime do erro e do dolo para erigir uma forma de tutela de Direito civil contra a publicidade enganosa.

Não procuramos igualmente tratar do Direito do não cumprimento das obrigações, nem dos especiais direitos atribuídos ao consumidor em face do não cumprimento. Neste ponto, tratamos apenas da questão da relevância da mensagem publicitária para a atribuição de um juízo de não conformidade da prestação com o conteúdo do contrato.

III. Num primeiro momento, começamos por analisar o conceito de publicidade e a sua relação com a teoria do negócio jurídico (II). Damos atenção particular a duas teorias que se serviram da mensagem publicitária para a construção de certas concepções objectivistas de negócio jurídico (§ 2). Posteriormente, procuramos verificar da procedência de um dos argumentos mais frequentemente aduzidos contra a inclusão da mensagem publicitária: a sua falta de seriedade (§ 3).

De seguida, já na perspectiva dinâmica da formação do contrato, analisamos a susceptibilidade de emissão de propostas contratuais usando a publicidade como espécie de acção comunicativa (III).

Posteriormente, estudamos a relevância da mensagem publicitária para a noção de conformidade nos contratos de compra e venda celebrados com consumidores (IV). Ainda que o problema da eficácia negocial seja compreensiva de todos os contratos celebrados com consumidores, e até ultrapasse o âmbito do Direito do consumo, damos especial atenção a este tipo contratual, tendo em consideração a importância da publicidade no novo Direito da compra e venda de bens de consumo (Directiva 1999/44/CE, de 25 de Maio e do Decreto-Lei n.º 67/2003, de 8 de Abril). Após algumas considerações sobre a obrigação de entrega de bens em conformidade com o contrato de compra e venda (§ 1), vemos os critérios de relevância da mensagem publicitária para a determinação da qualidade do objecto contratual (§ 2). Neste ponto, colocamos especial enfoque no problema da "responsabilidade" por declarações de terceiros e nas condições negativas de relevância da publicidade para a determinação da prestação devida. Posteriormente, ensaiamos uma tentativa de enquadramento da relação entre a mensagem publicitária e o conteúdo do contrato de compra e venda (§ 3). Indagamos também da possibilidade de extensão da solução constante dos textos do novo Direito da compra e venda de bens de consumo aos contratos celebrados com não consumidores (§ 4). Finalmente, tecemos umas breves considerações acerca da relevância da publicidade em sede de garantias voluntárias no contrato de compra e venda (§ 5).

No último capítulo (V), analisamos a natureza da responsabilidade civil

186 Nuno Tiago Trigo dos Reis

decorrente da emissão de mensagens publicitárias incorrectas e avaliamos o âmbito útil de aplicação que este instituto preserva em face da possibilidade de inclusão daquelas mensagens no texto negocial. Concluímos tratando do problema da possível atribuição de um direito à remoção do contrato no contexto da *culpa in contrahendo*.

II – Conceito de mensagem publicitária e seu enquadramento na teoria do negócio jurídico

§ 1. *Acção publicitária, actividade publicitária e mensagem publicitária*

I. Como ponto de partida, cumpre esclarecer os seguintes conceitos[1]: (i) publicidade em sentido estrito; (ii) actividade publicitária e (iii) mensagem publicitária.

Encontramos hoje um conceito amplo de publicidade, no artigo 3.º/1 e 2 do Decreto-Lei n.º 330/90, de 23 de Outubro:

Artigo 3.º
Publicidade

1. Considera-se publicidade, para efeitos do presente diploma, qualquer forma de comunicação feita por entidades de natureza pública e privada, no âmbito de uma actividade comercial, industrial, artesanal ou liberal, com o objectivo directo ou indirecto de:

a) Promover, com vista à sua comercialização ou alienação, quaisquer bens ou serviços.
b) Promover ideias, princípios, iniciativas ou instituições.

2. Considera-se, também, publicidade qualquer forma de comunicação da Administração Pública, não prevista no número anterior, que tenha por objectivo, directo ou indirecto, promover o fornecimento de bens ou serviços.

O critério é teleológico: a qualificação de certa comunicação como publicidade depende da associação a uma actividade económica e da prossecução de certa finalidade (a promoção da comercialização ou alienação de bens ou serviços ou de ideias, princípios, iniciativas ou instituições). Parece que se deverá interpretar extensivamente a al. *a)*, no sentido de abranger igualmente as situa-

---

[1] FERREIRA DE ALMEIDA, "Conceito de Publicidade", *BMJ* 349, p. 118.

ções em que o anunciante visa a compra de bens ou a prestação de serviços ou em que se procure a incitação à oferta pelo público[2]. São irrelevantes tanto a qualificação do agente anunciante quanto o meio utilizado.

A publicidade é, desde logo, uma forma de comunicação: uma acção (comportamento humano consciente e intencional) cuja finalidade é a transmissão de informação[3] de forma a conseguir a adesão à finalidade que o anunciante visa ao difundir certa mensagem[4]. Pode descrever-se esta forma de comunicação recorrendo a modelos gerais para a descrição da comunicação humana: processo em que surgem um emissor, uma mensagem, um canal, um receptor/destinatário e um efeito (ou objectivo). Quanto a este último, e com relevância para as questões que adiante serão tratadas, dir-se-á que releva o objectivo promocional prosseguido pelo anunciante, ainda que o significado ou mesmo o efeito que juridicamente decorra da emissão da mensagem publicitária envolva uma necessária objectivação (desde logo, pelas proposições vigentes em matéria de interpretação negocial – artigos 236.º e 238.º do Cód. Civil e artigo 11.º Decreto-Lei n.º 446/85, de 25 de Outubro).

II. A actividade publicitária consiste no "conjunto das operações relacionadas com a difusão de uma mensagem publicitária junto dos seus destinatários, bem como as relações jurídicas e técnicas daí emergentes entre anunciantes", como sejam a concepção, criação, produção, planificação e distribuição publi-

---

[2] FERREIRA DE ALMEIDA, "Conceito...", *cit.*, p. 131.

[3] FERREIRA DE ALMEIDA, "Conceito...", *cit.*, p. 117.

[4] V. Neste sentido, BERNREUTHER, "Sachmangelhaftung und Werbung", *MDR* (2003), 2, p. 64. MENEZES CORDEIRO, em "Da natureza civil do Direito do consumo", *Estudos em Homenagem ao Prof. Doutor António Marques dos Santos*, I, p. 699, sublinha a associação entre a ideia de divulgação à de uma dupla finalidade: a direcção da atenção do público para um determinado bem ou serviço; a promoção da aquisição dos aludidos bens ou serviços. Para FERREIRA DE ALMEIDA, "a publicidade será toda a informação dirigida ao público com o objectivo de promover, directa ou indirectamente, uma actividade económica"; v. "Conceito...", *cit.*, p. 133. Chamando a atenção para o efeito de aproximação do produtor ao consumidor, distanciados por uma longa cadeia de distribuição, permitida pela publicidade (em virtude da sua função promocional e distintiva), v. CALVÃO DA SILVA, "A publicidade na formação do contrato", *Comemorações dos 35 anos do Código Civil e dos 25 anos da Reforma de 1977*, Coimbra, 2002, p. 688.

[5] V. artigos 4.º e 27.º a 30.º do Código da Publicidade. Por não se quadrar no escopo da presente investigação, não se irá para além de uma referência aos chamados "contratos de publicidade", como sejam os contratos de criação publicitária, de patrocínio ou sponsorização, de agência publicitária, de comissão de obra publicitária, de utilização de imagem, etc. V. JOÃO M. LOUREIRO, *Direito da Publicidade*, Casa Viva Ed., Lisboa, 1981, pp. 25 e ss.

188   *Nuno Tiago Trigo dos Reis*

citárias[5]. Nesta actividade, podem ser vários os intervenientes: o anunciante; a agência de publicidade; o titular do suporte; terceiros auxiliares na concepção ou na distribuição publicitárias.

III. A mensagem publicitária será a totalidade de informação transmitida ao longo do processo. O significante poderá ser da mais diversa espécie: palavra escrita (na imprensa escrita, na internet, em panfletos, em rótulos acompanhando o produto, em embalagens), a palavra falada (na rádio, na televisão, etc.), imagens, cores, etc.

A mensagem publicitária poderá ser enunciada num tom persuasivo ou meramente informativo ou descritivo[6].

Não existe razão para serem excluídos da noção de mensagem publicitária enunciados que sejam apostos a certo bem, como os rótulos[7]. Dir-se-á, pelo contrário, que à similitude funcional com as restantes mensagens publicitárias, de que se deu exemplos, acrescerá uma particular relação entre o significado (o conjunto de propriedades que servem de compreensão a certo conceito, no caso, as qualidades atribuídas a determinado bem que se retiram da publicidade) e o referente (a extensão do conceito, ou, para o que agora nos interessa, o bem publicitado)[8-9]. Relação esta que, como adiante se propõe demonstrar,

---

[6] Ao contrário do entendimento tradicional, favorável a uma função exclusivamente persuasiva e não informativa da publicidade, os contributos mais recentes das ciências económicas e da comunicação vão no sentido da incidibilidade entre as duas funções comunicativas: mesmo quando aparentemente, a mensagem apenas serve para persuadir, terá sempre um conteúdo informativo, estando este carácter informativo dependente da finalidade da satisfação de necessidades de informação do lado da procura; v. LEHMANN, "Informatungsverantwortung und Gewährleistung für Werbeangaben beim Verbrauchersgüterkauf", *JZ*, 2000, p. 284, n. 39; apontando a publicidade e as novas técnicas de comunicação como uma indispensável meio de transparência no mercado, J. KÖNDGEN, *Selbstbindung ohne Vertrag – Zur Haftung aus geschäftsbezogenem Handeln*, J. C. B. Mohr, Tübingen, 1981, p. 288.

[7] Entendendo por rótulo "qualquer conjunto informativo, bem como o respectivo suporte, que figure na embalagem de um produto através de palavras, imagens ou outros sinais", v. FERREIRA DE ALMEIDA, *Texto e Enunciado na Teoria do Negócio Jurídico*, I, Almedina, Coimbra, 1992, p. 690.

[8] É evidente que a esta conclusão não se segue necessária e aprioristicamente uma extensão aos rótulos do regime genericamente previsto para a publicidade, a qual estará antes dependente da interpretação dos elementos constantes do objectivo e específico *Tatbestand* em causa. Assim, os enunciados constantes de rótulos apostos em bens objecto de contratos celebrados com consumidores, fora do âmbito do Decreto-Lei n.° 67/2003, deverão considerar-se incluídos no conteúdo desse mesmo contrato, de acordo com o artigo 7.°/5 da LDC. Contra, P. MOTA PINTO, "Conformidade e garantias na venda de bens de consumo", *EDC*, 2 (2000), p. 245, para quem uma aplicação analógica do artigo 7.°/5 se afigura "dificilmente sustentável".

[9] FERREIRA DE ALMEIDA aponta uma especial função significativa de individualização aos rótu-

A eficácia negocial da mensagem publicitária   189

exigirá aqui e ali distinções no plano das consequências jurídicas, as quais nem sempre encontram aparente acolhimento na letra das proposições legais.

Já do conceito de "declarações públicas", equiparado para certos efeitos de regime às declarações publicitárias[10], não existe no nosso ordenamento qualquer definição. O conceito de "declaração" deve distinguir-se daquele outro de "informação", conceito a partir do qual se chega à *mensagem* publicitária. A declaração pode ser de "ciência" ou de "vontade". Entende-se pela primeira uma mera declaração sobre factos, relegada na maior parte dos casos para o domínio do extra-jurídico. Pela segunda, uma "acção humana, controlada ou controlável pela vontade", que constitui um "acto de comunicação, isto é, uma acção que se releva por dela se depreender uma opção interior do declarante, opção essa que, assim, se vai exteriorizar" e acto de validade, que "manifesta uma adstricção da própria vontade, que a origina, a um padrão de comportamento determinado, pré-indiciado por ela própria"[11]. A "informação" constitui um exemplo de declarações de ciência: através de uma comunicação de factos objectivos visa-se expor uma dada situação de facto, a qual pode versar sobre pessoas, coisas ou outra relação[12]. Naturalmente, será declaração pública,

---

los: "[a] particularidade dos rótulos como referência do objecto consiste na referência geral à classe a que pertence o objecto, logo integrada numa descrição singular definida, pela individualização através da ligação física à embalagem que o contém", *Texto e Enunciado...*, I, *cit.*, p. 691.
[10] O legislador comunitário parece ter pressuposto uma conceito de maior extensão do que a conjunção dos conceitos de publicidade e mensagens constantes de rótulos: cfr. artigo 2.º, al. *d*), 2.ª parte, da Directiva 1999/44/CE, de 25 de Maio. Neste aspecto, o legislador português não seguiu solução diversa: cfr. artigo 2.º, n.º 2, al. *d*), do Decreto-Lei n.º 67/2003, de 8 de Abril. Apesar do emprego do advérbio "nomeadamente", face a uma noção ampla de "publicidade", como é aquela que hoje deve prevalecer no direito português, não se vê como se possa restar um âmbito residual para as "declarações públicas".
[11] MENEZES CORDEIRO, *Tratado de Direito Civil Português,* I, Almedina, Coimbra, 2005, p. 540; LARENZ/WOLF, *Allgemeiner Teil des deutschen Bürgerlichen Rechts*, 9.ª Ed., Beck, München, 2004, pp. 441-443.
[12] SINDE MONTEIRO, *Responsabilidade por conselhos, recomendações ou informações,* Almedina, Coimbra, 1989, pp. 14 e ss. Num sentido estreito, a informação distingue-se de "comunicações opinativas" de que são exemplos os conselhos ou as recomendações, por não envolverem uma proposta de conduta ao destinatário. A tipicidade social revela, contudo, que estes três tipos de declarações surgem muitas vezes associados entre si, dificultando uma qualificação, como sucede, como se disse, em relação à publicidade: "muitas vezes, não se pode com segurança dizer se foi simplesmente prestada uma informação ou se existiu também uma proposta de conduta ou comportamento", v. cit., p. 16. A distinção, no plano dos efeitos jurídicos, entre a declaração de ciência de que é exemplo a prestação de informações, e a declaração de vontade foi posta em causa por KÖNDGEN, a partir do seu conceito de "autovinculação": toda a informação pressupõe uma pretensão de validade (*Geltungsanspruch*). Para o A., esta pretensão de validade distinguir-se-ia da pre-

190 Nuno Tiago Trigo dos Reis

aquela que não tenha como destinatários um conjunto individual de destinatários, independentemente do meio utilizado para a difusão da mensagem[13].

Tem sido igualmente discutida a possibilidade de enquadramento do prospecto no âmbito da publicidade, o que levaria à recondução da responsabilidade pelo prospecto a quadros dogmáticos comuns à responsabilidade por mensagens publicitárias[14].

tensão de validade da formulação de uma promessa pela sua menor intensidade: na prestação de informações, a autovinculação do declarante não tem por referência um comportamento futuro do declarante, mas antes a garantia de que a prestação da informação tem um fundamento seguro. Por esta razão, opta KÖNDGEN por não enquadrar a responsabilidade por informações no âmbito do "princípio do respeito pela palavra dada", mas antes numa responsabilidade por condutas ilícitas por parte do declarante, que dispõe de uma "fiduciária posição de poder" que lhe foi consensualmente atribuída. A responsabilidade do declarante não decorreria da violação de quaisquer deveres, mas apenas das expectativas suscitadas a partir do "papel social" do declarante e constituiria exemplo de situação de responsabilidade retirada do *continuum* de autovinculação, entre o contrato e o delito; v. *Selbstbindung...*, *cit.*, pp. 357-359. Se a responsabilidade por informações não pode, na maior parte das situações, ser reconduzida à responsabilidade negocial, já nos parece muito discutível a tese, mais geral, da continuidade absoluta da autovinculação; v., *infra.*, II, § 2, 2.4.. Será, em todo o caso, de manter a distinção entre declarações de ciência e declarações de vontade, porque serem valorativamente diferentes as situações em que o vendedor assegura a existência de uma qualidade da coisa e aquelas em que apenas se procede a asserção. Para o que nos interessa, como sustenta CARNEIRO DA FRADA, *Teoria da confiança e responsabilidade civil*, Almedina, Coimbra, 2003, pp. 790 e ss., n. 882: "[p]or ténue que seja a destrinça, sempre se distingue a hipótese, *vg.*, em que o vendedor se autovincula quanto a certas qualidades, e os casos, em que se limita a prestar, com negligência, uma informação sobre essas mesmas qualidades, na realidade não existentes. (...) Ali, o sujeito vincula-se a proporcionar uma realidade (a entregar uma coisa) conforme o que afirma; é esse o efeito da validade jurídica da declaração negocial. Já a pretensão de validade das simples asserções dirige-se à mera conformidade da declaração com a realidade: não se visa produzi-la (torná-la juridicamente devida), mas tão-só representá-la adequadamente".

[13] M. LEHMANN, "Informatungsverantwortung...", *cit.*, p. 283. Entendendo que não é necessário que o destinatário seja um grupo indeterminado, podendo falar-se ainda de "declaração publica" no sentido das normas relativas à publicidade quando a mensagem é dirigida a um grupo determinado ou a um zona geográfica determinada, desde que as pessoas em relação às quais aquela é cognoscível não estejam previamente determinadas, MATILDE GIROLAMI, "I criteri do conformità al contratto fra *promissio* negoziale e determinazione legislativa nel sistema dell'artigo 129 del Códice del Consumo", *Riv. Dir. Civ.*, Anno LII, Mar.-Apr., 2006, p. 241; DE CRISTOFARO, *Difetto di conformità al contratto e diritti del consumatore*, CEDAM, Padova, 2000, p. 118.

[14] Sobre a responsabilidade pelo prospecto, vd., entre nós, SINDE MONTEIRO, *cit.*, pp. 97 e ss.; CARNEIRO DA FRADA, *Teoria da confiança...*, *cit.*, pp. 180 e ss. Considerando a responsabilidade por prospecto uma constelação típica da responsabilidade por mensagens publicitárias, a qual assenta em dois trilhos (*Zweispurig*) entre a responsabilidade por disposições especiais destinadas à tutela dos investidores (§§ 45 e 46 da *BorsenGesetz*, §§ 19 e 20 da *Kapitalanlagegesetz* e § 12 da *Ausland-*

investmentGesetz) e a responsabilidade pelo prospecto jurisprudencialmente construída, v. BERN-REUTHER, *cit.*, p. 65. A razão de semelhança entre os dois problemas reside essencialmente no facto de ambos assentarem em problemas de "responsabilidade", aqui entendida num sentido amplo, abrangendo a imputação jurídico-negocial dos respectivos enunciados, pela emissão de informações publicamente difundidas destinadas a suscitar a confiança de um feixe indeterminado de pessoas e, por outro lado, idóneas a lesar *interesses de investimento* daqueles que nela confiem, em caso de incorrecção, incompletude ou obscuridade da informação veiculada. Mas são igualmente ponderosas as diferenças que entre elas se verificam. Desde logo, e ao contrário do que em geral sucede com a publicidade, existem no caso do prospecto deveres legais de informação, consentâneos com uma acrescida necessidade de tutela das representações de investidores no sensível mercado de capitais (cfr. artigos 134.º a 139.º do CVM). Ao invés, a emissão de mensagens publicitárias é facultativa, surgindo a limitação da esfera de liberdade do emitente *a posteriori*, *vg.* nos constrangimentos à composição da mensagem (a título de exemplo, a necessidade de observância dos princípios da licitude, identificabilidade, veracidade e respeito pelos direitos do consumidor, v. respectivamente artigos 7.º, 8.º e 9.º, 10.º e 11.º, 12.º e 13.º do Cód. da Publicidade). Acresce que na publicidade, a função de incitamento à aquisição de bens ou serviços é preponderante relativamente à função de informação da mensagem, sem embargo da necessária complementaridade e recíproca dependência de ambas, já afirmada. Reside aqui uma justificação adicional para uma maior tolerância do Direito relativamente à situação de não correspondência do conteúdo da mensagem com a realidade e à aceitação de um âmbito de vigência mais amplo do *dolus bonus* (v. artigo 253.º, n.º 2, do Cód. Civil) no campo da publicidade. V. CARNEIRO DA FRADA, *cit.*, pp. 192-193, e n. 149. Também OLIVEIRA ASCENSÃO, *Direito Civil – Teoria Geral*, II, 2.ª Ed., Coimbra Editora, Coimbra, 2003, p. 159, considera que o instituto carece de adaptação, no sentido de admitir declarações vagas, mas não permitir o engano específico. Contra, defendendo a inadmissibilidade do *dolus bonus* no direito do consumo, face ao princípio da lealdade na contratação e ao direito à informação, FERREIRA DE ALMEIDA, *Os direitos dos consumidores*, Coimbra, 1982, p. 182, "Negócio jurídico de consumo", *BMJ*, 347 (1985), pp. 11 e ss., e, mais recentemente, *Direito do Consumo*, Almedina, Coimbra, 2005, p. 102. Por outro lado, existem significativas diferenças de regime entre ambos os institutos, as quais, senão sugerem um diferente enquadramento dogmático, pelo menos justificam um estudo autónomo, a partir daquelas diferentes pistas. Tal sucede com a ressarcibilidade de danos primariamente patrimoniais (*pure economic losses*), os quais, se podem dizer-se típicos em ambas as situações de responsabilidade, só no caso em que resultam de desconformidade do conteúdo do prospecto são, ao nível das fontes, seguramente tidos por indemnizáveis (artigo 152.º do CVM). O mesmo se diga quanto à determinação do círculo de pessoas responsáveis: no caso do prospecto, parece não resultar um fundamento único para a atribuição de um dever de indemnizar a partir dos artigos 149.º e 150.º do CVM, sendo certo que, diferentemente do que sucede relativamente à publicidade, serão aqui responsáveis pelos danos causados pela desconformidade do conteúdo do prospecto com o disposto no artigo 135.º "as demais pessoas que aceitem ser nomeadas no prospecto como responsáveis por qualquer informação, previsão ou estudo que nele se inclua" [artigo 149.º/1, al. *g*), do CVM]. Parece existir, além da comum distribuição de deveres de conduta no processo de negociação em função dos interesses económicos em jogo, a atribuição de uma situação de responsabilidade pela confiança concitada pela exteriorização de uma posição de garante relativamente às

A tutela que hoje é concedida, em particular pelo legislador comunitário, a destinatários de declarações publicitárias surge na sequência do desenvolvimento de um "direito à informação" do cidadão dos estados-membros das comunidades, na lógica de uma tutela do consumidor *pela* informação e não *da* informação"[15]. Em face das diferenças profundas entre os efeitos jurídicos que decorrem das normas que garantem um direito à informação dos consumidores, não é possível encontrar ali uma natureza comum[16]. Em especial, não é possível o reconhecimento de um direito especial à informação do consumidor que permita a satisfação do interesse de cumprimento fora do contexto de uma relação de proximidade, como é aquela própria das negociações entre um comerciante e um consumidor que antecede a celebração de um contrato

---

informações constantes do prospecto. V. CARNEIRO DA FRADA, *Teoria da confiança…*, *cit.*, p. 189. Contudo, não pode dizer-se que não existam, em outras situações, deveres de conduta típicos do processo de negociações entre as partes, nem que os quadros mais gerais da *culpa in contrahendo* sejam incompatíveis com situações em que inexiste uma relação específica e individualizada entre sujeitos. Atento o escopo inicialmente apontado para a realização da presente investigação, não cabe aqui tomar posição sobre a natureza da responsabilidade pelo prospecto.

[15] Sobre o direito à informação dos consumidores, v. MENEZES CORDEIRO, "Da natureza civil…", *cit.*, pp. 686-687; *Tratado…*, I, *cit.*, pp. 654-656; FERREIRA DE ALMEIDA, *Direito do consumo*, cit., pp. 115 e ss; EVA MOREIRA DA SILVA, *Da responsabilidade pré-contratual por violação dos deveres de informação*, Almedina, Coimbra, 2006, pp. 147 e ss.

[16] Na LDC, o legislador distinguiu entre o direito à informação em geral (artigo 7.º) e o direito à informação em especial (artigo 8.º). No direito à informação em geral, encontram-se apenas proposições de cariz programático, de que se retira a atribuição ao Estado e a outras pessoas colectivas de Direito público da incumbência de promover medidas de "medidas tendentes à informação geral do consumidor" (artigo 7.º/1); acrescenta-se que esta informação deve ser prestada em língua portuguesa (artigo 7.º/4) e ser lícita, inequivocamente identificada e conforme à verdade e aos direitos dos consumidores. Pelo contrário, o "direito à informação em particular" é contraponto à imposição de normas de conduta ao fornecedor de bens e de serviços e a todos os elementos do ciclo produção-consumo de um dever de informar de forma clara e objectiva o consumidor, nomeadamente sobre características, composição e preço do bem ou serviço, período de vigência do contrato, garantias e prazos de entrega e assistência após a celebração do negócio jurídico (artigos 8.º/1 e 2). O não cumprimento deste dever constitui fundamento de um direito de "retractação" (*rectius*, resolução, artigo 8.º/4) ou de indemnização pelos danos que dele resultarem (8.º/5), respondendo "solidariamente todos os demais intervenientes na cadeia da produção à distribuição que hajam igualmente violado o dever de informação". Como afirma MENEZES CORDEIRO, "Da natureza civil...", *cit.*, p. 687, a propósito do elenco dos direitos do consumidor constante da LDC, "[e]m termos técnico-jurídicos, a generalidade dos apontados "direitos" do consumidor não integra um verdadeiro conceito de direito subjectivo. Trata-se ora de princípios conformadores, ora de regras de conduta ora, finalmente, de fontes de deveres acessórios e de valorações próprias de conceitos indeterminados. Têm, todavia, a maior importância prática."

A eficácia negocial da mensagem publicitária   193

de consumo[17]. No âmbito do Direito da responsabilidade, a imposição a terceiros estranhos a esta especial relação de proximidade com o consumidor, como é o caso do produtor, quando seja sua a responsabilidade pela emissão de enunciados publicitários, terá necessariamente uma natureza não negocial. Com efeito, na ausência de deveres especiais entre os intervenientes no tráfego jurídico, a responsabilidade pelos danos resultantes de uma mensagem indutora em erro emitida publicamente deve ser remetida para o campo delitual ou, em certos casos, para um autónomo princípio da confiança. Contudo, em face das fontes hoje vigentes, não se passam assim as coisas quanto ao efeito conformador dos enunciados publicitários no conteúdo do contrato, verificados que estejam determinados pressupostos. Quais os pressupostos e o fundamento de tais efeitos, é matéria de que trataremos mais adiante.

---

[17] O dever de informação é um dever acessório de conduta decorrente da boa fé objectiva que não é próprio daqueles que não mantenham entre si qualquer ligação especial. Estes deveres adstringem as partes "à prestação de esclarecimentos necessários à conclusão honesta do contrato"; v. Menezes Cordeiro, *Da boa fé no Direito Civil*, Almedina, Coimbra, 2001, p. 583. Para o ilustre Professor, a sua violação, tanto por acção quanto por omissão dá origem a responsabilidade obrigacional; a sua fonte é a boa fé, enquanto cláusula geral transversal ao sistema, funcionando com independência face ao futuro contrato, ainda que este não deixe de ser relevante para a aferição do modo como correram os preliminares; v., pp. 582-585. Menezes Cordeiro parece hoje aproximar aos deveres de informação os deveres de protecção, parecendo aceitar um dever unitário legal de protecção (ou relação unitária de deveres de protecção), alterando a posição defendida em *Da boa fé…*, cit., pp. 636 e ss., e num entendimento inteiramente consistente com a actual aceitação de dois tipos de responsabilidade civil, a obrigacional e a delitual, v. *Da responsabilidade civil dos administradores das sociedades comerciais*, Lex, Lisboa, 1996, p. 470; *Tratado…*, I, cit., p. 520. No sentido da integração da violação destes deveres numa "terceira via" da responsabilidade civil, v. Menezes Leitão, *Direito das Obrigações*, I, 6.ª Ed., Almedina, Lisboa, 2006, pp. 352 e ss.; Carneiro da Frada, *Teoria da Confiança…*, cit., pp. 99 e ss. Já Almeida Costa, *Responsabilidade civil pela ruptura das negociações preparatórias de um contrato* (reimpressão), Coimbra, pp. 89 e ss., defende um enquadramento delitual da responsabilidade decorrente da violação de deveres pré-contratuais. Não sendo aqui possível fazer uma análise pormenorizada das diversas teorias enunciadas, diga-se, apenas, que nos parece adequado a solução de fazer corresponder à violação dos diferentes deveres em jogo, e da simétrica ponderação de princípios que lhe subjaz, ora o regime da responsabilidade delitual, ora o da responsabilidade obrigacional. No caso dos deveres de informação, atenta a sua maior proximidade do negócio futuro, e a circunstância de tipicamente do resultado danoso a respectiva violação apela à intervenção do regime da responsabilidade obrigacional.

194 *Nuno Tiago Trigo dos Reis*

§ 2. *Mensagem publicitária e declaração negocial*

É pressuposto da análise da relação entre a publicidade e o objecto contratual o estudo da relação entre o enunciado publicitário e a declaração negocial. Em particular, importa considerar a possibilidade de produção de efeitos negociais a partir de enunciados publicitários meramente descritivos ou informativos. Este ponto toca num dos problemas mais espinhosos da teoria do negócio jurídico ou do "problema do contrato", quais sejam o fundamento e os limites da autovinculação, a noção e valor jurídico-normativo da vontade e a relação entre a vontade e os efeitos jurídico-negociais. Por não se aspirar com esta investigação a um contributo para o desenvolvimento de uma teoria da declaração negocial, nem a uma teoria do negócio jurídico, não será longo o excurso nesta matéria. É, todavia, impossível renunciar a uma apreciação, crítica, das tentativas mais aturadas de integrar o problema das mensagens publicitárias na teoria do negócio jurídico. Curiosamente, entre todas as construções que se serviram dos enunciados publicitários como "tubo de ensaio" para as respectivas teorias do negócio jurídico, e sobretudo entre aquelas que mais recentemente conheceram uma significativa difusão, verifica-se uma evidente tendência para a conclusão por teorias objectivistas extremas da declaração negocial. É precisamente esse o caso das teorias performativas do negócio jurídico ou da doutrina da "autovinculação não contratual", sobre as quais nos pronunciaremos de seguida.

2.1. *As teorias performativas do negócio jurídico*

Nas teorias performativas, o negócio jurídico é caracterizado como "acto social" ou acto de comunicação. Determinante para a vinculação jurídica é a existência de um significante comportamento exteriorizado susceptível de despertar expectativas de terceiros, e já não a vontade "interna" ou "psicológica". Com efeito, a vontade enquanto elemento interno relevante do negócio jurídico é reduzida a uma "vontade de acção", condição suficiente para preencher a previsão das normas constitutivas da linguagem e de, consequentemente, se verificarem os efeitos jurídico-negociais estatuídos.

Na tradição da filosofia analítica da linguagem, à ideia de performatividade antecede uma outra, introduzida por Rawls[18]: a da distinção entre dois tipos de

---

[18] J. RAWLS, "Two concepts of rules", *The Phil. Rev.*, Vol. 64, 1 (1955), pp. 3 e ss. As normas regulativas apresentam como estrutura típica se "P(x)", podendo ser parafraseada em "se y, P(x)"; as normas constitutivas apresentam-se com a estrutura "X tem o valor de Y no contexto C" (p. 22).

A eficácia negocial da mensagem publicitária   195

normas, as normas regulativas e as normas constitutivas. As primeiras impõem comportamentos que são independentes da escolha do agente, ao passo que as segundas definem, por si, instituições e práticas a que se aplicam. Assim, a norma que impõe o respeito por terceiros de direitos absolutos é um exemplo de norma regulativa; a norma que estabelece que quem promete a outrem certa prestação, observado determinada facto fica obrigado a cumprir tal promessa é um exemplo de norma constitutiva[19].

Segundo Austin, os actos poder-se-iam distinguir entre constativos ou performativos[20]. Nos primeiros, o locutor limita-se a dizer alguma coisa, enquanto que nos segundos, se faz alguma coisa com o que se diz[21]. Os enunciados performativos, não obstante a sua aparência gramatical declarativa (p.ex., "eu aceito"), têm o efeito de, em circunstâncias adequadas, realizarem, por si, certos actos[22] (prometer, condenar, absolver, ordenar, etc.). A emissão de enunciados performativos depende da observância de determinadas condições[23], cuja

---

[19] Neste sentido, v. também FERREIRA DE ALMEIDA, "A qualidade do objecto contratual", *EDC*, 7 (2005), p. 33, n. 27; *Texto e enunciado...*, I, *cit.*, pp. 206 e ss. Faz-se notar que a razão distintiva entre as duas categorias de normas é já diferente em J. R. L. SEARLE, *Speech acts – An essay in the philosophy of language*, Cambdrige Univ. Press, Cambdridge, 1969, pp. 33 e ss.: as normas regulativas têm por referência actividades pré-existentes, actividades que têm existência independente das próprias normas; as normas constitutivas instituem e regulam actividades cuja existência é logicamente dependente das próprias normas. Assim, as normas regulativas regeriam condutas que já existiam enquanto tal, ao passo que as normas regulativas criariam novas formas de comportamento. Assim, um *gentleman* deve dar a passagem a uma senhora, por imposição de conhecida norma de bom trato social. Mas independentemente de se dar ou não prioridade na passagem à senhora, sempre se diria que aquele comportamento – o de dar ou não passagem – existiu independentemente da existência de tal norma. Já as normas constitutivas, como se torna evidente no contexto dos jogos, criam o comportamento *enquanto tal*, i.e., só pode dizer que fazer com que uma bola ultrapasse uma linha longitudinal entre dois postes é um golo, porque assim foi convencionado ou estipulado. Searle acrescenta que a distinção não pode atingir-se pela simples diferença na estrutura da proposição normativa: as normas regulativas podem quase sempre ser reformuladas no sentido de "praticar X no contexto C vale como Y" (não conceder prioridade na passagem a uma senhora conta como acção desvaliosa); o essencial é que aqui o "Y" (que permite a qualificação do facto como institucional) não seja apenas uma especificação.

[20] J. L. AUSTIN, *How to do things with words*, Oxford University Press, Oxford, 1955, pp. 1 e ss.

[21] É evidente a tendência que o jurista de formação romano-germânica terá para traçar o paralelismo entre esta classificação e aquela que contrapõe a "declaração de ciência" à "declaração de vontade".

[22] FERREIRA DE ALMEIDA, *Texto e enunciado...*, I, *cit.*, pp. 121 e ss.

[23] Como sejam a existência de uma convenção que associe ao proferimento de certas palavras determinados efeitos, adequação das circunstâncias e das pessoas intervenientes no discurso à produção daqueles efeitos; execução correcta e completa do processo comunicativo; J. L. AUSTIN, *How to do...*, *cit.*, pp. 12 e ss.

196 *Nuno Tiago Trigo dos Reis*

inobservância levará a um insucesso (*infelicity*), devendo o acto ser considerado nulo. Ao contrário dos constativos, os enunciados performativos não seriam idóneos a um juízo de verdade ou falsidade, mas apenas de validade ou invalidade. Perante a dificuldade de encontrar um critério distintivo para as duas categorias de actos, e da verificação de que o "sucesso" de certos performativos tem no valor de verdade de certos factos uma condição necessária (p. ex., a declaração de que alguém é culpado depende da apreciação de certos factos), Austin abandonou a contraposição entre actos constativos e performativos[24] e ensaiou a construção de uma teoria geral dos actos de linguagem: todos os enunciados poderiam ser analisados nos seus aspectos *locutório* (a emissão de certo fonema, com certo significado), *ilocutório* (a função do acto que permite conferir ao acto determinada força convencional, "*to produce effects in saying something*") e *perlocutório* (a propriedade do acto de produzir no destinatário determinados efeitos, como sejam convencer, intimidar, enganar, obter o perdão, etc., i.e., "*to produce effects by saying something*")[25]. O mais conhecido seguidor de Austin, Searle, levou às últimas consequências a empresa de elaborar uma teoria geral dos actos de fala[26]. Para o autor, não existem dois actos diferentes no enunciado locutório, mas apenas duas etiquetas para o mesmo acto, com as quais se pretende identificar a o "conteúdo" e a "força" de qualquer acto[27]. A formulação de um enunciado performativo não depende da utilização de verbos expressamente performativos, podendo ser substituído por outras expressões ou circunstâncias de que se possa inferir tal efeito. A construção veio posteriormente a ser alargada a linguagens diferentes da oral e da escrita[28].

A recepção da teoria dos actos performativos na teoria do negócio jurídico foi levada a cabo entre nós por Ferreira de Almeida[29-30]: "(…) um enunciado é performativo se, e só se, um determinado efeito corresponder ao significado

---

[24] J. L. AUSTIN, *Performative utterances*, in *Philosophical papers*, 3.ª Ed., Oxford, 1979, pp. 247 e ss.

[25] J. L. AUSTIN, *How to do…*, cit., p. 121.

[26] Sobre as principais teorias dos actos de fala, com referências recentes, v. "Speech acts", *Standford Encyclopedia of Philosophy*, disponível em http://plato.stanford.edu/entries/speech-acts/.

[27] J. R. L. SEARLE, *Speech acts…*, cit., p. 24. O A. autonomiza os actos assertivos, proposicionais, ilocutórios e perlocutórios, mas adverte que não quer com isto dizer que, em geral, que os três primeiros ocorram separadamente, antes que o autor de um enunciado ilocutório não seja simultaneamente autor de um acto proposicional e de um acto assertivo.

[28] FERREIRA DE ALMEIDA, *Texto e enunciado…*, I, *cit.*, p. 131, com referências bibliográficas.

[29] FERREIRA DE ALMEIDA, *Texto e enunciado…*, I, *cit.*, p. 132.

[30] Sobre a noção de performatividade para o Direito, v. ainda o estudo de M. TEIXEIRA DE SOUSA, "Sobre a linguagem performativa na teoria pura do direito", *ROA*, 46 (1986), pp. 433 e ss..

A eficácia negocial da mensagem publicitária   197

desse enunciado, segundo as regras aplicáveis; um enunciado será dotado de performatividade jurídica, se, e só se, ao seu significado corresponder um efeito jurídico, segundo regras juridicamente relevantes". O negócio jurídico seria "o acto de direito privado dotado de performatividade, reflexibilidade e auto--suficiência estrutural"[31]. E seria performativo porque "sendo uma realidade mais complexa do que a enunciação performativa, não existe sem que na sua formação se contenha ao menos um enunciado performativo, cuja composição (explícita ou implícita) inclua alguma forma verbal do tipo "prometo...", "constituo...", proponho..."[32]. Ponto determinante para o preenchimento da previsão das normas constitutivas de efeitos jurídicos e, assim, da relevância jurídica[33], seria a compreensão (ou correspondência entre o significado e o efeito), em detrimento da vontade[34] ou das alternativas doutrinas do "quase--contrato"[35] ou da confiança[36]. A vontade seria, assim, erradicada da teoria do negócio jurídico, no que seria uma sequência à evolução observada na teoria do direito subjectivo[37]. Para que uma declaração tenha valor negocial, é suficiente a consciência da juridicidade ou mesmo só da integração do acto no negócio jurídico[38].

Partindo da distinção entre enunciado[39] (a unidade sémica mínima, portadora de um significado, que exprime um ou mais elementos de uma declaração negocial) e texto[40] (conjunto coerente e ordenado dos componentes de um negócio jurídico), o A. rejeita o modelo único de formação do contrato assente no esquema proposta/aceitação[41] e aponta a publicidade como exemplo do fenómeno de integração múltipla de enunciados contratuais gerais no

---

[31] *Idem, ibidem*, p. 258.

[32] *Idem, ibidem*, p. 138.

[33] *Idem, ibidem*, pp. 206 e ss. Na linguagem negocial encontram-se actos institucionais, para os quais o direito funcionaria como uma metalinguagem. As regras constitutivas seriam, antes de mais, as regras sociais sobre a prática dos negócios, como tal reconhecidas pela ordem jurídica.

[34] FERREIRA DE ALMEIDA, *Texto e enunciado...*, I, *cit.*, pp. 59 e ss., 121, ss., 225 e ss..

[35] *Idem, ibidem*, pp. 30 e ss..

[36] *Idem, ibidem*, pp. 53 e ss..

[37] *Idem, ibidem*, p. 119.

[38] *Idem, ibidem*, p. 113, 236 e ss.. Para o A., "[n]egocial é a declaração produzida num ambiente negocial. (…) Basta, pois, a "consciência geral de agir em termos negociais, porque o eventual desfasamento entre a previsão de certos efeitos e os efeitos correspondentes ao significado juridicamente relevante pertence já ao domínio do erro", *cit.*, p. 242.

[39] *Idem, ibidem*, p. 281.

[40] *Idem, ibidem*, p. 297.

[41] *Idem, ibidem*, pp. 842 e ss..

198   Nuno Tiago Trigo dos Reis

texto contratual[42]. Na publicidade, o limiar mínimo da consciência negocial estaria ultrapassado por natureza: "todo o reclame de uma actividade económica denota a intenção genérica de concluir negócios, que se mostra, na máxima evidência, quando o anunciante coincide com a parte comum em futuros contratos em série"[43]. A obrigatoriedade derivaria da regra constitutiva vigente para aquele caso; na sua aplicação, o anunciante só desencadearia a facticidade correspondente à previsão, mas não controla a sua consequência[44]. A aptidão negocial da publicidade dependeria, *ultima ratio*, da cognoscibilidade e imputabilidade por quem e relativamente a quem não teve um papel activo na sua emissão[45].

As funções de informação ou de persuasão não seriam inconciliáveis com a natureza e objectivos das declarações negociais, na medida em que basta que um dos enunciados seja performativo para que a performatividade se estenda aos restantes e porque a inveracidade da mensagem publicitária não impede a sua inclusão no contrato, antes poderá levar à anulação por dolo[46]. Nas mensagens publicitárias poderiam existir verdadeiras cláusulas contratuais gerais, desde que se verificassem os pressupostos da existência de um sentido negocial útil da mensagem[47], da sua oportunidade temporal[48] e da conexão adequada entre o enunciado promocional e os restantes enunciados[49].

2.2. *Crítica*

A crítica à teoria do negócio jurídico apresentada por Ferreira de Almeida já foi feita entre nós[50]. O principal argumento então invocado preserva a sua

---

[42] *Idem, ibidem*, pp. 873 e ss.. A integração pode ser horizontal, em que o enunciado único, repetido em vários negócios, é formulado pelo mesmo autor, ou vertical, se o enunciado único é relevante para uma cadeia de negócios, assumindo cada enunciante o enunciado emitido pelo seu antecessor na mesma posição negocial. Pode haver coexistência de integrações (multiplicidade vertical-horizontal). Exemplo da integração vertical seria o dos rótulos (cit., pp. 927 e ss.) e da integração horizontal-vertical a generalização em série da inserção encadeada de enunciados promocionais (cit., pp. 937 e ss.).

[43] *Idem, ibidem*, p. 908.

[44] *Idem, ibidem*, loc. cit..

[45] *Idem, ibidem*, p. 943.

[46] *Idem, ibidem*, p. 912.

[47] *Idem ibidem*, p. 915.

[48] *Idem, ibidem*, p. 918.

[49] *Idem, ibidem*, p. 919.

[50] Oliveira Ascensão, *Direito Civil…*, II, *cit.*, p. 118 (apontando a quebra do laço entre o negó-

A eficácia negocial da mensagem publicitária   199

validade: o Direito mantém, assim, a autonomia regulativa para determinar as condições necessárias e suficientes para se fazer uma promessa jurídico-obrigacional e os efeitos dela decorrentes[51-52]. Não é possível encontrar um fun-

cio e a autonomia privada e a auto-determinação humana); PEDRO DE ALBUQUERQUE, *A representação voluntária em Direito Civil (Ensaio de reconstrução dogmática)*, Almedina, Coimbra, 2004, pp. 442-3 e n. (2237), insistindo na impossibilidade em se prescindir do consenso ou da vontade como forma de explicar o fenómeno negocial; CARNEIRO DA FRADA, *Teoria da confiança...*, *cit.*, p. 71 e n. (51); P. MOTA PINTO, *Declaração tácita e comportamento concludente*, Almedina, Coimbra, 1995, pp. 41 e ss., criticando a doutrina austiniana do acto performativo e afirmando que a distinção acto assertivo/acto performativo não resolverá o problema do subjectivismo/objectivismo no negócio jurídico, na medida em que não explica o aspecto relevante das "regras constitutivas" (entre a vontade, a culpa ou responsabilidade ou a confiança do declaratário ou do tráfego).

[51] Fazendo referência à particular natureza histórico-cultural e logo jurídico-científica das regras de interpretação no Direito (o Direito falha quando trabalhe com hipóteses científicas erradas, mas pode regular com base em elementos doutro nível, independentemente da vontade científica), v. MENEZES CORDEIRO, *Tratado..*, I, *cit.*, p. 741 e ss.: "[n]o domínio da interpretação, existem regras de interpretação que transcendem os elementos infra-jurídicos. São-lhe sensíveis: o seu aperfeiçoamento implica novos modos de entender e aplicar o Direito. Mas não há determinismos, uma vez que o Direito mantém, sua, uma margem regulativa. Pode, por certo, dizer-se que não há, nessa altura, já interpretação mas, antes, aplicação: o Direito não se limita, perante tal postura, a indagar o que é, como competiria a uma verdadeira interpretação; vai, pelo contrário, ditar o que pretende que se faça."

[52] Esta afirmação levará, nas suas últimas consequência a duvidar, no plano do direito dos contratos, da validade da distinção entre regras constitutivas e regras regulativas. A crítica, de resto, já foi feita mesmo por partidários do positivismo jurídico, como J. RAZ (*Practical Reason and Norms*, Oxford University Press, New York, 1975, pp. 108 e ss.): (i) existem sistemas normativos, como é o caso do Direito, em que todas as regras são simultaneamente constitutivas e regulativas; (ii) mesmo no plano puramente descritivo, existe uma diferença entre a *descrição natural* (acrescentaríamos, *social*) e a *descrição normativa* de certa acção. A descrição normativa de certa acção deve incluir a referência a uma regra, mas a esta distinção não correspondem dois tipos de regras. Com efeito, todas as regras regulam condutas que podem ser descritas sem a referência à regra (apesar de por vezes regularem condutas assumidas com a intenção de invocar certa regra) e todas as regras "criam" acções que apenas podem ser descritas com a pressuposição da existência da regra (*cit.*, p. 110). O A. propõe, depois, o conceito de "normas atributivas de poderes" (*Power-conferring rules*), como sendo aquelas cuja formulação corresponde o esquema "dizer x equivale a prometer", aproximando a autonomia privada de uma espécie de regra de competência. Note-se, porém, que a aceitar-se a bondade do conceito de normas constitutivas, sempre será de afirmar que o Direito tem as suas regras próprias constitutivas, diferentes das da linguagem; neste sentido, pode dizer-se, com WITTGENSTEIN que Direito é também um "jogo de linguagem", e que "seguir uma regra é uma pratica" [L. WITTGENSTEIN, *Philosophical Investigations*, (translated by G.E.M. Anscombe), 3.ª Ed., Blackwell Publishing, 2001 p. 69e (n.º 202)], mas esta *praxis* nem assim poderia ser pensada fora do enquadramento cultural em que ocorre e que lhe confere um significado particular. Entre nós, também J. DE SOUSA E BRITO parece conceber as

damento para a vinculatividade da promessa com a dispensa da vontade. Naturalmente, para ser relevante, a vontade tem de se projectar no mundo exterior, integrando a própria estrutura da acção: o negócio é um acto final[53].

Como afirma Castanheira Neves, a teoria do actos performativos, surgida com o movimento do pensamento analítico-linguístico, deve ser recusada, "no plano da possibilidade analítico-metódica" e no plano da "validade prático-intencional"[54]. Interessa-nos sobretudo este segundo ponto: as prescrições jurídicas (ou as suas "regras") não operam interpretativamente na realização do Direito senão através de uma dialéctica entre a sua intencionalidade normativa e a realidade problemático-decidenda (os casos concretos decidendos)[55]. Assim, a interpretação jurídica exige mais do que uma análise da linguagem; não se esgota num significado *cognitivo* (cognitivo-descritivo), mas antes procura um sentido originária e unitariamente *normativo*[56]. Este sentido normativo objectivo só pode ser encontrado na dialéctica linguagem/realidade. A superação da "falácia naturalística" (*no ought from is*) que Ferreira de Almeida afirma ter correspondência nas proposições legislativas recentes que fazem incluir no objecto contratual meras descrições de objectos[57] não chega, portanto, a ocorrer: o enunciado descritivo é valorado segundo normas jurídicas pressupostas. A conclusão que o juiz retira de que certa descrição de um objecto produz efeitos análogos aos de uma promessa não decorre apenas da verificação do facto linguístico, mas antes de premissas normativas[58-59].

---

regras jurídicas como regras constitutivas ("O positivismo jurídico e a lei de Hume", *Estudos em homenagem à Professora Doutora Isabel de Magalhães Collaço*, II, Coimbra, 2002, p. 918).

[53] OLIVEIRA ASCENSÃO, *Direito civil...*, cit., pp. 114 e ss..

[54] CASTANHEIRA NEVES, *O actual problema metodológico da metodologia jurídica*, I, Coimbra, 2003, pp. 184 e ss.. O A. desenvolve aqui uma aturada análise crítica do pensamento analítico-linguístico.

[55] *Idem, ibidem*, p. 185.

[56] *Idem, ibidem*, p. 229. Desde logo, a pressuposição objectiva postulada pela teoria analítica do direito, partindo de um certo objectivismo-platonismo de normas, parece fazer irrelevar o facto de que as prescrições normativas operam interpretativamente na realização do Direito através da dialéctica entre o sentido normativo que se atribui à fonte e o caso concreto. O A. aponta com razão a especificidade da linguagem jurídica, qual seja a recusa da univocidade e da co-extensividade, entre o *sentido* e o *referente* da proposição normativa; a percepção do conteúdo objectivo daquela proposição não permite aceder previamente, e com certeza, a todas as situações juridicamente relevantes (p. 186). Cf. também PEDRO MÚRIAS, *Por uma distribuição fundamentada do ónus da prova*, Lex, Lisboa, 2000, pp. 83 e ss.

[57] "A qualidade do objecto contratual", *loc. cit.*.

[58] CASTANHEIRA NEVES, *cit.*, p. 249. Essas permissas normativas hão-de ser encontradas na coerência de sentido do sistema. É por esta razão que os enunciados descritivos não serão equiparados, nos efeitos, à promessa quando o princípio jurídico-normativo da tutela da confiança não o

A afirmação de que, na publicidade, o limiar da vinculação negocial está por definição ultrapassado é contrária ao fundamento da validade da promessa para o Direito. A comprová-lo está o artigo 246.° do Cód. Civil, cujo significado impede a verificação de uma vinculação negocial quando não exista a consciência da emissão de uma declaração negocial. Se é certo que o carácter meramente informativo dos enunciados não impede a sua inclusão no conteúdo dos contratos, a publicidade é frequentemente campo de actuação do *dolus bonus*, havendo uma consciência jurídica generalizada de que se trata, até certo ponto, de uma conversa de vendedor (*sales talk* ou *mere puffs*)[60]. As proposições hoje vigentes que apenas atribuem valor obrigacional a mensagens constantes da publicidade são tributárias do princípio da tutela da confiança do destinatário[61], na medida em que, frequentemente, não é possível encontrar a ligação entre uma vontade de vinculação ao conteúdo da mensagem e os efeitos jurídicos correspondentes a essa mesma vinculação[62]. O negócio é, no sistema de Direito privado, acto final por excelência[63].

---

justifique (por hipótese, quando não exista uma situação de confiança ou esta não deva ser considerada como merecedora de tutela pelo Direito). Voltaremos a este ponto mais adiante. Sobre o fundamento da promessa, v. também CHARLES FRIED, *Contract as promise/A theory of contractual obligation*, Cambridge (Massachussets), London, 1981, pp. 6 e ss..

[59] Por esta razão, não é também de aceitar a importação da lógica das implicações discursivas ("conversational implicatures") de P. GRICE para o Direito; v. *Logic and conversation*, in *Studies in the way of words*, Harvard University Press, London, 1989, pp. 24 e ss..

[60] CARNEIRO DA FRADA, *Teoria da confiança…, cit.*, pp. 214-5.

[61] Como se verá adiante, *infra*, IV, § 3, 3.4..

[62] Não podemos aprofundar aqui o problema da *direcção da intenção ou da declaração*, que é a o de saber se a vontade deve compreender os efeitos jurídicos produzidos ou os efeitos práticos produzidos pelo negócio. Como notam MANUEL DE ANDRADE, *Teoria Geral da Relação Jurídica*, II, 9.ª Reimp., Almedina, Coimbra, 2003, pp. 28-30; C. A. MOTA PINTO, *Teoria Geral do Direito Civil*, 3.ª Ed., Coimbra, 1992, pp. 380-3.; PEDRO DE ALBUQUERQUE, *Autonomia da vontade e negócio jurídico em direito da família (Ensaio)*, sep. CTF, Lisboa, 1986, p. 17 e n. 27; P. MOTA PINTO, *Declaração tácita…, cit.*, pp. 47-8, n. (95), é de acolher a teoria dos efeitos prático-jurídicos (que mais não é que uma moderação da *Rechtsfolgentheorie*): é suficiente que uma representação de leigos de uma consideração prática dos efeitos jurídicos (P. MOTA PINTO, *loc. cit.*). MENEZES CORDEIRO, *Tratado…*, I, *cit.*, pp. 455-6, afirma que "(…) as opções das pessoas produzem os efeitos jurídicos por elas pretendidos./Doutro modo, não haveria verdadeira autonomia: tudo não passaria de um logro linguístico"; acrescenta o Professor que a questão de saber até onde deve ir a vontade de produção de certos efeitos é já uma questão diversa, a de determinação do regime aplicável: "a vontade negocial deve abranger os efeitos – variáveis consoante o tipo de negócio considerado – fundamentais, podendo os demais ficar a cargo de regras supletivas" (embora, neste último caso, a vontade opere como um simples facto jurídico em sentido estrito, não assumindo os efeitos jurídicos assim alcançados natureza negocial, em coerência).

[63] OLIVEIRA ASCENSÃO, *Direito Civil/Teoria Geral*, II, *cit.*., pp. 20 e ss.; MENEZES CORDEIRO, *Tra-*

202 Nuno Tiago Trigo dos Reis

Portanto, nem sempre será possível encontrar nos efeitos obrigacionais decorrentes da emissão de uma mensagem publicitária elementos de natureza negocial. Os efeitos conformadores da publicidade no conteúdo do negócio não servirão, pois, de argumentos positivos a favor da irrelevância da vontade na teoria do negócio jurídico.

2.3. A teoria da "autovinculação sem contrato"

Na sua dissertação de agregação, datada de 1980, J. Köndgen apresentou uma construção alternativa à responsabilidade decorrente da violação de normas de conduta heteronomamente impostas pela ordem jurídica, fundamentando a tutela da confiança na noção de "comprometimento" do indivíduo, efeito directamente decorrente da realização da sua auto-determinação[64].

O A. assume uma perspectiva interdisciplinar no estudo da autovinculação: a dogmática jurídica não poderia ser indiferente aos dados colhidos da sociologia que nos mostram que a vinculação jurídica não pode ser reduzida ao contrato e ao delito[65]. A dicotomia entre ser e dever-ser, e, bem assim, aquela que opõe o "descritivo" ao "normativo", seria de rejeitar[66], crítica que não podia ser extensível à sociologia, que é também uma ciência normativa[67]. Uma realidade profundamente marcada pela divisão de funções e pela consequente maior interdependência das condutas dos sujeitos tornava evidentes diferentes modos de vinculação menos formalizados que a ciência jurídica não poderia continuar a remeter para soluções ad-hoc[68]. A teoria do negócio jurídico de ins-

---

tado..., I, cit., p. 446, "[o] que distingue a acção humana de qualquer "outra" é a sua estrutura interna: a "acção" não-humana traduz-se na sucessão mecânica de causa-fim, sendo este determinado por aquela; na acção humana, há uma prefiguração do fim que determina o movimento para o alcançar e os meios para tanto seleccionados: o próprio fim é a "causa". Cumpre relembrar que a recepção do finalismo no Direito civil foi levada a cabo por um movimento iniciado por Manuel Gomes da Silva.

[64] Outras análises do pensamento do A. podem ser confrontadas em Ferreira de Almeida, Texto e enunciado..., I, pp. 30 e ss., Sinde Monteiro, Responsabilidade..., cit., pp. 478 e ss.; Pedro de Albuquerque, A representação voluntária..., pp. 441-2, n. (2236).; P. Mota Pinto, Declaração tácita..., cit., pp. 164-5, Pedro Múrias, Representação legal e culpa in contrahendo, Polic., 1995/6, pp. 28 e ss., Carneiro da Frada, Teoria da confiança..., cit., pp. 767 e ss..

[65] J. Köndgen, Selbstbindung..., cit., pp. 2-4.

[66] Idem, ibidem, p. 12.

[67] Idem, ibidem, pp. 13-14.

[68] Idem, ibidem, p. 2.

piração liberal-oitocentista, assente no pressuposto da igualdade formal das partes não permitiria satisfazer as necessidades de justiça contratual, tanto no plano do conteúdo do contrato quanto no da formação do contrato. Apenas a construção de um "Direito social do contrato" podia almejar a superação da divergência entre a *law-in-the-books* e a *law-in-action*[69]. Tal empresa implicava, desde logo, a procura de uma nova fundamentação para os comportamentos vinculantes dos sujeitos em face das insuficiências dos conceitos de vontade e consenso[70]. Este fundamento encontra-o o A. no conceito de *auto-apresentação* (*Selbstdarstellung*): toda a acção comunicativa que na interacção social suscitasse expectativas de continuidade e consistência quanto ao seu comportamento futuro, seria geradora de uma autovinculação; toda a autovinculação seria consequência de uma auto-apresentação[71]. Aproximando-se das teorias sociológicas de Goofmann e da distinção proposta por Mead entre um "I" individualizado e um "me" socializado, afirma que o fundamento para a vinculação obrigacional (*Verpflichtung*) reside na circunstância de a identidade pessoal ser construída na interacção com o outro. Pela complementaridade das expectativas mútuas, a projecção do "eu" passa a integrar a identidade do "outro", de tal forma que a quebra de consistência entre o "eu" e aquela projecção significa a negação da identidade do "outro". Numa fenomenologia dos actos de autovinculação, em que ressaltam desde logo a proibição do *venire contra factum proprium* ou a *Verwirkung*[72], verificar-se-ia um *continuum* de situações de autovinculação de intensidade crescente, que teria no contrato e na promessa negocial[73] (enquanto situações de "auto-apresentação intencional"), de um lado, e no delito, de outro, os seus pólos. A completar esta construção, o A. acrescenta ainda como categorias idóneas a fundamentar expectativas sociais a assunção de um papel social ou de uma posição de autoridade[74]: a assunção de um papel ou uma função social compreende muitas vezes uma intenção de auto-apresentação e o recurso aos papéis sociais permite tornar compreensível o comportamento de outros na interacção social; assim também com o exercício de uma autoridade, seja esta resultante de um conhecimento ou competência profissionais ou de uma actividade de interesse público. O princípio

---

[69] *Idem, ibidem*, p. 3.

[70] *Idem, ibidem*, pp. 156 e ss.

[71] *Idem, ibidem*, p, 165.

[72] *Idem, ibidem*, pp. 170 e ss. A *Verwirkung* tem sido equiparada entre nós à clássica *supressio*, segundo proposta de MENEZES CORDEIRO; v. *Da boa fé…, cit.*, pp. 797-8.

[73] *Idem, ibidem*, pp. 174 e ss.

[74] *Idem, ibidem*, pp. 192 e ss.

204 *Nuno Tiago Trigo dos Reis*

jurídico da reciprocidade funcionaria imporia limites à autovinculação e podia mesmo funcionar como expectativa de fundo (*Hintergrundserwatung*)[75].

A construção de Köndgen implica um corte com o sistema legal de fontes de vinculações obrigacionais e o reconhecimento de um sistema aberto de actos (comportamentos juridicamente relevantes) de que podem emergir situações obrigacionais. Entre a declaração negocial e o delito existiriam as *vinculações quase-contratuais*: aquelas que seriam resultado de uma série de comportamentos a que tendencialmente não se atribuiria valor negocial se tomados individualmente, mas que numa perspectiva geral seriam aptos a gerar concretas expectativas normativas[76].

Na elaboração de uma dogmática da vinculação quase-contratual, é reservado um papel de primeira importância à publicidade[77]. Os meios publicitários são aptos para conter ofertas ao público: o moderno mercado público para o qual as fronteiras geográficas são desconhecidas não se adequa ao modelo de comunicação ancorado na declaração de vontade de Savigny. À publicidade é reconhecida uma "dupla função": a de promessa de garantia de qualidade de uma coisa e a de condução à celebração de um contrato[78]. Na primeira, a mensagem publicitária seria uma forma de autovinculação a que faltaria a forma de uma promessa: a função de informar atribuída à publicidade mostrar-se-ia como o seu "componente" contratual ou quase-contratual[79].

A promessa de qualidade surge como uma promessa de responsabilidade: a dupla necessidade de aceitação de uma garantia pelo vendedor ou produtor e a vontade dirigida a todas as consequências decorrentes da falta de uma qualidade da coisa deixaria em aberto uma lacuna de protecção, entre o dolo e a falta de seriedade da declaração negocial[80]. Em face da impossibilidade da recondução das asserções descritivas à vontade de uma vinculação obrigacional e assim de uma "promessa de prestação", ou de uma "colateral promessa de responsabilidade"[81], ensaia o A. uma "reconstrução quase-contratual da res-

---

[75] *Idem, ibidem*, pp. 250 e ss.

[76] *Idem, ibidem*, p. 187.

[77] KÖNDGEN apresenta como constelações de casos típicos de situações quase-contratuais a responsabilidade civil por mensagens publicitárias (pp. 283 e ss.), as garantias de qualidade prestadas por vendedores e produtores (pp. 310 e ss.), a responsabilidade profissional, em especial a responsabilidade decorrente da prestação de informações, conselhos e pareceres (pp. 352 e ss.) e a responsabilidade dos "procuradores de negócios" (pp. 403 e ss.).

[78] *Idem, ibidem*, pp. 297 e ss.

[79] *Idem, ibidem*, p. 298.

[80] *Idem, ibidem*, p. 311.

[81] *Idem, ibidem*, p. 313.

A eficácia negocial da mensagem publicitária   205

ponsabilidade pela garantia". A eficácia da garantia está dependente do papel social do vendedor: um contrato de troca não leva apenas ao surgimento de deveres de entrega de uma coisa livre de vícios, mas origina também uma relação de papéis, na qual o vendedor especializado suscita expectativas através do seu aconselhamento, esclarecimento ou solicitude[82]. A afirmação de qualidade representa a opinião do especialista do vendedor e faz entrar em jogo a relação de papéis, independentemente de a outra parte ser um comprador individual ou o público, mediante a publicidade[83]. A jurisprudência estaria no bom caminho, ao considerar como vinculativas a declaração do vendedor de que a coisa vendida se encontrava "livre de quaisquer máculas", porque o vendedor não seria um qualquer vendedor de reputação duvidosa, mas um "comercial" fazendo uso da firma do produtor. As declarações do vendedor-produtor são merecedoras de especial atenção em relação às emitidas por meros revendedores[84]. Também os certificados de qualidade ou de fiscalização poderiam ser interpretados como declarações de garantia, mediante um mecanismo de auto-controlo profissional e consequente criação de uma imagem de profissionalismo[85]. Em regra, a mera referência à marca fornece apenas o esquema geral da marca e não afiança especiais qualidades concretas da coisa. Esta análise da relação de papéis deve obedecer a uma perspectiva tal que permita ter em consideração o papel complementar dos compradores: quando do outro lado do comprador se encontra um especialista, então a responsabilidade pela garantia específica de profissionais não apresenta exigências adicionais[86]. Seria de toda a maneira incorrecto equiparar o ponto de vista do A. à diferenciação global entre os contratos de compra e venda de Direito empresarial e de direito do consumo. O vendedor pode servir também de uma autoridade alheia, para dar peso às suas declarações de qualidade e adquirir a especial confiança do comprador: também aqui se encontra o fundamento da responsabilidade na especial possibilidade de influência a partir de uma autoridade profissional ou funcional. Seria, desde logo, assim no caso de utilização de pareceres ou "testes de qualidade" provenientes de terceiros: caso o vendedor não se afastasse de forma expressa do seu conteúdo seria responsável, independentemente do facto de o comprador poder responsabilizar ou não as entidades que emitiram os parece-

[82] *Idem, ibidem*, p. 334.
[83] *Idem, ibidem*, p. 335.
[84] *Idem, ibidem*, p. 336.
[85] *Idem, ibidem*, p. 336.
[86] *Idem, ibidem*, p. 337.

res ou testes em questão[87]. Mas também quando o vendedor faz referência a normas de qualidade aprovadas por entidades públicas, incorpora-as no contrato como elementos normativos e submete-as a uma garantia de expectativas qualificada. As proposições legais que estabelecem deveres de identificação da marca ou das características dos produtos, mesmo se pensadas pelo legislador como uma tutela preventiva para o dolo, têm também consequências no plano da responsabilidade contratual. Köndgen sustenta que a tese da distinção entre a garantia e os "meros elogios para efeitos de propaganda"[88] (*Anpreisung*) é pouco clara e grosseiramente indutora em erro, devendo por isso ser erradicada do Direito da responsabilidade por defeitos. A característica distintiva da "mera propaganda" não seria a falta de vontade de vinculação, até porque esta seria já a característica distintiva do conceito contrário de "garantia", mas as suas generalidade e vagueza. De acordo com o sentido coloquial das palavras, "fazer propaganda" significaria provocar no comprador expectativas normativas relativamente à qualidade da coisa comprada, pelo que em toda a garantia existiria uma mensagem propagandística. Seriam ambas formas de promoção das vendas pelas quais o vendedor deveria ser responsável, na medida em que delas beneficiaria no longo prazo. Como sucedâneo desta distinção, propõe o A. a contraposição entre "garantias" (*Zusicherungen*) e meras "descrições dos bens" (*Warensbeschreibungen*). As segundas apenas teriam significado contratual no âmbito do conceito subjectivo de defeito, enquanto as primeiras seriam declarações de qualidade a partir de um intencional efeito sugestivo, o que explica que as expectativas dos consumidores fossem por este meio mais facilmente atingidas[89]. A "propaganda" valeria como garantia desde que fosse adequada à impressão de um comprador acrítico, ainda que não irrazoável, e que não carecesse de um conteúdo determinável e, assim, exequível. Se assim não se entendesse, estar-se-ia a beneficiar o vendedor que atraísse os seus clientes através de mensagens vagas e ambíguas em relação a um seu concorrente mais leal, que ficaria vinculado a uma garantia a partir de uma mensagem com conteúdo informativo determinado.

---

[87] *Idem, ibidem*, p. 339.
[88] Acolhe-se aqui a tradução proposta por FERREIRA DE ALMEIDA, *Texto e enunciado…*, II, *cit.*, pp. 910-11.
[89] *Idem, ibidem*, p. 342.

2.4. Crítica

I. A construção de Köndgen já foi considerada como merecedora de críticas na doutrina portuguesa[90]. A principal crítica consiste na excessiva relevância dos conceitos sociológicos de "auto-apresentação", "reciprocidade", ou "papel social". Ainda que pertencente a uma ordem social em sentido amplo, o Direito não abdica das suas valorações próprias, transcendendo a realidade empírica que lhe é pré-dada e integrando-a num "conjunto de concatenado de argumentos que visam a resolução justa de litígios à medida que socialmente se declaram"[91]. Decerto, a Sociologia pode conferir um contributo relevante para o Direito, na medida em que garante o fornecimento de um acervo de informações sobre factos sociais que a normatividade jurídica posteriormente sujeitará a uma pauta valorativa autónoma[92]. Ao Direito sempre caberá a função de escolha dos factos sociais relevantes para formulação de um juízo de dever-ser jurídico[93]. As expectativas sociais fundadas no papel social representado por terceiros serão relevantes quando assim determinarem os esquemas de imputação elaborados segundo princípios jurídicos autónomos.

Também a diluição das fronteiras entre os espaços do contrato e do delito é merecedora de críticas. Se, mesmo de uma perspectiva sociológica, a celebração do contrato não deve ser vista como acto puramente ritual que põe termo a um processo negocial de crescente densificação de vinculações[94], a teoria da autovinculação sem contrato mostra-se contrária ao esquema em que o Direito privado assenta para "a determinação das fronteiras da responsabilidade social"[95] (cf. artigos 224.º e ss.). Por outro lado, a construção do A. mostra-

---

[90] SINDE MONTEIRO, *Responsabilidade...*, *cit.*, pp- 484-5 (a propósito da responsabilidade profissional); PEDRO MÚRIAS, *cit.*, pp. 31 e ss; P. MOTA PINTO, *Declaração tácita...*, *cit.*, pp. 164 e ss. e n. (15); CARNEIRO DA FRADA, *Teoria da confiança...*, *cit.*, pp. 775 e ss..

[91] CARNEIRO DA FRADA, *Teoria da confiança...*, *cit.*, p. 778. Como refere PEDRO MÚRIAS, "[o] Direito, enquanto ordem de valores, não pode sujeitar-se a uma normatividade estabelecida num espaço que não é o seu, não se demite de avaliar com critérios próprios cada situação de facto que se apresenta./Mais, a ordem jurídica comanda, pretende que o social assuma certa configuração, não se conforma com o que está" (*cit.*, p. 31).

[92] Para uma relação entre a sociologia e o Direito, v. OLIVEIRA ASCENSÃO, *O Direito – Introdução e Teoria Geral. Uma perspectiva luso-brasileira*, 10.ª Ed., Almedina, 1999, pp. 103 e ss.; DAVID DUARTE, *A norma de legalidade procedimental administrativa. A teoria da norma e a criação de normas decisão na discricionariedade instrutória*, Almedina, Coimbra, 2006, pp. 45-6.

[93] CARNEIRO DA FRADA, *loc. cit..* PEDRO MÚRIAS, *cit.*, p. 32.

[94] CARNEIRO DA FRADA, *Teoria da confiança...*, *cit.*, 781.

[95] BAPTISTA MACHADO, *Tutela da confiança e venire contra factum proprium*, in *Obra Dispersa*, I, Braga, 1991, p. 358.

-se contrária ao sistema de fontes de situações jurídicas obrigacionais e ao princípio do contrato que se retira do artigo 457.°. Mesmo que se considere não existir na ordem jurídica portuguesa uma verdadeira tipicidade dos negócios jurídicos unilaterais, pela impossibilidade de limitar o conteúdo e as funções que aqueles podem assumir[96], a construção de Köndgen pressupõe a autovinculação onde ela é *inexistente* por faltar a vontade de constituição, modificação ou extinção de efeitos jurídicos. Afirma, por isso, com justeza, Carneiro da Frada que a admissão de "autovinculações quase-negociais" representa um contra-senso: a autovinculação só pode existir no campo da autonomia e da determinação pelo sujeito dos efeitos jurídicos desencadeados; a vinculação pelas expectativas criadas em terceiros é já um caso de heterovinculação, imposta pela ordem jurídica[97]. A heteronomia significa a imposição frequente do dever de agir de forma contrária à auto-apresentação do agente. Será o caso do vendedor publicamente tido por desonesto, sobre o qual não deixam de recair deveres de informação e de lealdade nas negociações tendentes à formação de um contrato[98].

Não é igualmente aceitável, pelas razões que já aduzimos, a equiparação, no plano dos efeitos, entre os enunciados informativos e as declarações negociais[99]. Não pode dizer-se que em ambas exista a mesma "intenção de validade", de modo a justificar, em qualquer caso, o surgimento do dever de corresponder às expectativas concitadas com o conteúdo promocional e as qualidades ali apregoadas[100]. É certo que um vendedor pode assumir uma promessa mediante um anúncio publicitário, garantindo certas propriedades ou qualidades relativas a um bem. Mas isso não vale quanto a enunciados meramente informativos, em que apenas se pode ver a violação de um dever (pré-contratual) de informação[101]. Neste último caso, estaremos no campo do

---

[96] MENEZES CORDEIRO, *Direito das Obrigações*, I, Reimp. (2001), AAFDL, Lisboa, 1980, p. 560; *Tratado...*, I, *cit.*, p. 309.

[97] CARNEIRO DA FRADA, *Teoria da confiança...*, *cit.*, pp. 787-8.

[98] PEDRO MÚRIAS, *cit.*, p. 33: "[a] tese da autovinculação quase-contratual deve também ser criticada pela sua insuficiência./Na verdade, muitos deveres surgem antes que as partes dêem qualquer imagem de si".

[99] V., *supra*, II, § 2, 2.2..

[100] E, bem assim, o consequente dever de realização *in natura* daquelas expectativas ou o dever de indemnizar pelo interesse contratual positivo ou de cumprimento

[101] Não vamos tratar aqui do problema do conteúdo do dever de indemnizar decorrente da *cic*. Porém, parece que o A. teria, em coerência que atender à ressarcibilidade do interesse contratual positivo em todos os casos de emissão de enunciados publicitários, na medida em que os referentes da autovinculação eram as próprias expectativas dos destinatários da mensagem publicitária.V., *infra*, VI, § 2..

direito da responsabilidade civil e não no do negócio[102]. A inclusão das "meras descrições de bens" no conteúdo do contrato (independentemente do seu autor) que resultam de fontes legais posteriores à própria investigação de Köndgen parecem, em rigor, situar-se a "meio caminho" entre ambos os grupos de casos. Mas, mesmo aí, não poderá falar-se em "autovinculação", porquanto não é de autonomia de que se trata, mas da necessidade de tutela da confiança dos destinatários da publicidade. Nem pode dizer-se que aquele fenómeno ocorra "sem contrato", na medida em que o que se verifica é a *imputação positiva* de uma situação de confiança ("tutela positiva da confiança"), com a consequente inclusão da mensagem publicitária no conteúdo do negócio jurídico. E, quando esteja em jogo o princípio da tutela da confiança, o centro de gravidade deixa de ser o agente e a sua auto-apresentação em termos sociais, cedendo o seu lugar às expectativas dos destinatários da mensagem publicitária[103].

Assim, ao considerar a mensagem publicitária como uma espécie de comportamentos autovinculativos situados a meio caminho entre o negócio e o delito, à qual seria aplicável o regime da promessa, Köndgen, acaba por subverter o próprio sistema de fontes de vinculações obrigacionais.

II. Analisadas as duas principais tentativas de elaborar uma teoria objectivista do negócio jurídico estendendo à mensagem publicitária uma eficácia negocial, vejamos a possibilidade do significado negocial deste tipo de enunciados, no quadro de uma concepção de declaração de vontade que não deixa de ser simultaneamente acto de validade e acto de linguagem[104].

§ 3. *O sentido negocial útil da mensagem publicitária. Em particular, as declarações publicitárias não sérias*

Um dos óbices tradicionalmente apontados à eficácia negocial das mensagens publicitárias reside na alegada falta de valor de proposta contratual do anúncio ou na falta de vontade de se obrigar do anunciante ou ainda nos diferentes conteúdo e objectivos da publicidade em relação à declaração nego-

---

[102] CARNEIRO DA FRADA, *Teoria da confiança...*, *cit.*, pp. 791-2.

[103] Sem que, por isso, se torne dispensável um *princípio de imputação da situação de confiança* ao anunciante.

[104] MENEZES CORDEIRO, *Tratado...*, I, *cit.*, pp. 540-1.

cial[105]. Remetendo o primeiro ponto para quanto se dirá em III., diga-se que a principal razão para negar o valor negocial à mensagem publicitária consiste na sua recondução às declarações não sérias (artigo 245.º do Cód. Civil)[106]. O anunciante quer a acção comunicativa, sem contudo a querer como declaração negocial. Não existe na generalidade dos casos intuito de enganar o destinatário[107], mas apenas de o "envolver numa teia de sedução" com o propó-

---

[105] FERREIRA DE ALMEIDA, *Texto e enunciado...*, II, *cit.*, p. 903.

[106] As declarações não sérias são classicamente agrupadas em constelações típicas de casos: declarações *docendi, demonstrandi, jocandi causa*, declarações cénicas e, em determinadas situações, declarações publicitárias. No sentido da inclusão destas últimas nas declarações não sérias: I. GALVÃO TELLES, *Manual dos contratos em geral*, 4.ª Ed., Coimbra Ed., 2002, pp. 79 e ss.; PIRES DE LIMA/ANTUNES VARELA, *Código Civil Anotado*, I, 4.ª Ed., p. 231; CARNEIRO DA FRADA, *Teoria da Confiança...*, *cit.*, pp. 214-5, entende que a publicidade ainda é até certo ponto justificadamente tida por mera conversa de vendedor, à qual os destinatários-consumidores não devem conferir crédito e antes dar-lhe o respectivo desconto. Contra, FERREIRA DE ALMEIDA, *Texto e enunciado...*, II, *cit.*, pp. 908 e ss., para quem a eventual insinceridade da promessa não afecta o valor que tenha a sua "expressividade social", derivando a obrigatoriedade da regra constitutiva vigente para cada caso: quem alicia outrem a comprar certo produto, exaltando-lhe as qualidades, sabe que a eficácia da sua mensagem tem como reverso a expectativa criada quanto à efectiva existência dessas qualidades, com as quais o comprador conta e que, como tal refere na sua declaração contratual, por remissão para o anúncio do vendedor. O A. apresenta antes como requisito para que uma mensagem publicitária possa conter uma cláusula contratual geral lícita a existência de um sentido útil, como sucede no caso de aposição de qualidades classificativas, apositivas, que permitissem a identificação da classe a que o bem pertence ou que fizessem indiciar um nível de qualidade superior à média ("da melhor qualidade", "alta qualidade" ou "de luxo"); já não seria assim relativamente às frases de fantasia ou que indicassem vantagens ou qualidades indefinidas (como "a segurança da tecnologia alemã") ou ainda indicações que só mais tarde se concretizarão ("baixo preço" ou "óptimo preço"). No caso de declarações não sérias, o contexto remete um universo não jurídico, como resultaria da actividade interpretativa da mensagem publicitária tendo em consideração o contexto em que esta fora emitida (*cit.*, I, p. 111 e ss. e *cit.*, II, pp. 1061-2).

[107] Embora não seja através do intuito fraudulento que se pode distinguir as declarações não sérias da reserva mental, porque nesta última acresce à divergência intencional entre a vontade e a declaração uma declaração que tem ostensivamente um significado negocial. A diferença de regime da reserva mental explica-se assim pela existência de uma declaração patentemente séria. V. MENEZES CORDEIRO, *Tratado...*, I, *cit.*, p. 793, em sentido favorável a uma objectivação da figura: quando a declaração não séria foi feita de tal modo que a não seriedade não é cognoscível, não teria (objectivamente) o intuito de enganar o declaratário, funcionando como sanção a validade da declaração nos termos do artigo 244.º/2 do Cód. Civil. Assim, à "declaração patentemente não séria" aplica-se o artigo 245.º/1, à declaração patentemente não séria mas que, por particulares condicionalismos enganou o declaratário, aplica-se o artigo 245.º/2 do Cód. Civil e finalmente à declaração secretamente não séria, aplica-se o regime da reserva mental. Contra, MANUEL DE ANDRADE, *cit.*, p. 151, incluindo o "gracejo malévolo" (*böser Scherz*) em que o grecejador pretende ser levado a sério na categoria das declarações sob reserva mental; I. GALVÃO

A eficácia negocial da mensagem publicitária   211

sito de criar uma necessidade subjectiva de um bem ou serviço e de assim o levar ao consumo. Semelhantemente, aliás, é de reconhecer, pelas mesmas razões, um largo âmbito de intervenção do *dolus bonus* naquelas situações em que exista vontade de emitir uma declaração negocial[108]. Existe uma consciência social difusa de que a publicidade usa por natureza uma linguagem hiperbólica, facto a que o Direito não pode ser indiferente. Assim, mensagens como "não há gordura que resista" ou "recupere a sua linha em três semanas com os cereais Y" não são susceptíveis de fundar uma situação de confiança nos consumidores a ponto de merecer a intervenção do Direito: a sua falta de seriedade é manifesta. Problemas de mais fácil resolução se colocam quando o recurso a uma linguagem metafórica é acompanhado de proposições insusceptíveis de verificação (p. ex., "o bom sabor da selva")[109]. Nestes casos, faltará uma mensagem sobre a qualidade de um bem suficientemente concreta para influenciar o conteúdo do conceito de conformidade da coisa com o contrato[110].

Questão que aqui assume particular relevância é a de saber se ainda se poderá falar de declarações não sérias quando a falta de seriedade da declara-

---

TELLES, *cit.*, p. 81; J. CASTRO MENDES, *cit.*, II, p. 131; C. MOTA PINTO, *cit.*, p. 491; OLIVEIRA ASCENSÃO, *Direito Civil/Teoria Geral*, II, *cit.*, p. 125; P. MOTA PINTO, *Declaração tácita...*, *cit.*, p. 257, n. (174).

[108] CARNEIRO DA FRADA, *Teoria da confiança...*, *cit.*, p. 215, n. (165).

[109] Naturalmente, nem sempre o recurso a metáforas obsta à verificabilidade do conteúdo de um enunciado, o que coloca em evidência as insuficiências de uma análise puramente linguística e a necessidade de atribuição de um sentido normativo-constitutivo a partir da teoria da impressão do destinatário. Assim, se se disser que a "X é a Mercedes das máquinas de barbear", faz-se uma referência determinada a um padrão de qualidade que respeita a uma característica concreta do bem e que pode ser verdadeira ou falsa. V. L. HAAS, "Kaufrecht", em L. HAAS/D. MEDICUS/W. ROLLAND/C. SCHÄFFER/H. WENDTLAND, *Das neue Schuldrecht*, München, 2002, p. 191. É certo que as disposições mais relevantes que hoje reconhecem eficácia negocial à publicidade não são coincidentes nos requisitos relativamente à mensagem publicitária: no artigo 2.°/2, al. *d*), da Directiva e do Decreto-Lei n.° 67/2003 fala-se em "características concretas *do bem*" (itálico nosso), ao passo que no quadro previsivo do artigo 7.°/5 da LDC são as "*informações* concretas e objectivas contidas nas mensagens publicitárias de determinado bem" (itálico nosso) que relevam. Não parece que se possa inferir desta diferença na redacção algum alcance útil: nem as declarações vagas sobre características concretas de um bem, nem tão pouco as informações concretas e objectivas que não apelem, ainda que indirectamente, para uma característica ou qualidade de um bem podem influir sobre o objecto do negócio jurídico. Ponto é que as características do bem previstas no actual regime da compra e venda de bens de consumo não se esgotam naquelas que podem ser representadas pela sua conta, peso ou medida, como o exemplo acima apresentado permite ilustrar.

[110] V. *infra*, IV.

ção não seja reconhecida[111]. Se anúncios publicitários existem em que o recurso a hipérboles torna evidente a inexistência de vontade negocial[112] ("o melhor que o Homem pode encontrar" ou "um livro que surge uma vez na vida para mudar a vida para sempre"), noutros a seriedade objectiva da mensagem leva a questionar a desnecessidade de tutela do destinatário. Por outro lado, uma interpretação sistematicamente satisfatória implica uma clara delimitação em relação à reserva mental: a expectativa de que a seriedade não seja reconhecida não é, por si, suficiente para que, no confronto com a expectativa razoável do declaratário, se deva recusar a produção de efeitos negociais; por outro lado, a eleição do "intuito de enganar" como critério distintivo parece inadequada para explicar uma diferença tão significativa entre ambos os regi-

---

[111] Consideram relevante a falta de vontade de emitir uma declaração negocial mesmo quando a falta de seriedade não seja externamente reconhecível RUI DE ALARCÃO, "Reserva mental e declarações não sérias. Declarações expressas e declarações tácitas – o silêncio", *BMJ*, 86 (1959), pp. 11 e ss.; I. GALVÃO TELLES, *cit.*, pp. 79-80; OLIVEIRA ASCENSÃO, *cit.*, II, pp. 124, acentuando a coerência do Código, relativamente ao regime da falta de vontade e consciência de emitir uma declaração negocial; CARVALHO FERNANDES, *cit.*, II, p. 394. Hesitante quanto à solução relativamente aos casos em que a não seriedade não foi conhecida nem era cognoscível do declaratário, MANUEL DE ANDRADE, *cit.*, pp. 218-9. A redacção do artigo 245.°/1 do Cód. Civil é praticamente idêntica à do § 118 do *BGB*. No Direito alemão, a questão tem igualmente sido objecto de ampla discussão doutrinária. No sentido da exigência da reconhecibilidade objectiva da falta de seriedade, DANZ, *A interpretação dos negócios jurídicos (contratos, testamentos, etc.). Estudo sobre a questão de direito e a questão de facto*, 3.ª Ed., Trad. Fernando de Miranda, Coimbra, 1942, p. 30. Contudo, a maioria da doutrina mais recente aponta a relevância da falta de vontade de emitir uma declaração negocial, mesmo naquele tipo de declarações; v. C.-W. CANARIS, *Die Vertrauenshaftung im Deutschen Privatrecht*, C. H. Beck, München, 1971, p. 550: como nos casos de falta de consciência da declaração, só pode afirmar-se a imputação se o declarante *puder* conhecer o significado da sua declaração e do seu comportamento (itálico nosso), não sendo exigidos um comportamento culposo ou a existência de um dever de protecção perante o titular da situação de confiança; v. também pp. 425 e ss.; LARENZ/WOLF, *cit.*, pp. 645-6, considerando o § 118 como uma disposição especial em que se vê um afloramento da teoria da vontade: o princípio geral teria de ser antes fornecido pela *Geltungstheorie*, na qual a existência de uma "consciência da declaração" é aferida a partir do horizonte do declaratário; FLUME, *Allgemeiner Teil des bürgerlichen Rechts*, II, *Das Rechtsgeschäft*, Berlin, 1992, p. 413.

[112] Nas declarações não sérias está presente apenas a "vontade de acção" (*Handlungswille*), faltando a "vontade da acção como declaração" (*Erklärungswille*) e, naturalmente, a "vontade negocial" (*Geschäftswille*), porque o declarante, querendo emitir a declaração, não pretende que ela adquira validade jurídica, verificando-se uma descontinuidade logo no plano da relação entre a vontade e os efeitos jurídico-declarativos, como nota P. MOTA PINTO, *Declaração tácita…*, *cit.*, p. 258, n. (175); considerando faltar apenas a "vontade funcional", CASTRO MENDES, *cit.*, p. 21.

A *eficácia negocial da mensagem publicitária* 213

mes[113]. É, por isso, de concluir, como propõe Menezes Cordeiro, por uma *objectivação* desta figura, "segundo critérios de normalidade e razoabilidade sociais"[114]. E não parece que esta construção implique desarmonia no sistema jurídico-negocial, pela diferença em face do princípio de imputação subjectivo anteriormente afirmado a propósito dos comuns problemas "de falta de consciência da declaração"[115]. Nos casos de declaração não séria, o declarante tem consciência da emissão da declaração, *confiando* no significado não negocial daquela[116]: deve então suportar o *risco* da interpretação de uma diferente interpretação por parte do declaratário se tiver recorrido a mensagens que no tráfego sejam entendidas como uma declaração relevante para o Direito[117-118].

---

[113] Acresce que, a ser o intuito fraudulento a servir de nota distintiva da reserva mental, dever-se-ia em coerência aceitar as respectivas consequências para a situação em que se tenha proferido uma declaração objectivamente não séria com a intenção de enganar o declaratário. Ora, não teria sentido, mesmo em face de um "erro grosseiro" ou não desculpável do declaratário, manter o declarante jurídico-negocialmente vinculado a uma declaração cujo conteúdo não é pretendido por nenhum dos titulares dos interesses potencialmente afectados.

[114] MENEZES CORDEIRO, *Tratado...*, I, *cit.*, p. 793.

[115] Defendendo uma posição subjectivista quanto à falta de seriedade da declaração coincidente com a visão *de jure condito* do princípio de imputação subjectivo da falta de consciência e vontade da declaração, embora com dúvidas no plano do Direito a constituir, pelo facto de mesmo com a responsabilidade objectiva do declarante ficar por justificar um salto relevante quanto à solução da validade negocial nos casos de reserva mental, P. Mota Pinto, *Declaração tácita...*, *cit.*, p. 260.

[116] Parece que o tipo subjectivo do artigo 245.º/1 do Cód. Civil só deve considerar-se realizado mediante uma directa intenção de que a declaração seja entendida pelo declaratário como não séria; inversamente, é suficiente a mera aceitação do risco de engano do declaratário (um "dolo eventual" relativamente ao resultado enganador) para que não seja possível invocar a ineficácia da declaração emitida, abrindo campo à intervenção das normas relativas ao erro ou à reserva mental, ainda que se trate de uma declaração objectivamente séria.

[117] Invocando o argumento, sem contudo concluir pela irrelevância da vontade não séria, C.-W. CANARIS, *Vertrauenshaftung...*, *cit.*, p. 550.

[118] Quanto às consequências da emissão de uma declaração não séria, no artigo 245.º/1 do Cód. Civil, o legislador limitou-se a dispor que aquela "carece de qualquer efeito", sendo pertinente perguntar se o desvalor do comportamento declarativo é a inexistência ou a nulidade. A maioria da doutrina, partidária de uma concepção puramente subjectiva de "declaração não séria", distingue, no plano das consequências, as declarações patentemente não sérias (inexistência jurídica) das situações em que a falta de seriedade não é conhecida nem cognoscível (nulidade): MANUEL DE ANDRADE, *cit.*, II, p. 219; J. CASTRO MENDES, *cit.*, II, p. 145; C. A. MOTA PINTO, *cit.*, p. 491; CARVALHO FERNANDES, *cit.*, I, p. 394; OLIVEIRA ASCENSÃO, *cit.*, II, p. 124. No sentido da nulidade, MENEZES CORDEIRO, *Tratado...*, I, *cit.*, p. 792; P. MOTA PINTO, *Declaração tácita...*, *cit.*, pp. 260-1, n. (180) entende que a sanção para as declarações não sérias previstas *previstas no artigo 245.º/1* (itálico nosso) é, em rigor, a nulidade, porque nos casos de ostensiva falsa de seriedade não é

214 *Nuno Tiago Trigo dos Reis*

Evidentemente, se a falta de seriedade é *ab initio* reconhecida pelo declaratário, decorre das regras gerais relativas à interpretação que não existe sequer uma declaração de vontade negocial[119].

Prescreve o artigo 245.°/2 a obrigação de indemnizar o declaratário pelo prejuízo que este sofrer caso "a declaração for feita em circunstâncias que induzam o declaratário a aceitar justificadamente a sua seriedade"[120]. Em coerência com o que antes se disse a propósito da relevância da reconhecibilidade externa da falta de seriedade da declaração, esta disposição apenas é aplicável aos casos em que se verifique uma situação de confiança fundada numa declaração patentemente não séria, mas que, por especiais razões, seja merecedora de tutela perante a ordem jurídica[121]. Existe aqui um *Tatbestand* de confiança,

---

sequer possível apurar interpretativamente o elemento objectivo de declaração. Como afirma MENEZES CORDEIRO, a autonomia da inexistência jurídica enquanto vício autónomo depende de dela se inferir um regime diferente da nulidade, o que não pode ser feito, se se tiver em conta que as normas que tutelam a boa fé de terceiros também têm de intervir nos casos em que se estaria perante um negócio aparentemente inexistente (cit., pp. 864 e ss.). Acresce que as situações em que a declaração é interpretada como não séria pelo declaratário, estaremos perante abaixo do limiar de aparência objectiva de declaração pressuposto pelo artigo 245.°/1.

[119] LARENZ/WOLF, *cit.*, p. 646. OLIVEIRA ASCENSÃO, *cit.*, II, pp. 124 e ss., distingue as declarações não sérias das declarações funcionalmente não negociais, em que o exercício da função na qual é feita a declaração retira objectivamente o significado negocial que aquela merecia na aparência (como a declaração emitida por um professor para explicar a proposta contratual). Nestes casos, embora não se possa falar de uma declaração não séria, pois a explicação não é subjectiva, i.e., dependente da consciência da declaração, mas objectiva, o regime aplicável é, por maioria de razão, o das declarações não sérias; o dever de indemnizar depende de um abuso da função desempenhada, como se de um excesso das causas de justificação se tratasse, havendo um paralelismo com as hipóteses previstas no artigo 245.°/2.

[120] Esta disposição tem algum paralelismo com o § 122 (II) do *BGB*.

[121] Naturalmente, não se pretende com isto defender a possibilidade de autonomização entre o *significado* (patentemente não sério) de um enunciado e as *circunstâncias* (o contexto) em que o mesmo é emitido. Não existe um "significado natural" das palavras independentemente das circunstâncias do discurso: a função pragmática da linguagem exerce uma função actualizadora do valor semântico dos significantes, o que é observável em qualquer código linguístico. V. FERREIRA DE ALMEIDA, *Texto e enunciado...*, *cit.*, I, p. 150. Uma mensagem patentemente não séria que, pelas circunstâncias em que seja proferida, possa justificadamente ser considerada como séria é uma asserção contraditória. Porém, isto não implica a aceitação como boa da tese subjectivista: outras razões poderão levar à necessidade de tutela da confiança do declaratário, designadamente aquelas que se prendem com o horizonte de compreensão, determinado por *standards* médios de razoabilidade, diligência ou perspicácia, acrescidos das circunstâncias efectivamente conhecidas pelo declaratário real. Não são outras as consequências da aplicação do critério geral de interpretação constante do artigo 236.°/1 do Cód. Civil a este caso.

autónomo e especial em relação às situações tuteladas pela *cic*[122]: a imputação do dano sofrido pelo declaratário não depende de uma violação de um dever e menos ainda de uma conduta culposa; o dever de indemnizar está limitado ao interesse contratual negativo[123]; a confiança do declaratário deve ser *justificada*[124].

III – **A mensagem publicitária como oferta ao público**

I. Enquanto mensagem tipicamente desprovida de destinatário determinado, a mensagem publicitária poderá servir três diferentes intenções do declarante: a de emitir um mero convite a contratar, a de fazer uma proposta ao público ou a de fazer uma promessa unilateral. No que se acaba de dizer vai já explícito o critério diferenciador dos três efeitos jurídicos típicos deste enunciado: a diferente direcção da vontade daquele a quem deve ser imputada a comunicação publicitária[125].

---

[122] Neste sentido, CARNEIRO DA FRADA, *Teoria da confiança...*, cit., pp. 833-4; HEINRICH HÖRSTER, cit., pp. 550 e ss.; C.-W. Canaris, *Die Vertrauenshaftung...*, cit., p. 550. Contra, considerando que o comportamento do autor de uma declaração feita em circunstâncias que induzam o declaratário a aceitar justificadamente a sua seriedade é ilícito, OLIVEIRA ASCENSÃO, cit., II, p. 125. Não se nega a possibilidade de convocar o regime da *cic* perante a emissão de uma declaração não séria. Assim é quando exista violação de um dever de informação imposto pela boa fé, como nas situações em que o vendedor se apercebe que o declaratário tomou a mensagem publicitária do próprio vendedor como séria, nada fazendo para cessar o "erro sobre a seriedade" em que se encontra a outra parte. Ponto é que o artigo 245.°/2 constitui tipo objectivo autónomo do artigo 227.°, permitindo a tutela da confiança do declaratário *independentemente* da existência de deveres de conduta ou do respectivo incumprimento. V. LARENZ/WOLF, cit., p. 646.

[123] Pela defesa da limitação da indemnização ao dano de confiança, sob pena de se fazer equivaler a aparência à realidade jurídica, em flagrante contradição com os §§ 118, 119 e 122 do *BGB*, C.-W. Canaris, *Die Vertrauenshaftung...*, cit., p. 549.

[124] Não existirá dever de indemnizar caso o declaratário só por negligência, credulidade ou ingenuidade tenha tomado a declaração por séria; LARENZ/WOLF, *loc. cit.*. É assim, não por funcionamento da culpa do lesado (artigo 570.° do Cód. Civil), uma vez que a imputação do dano não depende aqui da inobservância de qualquer dever, mas antes porque não chega a estar preenchido o tipo objectivo do artigo 245.°/2: não existe lesão de uma situação de confiança merecedora da intervenção do Direito.

[125] TREITEL, *On the law of contract*, 11.ª Ed., Sweet & Maxwell, London, 2003, p. 11. Fora dos casos em que o oferente faz expressamente notar que não fica vinculado perante a simples aceitação da outra parte, as concretas expressões utilizadas não são decisivas, podendo um mero convite a contratar conter a palavra "oferta" ou uma verdadeira oferta ser designada por "aceitação" ou conter um apelo a uma "oferta" por parte do declaratário.

216 Nuno Tiago Trigo dos Reis

II. A diferença mais sensível entre as diferentes qualificações que se apresentaram é aquela que separa o convite a contratar da oferta pública. No convite a contratar, o autor apenas evidencia a sua disponibilidade relativamente a um processo de negociação, sem contudo se vincular à celebração do contrato; pela negativa, existe convite a contratar sempre que um enunciado seja apto a integrar o texto de um contrato, sem que no entanto satisfaça os conhecidos requisitos de uma proposta[126]. Evidentemente, a isto não se segue a irrelevância do convite a contratar: para além das expectativas que tal convite suscita, exerce uma função de delimitação de futuros contratos[127], constituindo, por outro lado, um elemento de interpretação do texto contratual. O convite a contratar pode ter um destinatário determinado, ser dirigido ao público ou ainda a certas categorias de pessoas determinadas segundo critérios gerais, neste ponto não se distinguindo da proposta contratual, ainda que se reconheça que tenha suscitado particular interesse os convites que tenham o público como destinatário.

Diferentemente, na proposta pública existe uma intenção de contratar completa e efectiva, a qual pode ser manifestada através de impressos remetidos a pessoas indeterminadas, em tabuletas ou exposição de bens em escaparates[128]. Assumindo papel fundamental no actual tráfego de massas, a proposta dirigida ao público pode ser revogada desde que a revogação revista a mesma forma da oferta ou forma equivalente[129] (artigo 230.º/3 do Cód. Civil).

Por outro lado, nota Ferreira de Almeida[130] que carecem de demonstração

---

[126] FERREIRA DE ALMEIDA, *Texto e enunciado...*, cit., II, p. 808.

[127] PAIS DE VASCONCELOS, *Teoria Geral do Direito Civil*, I, Lex, Lisboa, 1999, p. 219; em sentido próximo, D. MEDICUS, *Allgemeiner Teil des BGB*, C. F. Müller, 9.ª Ed., Heidelberg, 2006, p. 140, para quem o facto de o vendedor na maior parte das vezes apenas fazer um convite a contratar não torna irrelevantes para o conteúdo contratual as concretas e objectivas mensagens publicitarias que não houverem sido corrigidas antes da celebração do contrato. Nesta medida, terão os meros comportamentos pré-negociais muito provavelmente relevância jurídica para a aceitação e a oferta.

[128] MENEZES CORDEIRO, *Tratado...*, I, cit., p. 558. FERREIRA DE ALMEIDA, *Texto e enunciado...*, loc. cit., aponta como características da oferta ao público a indeterminação pessoal do declaratário, a fungibilidade da pessoa do futuro contraente e o recurso a um meio público de difusão dos enunciados integrantes da declaração.

[129] A amplitude com que é possível a revogação da proposta ao público torna mais facilmente compreensível a opção político-legislativa favorável à ampla admissibilidade da figura, à semelhança do que sucede no Direito italiano (artigo 1136.º do *Codice Civile*) e ao contrário do texto da Convenção de Viena sobre a compra e venda internacional de mercadorias (artigo 14.º/2) ou do Direito alemão (onde a inexistência de solução legislativa tem permitido ampla discussão neste ponto).

[130] FERREIRA DE ALMEIDA, *Texto e enunciado..*, cit., II, p. 809.

as teses segundo as quais a proposta dirigida a pessoas indeterminadas deve, em princípio ser entendida como um convite a contratar[131]: a circunstância de os bens na disponibilidade do vendedor poderem não ser suficientes para ser possível o cumprimento do dever de prestar emergente de cada um dos contratos que havia sido celebrado[132] não procede, uma vez que tal é já um efeito decorrente da eventual qualificação do enunciado como oferta ao público: uma vez reunidos os pressupostos de que dependa tal qualificação, independentemente de estes deverem ser acrescidos em exigência perante a particular circunstância da publicidade do enunciado, seguem-se as consequências previstas nos termos gerais. Evidentemente, isto não implica que não possa haver intervenção das normas relativas ao erro sobre o objecto ou erro na declaração[133], sem o

---

[131] Neste sentido, C. A. MOTA PINTO, *cit.*, p. 443, dando como exemplos de situações em que "o vendedor quer reservar para si a decisão final" aquela em que alguém anuncia num jornal que vende certas mercadorias a tanto por quilograma ou envia listas de preços. Já deveria ser outra a conclusão caso a pessoa que tivesse feito a proposta tiver indicado claramente, ou isso resultar das circunstâncias, que consideraria o contrato perfeito com a mera declaração de aceitação de outrem, como seriam os casos dos distribuidores automáticos ou de exposição de produtos em montras ou prateleiras de supermercados com indicação do preço e sem reserva. Para H. HÖRSTER, haveria que ter em consideração os usos e as circunstâncias a contratar como forma de distinguir a proposta ao público do convite a contratar, com o que não parece, contudo, implicar uma qualificação como convite a contratar nos casos duvidosos; v. *cit.*, p. 143. É este o entendimento dominante no direito anglo-saxónico: v., por todos, FARNSWORTH, *Farnsworth on Contracts*, I, 2.ª Ed., New York, 1998, pp. 242: recorrendo ao "objective test", nos termos do qual se considera que alguém fez uma proposta a outrem quando o declaratário podia razoavelmente acreditar que o declarante queria fazer uma proposta (p. 237), conclui que um prospectivo cliente não tem geralmente razões para acreditar que um vendedor se quis expor ao risco de o número de aceitações exceder o *stock* existente. Apesar de reconhecer ser tentadora a solução acentuadamente menos objectivista de considerar como oferta ao público aquela declaração que possa na perspectiva do declarante ser entendida pelos respectivos destinatários como tal, parece não acolher tal solução. Já seria de considerar haver uma proposta negocial nos casos em que os respectivos efeitos estivessem sujeitos à condição suspensiva ou resolutiva de o *stock* existente ser suficiente para cumprir as obrigações que viessem a surgir ou em que o número de aceitantes que reunissem os pressupostos constantes da proposta fosse reduzido.

[132] Também D. MEDICUS, *cit.*, p. 140, entende que as descrições do objecto da prestação constantes de anúncios de jornal, ainda que acompanhadas da indicação do preço não valem como proposta ao público, porquanto não seria razoável querer o risco de se ficar vinculado a um maior número de contratos do que aqueles que se pode cumprir.

[133] O problema conhece particular acuidade nas situações de contratação através de aparelhos automáticos. Desde logo, parece que aqui se deverá entender a colocação dos aparelhos automáticos como proposta ao público, consistindo a introdução das espécies monetárias (ou um ulterior acto de selecção do produto desejado) numa aceitação contemporânea de um acto de execução do cumprimento do dever de prestar. Em sentido diferente, D. MEDICUS, *cit.*, p. 141, para

218   Nuno Tiago Trigo dos Reis

que se sujeitaria injustificadamente o vendedor a uma situação menos favorável do que aquela em que estaria se recorresse à contratação individualizada.

Questão que assume relevo particular é a da possibilidade de formação de uma proposta ao público mediante uma mensagem publicitária. A maioria da doutrina depunha tradicionalmente no sentido da qualificação como mero convite a contratar[134]. Com efeito, o autor da mensagem publicitária não tem,

quem a lista de produtos contidos na máquina representaria apenas um preparatório do contrato, uma vez que existiria a possibilidade de esgotamento do *stock* e, para além disso, não se poderia ver no não funcionamento da máquina fundamento para a exigibilidade do dever de prestar, mas do dever de indemnizar. I. GALVÃO TELLES, *cit.*, pp. 150-1, considera que o proprietário ou concessionário fazem uma proposta ao público condicionada à existência de produtos e à possibilidade de prestação dos serviços, devendo os casos de avaria ser resolvidos segundo as circunstâncias de cada caso, nos termos da culpa na formação dos contratos. Os argumentos não são totalmente convincentes: é possível, e até frequente, que no contexto de contratação com recurso a autómatos os enunciados constantes das instruções de funcionamento da máquina, relativos à descrição do bem, ao preço e às condições de pagamento permitam dizer que os elementos essenciais do futuro contrato constam já da proposta; por outro lado, quando a insuficiência de bens disponíveis ou a avaria da máquina não sejam aparentes para a pessoa interessada na utilização da mesma, dever-se-á considerar celebrado o contrato, estando aquele que explora a máquina sujeito ao dever de prestar. Existe neste ponto uma intersecção com o problema, exorbitante da finalidade desta investigação, da diferença entre o originário e o superveniente no Direito das obrigações. Se esta conclusão é já no plano do direito positivo defensável quanto aos negócios que tenham por objecto uma coisa genérica, não se vê razão para se manter o regime da impossibilidade originária constante do artigo 401.º/1 do Cód. Civil relativamente àqueles que recaiam sobre coisa específica. Neste ponto, esteve bem o legislador alemão da *Schuldrechtsmodernisierung* ao prever a eficácia contratual em situação de impedimento da prestação aquando da conclusão do contrato no novo § 311a (1) do *BGB*: "[n]ão impede a eficácia de um contrato o facto de o devedor não ter de prestar por força do § 275 1 a 3 e de o impedimento da prestação já existir aquando da conclusão do contrato."; acrescenta-se no § 311a (2): "[o] credor pode exigir, segundo escolha sua, indemnização em vez de prestação ou a indemnização dos seus dispêndios, no âmbito prescrito no § 284. Tal não se aplica quando o devedor não conhecesse o impedimento da conclusão" (a tradução é de MENEZES CORDEIRO, *Da modernização do Direito Civil*, I, Almedina, Coimbra, 2004, p. 108).

[134] C. A. MOTA PINTO, *loc. cit.*; MENEZES CORDEIRO, *Tratado...*, I, *cit.*, p. 557: "[...] através de vários meios, as entidades interessadas podem incitar pessoas indeterminadas a contratar; aí assenta a importante actividade da publicidade; não há, porém, oferta ao público quando o "convite" não compreenda todos os elementos para que, da sua simples aceitação, surja o contrato; em regra, o simples convite publicitário pressupõe negociações ulteriores, das quais poderá resultar uma verdadeira proposta". TREITEL, *cit.*, pp. 13-4, entende que os anúncios publicitários não são geralmente ofertas ao público, na medida em que o anunciante deseja muitas vezes saber da capacidade do futuro devedor para cumprir as obrigações resultantes do contrato a ser celebrado, preferindo por essa razão continuar as negociações antes de aceitar um estado de sujeição em relação a outrem. Acrescenta que o *punctum crucis* reside na vontade do anunciante em cada caso: um

A eficácia negocial da mensagem publicitária   219

na generalidade dos casos, vontade de se vincular aos efeitos de uma declaração negocial. A publicidade joga o seu papel num momento a montante da

anúncio de jornal informando que certos bens se encontram à venda não é uma oferta pública, o mesmo se podendo dizer de um anúncio da realização de um leilão ou da apresentação de uma carta de vinhos ou de um menu de um restaurante; já um anúncio afixado à porta de um parque de estacionamento é uma oferta pronta a ser aceite pelo condutor que nele deseje estacionar o seu veículo. LARENZ/WOLF, *cit.*, pp. 555, defendem que a emissão de catálogos e listas de preços ou anúncios de jornais não constituem propostas ao público: por um lado, permanece em aberto o número de exemplares do bem anunciado que o vendedor tem na sua disponibilidade e, por outro, antes de aceitar ficar vinculado quererá examinar a solvabilidade ou capacidade de financiamento do prospectivo comprador. Diferentemente, J. KÖNDGEN, *Selbstbindung…, cit.*, pp. 291 e ss., considerando esta argumentação estranha à realidade das modernas economias do ocidente, em que a satisfação das necessidades dos consumidores não se compadece com a tradicional negociação compreensiva do texto contratual e desprovida de fundamento a razão assente na desconfiança relativamente à solvabilidade do devedor, que é praticamente exclusiva daqueles que concedem crédito aos respectivos clientes; não haveria necessidade de recorrer à ficção de se considerar estar perante um mero convite a contratar para obviar ao efeito de considerar o vendedor obrigado a entregar um número de bens superior àquele de que dispõe, pois a oferta só se manteria eficaz enquanto o devedor dispusesse de bens suficientes. Em particular, existiria na visão do A. uma oferta ao público nos casos de um anúncio publicitário associado a uma descrição de um bem ou de adopção de uma conduta no mercado susceptível de desencadear um processo de auto-apresentação de que o agente não se poderia dissociar. Esta construção é, todavia, de rejeitar: para além do que se disse quanto à valia da noção sociológica de "auto-apresentação" para a Ciência do Direito, não se pode ver perfeita sobreposição entre nos binómios oferta/procura e proposta/aceitação, sendo possível e até frequente ser o consumidor o autor da proposta, como bem nota D. MEDICUS, *cit.*, p. 140. Acresce que a mera descrição da qualidade de um bem não é aspecto suficiente para que de uma oferta ao público se possa falar, mesmo em face de textos legais como aqueles que hoje determinam a inclusão no objecto contratual de tais descrições. Não existe vinculação negocial sem a consciência e vontade de uma declaração de vontade e validade: a repercussão de enunciados publicitários no objecto do contrato é resultado possível de um complexo processo interpretativo, o qual se reveste complexidade particular por tipicamente envolver enunciados emitidos em momentos distintos, eventualmente por locutores distintos.

Menos permissivo quanto à possibilidade de formação de propostas ao público mediante mensagens publicitárias, M. LEHMANN, *Vertragsanbahnung durch Werbung*, C. H. Beck, München, 1981, pp. 114 e ss.: partindo da noção de "preparação do contrato" (*Vertragsanbahnung*) e da diferença entre o conceito e o acto de celebração do contrato, verifica que a actividade económica antecedente de uma proposta desenvolvida pelo lado da oferta não se encontra tipicamente fundada numa declaração negocial, mas numa informação dirigida ao público de que determinado agente económico está interessado na celebração de futuros contratos, após eventual negociações. Na maior parte dos anúncios publicitários, existiria apenas um convite "ad incertas personas" para que estas emitam uma oferta. Quando alguém anuncia: "Beba coca-cola!", falta a declaração de validade (*Geltungserklärung*) e, consequentemente, a vontade de vinculação jurídico-negocial.

220 *Nuno Tiago Trigo dos Reis*

emissão de uma proposta negocial: quer a linguagem, vaga, metafórica e lacunar, quer a apontada dupla função da publicidade são dificilmente compatíveis com os efeitos decorrentes de uma proposta negocial. Acresce que esta vontade de não vinculação negocial do autor da mensagem publicitária corresponde ao entendimento generalizado do público destinatário da mensagem[135]. Não é o recurso a um meio público de difusão de enunciados[136] nem a circunstância de o autor da mensagem desconhecer a solvabilidade dos prospectivos clientes[137] que servem de obstáculo a encontrar-se na publicidade uma proposta negocial. Nem é possível dizer em abstracto se as mensagens publicitárias são ou não suporte de propostas ao público ou de convites a contratar: haverá uma proposta ao público quando da interpretação do enunciado resulte que o destinatário as possa levar à conclusão do contrato mediante simples aceitação ou aceitação de um dos conteúdos alternativamente possíveis da proposta[138]. Dir-se-á apenas é

Mediante anúncios de jornal, envio de catálogos ou exposição de produtos em montras, a actividade económica é consabidamente desenvolvida fora dos quadros da declaração negocial, procurando informar o lado da procura e estimular o aumento do consumo; v. também M. LEHMANN, *Vertragsanbahnung…*, *cit.*, pp. 344-6, e "Informationsverantwortung…", *cit.*, p. 287: o efeito informativo e aquisitivo da publicidade sobre a decisão de compra da coisa leva a que se considere que os bens são por aquela "pré-vendidos".

[135] Assim, o sentido que um declaratário normal retirará, colocado na posição do real declaratário, será favorável ao entendimento da mensagem como um mero convite a contratar. Mostramo-nos, assim, com P. MOTA PINTO, favoráveis a um recurso ao critério interpretativo constante do artigo 236.º Cód. Civil para o efeito de determinar a existência de uma declaração negocial a partir de um enunciado.

[136] Como se pode concluir a partir da ampla admissibilidade da formação de propostas ao público, nos termos do artigo 230.º/3 do Cód. Civil.

[137] No moderno tráfego de massas, existe tendencialmente uma indiferenciação do destinatário de ofertas públicas. Só assim não será quando se recorra a mecanismos de crédito ou de diferimento da exigibilidade da obrigação de pagamento do preço em relação à celebração do contrato, situação em que será evidente a necessidade de determinação de um destinatário determinado para firmar a vontade de emissão de uma declaração negocial.

[138] Ferreira de Almeida, *Texto e enunciado…*, *cit.*, II, p. 822-23. Acrescenta o A. que se pode extrair a conclusão tendencial de que os catálogos e listas de preços inserem geralmente propostas ao público (expressas ou tácitas), embora "um só "spot" (audiovisual) dificilmente possa incluir todos os elementos exigíveis na composição de uma proposta contratual". Contudo, cremos que ambos os grupos de casos devem ser igualmente sujeitos à tendencial qualificação como convite a contratar, uma vez que não deve atender-se apenas a elementos proposicionais do texto negocial, mas à relação entre a vontade do anunciante os efeitos implicados pela emissão de uma declaração negocial (cf., de novo, o artigo 246.º do Cód. Civil). O entendimento de FERREIRA DE ALMEIDA só pode ser compreendido à luz da teoria do negócio jurídico proposta e por nós já criticada, que dispensa a vontade como conceito operativo, afirmando que "[n]o que à publici-

A eficácia negocial da mensagem publicitária 221

conforme com os usos e com a consciência jurídica dominante no tráfego que os enunciados devem em regra ser tidos por meras *invitationes ad oferendum*[139]. E que não é mediante uma análise linguística, sociológica ou económica que se pode encontrar razão para ver aqui uma proposta ao público.

III. Por outro lado, tem sido suscitada a questão de saber se a discussão sobre a qualificação da publicidade como oferta ao público ou como convite a contratar não perdeu sentido útil em face das proposições legais que hoje determinam a inclusão das mensagens publicitárias no conteúdo do contrato[140] ou as tomam como padrão aferidor da qualidade do objecto contratual[141-142].

---

dade diz respeito, o limiar mínimo da consciência negocial está ultrapassado por natureza. Todo o reclame de uma actividade económica denota "a intenção genérica de concluir negócios", que se mostra, na máxima evidência, quando o anunciante coincide com a parte comum em futuros contratos em série." (*cit.*, p. 908).

[139] M. LEHMANN, "Informationsverantwortung…", *cit.*, 286: falta geralmente às declarações públicas sob o ponto de vista do horizonte do destinatário a vontade de vinculação do vendedor. É diversa a solução constante do Anteprojecto do Código do Consumidor, prevista no artigo 184.° (Proposta ao público): "[p]resume-se que constitui uma proposta ao público a mensagem publicitária que identifique o bem ou serviço oferecido e o seu preço". A opção tomada não nos merece aplauso: a receber força de lei, teremos uma disposição supletiva contrária à normal intenção dos anunciantes e mesmo à concordante expectativa de um consumidor razoável. Acresce que esta se arrisca a ser uma proposição geradora de insegurança jurídica, por se considerar privilegiada a versão de um feixe de destinatários excessivamente amplo no sentido da vinculação a uma declaração negocial. Daqui podem advir efeitos sistémicos perniciosos: a tendencial eliminação de elementos concretos e objectivos do conteúdo da mensagem publicitária (em particular, o preço) e a consequente erosão da função informativa da publicidade em detrimento da função persuasiva; a maior relutância do lado oferta em recorrer à comunicação publicitária, levando a uma menor diferenciação dos produtos e ao empobrecimento do acto de consumo.

[140] Cf. artigo 7.°/5 da LDC.

[141] Cf. artigo 2.°/2, al. *d*), da D. 1999/44/CE e do Decreto-Lei n.° 67/2003.

[142] Para BERNREUTHER, a distinção entre *invitatio* e convite a contratar de acordo com o § 145 do BGB tornou-se redundante para aferir as qualidades especiais do objecto da compra e venda, em face da possibilidade de existência de um defeito material decorrente da publicidade. Se até 2002 a distinção entre um convite a contratar e uma proposta contratual dependia de o comprador deveria ter entendido alguma expressão com relevância de garantia do vendedor a partir do seu horizonte de expectativas numa apreciação objectiva das circunstâncias de acordo com a boa fé, a partir desta data, e em face da nova redacção do § 434, a não corporização no bem vendido de uma qualidade constante de publicidade justifica um "direito à reposição da conformidade" (*Gewährleistungsrecht*) daquele bem com o conteúdo da mensagem publicitária. A distinção entre as duas figuras passaria a ter a sua relevância restringida ao preço do bem: não sendo o preço uma propriedade da coisa, uma representação publicitária dos preços errónea não poderia ser justificante de um defeito material da coisa. Efectivamente, parece-nos que o preço de um bem não

222   *Nuno Tiago Trigo dos Reis*

Os dois problemas devem ser considerados de forma independente[143]. Não parece correcto dizer-se que tenha perdido relevância a diferença entre o convite a contratar e oferta contratual: o facto de as mensagens publicitárias serem relevantes para aferir da conformidade do bem com o objecto contratual não dispensa a delimitação temporal do processo de formação do contrato e da ponderação das respectivas consequências, como sejam a determinação do período de sujeição do oferente à oferta contratual ou do exacto momento de celebração do contrato, e dos consequentes efeito translativo e de transferência do risco[144]. Deve reconhecer-se que existe apenas aqui uma manifestação, porventura mais evidente, de um fenómeno mais geral pertencente ao processo de formação de contratos: a difusão de diferentes enunciados em diferentes contextos espácio-temporais e, com frequência, a partir de diferentes agentes. Na construção do integral texto contratual há que atender a todos os enunciados relevantes, contemporâneos ou anteriores à celebração do contrato, sob o prisma da autonomia privada e das necessidades impostas pela necessária mediação da ordem jurídica. Ora, o que sucede na generalidade dos casos é uma referência legalmente imposta a enunciados que anteriormente hajam sido emitidos por meios de difusão públicos; mas essa referência não abstrai, mas pelo contrário depende e tem o seu ponto de partida numa declaração negocial, como tal entendida a declaração de vontade e de validade (*in Geltung Setzung*). Antes de existir uma declaração negocial, seja ela provinda do prospectivo vendedor ou do prospectivo comprador, não é possível falar-se sem ficção em eficácia negocial da publicidade. O facto de se reconhecer relevância a

pode, em si mesmo, ser visto como uma qualidade ou desempenho do mesmo, para os efeitos previstos no artigo 2.°/2, al. *d*), da D. 1999/44/CE, embora seja um elemento relevante para aferir das razoáveis expectativas do consumidor e possa, deste modo, exercer um efeito conformador daquelas características do bem. É razoável que um bem vendido a um preço consideravelmente inferior ao de mercado suscite no consumidor uma expectativa de uma qualidade inferior a um bem com as mesmas características publicitadas vendido ao preço de mercado. Já não nos parece possível dizer que o mesmo suceda sempre que se recorra à venda em saldos, porque aqui a prática da redução de preços é generalizada, esperável e não tipicamente acompanhada de uma maior descrença quanto às qualidades da coisa comprada.

[143] Tomando posição antes da aprovação da D. 1999/44/CE, CALVÃO DA SILVA, *Responsabilidade civil do produtor*, Almedina, Coimbra, 1990, pp. 198 e ss., limitava a eficácia negocial directa da publicidade aos casos em que existisse uma oferta ao público.

[144] A posição de BERNREUTHER é criticável por pressupor, ainda que sem o assumir de forma expressa, que as mensagens publicitárias concretas e objectivas não tomam parte no conteúdo contratual, quando estiverem fora das qualidades contratualmente acordadas. Ora, a uma coisa não se segue necessariamente a outra.

declarações concretas e objectivas do anunciante em relação às quais não existe uma vontade de fazer valer como declaração negocial, não é senão mais uma demonstração de que o "fundamento do reconhecimento e da tutela do negócio jurídico não pode ser visto, apenas, na autonomia privada"[145].

IV. Com uma mensagem publicitária pode ainda o anunciante vincular-se nos termos de uma promessa. A promessa pública é no Direito português uma categoria geral mais ampla do que o tipo negocial: através dela pode o promitente assumir obrigações no contexto de diferentes finalidades económico-sociais, como sejam as de liberalidade, troca ou garantia[146]. Na comunicação publicitária, raras vezes o anunciante prometerá alguma prestação ou atribuirá alguma qualidade ou função a um determinado bem fora de uma relação económica de troca. Diferentemente, no plano da eficácia jurídica, a nota é a da unilateralidade e da tendencial inexistência de um sinalagma genético ou funcional[147].

IV – A relevância da mensagem publicitária para a noção de conformidade nos contratos de compra e venda celebrados com consumidores

§ 1. *Considerações gerais*

I. Com inspiração na Convenção de Viena sobre a compra e venda internacional de mercadorias de 1980[148], foi introduzida na Directiva 1999/44/CE

---

[145] MENEZES CORDEIRO, *Tratado…*, I, *cit.*, p. 456. Toca-se aqui numa questão profunda da teoria do negócio jurídico, qual seja o seu fundamento último e o papel que o princípio da tutela da confiança nela é convocado para desempenhar. O problema será retomado adiante.

[146] FERREIRA DE ALMEIDA, *Texto e enunciado…*, II, *cit.*, pp. 828-9, empregando a expressão "função económico-social".

[147] O que não implica, contra o que vem sustentando a doutrina mais tradicional, que não possa recorrer-se no plano do direito do cumprimento das obrigações à aplicação pontual do regime previsto para o não cumprimento de contratos sinalagmáticos, como sejam as proposições respeitantes à excepção de não cumprimento (artigo 428.° do Cód. Civil). É que o resultado da concretização do dever de prestar pode estar, no plano da vontade das partes, dependente de um facto exterior à própria prestação, como o *Tatbestand* objectivo do artigo 459.° do Cód. Civil deixa indiciar: "[a]quele que mediante anúncio público, prometer uma prestação a quem se encontre em determinada situação ou pratique certo facto, positivo ou negativo, fica vinculado desde logo à promessa".

[148] STEFFAN GRUNDMANN, "Germany and the Schuldrechtsmodernisierung 2002", *ERCL*, 1

224   *Nuno Tiago Trigo dos Reis*

a noção de *conformidade* no Direito da compra e venda[149]. Ultrapassando o dogma jus-racionalista da impossibilidade de celebração de um negócio jurídico plenamente eficaz que tenha por objecto um bem com qualidades distintas daquelas que este efectivamente possui, o legislador comunitário ergueu uma nova construção do cumprimento defeituoso, assente numa obrigação de entrega de bens em conformidade com o contrato de compra e venda (artigos 2.º/1 da Directiva e do Decreto-Lei n.º 67/2003)[150-151]. A técnica utilizada foi

---

(2005), pp. 134 e ss.; DÁRIO MOURA VICENTE, "Desconformidade e garantias na venda de bens de consumo: A Directiva 1999/44/CE e a Convenção de Viena de 1980", *Themis*, 4, Ano II, 2001, pp. 121 e ss.; L. MENEZES LEITÃO, *Direito das Obrigações*, III, *cit.*, p. 157. Não é fácil estabelecer um paralelismo entre a Convenção de Viena e a Directiva e, bem assim, aceitar o recurso a uma interpretação desta última em conformidade com a primeira, em face das diferentes finalidades de ambos os textos (harmonização do direito da compra e venda internacional de mercadorias e protecção do consumidor), v. P. MOTA PINTO, "Conformidade e garantias…", *cit.*, p. 222; TWIGG-FLESSNER/R. BRADGATE, "The E.C. Directive on Certain Aspects of the Sale of Consumer Goods and Associated Guarantees – All Talk and No Do?", *2000 Web Journal of Current Legal Issues*, 2, disponível em http://webjcli.ncl.ac.uk/2000/issue2/flesner2.html.

[149] Entendendo por conformidade "a relação deôntica entre o referente, segundo o texto e o objecto do acto executivo", FERREIRA DE ALMEIDA, *Texto e enunciado…*, I, *cit.*, p. 639.

[150] V. igualmente o disposto no § 433 do BGB: "pelo contrato de compra e venda o vendedor de uma coisa fica vinculado a entregar a coisa ao comprador e a transmitir-lhe a propriedade sobre a coisa. O vendedor deve transmitir a coisa ao comprador livre de vícios de facto ou de direito" (trad. nossa).

[151] A adopção da categoria analítica do "dever" como ponto de partida para o cumprimento (e logicamente, para o não cumprimento) do contrato de compra e venda inspirou-se também nas fontes de Direito Internacional atinentes à unificação das soluções em vários ordenamentos respeitantes ao cumprimento defeituoso, designadamente na Convenção da Haia de 1964 sobre a compra e venda internacional de mercadorias (artigos 19.º/1 e 33.º/1) e na Convenção de Viena de 1980 sobre a venda internacional de mercadorias (artigos 35.º e ss). A opção por uma solução deste tipo, em detrimento da aplicação do regime do erro há muito vem sendo defendida entre nós: BAPTISTA MACHADO, *Acordo negocial e erro na venda de coisas defeituosas*, *BMJ*, 215 (1972), pp. 5 e ss; CARNEIRO DA FRADA, "Erro e cumprimento na não conformidade da coisa com o interesse do credor", *OD*, 121 (1989), pp. 461 e ss e "Perturbações típicas do contrato de compra e venda", *Direito das Obrigações* (coord. Menezes Cordeiro), III, 2.ª Ed., AAFDL, 1991, pp. 77 e ss; PEDRO ROMANO MARTINEZ, *Cumprimento defeituoso em especial na compra e venda e na empreitada*, Almedina, Coimbra, 1994, pp. 52 e ss. e 294 e ss.; CALVÃO DA SILVA, *Responsabilidade…*, *cit.*, pp. 253 e ss.; FERREIRA DE ALMEIDA, *Texto e enunciado…*, *cit.*, I, pp. 617 e ss.. Como refere FERREIRA DE ALMEIDA ("A qualidade do objecto contratual", *cit.*, pp. 17 e ss.), o termo qualidade, no direito, pode ter dois sentidos: qualidade enquanto padrão de referência e qualidade enquanto propriedade da entidade referida. Os dois sentidos são interdependentes, porque a qualidade do objecto referido se afere pelos requisitos da classe de referência e a qualidade-referência se constrói indutivamente a partir de semelhanças e diferenças entre objectos. Assim, nas soluções constantes das referidas disposições, encontra-se a superação do entendimento da prevalência da qua-

A de uma presunção de conformidade, cuja aplicação se encontra dependente da verificação cumulativa de quatro requisitos (artigo 2.º/2)[152]. Estes requisi-

lidade da coisa como é (*Istbeschanffenheit*) sobre a qualidade da coisa como deve ser (*Sollbeschaffenheit*), e o abandono da ideia de que a vontade negocial não pode incidir sobre qualidades que a coisa efectivamente não tem. As consequências dogmáticas são profundas: rejeição da tese da limitação do erro sobre o objecto ao erro sobre a substância, entendimento do cumprimento defeituoso na compra e venda de coisa específica como forma de não cumprimento, superação, no plano dos efeitos, entre *aliud* e *pejus*, ou *Identitätsaliud* (outra identidade) e *Qualificationsaliud* (outra qualidade)

[152] Entendem que não se trata de uma presunção em sentido técnico: A. LUMINOSO, *La compravendita*, 3.ª Ed. Torino, 2003, p. 307, afirmando que os requisitos incluídos naquela disposição seriam apenas situações exemplificativas de hipóteses de desconformidade do bem com o contrato, inseridos para auxiliar o intérprete; DE CRISTOFARO, *Difetto di conformità…, cit.*, pp. 69 e ss.; para MATILDE GIROLAMI, *cit.*, p. 232, não se trata de firmar um facto desconhecido a partir de um facto conhecido a articular com as disposições relativas ao ónus da prova, mas antes de valorar a subsistência de determinados requisitos para decidir da procedência da alegação do adquirente relativamente à correspondência do bem entregue com o próprio interesse. Os argumentos acabados de apresentar não parecem ter procedência. Não sendo imposta pela Directiva, em que apenas se considerava "útil" a respectiva introdução no Direito interno dos estados membros (v. considerando 8), a presunção de conformidade constitui uma forma possível de aferir do cumprimento da principal obrigação do vendedor, cuja adopção não deixará certamente de ser resultado de ponderação dos efeitos produzidos no plano do ónus da prova. Por outro lado, nada impede a existência de presunções que incidam sobre questões de Direito ou de facto e de Direito (como é o caso relativamente à situação de conformidade na execução de um contrato). Note-se que o artigo 2.º/2 da Directiva não encontra perfeita correspondência com a *presunção de desconformidade* introduzida no diploma de transposição da Directiva para o direito português. Nesta, ao invés, a verificação de um dos requisitos que servem de base da presunção é suficiente para se presumir a desconformidade do bem entregue com o contrato de compra e venda. A diferença não é inócua: se, nos termos do artigo 2.º/2 da Directiva, a versão onerada pelo ónus da prova é a do vendedor, prevalecendo a alegação de desconformidade do comprador em caso de dúvida sobre a existência de uma situação de conformidade, em face do texto do Decreto-Lei n.º 67/2003, o comprador não é primeiramente tutelado pela distribuição do ónus da prova, uma vez que só após a demonstração de um dos factos que servem de base à presunção se faz recair o risco de um *non liquet* sobre o vendedor. O argumento de que sempre seria mais fácil para o comprador provar a alegação de uma das requisitos da presunção (de acordo com o Decreto-Lei n.º 67/2003) do que ilidir uma presunção de conformidade (caso o vendedor conseguisse demonstrar a verificação dos quatro requisitos constantes da Directiva) é "virar a questão de pernas para o ar": o momento relevante, na realidade do direito probatório é desde logo o da demonstração dos factos que servem de base à presunção. Por esta razão, parece que estaremos perante um caso de incorrecta transposição de uma directiva. Num sentido crítico perante a técnica seguida pelo legislador português, L. MENEZES LEITÃO, *Direito das obrigações*, III, Almedina, 2006, pp. 131 e ss. Contudo, na 4.ª Ed. do Vol. III do *Manual de Direito das Obrigações*, escreve o Professor: "[a] opção parece-nos ser, no entanto, contestável, na medida em que não se vê como se pode presumir uma situação em resultado de um facto negativo, quando corre por conta do

226 Nuno Tiago Trigo dos Reis

tos apelam tanto a critérios subjectivos [al. *a*), relativamente à conformidade com a descrição do bem feita pelo vendedor ou as qualidades da amostra ou modelo apresentadas pelo vendedor; al. *b*), relativamente ao uso específico para que o consumidor destine o bem e que haja sido transmitido ao vendedor e por este aceite aquando da celebração do contrato e al. *d*), na medida em que as qualidades e o desempenho do bem sejam concretizadas por apelo a declarações públicas feitas pelo vendedor, produtor ou representante, designadamente através da publicidade ou rotulagem], e critérios objectivos [al. *c*), adequação às utilizações dadas a bens do mesmo tipo, e al. *d*), relativamente às qualidades e desempenho habituais em bens do mesmo tipo, atendendo à natureza do bem][153-154]. Na relação entre uns e outros, por um lado, e cada um

---

vendedor o ónus da prova de ter cumprido a obrigação de entrega dos bens em conformidade com o contrato./Em qualquer caso, convém referir que mesmo que se verifique que os bens de consumo possuem todas as características referidas no artigo 2.º, n.º 2, tal não demonstrará o cumprimento da obrigação de conformidade com o contrato referida no artigo 2.º, n.º 1, mas antes funcionará como presunção de existência dessa conformidade, aligeirando-se assim o ónus da prova que recai sobre o vendedor relativamente ao cumprimento da obrigação prevista" (cit., pp. 139-40). Diferentemente, o legislador italiano procedeu a uma transposição quase literal do artigo 2.º da Directiva (v. artigo 129.º do *Codice del Consumo*). Já no Anteprojecto do Código do Consumidor português, a presunção dá lugar à enumeração das condições de conformidade do bem entregue pelo vendedor. No artigo 256.º/3 do Anteprojecto, disposição inserida na divisão II ("Da conformidade com o contrato") da subsecção relativa ao contrato especial de compra e venda de bens de consumo, pode ler-se: "[o]s bens só são considerados conformes com o contrato se: a) corresponderem à descrição e a toda e qualquer declaração relevante feita pelo vendedor e possuírem as qualidades do bem que este tenha apresentado ao consumidor como amostra ou modelo; b) Não sofrerem de vício que os desvalorize; c) Forem adequados a todos os fins para os quais servem normalmente os bens da mesma categoria; d) Forem adequados ao fim especial comunicado ao profissional no momento da conclusão do contrato e aceite por aquele; e) Corresponderem a toda e qualquer declaração pública relevante, designadamente por via publicitária ou de rotulagem, feita a seu respeito pelo vendedor, produtor ou por um seu representante, ou por um profissional anterior situado na mesma cadeia contratual; f) Possuírem as qualidades que o consumidor podia razoavelmente esperar, designadamente estarem isentos de qualquer defeito, incluindo defeitos menores, e terem uma aparência, um acabamento e uma durabilidade satisfatórias, tendo em conta a descrição, o preço pago e as declarações públicas mencionadas na alínea anterior."

[153] A qualificação bipartida em requisitos subjectivos ou objectivos é independente da modalidade operativa dos mesmos, ou seja da determinação do "se" e do "como" da interferência dos parâmetros objectivos com a autonomia das partes e, inversamente, dos limites da relevância das declarações negociais para a determinação da conformidade com o contrato; sobre a distinção entre os dois problemas, v. MATILDE GIROLAMI, *cit.*, p. 231.

[154] A distinção entre o âmbito de aplicação das als. *a*) e *d*) parece residir na circunstância desta última tratar das declarações públicas do vendedor ou de terceiros e a al. *a*) pressupor a existên-

A eficácia negocial da mensagem publicitária   227

deles e o conteúdo do contrato, por outro, a primazia deve ser concedida à autodeterminação das partes, o que leva a afirmar a prioridade de um conceito subjectivo de defeito perante um conceito objectivo, subsidiário em relação àquele[155].

II. A aplicação da presunção de conformidade ou de não conformidade não pode ser afastada pelas partes, por constituir uma cláusula que indirecta-

---

cia de declarações privadas apenas do vendedor e ainda no facto de na al. *d*) ser patente uma maior objectivização do conteúdo contratual, desde logo, por fazer depender a verificação de consequências jurídicas do padrão normativo das expectativas razoáveis dos consumidores.

[155] O que é suficiente para concluir pela não exaustividade dos requisitos do artigo 2.°/2 para a aferição da conformidade do bem entregue com o contrato; v. TWIGG-FLESSNER/R. BRADGATE, *loc. cit.*. Assim devem ser entendidos os considerandos 7 e 8 da Directiva, na medida em que se afirma que "a presunção não restringe o princípio da liberdade contratual das partes". No Direito alemão, a prioridade da qualidade acordada (*vereinbarte Beschaffenheit*) para a determinação da qualidade devida do bem (*Sollbeschaffenheit*) encontra-se expressamente firmada na nova redacção do § 434 (1) do *BGB* (defeitos da coisa): "a coisa encontra-se livre de defeitos quando no momento da transferência do risco possua a qualidade acordada. Quando a qualidade não for acordada, encontra-se a coisa livre de defeitos: 1. quando aquela for adequada ao uso destinado de acordo com o contrato ou 2. quando aquela for adequada ao uso conhecido e apresente a qualidade que existe habitualmente nas coisas do mesmo tipo e que o comprador pode esperar de acordo com o tipo da coisa. Para a qualidade nos termos da 2.ª parte do n.° 2 atende-se também as características que o comprador pode esperar de acordo com as declarações públicas dos vendedores, dos produtores (§ 4, n.os 1 e 2 da *Produkthaftungsgesetz*) ou seus representantes sobre características determinadas da coisa, em especial na publicidade ou na rotulagem, a não ser que o vendedor não conheça nem possa conhecer a declaração, que esta seja corrigida até ao momento da celebração do contrato através de um meio equivalente ou que não possa influenciar a decisão de compra." (trad. nossa). A solução é a mesma no § 475 (1) do *BGB* (convenções contrárias), que neste ponto, remete para o citado § 434: "O profissional (*Unternehmer*) não pode recorrer a uma cláusula acordada antes de lhe ser comunicado um defeito que, em detrimento dos consumidores, se afastem dos §§ 433 bis, 435, 437, 439 bis, 443 assim como das disposições do presente subtítulo (*compra e venda de bens de consumo*). Os preceitos referidos encontram também aplicação quando aquela seja indirectamente celebrada através de uma diferente formação." (trad. e itálico nossos). É objecto de discussão a concepção de defeito que hoje vigora no Direito da compra e venda. No sentido de uma concepção subjectiva-objectiva de defeito, v. M. LEHMANN, "Informationsverantwortung…", *cit.*, pp. 282-3. Por uma concepção subjectiva de defeito, após a *Schuldrechtsmodernisierung*, C.-W. CANARIS, "A transposição da directiva sobre compra de bens de consumo para o direito alemão" (trad. P. Mota Pinto), *EDC*, 3 (2001), p. 54; FIKENTS-CHER/HEINEMANN, *Schuldrecht*, 10.ª Ed., De Gruyter, Berlin, pp. 447 e 499.

Note-se que a opção de proceder à transposição da Directiva 1999/44/CE sem recorrer a presunções não ocorreu apenas no direito tudesco: também no *Code de Consommation* francês (artigo L-211-5) são directamente enunciados os critérios de conformidade da coisa entregue com o contrato de compra e venda.

228 *Nuno Tiago Trigo dos Reis*

mente excluiria ou limitaria os direitos dos consumidores constantes da Directiva 1999/44/CE (artigo 7.º/1)[156]. Contudo, faz-se notar que o alcance da imperatividade dos direitos consagrados na Directiva é excessivo: em homenagem à autonomia privada, nada justifica a opção de dispensa de um controlo casuístico do afastamento convencional de um preceito, efectuado, como noutros lugares, à luz da boa fé[157]. Não tendo sido este o caminho seguido pelo

---

[156] Por essa razão, alguns AA. afirmam ser possível retirar dos artigos 2.º/2 da Directiva 1999/44/CE e do Decreto-Lei n.º 67/2003 verdadeiros padrões legais de qualidade do objecto do contrato de compra e venda; v. FERREIRA DE ALMEIDA, *Direito do consumo, cit.*, p. 132, n. (591).

[157] C.-W. CANARIS, "A transposição…", *cit.*, pp. 59-60 aponta a limitação desnecessária da liberdade contratual, não permitindo, por exemplo, que um mecânico faça uma oferta de compra de um automóvel usado a um comerciante com exclusão dos direitos integrantes da garantia, em troca de uma redução do preço. O artigo 7.º/1 é para o A. antiliberal e antissocial, contradizendo o modelo do consumidor "capaz" e jogando contra pessoas com pouco património.

[158] Problema que não se confunde com a possibilidade de descrição do bem independentemente dos requisitos constantes do artigo 2.º/2, e da chamada "contratualização do defeito" pelas partes (p. ex., compra de um computador pessoal que não funciona ou de um automóvel que já não pode circular). Neste caso, prevalece o conceito subjectivo de defeito em homenagem à liberdade contratual. A doutrina maioritária aponta, porém, para limites quanto ao conteúdo das cláusulas de descrição do bem, impostos pela finalidade de protecção do consumidor subjacente ao artigo 7.º/1: P. MOTA PINTO, "Conformidade e garantias…", *cit.*, p. 229, afirmando que as partes não podem excluir "características do bem essenciais para o fim do contrato, reconhecíveis para a outra parte" ou "características correspondentes a exigências legais ou que foram objecto de menções de publicidade ou constam da rotulagem"; L. MENEZES LEITÃO, *Direito das Obrigações*, III, *cit.*, p. 182, considerando proibida a derrogação do regime da Directiva por convenção das partes, seja por cláusulas contratuais gerais, seja por acordos pré-formulados, por forma directa ou indirecta (o que abrangeria as cláusulas como as que estabelecessem que o bem seria "vendido no estado em que se encontrasse"); DE CRISTOFARO, "Difetto di conformità al contratto e diritti del consumatore", cit., p. 74 e ss.; MATILDE GIROLAMI, *cit.*, pp. 250 e ss., vê nos parâmetros objectivos de conformidade da coisa vendida a função de estipular um nível mínimo quanto ao objecto da prestação; as partes podem livremente acordar outros critérios de conformidade, desde que tal não se traduza numa forma de o vendedor privar dolosamente o consumidor das suas garantias, seja directa, seja indirectamente. A propósito das declarações públicas previstas na al. *d)* do artigo 2.º/2, CALVÃO DA SILVA, *Venda de bens de consumo*, 3.ª Ed., Coimbra Ed., Coimbra, 2006, p. 64, defende que o vendedor não pode prevalecer-se de cláusula contratual incompatível com a mensagem publicitária, não por força do regime da Directiva, que concede primazia à vontade das partes, mas do artigo 7.º/5 da LDC e dos princípios da integridade do mercado e da lealdade na concorrência. No sentido de que um ou vários dos elementos do artigo 2.º/2 podem ser tornados irrelevantes pela vontade das partes, M. LEHMANN, "Informationsverantwortung…", *cit.*, pp. 283-4. Parece-nos que os limites à liberdade negocial devem ser aferidos com cautelas: uma coisa é a exclusão da responsabilidade do vendedor perante o cumprimento defeituoso do contrato, outra é a limitação ou exclusão do conteúdo do contrato ou a mera descrição do bem que lhe serve de objecto. Nesta segunda situação, ainda será de autonomizar os casos em que na

A eficácia negocial da mensagem publicitária 229

legislador comunitário, cumpre analisar uma outra questão: a de saber se é possível afastar algum dos requisitos de que depende a aplicação da presunção[158]. Em particular, interessa-nos saber da possibilidade de afastar convencionalmente a aplicação da al. *d*) do artigo 2.°/2, ou seja, fazer irrelevar as declarações públicas sobre a qualidade e desempenho do bem para a finalidade de aferir do cumprimento pontual do contrato de compra e venda. Na procura de uma resposta satisfatória para o problema, deve ter-se presente o fundamento do preceito: através a criação de expectativas no público quanto à qualidade de um bem através da publicidade, os bens são como que "pré-vendidos", pelo que o último elo da cadeia de compra e venda do bem, que beneficia deste efeito impulsionador da decisão de compra, ainda que proveniente de terceiros, deveria suportar o efeito conformador da mensagem publicitária sobre o objecto do contrato. Cremos que é de distinguir consoante a mensagem publicitária provenha do próprio vendedor ou de um terceiro (produtor, distribuidor ou outro elo na cadeia de compra e venda de um bem). Com efeito, quando se verifica a dissociação subjectiva entre o autor da mensagem publicitária e o vendedor, cremos que o vendedor se pode afastar das mensagens publicitárias emitidas por um terceiro. Esta conclusão colide, *prima facie*, com a proposição presente no artigo 2.°/2, al. *d*), e, de forma eventualmente mais evidente, com o disposto no artigo 7.°/5 da LDC. Porém, a autonomia privada

contratação se recorre a cláusulas contratuais gerais ou a contratos pré-formulados [v., em especial, a função de controlo do conteúdo dos contratos atribuída à boa fé no artigo 16.°, al. *a*), da LCCG] das situações de contratação individualizada. Nestas últimas, serão proibidas as descrições vagas ou genéricas, cuja concretização redundasse, na prática, numa exclusão da responsabilidade do vendedor e/ou do produtor (p.ex., a cláusula nos termos da qual o bem é vendido "no estado em que se encontrar"), mas já serão válidas as cláusulas que claramente tornem inaplicáveis algum dos requisitos do artigo 2.°/2 (p. ex., venda de um automóvel com características distintas daquele que havia sido experimentado pelo consumidor como "amostra", desde que este haja sido esclarecido desta não correspondência). No sentido de que as partes podem validamente afastar a relevância de um dos elementos da presunção do artigo 2.°/2 porque tal convenção opera a montante, na determinação do conteúdo contratual, não entrando na noção de defeito que aquela disposição pressupõe, v. A. ZACCARIA/G. DE CRISTOFARO, *La vendita dei beni di consumo*, CEDAM, Padova, 2002, pp. 44 e ss.. Parece, de resto, ser esse o sentido do considerando 8. da Directiva ["(…) se as circunstâncias do caso tornarem algum elemento específico manifestamente inapropriado, continuarão, não obstante, a ser aplicáveis os restantes elementos da presunção"]. Note-se que a irrelevância de uma situação de desconformidade sempre seria o resultado da concretização do artigo 2.°/3 (na medida em que se fala de desconhecimento não razoável da desconformidade pelo consumidor). Porém, parece que o problema se coloca a montante, na delimitação do dever de entrega do bem, o que não deixa de ser relevante na perspectiva do Direito probatório, sobretudo em ordens jurídicas como a portuguesa, em que vigora hoje uma presunção de não conformidade, dependente da prova de factos objectivos pelo consumidor.

230   *Nuno Tiago Trigo dos Reis*

impõe que o vendedor se possa afastar das declarações anteriormente emitidas por terceiros, aceitando consequentemente a possibilidade de o consumidor desistir da compra daquele bem, por se aperceber da falta de fundamento para as suas expectativas antes de celebrar o contrato[159]. Outra solução constituiria uma restrição desproporcionada à autonomia privada[160]. Por outro lado, existe no caso concreto um não aproveitamento económico pelo vendedor da publicidade e da função de atracção de clientela que esta presuntivamente desempenha: o resultado típico da actividade publicitária subjacente à al. *d)* não pode verificar-se[161]. Por último, não caberia aqui falar-se de *expectativas razoáveis* do consumidor quanto à qualidade ou desempenho de um bem: se na al. *d)* do artigo 2.º/2 existe um "predomínio da confiança" do consumidor/destinatário da publicidade, não se vê que ele não possa renunciar ou dispensar tal tutela[162], sobretudo quando também poderá existir um investimento da parte contrária (que tenderá a praticar nesta situação um preço mais baixo). O alcance do artigo 7.º/5 da LDC não é, neste aspecto, outro. Nem a circunstância de se reconhecer expressamente a integração no objecto do contrato, nem a cominação das cláusulas contratuais em contrário como cláusulas não escritas tornam o problema valorativamente diferente: também aqui é de perguntar se a consequência deverá ser a mesma nas situações em que o anunciante é pessoa diferente do vendedor. Deve, assim, interpretar-se restritivamente ambas as dis-

---

[159] P. Mota Pinto, *Direito da publicidade – apontamentos para os alunos da disciplina de Direito da Publicidade do Curso de Direito do Consumo, apud* "Conformidade e garantias…", *cit.*, pp. 244-5, n. (113): "não se vê porque não poderão em certos casos as partes, num contrato negociado, excluir a relevância de certa informação publicitária, ou, até, a ligação à publicidade feita por um terceiro (produtor, importador, etc.) para um determinado bem ou serviço (por exemplo, um bem vendido em segunda mão)". Para esta hipótese, o A. propõe uma interpretação correctiva do artigo 7.º/5 da LDC, de modo a evitar uma limitação excessiva da liberdade contratual, no interesse do próprio comprador (que pode preferir trocar a "garantia" prestada pela publicidade por um preço mais baixo).

[160] C.-W. Canaris, "A transposição…", *loc. cit.*.

[161] O problema tem alguns pontos de contacto com a relevância da inexistência de *causalidade* entre a publicidade e a decisão de compra, que nos ocupará mais adiante. Por ora, diga-se que a não transposição do n.º 4 do artigo 2.º/2 da Directiva para o direito interno não resolve a questão da possibilidade de afastar a integração no conteúdo do contrato um enunciado publicitário alheio, uma vez que ali o legislador se terá preocupado com as situações em que o consumidor não podia conhecer (*nem conhecia*, acrescentamos) aquele enunciado, e não com a hipótese – que coloca em jogo diferentes princípios e valores do direito civil – em que as partes convencionalmente afastam um enunciado que seria *ex lege* determinado parte integrante do contrato.

[162] Sobre a dispensabilidade da confiança, v. Carneiro da Frada, *Teoria da confiança…*, *cit.*, p. 51, n. (40), invocando o princípio *invito beneficium non datur*.

A eficácia negocial da mensagem publicitária   231

posições, no sentido defendido[163]. Já nas hipóteses em que a publicidade provém do próprio vendedor, a solução parece ser diferente. Aqui, à tutela da confiança do consumidor acresce a palavra do vendedor, empregue na descrição prévia do bem vendido. Além de uma necessária "moralização" da publicidade que seria fortemente questionada caso se permitisse ao vendedor atrair clientela através da publicidade para depois tentar excluir convencionalmente as características atribuídas ao bem, e independentemente das sanções previstas no Direito da concorrência desleal, este corresponde ao sentido normativo útil e inderrogável da proibição das cláusulas contrárias à descrição do bem feita na publicidade e na rotulagem[164].

[163] Não nos parece, em rigor, ser necessário falar-se de uma "interpretação correctiva". Numa concepção de interpretação em que fosse possível falar-se num desdobramento num "momento hermenêutico" e num "momento prático-normativo" e em que ainda se distinguisse a "interpretação" do "desenvolvimento do direito" (que compreenderia a analogia), dir-se-ia que a letra destes preceitos, *rectius*, o seu sentido literal possível, iria para além do sentido imanente ao sistema e ao âmbito vigente da autonomia privada. A introdução de uma restrição na proposição normativa em causa, por exigência da norma-princípio da liberdade de contratar, conduz a descobrir uma lacuna oculta, num desenvolvimento do direito ainda imanente às fontes. Através da chamada "redução teleológica", ultrapassa-se o limiar da interpretação literal possível com a justificação, comum à analogia, de tratar de forma desigual o que é desigual, ou seja, de proceder às diferenciações requeridas pela valoração. No resultado da actividade contínua de interpretação-aplicação do Direito, o âmbito de aplicação de uma norma é restringido, em detrimento do âmbito de uma outra, que é ampliado. V. KARL LARENZ, *Metodologia da ciência do direito* (Trad. José Lamego), 3.ª Ed., Fund. Calouste Gulbenkian, 1997, pp. 555 e ss. Mas a compreensão da interpretação como um *continuum* metodológico constitutivo impõe a revisão do conceito de "lacuna" e do sentido da "integração", v. CASTANHEIRA NEVES, *cit.*, p. 41, designando por "interpretação integral" a interpretação conforme ao "todo axiológico-normativo da ordem jurídica – e em último termo conforme à intencionalidade fundamental do direito enquanto tal", *cit.*, p. 43. Neste sentido, cf. também R. DWORKIN, *Law's Empire*, Harvard University Press, London, 1986, pp. 176 e ss., fazendo referência à "*Law as integrity*": "[l]aw as integrity is different: it is both the product of and the inspiration for comprehensive interpretation of legal practice. The program it holds out to our judges deciding hard cases is essentially, not just contingently, interpretative; law as integrity asks them to continue interpreting the same material that it claims to have successfully interpreted itself. It offers itself as continuous with – the initial part of – the more detailed interpretations it recommends." (*cit.*, pp. 226-7).

[164] Não é, pois, possível ao vendedor emitir um protesto eficaz nesta hipótese, entendendo-se por protesto uma "declaração pela qual uma pessoa acautela e proclama que certo comportamento seu não tem determinada significação negocial, que de outro modo receia que pudesse ser-lhe validamente atribuída", MANUEL DE ANDRADE, *cit.*, II, pp. 140-1; v. também C. A. MOTA PINTO, *cit.*, pp. 429-30. Num sentido mais estreito, de acordo com o qual o protesto seria um enunciado expresso com a finalidade de excluir ou circunscrever o alcance negocial de outro enunciado, v. FERREIRA DE ALMEIDA, *Texto e enunciado...*, cit., II, pp. 744-5. Esta consequência

232 Nuno Tiago Trigo dos Reis

§ 2. Critérios de relevância da mensagem publicitária para a determinação da qualidade do objecto contratual

2.1. As qualidades e o desempenho habituais em bens do mesmo tipo

I. A determinação objectiva da qualidade do bem nos contratos de compra e venda é hoje influenciada pela publicidade, independentemente da conduta do vendedor no momento da celebração do contrato[165]. Assim, se o vendedor de um automóvel (ou o produtor, importador ou outro membro na cadeia de compra e venda do bem) tiver anunciado que o automóvel apresenta um con-

---

não decorre, contudo, da proibição do protesto segundo o aforismo latino *protestatio facta contraria nihil relevat*. Desde logo, como se disse *supra*, é possível, e até frequente, que as descrições públicas da descrição de um bem não correspondam a uma intenção de validade e, por essa razão, não possam considerar-se parte integrante do conteúdo da declaração negocial. Por outro lado, neste caso, a irrelevância do protesto não pode ser explicada por aquela regra, mas antes pela imposição legal e injuntiva de um certo conteúdo ao texto negocial (artigos 7.°/1 da Directiva e 10.°/1 do Decreto-Lei n.° 67/2003, e 7.°/5 da LDC, que encontram aqui o seu âmbito útil de aplicação): a invocação da regra com o sentido de que o vendedor/declarante não pode modificar os efeitos da sua declaração, mas apenas o seu significado (*protestatio contra effectum non valet*, na adaptação do aforismo levada a cabo por FERREIRA DE ALMEIDA, *loc. cit.*) seria aqui tautológica. Para uma crítica à *protestatio facta contraria nihil relevat*, que seria apenas um cripto-argumento para um resultado que tem outra fundamentação ou uma tautologia ou mesmo, se aplicado a efeitos genuinamente negociais, um erro, constituindo uma limitação não justificada à autonomia privada, v. P. MOTA PINTO, *Declaração tácita…, cit.*, pp. 786 e ss.

[165] A solução constante do Directiva e do respectivo diploma de transposição há muito vigora no Direito norte-americano, mediante a figura da *express warranty*, a qual compreende tanto a promessa do vendedor quanto as meras asserções relativamente aos bens objecto do contrato. Cf. Secção 2-313 do *Uniform Commercial Code*:

(2) Express warranties by the *seller* to the immediate buyer are created as follows:
(a) Any affirmation of fact or promise made by the *seller* which relates to the *goods* and becomes part of the basis of the bargain creates an express warranty that the goods shall conform to the affirmation or promise.
(b) Any description of the *goods* which is made part of the basis of the bargain creates an express warranty that the goods shall conform to the description.
(c) Any sample or model that is made part of the basis of the bargain creates an express warranty that the whole of the *goods* shall conform to the sample or model.
Na Secção 3-313, acrescenta-se:
(3) It is not necessary to the creation of an express warranty that the *seller* use formal words such as "warrant" or "guarantee" or that the seller have a specific intention to make a warranty, but an affirmation merely of the value of the *goods* or a statement purporting to be merely the seller's opinion or commendation of the goods does not create a warranty.

A eficácia negocial da mensagem publicitária   233

sumo de 5 litros de gasolina aos 100 km, presumir-se-á que o bem não é conforme com o contrato se o consumo de gasolina for superior[166].

Não é, todavia, claro o que se deverá entender por "qualidades e desempenho" do bem[167]. Dever-se-á recorrer ao texto do anteprojecto da Directiva, de modo a fazer incluir na expressão as propriedades qualificativas (aparência, acabamento) e funcionais (grau de aptidão do bem para a obtenção da finalidade a que o bem tipicamente se destina; durabilidade; a segurança no emprego do bem)[168]. Os "defeitos menores" deverão igualmente relevar, sem prejuízo,

---

[166] L. HAAS, "Kaufrecht", *cit.*, pp. 191-2; CALVÃO DA SILVA, *Venda de bens de consumo, cit.*, pp. 68-9.

[167] No Anteprojecto da Directiva, a conformidade com as declarações públicas sobre o bem e o critério das expectativas legítimas em relação às qualidades do bem constavam de diferentes disposições [respectivamente, als. *b*) e *d*)]. Estas qualidades consistiam, por sua vez, em estarem "isentos de qualquer defeito, incluindo defeitos menores, e terem uma aparência, um acabamento e uma durabilidade satisfatórias, tendo em conta a descrição, a natureza dos bens, o preço pago e as declarações públicas mencionadas na al. *b*)". Já na proposta de Directiva apresentada pela Comissão (COM/95/520, em JOCE C 307 de 16/10/96, pp. 8 e ss.), veio apenas dizer-se que "as respectivas qualidades e prestações são satisfatórias atendendo à natureza do bem e ao preço pago e tendo em conta as declarações públicas feitas a seu respeito pelo vendedor, pelo produtor ou pelo seu representante" [artigo 2.º/3, al. *d*)]. No seu parecer sobre a proposta de Directiva (JOCE C 66, de 3/3/97, pp. 5 e ss.), o Comité Económico e Social lamentava a ausência de referência expressa à durabilidade, deixando a descoberto os casos em que na publicidade são enaltecidas a especial longevidade do produto ou a sua extraordinária robustez (parág. 2.4) e se cria a expectativa de que estas perdurarão para além do período de "garantia legal" e, bem assim, a menção ao preço, que não permitiria *per se* inferir uma qualidade minorada do produto, sob pena de se colocar numa pior posição perante dois vendedores do mesmo produto a preços diferentes o consumidor que tivesse adquirido o produto a um preço mais baixo (parág. 3.8). Na alteração de redacção da al. *d*) sugerida pelo Parlamento Europeu (JOCE C 104, de 06/04/98, pp. 30 e ss.), desapareceu a referência ao "preço" e foram acrescentadas a "rotulagem" e a expressão "expectativas legítimas dos consumidores"; estas seriam determinadas em função, *por exemplo*, pelas declarações públicas sobre o produto feitas na publicidade ou no rótulo pelo vendedor, pelo produtor ou pelo seu representante. O Conselho, na Posição Comum n.º 51/98/CE (JOCE C 333, de 30/10/98, pp. 46 e ss.), veio precisar que o critério de aferição de conformidade do bem com o contrato seria o da "qualidade e *desempenho*" que os consumidores pudessem razoavelmente *atendendendo à natureza do bem* e, eventualmente às declarações públicas sobre características *concretas* do bem.

[168] P. MOTA PINTO, "Conformidade e garantias…", *cit.*, p. 240, remetendo, porém a relevância destes elementos para a determinação da razoabilidade das expectativas dos consumidores. No mesmo sentido, DE CRISTOFARO, *cit.*, p. 108; TWIGG-FLESSNER/BRADGATE, *loc. cit.*, como forma de minorar os efeitos decorrentes da vagueza da redacção final da al. *d*) do artigo 2.º/2 da Directiva. Esta é igualmente a solução vigente no Direito da compra e venda do Reino Unido, nos termos do ponto 14 (2) do *Sales of Goods Act* de 1979, alterado pela lei de 1 de Outubro de 2003: "[w]here the seller sells goods in the course of a business, there is an implied term that the goods

234   *Nuno Tiago Trigo dos Reis*

evidentemente, da intervenção das normas respeitantes ao abuso de direito (cfr., aliás, o artigo 4.º/3 do Decreto-Lei n.º 67/2003). A durabilidade do bem assume uma importância particular, perante os reduzidos prazos previstos no regime legal da compra e venda de bens de consumo e a tendência frequente na publicidade para tentar inculcar a ideia de longevidade superior àquela que é voluntariamente assumida na garantia.

II. Tem sido igualmente questionado se os qualificativos mencionados na al. *d*) do artigo 2.º/2 da Directiva e do Decreto-Lei n.º 67/2003 para a "qualidade e desempenho" do bem, i.e., *a habitualidade nos bens do mesmo tipo* e *as expectativas razoáveis do consumidor*, devem considerar-se cumulativos ou se, ao invés, podem ser autonomizados. Isto é, cumpre saber se a desconformidade do em entregue com a qualidade inferida de uma daquelas bitolas permite, por si, a invocação pelo consumidor adquirente da presunção constante do artigo 2.º/2[169]. Em rigor, deparamo-nos nesta disposição com dois elementos independentes para aferir da desconformidade de um bem com o contrato de compra e venda: o vendedor e/ou o produtor não podem beneficiar da função diferenciadora do produto que é consensualmente reconhecida à publicidade sem que correlativamente possam deixar de ficar jurídico-obrigacionalmente vinculados a satisfazer o interesse positivo dos consumidores que naquela fundaram uma confiança legítima. A exigência de razoabilidade quanto às expectativas dos consumidores é suficiente para evitar que o consumidor pretenda empregar o bem para um fim incomum e que não possa ser oponível ao ven-

---

supplied under the contract are of satisfactory quality". No ponto 14 (2B), pode ler-se: "[f]or the purposes of this Act, the quality of goods includes their state and condition and the following (among others) are in appropriate cases aspects of the quality of goods: (a) fitness for all the purposes for which goods of the kind in question are commonly supplied, (b) appearance and finish; (c) freedom from minor defects; (d) safety, and (e) durability." Nesta perspectiva, a enumeração, meramente exemplificativa, das "qualidades" que razoavelmente podem ser esperadas pelo consumidor constante da al. *f*) do artigo 256.º/3 do Anteprojecto do Código do Consumidor (neste ponto, muito semelhante com o texto do Anteprojecto da Directiva e com o *Sales of Goods Act*) poderá representar um contributo valioso para uma densificação do conteúdo da al. *d*), fornecendo pistas para a determinação objectiva do padrão de qualidade (que no Direito anglo-saxónico assume a forma de um *implied term* contratual) devido em cada caso.

[169] No sentido da cumulatividade dos requisitos, v. P. MOTA PINTO, "Conformidade e garantias...", *cit.*, pp. 239-40: o aditamento, resultante da posição comum, da referência à qualidade dos bens do mesmo tipo teria tido por finalidade a limitação do critério das expectativas razoáveis; Defendendo a mera alternatividade entre ambos, L. MENEZES LEITÃO, *Direito das Obrigações*, III, *cit.*, p. 165, DE CRISTOFARO, *cit.*, pp. 113 e ss. e MATILDE GIROLAMI, *cit.*, pp. 243-4, por razões de tutela do consumidor.

A eficácia negocial da mensagem publicitária   235

dedor e/ou produtor em resultado da interpretação do enunciado publicitário. De resto, outra interpretação desta disposição não quadraria bem com os restantes factos que servem de base à presunção de desconformidade: sempre se poderia então questionar por que razão estaria o vendedor está obrigado a entregar bens adequados às utilizações habitualmente dadas aos bens do mesmo tipo [cfr. al. *c*)], sem que existisse de igual modo a demonstração de uma legítima expectativa do consumidor nessa adequação[170]. Por outro lado, a descrição das qualidades do bem pelo vendedor [cfr. al. *a*)] é igualmente suficiente para funcionar como elemento de conformidade (*rectius*, para fazer pesar o risco da dúvida acerca da conformidade sobre o vendedor); apesar de, diferentemente da al. *d*), se ter pensado nas declarações privadas do vendedor, esta circunstância não seria suficiente para explicar uma tão grande diferença de valor das descrições do bem entre as duas situações. Por último, o argumento literal, assente na utilização de um pronome relativo para juntar as duas partes desta alínea (*aux* na versão francesa e *che* na versão italiana da Directiva), para além de, mesmo a um nível estritamente hermenêutico não se dever ter por decisivo, cede ainda perante um elemento gramatical de sentido contrário noutras versões do diploma (assim, a conjunção copulativa presente nas versões portuguesa e alemã)[171-172]. Note-se que, em consequência da incorrecta transposição da Directiva para o ordenamento jurídico português, mediante a substituição de uma presunção de conformidade por uma presunção de desconformidade, a manutenção da conjunção copulativa "e" depõe, afinal, num sentido contrário ao próprio sentido literal da versão portuguesa da Directiva: enquanto nesta, o vendedor deveria demonstrar a verificação de ambos os elementos para beneficiar da presunção de conformidade, pareceria, *prima facie*, que em face do Decreto-Lei n.º 67/2003, o consumidor apenas poderia invocar a presunção de não conformidade caso fizesse a prova negativa de ambos os factos. Pelos argumentos já apresentados, não pode ser assim. Só no sentido de que basta ao consumidor demonstrar que o bem não tem as qualidades ou desempenho que os bens do mesmo tipo *ou* que poderia razoavelmente esperar tendo em conta certa circunstância objectiva se pode hoje dizer que, no Direito interno português, os dois elementos devem ser tidos por meramente alternativos.

---

[170] Fundada na natureza do bem ou em declarações públicas sobre o mesmo.

[171] L. MENEZES LEITÃO, *loc. cit.*.

[172] Em qualquer caso, e pelas razões que nos levam a afirmar a presença de dois autónomos elementos determinantes da qualidade do objecto contratual, a melhor técnica legislativa imporia a sua consagração em duas als. distintas, como, de resto, consta do Anteprojecto do Código do Consumidor [artigo 256.º/3, als. *e*) e *f*)].

236 *Nuno Tiago Trigo dos Reis*

2.2. *As expectativas razoáveis do consumidor*

I. No Direito da compra e venda de bens de consumo, apenas relevam as qualidades e o desempenho que o consumidor possa *razoavelmente esperar*[173]. Relativamente à noção de conformidade com o contrato, a diferença não é meramente semântica: por expectativas falamos de uma situação de *confiança* de alguém, que pode não ter correspondência no conteúdo regulativo de um negócio jurídico[174].

Como fonte das expectativas do consumidor são indicadas a natureza do bem em causa e as declarações públicas emitidas pelo vendedor, produtor ou seu representante, mas de modo meramente exemplificativo: a circunstância de um bem vendido ser novo ou usado (cfr. considerando 8. da Directiva) ou mesmo o preço praticado influenciam de forma sensível o grau de atendibilidade das expectativas do consumidor.

Como já foi anteriormente afirmado, não basta que a seja emitida uma mensagem publicitária para que o consumidor possa com fundamento nela invocar certa qualidade de um bem: para além da seriedade do enunciado publicitário[175], é necessário que as expectativas formadas em relação a certa característica do bem sejam atendíveis[176]. Pode perguntar-se qual é a bitola objectiva por que se procede à determinação da qualidade e desempenho devidas. Lehmann propõe um conceito de consumidor médio[177], não imprudente, ingénuo ou crédulo, que não acredita piamente na publicidade e, ao invés, é ciente de que esta tem sempre por finalidade sublinhar as qualidades do pro-

---

[173] As razoáveis expectativas do consumidor constituem, na opinião de M. LEHMANN, um elemento decisivo para a imputação de responsabilidade por informações ao vendedor; v. "Informationsverantwortung…", *cit.*, pp. 283 e ss..

[174] Defendendo que o critério das legítimas expectativas é mais "amigável do consumidor" do que o da conformidade com o contrato, v. TWIGG-FLESNER/BRADGATE, *loc. cit.*.

[175] V., *supra*, II, § 3.

[176] O alcance do limiar da seriedade da declaração não implica a aceitação da qualidade esperada pelo consumidor como padrão aferidor da conformidade com o contrato. Um enunciado publicitário pode ser de levar a sério sem que tal implique um juízo de razoabilidade quanto ao sentido concreto da expectativa formada.

[177] MATILDE GIROLAMI, *cit.*, p. 239, afirma a intenção do legislador de fazer referência ao homem médio, considerando aquilo que, na normalidade dos casos, uma pessoa seria induzida a pensar com base nas noções comuns e nas características específicas da declaração pública. É de acrescentar, com DE CRISTOFARO, *cit.,* p. 1011, que estas "noções comuns", por sua vez, não devem ter por referência as características do tipo merceológico a que o concreto bem pertence, mas sobretudo as especificidades que a distinguem dos restantes produtos da categoria a que pertencem.

Cadernos O Direito 4 (2009), 183-278

A eficácia negocial da mensagem publicitária 237

duto para incentivar a compra[178]. Se assim não fosse, poder-se-ia chegar ao resultado não visado pela Directiva de ampliar demasiadamente a responsabilidade do lado da oferta: logicamente, perante isto, existiria o perigo de que os emitentes, receando a amplitude ou, em todo o caso, a imprevisibilidade das consequências da sua responsabilidade, desistissem de incluir nas suas declarações públicas mensagens sobre características concretas do bem e se detivessem em declarações vagas sobre as mesmas[179]. Mas não são descortinadas razões de peso para se não recorrer neste ponto ao tipo normativo previsto no artigo 236.º/1 do Cód. Civil: a mensagem publicitária vale com o sentido que um declaratário-consumidor médio[180], colocado na posição do real declaratário, possa deduzir do comportamento do declarante, salvo se este não puder razoavelmente contar com ele[181-182]. E nem parece que as especiais normas de

---

[178] O conceito de consumidor a partir do qual é aferida a razoabilidade das expectativas tem a sua origem no Direito comunitário, em resposta à necessidade de uma bitola objectiva distinta do modelo de consumidor vigente nos diversos estados-membros. Dele deve ser distinguido o modelo de consumidor médio no direito da concorrência desleal, de uma inteligência inferior à média, descuidado e não criterioso (cf. § 3 da *Umwettbewerbgesetz*); M. LEHMANN, "Informationsverantwortung…", *cit.*, p. 284. Contra, defendendo a equiparação de ambas as bitolas objectivas, v. BENREUTHER, *cit.*, p. 66.

[179] M. LEHMANN, "Informationsverantwortung…", *cit.*, p. 284.

[180] Em rigor não deverá falar-se de um destinatário neste hipótese, pois, como sustenta MENEZES CORDEIRO a propósito da distinção entre declarações recipiendas e não recipiendas, a mensagem dirigida a um conjunto indeterminado de pessoas (como as declarações atinentes à formação de um negócio unilateral ou uma oferta ao público) não tem um destinatário, v. *Tratado…*, I, *cit.*, p. 548. Também para FERREIRA DE ALMEIDA, *Texto e Enunciado…*, II, *cit.*, pp. 191 e ss., "real declaratário" não equivale a destinatário, mas ao círculo de pessoas que seja potencial receptor da declaração e a quem ela possa juridicamente interessar. A terminologia não é, contudo, uniforme na nossa doutrina: OLIVEIRA ASCENSÃO defende que o destinatário é aquele a quem a declaração, enquanto acto de comunicação, é dirigida, sendo o declaratário o destinatário certo de uma declaração, v. *Direito Civil…*, II, *cit.*, p. 46; para PAULA COSTA E SILVA, *Acto e Processo – o dogma da irrelevância da vontade na interpretação e nos vícios do acto postulativo*, Coimbra, 2003, pp. 216 e ss., o destinatário é a pessoa a quem a declaração é dirigida para que seja considerada eficaz (podendo ser determinado ou não), ao passo que o declaratário é o referente do conteúdo da declaração, o que significa ser sujeito dos efeitos que constituem o conteúdo da declaração.

[181] Segundo P. MOTA PINTO, *A declaração tácita…*, *cit.*, p. 208, o padrão do declaratário normal impede a possibilidade de invocar a compreensão real ou concreta do declaratário, quando esta seja inferior ao que seria exigível a uma pessoa com razoabilidade, sagacidade, conhecimento e diligência medianos. Assim, este padrão protege reflexamente o declarante contra a negligência ou falta de qualidades do declaratário real, mesmo que desculpáveis. Naturalmente, e, desde logo, por imposição da parte final do artigo 236.º/1, não pode o declarante prevalecer-se da bitola objectiva quando se conheça ou deva conhecer do não cumprimento das "exigências de normalidade" por parte do declaratário (os seus estudos, educação, a profissão, conhecimentos espe-

cíficos, concreta situação física e psíquica, etc.), como bem nota P. Mota Pinto, *cit.*, p. 209, n. (81). Esta conclusão implica ainda que exista um verdadeiro encargo de investigação ou indagação no sentido de apurar a vontade do autor da declaração. Mas, contrariamente ao sustentado pelo A., pensamos, com Pedro de Albuquerque, *A Representação voluntária…*, *cit.*, pp. 801 e ss. e n. (1008), e p. 836, que aquele encargo deve ter por finalidade conduzir à vontade real do autor da declaração, não se limitando a investigação ao sentido objectivo da declaração. O tipo normativo do "declaratário normal", acrescido das circunstâncias concretas do declaratário real relevará antes como bitola para a determinação do conteúdo e extensão daquele encargo. Ou seja, não ditará o sentido do *Tatbestand* interpretativo, mas antes o que deve ser indagado e procurado para que aquele sentido seja alcançado, sob pena de a declaração lhe poder ser oposta com o sentido correspondente à vontade real do declarante. Acrescenta o A. "que podem recuperar-se entre nós regras não explícitas na nossa lei, tais como a de uma interpretação de boa fé (consagrada no § 157 do *BGB* ou no artigo 1366.° do *Codice Civile*) ou como a necessidade de se atender à globalidade do contrato, negócio ou esquema no qual ele se insere, à particularização de expressões gerais, e à primazia do fim negocial" (p. 768). Já Menezes Cordeiro, *Tratado…*, I, *cit.*, pp. 760-1, afirmara que o artigo 236.°/1 tem subjacente o problema clássico da determinação da bitola de diligência, sendo a figura do declaratário normal normativamente construída em cada caso. V. também Ferrer Correia, *Erro e interpretação do teoria do negócio jurídico*, 4.ª Reimp., Almedina, Coimbra, 2001, p. 186.

[182] A *razoabilidade* das expectativas do consumidor representa mais um elemento de matriz objectivista a atender na interpretação de declarações negociais ou de enunciados que visem integrar um negócio contratual. Para uma comparação das várias teorias da interpretação dos negócios jurídicos ou das declarações de contade que o constituem, v. Menezes Cordeiro, *Tratado…*, I, *cit.*, pp. 749 e ss. A clássica discussão entre o subjectivismo e o objectivismo na interpretação dos negócios jurídicos continua a dividir a doutrina portuguesa, sendo as posições assumidas neste ponto independentes dos resultados a que os diferentes AA. chegam quanto ao critério de *imputação* dos efeitos negociais ao declarante. Por um sentido marcadamente subjectivista na interpretação dos negócios jurídicos, v. Castro Mendes, *cit.*, I, pp. 180 e ss.: em face de teor do n.° 2 do artigo 236.° seria muito difícil estar subjacente ao Código actual uma solução declarativista"); v. igualmente Pedro Pais de Vasconcelos, *Teoria geral…*, *cit.*, pp. 308 e ss., defendendo ser "a vontade subjectiva comum das partes" o primeiro critério de interpretação. Pedro de Albuquerque, *A Representação voluntária…*, *cit.*, pp. 1050 e ss. e n. (1788), situa a sua posição entre as teorias da responsabilidade ou auto-responsabilidade sem a elas aderir, moderada pelo merecimento da confiança do terceiro e acrescenta que a falta de confiança não leva sempre à invalidade do negócio jurídico, mas muitas vezes à subsistência da vontade real. Ferrer Correia, *cit.*, pp. 200-1, adere a uma teoria objectivista moderada, devendo cada parte responder pelo sentido que a outra puder atribuir à sua declaração, desde que seja esse o sentido que ele devia considerar acessível à interpretação dela; ultrapassados que sejam esses limites, toda a responsabilidade do declarante cessa e a declaração deve ser considerada nula; mas para a determinação do sentido que o declaratário pode e deve considerar decisivo, seria de aplicar as regras propostas pela "teoria da impressão do destinatário". Aderindo ao objectivismo da *teoria* ("pura") *da impressão do destinatário*, Manuel de Andrade, *cit.*, II, p. 312 e n. (2); C. A. Mota Pinto, *cit.*, p. 447, numa perspectiva "de jure constituendo". Considerando que a interpretação regulada no artigo 236.°/1

tem fortes ingredientes objectivos, I. Galvão Telles, *cit.*, 445. Para Menezes Cordeiro, *Tratado...*, I, *cit.*, pp. 762-4, a solução positiva corresponde a uma confluência da evolução processada nos Direitos românicos com uma "interpretação sistemática", com a "tutela da confiança" e com "a directa associação entre autonomia e responsabilidade"; o Direito Português consagra no essencial, uma doutrina objectivista da interpretação, baseada na impressão do declaratário e mitigada, em termos negativos, pela possibilidade de imputar a declaração a interpretar a quem a tenha feito e pela regra *falsa demonstratio non nocet*. O Professor sugere, contudo, a introdução de uma ressalva à parte final do artigo 236.°/1: a disposição destinar-se-ia a "resolver por via interpretativa, o erro evidente ou as incapacidade acidental ou falta de consciência da declaração patentes". No artigo 236.°/2 não se poderia ver qualquer elemento subjectivista na interpretação: as partes apenas recorrem aqui a um diferente "código de comunicação" distinto do usualmente aceite no espaço considerado. A propósito do artigo 236.°/2 do Cód. Civil, tem razão Paula Costa e Silva quando escreve que não tem razão dizer que prevalece um sentido de um texto se o sentido não tem qualquer apoio nesse mesmo texto; ali, a lei apenas dispõe sobre o conteúdo que deve ser atribuído ao acto de autonomia privada, não devendo esse conteúdo ser determinado por interpretação de um texto, mas através da demonstração de um conhecimento efectivo da vontade do declarante pelo declaratário. A declaração, enquanto acto de comunicação, pode ser totalmente inútil, porque o declaratário tem acesso directo à intenção do declarante (*Acto e Processo...*, *cit.*, p. 359). Aderindo ao objectivismo, escreve P. Mota Pinto, *Declaração tácita...*, *cit.*, pp. 201 e ss., que "[a] nossa lei consagra, como se vê, uma teoria objectivista quanto à interpretação dos negócios jurídicos – "o ponto de vista hermenêutico" decisivo é o do declaratário (nos termos da "impressão do destinatário", a reconstruir interpretativamente), o qual deve esforçar-se por compreender o sentido do declarante" (p. 211). Para este A., a regra do n.° 2 do artigo 236.° apenas constitui uma concretização do n.° 1, pressupondo que "a vontade do declarante seja "filtrada" através do seu conhecimento pelo declaratário, pelo que deixa intocada a orientação objectivista geral da nossa lei" (pp. 214-5). A conclusão seria, pois, a de que a determinação, em sede interpretativa, da declaração "não exige a prova de elementos subjectivos" (p. 220). A dialéctica do objectivismo e subjectivismo na interpretação dos negócios jurídicos justifica por si um estudo aprofundado, quer pela complexidade dos problemas por ela envoltos, quer pela profusão e relevo dos estudados entre nós realizados, quer ainda porque seria opção metodologicamente questionável a de tratar do tema num estudo dedicado à eficácia negocial da publicidade. Refira-se, apenas, que nos parece existir uma tendencial opção pelo objectivismo no Direito positivo português, em sentido favorável à tutela da confiança e à segurança no tráfego. É, com efeito, ampla a possibilidade de atribuir um significado à declaração negocial diferente daquele correspondente à vontade real do autor da declaração. Desde que o declaratário cumpra o encargo que sobre ele pesa no sentido de procurar o significado da "vontade real" do declarante, prevalecerá o significado que um declaratário normal retiraria da declaração. Além do que o significado de uma "vontade real" que não pudesse ser imputável a um declaratário normal, colocado na posição do real declaratário não releva, como defendem Menezes Cordeiro, *loc. cit.* e Larenz/Wolf, *cit.*, p. 526: se se dever reconhecer que as circunstâncias e os critérios de interpretação relevantes para o declarante não eram conhecidos então não poderão estas ser tidas em consideração na interpretação [para o A. alemão, é de distinguir o critério de imputação do significado ao declarante, assente num duplo fundamento de "cuidado na expressão" (*Ausdrucks-*

sorgfalt) e de "risco na formulação" (*Formulierungsrisiko*), do de imputação ao declaratário, com fundamento num princípio de "cuidado na interpretação" (*Auslegungssorgfalt*)]. Naturalmente, isto não implica que não existam elementos ou "momentos" subjectivamente relevantes na interpretação: a direcção do encargo do declaratário deve ser a vontade real do declarante, devendo, por um momento, "fazer sua" a perspectiva interna do declarante sobre o conteúdo da comunicação. Apenas o facto de ser frequente a discordância entre a declaração segundo a perspectiva interna do declarante e o sentido da declaração segundo a colocação do declaratário na posição do declarante, e de a segunda poder ser prevalecente pela concretização do padrão do declaratário normal, justifica a qualificação da construção como tendencialmente objectivista. Já não nos parece que o n.º 2 do artigo 236.º comporte uma elemento em sentido contrário, por ser de supor que o declaratário conheça *e concorde* com o significado da vontade real do declarante, v. MENEZES CORDEIRO, *loc. cit.*. A questão ulterior é a de saber se a interpretação de acordo com o sentido diferente da vontade real do declarante ainda se quadra no esquema do negócio jurídico ou se já será isto manifestação da tutela da confiança, e não de autonomia privada; no segundo sentido, MENEZES CORDEIRO, *Tratado…*, I, *cit.*, p. 764: "[q]uando, em nome da vontade do declarante se vá para além da declaração – ou se fique aquém dela – tal como a entenderia o destinatário normal, temos, em rigor, manifestações da tutela da confiança. A estas aplica-se, como foi referido, o regime dos negócios jurídicos assentes na autonomia privada: pelo menos, até onde a natureza das coisas o permita"; v. também pp. 339-40. Sobre o entendimento do Professor, v. PEDRO DE ALBUQUERQUE, *A representação voluntária…, cit.*, p. 697-99, e ns. (616), (617) e (618). Já os defensores de uma concepção objectivista da declaração negocial não têm dificuldades em integrar no negócio jurídico o resultado interpretativo da concretização do "declaratário normal". Depois dos estudos de CANARIS, MENEZES CORDEIRO e PEDRO DE ALBUQUERQUE sobre o tema é de entender que não existe oposição entre a autonomia privada e a confiança: os dois princípios articulam-se entre si para mutuamente se tornarem aplicáveis. "A autonomia das pessoas torna-se eficaz porque visível e constatável, nas suas manifestações; a confiança, por seu lado, adstringe certas pessoas por lhe ser imputável e na medida em que o seja. Não, portanto, oposição, mas complementação recíproca", PEDRO DE ALBUQUERQUE, *A representação voluntária…, cit.*, p. 699, n. (618); cf. também pp. 1050-4, n. (1788). CANARIS distingue a responsabilidade *ex lege* pela confiança (*Vertrauenshaftung*) da ideia de confiança enquanto princípio complementar a ponderar na teoria do negócio jurídico, v. *Die Vertrauenshaftung…, cit.*, pp. 412-24. Faz-se, todavia, notar que o A. alemão considera que a interpretação segundo o padrão do destinatário normal é fonte de vinculações negociais, porque ou o declarante actuou em conformidade com o significado objectivo da sua declaração e há autodeterminação livre de vícios ou, não sendo este o caso, existe um erro na declaração de acordo com o § 119 do *BGB*; cf., *op. cit.* p. 423.. Defendendo também uma "tutela da confiança especificamente negocial", P. MOTA PINTO, *Declaração tácita…, cit.*, p. 212 e n. (86) e pp. 418 e ss.; o A. reserva, contudo, à confiança um espaço mais amplo no negócio jurídico do que os restantes AA. citados, ao defender a mera "possibilidade de conformação de efeitos" como o elemento de fronteira do campo do negócio. V., porém, CARNEIRO DA FRADA, *A teoria da confiança…, cit.*, pp. 66 e ss. e n. (51), para quem seria de recusar a identidade de regimes entre o negócio e a vinculação pela confiança, por ser evidentemente fatal para a teoria da confiança e por tornar incompreensível a distinção entre os dois princípios; aceita apenas que "dentro do negócio é relevante um "princípio de responsabilidade" (aspas do A.) – a autointerpretação constantes da LCCG (artigos 10.° e 11.°) levem a resultados diversos[183]. A circunstância de o enunciado publicitário não constituir uma declaração negocial, integrando o conteúdo de um negócio jurídico que só posteriormente vem a formar-se não constitui em face disto qualquer obstáculo, pois as mesmas regras são convocadas para a respectiva interpretação. Especialmente relevantes para a valoração do horizonte de expectativas a partir de uma mensagem publicitária serão os meios de publicidade utilizados e as circunstâncias em que foi anunciado o produto[184].

2.3. *A responsabilidade por declarações de terceiros*

I. A relevância da posição do consumidor depende da situação de confiança poder ser imputada ao vendedor. A questão ganha particular relevo perante proposições que atribuem uma rigorosa responsabilidade por declarações publicitárias emitidas por terceiros. Importa, desde logo, delimitar o círculo de pessoas cujas declarações publicitárias possam influir na determinação da qua-

---

nomia privada ligada à auto-responsabilidade do sujeito -, a tutela da confiança permite *colmatar* lacunas de protecção que a teoria do negócio tem de deixar em aberto por não lograr ainda assim abranger o espaço correspondente; nesse sentido, *complementando-a*" (p. 74). Note-se que já BAPTISTA MACHADO havia feito a distinção entre efeitos decorrentes de uma situação de confiança e efeitos jurídico-negociais, v. *Tutela da confiança e venire contra factum proprium, cit.*, pp. 345 e ss.

[183] Para além da opção por uma "justiça individualizadora" (MENEZES CORDEIRO, *Tratado...*, I, *cit.*, pp. 624 e ss.) enquadrando a interpretação das ccg no contexto singular de cada contrato em que se considerem incluídas, o artigo 10.° da LCCG limita-se a introduzir uma remissão para as regras gerais de interpretação dos negócios jurídicos, remetendo ainda o artigo 11.°/1 para o padrão do declaratário normal colocado na posição do declaratário real para resolver as cláusulas ambíguas; o n.° 2 faz prevalecer o sentido mais favorável ao aderente em caso de dúvida (*ambiguitas contra stipulorum*), solução a que deve recorrer-se apenas quando a dúvida interpretativa seja irresolúvel e, em nossa opinião, sem prejuízo da imputabilidade do sentido globalmente mais favorável ao aderente a ambas as partes, sob pena de grave inconsistência com o fundamento voluntarístico da vinculação negocial.

[184] BERNREUTHER, *cit.*, p. 66, dando o seguinte exemplo: se se atentar à comparação do preço de um ramo de salsa, tendo em vista a principal mensagem, espirituosa e só tornada clara a uma segunda leitura, as mensagens secundárias, contidas numa nota adicional, segundo as quais a redução do preço, por exemplo, só vale às segundas-feiras, não devem necessariamente ser adequadas a excluir um erro. A situação já será completamente diferente se a indicação do preço acessível a um destinatário médio estiver relacionada com explicações adicionais no contexto da publicidade a imóveis. Neste caso, o destinatário médio recebe geralmente informações por escrito que lhe são pessoalmente transmitidas, sendo por isso exigível um maior cuidado na interpretação daquelas.

242 Nuno Tiago Trigo dos Reis

lidade devida do objecto contratual. Para a identificação do "produtor" deve recorrer-se à noção constante da al. *d*) do artigo 1.°/2 da Directiva[185]. O termo "representante" não compreende apenas aquele a quem foram outorgados poderes de representação mediante uma procuração, mas todos aqueles que possam ser considerados "representantes económicos" do vendedor. Estão, assim, incluídos aqueles que a montante do vendedor sejam elementos integrantes da cadeia de compra e venda do bem de consumo e, bem assim, aqueles que com o vendedor final mantenham uma relação contratual[186]. Os textos da Directiva e do Decreto-Lei n.° 67/2003, como já sucedia com a LDC, não distinguem consoante a mensagem publicitária provenha do vendedor final ou de um ter-

---

[185] Nos termos da qual, "produtor é o fabricante de um bem de consumo, o importador de um bem de consumo no território da Comunidade ou qualquer outra pessoa que se apresente como produtor através da indicação do seu nome, marca ou outro sinal identificador no produto". A noção é muito semelhante à constante do diploma que regula a responsabilidade civil do produtor decorrente de produtos defeituosos (cf. artigo 2.° do Decreto-Lei n.° 383/89, de 6 de Novembro, o que terá justificado que o legislador alemão se limitasse a introduzir uma remissão no novo Direito da compra e venda para o regime da responsabilidade do produtor (§ 434 (1), 2.ª parte, do *BGB*).

[186] Relação que pode não supor poderes de subordinação, como sucede no mandato ou numa prestação de serviços legal ou socialmente atípica. Sugerindo a utilização da noção de representante proposta pelo Parlamento Europeu em primeira leitura (alteração 16), de acordo com a qual será representante "a pessoa singular ou colectiva que intervenha na qualidade de distribuidor oficial e/ou prestador de serviços do produtor, incluindo os vendedores independentes que intervenham exclusivamente na qualidade de retalhistas", v. P. Mota Pinto, "Conformidade e garantias...", p. 242, n. (107) e M. LEHMANN, "Die Informationsverantwortung...", p. 285. Com BERNREUTHER, *cit.*, p. 66, defendemos a possível inclusão no conceito de representante (*Gehilfen*) uma agência, de publicidade ou uma editora. Mas, se a editora, conduzida de maneira a fazer grande concorrência, publicar um anúncio que não vai de encontro a um pedido espontâneo, ou se, perante um aviso para não publicar outra vez o anúncio, não obstante a publicidade – enganosa – reaparece, não é imputada ao vendedor ou ao produtor a responsabilidade por aquela mensagem publicitária. Nesta acepção ampla de "representante" deve ver-se uma concretização da ideia de vinculação pelo *risco de empresa ou de organização*, num movimento dessubjectivizante da intervenção do Direito: a complexidade e opacidade da divisão do trabalho no seio da empresa justifica que ela não tenha de ser conhecida pelos terceiros que de boa fé com ela contratam. Por outro lado, a tutela da confiança destes terceiros não pode ser satisfeita através do simples ressarcimento dos danos sofridos em consequência da actuação do "representante económico"; v. CARNEIRO DA FRADA, *Teoria da confiança...*, *cit.*, pp. 49 e ss. e n. (40). Subjacente a esta questão encontra-se aquela mais ampla da (in)oponibilidade da inexistência de uma procuração a um terceiro de boa fé, e da *procuração aparente*, cujo recorte dogmático não pode sem risco de falta de rigor ser aqui aflorada; v., com inúmeras referências bibliográficas, e tratando especificamente do tema do risco de empresa, PEDRO DE ALBUQUERQUE, *A representação voluntária...*, *cit.*, pp. 991 e ss.

A eficácia negocial da mensagem publicitária   243

ceiro. Se, como se tentou demonstrar, tal não impede que tais disposições devam ser interpretadas no sentido do afastamento convencional da eficácia da publicidade num contrato de compra e venda celebrado com um consumidor, importa agora analisar o fundamento e os limites da imputação ao vendedor de uma declaração publicitária alheia[187].

II. O legislador comunitário pressupôs que a simples emissão de enunciados publicitários pelo produtor ou por um vendedor intermediário, ou pelos respectivos representantes, deveria vincular o vendedor. *Prima facie*, o vendedor ficaria vinculado a satisfazer as expectativas dos consumidores formadas a partir das declarações daqueles terceiros ainda que delas não tivesse consciência[188]. Na procura de um fundamento para esta solução, é convocada a divergência antiga sobre uma das questões mais profundamente associadas ao cerne da teoria do negócio jurídico: o do valor da (falta da) consciência da declaração[189]. Há, porém, um dado adicional a ter em consideração: no n.º 4 do artigo 2.º/2 da Directiva 1999/44/CE, 1.º travessão, podia ler-se que: "[o] vendedor não fica vinculado pelas declarações públicas a que se refere a alínea d) do artigo 2.º/2, 1.º travessão, se demonstrar que *não tinha conhecimento nem podia razoa-*

---

[187] Pois, como se disse *supra*, quando a mensagem publicitária seja proveniente do próprio vendedor, a questão é a de inclusão da mesma no conteúdo do negócio jurídico, ainda que por apelo eventual a uma ideia de "confiança negocial."

[188] Nas palavras de MENEZES CORDEIRO, *Tratado*…, I, *cit.*, p. 792, n. (2147), no tocante às declarações publicitárias, haveria um total predomínio da confiança, em derrogação aos artigos 245.º/1 e 246.º, do Cód. Civil.

[189] Sobre a falta de consciência da declaração, com inúmeras referências, v. P. MOTA PINTO, *Declaração tácita*…, *cit.*, pp. 221 e ss. Os defensores de posições subjectivistas defendem que, em face do disposto no artigo 246.º, só haverá declaração negocial quando o declarante possua a vontade e a consciência da relevância negocial do seu comportamento. Seriam, por essa razão, necessárias a consciência da adopção de certa conduta, a consciência da juridicidade da conduta adoptada e a consciência do carácter negocial da declaração; a distinção tem duvidosa correspondência com o entendimento dominante da vontade numa perspectiva psicológica, mas é juridicamente reclamada pelo regime constante do artigo 246.º. Assim, MENEZES CORDEIRO, *Da boa fé*…, *cit.*, p. 645, salientando as especificidades dos quadros do Direito positivo português relativamente ao alemão: "[o] legislador português cortou em frente, de modo lapidar, assumindo uma defesa completa da autonomia privada: o erro dá sempre lugar à anulação, desde que recaia sobre um elemento essencial constatável pela outra parte – artigo 247.º- e a consciência da declaração é exigida, sob pena de não haver a produção de quaisquer efeitos – artigo 246.º." Contudo, em entendimento ulteriormente sustentado, (*Tratado*…, *cit.*, pp. 777-8) o Professor parece ter introduzido elementos normativos à teoria de declaração negocial defendida, propondo uma interpretação restritiva do artigo 246.º, na parte relativa à falta de consciência da declaração. Já P. MOTA PINTO defende, ainda que apenas *de jure condendo*, uma orientação objectivista.

velmente ter conhecimento da declaração em causa" (itál. nosso). Não obstante esta proposição não constar do diploma de transposição para o Direito português, trata-se de um elemento a ter necessariamente em conta na determinação do alcance do efeito conformador de mensagens publicitárias provenientes de pessoas diferentes do vendedor. Por um lado, a Directiva não deixa de ser uma fonte vigente no Direito português e, por isso, apta a servir de auxílio interpretativo a outras fontes que com ela devam ser articuladas. Mas, e mais importante, em matérias tão sensíveis, como aquelas que dizem respeito aos fundamentos de vinculação negocial e à responsabilidade pela confiança, os preceitos introduzidos pelo Decreto-Lei n.º 67/2003 não podem ser interpretados de forma desenquadrada com as proposições gerais do sistema. Cremos, assim, que *o vendedor poderá afastar a relevância das declarações publicitárias de terceiros nos mesmos casos em que o poderia fazer caso o legislador houvesse procedido à transposição do n.º 4 do artigo 2.º/2 para a ordem interna*[190]. Esta é, de resto, a solução constante do Anteprojecto do Código português do consumidor[191].

A possibilidade de o vendedor se afastar do conteúdo de rótulos apostos no bem por um terceiro suscita-nos maiores dúvidas, pela circunstância particular da aderência física com o próprio bem e da "relação individual entre a referência e o referente, uma conexão gráfica, perifrástica e materializada, que especifica e que indica, com pormenor, como é a coisa rotulada"[192]. Mas também aqui as preocupações de uma tutela objectiva dos interesses económicos do consumidor não devem ir longe demais, sob pena de lhe ser recusado um exercício livre e responsável da sua liberdade contratual. Assim, o vendedor pode recusar-se a garantir certas características constantes da rotulagem de um produto, contra o pagamento de um preço inferior, desde que não haja sido responsável pela aposição da rotulagem, ou estiver de alguma forma inserido na esfera de organização do produtor. Faz-se notar que, nessa hipótese, apenas se excluirá a relevância da rotulagem para o conteúdo do último contrato celebrado na cadeia de distribuição do bem (entre o último vendedor e o consu-

---

[190] Em sentido diverso, entendendo ter o legislador português consagrado "uma responsabilidade absolutamente objectiva por facto de terceiro neste domínio", L. MENEZES LEITÃO, *Direito das Obrigações*, III (4.ª Ed.), *cit.*, p. 146.

[191] Cf. artigo 185.º do Anteprojecto: "[a]s informações concretas e objectivas contidas nas mensagens publicitárias consideram-se integradas nos contratos que se venham a celebrar após a sua emissão, *salvo se tais mensagens provierem de terceiro e o vendedor não as conhecia nem tinha motivo para conhecer essas informações*, se as corrigiu ou se demonstrar que a decisão de contratar não foi influenciada pelas referidas informações" (itál. nosso).

[192] FERREIRA DE ALMEIDA, *Texto e enunciado...*, II, *cit.*, p. 928.

midor). Em contrapartida, aquele que declarou publicamente que o bem tinha certas características, usando de uma mensagem particularmente intensa, poderá ficar negocialmente vinculado, mediante uma garantia directamente prestada ao consumidor[193-194].

III. Há que integrar esta proposição no sistema do negócio jurídico: na falta de consciência da declaração, não há autodeterminação, mas *vinculação pela confiança*[195]. Seguindo o entendimento de Canaris, há que distinguir, dentro desta,

---

[193] Caso se entenda existir então uma garantia voluntária, nos termos do artigo 9.° do Decreto--Lei n.° 67/2003.

[194] Ainda que não se concorde com a licitude do "protesto" do vendedor relativamente a declarações públicas alheias constantes de rótulos, imagens ou legendas ligadas ao bem, não deixará a conduta do vendedor de ser relevante na repartição da responsabilidade pelos restantes participantes situados a montante na cadeia de distribuição do bem. Com efeito, o vendedor que seja chamado a repor a conformidade do bem com o contrato, goza de direito de regresso contra o profissional a quem haja adquirido a coisa, por todos os prejuízos sofridos em consequência da efectivação da sua responsabilidade perante o consumidor adquirente. Este direito de regresso não depende de culpa, mas de uma presunção de não conformidade simétrica àquela que o consumidor pode invocar contra o vendedor ou o produtor, podendo a pessoa contra quem o direito de regresso é exercido demonstrar que o defeito não existia quando entregou a coisa ou, se o defeito for posterior à entrega, que não foi causado por si (artigo 7.°/3 do Decreto-Lei n.° 67/2003). Se a referência relevante para o juízo de não conformidade da coisa for o rótulo, dir-se-á que, na generalidade dos casos, é o responsável pela sua aposição a suportar integralmente as despesas nas relações internas. Só não será assim quando possa ser imputável ao vendedor uma alteração ou adulteração das qualidades atribuídas ao bem na rotulagem (p.ex., não mantendo a temperatura e a humidade adequadas a uma boa conservação do bem). De resto, e pelo significado das "causas legais de exclusão" da responsabilidade do produtor ou de um revendedor, parece-nos haver fundamento para sustentar a existência de uma *responsabilidade objectiva*, em sede de direito de regresso, em contratos de compra e venda celebrados entre profissionais. A possibilidade de exclusão da responsabilidade em ccg acordadas entre o produtor e um vendedor ou entre vendedores, ainda que mediante *compensação adequada* (cf. artigo 7.°/4 do Decreto-Lei n.° 67/2003), não deixa de ser criticada por alguma doutrina: v. M. LEHMANN, "Die Informationsverantwortung...", *cit.*, pp. 289-90.

[195] Por esta razão, não pode ensaiar-se a partir destes regimes uma reabilitação das teorias da declaração negocial fundadas na culpa ou na responsabilidade, como as propostas entre nós, sobretudo antes da vigência do Cód. Civil por GUILHERME MOREIRA, BELEZA DOS SANTOS, PAULO CUNHA, I. GALVÃO TELLES, (*cit.*, pp. 144 e ss.), e FERRER CORREIA (*cit.*, pp. 133 e ss.). Para além de não se compreender então por que razão o declarante ficaria vinculado à declaração quando, apesar de compreender o significado negocial possível da sua declaração (i.e., quando tenha "culpa"), o declaratário não confiasse na eficácia obrigacional do comportamento adoptado, o fundamento da promessa negocial só pode ser, quanto a nós, a atribuição à autodeterminação da pessoa. Só ali existe autonomia privada, no sentido de estipulação de normas de conduta vinculativas para o próprio. O juízo de auto-responsabilidade é típico da responsabilidade civil ou da vinculação pela confiança, mas não da vinculação negocial.

246 *Nuno Tiago Trigo dos Reis*

a vinculação pela aparência jurídica (*"Rechtsscheinshaftung"*) da vinculação pela confiança por necessidade ético-jurídica (*"Vertrauenshaftung kraft rechtsethischer Notwendigkeit"*)[196]. Ainda que os pressupostos gerais sejam essencialmente os mesmos em ambas as constelações típicas de casos[197], haveria que distinguir relativamente ao requisito da imputabilidade do facto gerador da confiança ao onerado: este justifica-se por uma ideia de "risco" na tutela da aparência jurídica (onde não é, em rigor indispensável, podendo haver casos de tutela da

[196] Esta subdistinção não se deixa confundir com a que, no plano dos efeitos jurídicos, opõe a pretensão "à satisfação da confiança" (protecção da confiança positiva) à pretensão à satisfação do "dano de confiança" (protecção da confiança negativa); C.-W. CANARIS, *Die Vertrauenshaftung...*, *cit.*, pp. 5 e ss. Para uma visão pormenorizada da teoria da confiança propugnada pelo A., v. PEDRO MÚRIAS, *A representação legal...*, *cit.*, pp. 15 e ss.. Na responsabilidade pela aparência jurídica (*cit.*, pp. 9 e ss), CANARIS inclui as situações de aparência de representação, de casamento putativo, de tutela de terceiros no negócio aparente, a responsabilidade pela aparência de continuidade de uma situação jurídica, a responsabilidade por um *Tatbestand* de aparência negocial sem consciência da declaração no Direito comercial, a abstracção no Direito dos títulos de crédito, entre outros; na segunda (*cit.*, pp. 266 e ss), o A. trata da responsabilidade pela confiança decorrente de comportamentos dolosos, do *venire contra factum proprium*, das inalegabilidades formais, etc.. Em qualquer caso, a responsabilidade pela confiança anda associada à criação *consciente* de um situação de confiança (*cit.*, p. 51).

[197] A saber: a existência de um facto objectivamente idóneo a suscitar a confiança em determinada direcção; a existência de uma situação de confiança; o conhecimento do facto confiável; um investimento de confiança merecedor de tutela; a imputabilidade da situação de confiança ao onerado em termos de risco ou culpa; *cit.*, pp. 491 e ss. MENEZES CORDEIRO, *Da boa fé...*, *cit.*, pp. 1248 e ss., descreve os pressupostos para a tutela da confiança num sistema móvel, distinguindo "uma situação de confiança conforme com o sistema e traduzida na boa fé subjectiva e ética", uma justificação para essa confiança, expressa na presença de elementos objectivos capazes de, em abstracto, provocarem uma crença plausível" e "um investimento de confiança consistente em, da parte do sujeito, ter havido um assentar efectivo de actividades jurídicas sobre a crença consubstanciada, em termos que desaconselhem o seu preterir"; acrescenta-se um quarto elemento aos pressupostos das situações tuteladas ao abrigo da boa fé subjectiva: a imputação da situação de confiança criada ao prejudicado em causa". Parece-nos, em todo o caso, pertinente a observação de CARNEIRO DA FRADA, *Teoria da confiança...*, *cit.*, pp. 584 e ss., quando alerta para os limites da mobilidade do sistema da responsabilidade pela confiança, uma vez que os nexos de compensação pela dispensabilidade de um dos pressupostos não são iguais em relação a todos eles. Em especial, não é possível dispensar-se o *Tatbestand* de confiança ou a própria confiança. Já a imputação da confiança só excepcionalmente pode ser irrelevada [*cit.*, pp. 596-7, n. (618)], pois, a não ser assim, faltaria um nexo ético-jurídico entre o dano e o sujeito responsável pelo facto confiável. O mesmo se diga quanto ao pressuposto do investimento: o Direito não pode intervir precipitadamente na tutela da mera subjectividade. Pelo contrário, a justificação da confiança (i.e., a observância estrita do padrão de diligência a averiguação da realidade objecto da sua representação) pode mais facilmente ser ponderada e concretizada por apelo aos restantes pressupostos.

"pura aparência jurídica") e de "culpa" na tutela da confiança por imposição ético-jurídica[198].

Não se pode pretender ver, nos casos de exclusão eficaz da relevância de declarações de terceiro, uma manifestação do princípio da culpa: não existe juízo de censura dirigido ao vendedor que informa o comprador que não se vincula a mensagens publicitárias emitidas por terceiros ou que demonstra que delas não tinha nem poderia ter tido conhecimento. Nem a circunstância de se estar perante um consumidor parece dispensar um patamar mínimo de imputação da confiança àquele em cuja esfera se pretende ver o efeito correspondente. O resultado contrário não poderia, de resto, ser alcançado sem se reconhecer que se está a fazer uma transferência total do centro de gravidade do problema dos efeitos negociais da esfera do declarante, i.e., daquele que emite certo enunciado com específicos efeitos jurídicos, para a esfera do destinatário daquela declaração. Sem se deixar de admitir que a qualificação como consumidor opera também na concretização de bitolas de comportamento, não parece ser suficiente para sustentar a existência de um "dever" de assumir como seus os efeitos de enunciados de terceiros.

A boa fé também não pode ser aqui trazida à colação: o problema dos *deveres* de informação ou lealdade que impendem sobre aqueles que entre si mantêm uma relação especial de proximidade é estranho a esta solução. Com efeito, caso se concluísse por uma qualificação do comportamento do vendedor excludente da relevância obrigacional de uma mensagem de terceiro como um "dever", chegar-se-ia à solução, absurda, de colocar o terceiro numa posição mais favorável perante o "incumprimento do dever" (não recusa da relevância das declarações publicitárias de terceiros e consequente aferição da conformidade dos bens entregues com o contrato à luz de tais declarações) do que aquela em que se encontraria se o "dever" tivesse sido cumprido (caso em que o consumidor não poderia alicerçar expectativas juridicamente relevantes a partir de declarações publicitárias de terceiros)[199]. Pelo contrário, é o próprio vendedor que beneficiaria do "cumprimento do dever", como se de um "dever para consigo próprio" se tratasse. Mas nem de um dever se pode propriamente falar: a norma de conduta dirigida ao vendedor opera num momento *anterior* ao do surgimento do dever (a obrigação de entrega de um bem em confor-

---

[198] C.-W. CANARIS, *Die Vertrauenshaftung...*, *cit.*, pp. 471 e ss.

[199] Naturalmente, não é possível proceder a uma inversão, considerando o cumprimento do dever como a simples omissão do vendedor quanto a mensagens publicitárias de terceiros (e, consequentemente, a declaração de afastamento perante as mensagens publicitárias de terceiros) sem um total desapego perante a realidade das coisas e os textos legais.

248   Nuno Tiago Trigo dos Reis

midade com o contrato)[200]. A situação analítica de base deve, pois, ser antes qualificada como um *ónus* (*Obliegenheit*) ou *encargo material*[201]. Nos efeitos, há apenas impedimento da atendibilidade das expectativas formadas pelos consumidores adquirentes.

Por outro lado, a demonstração pelo vendedor do desconhecimento não culposo de declarações publicitárias de terceiros não é prova da sua boa fé subjectiva ética: no momento relevante para a aferição da boa fé – a celebração do contrato – não existia ainda violação de qualquer situação jurídica do comprador. Esta apenas vem a ocorrer posteriormente, e desde que se verifique a circunstância de o vendedor não ter recusado a vinculação relativamente às declarações publicitárias dos terceiros. Se o vendedor demonstrar que desconhecia sem culpa aquelas declarações, não chega a expectativa do consumidor a convolar-se num direito que possa ser oponível ao vendedor (*rectius*, não permite que a qualidade e o desempenho que dela são inferidos passem a integrar o objecto contratual), pelo que não chega também a haver qualquer situação lesiva de um bem do consumidor. Se, pelo contrário, o vendedor não conseguir fazer a prova daquele estado subjectivo, a qualidade e o desempenho que o consumidor pode razoavelmente esperar solidificam-se em critérios de aferição do cumprimento do contrato, ou seja, passam a concorrer para a determinação *do que é devido*. Chegado a este ponto, o vendedor deve entregar um bem com características conformes com aquelas expectativas, mas a norma em causa já não será logicamente aquela que determina a relevância das declarações publicitárias para a concretização do objecto da obrigação de entrega, mas

---

[200] Afastamo-nos, assim, das teses defensoras da observância do "necessário cuidado no tráfego" (HAAS, "Kaufrecht", *cit.*, p. 192) ou de um "dever de investigação da mensagem publicitária" (BERNREUTHER, *cit.*, p. 67).

[201] Como nota MENEZES CORDEIRO, *Tratado...*, I, *cit.*, p. 359, o encargo corresponde estruturalmente a um dever, mas segue um regime particular, na medida em que, funcionando também no interesse de outras pessoas, não pode por estas ser exigido no seu cumprimento; sobre a figura, v. ainda J. BRANDÃO PROENÇA, *A conduta do lesado como pressuposto e critério de imputação do dano extracontratual*, Almedina, Coimbra, 1997, pp. 501 e ss.. Mas, como nota PEDRO DE ALBUQUERQUE, *A representação...*, *cit.*, pp. 796 e ss. e n. (996), o mero desconhecimento (assim como o conhecimento) não pode ser considerado como encargo, mas apenas como estado subjectivo, ao contrário do "dever" de indagação ou investigação; em sentido diverso, RAUL GUICHARD, *Da relevância jurídica do conhecimento no direito civil*, Universidade Católica do Porto, 1996, pp. 39 e ss.. Relativamente ao problema do abuso de representação, cf. também MARIA DE LURDES PEREIRA, "Os estados subjectivos na representação voluntária. Em especial, o conhecimento ou desconhecimento juridicamente relevante", *RFDUL*, 1998, XXXIX, p. 162. Assim, no caso que nos ocupa, o encargo consiste na investigação quanto à existência de uma mensagem publicitária alheia e ao seu subsequente afastamento do conteúdo do contrato.

A eficácia negocial da mensagem publicitária   249

já a norma que obriga o vendedor a entregar um bem em conformidade com o contrato celebrado[202].

A ideia de *risco de organização ou empresa*, com capacidade fundamentadora e explicativa da imputação ao vendedor ou produtor de declarações emitidas pelos respectivos representantes, soçobra na procura de uma fundamentação dogmática para a imputação de declarações provenientes do produtor ou de intermediários na cadeia de distribuição do bem (e, bem assim, na responsabilidade, em sentido inverso, do produtor por declarações do vendedor final ou retalhistas). O vendedor final não tem um *domínio da organização* que compreenda todos os agentes económicos do lado da oferta que intervieram de alguma forma, mais ou menos remota, na colocação de certo bem na disponibilidade do consumidor. Nem o problema respeita à "observância efectiva da divisão interna de poderes e funções por parte das pessoas e unidades de competência de acordo com as suas instruções"[203]. De resto, é perfeitamente possível que desconheça não só a mensagem publicitária como também o próprio emitente.

Na realidade, a relação entre o responsável pela mensagem publicitária e aquele que a ela fica vinculado perde relevância perante a *aparência* de veracidade do conteúdo da mensagem. Recordando a mobilidade relativa do sistema da confiança, a confiança justificada do consumidor ganha intensidade valorativa relativamente acrescida perante o pressuposto de imputação da situação de confiança: este basta-se com a cognoscibilidade do *Tatbestand* de confiança. Com a teoria do risco da empresa, a responsabilidade por declarações publicitárias na compra e venda de consumo partilha, contudo, a ideia de uma distri-

---

[202] Desta argumentação não parece ser de retirar, como pretende CARNEIRO DA FRADA, *Teoria da confiança...*, *cit.*, pp. 596 e ss., que o investimento da confiança é elemento espúrio num modelo de responsabilidade por violação de deveres (o investimento da confiança é sempre posterior ao fundamento escolhido para a responsabilidade, pelo que não pode servir para determinar aquele fundamento anterior). Os pressupostos dogmáticos da confiança não deixam de relevar para a imputação de um dever de indemnizar decorrente da violação de deveres impostos pela boa fé, logo na determinação do *objecto do dever*. Uma confiança irrelevante para o plano de despesas do confiante pode não gerar qualquer dever de conduta para aquele que a suscitou. Sucede apenas que o comportamento lesivo da confiança é muitas vezes complexo, compreendendo diferentes actos que se sucedem no tempo: o acto de investimento da confiança pode ser posterior ou contemporâneo do *Tatbestand* de confiança. A sua relevância na teoria da imputação não se esgota no dano: pode haver cumprimento do dever, fazendo as acções corresponderem às expectativas criadas, mesmo depois de ter havido investimento na confiança. Dir-se-ia, então, não existir ainda um ilícito-culposo. V. MENEZES CORDEIRO, *Da boa fé...*, *cit.*, pp. 1243 e ss.

[203] CARNEIRO DA FRADA, *Teoria da confiança...*, *cit.*, p. 50.

250 *Nuno Tiago Trigo dos Reis*

buição do "risco" orientado pela distribuição das vantagens trazidas pela difusão de uma mensagem publicitária impulsionadora do consumo. Este risco não é já o resultado da criação de uma organização dominável pelo vendedor e com capacidade de absorção do mesmo risco. Corresponde, ao invés, a uma planificação de distribuição de vantagens e encargos típica da moderna sociedade de risco e de consumo, em que a divisão do trabalho é, numa perspectiva sistémica, mais complexa[204]. A construção de uma responsabilidade por declarações publicitárias pelo Direito é feita no âmbito do Direito civil, com colorações especiais decorrentes da tutela do consumidor. Mas se o risco é, em geral, no sistema de Direito privado apenas pressuposto para a imputação de danos a pessoas diferentes daquelas em cuja esfera o dano ocorreu (cf., novamente, o disposto no artigo 246.º), encontramos nestas disposições especiais fonte de vinculações jurídico-obrigacionais e não negociais. Ele não pode, por isso, ser desligado da construção da confiança, na qual surge como princípio fundamentador da imputação da situação de confiança[205]. A tutela da confiança

---

[204] Embora sejam de rejeitar as teorias, como a defendida por M. LEHMANN, "Die Informationsverantwortung...", *cit.*, p. 288, que, atribuindo um valor excessivo à análise económica do Direito, visem atribuir a responsabilidade do vendedor por declarações de outros agentes do lado da oferta com fundamento em argumentos macroeconómicos: a publicidade indutora em erro levaria a impulsos artificiais na transacção de bens e serviços, levando a uma alocação de recursos ineficiente; seria responsável pela concessão de vantagens competitivas injustificadas, o que apenas seria evitado pela incorporação das sanções decorrentes da publicidade indutora em erro no plano de despesas da empresa. Apesar da utilidade dos contributos das ciências económicas para o desenvolvimento da Direito e da conhecida sensibilidade ao valor da eficiência de uma teoria da argumentação jurídica orientada para a solução de casos concretos, a construção que fundamentar a atribuição de um juízo de responsabilidade por declarações publicitárias terá de partir de valores e argumentos especificamente jurídico-normativos.

[205] O enquadramento da imputação de declarações publicitárias a um terceiro não anunciante no âmbito da teoria da confiança suscita problemas complicados, merecedores de uma atenção que não cabe no estreito escopo do presente estudo. Com efeito, a construção da tutela da aparência de CANARIS surge normalmente associada a um dever de responder pela situação de aparência conscientemente criada. Também MENEZES CORDEIRO defende que, na medida em que o artigo 246.º do Cód. Civil não admite a produção de efeitos jurídicos quando o declarante não se apercebe da declaração por ele emitida, parecem estar excluídas todas as consequências de tal declaração, mesmo por via da confiança (*Da Boa Fé...*, *cit.*, p. 521). Cremos contudo que não é de recusar a possibilidade de uma pura responsabilidade pela aparência, em que o critério de imputação seja o risco, no âmbito do Direito civil [neste sentido, C.-W. CANARIS, *Vertrauenshaftung...*, *cit.*, pp. 193, apelando ao conceito de risco de empresa a propósito da procuração aparente; PEDRO DE ALBUQUERQUE, *A representação...*, *cit.*, pp. 1066 e 1067, n. (1823), distinguindo porém entre responsabilidade pela confiança (que apela ao risco) e responsabilidade pelo risco]. Com efeito, quando o vendedor não conheça a declaração publicitária de terceiro, embora tal

é aqui "positiva": às expectativas do consumidor são atribuídas as consequências de uma situação jurídica real. Estes efeitos repercutem-se no *conteúdo* do negócio jurídico de consumo, constituindo mais um exemplo de complementaridade recíproca entre a teoria da confiança e a teoria do negócio jurídico. Por esta razão, pode falar-se em eficácia obrigacional da mensagem publicitária alheia. Contudo, por não representar a inclusão da mensagem publicitária alheia e desconhecida no conteúdo do contrato um acto de autonomia privada, não cabe falar aqui, e contrariamente a quanto se disse relativamente a mensagens publicitárias do próprio vendedor (ou do produtor, nos casos de *promessa pública*), em eficácia *negocial* da mensagem publicitária.

IV. Evidentemente, o vendedor pode "tomar como sua" a mensagem publicitária emitida por outrem, por forma expressa ou tácita. As mensagens publicitárias contêm enunciados com aptidão para integrar uma multiplicidade de negócios jurídicos, assumindo cada enunciante como seu o enunciado emitido anteriormente por outro membro da cadeia contratual[206]. Assim sucederá, por exemplo, se as partes, aquando das negociações ou na celebração do contrato tiverem feito referência a declarações publicitárias prévias do produtor, desde que essa referência seja *cognoscível*; o mesmo acontecerá se no momento da compra for apresentado pelo vendedor um prospecto elaborado pelo produtor ou distribuidor no qual se encontrem descritas as características do bem[207]. Como nota Ferreira de Almeida, a composição do texto de uma declaração negocial (distinto do texto de um negócio jurídico) pressupõe a unificação de um conjunto de elementos dispersos dotados entre si "de um grau de afinidade bastante para compartilhar uma entidade significativa superior"[208]. Em espe-

---

conhecimento lhe fosse exigível, não poderá falar-se de consciência na criação ou, sequer, na existência da situação fundamentadora da confiança. Ao invés, estará em causa uma situação de proximidade ou de domínio da fonte de conhecimento: o vendedor pode informar-se mais facilmente acerca das qualidades dos bens que comercializa e espera-se dele que o faça. É com este significado que, no texto, se emprega a expressão "distribuição de riscos".

[206] Num fenómeno que Ferreira de Almeida designa por multiplicidade vertical de enunciados contratuais e que pode ser acompanhado de uma multiplicidade horizontal, quando cada um dos membros da cadeia de compra e venda recorra à contratação em série, fazendo o enunciado constar de diversos contratos celebrados com diferentes pessoas. Sobre estes conceitos, v. Ferreira de Almeida, *Texto e enunciado…*, II, *cit.*, pp. 873 e ss..

[207] M. Lehmann, "Die Informationsverantwortung…", *cit.*, p. 286.

[208] Ferreira de Almeida, *Texto e Enunciado…*, II, *cit.*, pp. 737 e ss.. O A. autonomiza dois graus de complementaridade: a *coerência*, de natureza essencialmente semântica, indispensável para o

cial, a coesão do texto de uma declaração pode alcançar-se mediante referências anafóricas[209], conexões aditivas[210], repetições[211], substituições de enunciados, ou simplesmente pela interlocução ou diálogo. Mas a conexão da publicidade com o conteúdo de certo negócio jurídico suscita dificuldades: assim sucede com a referência à *marca*[212]. A simples menção da marca não é suficiente para se considerar estabelecida tal conexão: é necessário que àquela sejam associadas de modo intenso e comum representações específicas e singularizadas acerca das propriedades de certo bem e que tais representações possam ser consideradas como um produto possível do horizonte de compreensão do círculo de destinatários em que o concreto consumidor adquirente se insere[213]. Como se tentou já demonstrar, a reconstrução do preciso conteúdo da declaração negocial só pode dar-se mediante os critérios interpretativos (jurídicos) gerais: o recurso a elementos linguísticos está-lhes, por isso, subordinada.

2.4. *As condições negativas de relevância da mensagem publicitária*

I. Para além de quanto foi dito relativamente à relevância dos estados subjectivos do vendedor perante a mensagem publicitária, convém esclarecer qual o preciso alcance das excepções ao princípio de que as declarações públicas

---

cumprimento do programa e função do texto, i.e., a sua validade e eficácia para a formação de negócios jurídicos; a *coesão*, através de um mecanismo de ligação de componentes de acordo com regras semelhantes àquelas que a sintaxe define para a estrutura da frase. Os limites à complementaridade seriam de natureza substancial (como o protesto) e formal (sendo o princípio geral o de que nos negócios formais, a forma de todos os enunciados componentes de uma declaração negocial deve pertencer ao mesmo escalão ou a um escalão superior àquele em que se deve inserir ou insere o enunciado que contém os elementos funcionais ou performativos da declaração negocial. Sobre a coesão formal de enunciados, em especial, na publicidade relativa a imóveis, v. MARIANA FRANÇA GOUVEIA, "Eficácia negocial da publicidade a imóveis", *SJ*, XLIX, 2000, pp. 135 e ss.

[209] Através de remissões literais expressas (p. ex., "produto anunciado na T.V.", "nos termos publicitados por Y"). V. FERREIRA DE ALMEIDA, *Texto e enunciado...*, II, *cit.*, pp. 739-40.

[210] Como as estabelecidas entre a declaração de compra e os enunciados constantes de rótulos, ou entre aquela e as mensagens contidas em tabuletas ou panfletos. *Idem, ibidem*, p. 740.

[211] Referência ao objecto do contrato de compra e venda através da menção de uma marca de qualidade ou de uma legenda ou fotografia. *Idem, ibidem*, p. 740.

[212] Sobre a função referencial da marca, v. FERREIRA DE ALMEIDA, "A qualidade do objecto contratual", *cit.*, pp. 42 e ss..

[213] Assim, CARNEIRO DA FRADA, *Teoria da confiança...*, *cit.*, p. 210, n. (163).

concretas sobre o bem vinculam o vendedor[214]. No que se refere ao disposto no 1.º travessão do n.º 4 do artigo 2.º da Directiva, as circunstâncias que determinam a (in)exigibilidade do conhecimento da mensagem publicitária por parte do vendedor variam consoante a concreta situação em que este se encontre. Ganha importância particular o grau de integração, ou mesmo de dependência económica, na estrutura empresarial do anunciante. Desde logo, será para o vendedor final mais fácil demonstrar o desconhecimento não culposo de um anúncio publicitário proveniente do produtor ou de um vendedor grossista do que de um seu representante, mandatário ou agente. Por outro lado, de um distribuidor que vende bens de um só produtor é legítimo esperar que conheça as descrições públicas que aquele faz das características dos bens comercializados[215]. É igualmente de ter em consideração o valor do bem comercializado: a descrição pública das especificações técnicas de um automóvel de luxo pelo produtor justifica, pelas proporções do investimento de confiança realizado pelo consumidor, uma "diligência" do vendedor na procura de informação sobre o bem agravada por comparação com aquela que se espera de um "pequeno vendedor" relativamente a um anúncio publicitário sobre um detergente que comercializa na sua mercearia. Quando o bem vendido, pela sua natureza ou emprego, represente risco de lesão de bens jurídicos pessoais do consumidor ou de terceiros, é de esperar que um conhecimento mais profundo sobre o bem em questão, pelo que será mais difícil para o vendedor beneficiar desta excepção[216].

Mas as características da própria mensagem publicitária também relevam. A *frequência* e a *duração* do período durante o qual o anúncio é difundido podem determinar a falta de conexão entre enunciados, em especial, quando aqueles provenham de diferentes pessoas. Não existe qualquer prazo de caducidade directamente previsto ou que possa ser integrada por analogia. A necessária exigência de critério de conexão temporal entre aquele anúncio e o

---

[214] Dispõe o n.º 4 do artigo 2.º da Directiva:

O vendedor não fica vinculado pelas declarações públicas a que se refere a al. *d*) do n.º 2, se:

– demonstrar que não tinha conhecimento nem podia razoavelmente ter conhecimento da declaração em causa;

– demonstrar que, até ao momento da celebração do contrato, a declaração em causa foi corrigida, ou

– demonstrar que a decisão de comprar o bem de consumo não poderia ter sido influenciada pela declaração em causa.

[215] L. Haas, "Kaufrecht", *cit.*, p. 192.

[216] Bernreuther, *cit.*, p. 67.

254 *Nuno Tiago Trigo dos Reis*

negócio celebrado com o consumidor terá que ser concretizado pela valoração das concretas circunstâncias do caso[217].

A cognoscibilidade das declarações públicas pelo vendedor deve ser aferida de modo distinto consoante aquelas constem da rotulagem ou, ao invés, de uma mensagem não fisicamente ligada ao bem vendido[218]. No primeiro caso, estará assegurada uma *conexão adequada* entre a declaração de compra e a declaração pública de descrição das características do bem: ainda que não se veja na venda do bem uma adesão tácita às declarações que o acompanham, o vendedor não pode prevalecer-se do seu desconhecimento.

Dir-se-á, em suma, que a diligência exigida ao vendedor quanto ao conhecimento da mensagem publicitária depende de critérios objectivos, relativos à mensagem em causa enquanto conteúdo de acto comunicativo e de critérios subjectivos, não esperando mais do vendedor do que aquilo que aquele poderia cumprir[219].

II. Se a decisão de compra não puder ter sido influenciada pela declaração publicitária, a mensagem publicitária não releva para a razoabilidade das expectativas dos consumidores. A relação de *causalidade* entre a publicidade e a decisão de compra pode não ser directa, sendo suficiente que aquela tenha concorrido para a formação da vontade do comprador. Ou seja, se o vendedor não conseguir demonstrar a irrelevância da publicidade para a celebração do contrato, não deixará de lhe ficar vinculado nos termos anteriormente expostos. Vamos mesmo mais longe: desde que a declaração pública permita inferir

---

[217] Contra, FERREIRA DE ALMEIDA, *Texto e enunciado...*, II, *cit.*, p. 919, defendendo a aplicação analógica das disposições relativas à caducidade da oferta ao público (artigos 228.º e 230.º/3 do Cód. Civil). Em face do diferente enquadramento legislativo hoje vigente, a solução de considerar o anúncio publicitário sujeito a um escasso prazo de caducidade de 5 dias, ainda que prorrogável por repetição da mensagem, colidiria na prática com as disposições que com amplitude consideram a publicidade parte integrante do conteúdo do negócio.

[218] A aplicação do n.º 4 do artigo 2.º da Directiva aos rótulos não é isenta de críticas: v. ORTI VALLEJO, "La direttiva 1999/44/CE", *Rev. Pod. Jud.*, 66, 2002, Madrid, pp. 593 e ss.. Entre nós, FERREIRA DE ALMEIDA, *Direito do consumo*, *cit.*, p. 140, afirma que as causas de exclusão da relevância negocial dificilmente se verificam relativamente a enunciados constantes da rotulagem.

[219] Não é de esperar o conhecimento do declaração pública quando a obtenção daquele conhecimento estiver numa relação desproporcionada com os custos que podiam ser suportados ou o tempo que podia ser dispendido pelo vendedor. Por isso, não pode afirmar-se que "tudo aquilo que é conhecido pelo consumidor também pode ser conhecido pelo vendedor" e que a excepção constante do 1.º trav. do artigo 2.º/4 da Directiva quase não tem alcance prático, contrariamente à conclusão a que parece chegar BERNREUTHER, *cit.*, p. 67.

A eficácia negocial da mensagem publicitária   255

características concretas relevantes para a qualidade ou desempenho do bem, ela *pode* situar-se no simples plano dos *motivos* do consumidor, para além dos limites da "vontade directa" centrada no objecto do negócio jurídico[220-221].

Deve acrescentar-se que a mensagem publicitária que não seja *concretamente* conhecida pelo consumidor adquirente também não vincula o vendedor: a inexistência de uma situação de confiança tornaria injustificada a imputação de efeitos obrigacionais ao vendedor (que, recorde-se, pode desconhecer aquela mensagem)[222]. A mesma conclusão deveria ser retirada caso se pretendesse ver na vinculação pela mensagem publicitária um fundamento negocial, pois aquela não corresponderia à vontade do comprador, podendo o vendedor dela não ter consciência. Assim, a objectivização da determinação da influência sobre a decisão de compra do consumidor, favorável a um entendimento puramente literal da al. *d*) do artigo 2.º/2 da Directiva e do Decreto-Lei n.º 67/2003, constituiria uma tutela de uma aparência irrelevante para a autodeterminação de ambas as partes num contrato, e a imposição por força legislativa de um conteúdo que ninguém tivesse querido uma violência para a sua liberdade contratual. Ao invés, já se torna irrelevante a forma como o consumidor acedeu ao conteúdo da mensagem publicitária, desde que o consumidor concretamente influenciado pela publicidade se situe dentro do círculo de destinatários visado pelo anunciante[223] (em razão do espaço em que se pre-

---

[220] É, aliás, curioso notar como o propósito de tutela do consumidor explica a erupção de novos esquemas de imputação, ora no sentido da sua objectivização (como sucede com a irrelevância do desconhecimento "culposo" da publicidade pelo vendedor), ora no sentido inverso de uma subjectivização (como se vê agora, na "integração" dos simples motivos do consumidor, e desde que formados a partir de certas pressupostos objectivos).

[221] Para BERNREUTHER, *cit.*, pp. 67-8, só terá sentido invocar-se a excepção de falta de *relevância* da publicidade para a decisão de compra caso se considere estar perante uma declaração publicitária enganosa em conformidade com as disposições repressivas da concorrência desleal, ou seja, desde que estejam reunidas as seguintes condições: existência de uma declaração acerca das qualidades de facto da coisa que não corresponde à realidade; desconhecimento pelo destinatário médio, colocado na posição do real destinatário do carácter erróneo daquela declaração; aceitação da declaração como indutora em erro à luz de um juízo de ponderação entre os interesses do anunciante e os do consumidor.

[222] Assim, OLIVEIRA ASCENSÃO, *Direito civil...*, II, *cit.*, pp. 312-313, afirmando que "o não poder" não deve significar apenas uma apreciação em abstracto e que, por maioria de razão, o vendedor poderá demonstrar que o consumidor não foi historicamente influenciado por aquela publicidade. Cf., no mesmo sentido, a proposta do Anteprojecto do Cód. do consumidor (artigo 185.º). Contra, L. HAAS, "Kaufrecht", *cit.*, p. 193.

[223] Em sentido próximo, v. MATILDE GIROLAMI, *cit.*, p. 241-2. O meio concretamente utilizado é naturalmente relevante: se o vendedor emitiu um anúncio em alemão destinado a ser transmi-

256 *Nuno Tiago Trigo dos Reis*

tendia ou se supunha que a publicidade estava sendo difundida, da idade dos destinatários visados, do sector de mercado alvo, etc.).

Evidentemente, a objectivização é inevitável no plano da *prova* da relevância negativa da publicidade, a ser promovida pelo vendedor ou pelo produtor em relação a quem é invocado o incumprimento da obrigação de entrega de um bem em conformidade com o contrato de compra e venda[224]. Assim como na aferição da razoabilidade das expectativas do consumidor, é importante o recurso a um raciocínio tipológico, sem deixar, contudo de atender aos estados subjectivos conhecidos do consumidor real.

III. Finalmente, a declaração pública também não influencia a qualidade contratualmente devida do bem vendido se tiver sido corrigida até ao momento da celebração do contrato. A correcção deve ser clara, compreensível[225] e deve ser difundida por forma "equivalente" em termos de publicidade e tendo em vista os hábitos de percepção médios do círculo de pessoas visado, ainda que o meio de comunicação ou canal utilizados não tenham de ser idênticos[226].

---

tido na Alemanha não deve poder ser invocado contra um profissional português, mesmo perante a globalização do mundo da informação. Segundo a A., dever-se-ia distinguir o caso em que o meio utilizado suponha, por definição, a influência de um mercado indiferenciado e internacional, como sucede com quem explore um sítio na *Internet*.

[224] Que se apresenta como uma verdadeira *diabolica probatio*, por fazer concorrer para a obtenção de uma pretensão a prova de um facto *negativo* e *interior*. Os efeitos decorrentes das dificuldades probatórias podem ser atenuados mediante a utilização de presunções judiciais, atendendo a circunstâncias objectivas de mais fácil demonstração (comparação entre o local onde a mensagem foi difundida e o local onde o consumidor tem o seu domicílio ou mesmo o local em que se encontrava durante o período em que o anúncio foi transmitido; demonstração de que o consumidor não podia ter acesso ao canal de transmissão da mensagem, p.ex., televisão por suporte digital ou *internet*, etc.). Sobre a relevância da circunscrição regional quanto aos destinatários da mensagem publicitária para demonstrar a inexistência de influência sobre a decisão de compra, v. L. HAAS, "Kaufrecht", *cit.*, p. 193. Ainda assim, a mera dificuldade de prova é insuficiente para sustentar, como o faz alguma jurisprudência, uma excepção à distribuição do ónus da prova imposto pelo artigo 342.º/1 e 2; considerando ser difícil ir além da exigência de alguma razoabilidade na apreciação da prova do facto negativo, v. M. TEIXEIRA DE SOUSA, *A prova em processo civil*, Apontamentos dactilografados, relativos ao ano lectivo de 2003/2004, p. 28.

[225] Uma correcção expressa é dispensável se para o destinatário médio, no quadro da atenção condicionada pela situação e adequada à situação, for claro, somente com fundamento na nova publicidade, que a anterior publicidade foi corrigida; v. BERNREUTHER, *loc. cit.*.

[226] Um anúncio publicitário constante de um *placard* ou de um catálogo pode ser corrigido mediante um anúncio transmitido pela televisão ou por um jornal ou revista. V. L. HAAS, "Kaufrecht", *loc. cit.*.

A eficácia negocial da mensagem publicitária   257

Porém, não se exige que a correcção da declaração pública chegue ao consumidor que concretamente foi influenciado por aquela: basta tão-só que a correcção seja idónea a ser conhecida pelo destinatário concreto antes do momento da celebração do contrato, pois com a correcção há uma descontinuidade na imputação da confiança ao anunciante ou a um terceiro.

§ 3. *As mensagens publicitárias e o conteúdo do contrato de compra e venda*

3.1. *As coordenadas do problema*

Chegados a este ponto, é já evidente a estreiteza dos laços que unem os principais problemas da publicidade ao cerne da teoria do negócio jurídico. Foi, aliás, a sensibilidade em relação a opções científicas fundamentais próprias da cultura de cada Estado que levou o legislador comunitário a não tomar posição definida quanto ao problema da integração das mensagens publicitárias no conteúdo de negócios celebrados com consumidores[227]. Para o cumprimento do propósito de harmonizar o Direito da compra e venda à luz da tutela do consumidor, foi considerada suficiente a ideia de "conformidade com o contrato", mediada pelas expectativas que o consumidor pode fundar em declarações públicas. Mas é tarefa da ciência jurídica proceder ao enquadramento da mensagem publicitária obrigacionalmente relevante no espaço do negócio jurídico ou em teorias situadas para além das suas fronteiras. No respeito pelas correntes metodológicas modernas, a qualificação jurídica de certo instituto ou figura deriva da análise do respectivo regime: a fundamentação de soluções a partir de modelos aprioristicamente tomados como certos, num movimento dedutivista típico da jurisprudência dos conceitos, favorece o construtivismo e o surgimento de aporias e ficções. Por isso, só agora, após termos estudado as principais proposições tributárias da relevância da publicidade para o cumprimento pontual do contrato (em especial, da compra e venda), nos vamos pronunciar acerca da relevância directa que aquela representa para o conteúdo negocial.

---

[227] M. LEHMANN, "Die Informationsverantwortung...", *cit.*, p. 283.

258 Nuno Tiago Trigo dos Reis

3.2. A posição de Oliveira Ascensão

Para Oliveira Ascensão, o preceito que estabelece a não vinculação do vendedor caso se demonstre que a decisão de compra não poderia ter sido influenciada pela declaração publicitária leva a concluir que "não existe uma integração da publicidade no negócio, mas antes uma vinculação fundada na necessidade de proteger a confiança do destinatário"[228]. A vinculação não surge se essa confiança não existir, havendo então uma irrelevância da publicidade para o conteúdo do contrato[229]. Do mesmo modo, reprime-se a má fé do consumidor que conhece ou não deve desconhecer a desconformidade das qualidades do bem com o sentido da mensagem publicitária.

3.3. A posição de Ferreira de Almeida

Segundo Ferreira de Almeida, a teoria da confiança não pode, enquanto critério ou fundamento autónomo de responsabilidade, servir de enquadramento para a relevância jus-civilística da publicidade, na medida em que no sistema jurídico português não existe lacuna legal relativamente à eficácia negocial da publicidade. Mais, a tese da tutela da confiança seria incompatível com a letra da lei (conformidade com o contrato, integração no conteúdo do contrato) e com o conjunto de pretensões de que goza o comprador (a reparação, a substituição e a resolução são direitos tipicamente contratuais)[230]. Em face da Directiva e dos restantes textos legais, seria de defender a tese de que, verificados certos requisitos, a qualificação da coisa publicitada faz parte do conteúdo do contrato em que a mesma coisa é referida[231]. A obrigação de entregar bens em conformidade com as declarações publicitárias não deixaria de ser nego-

---

[228] OLIVEIRA ASCENSÃO, *Direito Civil...*, II, *cit.*, pp. 312-3.

[229] MATILDE GIROLAMI, *cit.*, pp. 275 e ss., rejeita a qualificação deste critério de conformidade como subjectivo, pois isso pressuporia uma estranha heterogeneidade da declaração negocial, na medida em que a declaração de vontade das partes só se torna completa com a referência a declarações de terceiros, sem que exista uma remissão expressa para aquelas.

[230] *Direito do consumo, cit.*, pp. 141 e ss.

[231] V. igualmente L. HAAS, "Kaufrecht", *cit.*, p. 191, entendendo que o novo § 434 do *BGB*, ao reconhecer eficácia negocial a mensagens publicitárias, só é uma inovação na medida em que se passa a integrá-las no conteúdo contratual, mesmo que o seu significado não possa ser extraído das declarações de vontade das partes. As mensagens que respeitem a qualidades do bem devem poder ser levadas a sério pelo comprador.

A eficácia negocial da mensagem publicitária 259

cial por significar a imposição de um efeito não querido pelo vendedor: só por uma estrita e discutível premissa voluntarista se poderia entender o contrário. Também não se poderia supor que as mensagens publicitárias consistissem em ofertas ao público, na medida em que raras vezes estaria preenchido o requisito da completude da proposta.

Os enunciados publicitários com vocação contratual deveriam ter a mesma qualificação jurídica e estar sujeitos ao mesmo regime das cláusulas contratuais gerais (ccg)[232]. Por um lado, seria absurdo restringir o âmbito de aplicação da LCCG às ccg favoráveis para quem as predispõe, negando-se-lhe a aplicação quando estivessem causa enunciados desfavoráveis para o predisponente (o elenco das vantagens oferecidas nas "condições do contrato", o preço de venda ou a taxa de juro mencionados como convenientes para o consumidor; catálogos e folhetos que chamam a atenção para as vantagens do contrato e apelam à adesão, etc.). Por outro, na publicidade encontramos os requisitos da predisposição unilateral e da generalidade de enunciados e, bem assim, as exigências de uma remissão expressa ou tácita feita em condições tais que torne conhecidos ou cognoscíveis aqueles enunciados pelo comprador e pelo vendedor.

3.4. *Crítica*

As disposições relativas à publicidade que nos ocupam assumem, desde logo, uma função interpretativa, oferecendo critérios para determinar o alcance das declarações (negociais ou meramente descritivas das qualidades de uma coisa) e para integrar lacunas de regulação do negócio[233].

---

[232] *Texto e enunciado…*, II, *cit.*, pp. 921 e ss. Nesta obra, o A. parece limitar a qualificação dos enunciados promocionais como ccg aos casos em que estes hajam sido "emitidos por uma anunciante que esteja em situação de ser parte nos contratos que promove". Mas, as razões, não expressamente formuladas, que levam o A. a não estender esta qualificação aos enunciados publicitários promovidos por terceiros devem, quanto a nós, levar a descrer de uma construção que não tem sucesso em encontrar o substrato dogmático comum aos enunciados publicitários emitidos por uma das futuras partes no contrato (ou um seu representante) e os emitidos por um terceiro estranho ao contrato. Aquela restrição desaparece no entendimento do Professor, em *Direito do consumo*, *cit.*, p. 142-5: "[m]al se perceberia que um anúncio pudesse ser veículo de cláusulas contratuais, porventura lícitas mas desvantajosas para os potenciais aderentes, e não tivesse aptidão equivalente quanto às vantagens nele propagandeadas" (*cit.*, p. 144).

[233] MATILDE GIROLAMI, *cit.*, p. 264, aproxima os elementos constantes da presunção de conformidade da "interpretação integradora" (*ergänzende Auslegung*), conhecida já dos juristas romanos que com a *condictio tacita* se referiam a uma vontade presumida das partes para resolver proble-

Contudo, as declarações publicitárias não podem ser peremptoriamente vistas como cláusulas contratuais gerais: por um lado, enunciados publicitários existem sem que se possa ver neles qualquer declaração negocial, por ser manifesto o sentido meramente descritivo e a consequente falta de "declaração de validade" da publicidade. Por outro lado, a determinação de uma aplicação apriorística da LCCG não resolveria todos os problemas. Em particular, não permitiria resolver, sem a introdução de uma excepção quebrantadora da continuidade valorativa daquele regime, o problema da eficácia negocial de mensagens publicitárias alheias, de que o vendedor não tenha consciência. Aliás, é manifesta a opção de reconduzir o recurso a ccg à autonomia privada [ainda que com o reconhecimento de um papel complementador do conteúdo contratual à boa fé, como no artigo 6.º, al. *a*) da LCCG]. As ccg desconhecidas do aderente não são consideradas parte integrante do negócio jurídico; não existiria razão para não se chegar à idêntica solução no caso de ccg desconhecidas do vendedor. Aliás, note-se que as normas protectoras da liberdade contratual intervêm tanto nas situações em que se recorre a ccg acordadas entre um profissional e um consumidor quanto naqueloutras acordadas entre profissionais. Por outro lado, as declarações publicitárias são marcadas por uma dispersão espácio-temporal tal que nem sempre será possível uma conexão entre aquelas e as declarações negociais das partes em termos que nos permitam aferir a existência da vontade de vinculação do vendedor ao significado daquelas. A publicidade surge na grande maioria dos casos num momento anterior ao da formação do contrato: a sua relevância para a definição do dever-ser contratual não tem a sua fonte na vontade das partes, mas na lei e em princípios transversais ao sistema de Direito privado português, como o *princípio da confiança*. Defender o contrário levaria a admitir *ficções de vontade*, com os efeitos dogmáticos perniciosos que uma ficção sempre implica. A generalidade e a predisposição unilateral, comuns às ccg e às mensagens publicitárias são, por isso, insuficientes para reconduzir as segundas a uma espécie das primeiras. Não se quer com isto defender que as mensagens publicitárias não possam consistir

---

mas de regulação contratual não previstos pelas declarações das partes. Quando o negócio deva considerar-se incompleto na sua formulação e, na presença de determinados pressupostos, o intérprete estará legitimado a completar a regulação negocial, reconstruindo a hipotética vontade negocial das partes, tendo em conta as circunstâncias que caracterizam a formação e a definição do acordo, ainda que se tratem de elementos externos às declarações de vontade. A "interpretação integradora" pressupõe hoje de acordo com o entendimento maioritário, uma vontade hipotética das partes objectivada, o recurso a padrões de objectividade, o reconhecimento da função negocialmente regulativa da boa fé e da consideração dos usos do tráfego.

A eficácia negocial da mensagem publicitária   261

em ccg: assim sucederá quando nas negociações entre as partes se faça uma remissão expressa ou tácita para enunciados emitidos anteriormente pelo próprio vendedor ou um terceiro. Consideramos, porém, que a integração da publicidade no *conceito* do contrato exige um outro *fundamento*[234], mais profundo, que justifique de forma cientificamente satisfatória a circunstância de as declarações publicitárias poderem ser juridicamente valoradas de forma tão diversa (ora como verdadeiras cláusulas contratuais gerais, ora como factos declarativos susceptíveis de integrar uma *factispecies* legal que lhes reconheça efeitos obrigacionais análogos aos de um acordo contratual ou ainda como declarações sem valor jurídico).

Todavia, a explicação da eficácia obrigacional da publicidade com recurso ao princípio da tutela da confiança não nos parece incompatível com a integração da declaração publicitária no conteúdo do contrato. A estipulação dos efeitos jurídico-contratuais depende de uma "cooperação entre a lei e a vontade"[235]. No problema que nos ocupa, encontramos na dificuldade de recondução do conceito do negócio jurídico de consumo a um único fio condutor espaço para a elaboração de teorias combinatórias do negócio jurídico ou a um sistema móvel, onde se aceite a confluência de diferentes princípios e valores (autonomia privada, tutela da confiança e segurança do tráfego) na procura para a solução da problemática do papel da autonomia privada e dos "fundamentos objectivos do negócio obrigacional"[236] (determinação do limiar da relevância negocial da declaração, da delimitação do conteúdo negocial e da justiça contratual). A forma como se relacionam os elementos constituintes do conceito de negócio varia em concreto: na existência de um acto de autodeterminação apoiado numa vontade livre e validamente formada, a ideia de confiança é dispensável; à medida que diminui o grau de auto-determinação, a vinculação passa a depender da necessidade de tutelar a confiança ou a segurança no tráfego. Mas, como sublinha Paulo Mota Pinto, "a teoria combinató-

---

[234] A crítica aqui feita é ainda consequência das considerações feitas relativamente às teorias performativas do negócio jurídico.

[235] Na sugestiva expressão de LITTERER, *apud* PEDRO DE ALBUQUERQUE, *A representação voluntária...*, *cit.*, p. 444, n. (2240). Sobre o fundamento *ex lege* ou *ex voluntate* dos efeitos negociais, v. PEDRO DE ALBUQUERQUE, *Autonomia da vontade e negócio jurídico em direito da família (Ensaio)*, cit., pp. 14 e ss.; P. MOTA PINTO, *Declaração tácita...*, *cit.*, pp. 48 e ss., n. (96).

[236] PEDRO DE ALBUQUERQUE, *A representação voluntária...*, *cit.*, p. 441, n. (2236); P. MOTA PINTO, *Declaração tácita...*, *cit.*, p. 44. Entre nós, defendem uma concepção negocial móvel CARNEIRO DA FRADA, *Contrato e deveres de protecção*, Coimbra, 1994, pp. 67 e ss., e P. MOTA PINTO, *Declaração tácita...*, *cit..*, pp. 418 e ss., descrevendo pormenorizadamente as relações de combinação, complementação e restrição recíproca dos princípios no sistema negocial.

ria, como a formulou Bydlinsky, tem, antes, de conhecer entre nós, limites resultantes do direito positivo e, em particular, do artigo 246.°, no qual se exige a consciência da declaração"[237]. E é na possibilidade de o vendedor ficar vinculado por declarações de terceiros (e não tanto na possível "falta de relevância da mensagem publicitária para a decisão de compra", como defende Oliveira Ascensão) de que não tenha conhecimento que soçobra qualquer tentativa de encontrar um fundamento comum para a eficácia da publicidade no direito civil. Nestes casos, haverá apenas vinculação pela confiança e as mensagens não podem considerar-se, em rigor, produto da autonomia privada; é um corolário da opção doutrinária fundamental tomada pelo legislador do Código Civil vigente e que a integração de soluções periféricas no sistema tem de respeitar[238]. Pelo contrário, quando o vendedor ou o produtor sejam obrigados a respeitar o sentido de anúncios publicitários emitidos anteriormente[239], poderá ainda ver-se a manifestação de uma auto-determinação da pessoa[240], tendo em conta o "comportamento global" assumido para além da emissão da declaração negocial, com um grau de intensidade variável, e, em qualquer caso, complementada por uma confiança razoavelmente fundada do consumidor (a "expectativa razoável" que antecede e motiva a celebração do negócio)[241].

§ 4. *A eficácia da publicidade relativamente a contratos celebrados com não consumidores*

I. O legislador português, ao contrário do alemão, não alargou o novo regime da compra e venda constante da Directiva 1999/44/CE a todos os

---

[237] P. MOTA PINTO, *Declaração tácita…, cit.*, p. 45.

[238] O regime será, por analogia, o do Direito do negócio. Assim, haverá, como se viu, ampla margem para a vinculação através de declarações de terceiros representantes do vendedor (ou produtor) ou de pessoas que se insiram na sua esfera de organização económica. Já o regime da falta e vícios da vontade não parece ter aplicação, em virtude da autonomia dos pressupostos da imputação pela confiança.

[239] Desde que verificados os restantes pressupostos da relevância da publicidade (seriedade, concretude e objectividade da declaração, referência a qualidades e desempenho de certo bem, etc.).

[240] Entendendo-se a autonomia privada não como uma mera relação com a vontade, mas antes com um sentido amplo, associada à ideia de auto-responsabilidade (a "possibilidade de por acto de vontade auto-determinado fundar ou impedir efeitos jurídicos", na formulação de BYDLINSKY, *apud* P. MOTA PINTO, *Declaração tácita…, cit.*, p. 432).

[241] A ideia de uma "confiança negocial" permite que se aceite a inclusão no contrato de uma quando a mensagem publicitária haja provindo daquele contra quem se pretende que seja invocada, mesmo quando as partes lhe não façam referência nas respectivas declarações negociais.

contratos, independentemente de se tratar de vendas realizadas por profissionais a consumidores. Mas, como o Direito não se resume às proposições aprovadas pelo legislador, as questões devem ser colocadas: as declarações públicas do produtor, vendedor ou respectivos representantes relevam para a aferição da conformidade do bem entregue em execução de um contrato de compra e venda com um não consumidor? E deve a publicidade relevar para a determinação do conteúdo do dever do anunciante quando o tipo contratual em causa for outro (p. ex., um contrato de mútuo)[242]?

II. A resposta à primeira das questões colocadas convoca, desde logo, a questão da consideração como excepcional da proposição constante do artigo 2.º/2, al. *d*) do Decreto-Lei n.º 67/2003 e, em segundo lugar, a possibilidade do recurso à analogia[243-244]. Como se disse, a imputação da mensagem publicitária nos contratos celebrados com consumidores dever-se-á, na maioria dos casos, à intervenção do princípio da confiança e não à autonomia da vontade; e o princípio da tutela da confiança, tanto numa vertente positiva quanto negativa, não constitui um princípio excepcional na ordem jurídica portuguesa. Deve convocar-se aqui o princípio da igualdade: existe uma justificação mate-

---

[242] A estas perguntas respondeu afirmativamente FERREIRA DE ALMEIDA, "Qualidade do objecto contratual", *cit.*, pp. 36 e ss., propondo uma reapreciação dos padrões de qualidade aplicáveis à generalidade dos contratos: "[a]trevo-me assim a concluir que *a descrição da coisa, a rotulagem e a publicidade previstas expressamente pela lei para a qualificação do objecto em contratos de venda para consumo, são extensíveis à generalidade dos contratos como meios idóneos de referência.*/Melhor seria que a lei fosse mais clara a este respeito, mas a omissão não impede em absoluto que o mesmo resultado se extraia dos institutos civis gerais" (p. 41).

[243] Como sustenta PEDRO DE ALBUQUERQUE, ao analisar o problema da extensão analógica do artigo 23.º do Decreto-Lei n.º 178/86 aos restantes contratos de gestão ou de cooperação, o artigo 11.º do Cód. Civil "não deve ser entendido à letra" (*A representação voluntária...*, *cit.*, p. 1055). Neste caso, como no de outros, é de perguntar até que ponto o preceito em causa lança as suas raízes na ideia de Direito; a forma como foi acolhido pelo Direito positivo, em particular, se foi sacrificado, ou não, no confronto com outros princípios para determinar o grau de importância a ser-lhe atribuído no contexto do Direito vigente; se existem disposições legais impeditivas da sua afirmação como princípio geral (PEDRO DE ALBUQUERQUE, *loc. cit.*; CARNEIRO DA FRADA, *Teoria da confiança...*, *cit.*, p. 59 e n. 41).

[244] Naturalmente, para quem, como KÖNDGEN, conceba a autovinculação ao conteúdo de uma mensagem publicitária como o resultado de uma relação de papéis, em que uma parte exerce uma profissional autoridade sobre a outra, não deixará de ter em consideração o estado de especialização também existente nos contratos de compra e venda no âmbito empresarial. Uma especial responsabilidade pela garantia valeria entre "partes comerciais", porquanto também aqui a outra parte se entrega à autoridade profissional do vendedor, como se de um consumidor se tratasse (*cit.*, p. 338).

264 Nuno Tiago Trigo dos Reis

rial e valorativa para sujeitar o adquirente de um bem ou serviço, ainda que não destinado a um uso profissional, a um regime análogo àquele de que goza o consumidor. Por um lado, também ele se encontra numa situação de confiança. Naturalmente, só devem ser tuteladas as expectativas razoáveis do adquirente. Acresce a circunstância de a mensagem publicitária ter sido determinante para a celebração do contrato; o investimento na situação de confiança consiste na contraprestação decorrente daquela celebração. O problema mais delicado e que, por essa razão, merecerá da nossa parte consideração mais longa, diz respeito ao pressuposto da imputabilidade da situação de confiança ao vendedor.

III. Com efeito, como foi referido anteriormente, à luz das disposições protectoras do consumidor, é possível sustentar a imputação ao vendedor de uma declaração que desconheça. Tal é possível independentemente de este ter contribuído para a criação de expectativas do consumidor, não podendo ver-se no mero aproveitamento económico reflexo da actividade publicitária alheia a causação de uma situação de confiança. O fundamento da imputação parece assentar, nesses casos, num *critério de distribuição de riscos pelo desconhecimento da situação de confiança*. Perante este critério, o conhecimento efectivo do *Tatbestand* de confiança é dispensável, sendo suficiente a mera *cognoscibilidade*.

Por outro lado, pelo menos no que ao Direito civil diz respeito, pode argumentar-se que, se o artigo 246.º do Cód. Civil não permite a produção de efeitos negociais nos casos em que falte a consciência da declaração, a doutrina da confiança não deverá levar a um resultado contrário[245]. A ser assim, a proposição constante da al. *d*) do artigo 2.º do Decreto-Lei n.º 67/2003 encerraria uma disposição excepcional, na medida em que permitiria a imputação de efeitos obrigacionais análogos aos do negócio ainda que falte a criação ou participação na criação consciente do *Tatbestand* de confiança; a sua extensão analógica seria impossível.

A alternativa seria a de repensar as teorias de negócio jurídico ou da tutela da confiança, na medida em que a citada proposição legal permitiria uma "falsificação" das mesmas, dispensando a consciência de uma declaração negocial ou da criação da situação de confiança para a ocorrência de efeitos obrigacionais.

---

[245] MENEZES CORDEIRO, *Da boa fé...*, *cit.*, p. 521, n. (283): "[f]altando a consciência, porém, a consciência da declaração – artigo 246.º, primeira parte – a declaração não produz quaisquer efeitos, nem pela via da confiança". Deve salientar-se que este entendimento é apresentado pelo Senhor Professor no quadro do regime legal do erro e não do específico tipo objectivo que nos ocupa.

Cadernos O Direito 4 (2009), 183-278

A eficácia negocial da mensagem publicitária   265

Para uma análise das consequências da relação entre a regra e a excepção para a validação ou demonstração de falsidade de uma teoria jurídica, merece a pena referir o estudo de C.-W. Canaris[246]. O A. ensaiou uma tentativa de extensão às ciências do espírito o método proposto por Karl Popper para a "falsificabilidade" das teorias nas ciências naturais. Também no Direito, o fim de uma teoria científica consiste numa compreensão sistemática a caminho da inclusão num contexto mais geral (*"im Wege der Einordnung in einem umfas- senderen Zusammenhang"*); aqui, a teoria consiste essencialmente em tornar compreensível as normas com auxílio dos conceitos especificamente jurídi- cos ou seja, "dogmáticos" e/ou através da sua ligação com princípios jurí- dicos gerais[247]. A função de ordenação das teorias jurídicas não é apenas exterior, antes repousa sobre uma compreensão aprofundada dos nexos subs- tanciais e por isso conta com um elemento produtivo: a localização da uma norma num contexto mais geral, pode influenciar a interpretação, permi- tindo obter novas proposições normativas, num desenvolvimento do Direito não escrito[248].

Segundo Canaris, o processo que leva a recusar uma teoria jurídica pela existência de excepções inconsistentes por razões que residem fora da própria teoria, consabidamente corrente na Ciência do Direito, é semelhante ao pro- posto por Popper. Para este A., a proposição de base deve ter a força de uma "proposição singular de existência" (*"es-gibt-Sätze"*) e que seja passível de com- provação inter-subjectiva através de "observação"[249]. A inexistência de critérios empíricos não obsta a um "falsificacionismo jurídico". Quando os partidários de uma teoria a rompem por excepções inconsistentes, isso não é, contudo, expressão de arbítrio ou irracionalidade, antes repousa em regra no facto de os resultados a que a teoria "realmente" teria de levar se lhes afigurarem inade- quados por uma razão que se situa fora desses teorias. No Direito, pode afir- mar-se que uma proposição geral pode estar em contradição com uma propo- sição de base, porque a negação da proposição de base contraditória é dedutível a partir da teoria[250]. Na medida em que as teorias jurídicas contêm proposi- ções gerais acerca de normas jurídicas ou conduzem a essas afirmações, propo- sições logicamente semelhantes de um nível inferior de generalidade devem

---

[246] "Funktion, Struktur und Falsification juristischer Theorien", *JZ*, 48 (1993), pp. 377 e ss.
[247] *Idem, ibidem*, pp. 377-8.
[248] *Idem, ibidem*, p. 378.
[249] *Idem, ibidem*, p. 386.
[250] *Idem, ibidem*, loc. cit..

266 Nuno Tiago Trigo dos Reis

ser consultadas como proposições de base. Estas proposições jurídicas de nível inferior de generalidade são de retirar com os métodos jurídicos comuns a partir do Direito vigente, sobretudo, portanto, a partir da lei. Se a solução daí resultante contradisser a solução que resultar da teoria sob exame ("comprovação"), então esta é "falsificada". Se se reconhecer, portanto, sobretudo que *uma determinada solução para o problema pode ser incompatível com uma teoria* – e negar isto levar-nos-ia a não reconhecer às teorias jurídicas qualquer valor heurístico e explicativo – então, isto é o fundamento para um "falsificacionismo" jurídico[251]. Dado que como proposição de base, como se disse, é de recorrer a afirmações sobre normas, então, uma teoria jurídica pode ser "falsificada" sempre que ela seja inconciliável com um preceito da lei[252]. A falsificação de uma teoria pode também ocorrer a partir de uma proposição de base não escrita. A falsificação de uma teoria não tem necessariamente como consequência o dever de renunciar a ela, mas apenas que a teoria na sua formulação actual não está correcta, sendo possível a sua reformulação[253].

IV. Ora, a teoria do negócio jurídico assente no princípio da vontade e na consciência da declaração não se mostra, de modo algum, contrariada pela proposição legal que reconhece relevância à mensagem publicitária, assim como não a prejudica a extensão daquela proposição aos casos de contratos celebrados com não consumidores. Como foi já afirmado, esta eficácia não é tributária da autonomia privada, mas da confiança, como a demonstração negativa da relevância da publicidade para a decisão de compra o permite demonstrar. Mas a existência de uma regra que parece dispensar a consciência de criação da

---

[251] O A. nota que à premissa de verificação em causa é igualmente possível a atribuição de um valor de falsidade. É possível que ela seja falsa e que, portanto, não seja adequada para a falsificação da teoria. Tão-pouco pode ser exigido que uma proposição de base seja encontrada independentemente de uma teoria. Isto resulta, desde logo, do facto de que, sem um mínimo de teoria, não é possível qualquer compreensão. A favor disto depõe sobretudo o facto de, como ensina a experiência, a maior parte das teorias falsificadas terem um âmago correcto; também não se pode esquecer que a proposição de base falsificadora pode, por seu turno, revelar-se como falsa e que, com isso, qualquer falsificação em rigor tem um carácter meramente transitório. Mesmo quando se tem à disposição uma outra teoria que consegue ultrapassar o defeito de forma satisfatória, não é sempre de dar a esta, sem mais, a preferência. Ela pode, por seu turno, revelar defeitos tão ou mais graves e, portanto, distanciar-se ainda mais da solução correcta do que a sua concorrente falsificada (*cit.*, p. 388).

[252] O A. fornece como exemplo a demonstração de falsidade da teoria da declaração a partir da não vinculatividade das declarações não sérias (§ 118 do *BGB*).

[253] *Idem, ibidem*, p. 388.

situação de confiança também não infirma a sua recondução à *Vertrauenshaftung*. A qualificação de certa regra como excepcional não depende apenas de preceitos legais, mas antes de considerações teleológicas e materiais. Na influência da publicidade enganosa sobre a decisão de celebrar um contrato continua a existir uma situação de aparência que reclama tutela. E as razões que levam a considerar que aquele que beneficia do efeito persuasivo da publicidade deve suportar os riscos e as despesas que daquela decorrem continuam também a valer para os contratos celebrados com não consumidores[254]. Por outro lado, também noutros lugares do sistema jurídico, como no problema da *representação aparente*, embora seja, em princípio, de exigir a criação consciente de uma situação de confiança (por coerência valorativa com o disposto no artigo 246.° do Cód. Civil), certa doutrina não exclui a possibilidade de uma imputação pelo risco quando falte aquela consciência[255]. A isto acresce que ainda se pode reconhecer ao vendedor um domínio residual da esfera de risco sobre as representações do adquirente, na medida em que aceita engrossar a cadeia de distribuição e comercialização de bens, sabendo da existência de informação pré-existente quanto aos bens que comercializa e retirando benefícios dessa informação. Concluímos, assim, que a dispensa, *ultima ratio*, da consciência do facto fundamentador da confiança não implica uma falsificação da teoria que explica a relevância obrigacional da mensagem publicitária com recurso à teoria da confiança (tutela da aparência).

V. Perante a extensão da solução analisada aos contratos celebrados com não consumidores (no âmbito civil e mercantil), deve acrescentar-se que valem aqui, por maioria de razão, as proposições de acordo com as quais o vendedor pode afastar voluntariamente a relevância das mensagens de terceiros (embora não as próprias), bem como prevalecer-se das condições negativas de relevância que analisámos anteriormente.

---

[254] Por isso, sobre o vendedor deve recair o encargo de se informar sobre a existência de mensagens publicitárias alheias que versem sobre os bens que comercializa, de modo a poder excluir a garantia que delas se retira.

[255] V., com diversas referências, PEDRO DE ALBUQUERQUE, *A representação...*, *cit.*, pp. 1061 e ss. e n. (1823); o A. demarca, porém, de forma clara, a ideia da vinculação à confiança pelo risco (dever de respondência que exige a consciência quanto ao *Tatbestand* de confiança) e a responsabilidade pelo risco (que apenas permite o surgimento de um dever de indemnizar).

268   Nuno Tiago Trigo dos Reis

§ 5. *As garantias voluntárias*

I. O regime das garantias contra vícios ou não cumprimento do contrato, em especial nos contratos de compra e venda e de empreitada[256], constante do Cód. Civil assenta na liberdade contratual das partes: os padrões de qualidade do objecto contratual que primeiramente devem ser atendidos são aqueles que resultam do contrato[257].

Para além do *núcleo mínimo essencial* do modelo de protecção do consumidor, encontramos um núcleo meramente eventual de conteúdo mais amplo constituído pelas garantias voluntárias, convencionais ou "comerciais"[258]. Estas últimas acrescentam, mas não substituem a "garantia legal de conformidade" do bem objecto do contrato de compra e venda[259]. Por esta razão, a referência à inexistência de "encargos adicionais" deve ter-se por não preceptiva: não se vê especial perigo para os direitos dos consumidores na estipulação de uma "garantia paga", podendo até dizer-se que, por maioria de razão, o consumidor que paga mais por um acréscimo de garantias deve beneficiar da protecção conferida pela aplicação do regime da Directiva[260].

---

[256] No Direito da compra e venda, cf. artigo 913.º/1 do Cód. Civil ("vício que desvalorize ou impeça a realização do fim a que é destinada"; "as qualidades asseguradas pelo vendedor ou necessárias para a realização daquele fim"); artigo 913.º/2 do Cód. Civil ("*quando do contrato não resulte o fim a que a coisa vendida se destina*, atender-se-á à função normal das coisas da mesma categoria", itálico nosso); artigo 919.º do Cód. Civil ("entende-se que o vendedor assegura a existência, na coisa vendida, de qualidades iguais às da amostra, *salvo se da convenção* ou dos usos resultar que esta serve somente para indicar de modo aproximado as qualidades do objecto", itálico nosso); artigo 925.º/1 ("a venda sujeita a prova considera-se feita sob a condição suspensiva de a coisa ser idónea para o fim a que é destinada e ter as qualidades asseguradas pelo vendedor").

[257] Na perspectiva do direito italiano, afirmando que o *Códice Civile* concedeu primazia à autonomia das partes, sendo marginais as disposições destinadas a tutela do adquirente, e colocou o vendedor numa posição mais vantajosa, mediante normas permissivas de cláusulas de limitação ou exclusão da responsabilidade, Guido Alpa, "Autonomia privata e «Garanzie» commerciali", *L'attuazione della direttiva 99/44/CE in Italia e in Europa: la tutela dell' acquirente di beni di consumo: atti dell Convegno internazionale dedicato alla memoria di Alberto Trabucchui*, CEDAM, Padova, 2002, p. 115.

[258] Guido Alpa, *cit.*, pp. 124 e ss.

[259] As garantias voluntárias podem servir o propósito de alargar o âmbito subjectivo (a prestação de uma garantia de conformidade assumida por pessoa diferente do vendedor ou do revendedor, p. ex., do produtor, ou a favor de pessoa diferente do adquirente, p. ex., ao utente-consumidor ou aos membros constituintes do respectivo agregado familiar) ou do âmbito objectivo da "garantia legal de conformidade" (por atribuir diferentes pretensões ao beneficiário). V. Guido Alpa, *cit.*, p. 126.

[260] P. Mota Pinto, "Cumprimento defeituoso do contrato de compra e venda. Anteprojecto de diploma de transposição da Directiva 1999/44/CE para o direito português. Exposição de motivos e articulado", *EDC*, 3 (2001), p. 225.

O regime constante do artigo 6.º da Directiva e do artigo 9.º do Decreto-Lei n.º 67/2003 resulta da opção, tomada pelo legislador comunitário, no sentido de não criar um regime comum quanto ao conteúdo da garantia: a confiança na função geradora da concorrência destas garantias dispensou uma intervenção restritiva da autonomia privada[261].

As simples descrições feitas pelo produtor, vendedor ou seu representante não devem necessariamente ser entendidas como declarações tácitas de garantia de qualidade[262]: como já foi afirmado noutro lugar, também aqui não pode existir vinculação unilateral a uma prestação futura sem uma vontade juridicamente relevante. Contudo, dificilmente deixarão de ser tidas em consideração na determinação das qualidades devidas do bem e, assim, no conteúdo contratual[263].

Estas garantias podem ser emitidas pelo vendedor, pelo produtor, pelo intermediário na produção ou comercialização do bem, ou ainda por algum dos representantes destas entidades (artigo 9.º/1 do Decreto-Lei n.º 67/2003). No caso de não constar do documento de garantia a identificação do respectivo autor, parece que a validade da garantia não é afectada (artigo 6.º/5), sendo então responsável pelo conteúdo da garantia o vendedor representante do último elo da cadeia de distribuição do bem[264]. Nesta hipótese, é de reconhe-

---

[261] V. Considerando 21. da Directiva.

[262] Embora parta da distinção entre enunciados assertivos e performativos, em detrimento daquela que separa declarações de ciência e de vontade, FERREIRA DE ALMEIDA não deixa de afirmar que também os primeiros, pelas circunstâncias em que foram emitidos e pelo seu uso concreto, podem implicar enunciados de natureza funcional; assim, quando se diz que "F é…", pode estar a expressar-se a ideia de que se *garante* que "F é…"; v. FERREIRA DE ALMEIDA, *Texto e enunciado…*, I, *cit.*, p. 287. Contudo, e independentemente da qualificação da garantia voluntária prevista nos novos textos legais protectores do consumidor como promessa pública, aquela surge definida como "[…] *compromisso* assumido por um vendedor ou um produtor […] de reembolsar o preço pago, substituir, reparar ou ocupar-se de qualquer modo de um bem de consumo, no caso de este não corresponder às condições enumeradas na declaração de garantia ou na respectiva publicidade" (artigo 1.º/2, a. e), da Directiva 1999/44/CE, itálico nosso) ou "a declaração pela qual o vendedor, o fabricante ou qualquer intermediário *promete*" cumprir praticar alguma daquelas condutas (artigo 9.º/1 do Decreto-Lei n.º 67/2003, itálico nosso). Isto é suficiente para se concluir que o legislador pressupôs a formulação voluntária de uma promessa negocial como fonte de uma garantia.

[263] DE CRISTOFARO, *cit.*, pp. 86 e ss., pergunta se não será supérflua a disposição que reconhece relevância às descrições públicas das características do bem, na medida em que a indicação, ainda que indirecta, à qualidade do bem dada por uma das partes e conhecida e aceite pela outra já pressuporia um acordo contratual.

[264] No sentido de ser responsável aquele que tiver transmitido ao consumidor o documento de garantia, GUIDO ALPA, *cit.*, p. 130.

cer a possibilidade de invocação da falta de consciência da declaração alheia de garantia ou mesmo a inexigibilidade quanto ao conhecimento de tal garantia[265]. Do mesmo modo, podem não existir razões para tutelar a confiança do consumidor, por ser possível demonstrar a inexistência de causalidade entre a emissão da mensagem publicitária ou da declaração pública e a decisão de contratar. Assim, valem neste caso as conclusões a que se chegou quanto à possibilidade de invocação por parte do vendedor da exclusão (*rectius*, não inclusão) do conteúdo do contrato com o consumidor de declarações emitidas por terceiros.

V – **A responsabilidade pré-negocial em virtude da emissão de mensagens publicitárias incorrectas**

§ 1. *Considerações gerais. Âmbito de aplicação*

I. A tutela da publicidade indutora em erro dispensada aos consumidores trilhou um longo caminho, por diversos institutos de Direito civil, até ao surgimento das disposições legais reconhecedoras da sua eficácia negocial que hoje vigoram entre nós. O regime do erro não permitiu uma repressão eficaz da publicidade indutora em erro, uma vez que os requisitos de relevância do erro dificilmente estariam preenchidos (designadamente, a cognoscibilidade da relevância do elemento sobre que incidiu o erro), os motivos do consumidor eram remetidos para um erro sobre os motivos quase sempre ineficaz e, finalmente, porque deixava a descoberto a necessidade de ressarcimento dos danos causados pela publicidade[266]. O mesmo se diga quanto ao dolo, sobretudo se se tiver em consideração as mensagens publicitárias emitidas por um anunciante não contraente (pela exigência dos requisitos de relevância do dolo de terceiro) e pela admissibilidade do *dolus bonus*, também no campo do Direito do consumo[267]. A proibição de celebração de negócios usurários suscita dificuldades especiais, uma vez que o artigo 282.º parece exigir uma desproporção objectiva entre as prestações no contrato, não sendo suficiente uma mera

---

[265] A demonstração da inexigibilidade quanto ao conhecimento do da declaração de garantia dificilmente poderá ser realizada quando exista um documento de garantia que acompanhe a embalagem ou a entrega do próprio bem.

[266] Neste sentido, M. LEHMANN, *Vertragsanbahnung...*, *cit.*, pp. 118 e ss.

[267] *Idem, ibidem*, pp. 137 e ss. Contra a admissibilidade do *dolus bonus* no Direito do consumo, FERREIRA DE ALMEIDA, *Direito do consumo, cit.*, p. 102.

frustração de expectativas decorrente de uma mensagem publicitária[268]. Também o moderno "direito de arrependimento", constituindo um meio de tutela repristinatório, parecia insuficiente para assegurar as expectativas de consumidores perante uma mensagem publicitária indutora em erro[269]. Surgia, assim, como natural o movimento de recondução da publicidade indutora em erro à cic, integrando a constelação típica de casos de violação de deveres de informação[270].

II. A primeira questão que neste ponto se suscita é aquela que se prende com o espaço de intervenção de uma tutela indemnizatória para o consumidor perante as disposições, já estudadas, que conferem àquele uma maior protecção, permitindo a inclusão dos enunciados publicitários nos contratos celebrados com consumidores. Desde logo, a possibilidade de intervenção da responsabilidade civil não é posta em causa fora do âmbito das relações de consumo. Por outro lado, mesmo relativamente a estas o direito ao ressarcimento dos danos sofridos em consequência da mensagem incorrecta preserva a utilidade, desde logo, nos casos em que o consumidor pretenda desvincular-se do contrato (por via de resolução, nos termos do artigo 4.º/1 do Decreto-Lei n.º

---

[268] CARNEIRO DA FRADA, *Teoria da confiança...*, *cit.*, p. 196, n. (153).

[269] O direito ao arrependimento deve ser qualificado como uma forma de revogação unilateral *ad nutum*, à qual se aplica, por analogia, o regime previsto para a resolução; v. PEDRO ROMANO MARTINEZ, *Da cessação do contrato*, 2.ª Ed., Almedina, Coimbra, 2006, pp. 54 e ss. e 160 e ss.. Sobre a natureza jurídica do instituto, v. porém, Ferreira de Almeida, *Direito do consumo*, cit., pp. 105 e ss., considerando estarmos perante uma hipótese de revogação da declaração contratual do consumidor, não chegando o contrato a produzir efeitos, nem para o futuro nem em relação ao passado, uma vez que na pendência da revogação o contrato era ineficaz; admite o A. ser necessário resolver certos problemas por via legislativa, como sejam o da transferência do risco ou da contagem do prazo de prescrição (pp. 112-4). Estamos, em todo o caso, perante uma forma de tutela da liberdade contratual *ex post*, concedida perante situações em que tipicamente surgem distorções no exercício daquela liberdade (CARNEIRO DA FRADA, *Teoria da confiança...*, *cit.*, p. 198, n. (154). Pode, assim, falar-se de um *perigo abstracto* de perturbação da liberdade contratual. Esta forma de tutela revela-se satisfatória nos casos em que o dano suportado pelo consumidor se limita à celebração do contrato, mas não permite resolver os problemas de causação de outros danos. Por outro lado, esta tutela apresenta, nas palavras de CARNEIRO DA FRADA, um risco de excesso de tutela na situação concreta, não sendo possível ao vendedor a prova do facto negativo da não perturbação efectiva da liberdade de contratação do consumidor.

[270] Esse foi o trabalho levado a cabo por M. LEHMANN, *Vertragsanbahnung...*, *cit.*, pp. 295 e ss.. Contra, alegando a impossibilidade de surgimento de um dever de indemnizar nos termos da cic se o contrato chegasse a ser celebrado, v. VINCENZO FRANCESCHELLI, "Pubblicità ingannevole e *culpa in contrahendo*", *Rivista di Diritto Civile*, 1983, pp. 268 e ss.

272 Nuno Tiago Trigo dos Reis

67/2003, ou de anulação do contrato por erro ou dolo, nos termos gerais). Todavia, também nos casos em que o contrato se mantém em vigor, o consumidor adquirente poderá exigir uma indemnização pela prestação de asserções de facto incorrectas. Assim sucederá quando, existindo uma situação de não conformidade do bem entregue com o conteúdo das declarações publicitárias, não seja possível a reparação do bem ou a sua substituição; ou, sendo algum ou ambos os remédios possíveis, o consumidor haja sofrido danos em resultado da mora ou cumprimento defeituoso do contrato (cf. artigo 12.º/1 da LDC).

Faz-se, contudo, notar que o vendedor não estará obrigado a indemnizar o comprador pelos danos sofridos quando possa eficazmente invocar a exclusão da mensagem publicitária do conteúdo do contrato de compra e venda[271].

Cumpre ainda saber do recorte da responsabilidade civil por emissão de declarações publicitárias, e de problemas com ela relacionados, designadamente, do problema da responsabilidade civil por mensagens emitidas por terceiros e ainda da possibilidade de "remoção" do contrato em virtude do incumprimento do dever de informação na fase pré-contratual. São as questões de que nos ocupamos de seguida.

§ 2. *A natureza da responsabilidade civil pela emissão de declarações publicitárias*

I. A construção de uma responsabilidade por emissão de declarações publicitárias não pode ser erigida nos quadros da responsabilidade delitual. Como nota Carneiro da Frada, o exercício livre e esclarecido da liberdade contratual, violado pela publicidade indutora em erro não corresponde a um direito subjectivo para efeitos do artigo 483.º, 1.ª parte, do Cód. Civil. Nem se pode ver, nas disposições que impõem o respeito pelo dever de veracidade na publicidade e afirmam a protecção dos sujeitos contra mensagens publicitárias enganosas (artigos 6.º e ss. e 30.º/1 do Cód. da Publicidade), verdadeiras disposições destinadas a proteger interesses alheios (artigo 483.º, 2.ª parte, do Cód. Civil)[272].

---

[271] V., *supra*, IV, § 2, 2.4..

[272] CARNEIRO DA FRADA, *Teoria da confiança…*, *cit.*, p. 201 e n. (156). As disposições do Cód. da Publicidade citadas não parecem ter um significado suficientemente delimitado para servir de normas de protecção de interesses particulares. A solução contrária levaria a uma multiplicidade de situações de indemnizar tal que tornaria proibitivo o desenvolvimento da actividade publicitária. No artigo 30.º/1 deve antes ver-se uma remissão genérica para as situações de responsabilidade previstas noutros lugares do sistema.

A eficácia negocial da mensagem publicitária 273

De resto, os danos causados em virtude da emissão de mensagens publicitárias consistem tipicamente em danos patrimoniais puros, tendencialmente não ressarcíveis nos quadros da responsabilidade civil aquiliana[273]. Naturalmente, não pode falar-se de responsabilidade contratual, na medida em que esta decorreria da violação de um dever pré-existente ao contrato.

II. Com efeito, a responsabilidade por mensagens publicitárias deve antes ser reconduzida à cic, na constelação típica da responsabilidade civil pela violação de deveres de informação. De acordo com posições recentemente defendidas entre nós, consideramos a cic como um tipo de responsabilidade intermédia, situada entre a responsabilidade contratual e a delitual, decorrente da violação de vinculações específicas impostas pela boa fé[274] [275]. Como refere L. Menezes Leitão, o "regime aplicável deverá ser construído a partir da aplicação de normas da responsabilidade obrigacional ou delitual, consoante o que se achar mais adequado à solução do caso"[276]. Assim, será aplicável a presun-

---

[273] Seja pelo desequilíbrio entre as prestações no contrato (entre o bem ou serviço devido que não corresponde ao conteúdo da mensagem e a contraprestação), seja pelos danos sofridos pela não utilização do bem para a finalidade destinada pelo adquirente, seja pela frustração do valor de troca ou aquisição por ele atribuído ao bem. Sobre os danos patrimoniais puros, v., na doutrina portuguesa, SINDE MONTEIRO, *Responsabilidade…*, *cit.*, pp. 187 e ss.; CARNEIRO DA FRADA, *Contrato e deveres de protecção*, *cit.*, pp. 174 e ss. e *Teoria da confiança…*, *cit.*, pp. 238 e ss., com indicações. Não cabe no âmbito deste estudo aprofundar o problema da não ressarcibilidade dos danos patrimoniais puros no âmbito da responsabilidade delitual; dir-se-á apenas que o sistema de responsabilidade civil português parece assentar num paradigma de compromisso entre a liberdade de actuação isenta de risco de responsabilidade e a necessidade de protecção do património de terceiros que é dificilmente conciliável com a pretensão de indemnizar todos os danos decorrentes da lesão de bens patrimoniais não jus-subjectivados. Na doutrina alemã, M. LEHMANN, *Vertragsanbahnung…*, *cit.*, pp. 283-4, entende igualmente que um dano patrimonial puro causado por uma mensagem publicitária indutora em erro não preenche em regra o § 823 (I) do *BGB*. O mesmo é afirmado pelo A. quanto ao § 823 (II): as disposições legais de protecção (como as proibitivas da concorrência desleal ou da burla), para além de nem sempre estarem preenchidas, não constituem um tutela eficaz e relevante dos consumidores finais (*op. cit.*, pp. 284-8). Por fim, a cláusula geral dos bons costumes (§ 826 do *BGB*) só pode funcionar como via de último recurso, quando estejam em causa danos patrimoniais especialmente elevados (*op. cit.*, pp. 289-91).

[274] CARNEIRO DA FRADA, *Uma terceira via no Direito da Responsabilidade civil?/O problema da imputação dos danos causados a terceiros por auditores de sociedades,* Coimbra, 1997, pp.; L. MENEZES LEITÃO, *Direito das Obrigações*, I, *cit.*, pp. 348 e ss.. MENEZES CORDEIRO, *Da Boa Fé…*, *cit.*, p. 585, entende que se trata de um caso de responsabilidade obrigacional.

[275] Naturalmente, a asserção limita-se aos casos em que o vendedor é simultaneamente o anunciante.

[276] L. MENEZES LEITÃO, *Direito das Obrigações*, I, *cit.*, p. 356.

ção de culpa constante do artigo 799.°, a responsabilidade por actos de auxiliares ficará sujeita ao regime constante do artigo 800.°[277], sendo ressarcíveis os danos patrimoniais puros[278], mas as regras respeitantes à prescrição e à capacidade serão as pertencentes à responsabilidade delitual. Ultrapassado o limiar da consciência e seriedade da emissão de uma declaração negocial, não se vêem razões para se limitar o âmbito do dever de indemnizar ao interesse contratual negativo ou ao "dano de confiança"[279]. Em qualquer caso, a construção da responsabilidade pré-contratual não pode substituir as valorações próprias da ordem jurídico-normativas por proposições derivadas de uma análise económica do Direito[280].

---

[277] L. MENEZES LEITÃO, *loc. cit.*.

[278] SINDE MONTEIRO, *Responsabilidade…*, *cit.*, p. 516.

[279] A questão do *quantum* devido a título de indemnização pela violação de deveres pré-contratuais é controvertida entre nós. A favor da ressarcibilidade dos danos correspondentes ao interesse contratual positivo pronunciou-se RUY DE ALBUQUERQUE (*Da* culpa in contrahendo *no Direito luso-brasileiro,* Lisboa, 1961, pp. 82 e ss. *apud* MENEZES CORDEIRO, *Da Boa Fé…*, *cit.*, p. 585) e MENEZES CORDEIRO (*Da Boa Fé…*, *loc. cit.*). PEDRO DE ALBUQUERQUE, *A representação voluntária…*, *cit.*, pp. 1044-5, ns. (1173) e (1776), inclinando-se também a favor da insusceptibilidade de limitação da responsabilidade ao interesse contratual positivo (o que em nada prejudica a possibilidade de restringir a indemnização prevista no artigo 246.° do Cód. Civil ao interesse contratual negativo). A favor da limitação da indemnização do interesse contratual negativo, v., entre outros, OLIVEIRA ASCENSÃO, *Direito Civil/Teoria Geral…*, II, *cit.*, pp. 448 e ss. e CARNEIRO DA FRADA, *Teoria da confiança…*, *cit.*, pp. 495 e ss. e n. (527).

[280] Esta é a principal crítica dirigida à construção de M. LEHMANN (v. também Carneiro da Frada, *Teoria da confiança…*, cit., pp. 206-7, n. (160). Afirma LEHMANN que, por detrás de argumentos (alegadamente) estritamente dogmáticos, residira uma compreensão económica do problema, que os juristas apreendiam de forma mais ou menos intuitiva e que só não aprofundavam por falta de preparação para as ciências económicas. Para além da protecção da confiança, o A. descobre na cic uma função económica de minimização dos custos de transacção, imputando-os ao lado da oferta (*op. cit.*, p. 308 e ss.). À distinção entre "interesse de transacção" ("*Transaktionsinteresse*", *op. cit.*, p. 310) e "interesse de integridade" ("*Integritätsinteresse*", *op. cit.*, pp. 310-4) corresponderia a diferente função económica do Direito delitual e do Direito dos contratos (*op. cit.*, pp. 314 e ss.): ao primeiro caberia a função estática de protecção do "status quo" patrimonial, enquanto ao segundo caberia a protecção do "status ad quem" patrimonial. Com efeito no Direito dos contratos e dos quase-contratos, formar-se-ia uma relação económica especial ("*ökonomische Sonderbeziehung*", *op. cit.*, p. 317) entre as partes: os compradores suportariam não só os custos da prestação principal, mas também todos os custos relacionados com a transacção (entrega do bem, serviços adicionais, prestação de informações, assistência, publicidade, etc.), logo cada comprador pode exigir aos agentes económicos do lado da oferta que organizem as actividades de preparação para a celebração do contrato de modo a que não ocorra qualquer violação culposa de algum dever. A imputação, em primeira linha, dos danos ocorridos na formação do contrato ao lado da oferta seria conforme com o princípio económico de distribuição de despesas

§ 3. *O direito de desvinculação do contrato como indemnização*

I. A celebração de um contrato sob a influência de uma mensagem publicitária enganosa suscita o problema, adicional, da possível inexistência de um dano patrimonial efectivo. Assim, nas situações em que, apesar da mensagem publicitária, o bem foi adquirido a um preço igual ou inferior ao preço de mercado, dir-se-ia que, pelo menos à luz da teoria da diferença, não se poderia falar numa diminuição efectiva do património do adquirente. Porém, como salienta Lehmann, poder-se-ia igualmente dizer que a opção de adquirir um produto visa a satisfação de uma necessidade ou desejo particular e que, se não fosse o propósito de obter tal satisfação, o contrato não teria sido celebrado, pelo que uma consideração objectiva do dano revela-se insatisfatória[281]. Logo, deve perguntar-se se, à semelhança das soluções a que vem chegando a jurisprudência alemã, será de defender um direito à remoção do contrato por violação culposa de deveres pré-contratuais. O problema conhece especial acuidade em virtude das limitações existentes no regime dos vícios da vontade[282].

---

do "cheapest cost avoider" (*op. cit.*, p. 320). Pensamos, todavia, que a esta "relação económica especial" não corresponderá, muitas vezes, uma relação especial no plano jurídico e mesmo social, na medida em que o círculo de consumidores finais não será determinado nem determinável para o anunciante. O esquema de imputação de danos deve, pois, obedecer a regras e princípios especificamente jurídicos. Desde logo, vale a proposição, enunciada por MENEZES CORDEIRO, de que a boa fé estabelece deveres especiais de conduta no âmbito "do inter-relacionar de dois sujeitos cujos comportamentos, quando não sejam indiferentes, devem apresentar um enlevo que o Direito sancione pela positiva" (*Da Boa Fé…, cit.*, p. 563). É, pois, neste campo que intervêm os princípios da confiança e da materialidade subjacente, delimitando espaços de liberdade e de heteronomia no processo de formação dos contratos (*cit.*, pp. 582 e ss.).

[281] M. LEHMANN, *Vertragsanbahnung…, cit.*, p. 283. Se alguém compra um *whisky* alemão convencido por um anúncio publicitário de que se tratava de "um *whisky* de genuína marca escocesa", sofre um dano patrimonial se não teria celebrado aquele contrato caso soubesse da incorrecção do anúncio. O dano corresponde à aplicação de fundos na aquisição que verdadeiramente se não queria adquirir.

[282] A questão assume importância particular nas situações de violações negligentes de deveres de informação, em que existe uma lacuna de protecção quando o declaratário não possa anular o contrato e o ressarcimento dos danos sofridos seja inferior à situação em que estaria se o não tivesse celebrado. Com a *Schuldrechtsmodernisierung* de 2001, a *culpa in contrahendo* conheceu consagração positiva no § 311 do *BGB*. Nos termos do § 311 (2), "[u]ma relação obrigacional com deveres da espécie dos indicados no n.º 2 do § 241 constitui-se também através de: 1. da entrada em negociações contratuais; 2. da preparação de um contrato, na qual uma das partes, em vista de uma eventual relação negocial, concede à contraparte a possibilidade de interferir nos seus direitos, bens jurídicos ou interesses, ou confia à contraparte a sua protecção; 3. de contactos negociais análogos". A referência aos "interesses" permite questionar se poderá estar em causa a pró-

276   *Nuno Tiago Trigo dos Reis*

A restrição do direito à resolução do contrato aos contratos de compra e venda de bens de consumo (artigo 4.º/1 do Decreto-Lei n.º 67/2003), implica que a questão se coloque pertinentemente quanto aos restantes contratos celebrados por influência de uma mensagem publicitária enganosa emitida de forma negligente.

Parece-nos que o direito à remoção do contrato será de admitir no caso de violação negligente de deveres de informação através da publicidade. Embora seja de reconhecer a diferença funcional entre os institutos do erro e da cic, no caso de violação negligente de deveres de informação ainda se verifica uma influência externa negativa que se revela decisiva para a celebração do contrato[283]. A ilicitude corresponde ao incumprimento do dever de não induzir ou manter em erro a contraparte nas negociações dirigidas à celebração de um contrato[284]. De resto, esta tutela corresponde à regra geral da reparação natural do dano, não indo além do interesse contratual negativo.

II. Concluímos este ponto, alertando para o principal limite com que se depara a responsabilidade civil pela emissão de declarações publicitárias: a impossibilidade de exigir uma indemnização ao vendedor quando a mensagem publicitária indutora em erro seja proveniente de um terceiro. De resto, foi precisamente esta preocupação – recondutível à necessidade de ultrapassar os

---

pria autonomia privada ou a liberdade de decisão negocial. No Direito português, apesar de se reconhecer que o regime dos vícios da vontade e a responsabilidade pré-contratual visam em parte finalidades distintas (o primeiro a liberdade e a consciência de contratar; a segunda o património do lesado) e que a aplicação do artigo 227.º não pode significar o esvaziamento do conteúdo útil do artigo 247.º do Cód. Civil, suscita-se também a questão de saber se a celebração de um negócio pode constituir um dano, reparável *in natura* (artigo 562.º do Cód. Civil) pela "remoção" (*rectius*, resolução) do contrato. Assim, SINDE MONTEIRO, *Responsabilidade...*, *cit.*, p. 370, n. 100, considera que "a celebração de um contrato pode ser vista como um dano quando a contraprestação prometida ou efectuada ao lesado não é utilizável para os seus objectivos individuais". O prazo de prescrição terá, no entanto, de ser o de um ano, recorrendo a uma redução teleológica do artigo 227.º e recorrendo à integração por via do artigo 287.º do Cód. Civil. A tese da conexão funcional entre a responsabilidade pré-contratual e o regime dos vícios da vontade foi recentemente afirmada entre nós também por EVA MOREIRA DA SILVA, *cit.*, pp. 227 e ss..

[283] Neste sentido, ao que parece, CARNEIRO DA FRADA, *Teoria da confiança...*, *cit.*, p. 200 e n. (154).

[284] Já nos parece ser de rejeitar as construções que concebem um direito à desvinculação do contrato nos termos da responsabilidade delitual, a partir da frustração de expectativas relativamente às qualidades de certo bem e que, deste modo, permitem a desvinculação de um contrato a partir da persuasão à celebração de um contrato por parte de um terceiro (neste sentido, J. KÖNDGEN, *cit.*, p. 306). Neste ponto, tem razão CARNEIRO DA FRADA, ao considerar que o direito delitual não se encontra votado à protecção de expectativas ligadas à aquisição de bens (*loc. cit.*).

A eficácia negocial da mensagem publicitária   277

constrangimentos trazidos pelo princípio da relatividade dos contratos – que justificou o surgimento das disposições que determinam a inclusão daquelas mensagens no conteúdo de contratos celebrados com consumidores.

VI – **Conclusões**

Podem ser retiradas desta investigação as seguintes conclusões:

1. A mensagem publicitária é uma forma de comunicação dirigida a um círculo indeterminado de destinatários com a finalidade de impulsionar à prática de certa actividade, independentemente do suporte utilizado para transmitir a mensagem ou da natureza, informativa ou persuasiva, da linguagem utilizada.

2. As construções objectivistas que prescindem da vontade para a produção de efeitos decorrentes da publicidade e recusam a distinção, no plano dos efeitos, entre actos meramente informativos e declarações de validade não são de aceitar.

3. As mensagens publicitárias não correspondem, em todos os casos, a declarações não sérias. Tal apenas acontecerá quando seja possível, para um declaratário normal, a compreensão da falta de seriedade da declaração.

4. Um vendedor pode recorrer à publicidade para emitir uma declaração negocial (oferta ao público), ainda que, de acordo com os usos do tráfego, não seja isso que habitualmente sucede. A distinção entre convite a contratar e oferta ao público mantém a sua relevância.

5. A prevalência de um conceito subjectivo de defeito implica a possibilidade de afastamento convencional da relevância da publicidade para a aferição da conformidade do bem comprado com o conteúdo da mensagem publicitária.

6. As expectativas razoáveis do consumidor correspondem às representações de um consumidor um conceito de consumidor médio não imprudente, ingénuo ou crédulo. Não se vêem razões para não encontrar aqui um desvio à regra geral do artigo 236.º do Cód. Civil.

7. O vendedor poderá afastar a relevância das declarações publicitárias de terceiros nos mesmos casos em que o poderia fazer caso o legislador houvesse procedido à transposição do n.º 4 do artigo 2.º/2 para a ordem interna.

8. Não parece existir um fundamento único para as diferentes situações em que pode ocorrer o efeito conformador da mensagem publicitária no conteúdo do negócio. No caso de mensagens emitidas por terceiros, o fundamento parece ser a tutela da confiança, a partir de uma ideia de *risco*: a planificação de

distribuição de vantagens e encargos típica da moderna sociedade de risco e de consumo, em que a divisão do trabalho é, numa perspectiva sistémica, mais complexa.

9. A vinculação ao conteúdo de mensagens publicitárias deve igualmente valer para os contratos de direito civil e comercial, em geral. Essa deve ser a solução para os casos em que o anunciante é também parte no negócio e, na medida em que a analogia o justifique, o mesmo deve ser dito quanto às declarações publicitárias de terceiros.

10. A responsabilidade civil resultante da emissão de declarações publicitárias enganosas é uma responsabilidade de terceira via (cic).

11. Nos casos de violação negligente do dever de não difundir conteúdos publicitários que não correspondam à realidade, o destinatário da publicidade pode exigir a remoção do contrato como forma de ressarcimento pelos danos sofridos.

Os deveres de lealdade dos administradores de sociedades comerciais*

DR. NUNO TIAGO TRIGO DOS REIS

SUMÁRIO: § 1. Introdução. Delimitação do objecto. Sequência. § 2. Direito estrangeiro: 2.1. Direito norte-americano; 2.2. Direito alemão. § 3. A relação com figuras próximas: 3.1. A distinção relativamente aos deveres de cuidado; 3.2. O business judgement rule; 3.3. A relação com a "diligência de um gestor criterioso e ordenado". § 4. A referência aos "interesses": 4.1. O "interesse da sociedade"; 4.2. O "interesse de longo prazo dos sócios"; 4.3. Os "interesses dos outros sujeitos relevantes para a sustentabilidade da sociedade". § 5. A recondução à boa fé: 5.1. A dimensão normativa da boa fé e os deveres acessórios de conduta; 5.2. O papel fundamentador da tutela da confiança. § 6. A relação especial de fidúcia na administração de patrimónios alheios. § 7. Conteúdo dos deveres de lealdade: 7.1. A concretização de conceitos indeterminados e cláusulas gerais. A vaguidade da linguagem. A especificidade dos conceitos (indeterminados) normativos; 7.2. Fenomenologia. § 8. Deveres de lealdade para com os sócios? § 9. Efeitos decorrentes da violação de deveres de lealdade. Remissão. § 10. Conclusão: o enquadramento dogmático dos deveres de lealdade dos administradores das sociedades comerciais.

§ 1. Introdução. Delimitação do objecto. Sequência**

I. O tema dos deveres de lealdade ocupa lugar de destaque no problema mais amplo do governo das sociedades. Os recentes escândalos financeiros

---

* A investigação que deu origem ao texto foi realizada no âmbito do Seminário "Direito Comercial II – Reforma do Direito das Sociedades" do Curso de Mestrado em Ciências Jurídicas, coordenado pelo Senhor Professor Doutor António Menezes Cordeiro e pelo Senhor Professor Doutor Eduardo Santos Júnior, na Faculdade de Direito da Universidade de Lisboa no ano lectivo de 2006/2007.

** Abreviaturas utilizadas: AcP = Archiv für die civilistische Praxis; AktG = Aktiengesetz;

280 *Nuno Tiago Trigo dos Reis*

ocorridos nos Estados Unidos (Enron, Wordlcom) e europeus (Videndi, Ahold, Parmalat, Cirio) demonstraram a insuficiência dos sistemas de fiscalização externos da actividade dos administradores, assentes no funcionamento das regras de mercado[1]. A necessidade de prevenir comportamentos em situação de conflito de interesses levou à elaboração de códigos de boa conduta e à introdução de alterações legislativas[2]. O Direito português não constitui, neste aspecto, uma excepção. Recentemente, a matéria dos deveres fundamentais dos administradores foi objecto de modificações legislativas: para além da previsão do dever de cuidado, foi apresentada, como aspecto aparentemente inovador da reforma do Direito das sociedades comerciais, a introdução de um dever de lealdade dos administradores. Neste ensejo, o presente estudo visa oferecer um contributo para a compreensão do significado do dever de agir com lealdade no quadro das normas de comportamento impostas aos administradores de sociedades comerciais.

II. A primeira restrição respeitante ao objecto do nosso estudo prende-se com os sujeitos passivos do dever de lealdade. No Direito das sociedades, a lealdade é multipolar, funcionando como valor relevante orientador de condutas da sociedade, dos sócios ou dos administradores. Limitamos a nossa atenção ao

---

BFDUC = Boletim da Faculdade de Direito da Universidade de Coimbra; BGB = Bürgerliches Gesetzbuch; BGH = Bundesgerichtshof; BGHZ = Sammlung der Entscheidungen des Bundesgerichtshofs in Zivilsachen; Bus. Lawyer = Business Lawyer; Del. Jour. Corp. Law = Delaware Journal of Corporate Law; Cad. CMVM = Cadernos da CMVM; GC = Giurisprudenza Commerciale; GmbHG = Gesetz betreffend die Gesellschaften mit Beschränkter Haftung; HLR = Harvard Law Review; JZ = Juristenzeitung; NJW = Neue Juristischen Wochenschrift; OD = O Direito; PCG = Principles of Corporate Governance; RabelsZ = Rabels Zeitschrift für ausländisches und internationales Privatrecht; RLJ = Revista de legislação e de jurisprudência; ROA = Revista da Ordem dos Advogados; RS = Rivista delle società; ZHR = Zeitschrift für das gesamte Handelsrecht und Wirtschaftsrecht. Qualquer disposição citada sem indicação de fonte pertence ao Código das Sociedades Comerciais.

[1] J. COUTINHO DE ABREU, *Governação das Sociedades Comerciais*, Coimbra, Almedina, 2005/2006, p. 14. Este aspecto assume importância particular no contexto societário europeu, marcado por uma menor dispersão da propriedade accionista. Aqui, os accionistas dominantes intervêm activamente na vida societária, controlando e fiscalizando os órgãos de administração da sociedade, fenómeno que é acompanhado por uma menor intervenção dos accionistas minoritários. A isto acresce que a opção destes pela saída da sociedade não é facilitada, dada a iliquidez comparativa do mercado de capitais europeu relativamente ao norte-americano. O principal efeito pernicioso desta situação encontra-se no risco da actuação dos administradores em benefício dos sócios maioritários e em prejuízo dos minoritários ou do interesse social.

[2] V. GUIDO ROSSI, "Le c.d. regole di «corporate governance» sono in grado di incidere sul comportamento degli amministratori?", *RS*, 46, 2001, pp. 6 e ss.

problema da lealdade no âmbito dos deveres dos administradores. As considerações relativas aos deveres de lealdade dos sócios ou da sociedade limitam-se ao necessário para esclarecer aspectos relativos ao conceito geral da lealdade no Direito societário. De fora fica também o problema da lealdade nos grupos de sociedades. Situado numa zona de confluência entre o tema da lealdade e o dos grupos de sociedades, este é um tema merecedor de estudo autónomo, pela natureza e complexidade dos problemas que suscita.

O propósito que nos guia não é o de analisar os problemas gerais relativos à responsabilidade civil dos administradores ou o de responder à questão de saber se existe no nosso Direito das sociedades um subsistema de responsabilidade civil. Sendo certo que o dever de lealdade constitui o núcleo duro dos deveres dos administradores, e que o seu incumprimento pode dar origem a um dever de indemnizar, as referências cingem-se, neste ponto, aos efeitos específicos da responsabilidade por violação deste tipo de deveres.

III. Num primeiro momento, estudamos o problema dos deveres de lealdade no Direito norte-americano e no Direito alemão (§ 2), por se tratarem das duas ordens jurídicas em que têm surgido os estudos mais aturados sobre o tema que nos ocupa e que maior influência têm exercido sobre o nosso Direito. Por vezes, fazemos ainda referências ao Direitos inglês e italiano.

Posteriormente, procuramos estabelecer uma relação entre a lealdade e outras figuras que lhe estão próximas (§ 3). Uma parte significativa do trabalho de clarificação do sentido útil da lealdade passa, desde logo, por distingui-la do *dever de cuidado*, no âmbito do quadro de deveres hoje estabelecido no Cód. das Sociedades Comerciais. Analisa-se ainda, no mesmo ponto, o problema da relevância do conflito de interesses para a aplicação do *business judgement rule*, como cláusula de exclusão da responsabilidade (de natureza discutida) também introduzida pela reforma de 2006. Algumas considerações serão reservadas à análise da relação do dever de agir com lealdade e o dever de agir com diligência.

Seguidamente (§ 4), pensamos sobre as referências ao conceito de "interesse", procurando nela um elemento útil para a compreensão do nosso tema.

Posteriormente, procuramos referentes noutros lugares do sistema, designadamente na boa fé e no princípio da confiança (§ 5). Especial atenção será despendida à circunstância de se estar perante um caso de administração de patrimónios, enquadrável no problema mais geral das relações especiais de confiança ou de fidúcia (§ 6).

Num momento posterior, faremos uma concretização do dever de lealdade através de constelações típicas de casos (§ 7), as quais infirmarão ou confirmarão a recondução provisoriamente feita à boa fé.

Nuno Tiago Trigo dos Reis

Será ainda ponderado se o administrador se encontra vinculado a deveres de lealdade relativamente aos sócios (§ 8), com as consequências gerais conhecidas (§ 9).

Concluímos, analisando a natureza jurídica dos deveres de lealdade (§ 10).

§ 2. Direito estrangeiro

2.1. *Direito Norte-Americano*

2.1.1. *Enquadramento*

I. Até finais do século XIX, o recurso à personalidade colectiva da sociedade comercial enquanto modo de exercício jurídico colectivo não estava socialmente generalizado: eram ainda predominantes as *unincorporated companies*. A validade da sua constituição estava dependente de um *act of settlement*, pelo qual se operava a transmissão do direito de propriedade sobre os bens que constituíam o empreendimento para a esfera dos gestores. Havia um desequilíbrio entre o meio utilizado e os fins visados: os *trustors* perdiam, temporariamente, a titularidade do direito de propriedade, mas a administração pelos *trustees* encontrava-se funcionalizada à prossecução dos interesses dos primeiros. A existência de deveres especiais de conduta revelava-se, então, essencial para prevenir abusos. Quanto às *incorporated companies*, a situação seria análoga: os administradores de uma sociedade são gestores de patrimónios alheios; encontram-se igualmente numa *fiduciary position*. Daqui à extensão da teoria da agência (*agency theory*) aos gestores de sociedades comerciais, pela jurisprudência, foi um passo[3-4].

---

[3] L.C. GOWER, D.D. PRENTICE/B. G. PETTET, *Gower's Principles of Modern Company Law*, p. 550. Numa investigação dos deveres de lealdade no Direito inglês, v., por todos, K. RUSCH, *Gewinnhaftung bei Verletzung von Treuepflichten − Eine rechtsvergleichende Untersuchung zum englischen und deutschen Recht*, Mohr Siebeck, Berlin, 2003; o A. estabelece uma relação entre o *trust law* (com antecedentes nos *uses* como instituto destinado a reger a exploração da propriedade imobiliária feudal, pp. 15 e ss.) surgido no sec. XVII e os *fiduciary duties*, constituindo o primeiro como uma fonte daqueles deveres (pp. 29 e ss.). Na noção de relação fiduciária (*fiduciary relationship*) do direito anglo-saxónico moderno, o A. encontra o dever de lealdade (*duty of loyalty*). Existe uma relação fiduciária quando: (i) o fiduciário assuma o controlo sobre os interesses patrimoniais do beneficiário (pressupondo certa liberdade na administração do património do principal); (ii) o

II. A aplicação da teoria da agência a matéria de deveres de conduta dos gestores recebeu, posteriormente, fundadas críticas. O pressuposto comum a todas elas reside no reconhecimento da distinção entre a posição de um *trustee* e a de um gestor de uma sociedade. O primeiro deve ser prudente e evitar riscos para o *trust fund*. Já do segundo, espera-se, pelo contrário, que revele um espírito empreendedor, assumindo empresas que compreendem riscos, mas que sejam necessárias para a obtenção do lucro. Haveria, então, que distinguir entre os vários *fiduciary duties*: os deveres de agir de boa fé e os deveres de lealdade, análogos aos deveres de *trustees stricto sensu;* e os deveres de cuidado (*duties of care and skill*), que teriam fundamento diverso[5]. Chegados a este ponto, haveria que reconhecer a diferente finalidade e o diferente conteúdo entre ambas as categorias de deveres, justificadoras, por si, de um estudo autónomo.

2.1.2. *Fontes: os* Principles of Corporate Governance

I. Como facilmente se depreenderá, não existe uniformidade em matéria de fontes legais nos diferentes Estados Unidos. As preocupações de harmonização em matéria de governo de sociedades encontraram resposta na *soft law*, seguindo um esquema de elaboração de códigos de governo de sociedades: conjuntos sistematizados de normas sociais destituídas de sanções jurídicas – normas deontológicas, recomendações e regras de boa conduta[6]. A metodolo-

---

fiduciário utilize este controlo para servir os propósitos do beneficiário e não os seus próprios interesses (*duty of loyalty*, *proprio sensu*); (iii) o beneficiário confie na observância da lealdade pelo fiduciário (pp. 35 e ss.). Um dos exemplos de relações fiduciárias (para além daquelas que se estabelecem entre empregador e trabalhador, mandante e mandatário, o prestador de serviços e o respectivo credor, os sócios de uma sociedade comercial) seria aquela que é estabelecida entre uma sociedade e o respectivo administrador.

[4] Sobre a noção de *agency*, v. G. TREITEL, *The law of contract*, 9.ª Ed., Sweet & Maxwell, London, 1995, p. 622: "[a]gency is a relationship which arises when one person, called the principal, authorises another, called the agent, to act on his behalf, and the other agrees to do so".

[5] L.C. GOWER, D.D. PRENTICE/B. G. PETTET, cit., p. 551. Ainda que o A. se mova nos quadros do Direito inglês, a consideração é extensível ao Direito norte-americano.

[6] PAULO CÂMARA, "Códigos de governo das sociedades", *Cad. CMVM*, 15 (2002), p. 65. Sobre a função dos códigos de governo das sociedades, o A. entende que os mesmos podem servir de elemento de interpretação das leis, densificando conceitos indeterminados ou normas legais, designadamente sobre a conduta dos actores societários ou mesmo, como de instrumentos de integração de lacunas: na impossibilidade de aplicação analógica de normas não jurídicas, as normas constantes de códigos de governo poderiam representar a norma que o intérprete criaria se

gia seguida foi a da compilação de normas pré-existentes nos direitos dos vários estados e da articulação destas com recomendações de carácter inovador. A autoria do movimento foi partilhada entre a *American Bar Association* e o *American Law Institute*. A primeira aprovou o *Model Business Corporation Act*, de 1954, a qual sofreu várias alterações, a última das quais em 2003. Já o *American Law Institute* foi responsável pela elaboração dos *Principles of Corporate Governance* (adiante, "*PCG*"), concluída em 1994. Este código de governo das sociedades, produto da vontade de conferir tratamento sistemático à matéria de governo das sociedades no espaço federal, sem procurar regular de forma exaustiva todo do direito das sociedades, surgiu depois de quinze anos de anos de estudos em que intervieram vários académicos, de entre os quais se sublinha o nome de Melvin Eisenberg. Encontram-se aqui enunciados provenientes de fontes diversas: normas legais compiladas e "consolidadas"; normas constantes de tipos sociais de estatutos; normas processuais; normas cujo conteúdo resulta da recepção de decisões judiciais[7]. Pela difusão que conheceram os *PCG*, importa observá-los mais de perto.

II. Aos deveres fiduciários foi reservado um tratamento privilegiado. Em especial, os deveres de lealdade encontram-se regulados no Parte V dos *PCG*, cuja epígrafe é "*duty of fair dealing*". Parece ser de considerar este dever como um corolário de um outro dever, de maior compreensão: o *duty to act loyalty*. Aquele seria, de resto, a manifestação típica mais relevante deste último[8].

A parte V dos *PCG* encontra-se dividida em quatro capítulos: (i) princípios gerais em matéria de dever de lealdade de directores, membros do conse-

---

houvesse de legislar dentro do espírito do sistema, para efeitos do artigo 10.º, n.º 3, do Código Civil. O fundamento deste papel atribuído aos códigos de governo residiria na função complementadora que aqueles desempenham face ao sistema, na aplicação do artigo 10.º, n.º 3 do Código Civil e ainda na circunstância de o artigo 2.º do Cód. das Sociedades Comerciais não excluir a solução (cit., pp. 69-70). Sobre a *corporate governance*, v. MENEZES CORDEIRO, *Manual de Direito Comercial*, I, Almedina, Lisboa, 2004, pp. 694 e ss.; J. COUTINHO DE ABREU, *Governação das Sociedades Comerciais*, Coimbra, Almedina, 2005/2006.

[7] M. EISENBERG, "An overview of the principles of corporate governance", *Bus. Lawyer*, 48 (1993), p. 1271.

[8] M. EISENBERG, "An overview of the principles of corporate governance", *cit.*, p. 1284. Em AMERICAN LAW INSTITUTE, *Principles of corporate Governance: analysis and recommendations*, I, St. Paul, American Law Institute Publishers, 1994, pp. 199-200, sugere-se a distinção entre os dois deveres em razão do respectivo conteúdo: no *duty of fair dealing* estariam em causa conflitos de interesses patrimoniais, enquanto que o *duty of loyalty* existe independentemente da natureza pecuniária ou não pecuniária dos interesses em conflito.

Os *deveres de lealdade dos administradores de sociedades comerciais*   285

lho geral e accionistas; (ii) deveres de lealdade de directores e de membros do conselho geral; (iii) dever de lealdade de accionistas maioritários; (iv) deveres de lealdade em situação de transferência de domínio sobre a sociedade.

Em geral, sobre um membro de um órgão de administração da sociedade, bem como um accionista maioritário que seja titular de um interesse em determinada matéria que se insira na esfera de interesses da sociedade, recai um dever de agir com lealdade (*duty of fair dealing*), o que pressupõe, desde logo, o dever de comunicar à sociedade a situação de conflito de interesses[9].

Pode ensaiar-se uma redução dos deveres de lealdade dos administradores em cinco categorias distintas:

– deveres a observar na celebração de contratos com a sociedade;
– aproveitamento de propriedade, informação ou "oportunidades de negócio" da sociedade;
– dever de não concorrência com a sociedade;
– deveres a observar na transferência de domínio da sociedade e, em particular, na pendência de oferta pública de aquisição da sociedade.

2.1.3. *Fenomenologia*

I. A celebração de contratos entre os administradores é admitida com grandes reservas[10]. Além de um esquema complexo de comunicações e autoriza-

---

[9] O § 5.01, que constitui a única disposição no capítulo I da Parte V, tem a seguinte redacção:
"§ 5.01 Duty of Fair Dealing of Directors, Senior Executives, and Controlling Shareholders. Directors [§ 1.13], senior executives [§ 1.33] and controlling shareholders [§ 1.10], when interested [§ 1.23] in a matter affecting the corporation, are under a duty of fair dealing, which may be fulfilled as set foth in Chapters 2 and 3 of Part V. This duty includes the obligation to make appropriate disclosure as provided in such Chapters".

[10] Neste ponto, o *standard of review* é significativamente mais restritivo do que aquele a que se recorre no *busines judgement rule*. Em primeiro lugar, os contratos celebrados com administradores são vistos com desconfiança, merecendo a reprovação em muitos dos códigos de conduta aprovados pelas sociedades abertas. Por outro lado, as estreitas relações entre membros do conselho de administração não oferecem as garantias suficientes para a aplicação do *business judgement rule*. Finalmente, os tribunais devem poder apreciar se o processo mediante o qual foi obtido o consentimento da sociedade para a celebração do contrato foi justo (*fair*), não se tendo verificado, por exemplo, uma situação de pressão excessiva sobre os os administradores que não se encontravam numa situação de conflito; v. F. GUEZZI, "I «doveri fiduciary» degli amministratori nei «Principles of Corporate Governance»", *RS*, 1996, Mar.-Jun., p. 511; L. MARSHALL SMALL, "Conflict of interest and the ALI Corporate Governance Project – A reporter's perspective", *Bus. Lawyer*, pp. 1381 e ss..

ções de diferentes órgãos da sociedade, exige-se a ponderação dos efeitos que, em concreto, decorram do negócio jurídico em causa. Assim, é admissível a celebração de negócios celebrados entre os administradores e a sociedade quando:

(i) tenha havido a comunicação da situação de conflito de interesses ao órgão social com competência para praticar o acto em questão (*corporate decisionmaker*);

(ii) este tenha aprovado ou ratificado o negócio jurídico e

(iii) ocorra uma das quatro situações seguintes:

a) o negócio em causa seja considerado equitativo (*fair*);

b) o negócio seja previamente autorizado pelos membros do conselho de administração não executivos que não estejam em situação de conflito de interesses ou, no caso de membros da direcção, pelo seu superior hierárquico, desde que o negócio pudesse ser considerado equitativo para a sociedade;

c) o negócio seja ratificado pelos membros não interessados do conselho de administração não executivos, desde que se verifiquem determinadas condições;

d) que o contrato seja aprovado ou posteriormente ratificado pelos sócios que não se encontrem numa situação de conflito de interesses, desde que tal aprovação não constitua um "desperdício de recursos da sociedade" (*waste of corporate assets*).

A parte que invoca a anulabilidade do negócio deve provar todos os factos constitutivos, excepto se, provando que não houve aprovação ou ratificação do conselho de administração ou da AG, o administrador ou director não demonstre que aquele contrato foi equitativo.

II. Em matéria de remunerações de administradores, dispõe o § 5.03 que um administrador ou director que receba uma retribuição por serviços prestados à sociedade age na observância dos ditames da lealdade desde que ocorra uma de quatro condições:

(i) a retribuição seja considerada equitativa (*fair*) aquando da sua aprovação;

(ii) a retribuição seja previamente autorizada por membros não interessados do conselho de administração ou, no caso de um administrador executivo (*senior principal executive*), pelo seu superior hierárquico, desde que esta aprovação observe os requisitos impostos pelo *business judgement rule*;

(iii) a atribuição da retribuição seja ratificada por membros não interessados da direcção com observância do *business judgement rule*, acrescida de mais algumas condições;

(iv) a retribuição seja previamente autorizada ou ratificada por sócios não interessados e não constitua um desperdício de recursos da sociedade.

A norma de distribuição do ónus da prova é idêntica àquela anteriormente analisada.

III. Quanto à utilização pelos administradores de bens ou informação pertencentes à sociedade, o § 5.04 estabelece, como regra geral, que um administrador ou director não pode utilizar bens ou informação da sociedade para conseguir um benefício de natureza pecuniária. Excepcionam-se cinco situações: (i) o benefício resulta de um contrato celebrado com a sociedade que satisfaça as condições previstas no § 5.02; (ii) o benefício constitui uma forma de retribuição cuja atribuição satisfaz os requisitos previstos no § 5.03; (iii) a utilização de informação não está relacionada com a transmissão de participações daquela sociedade, não constitui informação exclusivamente reservada à sociedade e a sua utilização não é susceptível de lhe causar qualquer dano; (iv) a utilização de bens ou de informação pertencente à sociedade não está sujeita aos requisitos do § 5.02 nem do § 5.03, mas é autorizada por sócios não interessados em observância dos requisitos previstos no § 5.02, relativos ao dever de informação; (v) o benefício decorre da qualidade de sócio e é disponibilizado de forma proporcional a todos os outros sócios que se encontrem em situações semelhantes. A responsabilidade do administrador não é limitada pelo valor do benefício recebido, ficando este obrigado a indemnizar a sociedade ou terceiros pelos danos que decorram da sua conduta[11].

IV. A *corporate opportunities doctrine* recebeu acolhimento no § 5.05 dos PCG. Convém, no entanto, tecer algumas considerações quanto aos seus antecedentes.

A "oportunidade de negócio pertencente à sociedade" é considerada como um activo da própria sociedade: a proibição da sua apropriação seria, afinal, idêntica à da proibição da apropriação de bens da sociedade para uso individual dos membros dos órgãos de administração. Para além do valor ético de respeito pela ortonomia e da consistência com a confiança que é concitada no

---

[11] F. Guezzi, *cit.*, pp. 115 e ss..

288 *Nuno Tiago Trigo dos Reis*

âmbito de relações especiais, há razões de eficiência económica a justificar a existência desta regra[12].

A noção de "oportunidade de negócio pertencente à sociedade" não tem sido entendida de forma unívoca. A doutrina tem origem jurisprudencial que antecede, em largas décadas, a aprovação dos *PCG*. Do rico tratamento jurisprudencial do tema resultam, porém, diferentes teorias (*tests*), os quais, ora por assentarem num excessivo casuísmo, ora por surgirem invocadas em conjunto na decisão de casos concretos, tornam a *corporate opportunities doctrine* o mais complexo dos mecanismos de garantia da lealdade dos administradores relativamente à sociedade[13]. As principais teorias são as seguintes[14]: (i) o *interest or expectancy test*[15], de acordo com a qual a oportunidade de negócio deve ser reservada à sociedade quando esta tiver um interesse ou uma expectativa criada em relação à oportunidade; ou quando a oportunidade seja essencial para a sociedade; (ii) o *line of business test*[16], de acordo com a qual pertence à socie-

---

[12] V. BRUDNEY/R. C. CLARK, "A new look at corporate opportunities", *HLR*, 94 (1981), p. 998.

[13] E. TALLEY, "Complexity in corporate governance: the case of the corporate opportunities doctrine", *Shareholder rights and the equitable treatment of shareholders – The fourth Asian roundtable in Corporate Governance*, in http://www.oecd.org/dataoecd/48/58/2484797.pdf, p. 3, considerando a *corporate opportunities doctrine* igualmente o mais disfuncional dos mecanismos de governação destinados a garantir a lealdade dos administradores.

[14] V. PEDRO CAETANO NUNES, *Corporate governance*, Almedina, Coimbra, 2006, pp. 54 e ss.; E. TALLEY, "Turning servile opportunities to gold: a strategic analysis of the corporate opportunities doctrine", *Yale Law Jour.*, 108 (1998), pp. 289 e ss..

[15] A teoria terá surgido na decisão *Lagarde vs. Anniston Lime & Stone Co.*, proferida no Alabama, em 1900; V. E. TALLEY, "Complexity in corporate governance: the case of the corporate opportunities doctrine", *cit.*, pp. 6-7. A esta teoria tem sido apontada a vantagem de oferecer um critério seguro e previsível. Em contrapartida, tem apenas tem em consideração as situações em que a sociedade já é titular de um direito ou uma expectativa sobre determinado bem, não criando incentivos para os sócios investirem em projectos de longo prazo.

[16] V. *Guth vs. Loft, Inc.*, decisão proferida no Delaware, em 1939: "[w]here a corporation is engaged in a certain business, and an opportunity is presented to it embracing an activity as to which it has fundamental knowledge, practical experience and ability to pursue, which logically and naturally, is adapted to its business having regard for its financial position and is one that is consonant with its reasonable needs and aspirations for expansion, it may be properly said that the opportunity is in the line of the corporate business". A esta teoria tem sido aponta a vantagem de permitir definir o círculo de oportunidades de negócio de modo dinâmico, na medida que tem como referente não apenas a actividade presentemente desenvolvida pela sociedade ou o negócio em relação ao qual a sociedade tem certa expectativa, mas também as actividades que a sociedade possa vir a desenvolver no futuro. Por esta razão, na aplicação desta teoria já se tem recorrido à metáfora da "distância", como noção determinante da "força" da pretensão da sociedade de fazer seu determinado projecto assumido pelo administrador; E. TALLEY, *cit.*, p. 8; K. RUSCH, *cit.*, p. 90, defendendo ainda que a distância também pode ser entendida literalmente,

dade toda e qualquer oportunidade que tenha uma conexão estreita com uma actividade que a sociedade exerce ou espera exercer; (iii) o *fairness test*[17], que faz a destinação da oportunidade à sociedade ou ao administrador depender da ponderação casuística de todos os aspectos relevantes do caso; (iv) o *two-step test*[18], que consiste numa combinação do *line of business test* com o *fairness test* – primeiro, dever-se-ia averiguar se a oportunidade de negócio tem uma ligação com a actividade efectivamente exercida ou que a sociedade pretendia exercer; caso a resposta fosse afirmativa, a equidade interviria no sentido de confirmar a atribuição da oportunidade à sociedade. Para além disto, é necessário verificar se houve utilização de informação privilegiada ou de património da sociedade para adquirir ou desenvolver determinada oportunidade de negócio e se a própria oportunidade surge acidentalmente no exercício das funções de administração ou se, ao invés, surge por força do exercício de funções.

V. A jurisprudência conheceu uma profunda alteração com a publicação de dois documentos: (i) o *Corporate Director's Guidebook*, da American Bar Association e (ii) o estudo de Victor Brudney e Robert Clark, *A new look at corporate opportunities*[19]. Neste último, foi sugerida uma distinção entre as sociedades comerciais "abertas" (*public corporations*) e as sociedades comerciais "fechadas" (*close corporations*): enquanto para as primeiras valeria, como regra geral, a proibição de apropriação de oportunidades de negócio da sociedade, para as segundas seria mais apropriado um critério mais flexível e diferenciador das possíveis situações em jogo[20].

---

na medida em que aquilo que num local em que a sociedade exerce ou pode exercer a sua actividade é uma oportunidade de negócio que lhe pertence poderá ser aproveitada pelo administrador se surgir, ao invés, num local para onde a sociedade não possa expandir os negócios. Contra o critério tem sido invocada a incerteza que a respectiva aplicação implica; E. TALLEY, *loc. cit.*.

[17] V. *Durfee vs. Durfee & Canning, Inc.*, proferida no Massachussets, em 1948.

[18] V. *Miller & Miller*, decisão proferida no Minnesota em 1974 (E. TALLEY, "Complexity in corporate governance: the case of the corporate opportunities doctrine", *cit.*, p. 11 e "Turning servile opportunities to gold: a strategic analysis of the corporate opportunities doctrine", *cit.*, p. 295).

[19] V. BRUDNEY/R. C. CLARK, *cit.*, pp. 997 e ss.

[20] Assim, a natureza fiduciária de uma sociedade "fechada" obrigava a que se distinguisse o dever de não apropriação de oportunidades pertencentes à sociedade de um administrador executivo (*senior executive*) a tempo inteiro daquele que recai sobre um membro do conselho geral e de supervisão e, bem assim, da sociedade mãe em sede de grupos de sociedades. A diferença entre os dois tipos de sociedades encontra várias justificações (cit., pp. 1001 e ss.): os sócios de uma *public company* serão mais facilmente vistos numa posição análoga à de um beneficiário de um *trust fund* do que os sócios de um *closed company*; a possibilidade de escolha e de fiscalização dos

membros dos órgãos de administração são maiores numa sociedade fechada do que numa sociedade aberta, sendo por isso necessária uma maior intensidade dos deveres que impendem sobre aqueles; o escopo e a natureza da remuneração dos titulares dos órgãos de administração são igualmente diversos, pois, ao contrário do que pode verificar-se com os administradores *lato sensu* das sociedades fechadas, o cumprimento cabal dos deveres dos administradores das sociedades abertas exige uma dedicação exclusiva à prossecução do interesse social, não sendo lícita, à luz da *equity* e da *efficency*, formas encobertas e indirectas de remuneração; o espectro de oportunidades de negócio associadas a actividade real ou potencial da sociedade é mais extenso nas sociedades fechadas do que nas sociedades abertas, geralmente de menor dimensão; nas sociedades fechadas, são mais frequentes as situações de confusão entre o papel do investidor e do gestor ao que acresce uma maior facilidade de comunicação e de acordo relativamente às respectivas e concretas posições e objectivos, em virtude de uma estrutura societária mais reduzida e simples.

Assim, nas sociedades "fechadas" (cit., pp. 1006 e ss.), não importa fazer a distinção entre administradores executivos e não executivos: ambos estariam sujeitos à observância dos mesmos deveres de lealdade. A sociedade "fechada" pode prestar o seu consentimento ao aproveitamento de uma oportunidade de negócio por um titular de um órgão de administração. Os princípios orientadores propostos por este AA. são: (i) se a oportunidade de negócio discutida está funcionalmente associada à sociedade, os administradores não podem aproveitar-se dela; (ii) se a sociedade tem um interesse ou uma expectativa na aquisição da oportunidade de negócio, os administradores não poderão igualmente aproveitar-se dela; (iii) caso haja consentimento dos restantes sócios concomitantemente ou após o aproveitamento da oportunidade de negócio, esta será lícita (devendo o consentimento ser expresso quando o não aproveitamento da oportunidade levasse à ocorrência de um dano ou à perda de um activo). Já a incapacidade da sociedade para aproveitar certa "oportunidade de negócio" não deve ser considerada suficiente para a não reservar à esfera societária, desde que o levantamento dos obstáculos seja possível. Defender o contrário implicaria reduzir o incentivo para resolver o saneamento financeiro da sociedade ou outros problemas.

Nas sociedades "abertas" (cit., pp. 1023 e ss.), ao invés, vigora a proibição absoluta de apropriação de oportunidades por parte dos membros dos órgãos de administração, em virtude das especiais relações de dependência e confiança entre sócios e administradores. Os administradores deste tipo de sociedades negoceiam livremente os respectivos benefícios económicos resultantes da prossecução da sua actividade; não se deve esperar que procurem outras formas, indirectas, de remuneração. Por outro lado, a permissão de prosseguir outras actividades para além do tempo reservado à administração significaria uma menor eficiência na tutela dos interesses dos sócios. Seria de rejeitar a consideração do tipo de actividade desenvolvida pela sociedade (nos termos do *line of business test*), porque desencorajadora da aprendizagem económica, da experiência e do empreendedorismo. Por maioria de razão com o que se disse quanto às sociedades "fechadas", o mesmo sucederia com a relevância da incapacidade da sociedade para o aproveitamento da "oportunidade de negócio". O consentimento prestado pela sociedade suscita problemas: por um lado, o aproveitamento de uma oportunidade de negócio poderia representar um desperdício de bens da sociedade (*waste of corporate assets*); por outro, sempre seria duvidoso que o processo de decisão nos termos do qual o consentimento fora obtido tivesse permitido uma escolha livre, informada e desinteressada dos membros dos órgãos sociais. Ao consentimento prestado por

VI. A partir do momento em que se afirme estar perante uma oportunidade de negócio pertencente à sociedade, o administrador deverá abster-se de retirar dela algum benefício ou informar a sociedade[21], solicitando a autorização para o seu aproveitamento. A autorização pode ser concedida mediante o procedimento típico em matéria de conflitos de interesses, já analisado (cf. § 5.05, (a), (3), dos *PCG*).

Em caso de aproveitamento ilícito pelo administrador, o princípio é o da atribuição de todos os benefícios alcançados à sociedade (*full disgorgement prin-*

---

outros administradores executivos falta objectividade; ao consentimento prestado pelos sócios, conhecimento; ao consentimento prestado pelos administradores não executivos, incentivos adequados a uma escolha criteriosa. São, todavia, permitidos os investimentos passivos, definidos como aqueles que não exigem ou atribuem ao investidor a faculdade de participação em processos de decisão respeitantes à entidade em que o investimento é realizado, na medida em que, na maior parte dos casos, tal investimento não colide com a prossecução da actividade social. Os AA. introduzem, ainda assim, uma excepção para os intermediários financeiros, como instituições de crédito, seguradoras, fundos de investimento, fundos de pensões e instituições similares Aqui, dada a particular circunstância de a sociedade se dedicar à realização de investimentos passivos, é justificada a equiparação destes à apropriação activa de oportunidades de negócio societárias, já que a especial relação de confiança estabelecida com a sociedade permite obter informação sensível acerca das possibilidades de investimento em entidades terceiras, parecendo adequada uma medida profiláctica de conflitos de interesses relativamente a uma concreta oportunidade de investimento.

Cremos que, se a distinção entre os dois tipos de sociedades aqui tidos em conta é proveitoso para um adequado tratamento dos deveres de lealdade em geral, deve ir-se mais longe, considerando diferentes "tipos reais" ou "sociais" de sociedades, que permitam construir diferentes regras de conduta para os administradores, adequadas aos valores em conflito no caso concreto, por apelo à boa fé. Invocando razões de eficiência económica, e ignorando, por isso, a prioridade dos argumentos jurídico-científicos, os AA. radicalizam as distinções entre os dois tipos de sociedades objecto de estudo. Em particular, nada justifica que não seja adoptado um juízo de ponderação também relativamente às *public companies*. Por outro lado, é de recusar a irrelevância apriorística do consentimento das sociedades de capitais para o aproveitamento de oportunidades de negócio, em especial quando este seja prestado pela assembleia geral: os accionistas são os proprietários da estrutura accionista e, no respeito pelas regras de informação e de validade no exercício do direito de voto, nada deve impedir que actos de concorrência ou de aproveitamento de oportunidades de negócio sejam autorizados, invocando razões de diversa natureza (medida de incentivo à produtividade e desempenho futuros da administração, forma de remuneração dos titulares de órgãos de administração, irrelevância da concreta oportunidade de negócio para sociedade, etc.).

[21] A sociedade deverá ser informada de todos os aspectos relativos à oportunidade de negócio, sob pena de invalidade da posterior deliberação social de autorização para o aproveitamento da mesma pelo administrador; E. TALLEY, "Complexity in corporate governance: the case of the corporate opportunities doctrine", *cit.*, p. 11.

ciple) mediante a constituição de um *constructive trust* a favor da sociedade[22]. É, todavia, comum permitir-se a retenção de uma parte dos lucros, como uma espécie de retribuição pela descoberta da oportunidade de negócio posteriormente destinada à sociedade. Mais raramente, assiste-se à condenação do administrador no pagamento de danos punitivos (*punitive damages*), em particular na situação em que a sociedade não chegou a ser informada da existência da oportunidade de negócio[23].

Os argumentos (*defences*) habitualmente invocados pelos administradores podem agrupar-se em três constelações de casos típicos: o argumento da fonte da oportunidade de negócio (*source defence*), nos termos do qual a oportunidade resulta das especiais qualidades do administrador e não do cargo que ocupa na sociedade ou da utilização de bens ou informação da sociedade; o argumento da incapacidade da sociedade para aproveitar a oportunidade de negócio (*incapacity defense*), segundo o qual pode ser aproveitado pelo administrador o negócio que não possa ser aproveitado pela sociedade, em virtude de impedimentos legais (nos termos da *ultra vires doctrine*, ou por constrangimentos relacionados com o Direito da concorrência, por hipótese), financeiros (falta de liquidez ou mesmo insolvência da sociedade) ou outros (por hipótese, escassez de recursos, falta de rendibilidade do projecto, recusa por parte do terceiro); o argumento segundo o qual a sociedade concede tacitamente a autorização para o aproveitamento da oportunidade pelo administrador em face de certos requisitos (*implied consent defense*), como sucede em caso de inexistência de resposta da sociedade ao pedido autorização. Em geral, porém, estas defesas tendem a não ser aceitas em juízo.

Tem igualmente sido admitida nalguns Estados a previsão genérica de permissão de aproveitamento pelos administradores, a título individual, de determinadas categorias de oportunidades societárias, em sede de estatutos sociais[24].

---

[22] E. TALLEY, "Complexity in corporate governance: the case of the corporate opportunities doctrine", *cit.*, p. 13.

[23] E. TALLEY, *loc. cit.*.

[24] Neste sentido, em 2000, no Delaware, foi aditado um parág. ao § 122 do *Delaware General Corporation Law*, o qual veio permitir a renúncia no contrato de sociedade ou por acção do conselho de administração, determinadas oportunidades de negócio ou categorias de oportunidades de negócio nas quais a sociedade tenha um interesse ou expectativa, ou que hajam sido oferecidas à sociedade, ou alguns sócios, administradores executivos ou administradores não executivos.

2.1.4. *Sequência*

A construção dogmática dos deveres de lealdade no Direito anglo-saxónico ocorre num espaço jurídico-culturalmente muito distinto do nosso. As transposições que se fizerem para o sistema de Direito privado português devem, por isso, obedecer a especiais cautelas. Em especial, o dever de lealdade não conhece, pela maioria dos estudiosos e dos tribunais, uma recondução à cláusula geral da boa fé[25].

2.2. **Direito alemão**

2.2.1. *Enquadramento*

O surgimento da lealdade no direito das sociedades comerciais alemão dá-se em finais da década de 20 do século passado, com o reconhecimento, pela doutrina, de limites para o exercício de posições jurídicas pertencentes aos sócios, impostos por valores fundamentais do sistema, em particular, pela boa fé[26]. Seguidamente, e na disponibilidade de dados científicos mais maduros, a jurisprudência passou a fazer referência, de modo expresso, à lealdade[27]. Esta passava a ser instrumento privilegiado no acesso à resolução de conflitos no interior da sociedade e à protecção das minorias perante a maioria do capital societário[28]; posteriormente, veio igualmente fundamentar a proibição de abuso do exercício de direitos pela minoria. No período do pós-guerra, verificou-se um abandono da doutrina dos deveres de lealdade, pela associação ao pensa-

---

[25] A qual surge, por vezes, como uma fonte de deveres de conduta dos administradores ao lado do dever de lealdade e de cuidado e desligada, assim, de um tratamento sistemático; a título de exemplo, v. o recente estudo de M. EISENBERG, em que a boa fé surge também como fundamento para responsabilizar o administrador que sabe da actuação da sociedade em violação da lei, "The duty of good faith in corporate law", *Del. Jour. Corp. Law*, 31 (2006), pp. 1 e ss..

[26] Sobre a evolução da dogmática dos deveres de lealdade na jurisprudência e doutrina tudescas, v. MENEZES CORDEIRO, "A lealdade no direito das sociedades", *ROA*, III, Ano 66 (2006), pp. 1042 e ss, salientando a importância dos contributos de HACHENBURG, ALFRED HUECK, DEGEN, NETTER, RITTER, SIBERT e, posteriormente, FECHNER. MARCUS LUTTER, "Treupflicht und ihre Anwendungsproblem", *ZHR,* 162 (1998), p. 164, considera WALTER STIMPEL o "pai dos deveres de lealdade".

[27] MENEZES CORDEIRO, *loc. cit.*, situa a primeira referência jurisprudencial à lealdade em 1938, em RG 21 Set. 1938 (RGZ, 158 (1939), pp. 248 e ss).

[28] MARCUS LUTTER, "Treupflicht und ihre Anwendungsproblem", *cit.*, p. 165.

294 *Nuno Tiago Trigo dos Reis*

mento jurídico nacional-socialista de que aquela emergiu. A recuperação deu-se num movimento iniciado pela jurisprudência merecendo destaque as decisões ITT[29], NSU[30], Hozzmüller, Linotype[31] e Girmes[32]. Os citados acórdãos

[29] BGH 5 Jan. 1975, *BGHZ*, 65 (1976), pp. 15 e ss.; *JZ*, 1976, pp. 408-409. A sócia maioritária de uma sociedade por quotas, que tinha por objecto o controlo de um grupo de sociedades, obteve, por influência exercida sobre a gerência, a celebração de contratos de prestação de serviços ("Service-agreements" e "*Beratungsverträge*") que a beneficiavam (e a uma sua subsidiária) em detrimento das outras sociedades: através da celebração daqueles contratos, as restantes sócias da GmbH teriam de despender parte dos seus lucros anuais. O BGH considerou que o dever de lealdade intervinha tanto nas relações entre os sócios e a sociedade quanto nas relações dos sócios entre si. Na fundamentação, acrescentou que a maioria deveria ter em consideração os interesses da minoria, à qual estava vinculada mediante deveres de lealdade. Como contrapeso para a possibilidade de exercer uma influência directa sobre a gestão da sociedade por quotas, o sócio maioritário deveria respeitar os interesses da sociedade. As sócias minoritárias poderiam demandar um gerente, exigindo o ressarcimento dos danos sofridos em resultado da violação daqueles deveres.

[30] A matéria de facto é, resumidamente, a seguinte. A VW detinha 75% sobre a Audi/NSU e, visando incrementar a ligação entre as duas sociedades, celebrou um contrato de subordinação com aquela, acompanhado por um acordo de aquisição das participações sociais dos outros accionistas, no valor de 25%. A aquisição seria feita por troca com acções próprias da VW. Em sequência de uma avaliação feita na altura, a qual dava como relação justa a de 3 acções da Audi/NSU para 1 da VW, foi acordado um *ratio* de 2,5 para uma, no que seria, na aparência, uma boa oferta para a Audi/NSU. Quando o contrato foi celebrado, o valor de cada acção da Audi/NSU era de 56,5 DM, mas logo após, este valor desceu significativamente. Os accionistas minoritários, entre os quais se contava a Israel British Bank, titular de 15 % das acções, impugnou a deliberação da AG da Audi e requereu uma providência cautelar tendo em vista impedir o registo do contrato de distribuição dos lucros e do contrato de subordinação. Sucede que, logo após, o valor das acções da Audi/NSU começou a subir significativamente, o que, juntamente com os prejuízos fiscais significativos decorrentes da inibição do registo, terá levado a administração da VW a negociar secretamente com aquele sócio minoritário no sentido de por termo ao litígio, adquirindo as acções de que este era titular. A VW propôs um valor de aquisição muito superior ao inicial. O acordo foi então fixado pelo preço de 226 DM, num momento em que o valor de mercado era cerca de 144-147 DM; o acordo foi extendido aos restantes accionistas da Audi/NSU. Um accionista minoritário, porém, que havia vendido as suas acções uma semana antes, pelo preço de 140 DM, resolve demandar a Audi/NSU exigindo o pagamento de 100.000 DM, a título de indemnização pela violação de deveres de lealdade por parte da VW relativamente aos restantes accionistas da Audi/NSU. O tribunal de primeira instância e, posteriormente, o BGH consideraram que entre o sócio maioritário e o sócio minoritário pudessem existir quaisquer relações jurídicas para além do que decorria dos limites do BGB ou para fora da esfera intra-societária. Segundo o BGH, o relevo extra-societário dos deveres de lealdade apenas existiria nos casos em que uma empresa dominante se aproveitasse da sua influência sobre a dominada, em seu desfavor. Para uma análise da decisão, v. Paulo da Câmara, *Parassocialidade e transmissão de valores mobiliários*, Dissertação de Mestrado policopiada, 1996, pp. 275 e ss..

[31] BGH 1-Fev.-1988, *BGHZ*, 1988, p. 194; *JZ*, 1989, pp. 443 e ss.. Uma GmbH detentora de acções representativas de 96% do capital social de uma *AktG*, pretendia incorporar a segunda

inspiraram diversos estudos sobre os deveres de lealdade, no sentido da sua sistematização dogmática, a partir da cláusula dos bons costumes, cuja violação daria lugar a responsabilidade aquiliana, primeiro, e da boa fé, fundamentadora de deveres existentes em relações especiais de proximidade, num segundo momento[33].

---

através de uma fusão. Não tendo conseguido o acordo dos sócios minoritários, usou os seus votos para conseguir uma deliberação social no sentido da dissolução da *AktG*, beneficiando, desta forma, de uma cláusula estatutária que permitia à AG tomar aquela decisão com votos correspondentes a 4/5 do capital social. Um dos sócios minoritários impugnou a deliberação social. O LG e o OLG não julgaram a pretensão procedente. O BGH frisou que o fundamento material de uma deliberação social de dissolução não poderia ser sindicado pelos tribunais. Mas, simultaneamente, salientou que, para a averiguação da validade de uma deliberação social e, bem assim, de um acordo parassocial, seria indispensável a observância dos deveres de lealdade.

[32] BGH 20-Mar.-1995, *JZ*, 1995, p. 1064; *NJW*, 1995, 1739 e ss. A decisão mereceu a atenção de comentaristas e autores de monografias, pela circunstância de ter sido reconhecida a existência de um dever de lealdade também de um accionista minoritário relativamente aos seus co-sócios; em especial, o sócio minoritário está vinculado, mediante aquele dever, a exercer o seu direito de sócio, em particular, os seus direitos de co-administração e de controlo, na observância dos interesses socialmente relevantes dos restantes sócios. O comportamento no exercício do direito de voto pelo representante deve imputar-se ao accionista-representado e um dever de indemnizar tem por referência os danos resultantes da desvalorização da participação social dos accionistas maioritários. O referido dever obsta a que um sócio minoritário, por razões do seu próprio interesse, impeça o saneamento da sociedade desejado pela maioria e a operação de redução do capital pertencente àquele conceito de saneamento. Para além disto, o dever de lealdade vincula não só os sócios minoritários que conjuntamente consigam uma minoria capaz de bloquear decisões, mas também o representante da minoria que adopte um determinado comportamento no exercício do direito de voto perante os accionistas. Para um comentário à decisão, MARCUS LUTTER, "Das Girmes-Urteil", *NJW*, 1995, pp. 1053 e ss..

[33] MENEZES CORDEIRO, "A lealdade no direito das sociedades", *loc. cit.*. Fazendo derivar os deveres de lealdade da boa fé, genericamente prevista no § 242 do BGB, v. KLAUS HOPT, *Grosskommentar zum Aktiengesetz*, Berlin, New York, Walter de Gruyter, 1999, § 93 (p. 144); UWE HÜFFER, *Aktiengesetz*, 4.ª Ed., C. H. Beck, München, 2002, § 84, anot. 9 (p. 389) e § 93, anot. 5 (p. 436). MARCUS LUTTER, "Treupflicht und ihre Anwendungsproblem", *cit.*, p. 167, afirma, porém, contra uma considerável parte da doutrina, que o dever de lealdade respeita sobretudo ao controlo dos poderes de influência da maioria sobre a posição da minoria criadas por lei ou através do contrato de sociedade e do controlo da garantia de uma lealdade mínima dos co-sócios entre eles e que estes deveres, na sua essência, são deveres principais (*Hauptpflicht*) da relação de sócio que podem ser exercidos através de uma acção, uma vez que o dever de lealdade não controla e limita o exercício jurídico de direitos, mas através dele apenas são de facto concretizados deveres por acção e omissão (assim se distinguindo do § 242 *BGB*, que determina o tipo e a forma como a prestação devida é para ser realizada). Porém, o último argumento prova demais: neste ponto, não se distinguindo o Direito alemão do português, nada obsta à execução específica de um dever acessório de fonte legal, como sejam aqueles que se retiram da boa fé.

296 *Nuno Tiago Trigo dos Reis*

2.2.2. *Os deveres de lealdade dos sócios*

I. Está hoje reconhecida a existência de deveres de lealdade entre: (i) os sócios; (ii) os sócios e sociedade e (iii) os titulares dos órgãos sociais e a sociedade[34]. É discutida a titularidade de deveres de lealdade dos titulares dos órgãos sociais perante os sócios.

Os deveres de lealdade entre os sócios decorrem da concretização da boa fé no exercício dos direitos inerentes ao *status socii*[35]. Karsten Schmidt aponta três pontos de partida para o estudo da função dos deveres de lealdade dos sócios[36]:

– a relação jurídica societária;
– o dever societário de prosseguir um fim comum;
– a correlação entre poder de influência e responsabilidade[37].

---

[34] Em sentido algo distinto, HERBERT WIEDEMANN, "Zu den Treupflichten im Gesellschaftsrecht", *Festschrift für Theodor Heinsius zum 65. Geburtstag*, Berlin, 1991, pp. 949 e ss., distingue entre "três mundos" por detrás da palavra "lealdade": o dever de lealdade em sentido orgânico, i. e., aquele que vincula os titulares de órgãos sociais a conduzir a actividade de administração no interesse da sociedade, de forma leal e cuidada; o dever de lealdade que vincula reciprocamente os sócios de sociedades de pessoas a fazer tudo o que o interesse social exija e a omitir os comportamentos que possam causar danos à comunhão e aos seus membros; finalmente, os deveres de lealdade que se impõem à maioria no exercício de voto nas sociedades de capitais, quando os sócios maioritários possam, daquela forma, afectar os interesses patrimoniais da minoria (admitindo que a graduação das possibilidades de afectação em função da titularidade das participações sociais é justificada pelo dever de lealdade). Contudo, parece que o terceiro plano não é verdadeiramente distinto do segundo, se se quiser levar adiante a apelativa ideia de uma graduação da intensidade do dever de lealdade num espectro que atravessa todo o Direito societário. Por outro lado, a "possibilidade de influência na esfera patrimonial de terceiros" é um argumento que concorre para a fundamentação do surgimento de um dever comum a todos os planos em que o A. desdobra o conceito de "lealdade" no domínio societário; sobre este aspecto, v. *infra*, § 6.

[35] KARSTEN SCHMIDT, *Gesellschaftsrecht*, 4.ª Ed., Carl Heymans, Berlin, 2002, § 20 IV, pp. 587 e ss., distinguindo os *Loyalitätspflichten*, vigentes, em geral, em todas as relações jurídicas e em todos os tipos de sociedades (positivamente consagrado no § 242 do BGB), dos concretos deveres de promoção e de observância de interesses – *Treupflichten* – que são concretizações dos primeiros e representam uma importante parte do Direito das sociedades comerciais positivo não escrito. Acentuando a relevância da realização de uma organização comum como conteúdo típico do contrato de sociedade, MARINA WELLENHOFER-KLEIN, "Treupflichten im Handels-, Gesellschafts- und Arbeitsrecht – Eine Untersuchung zum deutschen, ausländischen und europäischen Recht", *RabelsZ*, 64 (2000), pp. 564-594

[36] KARSTEN SCHMIDT, *cit.*, p. 588.

[37] O entendimento de MARCUS LUTTER, "Die Treupflicht des Aktionärs / Bemerkungen zur Linotype. Entscheidung des BGH", *ZHR*, 153, 1989, p. 455, parece compreender todos estes

Os deveres de lealdade dos administradores de sociedades comerciais 297

A complexidade da relação jurídico-societária permite descobrir, na execução do contrato de sociedade, limites ao exercício dos direitos inerentes ao (igualmente complexo) estado de sócio. Os deveres de lealdade (*Treupflichten*) não são, por si, fonte de direitos ou de normas de conduta dos sócios: são deveres derivados de cláusulas gerais carecidos de concretização a partir de uma relação especial. Não pode o sócio adoptar comportamentos que impliquem uma descontinuidade com as legítimas expectativas suscitadas em terceiros (tutela da confiança) nem uma conformidade meramente formal com as proposições legais em jogo (primazia da materialidade subjacente)[38]. Os deveres de lealdade apresentam uma estrutura comum à dos deveres obrigacionais gerais[39]; na determinação da função, assim como na conformação do seu conteúdo, recorre-se a argumentos típicos do direito societário.

O contrato de sociedade corresponde ao paradigma de contrato de comunhão, como forma de exercício jurídico colectivo particularmente intensa: o sócio não pode agir numa situação de conflito de interesses tal que coloque em causa a prossecução da finalidade lucrativa das restantes partes no contrato.

Quando o dever de lealdade seja violado pelos sócios, há lugar a responsabilidade civil, entre outras consequências: atribuição de uma pretensão à omissão do facto ilícito; impugnação de deliberações sociais violadoras daqueles deveres; imposição de um dever de voto positivo ao sócio minoritário[40].

II. Nessa perspectiva, e como caminho para a adopção de modelos expositivos e orientados para a resolução de casos, tem a doutrina proposto a elaboração de grupos de casos típicos em que os sócios são sujeitos passivos de deveres de lealdade[41]. Em especial, há que atender ao *tipo* ou *estrutura real*[42] de

---

aspectos, ao atribuir o fundamento dos deveres de lealdade à lei, aos estatutos e ao necessário controlo do poder e das possibilidades de influência atribuídos ao sócio.

[38] MENEZES CORDEIRO, "A lealdade no direito das sociedades", *cit.*, p. 1062.

[39] Contra, KARSTEN SCHMIDT, *loc. cit.*: os deveres de lealdade pertencem ao Direito das sociedades comerciais e constituem parte integrante das relações entre sócios. O A. reconhece, contudo, que na relação entre o dever e a relação especial que o fundamenta, existem pontos de contacto com os deveres obrigacionais, pelo que é possível falar-se em deveres de lealdade pré-contratuais e deveres de lealdade pós-contratuais.

[40] KARSTEN SCHMIDT, *cit.*, p. 595; MARCUS LUTTER, "Die Treupflicht des Aktionärs...", *cit.*, pp. 467-9.

[41] V. MARCUS LUTTER, "Die Treuepflicht des Aktionärs...", *cit.*, pp. 446 e ss.. Mais recentemente ("Treupflicht und ihre Anwendungsproblem", *cit.*), o A. apontou diversos grupos de casos de fronteira. Entre outros, v.: exclusão do direito de destituição de um dos dois gerentes da sociedade pelo sócio maioritário (51%) quando, ao longo do tempo, este tenha criado a confiança justificada em que a destituição dependeria de um facto grave (p. 169); imposição de "limites máxi-

298   *Nuno Tiago Trigo dos Reis*

sociedade: os deveres de lealdade serão mais intensos quanto mais personalista for o tipo de sociedade e, inversamente, as exigências relativamente a um comportamento na observância estrita do "interesse da sociedade" serão menores nas sociedades mais "capitalizadas". Importa ainda distinguir o sócio "empresário" daquele cuja pertença à estrutura societária seja apenas consequência da realização de um investimento de capitais. Já o tipo legal de sociedade apenas pode servir de elemento indiciário da extensão que, no caso concreto, caracteriza o dever.

2.2.3. *Os deveres de lealdade dos administradores*

I. A origem do conceito do dever de lealdade no contexto societário é atribuída ao desenvolvimento de vários institutos semelhantes aos *trusts*, não recondutíveis a um conceito unitário[43]. De entre estas formas primeiras de relações fiduciárias, um importante campo de aplicação foi ocupado pela propriedade fiduciária no Direito feudal da idade média[44]. Com a intervenção do senhorio, mantinha-se a possibilidade de alienação da propriedade feudal a um

---

mos" para a falta de diligência de um gerente, quanto estejam em causa relações de parentesco entre gerentes em sociedades familiares (p. 170); reconhecimento à minoria de um direito a invocar a dissolução da sociedade, quando já não existam alternativas realistas no mercado ("dever de lealdade para a colaboração na liquidação", p. 171); situações de conflitos na recuperação de empresas, podendo, no limite, implicar para a minoria a imposição da perda da qualidade de sócio mediante a cessão da participação social a terceiro, quando a alternativa seja a falência acompanhada da possibilidade de causação de danos acrescidos a um dos sócios, que havia prestado garantias pessoas elevadas; à minoria deve, porém, ser reconhecido o direito a parte da contrapartida da medida de recuperação que tiver sido prometida ao sócio maioritário, na proporção do seu investimento e com limite no valor do investimento inicial (pp. 171-2); conflitos relacionados com o funcionamento do mercado, com a imposição de um dever de lealdade à sociedade anónima adquirente da maioria do capital social social.

[42] Karsten Schmidt, *cit.*, p. 592.

[43] Sobre a evolução do *Treuhand*, no que considera ser um exemplo paradigmático da aplicação do ensinamento, proveniente da escola história, de que a descoberta de proposições jurídicas do Direito passado comparáveis com a ordem jurídica vigente pode contribuir para a boa decisão de problemas jurídicos hodiernos, v. H. Coing, "Die Treuhandtheorie als Beispiel der geschichtlichen Dogmatik des 19. Jahrhunderts", *RabelsZ*, 37 (1973), pp. 202 e ss.. O A. acentua a relevância da comparação histórica e da associação entre a história do Direito e a dogmática jurídica, apesar de uma das formas que a escola histórica conheceu – a jurisprudência dos conceitos do séc. XIX – estar hoje reconhecidamente ultrapassada.

[44] K. Rusch, *cit.*, pp. 138 e ss..

Os deveres de lealdade dos administradores de sociedades comerciais   299

terceiro: o titular do direito de uso da propriedade podia aliená-la a um terceiro, devolvendo-a ao *dominus* e confiando-a no pressuposto de que este a cederia novamente ao terceiro. Dois inconvenientes poderiam entretanto surgir. Numa sociedade fortemente estratificada, e caso o terceiro adquirente tivesse um título ou dignidade superiores ao do *dominus*, a constitituição do novo feudo implicaria uma diminuição do título do adquirente. Para se evitar este resultado, surgiu a necesidade de constituição de uma forma arcaica de fideicomisso: o alienante mantém a posição de *dominus*, concedendo ao adquirente apenas o direito de uso e o poder de instrução. Por outro lado, o fideicomisso permitia a certos pessoas aproveitar a propriedade feudal. Assim acontecia, por exemplo, com certas mulheres que, de modo a evitar a falta de transmissibilidade hereditária do feudo, o transmitiam fiduciariamente a um terceiro que lhe permitia o uso da propriedade. O mesmo sucedia no caso dos menores, que através de um tutor garantiam a possibilidade de uso da propriedade feudal e a transmitiam fiduciariamente e contra o dever de prestação de vassalagem. Poderiam ainda surgir outras formas, mais ou menos rudimentares ou típicas, de *Treuhand*: possibilidade de investir terceiros em posições jurídicas destinadas a executar o testamento (*Letztwillenstreuhänderschaft*)[45]; possibilidade de instituir substituições fideicomissárias[46]; admissibilidade de celebração de doações com fim de caridade ou de instituição de fundações[47]. A evolução pode ser aproximada da verificada no espaço jurídico anglo-saxónico com o *trust*; é, contudo, de assinalar, a título de diferenças, a falta de tratamento juris-

---

[45] A influência do Direito germânico sobre o instituto do testamento, oriundo do Direito romano, permitiu que o testador pudesse não apenas conter a designação de um herdeiro, mas também a de um legatário. Para assegurar a execução do legado, podia o testador instituir um terceiro como testamenteiro. Nos *usus modernus pandectarum*, passou a ser possível instituir mediante testamento tanto herdeiros quanto legatários. O testamenteiro passou a ocupar uma posição de enquadramento dogmático controverso: passou a ser compreendido, em parte como uma figura análoga ao *curator* do Direito romano, em parte como um representante do herdeiro. No séc. XIX, a doutrina dividiu-se em torno da questão da natureza do testamentário: enquanto a pandectística reconduzia o testamenteiro a um representante não autónomo do herdeiro, os AA. germanistas defendiam uma reconstrução da figura, a partir do *Salmann*, um titular de um direito autónomo sobre a herança, distinto do do herdeiro ou legatário e funcionalizado à vontade última do testador. A segunda concepção veio a ser acolhida pela segunda comissão de redacção do *BGB*, no qual o testamenteiro surge como titular de um direito potestativo de disposição próprio e autónomo, ainda que deva exercê-lo de acordo com as disposições do testador e da lei; K. RUSCH, *cit.*, pp. 140-1, vê, assim, no recorte da figura parte do material jurídico desenvolvido a partir do conceito do *Treuhand*.

[46] *Idem, ibidem*, p. 142.

[47] *Idem, ibidem*, p. 142 e ss.

300 *Nuno Tiago Trigo dos Reis*

prudencial unitário de todos os institutos[48] (que em Inglaterra remonta ao séc. XV, com a jurisprudência da *Chancery*) que possibilitou o apuramento mais precoce de algumas soluções, como sucede, por exemplo, com aquelas que respeitam à responsabilidade pelos lucros obtidos pelos fiduciários. Também a literatura era, no início do séc. XIX, muito mais abundante no Direito anglo-saxónico do que no Direito alemão. Tudo isto tornava necessário um esforço doutrinário acrescido para a construção de um conceito de *Treuhand*, numa uma conquista científica a partir das diferentes formas rudimentares de *Treuhand* do Direito germânico, por um lado, e das fontes romanas, por outro[49].

II. O instituto jurídico do *Treuhand* não mereceu consagração homogénea e unitária no *BGB*. Nos seus trabalhos preparatórios, considerou-se ser conveniente deixar a formulação de proposições especiais às necessidades reclamadas pelas necessidades práticas, o que permitiu à ciência a descoberta do conceito moderno de *Treuhand* directamente a partir de tipificações retiradas de ambos os *Treuhandmodelle* conhecidos[50]. Perante a plêiade de situações em que a lealdade pode intervir, é comum distinguir-se entre o *Treuhand* e a relação fiduciária (*Treupflichtsverhältnis*), numa distinção decalcada daquela entre o *trust* e a

---

[48] *Idem, ibidem*, p. 148. Contudo, esta posição não é unânime: SCHERNER (*Itinera Fiduciae*, p. 237, 260 e ss., *apud* K. RUSCH, *cit.*, p. 148) entende que existia a consciência da existência do *Treuhand* como um instituto jurídico autónomo do Direito medieval, compreensivo de diferentes constelações de casos.

[49] A doutrina dá conta de uma acesa disputa entre pandectistas e romanistas na reconstrução do conceito moderno de *Treuhand*. Do lado da pandectística, REGELSBERGER desenvolveu a ideia de negócio fiduciário (*fiduziarischen Rechtsgeschäft*): o acordo entre as partes assenta no pressuposto de que aquele a quem foi confiado certo poder jurídico apenas utilizará a sua posição para certo fim e não para qualquer outro; característica do negócio fiduciário é a desproporção entre a forma jurídica escolhida e a finalidade prosseguida: em nome da garantia do aproveitamento, compra-se a possibilidade de abuso; exemplo disto é a *fiducia cum creditore* romana (*AcP*, 63 (1880), pp. 172 e ss.). SCHULTZE defendeu posteriormente que os casos não reconduchíveis aos negócios fiduciários seguiam o conceito de *Treuhand* de Direito germânico, a saber: a possibilidade de instituir testamenteiros e substituições fideicomissárias e ainda a instituição de fundações "fiduciárias". No caso de transmissão de um direito sobre uma coisa em garantia, poderia existir sobreposição com os casos dos negócios fiduciários, fundamentadora de uma solução de concurso na aplicação de ambos os institutos. Estes casos seriam caracterizados por uma diferente natureza da transmissão do poder jurídico para o fiduciário e uma maior limitação dos poderes do fiduciário no caso da propriedade fiduciária germância. SCHULTZE considera ambos os institutos como diferentes tipos da mesma categoria, devendo ser estudados conjuntamente e admitindo um *tertium comparationis*. K. RUSCH, *cit.*, pp. 151 e ss..

[50] *Idem, ibidem*, pp. 153-4.

fiduciary relationship[51]. O critério seria retirado a partir das relações externas entre o fiduciário e terceiros. O fiduciário não estaria investido no direito de propriedade nem no poder de disposição de uma coisa, mas gozava, em última análise, de uma posição de acesso à informação, de decisão ou de controlo, as quais se manifestavam sobretudo no âmbito das relações internas entre o principal e o fiduciário. Seria esta a natureza das relações entre o mandatário e o mandante, o comissário e o comitente, o agente e o principal, ou o administrador e a sociedade. Assim, a elaboração de uma teoria geral das relações fiduciárias impunha o estudo da fenomonologia desta espécie de relações internas[52]. Na tentativa de sistematização de K. Rusch, dever-se-ia distinguir entre: (i) relações fiduciárias como meio de afectação duradoura de uma herança[53]; (ii) relações fiduciárias como meio de afectação de um património a fins não lucrativos[54]; (iii) relações fiduciárias como meio de administração de patrimónios[55]; (iv) relações fiduciárias como forma de garantia do cumprimento[56]; (v) outras relações fiduciárias com fonte num contrato[57]. Neste último caso, tornava-se patente a falta de correspondência entre o *trust* e as *fiduciary rela-*

---

[51] Assim, K. Rusch, *cit.*, p. 160.

[52] Só a partir do estudo compreensivo de todas estas situações jurídicas, que extravasam do *Treuhand* em sentido próprio seria possível a elaboração de um conceito mais geral; foi essa a tentativa levada a cabo por S. Grundmann, na sua investigação *Der Treuhandvertrag: insbesondere die werbende Treuhand*, München, 1997, p. 125.

[53] "*Treuhandverhältnisse als Mittel langfristiger Nachlassbindung*", constelação de casos em que se incluiriam a instituição de um testamenteiro, a nomeação de um fideicomissário e ainda figuras intermédias.

[54] "*Treuhandverhältnisse als Mittel der Vermögenswidmung zu gemeinnützigen Zwecken*", que compreenderiam tanto as fundações autónomas como as fundações não autónomas.

[55] Seriam incluídas aqui a instituição de "contas fiduciárias" (*Treudhandkonten* ou *Anderkonten*), em que o titular da conta está obrigado a utilizar a conta para os encargos que um terceiro lhe confiou (como sucede com as contas de cliente de advogados, notários ou consultores), a criação de sociedades de investimento de capitais (*Kapitalanlagegesellschaft*) ou a intervenção do administrador da massa falida em caso de insolvência.

[56] "*Treuhandverhältnisse als Mittel der Kreditsicherung*", cuja principal manifestação seria a cessão fiduciária em garantia, no âmbito da qual importava não confundir os deveres de lealdade associados à garantia do crédito com os deveres de lealdade associados ao aproveitamento da coisa ou do direito transmitido em garantia (estes últimos não encontravam, em regra, justificação uma vez que o credor fiduciário não era titular de um direito de gozo).

[57] Nas quais o A. inclui os contratos de gestão de negócios alheios (como o mandato), relações de trabalho fora do contexto de um contrato de gestão de negócios alheios no sentido do § 675 (1) do *BGB*, os deveres de lealdade no contexto do Direito das sociedades e as situações de representação legal.

tionships, apesar de em ambos a lealdade assumir uma função modeladora dos direitos e deveres das partes.

Perante a heterogeneidade da estrutura dos diversos institutos em que a lealdade é chamada a intervir e a falta de um tratamento jurisprudencial e doutrinário unitário até meados do séc. XX, é discutível que no período anterior se tenha chegado a uma teoria geral das relações fiduciárias. Marcos importantes foram os estudos de F. Beyerle[58] e A. Hueck[59]. Rausch ensaia a construção de um conceito de relação fiduciária a partir de três proposições[60]:

(i) existência de um poder de disposição sobre interesses patrimoniais de terceiro, independentemente de uma actuação em nome de outrem;

(ii) aceitação pelo devedor do exercício do poder de disposição no interesse do terceiro, independentemente dessa aceitação se verificar por meio de um contrato, de um acto jurídico ou de um facto jurídico (como sucede nos casos de dever legal de aceitação da posição de fiduciário) e

(iii) existência de uma margem de liberdade de decisão no exercício daquele poder (manifestação do *Vertrauenselement*).

No Direito das sociedades, o dever de lealdade surge como cláusula geral a partir da qual são retiradas soluções para problemas de conflitos de interesses quando nem a lei nem os estatutos forneçam resposta expressa[61], ao mesmo tempo que contribuem para a fundamentação de vários preceitos legais, os quais são trazidos de outros contextos por força de uma universalidade do pen-

---

[58] F. Beyerle, *Die Treuhand im Grundriß des deutschen Privatsrechts*, Boehlau, Weimar, 1932.

[59] A. Hueck, *Der Treuegedanke im modernen Privatrecht*, C. H. Beck, München, 1947. Numa investigação destinada a demonstrar a operacionalidade do conceito de *Treupflicht* para a ciência do Direito e para o Direito privado em particular, libertando-a de laivos ideológicos associados ao nacional-socialismo, Hueck distingue entre três *Pflichtenmaßstäbe* (*cit.*, pp. 9 e ss.): aquele que se retira da cláusula geral dos bons costumes, prevista nos §§ 138 e 836 do *BGB* e que permite fundamentar a existência de deveres de comportamento para com qualquer terceiro, ainda que totalmente estranho ao agente; o dever de agir de boa fé (*Treu und Glauben*), mais amplo, que pressupõe a pré-existência de uma relação jurídica concreta, a qual pode ser fundada numa relação obrigacional, mas também no mero exercício jurídico de um direito e que poderia consistir em deveres de aviso, de comunicação ou de protecção distintos do dever de prestar; o "dever de lealdade em sentido próprio", que surge nas relações pessoais-comunitárias (*personenrechtlichen Gemeinschaftsverhältnisse*), de acordo com aquela que foi a visão dominante no Direito do trabalho durante largo período de tempo, mas que deve hoje considerar-se ultrapassada.

[60] K. Rusch, *cit.*, pp. 195-6.

[61] K. Rausch, *cit.*, p. 185, citando Raiser.

Os deveres de lealdade dos administradores de sociedades comerciais   303

samento da lealdade[62]. Os deveres dos administradores de sociedades comerciais são emergentes de relações fiduciárias na medida em que, por um lado, estes gozam de um poder de disposição sobre um património alheio, associado a uma ampla margem de liberdade na decisão e autonomia e, por outro, existe um elemento de confiança em que o comportamento por si adoptado seja em todas as ocasiões conforme com o interesse da sociedade e não em proveito próprio ou de um qualquer terceiro[63].

III. Do dever de agir com lealdade derivam inúmeras normas de comportamento de conteúdo mais concreto, com ou sem consagração legal expressa. Cumpre assinalar que dois destes deveres têm concentrado a maioria das atenções entre a doutrina germânica, à semelhança do que se disse relativamente à doutrina anglo-saxónica: o dever de não concorrência e o dever de não apropriação de oportunidades de negócio pertencentes à sociedade.

2.2.3.1. O dever de não concorrência

I. Os administradores executivos estão sujeitos a um dever de não exercer uma actividade no mesmo ramo de negócios da sociedade, tanto por conta própria quanto por conta de outrem[64]. Este dever é decorrência do dever de lealdade: ainda que não expressamente previsto no acto constitutivo da situação de administração, o administrador de um património alheio deve conduzir-se de modo a não criar situações de possível colisão entre os interesses da

---

[62] K. RAUSCH, *loc. cit.*.

[63] K. RAUSCH, *cit.*, p. 186.

[64] Para os membros do conselho de administração executivo das sociedades anónimas, v. § 88 (I), 1.ª parte, do *AktG*: "[o]s membros do *Vorstand* não podem exercer uma actividade comercial nem efectuar negócios, do mesmo ramo da sociedade ["*Geschäftszweig*"], por conta própria ou alheia, sem autorização do *Aufsichtsrat*. Também não podem ser membros do *Vorstand* nem gerentes pessoalmente responsáveis de outra sociedade comercial sem autorização do *Aufsichtsrat*. A autorização do *Aufsichtsrat* só pode ser concedida para determinadas operações comerciais, ou para determinadas espécies de negócios." No § 88 (II) acrescenta-se: "[s]e um membro do *Vorstand* infringir esta proibição, a sociedade pode exigir-lhe uma indemnização por perdas e danos. Em vez disso, pode exigir que ele consinta em que os negócios feitos por conta própria sejam considerados como tendo sido feitos por conta da sociedade e que ele restitua a remuneração obtida pelos negócios feitos por conta alheia ou ceda o seu direito a tal remuneração." Cf. igualmente o parág. 4.3.1. do *Deutsche Corporate Governance Kodex*: "[o]s membros do *Vorstand* estão sujeitos a uma ampla (*umfassenden*) proibição de concorrência durante a sua actividade a favor da sociedade".

304 Nuno Tiago Trigo dos Reis

sociedade e os interesses do *dominus* de que possam resultar danos para este último[65].

Na determinação do "ramo de negócios da sociedade", relevam não só as actividades compreendidas no objecto social, mas igualmente aquelas que, de facto, sejam desenvolvidas pela sociedade, ainda que extravasem do contrato de sociedade e do objecto social estatutariamente determinado[66]. Ao invés, se a actividade efectivamente desenvolvida for mais restrita do que o objecto social, permanece a proibição de concorrência, em face do objecto social tal como definido nos estatutos[67]. Consideram-se abrangidas as situações em que o administrador exerça funções de intermediário na celebração de negócios naquele ramo de actividade[68].

Porém, o constrangimento sobre os membros do *Vorstand* é ainda maior, na medida em que estão impedidos de desenvolver uma actividade comercial, seja em nome próprio, seja em nome de outrem[69]. Visa-se, assim, assegurar que o administrador reserva à sociedade, no exercício das fundamentais funções de gestão societária, a sua inteira disponibilidade. A maioria da doutrina (no Direito alemão, assim como no português) vê aqui uma vertente *positiva* do dever de lealdade dos administradores das sociedades comerciais[70]. Dele deve ser distinguido o "dever de cuidado", na medida em que seja entendido como uma concretização do dever geral de respeito, cuja violação dá lugar a situações típicas de responsabilidade aquiliana[71]. Não se trata de respeitar uma coe-

---

[65] Michael Kort, *Großkommentar zum Aktiengesetz*, Berlin, New York, Walter de Gruyter, 2006, § 88, anot. 10 (p. 272): nos termos da *agency theory*, ao administrador é confiado o património societário, bem como a prossecução dos interesses económicos e imateriais da sociedade. Não se acompanha, porém, o A., quando reconduz o dever de não concorrer com a sociedade ao dever de não apropriação de oportunidades de negócio societárias: para além da diferente origem, existem distinções relevantes, quer no plano da tipicidade, quer no âmbito subjectivo de aplicação de ambos os deveres.

[66] Defendendo a relevância da actividade efectivamente desenvolvida para além do objecto social, v. Wolfgang Hefermehl, *Aktiengesetz*, II, München, Franz Vahlen, 1974, § 88, anot. 11 (p. 216). Cf. Michael Kort, *cit.*, Rdn. 28-30 (pp. 276-7), defendendo que o âmbito objectivo do dever de não concorrer com a sociedade coincide com o mercado essencialmente relevante para a sociedade, que pode não coincidir com o objecto social e pode variar com as opções estratégicas da sociedade.

[67] Contra, Wolfgang Hefermehl, *loc. cit.*.

[68] Michael Kort, *cit.*, § 88, anot. 29 (p. 276).

[69] É, neste ponto, irrelevante que a actividade comercial que o administrador executivo pretenda desenvolver possa ser considerada concorrente da exercida pela sociedade a que o mesmo pertence, v. Wolfgang Hefermehl, *cit.*, § 88, anot. 8 e 9 (p. 216).

[70] Neste sentido, Menezes Cordeiro, "A lealdade no direito das sociedades", *cit.*, pp. 1061-3.

[71] Menezes Cordeiro, "A lealdade no direito das sociedades", *cit.*, p. 1063.

Os deveres de lealdade dos administradores de sociedades comerciais 305

rência estrita de comportamentos, mas de uma tutela legal e preventiva do dever de cumprir escrupulosamente as obrigações inerentes à situação de administração. Tal tutela assume aqui as vestes de um dever acessório de conduta, de fonte legal, de recusar cargos que possam comprometer uma gestão eficiente dos assuntos societários. No mesmo sentido vai o § 88, I, 2.ª parte do *AktG*: os administradores executivos não podem ser membros do *Vorstand* ou gerentes ou sócios pessoalmente responsáveis de outra sociedade[72]. Reconhece-se, então, uma dupla finalidade ao preceito em apreço: a de *proibir* condutas activas que possam ser causadoras de dano à sociedade (proibição de concorrência); a de *garantir* a disponibilidade e energia no exercício das funções de administração[73].

Quanto aos limites subjectivos do dever de não concorrência, é de considerar suficiente a possibilidade de exercício de uma influência de facto sobre a gestão de uma sociedade concorrente (como gerente ou membro do conselho de administração executivo)[74]. É, em qualquer caso, irrelevante a demonstração de que a sociedade não teria exercido a actividade da mesma forma que o concorrente ou que não a teria exercido de todo[75].

Por último, cumpre assinalar que, ao contrário do que sucede no Direito português, os membros do conselho geral e de supervisão não se encontram onerados com qualquer dever de não concorrência[76].

---

[72] A proibição não abrange a assunção das funções de membro do *Aufsichtsrat*.

[73] Neste sentido, WOLFGANG HEFERMEHL, § 88, anot. 1 (214). Em sentido semelhante, MICHAEL KORT, cit., § 88, anot. 7, distinguindo entre uma proibição de desenvolvimento de uma actividade (*Tätigkeitsverbot*) e uma proibição de exercício de uma função (*Funktionsausübungsverbot*). UWE HÜFFER, cit, anot. 13 e 13a, (p. 439), além de distinguir ambos os deveres, parece considerar que a 1.ª parte do § 88 (I), não pode reconduzir-se a um fundamento comum, i.e., ao dever de lealdade, devendo considerar-se primordial a proibição de exercício de concorrência.

[74] V. MICHAEL KORT, *Großkommentar zum Aktiengesetz*, Berlin, New York, Walter de Gruyter, 2006, § 88, anot. 40 (p. 279), considerando suficientes a utilização de um testa de ferro ou a interposição de uma sociedade com o fim de ocultar o controlo actividade societária, mas já não a mera titularidade de uma participação social numa sociedade concorrente.

[75] HANNO MERKT, "Unternehmenleistung und Interessenkollision", *ZHR*, 159 (1995), p. 449.

[76] A diferença perante os deveres de lealdade que impendem sobre os membros do conselho geral e de supervisão consiste na menor intensidade do conteúdo destes últimos. A circunstância de os membros do conselho geral e de supervisão exercerem geralmente a sua função a tempo parcial e de, por isso, serem mais frequentes as situações de conflito de interesses justificaria que se lhes não impusesse um dever de não exercer uma actividade concorrente com a sociedade: WOLFGANG HEFERMEHL, *cit.*, § 88, anot. 5 (p. 215); KLAUS HOPT, *Grosskommentar zum Aktiengesetz*, Berlin, New York, Walter de Gruyter, 1999, § 93, anot. 147 (p. 115); HANNO MERKT, *cit.*, pp. 432-6. Como se verá adiante, não foi esta a solução seguida pelo legislador português na reforma do

306   *Nuno Tiago Trigo dos Reis*

II. O exercício de uma actividade concorrente pode ser autorizado mediante deliberação do *Aufsichtsrat*[77]. A aprovação pode ser prestada expressa ou tacitamente[78], devendo ser precedida de um pedido de informação do administrador que pretenda utilizar o negócio em proveito pessoal, acompanhado de uma explicação exaustiva da situação de conflito de interesses e dos efeitos da autorização. Em particular, cumpre assegurar que nenhum membro do conselho geral e de supervisão se encontra igualmente numa situação de conflito de interesses.

Tem sido discutida a possibilidade de modificar contratualmente os deveres dos administradores relativamente às oportunidades de negócio pertencentes à sociedade, quer no sentido de um agravamento, quer no de uma limitação dos constrangimentos impostos sobre a sua conduta[79]. A limitação dos deveres de lealdade dos administradores, neste ponto, depende da natureza, injuntiva ou dispositiva, da disposição de que se infere o dever. O agravamento da responsabilidade é possível, desde que não se verifique um constrangimento tal da liberdade de actuação da administração que seja de considerar que os direitos fundamentais dos administradores (o direito à iniciativa privada e o direito fundamental ao trabalho) sejam restringidos com violação do princípio da proibição do excesso. Relativamente a uma limitação dos deveres de lealdade, há que distinguir consoante o tipo legal de sociedade: nas sociedades anónimas, o § 93 (IV), 3.ª parte, do *AktG*, parece obstar à possibilidade de estabelecer um regime de responsabilidade menos gravoso; nas sociedades em nome colectivo, o entendimento dominante é o de que a responsabilidade dos sócios por violação negligente de deveres societários, o que inclui actos de gerência autorizados, é renunciável, na observância dos bons costumes; nas sociedades por quotas, se é discutível que o § 43 (I) e (II) do *GmbHG* contenham disposições meramente supletivas, uma modificação convencional parece dever ser objecto dos estatutos e não de uma cláusula do contrato de administração ou

---

Direito das sociedades comerciais de 2006, tendo previsto um dever de não concorrência moldado sobre aquele que vigora para os membros do conselho de administração executivo. Se a especial relação com a sociedade justifica uma medida preventiva de conflitos de interesses, a equiparação total à posição dos administradores executivos parece excessiva.

[77] Nos termos do § 88 (I), 3.ª parte, do *AktG*.

[78] Referindo-se ao problema do aproveitamento de oportunidades de negócio societárias, HANNO MERKT, *cit.*, p. 445, admite a possibilidade da prestação de consentimento ao aproveitamento de uma oportunidade de negócio mediante comportamentos concludentes dos sócios nas *Personengesellschäften*.

[79] V. HANNO MERKT, *cit.*, pp. 431-2.

Os deveres de lealdade dos administradores de sociedades comerciais 307

de trabalho. Todavia, podem os estatutos conter a previsão de situações típicas de oportunidades de negócio pertencentes e /ou não pertencentes à sociedade.

Já a ratificação do exercício da actividade concorrente é considerada inadmissível pela maioria da doutrina, por representar uma renúncia à indemnização devida por acto ilícito dos administradores, inválida em face do disposto no § 93 (IV), 2.ª parte, do *AktG*.

III. A violação do dever de não concorrer com a sociedade dá lugar ao direito de exigir judicialmente o cumprimento da prestação de facto negativo (*Unterlassungsanspruch*) de não exercer a actividade concorrente ou de pedir a exoneração de um dos administradores da sociedade concorrente[80], o pagamento de uma indemnização por todos os danos sofridos e ainda a restituição das quantias resultantes dos negócios celebrados em concorrência com a sociedade. Este "direito de entrada" (*Eintrittsrecht*) não é oponível a terceiros, não podendo a sociedade impor-lhes a cessão da posição contratual do administrador: os negócios celebrados pelo administrador devem considerar-se celebrados por conta da sociedade e o administrador deve restituir a remuneração obtida pelos negócios feitos por conta alheia ou ceder o direito a tal remuneração[81].

2.2.3.2. O dever de não aproveitamento de oportunidades de negócio pertencentes à sociedade

I. Do Direito anglo-saxónico, verificou-se a recepção da doutrina da proibição de aproveitamento de oportunidades de negócio pertencentes à sociedade (*Geschäftschancenlehre*).

Desde logo, cumpre definir o conceito de oportunidade de negócio pertencente à sociedade. Em termos gerais, pode dizer-se que uma oportunidade deve atribuir-se à sociedade quando aquela seja mais *próxima* da sociedade do que de um terceiro (seja um sócio, seja um membro de um órgão de administração). Para a concretização da noção de proximidade, pode atender-se a um critério *formal* ou a um critério *material*[82]. De acordo com o primeiro, devem

---

[80] A procedência das quais não depende de culpa do administrador-concorrente; WOLFGANG HEFERMEHL, *cit.*, § 88, anot. 21 (p. 219).

[81] WOLFGANG HEFERMEHL, *cit.*, § 88, anot. 25 (p. 220); MICHAEL KORT, *cit.*, § 88, anot. 66-9 (p. 285).

[82] Assim, HANNO MERKT, *cit.*, pp. 438-40.

reservar-se à sociedade as oportunidades com que esta seja a primeira a tomar contacto e que o membro do órgão de administração tenha conhecido mediante a relação que mantém com a própria sociedade (seja em resultado das diligências por que a sociedade tomou contacto com a oportunidade, seja em resultado do exercício do seu direito à informação). Do mesmo modo, o administrador deve reservar à sociedade as oportunidades que resultem de conhecimentos ou de bens da sociedade e, bem assim, aquelas em que a sociedade já tenha um interesse (como é o caso se já tiverem sido iniciadas negociações, se já tiver sido feito um convite a contratar ou uma proposta contratual e, por maioria de razão, se já tiver sido decidida a celebração futura do contrato)[83]. É irrelevante que a oportunidade de negócio tenha sido apresentada ao administrador enquanto tal ou na sua qualidade pessoal[84]. Estão vedadas tanto a apropriação pessoal como a apropriação por terceiros de oportunidades de negócio societárias[85].

De acordo com o critério de proximidade *material*, é de atender ao tipo de oportunidade de negócio, à relação daquela com as necessidades de concorrência da sociedade e com a actividade social desta. Deverão ser atribuídas à sociedade as oportunidades que *a priori* se apresentem economicamente vantajosas para aquela, por serem idóneas a satisfazer objectivos empresariais[86], representarem uma poupança de despesas, ou simplesmente surjam como uma hipotética vantagem concorrencial. Do mesmo modo, pertencerão à sociedade os negócios que se quadrem na actividade social[87], seja aquela que corresponda ao objecto social estatutariamente determinado, seja a actividade social efectivamente desenvolvida, ainda que não corresponda ao objecto social. O mesmo deve afirmar-se quanto a oportunidades que se insiram na actividade de sociedades do mesmo grupo daquela a que o administrador pertença[88]. Questão mais complicada é a de saber se a participação de um administrador no capital

---

[83] KLAUS HOPT, *loc. cit.*. Era esse o caso no "*Druckmittelzylinderfall*", BGH 23-Set.-1985, *NJW*, 1985, pp. 1443 e ss.

[84] HANNO MERKT, *cit.*, p. 439.

[85] V. HANS-JOACHIM MERTENS, *Kölner Kommentar zum Aktiengesetz*, II, Köln, Berlin, Bonn, München, Carl Heymans, 1996, § 93, p. anot. 67 (p. 311); KLAUS HOPT, *cit.*, anot. 171.

[86] Assim, quando a aquisição de um bem seja de considerar necessário para satisfazer necessidades da sociedade, como um imóvel essencial à sua expansão, como no "*Betriebsgründstückfall*", BGH 23-Set.-1985, *NJW*, 1986, p. 584.

[87] V. "*Sägewerkfall*", BGH 8-Mai.-1989, *NJW*, 1989, pp. 2687 e ss., embora o BGH tenha deixado em aberto a questão de saber se a actividade societária relevante é a estatutária ou a real.

[88] HANS-JOACHIM MERTENS, *loc. cit.*.

Os deveres de lealdade dos administradores de sociedades comerciais   309

e/ou na gestão de uma sociedade fornecedora ou cliente constitui igualmente uma conduta vedada pela *corporate opportunities doctrine*[89].

Os dois critérios são alternativos, não havendo qualquer prioridade lógica de um em relação ao outro[90]. Podem ainda ambos ser preenchidos no caso concreto: o administrador viola o § 93 do *AktG* caso retire benefícios de um negócio que incida sobre o objecto social, se a celebração do negócio favorecesse a sociedade e se já resultasse das circunstâncias que aquele "pertenceria" à sociedade. Aliás, nesse caso, estaria em causa uma actuação contrária ao § 93 e ao § 88 do *AktG*[91].

Em regra, as oportunidades de negócio que sejam conhecidas em virtude do exercício das funções de administração, pertencem à sociedade. O administrador pode, contudo, aproveitar no seu interesse próprio as oportunidades que sejam conhecidas pela sociedade e que esta decida não tomar para si, assim

---

[89] No sentido de que a solução contrária obstaria à diversificação da actividade social, KLAUS HOPT, *cit.*, § 93, (p. 121). HANNO MERKT, *cit.*, pp. 441-2, aponta para as insuficiências dos critérios de proximidade desenvolvidos pela jurisprudência para a resolução de casos deste tipo, defendendo que só caso a caso se poderá verificar se a participação de um administrador numa sociedade fornecedora representa para a sociedade um desaproveitamento de uma vantagem competitiva ou da possibilidade de satisfazer uma necessidade económica ou mesmo uma poupança de despesas. Há diversos factores relevantes para a decisão do caso, entre os quais se conta a própria conjuntura: se em alturas de abrandamento, o alargamento da actividade social a actividades adjacentes ou sucessivas poderia ser comprometedora da sobrevivência da própria sociedade, o mesmo não poderá ser afirmado com certeza em alturas de crescimento económico. Recorrendo à rica experiência jurisprudencial norte-americana, devem ser considerados igualmente relevantes os ramos de actividade em que a sociedade possa futuramente interessar-se, pela proximidade com a actividade efectivamente desenvolvida no momento presente, sendo insuficiente para se chegar a tal conclusão o argumento segundo o qual a assunção daquela actividade não seria lucrativa no curto prazo.

[90] HANNO MERKT, *cit.*, p. 440.

[91] KLAUS HOPT, *loc. cit.*; HANNO MERKT, *cit.*, p. 449, considerando o dever de não concorrência um caso especial da proibição, geral, de aproveitamento de oportunidades de negócio pertencentes à sociedade: em cada acto de concorrência com a sociedade a que o administrador pertence existiria um aproveitamento ilícito à luz da *corporate opportunities doctrine*. Quanto a nós, é de distinguir ambas as figuras, nos elementos que compõem cada um dos tipos objectivos em presença e nas consequências que desencadeia a postergação de cada um deles, como diremos mais adiante, § 7, 7.2.1.3. Naturalmente, tal não impede que um acto isolado de concorrência possa consistir no aproveitamento ilícito de uma oportunidade de negócio pertencente à sociedade. Perante o preenchimento de ambas os *Tatbestände*, serão possíveis situações de concurso de títulos de aquisição da prestação, em que a mesma pretensão indemnizatória tem um duplo título ou fundamento (legal), e em que o concurso envolve a extensão da apreciação de um dos títulos à constituição de um outro concorrente; v. MIGUEL TEIXEIRA DE SOUSA, *O concurso de títulos de aquisição da prestação*, Almedina, 1989, pp. 251 e ss. e p. 296.

310 *Nuno Tiago Trigo dos Reis*

como aquelas não possam ser aproveitadas pela sociedade, designadamente por razões de incapacidade financeira. Neste último caso, acrescenta a maioria da doutrina que o aproveitamento individual do administrador só será lícito caso lhe seja impossível remover o impedimento à celebração do negócio pela sociedade[92]. A ressalva é compreensível: seria paradoxal e contra-producente permitir a um administrador executivo a invocação da sua inércia ou falta de diligência como causa justificativa do seu comportamento[93].

Note-se que os membros do *Aufsichtsrat*, ainda que não estejam onerados com um dever de não concorrência, não podem aproveitar as oportunidades de negócio que, de acordo com o critério formal já enunciado, sejam de considerar como pertencentes à sociedade[94].

---

[92] HANNO MERKT, *cit.* pp. 443-4. Ainda que os meios de que a sociedade disponha não sejam suficientes, o administrador deverá desenvolver os esforços adequados a remover tal obstáculo, p. ex., propondo um aumento de capital ou propondo a entrada de um sócio disposto a realizar o investimento necessário. Em qualquer caso, como afirma o último A. citado, é exigida uma deliberação prévia da AG. Só não será assim se a remoção do impedimento ao aproveitamento do negócio pela sociedade não for possível (p.ex., por se tratar de um impedimento legal, como seja a imposição de limitações à exportação pela sociedade).

[93] HANNO MERKT, *cit.*, p. 444. Pode discutir-se se a "incapacidade de aproveitamento da oportunidade de negócio pela sociedade" é uma verdadeira causa de justificação da conduta do administrador ou, ao invés, um elemento objectivo não escrito do *Tatbestand* proibitivo. Entre as diversas consequências decorrentes da opção por uma ou outra construção, é de salientar a alternativa entre a possibilidade de formular uma verdadeira excepção à norma de conduta ou da incorporação desta proposição na proposição geral ("não é permitido ao administrador aproveitar-se da oportunidade de negócio, *salvo se…*"), com as conhecidas repercussões no plano da distribuição do ónus da prova. Porém, a insuficiência da "teoria das frases" como fundamento de uma distribuição do ónus da prova, a impossibilidade de recondução de todos os factos juridicamente relevantes às categorias de factos constitutivos, impeditivos, extintivos ou modificativos e a recusa da existência de proposições normativas universais no Direito, acompanhada da recusa do pensamento metodológico típico do positivismo legalista, foi já reconhecida entre nós, v. PEDRO FERREIRA MÚRIAS, *Por uma distribuição fundamentada do ónus da prova*, Lex, 1998, pp. 92 e ss.. Pensamos que a "incapacidade" da sociedade nesta hipótese é um argumento a ter em conta na construção da norma de comportamento, apenas possível perante o problema jurídico metodologicamente prioritário. No Direito probatório, porém, o risco da não formação da convicção do tribunal sobre a veracidade das versões conflituantes sobre os factos deve recair sobre o administrador.

[94] Uma vez que a sobreposição do âmbito de vigência dos deveres de não concorrência e de não aproveitamento de oportunidades societárias é apenas parcial, o preceito do § 88 do AktG não serve de argumento contra a extensão da *Geschäftschancenlehre* aos membros do conselho geral e de supervisão; v. MICHAEL KORT, *cit.*, §88, anot. 15 (p. 273).

II. A distinção entre a doutrina da proibição do aproveitamento das oportunidades de negócio pertencentes à sociedade e a proibição do exercício de uma actividade concorrente com a da sociedade é discutida[95]: existe uma parcial sobreposição do âmbito de aplicação das duas disposições. Partindo da recondução comum aos deveres de lealdade perante a sociedade, parte da doutrina propugna a aplicação analógica do § 88 a esta constelação típica de casos[96].

III. A sociedade pode prestar o seu consentimento ao aproveitamento individual da oportunidade pelo administrador executivo, mediante deliberação do *Aufsichtsrat*[97], que tenha sido aprovada sem que o administrador tenha intervindo na votação e que aquele aproveitamento seja lesivo para a própria sociedade[98]. Valem aqui as considerações tecidas a propósito do consentimento para o exercício de uma actividade concorrente com a da sociedade.

IV. O aproveitamento ilícito de oportunidades reservadas à sociedade é

---

[95] Ao contrário do que parecem defender MICHAEL KORT, *loc. cit.*, e HANNO MERKT, *cit.*, p. 450, a diferença não pode estar em que, em princípio, o dever de não concorrência apenas existe durante o exercício das funções de administração, permanecendo o administrador executivo vinculado ao dever de não aproveitar as oportunidades de negócio mesmo depois de aquelas terminarem. Com efeito, como se dirá adiante, dependendo de diferentes elementos valorativamente relevantes para a caracterização da relação entre o administrador executivo e a sociedade, é relativamente ampla a possibilidade de imposição de um dever de concorrência pós-obrigacional, extraído da boa fé.

[96] Assim, no exemplo de KORT, se uma sociedade pretender adquirir um imóvel de uma empresa, sem que aquisição do imóvel se insira no ramo de negócios da sociedade, não está em causa a aplicação directa do § 88, (I), 2.ª parte: o administrador executivo deve fazer os interesses da sociedade prevalecer sobre os seus interesses próprios. Também HANNO MERKT, *loc. cit.*, defende que a *Geschäftschancenlehre* encontra um âmbito de aplicação próprio quando a oportunidade de negócio se situe fora da actividade da sociedade relevante para a aplicação do § 88 do *AktG*.

[97] Propugnam pela aplicação analógica do § 88, I, 3.ª parte, do *AktG* à situação em que exista um dever de não aproveitamento de uma oportunidade de negócio societária, KLAUS HOPT, § 93, *cit.*, anot. 167 (p. 121); HANNO MERKT, *cit.*, p. 445; HANS-JOACHIM MERTENS, *cit.*, § 93, anot. 67 (p. 311). HANNO MERKT, *cit.*, p. 444, defende ainda que o aproveitamento no interesse próprio do administrador carece igualmente de aprovação do órgão ao qual aquele pertence, podendo a renúncia funcionar como uma forma de remuneração indirecta do administrador (acompanhada de consequências de natureza fiscal). Contudo, nas sociedades por quotas, a renúncia a uma oporunidade de negócio só pode ser dada pelos sócios, em assembleia geral.

[98] KLAUS HOPT, *loc. cit.*. Pensando nos casos em que a renúncia a um direito a uma indemnização pode afectar consideravelmente o valor da participação social e em que se imponha a protecção dos interesses dos sócios minoritários, HANNO MERKT propõe antes a limitação do direito de renunciar à oportunidade de negócio mediante a aplicação do princípio da proporcionalidade.

312   *Nuno Tiago Trigo dos Reis*

fundamento de um dever de indemnizar[99] ou da atribuição à sociedade dos benefícios resultantes da oportunidade de negócio (*Eintrittsrecht*), para além da possibilidade de destituição do administrador.

§ 3. A relação com figuras próximas.

3.1. *A distinção relativamente aos deveres de cuidado*

I. A introdução dos "deveres de cuidado" na previsão dos deveres fundamentais dos administradores constitui uma das novidades da reforma de 2006:

Artigo 64.º (*Deveres fundamentais*)

1 – Os gerentes ou administradores da sociedade devem observar:

a) Deveres de cuidado, revelando a disponibilidade, a competência técnica e o conhecimento da actividade da sociedade adequados às suas funções e empregando nesse âmbito a diligência de um gestor criterioso e orde-nado; (...)

II. Os deveres de cuidado têm origem nos *duties of care*, de origem anglo--saxónica[100]. Ali, os deveres de cuidado constituem uma categoria da responsabilidade civil, mais especificamente do *negligence law*[101-102]. Distinguem-se

---

[99] Seja por via da aplicação analógica do § 88 (II), 1.ª parte, seja por aplicação directa do § 93 (II) por violação do dever de lealdade como dever fundamental do administrador.

[100] Do "cuidado" constante desta previsão normativa deve ser distinguido o dever de cuidado enquanto concretização do *neminem laedere*, cuja violação implica responsabilidade civil extra-obrigacional (MENEZES CORDEIRO, "A lealdade no direito das sociedades", *cit.*, p. 1063) e, bem assim, dos chamados "deveres de prevenção do perigo", como teoria fundamentadora de deveres de intervenção (e de integração das lacunas de regulação na responsabilidade por omissões) em sede de responsabilidade aquiliana (v. MENEZES CORDEIRO, *Da Boa Fé no Direito Civil*, Almedina, Coimbra, 1982, pp. 832 e ss.; SINDE MONTEIRO, *Da responsabilidade por conselhos, recomendações ou informações*, Almedina, Coimbra, 1989, pp. 307 e ss.; CARNEIRO DA FRADA, *Contrato e deveres de protecção*, Coimbra, 1994, pp. 161 e ss.; E. SANTOS JÚNIOR, *A responsabilidade civil de terceiro por lesão do direito de crédito*, Almedina, Coimbra, 2003, pp. 214-5 e n. 728 e pp. 254-5; WOLFGANG FIKENTS-CHER/ANDREAS HEINEMANN, *Schuldrecht*, 10.ª Ed., De Gruyter Recht, Berlin, 2006, pp. 700-2).

[101] M. EISENBERG, "An overview of principles of corporate governance", *cit.*, pp. 1280-1; F. GUEZZI, cit., pp. 486-7; STEPHEN J. LUBBEN/ALANA DARNELL, "Delaware's duty of care", *Del. Jour. of Corp. Law*, 31 (2006), pp. 598-9, criticando a evolução do dever de cuidado no Delaware, que evoluiu de um *negligence-based tort* para um *gross negligence* e a descaracterização dos *fiduciary*

Os deveres de lealdade dos administradores de sociedades comerciais   313

dos deveres de lealdade, na medida em que já não lhes é possível estabelecer uma analogia com o *trust law*: na gestão de patrimónios alheios, espera-se dos *trustees* prudência e contenção; pelo contrário, os administradores são agentes que devem revelar, num espírito empreendedor, disponibilidade para assumir riscos, potencialmente geradores de lucros para a sociedade e respectivos sócios[103]. A doutrina aponta constelações típicas de casos de violação de deveres de cuidado, sendo possível retirar, por generalização, diversos deveres[104]: o dever de controlo ou vigilância organizativo-funcional; o dever de actuação procedimentalmente correcta (em particular, de forma informada); o dever de tomar decisões substancialmente razoáveis[105].

---

duties, pela sua aplicação a situações que não envolvem conflitos de interesses; contra, propondo a autonomização do *duty of care* (e de outros deveres de conduta, como o dever de se informar, o dever de perguntar [*duty of inquiry*], o dever de decidir de forma informada, o dever de atenção e os deveres de lealdade) da linguagem típica da responsabilidade, R. FRANKLIN BALOTTI/ /JOSEPH HINSEY IV, "Director care, conduct and liability: the Model Business Corporation Act solution", *Bus. Lawyer*, 56 (2000), pp. 35 e ss..

[102] Segundo MENEZES CORDEIRO, "Os deveres fundamentais dos administradores das sociedades", *cit.*, p. 479, estaremos perante uma mera tradução de uma locução, de resto, aparentemente equivalente à "nossa" bitola do gestor criterioso e ordenado, insuficiente para operar uma transposição de uma técnica que nos é cultural e cientificamente estranha.

[103] L. C. B. GOWER/D. D. PRENTICE/B. G. PETTET, *cit.*, pp. 550-1 e pp. 585 e ss..

[104] O *standard* principal do duty of care encontra-se genericamente previsto no § 4.01 dos *PCG*: "[a] director or officer has a duty to the corporation to perform the director's or officer's functions in good faith, in a manner that he or she reasonably believes to be in the best interests of the corporation, and with the care that an ordinarily prudent person would reasonably be expected to exercise in a like position and under similar circumstances (...)". No parág. (1), pode ler-se: "[t]he duty in Subsection (a) includes the obligation to make, or cause to be made, na inquiry when, but only when, the circumstances would alert a reasonable director or officer to the need therefor. The extent of such inquiry shall be such as the director or officer believes to be necessary". Há uma remissão expressa para o *business judgement rule*.

V., também, no Direito inglês, artigo 174 do *Companies Act* de 2006:

"Artigo 174 Duty to exercise reasonable care, skill and diligence
(1) A director of a company must exercise reasonable care, skill and diligence.
(2) This means the care, skill and diligence that would be exercised by a reasonably diligent person with −

(a) the general knowledge, skill and experience that may reasonably be expected of a person carrying out the functions carried out by the director in relation to the company, and
(b) the general knowledge, skill and experience that the director has".

[105] V. J. COUTINHO DE ABREU, *Responsabilidade civil dos administradores de sociedades*, Almedina, Coimbra, 2007, pp. 19 e ss.; PEDRO CAETANO NUNES, *Corporate Governance*, *cit.*, pp. 22-3; M. EISENBERG, "Obblighi e responsabilità degli amministratori e dei funzionari delle società nel

314 *Nuno Tiago Trigo dos Reis*

III. O legislador associou ao "cuidado" três noções distintas: a disponibilidade; a competência técnica; o conhecimento da actividade da sociedade. O modelo abstracto a seguir na aferição do cumprimento destes comandos é, em qualquer um dos casos, o mesmo: a diligência de um gestor criterioso e ordenado. Analisá-lo-emos mais adiante.

A "disponibilidade" pode ser entendida de duas formas distintas: como dever instrumental ao dever primário de prestação – o dever de administrar[106]; como dever acessório de conduta, consistindo numa actuação positiva de conteúdo indefinido e incompleto. No primeiro caso, a locução não veicula, aparentemente, qualquer sentido dogmático útil perante o conteúdo dos deveres de prestar inerentes à situação de administração: quem não está disponível para administrar incumpre inevitavelmente o primeiro dever que sobre ele incumbe. Uma correcta interpretação da fonte da situação de administração forneceria a extensão do dever. A partir daí, da "disponibilidade adequada às funções e pró-

diritto americano", *GC*, 1992, pp. 618 e ss..; F. Guezzi, *cit.*, pp. 492-7. Na primeira das situações indicadas, estaria em causa um dever de prestar atenção à evolução financeira da sociedade e ao desempenho de quem a gere, solicitando a necessária informação acerca destes elementos a outros membros da administração ou trabalhadores da sociedade e, bem assim, comparecendo e intervindo diligentemente nas reuniões do conselho de administração (ou do órgão colegial de supervisão ou fiscalização); caso o administrador não procure obter informação verdadeira e actualizada sobre a situação financeira, ou não actue em conformidade com ela, poderá ser responsabilizado. Alguma doutrina (J. Coutinho de Abreu, *Responsabilidade civil...*, p. 20) enquadra num "dever de controlo" as referências legais ao "conhecimento da actividade da sociedade" e à "disponibilidade". Já o dever de actuação procedimentalmente correcta consistiria numa preparação adequada ou razoável das decisões, tendo em conta o tempo disponível para tomar a decisão e os custos implicados pelo cumprimento do dever de cuidado (custo da obtenção da informação, custo de oportunidade da não execução imediata da decisão, etc.): o administrador responderá pelos danos que não teriam sido causados se a decisão tivesse sido precedida da análise de informação relevante e disponível. Por fim, o administrador só viola o dever de não tomar decisões substancialmente razoáveis quando ultrapassa o âmbito da discricionariedade empresarial. Com efeito, em face da incerteza da conjuntura e das numerosas variáveis existentes, constituiria um forte desincentivo à assunção de actividades arriscadas e potencialmente proveitosas caso se responsabilizasse o administrador por não ter a melhor opção para os interesses dos sócios. Como elementos concretizadores da racionalidade da decisão, J. Coutinho de Abreu, *loc. cit.*, aponta a obrigação de não dissipar o património (p.ex., adquirindo bens não produtivos) e o dever de evitar riscos excessivos (por hipótese, tomando uma decisão de cujo resultado poderá depender a subsistência da própria sociedade).

[106] O legislador da reforma do Direito das sociedades de 2006 parece ter resumido a actividade de administração à observância dos deveres fundamentais de lealdade e de cuidado. Mas a obrigação de administrar compreende um conjunto de deveres muito mais amplo; os deveres de cuidado constituem um dos casos típicos de deveres acessórios daquela obrigação.

pria de um gestor criterioso e ordenado" só se poderia retirar um critério ajuizador da culpa. Mas estamos em terreno estranho aos "deveres de cuidado" cuja violação fundamenta a atribuição de um juízo de negligência. Pelo contrário, porém, entendemos que a disponibilidade se refere a um dever legal imposto pela especial posição que o administrador ocupa: a gestão de patrimónios alheios. Sobre ele recai o dever de orientar o seu tempo e energia à prossecução da finalidade lucrativa e, negativamente, de não assumir promessas que inviabilizem o cumprimento daquela finalidade. Parece-nos, assim, com a maioria da doutrina germânica, que o seu sentido surge associado à lealdade[107].

Quanto à competência técnica, não se exige que os administradores possuam uma especialização académica ou profissional[108], mas apenas que os seus conhecimentos e a sua capacidade de prestar uma administração eficaz se mantenham adequadas ao exigido pelo tipo de actividade desenvolvida pela sociedade. Daqui pode decorrer a obrigação de recusa de um cargo de administração para o qual não se tem qualificações específicas[109], bem como a de obter tais qualificações quando a desadequação seja superveniente (resultante, por hipótese, do crescimento da sociedade, da expansão do seu objecto social ou da internacionalização da estratégia societária), sob pena de ficar sujeito a um dever de renunciar ao cargo[110]. Parece hoje defensável a existência de um dever mínimo de perícia dos administradores[111].

---

[107] V. MENEZES CORDEIRO, "A lealdade no direito das sociedades", *cit.*, pp. 1062; contra, PEDRO CAETANO NUNES, *Corporate Governance, cit*, p. 97.

[108] À excepção dos membros da comissão de auditoria das grandes sociedades anónimas emitentes de valores mobiliários admitidos à negociação em mercado regulamentado, dos quais pelo menos um deve apresentar "curso superior adequado ao exercício das suas funções e conhecimentos em auditoria ou contabilidade" (artigo 423.º-B/4).

[109] CARNEIRO DA FRADA, *Direito Civil – Responsabilidade civil / O método do caso*, Almedina, Coimbra, 2006, p. 120.

[110] J. COUTINHO DE ABREU, *Responsabilidade civil...*, pp. 23-4, considerando, embora, que a "competência técnica" releva mais para o pressuposto da culpa do que para o da ilicitude, em entendimento que não acompanhamos, perante o novo texto legal.

[111] A existência de um dever mínimo de perícia no conteúdo do dever de administrar é defendida por parte da doutrina italiana (v. ELISABETE GOMES RAMOS, *Responsabilidade civil dos administradores e directores de sociedades anónimas perante os credores sociais*, Coimbra, 2002, pp. 92-3, n. 192), havendo igualmente quem defenda que, ainda que assim não se entenda, não pode a falta de conhecimentos técnicos ser considerada facto suficiente para ilidir a presunção de que se actuou de forma negligente. Porém, outros AA. (cf., a título de exemplo, FRANCO BONELLI, "Responsabilità degli amministratori di s.p.a.", *GC*, Suppl. n.º 3/4 [2004], p. 635, n. 32) defendem, mesmo após a reforma do direito das sociedades comerciais, que não se pode exigir que o

316　*Nuno Tiago Trigo dos Reis*

Por último, deve referir-se que os administradores, independentemente de se tratarem de membros do conselho de administração executivo ou do conselho geral e de supervisão (ou ainda da comissão de auditoria) devem procurar informar-se sobre os assuntos da sociedade[112].

IV. Podemos, desta forma, concluir que o "dever de cuidado" tal qual ele se encontra hoje consagrado na al. *a)* do artigo 64.°/1, compreende unicamente deveres de conduta que, sendo violados, representam um ilícito negligente. Não são susceptíveis de substituir o dever de administrar como conceito-síntese e dever caracterizador da particular situação de administração[113].

---

administrador seja um perito nos diversos sectores da empresa, desde que recorra ao auxílio de terceiros que o esclareçam sobre os termos do problema, antes de tomar a decisão final. Já antes da reforma de 2006 se devia entender que o critério da diligência de um gestor criterioso e ordenado era dificilmente compatível com a imperícia: ELISABETE GOMES RAMOS sustentava que "o administrador deve estar habilitado a poder conhecer os assuntos que lhe foram entregues e, consequentemente, a poder avaliar, pelo menos, que necessita de ajuda de um profissional especializado", que a nossa lei "apresenta um referente de comportamento mais exigente do que o critério do bom pai de família, pois o gestor ordenado criterioso não pode deixar de ser um administrador que dispõe de um domínio técnico razoável para a gestão da sociedade" e ainda que "se pressupõe que os administradores delegados tenham conhecimentos suficientes para poderem avaliar se o desempenho dos administradores delegados se desenvolve dentro dos quadros legais"; o administrador só se poderia exonerar das consequências do incumprimento das suas obrigações quando ocorra impossibilidade objectiva superveniente e não por mera falta de perícia do administrador. Em nossa opinião, em face da nova redacção do artigo 64.°, saiu reforçado o entendimento de que a titularidade de uma competência especializada é parte integrante de um modelo geral de comportamento exigido aos administradores de sociedades comerciais, variando na sua concreta conformação perante diversos factores entre os quais se conta o tipo de actividade (executiva ou fiscalizadora) exercida pelo administrador.

[112] Associados ao dever de intervenção, são de referir os deveres de vigilância e intervenção (v. ELISABETE GOMES RAMOS, *cit.*, pp. 113 e ss.).

[113] CARNEIRO DA FRADA, "A *business judgement rule* no quadro dos deveres gerais dos administradores", *cit.*, ponto 3., defendendo que o dever de cuidado funciona como um modo-de-conduta, funcionando frequentemente como deveres de comportamento associados a um dever de prestar, ou seja, como deveres de protecção de pessoas ou patrimónios alheios (com uma finalidade essencialmente negativa). Ainda que os deveres de cuidado sejam objecto de um dever de prestar, não perdem a sua orientação para a protecção ou outros interesses alheios. Argumenta o A. no sentido de que os deveres do administrador ultrapassam em muito esta "tutela negativa", melhor se devendo, por isso, falar em "dever de cuidar da sociedade": o administrador é chamado a gerir a sociedade, prosseguindo o interesse social e fazendo frutificar os meios disponíveis em ordem à criação de lucros para os sócios. Quanto a nós, cremos também que a aproximação dos deveres de cuidado aos "deveres de protecção" é pouco mais do que semântica, na medida em que não são estes que tipicamente estão associados à função de administração de patrimónios

Nem pode afirmar-se que, do conteúdo indefinido do dever de administrar o património alheio, não surjam (inúmeros) outros "deveres de cuidado", postulados pela diligência e eficácia na gestão.

3.2. O *business judgement rule*

I. Outra das inovações que incidiu sobre pontos nevrálgicos do direito das sociedades, em zona de confluência entre a previsão dos deveres fundamentais dos administradores e a disposições inovadoras em matéria de responsabilidade, foi aquela que consistiu na consagração do *business judgement rule*, no novo artigo 72.º/2[114-115]:

alheios e às necessidades de elaboração de previsões específicas de responsabilidade. É certo que, como sucede com a generalidade dos casos em que jogam os deveres de protecção, está em causa a particular potencialidade de ocorrência de danos para o património da outra parte (ou de um terceiro) em virtude de intermediação de uma relação especial. Contudo, na situação de administração, os danos ocorridos em virtude da violação de deveres de cuidado estão ainda associados ao (não) cumprimento dos deveres de prestar; por outro lado, numa vertente positiva, os deveres de cuidado têm por finalidade a obtenção de lucros para a sociedade os sócios e não apenas a conservação do *status quo* patrimonial (importando a sua violação o ressarcimento do interesse contratual positivo).

[114] A introdução desta nova proposição normativa não deixa de suscitar alguma perplexidade, por não se verificarem as circunstâncias que motivaram o seu surgimento nos E.U.A. e a sua recepção no Direito alemão (com o *UMAG* de 22-Set.-2005), designadamente a existência de um "enérgico sistema de responsabilidade civil", em que a responsabilidade dos administradores era transferida para as seguradoras, mediante os *D&O Insurances* (*Directors and officers*). Ali, o significativo incremento das pretensões das pretensões indemnizatórias levou a que seguradoras procurassem estabelecer cláusulas de exclusão da responsabilidade; nessa hipótese, os administradores apenas poderiam ser demandados caso fosse demonstrado que agiram para além das margens de discricionariedade empresarial. V. MENEZES CORDEIRO, "Os deveres fundamentais dos administradores das sociedades", *cit.*, pp. 450 e ss.. Contudo, no nosso direito, é o problema contrário que se verifica. No processo de consulta pública prévio à introdução do n.º 2 ao artigo 72.º (http://www.cmvm.pt/NR/rdonlyres/9A6DF665-B529-426E-B266-75E08A225352/5654/proposta_alter_csc.pdf), a CMVM referiu: "[c]omo é sabido, estabelece-se aí uma presunção de licitude da conduta em favor dos administradores. Desde que reunidos certos pressupostos, designadamente a ausência de conflitos de interesses e a actuação e um adequado esforço informativo, o juiz abster-se-á de aferir do mérito da actuação do administrador. Visa-se, assim, potenciar (ou não restringir) o sentido empresarial e empreendedor de actuação dos administradores. (…) [C]onsidera-se que a consagração no direito português de uma presunção de licitude implicaria uma fractura sistemática no sistema de imputação de danos, com consequências práticas indesejáveis. No âmbito da utilidade do seu aproveitamento para o ordenamento português, a aprecia-

318   *Nuno Tiago Trigo dos Reis*

Artigo 72.º (*Responsabilidade de membros da administração para com a sociedade*)

(...)

2 – A responsabilidade é excluída se alguma das pessoas referidas no número anterior provar que actuou em termos informados, livre de qualquer interesse pessoal e segundo critérios de racionalidade empresarial.

II. O sentido da regra parece claro: evitar a responsabilidade dos administradores pela mera adopção de medidas causadoras de danos ao património social (ou dos sócios), incentivando o empreendedorismo e a capacidade de aceitação de riscos de mercado. No Direito norte-americano, onde tem a sua fonte, o *business judgement rule* conheceu diversas formulações, tendo a mais conhecida sido consagrada no texto dos *PCG*. Segundo esta última, o administrador não é responsável em face da verificação de quatro pressupostos: a adopção de uma decisão empresarial; a boa fé subjectiva do administrador (i.e., o administrador tem a expectativa razoável de que a decisão empresarial serve os melhores interesses da sociedade); a inexistência de um conflito de interesses; o cumprimento prévio de um dever de informação com a extensão que o administrador poderia razovelmente ter por adequada[116].

O *business judgement rule* não é aplicável quando haja sido violada certa regra específica de conduta dirigida ao administrador prevista na lei ou nos

---

ção da *business judgement rule* é diferente consoante consideremos a presunção de licitude ou a descrição dos elementos que servem para a sua ilisão". Posteriormente, em nota ao Anteprojecto de alteração ao Cód. das Sociedades Comerciais (http://www.cmvm.pt/NR/rdonlyres/9A6DF 665-B529-426E-B266-75E08A225352/5703/proposta_articulado_csc.pdf), a CMVM veio acrescentar que: "[a] influência da *business judgement rule* foi acolhida apenas quanto à explicitação dos elementos probatórios a ser utilizados pelo administrador demandado, para ilidir a presunção de culpa. Enquadra-se, assim, como complemento da cláusula geral da responsabilidade dos administradores já vigente entre nós, na sendo do que era sustentado por alguma jurisprudência. Tal contribui para uma densificação dos deveres dos titulares dos órgãos de administração (no sentido de uma actuação profissional e informada) e facilita o escrutínio judicial em caso de danos produzidos por actuações ilícitas dos administradores, evitando que o tribunal realize uma apreciação de mérito em matérias de gestão, para o que reconhecidamente não está preparado."

[115] Sobre a insidicabilidade do mérito das decisões da administração anteriormente ao D.L. 76--A/2006, v. MENEZES CORDEIRO, *Da responsabilidade civil dos administradores das sociedades comerciais*, cit., pp. 522-3; JOÃO SOARES DA SILVA, "Responsabilidade civil dos administradores de sociedades: os deveres gerais e os princípios da *corporate governance*", *ROA*, 57 (1997), p. 626. Cf. também a sentença da 3.ª Vara Cível de Lisboa de 27-Mar.-2003, assinada por PEDRO CAETANO NUNES (PEDRO CARTANO NUNES, *Corporate Governance*, *cit.*, pp. 9 e ss.).

[116] M. EISENBERG, "An overview of the Principles of Corporate Governance", *cit.*, p. 1282.

estatutos[117]. Com efeito, esta cláusula de exclusão da responsabilidade visa proteger a liberdade de decisão da administração, onde esta compreenda um conjunto indeterminado de condutas. Quando o administrador incumpra certo dever concretamente previsto legal ou estatutariamente, ainda que se tenha informado previamente relativamente à decisão, não poderá beneficiar da aplicação desta regra, porquanto o meio de prossecução da sua actividade se encontrava, naquele aspecto particular, previamente determinado.

Ao fazer-se depender um juízo de ilicitude do comportamento da administração de certas regras de procedimento (em particular, de informação), o legislador estabeleceu um critério de racionalidade para apreciação de decisões de gestão (*rational standard of review*) que garante um nível mínimo de responsabilidade da administração. O tribunal poderá intervir sempre que a administração ameace lesar o património alheio com actos de gestão carecidos de fundamento racional[118].

III. O *business judgement rule* não é aplicável aos administradores que se encontrem numa situação de conflito de interesses (i.e., que não estejam "livres de qualquer interesse pessoal"). Deve considerar-se que a exclusão compreende as situações em que o administrador possui algum interesse próprio, mas também aquelas em que, agindo por conta de um terceiro, lhe possa atribuir certa vantagem com a decisão de gestão[119]. Para uma determinação precisa da relevância do conflito de interesses para a aplicação desta regra, convém, entretanto, fazer duas distinções:

– aquela que opõe a aplicação da regra a órgãos colegiais e a órgãos singulares;
– aquela que distingue a aplicação da regra ao conselho de administração das sociedades de estrutura monista e ao conselho de administração executivo das sociedades de estrutura dualista, por um lado, e ao conselho geral e de supervisão das sociedades de estrutura dualista, por outro.

---

[117] Cf. F. GUEZZI, *cit.*, p. 498; CARNEIRO DA FRADA, "A *business judgement rule* no quadro dos deveres gerais dos administradores", *cit.*, ponto 6.; J. COUTINHO DE ABREU, *Responsabilidade civil...*, pp. 46-7, apontando como exemplo o dever de não ultrapassar o objecto social (artigo 6.º/4).

[118] M. EISENBERG, "An overview of the Principles of Corporate Governance", *cit.*, pp. 1283. Como se dirá mais adiante no texto, crê-se que o *business judgement rule* é simultaneamente regra de valoração de conduta e proposição normativa complementar daquela que prevê o dever de cuidado como norma de conduta.

[119] F. GUEZZI, *cit.*, p. 506; J. COUTINHO DE ABREU, *Responsabilidade civil...*, p. 43.

320   *Nuno Tiago Trigo dos Reis*

Naturalmente, o *business judgement rule* não pode deixar de ser aplicável a decisões tomadas por um órgão de administração singular. Contudo, nas decisões adoptadas por órgãos colegiais, coloca-se, desde logo, a questão de saber se a aprovação da decisão pelos restantes membros após a comunicação da situação de conflito de interesses permite ao administrador invocar o *business judgement rule* numa futura acção de responsabilidade por danos causados à sociedade[120]. Em favor da aplicação daquela regra, poder-se-ia entender ter havido a aceitação de uma concreta medida de gestão por parte de um órgão social em condições de informação plena, isenção e imparcialidade. Todavia, cremos que não será realista supor que os restantes membros do órgão de administração se comportem com total independência relativamente à situação do seu colega, em termos tais que permitam dizer que a decisão teria sido aprovada da mesma forma se a situação de conflito não tivesse sido conhecida[121]. Por outro lado, nem sempre será possível garantir aos restantes membros do órgão de administração que o dever de informação tenha sido escrupulosamente cumprido pelo administrador em situação de conflito de interesses. O *business judgment rule* não poderá, assim, ser invocado neste hipótese.

Suscita-se ainda a questão de saber se aos restantes membros, que não se encontrem numa situação de conflito de interesses, será lícito invocar o benefício decorrente daquela regra. O problema ganha particular acuidade nas hipóteses de aprovação da decisão por unanimidade ou por maioria de sócios livres de quaisquer conflitos de interesses com a sociedade. Aqui, cumpre considerar a possibilidade de intervenção do interessado na discussão ou na deliberação do órgão de administração. Conforme refere Lutter, caso o administrador interessado intervenha na discussão ou na deliberação, deve entender-se que o *business judgement rule* não aproveita a qualquer dos administradores[122]. Ainda que bastasse que o desconhecimento "não culposo" da situação de conflito de interesses de outro dos administradores para que se não pudesse falar de parcialidade, para efeitos de aplicação do artigo 72.º/2, parece que se deverá ir mais longe. Com efeito, é de exigir aqui uma decisão livre, *no seu todo*, de qualquer influência de um administrador para a prossecução dos respectivos interesses. Este entendimento não tem acolhimento expresso na letra do artigo 72.º/2, em que o legislador apenas fez referência ao dever de informação, à

---

[120] MARCUS LUTTER, "Interessenkonflikte und Business Judgement Rule", *Festschrift für C.-W. Canaris zum 70. Geburtstag*, Beck, 2007, pp. 249-50.

[121] MARCUS LUTTER, "Interessenkonflikte und Business Judgement Rule", *cit.*, p. 250.

[122] MARCUS LUTTER, "Interessenkonflikte und Business Judgement Rule", *cit.*, p. 249.

liberdade de qualquer interesse pessoal e aos critérios de racionalidade[123]. Contudo, o privilégio da exclusão da ilicitude parece depender da existência de uma decisão orientada para a prossecução da finalidade lucrativa dos sócios ("o interesse da sociedade"), funcionando como forma de estímulo para a adopção de medidas que envolvam certo risco empresarial. Ora, essa finalidade fica irremediavelmente comprometida quando no processo de decisão intervenha alguém pessoalmente interessado no resultado da decisão. Obviamente, tal não implica um juízo, ainda que *prima facie*, de responsabilidade dos administradores não interessados. Numa acção de responsabilidade, caber-lhes-á ilidir a presunção de ilicitude e culpa constante do artigo 72.°/1. Em concreto, assim sucederá se tiverem demonstrado que desconheciam "sem culpa" a situação de conflito do outro administrador[124]. Todavia, no caso em que o administrador interessado não intervenha no procedimento decisório do órgão de administração, a solução segundo a qual este órgão seria, em bloco, "infectado" pelo conflito de interesses de um dos administradores, não será adequada a um juízo de censura pela violação de um dever que pessoal e concretamente recai sobre cada um dos administradores. Parece, assim, ser defensável a intervenção do *business judgement rule* nas situações em que os restantes administradores desconhecessem "sem culpa" a situação de conflito do outro, desde que este não tenha intervindo no procedimento decisório[125]. Com efeito, não se poderá dizer que o conselho de administração seja "infectado" pela situação de conflito de interesses, garantidas que estejam certas condições: (i) os outros membros do órgão sejam pontualmente informados do conflito de interesses, de

---

[123] Ao contrário do Direito alemão, em que se faz depender a aplicação do *business judgement rule* da actuação em "prol da sociedade" (§ 93 (I), 2.ª parte do *AktG*):"[n]ão há uma violação de dever quando o membro da direcção, na base da informação adequada, *devesse razoavelmente aceitar* que, aquando da decisão empresarial, agia em prol da sociedade" (tradução do Senhor Professor Doutor MENEZES CORDEIRO, in "Os deveres fundamentais dos administradores das sociedades", *cit.*, p. 450). Também nos *PCG* se exige que na aprovação por parte do órgão de administração do acto de concorrência ou de aproveitamento de oportunidades de negócio societárias não intervenha o administrador em situação de conflito (v. § 5.05 (3), (B) e § 5.06, (2)).

[124] Ou porque nesse caso não estariam reunidos os pressupostos da ilicitude subjectiva, porque um administrador diligente colocado na posição do administrador real não se poderia ter informado ou investigado a situação de conflito de interesses, ou porque não lhe seria possível dirigir um juízo de censura pessoal típico de culpa. Fazendo referência a um dever de cuidado exigido no tráfego jurídico, mas reconhecendo ser difícil para o administrador fazer a demonstração de que agira correctamente quando a sociedade tenha sofrido danos e o administrador em situação de conflito haja participado na deliberação, v. MARCUS LUTTER, "Interessenkonflikte und Business Judgement Rule", pp. 248 e 251.

[125] MARCUS LUTTER, "Interessenkonflikte und Business Judgement Rule", pp. 250-1.

322 *Nuno Tiago Trigo dos Reis*

modo a ponderar criticamente a situação de conflito com a antecedência necessária da reunião; (ii) o administrador em situação de conflito informe diligentemente o conselho sobre a questão; (iii) o administrador em situação de conflito não intervenha pessoalmente na deliberação, nem permaneça na reunião em que aquela seja adoptada[126]. A lealdade impõe, contudo, que se comunique imediatamente à sociedade todas as situações de conflito de interesses, independentemente de respeitarem ao próprio ou a um outro administrador[127].

Uma vez que na competência do conselho geral e de supervisão também cabem decisões de gestão empresarial (nomeação e destituição de administradores; apresentação de propostas de deliberação à AG; contratação de serviços de peritos que coadjuvem um ou vários dos membros do conselho nas suas funções, etc.), o benefício do *business judgement rule* é-lhes igualmente aplicável. Em grande medida, valem aqui as proposições acabadas de referir a propósito do conselho de administração, agravadas pela circunstância especial de ser comum que os membros do conselho geral e de supervisão desenvolvam actividades extra-societárias, aumentando exponencialmente a possibilidade de ocorrência de situações de conflitos de interesses. Por essa razão, recai sobre todos os membros do conselho geral e de supervisão o dever de informar o conselho de todas as situações de conflitos de interesses, em especial aquelas que possam emergir da prestação de serviços ou do exercício de funções orgânicas em benefício de clientes, fornecedores, financiadores ou outros parceiros negociais da sociedade[128]. Para que um membro do conselho geral e de supervisão possa invocar o benefício do *business judgement rule*, é necessário que se garanta o afastamento do membro pessoalmente interessado da discussão e da votação e, bem assim, da respectiva documentação susceptível de exercer influência sobre os restantes. Se isto será, em princípio, relativamente fácil de assegurar relativamente ao exercício de funções em sociedades fornecedoras ou clientes, na medida em que as questões relacionadas com estas relações só raramente serão discutidas no conselho geral e de supervisão, o mesmo não poderá

---

[126] MARCUS LUTTER, *loc. cit.*.

[127] É esta a solução que decorre do parág. 4.3.4. do *Deutsche Corporate Governance Kodex*.

[128] V. parág. 5.5.2. do *Deutsche Corporate Governance Kodex*. O dever de informar abrange, porém, todas as situações que possam ser consideradas fonte de conflitos de interesses potencialmente frequentes. Defendendo, porém, que os membros do *Aufsichtsrat* não se encontram onerados perante um dever de informação nos casos que não caibam na previsão do parág. 5.5.2., recaindo a protecção dos restantes membros daquele órgão apenas na abstenção diligente das decisões e tarefas em que o conflito de interesses possa surgir, v. MARCUS LUTTER, "Interessenkonflikte und business judgement rule", *cit.*, p. 253.

ser afirmado quanto às questões e decisões financeiras. Assim, caso a instituição financeira em benefício da qual o membro do conselho geral e de supervisão também desenvolva actividades mantenha relações correntes de negócios com a outra sociedade, será muito difícil de evitar que o membro do conselho geral e de supervisão se mantenha afastado do procedimento decisório, de maneira a que nunca se verifique, em concreto, uma situação de conflito. O mesmo deve ser afirmado perante a situação em que a outra sociedade em que o membro do conselho geral exerça funções tenha integrado o consórcio de financiadores de um aumento de capital da primeira sociedade ou de uma outra sociedade por si controlada. A isto acrescem as despesas burocráticas que previsivelmente teriam de ser suportadas com a discussão e ponderação de todos os aspectos directa ou indirectamente relevantes para aferir da imparcialidade das decisões financeiras[129]. No caso de exercício de funções em sociedade concorrente, torna-se ainda mais difícil de distinguir entre as decisões em que todos os membros do conselho geral agem em prol da sociedade daquelas em que um dos membros deve ser afastado de modo a evitar uma situação de conflito. Com efeito, neste último caso, desde que a actividade da sociedade concorrente seja relevante, tendo em consideração o objecto social da primeira sociedade, os restantes membros do conselho geral não poderão estar certos de que poderão beneficiar do *business judgement rule* numa futura acção de responsabilidade, na medida em que a decisão do conselho geral e de supervisão poderá estar, em bloco, "viciada" pela situação de conflito em que se encontra o membro do conselho geral que aja em sociedade concorrente.

IV. Por força da Declaração de Rectificação n.º 28-A/2006, de 26-Mai.--2006, o legislador veio expressamente prever a aplicação do *business judgement rule* à responsabilidade dos administradores perante credores (artigo 78.º/5) e sócios (artigo 79.º/2). Neste ponto, há que distinguir entre a eficácia directa e a eficácia indirecta da aplicação daquela cláusula de exclusão da responsabilidade perante terceiros[130]. A eficácia indirecta do *business judgement rule* não pode ser posta em causa, por imposição do princípio da coerência valorativa de decisões: se a decisão empresarial for considerada lícita perante a sociedade, deverá, do mesmo modo, ser considerada lícita perante terceiros, caso estes sofram danos em resultado de tal decisão. Todavia, em rigor, esta solução decorria já do funcionamento da regra geral do artigo 72.º/2. O conteúdo útil dos

---

[129] MARCUS LUTTER, "Interessenkonflikte und Business Judgement Rule", p. 255.
[130] CARNEIRO DA FRADA, "A *business judgement rule*…, ponto 11.

artigos 78.°/5 e 79.°/2 parece, pois, ser a aplicação da regra de exclusão da responsabilidade independentemente de a sociedade ser lesada. Contudo, como se viu, o *business judgement rule* funciona como forma de demonstração de que o administrador agiu na observância dos deveres de cuidado que lhe cabiam. Ora, em relação a credores, o administrador não tem deveres especiais na medida em que não existe nenhuma relação especial entre ele e o terceiro. A única via seria a da identificação de disposições de protecção dos interesses de credores. No caso da responsabilidade perante credores, é necessária a identificação de disposições contratuais ou legais de protecção dos respectivos interesses[131]. O mesmo se diga no caso da responsabilidade dos administradores perante os sócios: a responsabilidade apenas ocorre "pelos danos que directamente lhe causarem", ou seja, como refere Menezes Cordeiro, "pelos danos causados em termos em que não são interferidos pela presença da sociedade"[132]. Assim, compreendido o *business judgement rule* em sua relação com os deveres de cuidado, que têm a sua fonte em relações especiais, a remissão operada por aquelas disposições não tem conteúdo útil[133].

V. O enquadramento dogmático do *business judgment rule* tem sido objecto de larga discussão entre nós, atenta a relação intrincada que se estabelece com as categorias da ilicitude e da culpa. Isto é agravado pela aparente ligeireza do legislador na transposição de um conceito que no *common law* surge como uma causa de isenção de responsabilidade e, por isso, se revela de difícil inclusão nos sistemas continentais de responsabilidade civil, de complexidade analítica superior. Assim, Menezes Cordeiro considera estarmos perante uma causa de exclusão da culpa[134]. J. Coutinho de Abreu[135], António Pereira de Almeida[136] e Gabriela Figueiredo Dias[137], entendem, ao invés, que se está perante uma cláusula de exclusão da ilicitude. Já Calvão da Silva parece aproximar esta disposição da lógica dos deveres dos administradores, funcionando em momento prévio ao da responsabilidade civil; o *business judgement rule* relaciona-se, então,

---

[131] Menezes Cordeiro, *Da Responsabilidade civil dos administradores das sociedades comerciais*, Lex, Lisboa, 1996, pp. 494-5
[132] Menezes Cordeiro, *Da Responsabilidade civil...*, pp. 496-7.
[133] Neste sentido, aparentemente, Carneiro da Frada, "A *business judgement rule*..., ponto 11..
[134] Menezes Cordeiro, *Manual de Direito das Sociedades*, I, *cit.*, pp. 928-9.
[135] J. Coutinho de Abreu, *Responsabilidade civil...*, p. 41.
[136] António Pereira de Almeida, *Sociedades Comerciais*, 4.ª Ed., Coimbra, 2006, p. 247.
[137] Gabriela Figueiredo Dias, *Fiscalização de sociedades e responsabilidade civil*, Coimbra Ed., Coimbra, 2006, pp. 74 e ss..

"em tensão com o dever de cuidado e diligência, e não com a ilicitude enquanto pressuposto da responsabilidade civil distinto e autónomo da culpa"[138]. Cremos, porém, que a razão está com Carneiro da Frada, ao supor que o *business judgement rule* "contribui para fixar a ilicitude, pois auxilia a determinar o critério geral do artigo 64.°", recortando "por dentro o espaço de ilicitude prévia, mas provisoriamente indicado face ao artigo 64.°, n.° 1, al. *a*)"[139]. Com efeito, a qualificação desta disposição como uma cláusula de exclusão de ilicitude implicaria logicamente uma prévia actuação ilícita por parte do administrador, por violação dos deveres de cuidado (com a amplitude com que os concebemos) ou de lealdade. Ora, como se sabe, é insuficiente a mera ocorrência de um acto danoso para a sociedade para se considerar certa conduta como ilícita. Para um concreto juízo de ilicitude, em termos que se possa dizer que alguém actuou contra o Direito, é tão exigível o desvalor do resultado, i.e., a ocorrência de um resultado lesivo para bens jurídicos ou disposições destinadas a proteger interesses alheios, quanto o desvalor da própria acção, i.e., a intencionalidade da prática de um acto ilícito ou a acção violadora de um dever de cuidado no tráfego[140]. Contudo, ao exigir-se que o administrador demonstre que actuou em termos informados, livre de quaisquer conflitos de interesses e de acordo com padrões de racionalidade empresarial, não sobra espaço, em confronto com os tipos objectivos constantes do artigo 64.°/1, para uma prévia qualificação de uma acção do administrador como ilícita[141]. Isto é,

---

[138] CALVÃO DA SILVA, "Responsabilidade civil dos administradores não executivos, da comissão de auditoria e do conselho geral e de supervisão", *ROA*, 67 (2007), ponto 6., II.

[139] CARNEIRO DA FRADA, "A *business judgement rule* no quadro dos deveres gerais dos administradores", cit., ponto 9..

[140] Para uma distinção entre ilicitude objectiva e subjectiva, v. MENEZES CORDEIRO, *Direito das Obrigações*, II, Reimp., AAFDL, 2001, pp. 302 e ss. (a distinção surge enquadrada na proposta de uma orientação finalista da imputação de danos, em que à ilicitude objectiva é apenas reservada a função de análise abstracta de determinações de licitude independentes de quaisquer violações; estas referências ao finalismo foram posteriormente abandonadas pelo Professor; v. *Da responsabilidade civil...*, p. 525, n. 192). Mesmo quem, na esteira de JHERING, continue a defender a associação da ilicitude à antijuridicidade objectiva, separando-a da culpa, que consumiria todo o momento subjectivo da imputação, pode não deixar de afirmar que a ilicitude consiste na violação de normas dependentes da valoração do resultado *e da conduta*: assim, WOLFGANG FIKENTSCHER/ANDREAS HEINEMANN, *cit.*, pp. 302-3. Para uma análise do modelo da culpa/ilicitude proposto por JHERING e sua recepção no direito da responsabilidade civil (delitual) português, v. MENEZES CORDEIRO, *Da responsabilidade civil dos administradores das sociedades comerciais, cit.*, pp. 432 e ss..

[141] Reside aqui a dificuldade, revelada por alguns AA., para situar o *business judgement rule* no campo das conhecidas cláusulas de exclusão da ilicitude; v. GABRIELA FIGUEIREDO DIAS, *cit.*, p. 75.

o valor da conduta de um administrador conforme com as exigências previstas no artigo 72.º/2 só pode ser, desde logo, num juízo *prima facie*, o da licitude. Para isso contribui a referência ao dever de informação e, sobretudo, à expressão, porosa, de "padrões de racionalidade empresarial"[142]. Não se crê que se possa dizer, sem contradição, que um administrador violou o dever de cuidado, i.e., incumprindo alguma(s) da(s) exigências compreendidas na *obrigação*

---

[142] A concretização desta parte do conteúdo do *business judgement rule* não se afigura fácil. Por um lado, a expressão permite inculcar a ideia de que o legislador pretendeu aludir a todas as exigências da racionalidade no procedimento decisório. Por outro, se os "padrões de racionalidade empresarial" equivalerem ao cumprimento pontual do dever de bem administrar, a referência torna-se tautológica em face do disposto no artigo 64.º (CARNEIRO DA FRADA, "A *business judgement rule…*", ponto 10.). A saída não pode ser a remissão em bloco para os ensinamentos da ciência e técnica de gestão, objectivamente considerados. Ao invés, devem considerar-se determinantes os critérios *normativos* de conduta recortados a partir dos deveres de cuidado constantes do artigo 64.º/1, al. *a*): interessa aferir da racionalidade do procedimento da decisão, juridicamente exigível a um administrador diligente, independentemente dos resultados efectivamente obtidos. A relevância das ciências económicas deverá ser remetida para o campo do *soft law*, i.e., das regras e recomendações de boa governação das sociedades. Do mesmo modo, não parece particularmente frutuosa a distinção entre a "racionalidade" e a "razoabilidade" da gestão (v. PEDRO CAETANO NUNES, *Corporate Governance*, cit., pp. 24-5): descontando a diferença de semântica, fica a ideia de que a primeira é limite menos estreito da liberdade de actuação dos administradores do que a segunda; ficam, entretanto, por explicar os limites intrínsecos da racionalidade de decisão e, inversamente, o momento a partir do qual é possível uma apreciação do mérito da medida adoptada. Por fim, é importante referir que a versão portuguesa do *business judgement rule*, ao apelar para os "padrões de racionalidade" parece impor constragimentos puramente objectivos, sem paralelo com o Direito anglo-saxónico (na versão do *American Law Institute* do *business judgement rule*, considera-se que o *director* ou *officer* cumpre o respectivo dever de cuidado quando "rationally believes that the business judgement rule is in the best interest of the corporation" – § 4.01, (c), (3)) ou alemão ("[n]ão há uma violação de dever quando o membro da direcção, na base da informação adequada, *devesse razoavelmente aceitar* que, aquando da decisão empresarial, agia em prol da sociedade" – § 93 (I), 2.ª parte, do *AktG*). Contudo, afirma com justeza CARNEIRO DA FRADA que nem por isso devem considerar-se irrelevantes as circunstâncias subjectivas-concretas em que se mova o administrador. Quanto a nós, é assim se for impossível dirigir ao administrador um juízo de culpa (se não for exigível ao administrador médio do tipo do administrador em causa a observância dos padrões de racionalidade). Mas, se a exigência de "racionalidade empresarial" for tal que seja razoável supor que nenhum administrador, em abstracto, teria observado aquela conduta (designadamente, porque não era exigível que conhecesse o dever concreto de agir), não se pode, sequer, considerar que tenha havido ilicitude subjectiva, em coerência com a leitura que fazemos da al. *a*) do artigo 64.º/1. Para uma diferente leitura da "racionalidade empresarial" (reconduzindo-a aos princípios da economia de meios e do máximo resultado), v. J. COUTINHO DE ABREU, *Responsabilidade civil…*, pp. 44 e ss., propondo uma interpretação restritivo-teleológica do artigo 72.º/2, parte final, de modo a obstar a apreciações do mérito das decisões empresariais pelos tribunais.

de meios ou no dever de tentar provocar o resultado lucrativo da gestão, acrescentando que o mesmo administrador actuou de modo informado e racional[143]. A um administrador é apenas exigido que cumpra os deveres próprios de um administrador diligente, prudente, dedicado, informado e de boa fé[144].

Cremos, ainda assim, que o *business judgement rule*, tal como consagrado no Direito das sociedades português cumpre ainda uma segunda função, para além da de estabelecimento de uma relação de complementação recíproca com o catálogo dos deveres dos administradores. A introdução desta regra veio esclarecer que, numa acção de responsabilidade por danos causados à sociedade pelo administrador, será sobre este último que recairá o ónus da prova da licitude da sua conduta. Em nossa opinião, o artigo 72.º/1, à semelhança, aliás, do artigo 799.º do Cód. Civil, já consagrava uma presunção de ilicitude, para além da indiscutida presunção de culpa[145]. A leitura do novo n.º 2 vem reforçar este

---

[143] Como se viu, o campo de aplicação do *business judgment rule* centra-se na questão dos deveres de cuidado: onde haja sido violada a lealdade, os administradores não poderão aproveitar aquele benefício.

[144] A violação, ainda que meramente negligente, de algum daqueles deveres, dará azo a responsabilidade civil do administrador; v. CARNEIRO DA FRADA, "A *business judgement rule*...", ponto 9..

[145] MENEZES CORDEIRO, *Da responsabilidade civil*..., pp. 486 e ss. e 524 e ss.. Contra, porém, CARNEIRO DA FRADA, "A *business judgement rule*...", ponto 8., considerando que, ao contrário do que sucede relativamente ao artigo 799.º do Cód. Civil, no artigo 72.º/1 encontramos apenas uma presunção de culpa. Com efeito, para este último A., o artigo 799.º apenas consagra uma presunção de ilicitude e de culpa (combinando os princípios de imputação da culpa e do risco) no caso de prestações de resultado: "(...) já não se pode aplicar quando o devedor se vinculou, não ao resultado, mas apenas a empregar determinados meios ou a adoptar a diligência necessária para a obtenção do interesse do credor. Se esse interesse não é atingido nem por isso é razoável supor agora sem mais a violação do contrato por parte do devedor, tanto mais que existirão normalmente outras causas possíveis do dano que o devedor se não vinculou justamente a controlar ou a afastar. Por isso, o credor que pretenda obter uma indemnização com fundamento nessa falta de diligência terá por via de regra que fazer a prova da sua efectiva ocorrência. Aqui, o significado da presunção de culpa reduzir-se-á à censurabilidade do agente" (*Contrato e deveres de protecção*, cit., pp. 192-3). Cremos que a resposta para o problema depende de uma compreensão das noções de "prestação de meios" e "prestação de resultado". Conforme afirmam PEDRO MÚRIAS e MARIA DE LURDES PEREIRA (*Triplicidade dos Problemas de Não Cumprimento*, no prelo, mas disponível em http://muriasjuridico.no.sapo.pt/eMeiosResultado.pdf), em ambas as modalidades de prestações, a prestação surge definida em função do resultado; mas nas prestações de resultado, o devedor obriga-se a causá-lo; nas prestações de meios, apenas a "tentar adequadamente causá-lo". O "resultado" devido nas obrigações de meios não é, assim, exterior à própria prestação: compreende todos os actos adequados à obtenção do resultado definidor da prestação. No entendimento dos AA. citados, nas obrigações de meios, os resultados subalternos (destinados a causar ou a contribuir para causar o definidor) são parte do cumprimento, sem que se devam confundir ou consumir pelo resultado definidor (*cit.*, p. 7). Quanto ao *onus probandi*, a inaplicabilidade

328 Nuno Tiago Trigo dos Reis

entendimento. Não existe, assim, qualquer descontinuidade na leitura do artigo 72.º: à sociedade lesada caberá provar a ocorrência de danos e *alegar* a violação de algum dos deveres do administrador; a este competirá a prova de que o seu comportamento observou os ditames impostos pela lei e pelo negócio que o relaciona com a sociedade[146]. A solução parece justificada: o administrador

do artigo 799.º às obrigações de meios "está longe de ser pacificada ou esclarecida" (p. 9), associando à dicotomia obrigações de meios/obrigações de resultado a "teoria das esferas do risco". Parece-nos que não é, de facto, de equiparar, nas obrigações de meios, o resultado subalterno ao resultado definidor da prestação, na medida em que a falta de um resultado subalterno ainda não representa uma situação de incumprimento (atenta, para o que nos interessa, a liberdade de gestão empresarial que é reconhecida aos administradores de sociedades comerciais). Contudo, parece-nos que também nas obrigações de meios se deve verificar uma "porção de garantia do cumprimento". Por outro lado, não pode exigir-se ao administrador a prova de que observara todos os actos adequados a provocar o resultado definidor, até porque, como notam PEDRO MÚRIAS e MARIA DE LURDES PEREIRA, esses resultados subalternos "não constam da fonte da obrigação e só podem ser determinados mediante um juízo de adequação feito ao longo do tempo impondo um alargamento do tema de prova". Assim, provada a existência de um contrato, a ocorrência de danos e a *não verificação de um resultado subalterno*, o devedor deveria suportar o risco do incumprimento, demonstrando que praticara os actos adequados a causar ou tentar causar o resultado devido. Ao lesado não deve ser exigida uma prova da ilicitude da conduta do administrador, mas apenas a prova do não cumprimento de certo acto em concreto adequado a obter o resultado definidor. Nesta perspectiva, ao credor competiria a prova *prima facie* (*Anscheinsbeweis*) da violação da violação do dever de cumprir do devedor. Sobre a prova *prima facie* ou prova de primeira aparência (assente em regras ou máximas de experiência) v. MIGUEL TEIXEIRA DE SOUSA, *As Partes, o Objecto e a Prova*, Lex, Lisboa, 1995, pp. 209 e ss.. Em nossa opinião, porém, no campo da responsabilidade dos administradores, as alterações introduzidas no artigo 72.º/2 permitem atribuir uma posição processual ainda mais favorável à sociedade lesada (v. texto e n. seguinte).

[146] Assim, cremos que, em rigor, não é sequer exigível a prova *prima facie* (*Anscheinsbeweis*) da violação de um dos deveres constantes do artigo 64.º/1 por parte da sociedade lesada (v. CARNEIRO DA FRADA, *loc. cit.*; PEDRO CAETANO NUNES, *Corporate Governance, cit.*, p. 9; ANA PERESTRELO DE OLIVEIRA, *A responsabilidade rivil dos administradores nas sociedades em relação de grupo*, Almedina, Lisboa, 2007, pp. 149-50). A facilitação de prova (*Beweiserleichterung*) da ilicitude para o lesado surge aqui agravada relativamente àquilo que sucede nas situações típicas de perturbações das relações contratuais. O que se verifica é antes uma diferente repartição do ónus da prova. A diferença parece partir da consideração das "esferas de risco" (*Beweisverteilung nach Gefahrenbereichen*) ou do risco pelo não esclarecimento de certas alegações de facto relativas a parte do tipo objectivo fundamentador da responsabilidade (sobre isto, LARENZ, *Lehrbuch des Schuldrechts*, I, 14.ª Ed., C. H. Beck, 1987, pp. 373-376 e 517 e ss.; G. BAUMGÄRTEL, *Handbuch der Beweilast im Privatrecht*, I, 2.ª Ed., Carl Heymanns, 1991, pp. 217 e 608 e ss.). Por vezes, pode ser muito difícil, ou mesmo praticamente impossível, para o lesado ter acesso aos elementos necessários para a demonstração judicial das alegações de facto que lhe são favoráveis. Assim sucede, por exemplo, em certos casos de responsabilidade por actos médicos quanto ao esclarecimento do problema do nexo causal

Os deveres de lealdade dos administradores de sociedades comerciais 329

estará em posição privilegiada para demonstrar a observância dos deveres de cuidado e a racionalidade na condução do procedimento decisório (por hipótese, provando o tempo dispendido em diligências e reuniões prévias à tomada de decisão; as despesas suportadas com a realização de estudos e prospecções; o previsível custo de oportunidade de uma não decisão, etc.). Este vem a revelar-se um resultado interpretativo interessante, se contraposto ao sentido e função originários do *business judgement rule*, o de constituir um "porto seguro" (*safe harbour*) aos administradores, obviando à apreciação judicial do mérito das medidas de gestão e ao consequente alargamento da sua responsabilidade. Assim, no Direito das sociedades português, o *business judgment rule* é causa de exclusão da responsabilidade, e não condição para a responsabilidade dos administradores[147]. Da articulação da nova proposição com a especial distribuição

---

entre o tratamento negligente e o dano causado à saúde. Nesses casos, demonstrada que esteja uma "negligência grosseira" do médico, justifica-se uma inversão do ónus da prova (*Umkehr der Beweislast*). Ao contrário do que sucede com a prova *prima facie*, que é afastada mediante contra-prova (artigo 346.° do Cód. Civil), a inversão do ónus da prova exige a demonstração de veracidade da alegação de facto contrária (*Gegenbeweis*). O fundamento para esta solução quanto à distribuição do ónus da prova reside "na maior proximidade" do lesante relativamente lesado quanto aos alegados factos fundamentadores da responsabilidade; quando o lesado se encontre na impossibilidade de demonstrar aqueles factos, justifica-se que seja o lesante, em cuja esfera de domínio terão ocorrido os factos alegados, a suportar o risco da não formação da convicção do juiz quanto aos mesmos. Note-se que esta solução não deve ser confundida com a inversão do ónus da prova quanto aos factos negativos, cuja admissibilidade é discutida entre nós (v. M. TEIXEIRA DE SOUSA, *A prova*, Apontamentos para os alunos policopiados, ano lectivo 2003/4), ainda que ambas as situações possam concorrer no caso para a justificação da inversão do ónus da prova. Não é possível fazer aqui a tentativa de demonstração de um princípio geral de distribuição do ónus da prova de acordo com as esferas de risco, nem os precisos contornos da aplicação de um tal princípio. Supomos apenas que esta teoria pode explicar o enquadramento dogmático de certos conjuntos de casos, entre os quais se encontra precisamente os do artigo 72.°/2 do Cód. das Sociedades Comerciais, não obstante as contradições entre os possíveis efeitos desta solução e a intenção de atribuir um *safe harbour* aos administradores. Perante a demonstração de uma conduta danosa por parte do administrador, a sua versão surge como onerada: o risco da não formação de uma convicção do juiz sobre a violação do dever de cuidado recai inteiramente sobre o administrador demandado; a demonstração de um resultado danoso é, por seu turno, insuficiente para servir de juízo provisório de ilicitude.

[147] Ao contrário do que sucede no Direito norte-americano, em que é a sociedade lesada que deve demonstrar que o administrador agiu em conflito de interesses, não se encontrava adequadamente informado ou não poderia razoavelmente supor que a decisão empresarial foi tomada na prossecução dos melhores interesses da sociedade (v. *PCG*, § 4.01, (d); v. M. EISENBERG, "An overview of the Principles of Corporate Governance", *cit.*, p. 1284). Naquele sistema jurídico, tem vindo a admitir-se que é suficiente que a sociedade faça prova *prima facie* da violação do dever de cuidado do administrador, cabendo a este último a prova daqueles três factos. O texto

330 Nuno Tiago Trigo dos Reis

do ónus da prova constante do n.º 1 do artigo 72.º, resulta um agravamento da posição processual atribuída aos administradores e um presumível aumento da litigiosidade em torno da actividade prestada por aqueles. Este resultado, a ser confirmado pela interpretação jurisprudencial, virá a mostrar-se, afinal, como um (inesperado) contributo para o surgimento de decisões judiciais em matéria de pretensões indemnizatórias por erros de gestão lesivos do património societário. Em contrapartida, poderá trazer consigo consequências indesejáveis, designadamente, o risco do desaparecimento de incentivos para a assunção do risco de empresa ou o receio da mudança de práticas de gestão já consolidadas.

Provado que esteja que o administrador agiu de modo informado, livre de conflitos de interesses e de acordo com critérios de racionalidade empresarial, considera-se que a sua conduta é lícita, inexistindo qualquer dever de indemnizar[148]. Nesta hipótese, o tribunal não poderá dirigir um juízo de ilicitude em função da não verificação da prestação do administrador ou mesmo da verificação do resultado danoso da sua actividade[149].

da lei alemã, contudo, parece apontar, tal como a lei portuguesa, para a oneração da versão do administrador em termos de prova da ilicitude (v. § 93 (I), 2.ª parte, do *AktG*: "[h]avendo disputa sobre se a diligência de um gestor criterioso e ordenado foi adoptada [se, portanto, a business judgment rule precedentemente vertida no texto legal foi observada ou não], é a estes que cabe o ónus da prova" [trad. de CARNEIRO DA FRADA, "A *business judgement rule*...", ponto 7.]).

[148] Esta conclusão não prejudica, naturalmente, o princípio da livre destituibilidade dos administradores; não parece, contudo, que possa haver justa causa de destituição nos casos em que ao administrador seja lícito invocar o *business judgement rule*, na medida em que a justa causa deve ser entendida como a falta culposa de incumprimento dos deveres que impliquem a perda da confiança pela assembleia geral (v. MENEZES CORDEIRO, *Manual de Direito das Sociedades*, I, *cit.*, pp. 739-43).

[149] A doutrina costuma referir a impossibilidade de um *juízo de mérito* sobre a conduta do administrador (v. M. EISENBERG, "Obblighi e responsabilità degli amministratori e dei funzionari", *cit.*, p. 620; F. GUEZZI, *cit.*, p. 496). A expressão, de origem anglo-saxónica, não parece a mais feliz, por se aproximar mais da terminologia do Direito público do que do Direito privado, porquanto não se pode dizer que o juiz proceda a uma apreciação meramente formal da decisão de gestão (e mesmo para uma apreciação meramente procedimental não é irrelevante o resultado danoso). Não pode falar-se aqui em limitação dos poderes de cognição do juiz (em termos tais que determinem a absolvição do réu da instância, como observa CARNEIRO DA FRADA, "A *business judgement rule*...", ponto 9.), mas apenas na impossibilidade de certo juízo, o de ilicitude da conduta do administrador.

Os deveres de lealdade dos administradores de sociedades comerciais 331

3.3. *A relação com a "diligência de um gestor criterioso e ordenado"*

I. O termo "diligência" tem sido utilizado no Direito das obrigações e, em particular, no Direito da responsabilidade civil, com diferentes significados[150].

II. Na anterior redacção do artigo 64.º/1, que tinha por epígrafe "dever de diligência", podia ler-se que "[o]s gerentes, administradores ou directores de uma sociedade devem actuar com a diligência de um gestor criterioso e ordenado, no interesse da sociedade e tendo em conta os interesses dos sócios e dos trabalhadores". Tem sido discutida a existência de um verdadeiro *dever geral de diligência* dos administradores[151]. Em nossa opinião, este entendimento não

---

[150] Assim, F. PESSOA JORGE, *Ensaio sobre os pressupostos da responsabilidade civil*, Reimp., Almedina, Coimbra, 1995, pp. 75 e ss., distingue a diligência em sentido psicológico ou subjectivo (a tensão da vontade para o cumprimento de um dever), em sentido normativo (o grau de esforço exigível para determinar e executar a conduta que representa o cumprimento de um dever) e em sentido objectivo (o grau de esforço necessário para atingir certo fim, independentemente de saber se é ou não devido e sem referência a nenhuma pessoa concreta). A partir da segunda acepção do termo "diligência" conclui o ilustre Professor a possibilidade de extrair do dever geral de diligência outros deveres de comportamento, em particular (mas não exclusivamente) nas prestações de conteúdo indefinido, como sejam as prestações de administração de patrimónios alheios (pp. 83 e ss.). Porém, pode observar-se que nem a relevância da "diligência" para efeitos de apreciação da culpa é meramente subjectiva (a normativização do conceito de culpa é clara em face do texto do artigo 487.º/2 do Cód. Civil), nem a diligência normativa deixa de ter em atenção qualidades ou estados subjectivos. Anteriormente, já M. GOMES DA SILVA, *O dever de prestar e o dever de indemnizar*, Lisboa, 1944, pp. 113 e ss., havia distinguido entre a diligência em sentido moral (compreendendo a diligência num sentido psicológico e normativo) e diligência em sentido material (o comportamento devido e definido em termos de diligência normativa). Na Alemanha, fala-se em "diligência interior" (*innere Sorgfalt*) e "diligência exterior" (*äussere Sorgfalt*), v. LARENZ, *Lehrbuch des Schuldrechts, AT,* I, *cit.*, pp. 287 e ss.. Mais recentemente, defendendo que nas obrigações de meios, "o critério da culpa é simultaneamente critério da prestação", PEDRO MÚRIAS/MARIA DE LURDES PEREIRA, *Triplicidade dos Problemas de Não Cumprimento*, http://muriasjuridico.no.sapo.pt/eMeiosResultado.pdf, p. 4.

[151] RAÚL VENTURA/L. BRITO CORREIA, "Responsabilidade civil dos administradores de sociedades anónimas e dos gerentes de sociedades por quotas – Estudo comparativo dos direitos alemão, francês, italiano e português", *BMJ*, 192 (1970), pp. 95 e ss., reconduziam o problema do dever de diligência (ou da apreciação da culpa em abstracto ou em concreto) ao da verificação, perante certo acto, se o agente se comportara ou não de acordo com certa norma que se toma como modelo, num tipo de raciocínio típico da ilicitude e não da culpabilidade. Em rigor, a questão da apreciação da apreciação da culpa em abstracto ou em concreto não seria um elemento do juízo de ilicitude, mas um pressuposto desse juízo, na medida em que através dela se definiria qual o acto devido, podendo interessar tanto no caso de o acto praticado ser intencional (doloso) como negligente (meramente culposo). Assim, é de retirar dos trabalhos preparató-

332   Nuno Tiago Trigo dos Reis

encontra consagração no Direito português das sociedades comerciais. Neste sentido, tem razão Menezes Cordeiro, ao afirmar que ninguém é diligente em abstracto; é-se sempre diligente no cumprimento de algum dever[152]. Assim, a bitola de diligência constitui uma norma de comportamento incompleta[153]: há que procurar saber de que dever imposto ao administrador se fala, com o propósito de assim se fixar o grau de esforço a exigir para a respectiva observância. Deve falar-se de uma verdadeira "bitola de esforço"[154], a operar na concretização dos deveres *especiais* que vinculam os administradores[155]. A dupla

rios do Cód. das Sociedades Comerciais a aproximação da diligência a uma norma de conduta, com inspiração no § 93/I do *AktG* alemão; a sua violação seria fonte de ilicitude, à qual deveria acrescer um posterior juízo de culpa. L. BRITO CORREIA, *Os administradores de sociedades anónimas*, Coimbra, 1993, pp. 596 e ss., defenderia mais tarde a existência de um dever de diligência, que deveria ser aplicado no sentido do interesse social; ILÍDIO RODRIGUES, *A administração das sociedades por quotas e anónimas/Organização e estatuto dos administradores*, Petrony, Lisboa, 1990, pp. 172 e ss., sugere a concretização da obrigação de administrar, de conteúdo indefinido, em função das noções "de diligência" e de "interesse social". J. SOARES DA SILVA, *cit.*, pp. 605 e ss., aponta também para um dever geral de diligência, considerando que o artigo 64.º do Cód. das Sociedades Comerciais contém "também uma fonte autónoma de determinação da conduta devida". Antes da reforma de 2006, CARNEIRO DA FRADA, *Direito Civil – Responsabilidade civil/O método do caso*, *cit.*, p. 119, defendia que, se de um ponto de vista técnico, o artigo 64.º era chamado a preencher regras que cominam a responsabilidade dos administradores, daquela proposição resultava não apenas um critério de culpa, mas igualmente de ilicitude; o artigo 64.º não constituiria uma mera norma de enquadramento, sem consequências jurídicas próprias, havendo que proceder ao seu desenvolvimento actual e operativo mediante situações-tipo. Com a reforma de 2006, o A. passou a considerar (cf. "A *business judgement rule…*", *cit.*) que o padrão de licitude/ilicitude da conduta do administrador passou a residir no binómio deveres de cuidado/deveres de lealdade. Aparentemente, a "diligência do gestor criterioso e ordenado" teria sido relegada para o campo da culpa, mas CARNEIRO DA FRADA retira, a partir da circunstância de a "diligência" surgir na al. *a)*, mas já não na al. *b)* do artigo 64.º/1, a conclusão de que aquela continua a servir de fundamento da imposição de deveres de conduta.

[152] MENEZES CORDEIRO, "Os deveres fundamentais dos administradores das sociedades comerciais", *cit.*, p. 454.

[153] E já não um tipo de culpa, falhando o paralelismo com o critério constante do artigo 487.º/2 do Cód. Civil, ao contrário do que entre nós foi já afirmado por ANTUNES VARELA, "Anotação ao Acórdão de 31 de Março de 1993 do Tribunal Arbitral", *RLJ*, 126.º ano (1993/4), p. 315; note-se, aliás, que, ao contrário do critério do bom pai de família, o legislador posicionou a "diligência do gestor ordenado e criterioso" em alinhamento diferente do Direito da responsabilidade civil, logo na determinação dos "deveres fundamentais" dos administradores. De resto, a falta de diligência pode ocorrer tanto por dolo quanto por negligência, o que mostra a diferente compreensão em face do conceito de "culpa".

[154] MENEZES CORDEIRO, "Os deveres fundamentais dos administradores das sociedades", *loc. cit.*.

[155] Na actuação dos administradores perante a sociedade, fala-se de deveres especiais e não gerais, em virtude da relação especial entre ambos. Faz-se notar que, em bom rigor metodológico, tam-

Os deveres de lealdade dos administradores de sociedades comerciais 333

relevância da diligência – na determinação do que seja o devido e da possibilidade de um juízo de exigibilidade de uma conduta conforme com o dever – resulta da particular circunstância de o administrador se encontrar perante uma obrigação de meios de conteúdo particularmente indefinido[156]. Dentro da tentativa de obtenção de lucros e da prossecução de outras finalidades legalmente protegidas (como a tutela dos restantes *stakeholders* da sociedade), caberá uma multiplicidade de condutas possíveis e lícitas.

Esta bitola corresponde a um modelo objectivo e abstracto de administrador[157]. A concretização da diligência dá lugar a valorações específicas, em consideração de diferentes elementos, como sejam: a natureza da(s) actividade(s) exercida(s); o tipo, dimensão e situação da empresa gerida; a situação, estrutural e conjuntural, da sociedade; a posição da sociedade no sector merceológico a que pertence a qualificação profissional do agente; a distribuição de tarefas entre os vários membros da administração (considerando, por hipótese, a circunstância de haver delegação de funções); o tempo de que se dispôs para tomar a decisão; etc.[158]. A forma como estes elementos surgem articulados na realidade social permite elaborar pelo intérprete verdadeiros *tipos sociais inter-*

---

bém não há que procurar a norma que consagra o dever, pois esta só surgirá perante o caso concreto. Nas proposições normativas encontraremos apenas argumentos necessariamente invocados em sede de interpretação (que compreende a aplicação) do Direito, i.e., no discurso argumentativamente dirigido à fundamentação da imposição de um dever a um sujeito.

[156] ELISABETE GOMES RAMOS, *cit.*, pp. 77 e ss., configura a actividade de administração como o "dever típico", ainda que de carácter genérico e indeterminado, imposto aos membros do órgão de administração"; a diligência identifica-se com a medida de esforço ou colaboração exigível ao devedor no cumprimento das suas obrigações, aderindo assim ao entendimento já expresso por PESSOA JORGE e MENEZES CORDEIRO. Acrescenta a A., com pertinência, que a diligência tipicamente exigida no exercício da actividade dos órgãos de administração deve ser distinguida do padrão do *bonus paterfamilias*, constante do artigo 487.º/2 do Cód. Civil; aqui a bitola aponta para uma ideia de profissionalidade, compreendendo a consideração de uma certa classe (a dos gestores) e da competência profissional que em termos médios dela pode ser esperada; cf. também CALVÃO DA SILVA, "Responsabilidade civil dos administradores não executivos, da comissão de auditoria e do conselho geral e de supervisão", *cit.*, ponto 5. L. C. B. GOWER/D. D. PRENTICE/B. G. PETTET, *cit.*, pp. 586-7. Neste sentido, esteve bem o legislador italiano da reforma do Direito das sociedades de 2003, ao desligar a bitola de esforço imposta aos administradores da diligência exigível a um mandatário (dependente do critério do "bom pai de família", nos termos gerais) passando antes a referir-se à diligência imposta pela natureza do cargo e impondo a actuação de modo informado e de acordo com a específica competência do administrador (v. nova redacção do artigo 2392.º do *Códice Civile*); cf. FRANCO BONELLI, *cit.*, p. 635.

[157] MENEZES CORDEIRO, "Os deveres fundamentais dos administradores das sociedades", *loc. cit.*; RAÚL VENTURA/L. BRITO CORREIA, *cit.*, pp. 100-1.

[158] ELISABETE GOMES RAMOS, *cit.*, p. 89; FRANCO BONELLI, *cit.*, p. 636.

médios, entre a bitola legal e as circunstâncias concretas do agente que, sempre terão de ser tomadas em consideração[159].

A questão da diligência devida anda intimamente associada à do "risco de empresa"[160]: os administradores devem promover o sucesso da sociedade e evitar que esta sofra danos, o que implica a adopção de medidas que implicam um certo grau de risco. Não pode dizer-se que tenha havido falta de diligência ou incumprimento do dever de administração apenas porque o resultado foi danoso. Ao administrador é reconhecida uma margem de discricionariedade para a prossecução do interesse da sociedade. Como já foi referido, não importa tanto averiguar das condutas razoáveis (ou racionais), mas antes daquela que, de acordo com um juízo *ex ante*, possa ser considerada como desrazoável (ou irracional).

III. Na nova redacção do artigo 64.°/1, a diligência surge prevista na al. *a*), associada ao dever de cuidado, já analisado. Não existe, contudo, razão para limitar o seu alcance à conformação deste dever[161]. Deve recorrer-se ao modelo do "gestor criterioso e ordenado" sempre que esteja em causa a determinação de um concreto dever de agir ou do esforço necessário para que aquele dever se veja cumprido. Naturalmente, também em sede de *deveres de lealdade* a ideia da diligência devida é chamada a desempenhar a sua função: a lealdade pode implicar diferentes acções ou omissões consoante o confronto entre o tipo abstracto do gestor diligente e as particulares características do administrador e da actividade societária em que este se movimenta. A relevância será com certeza maior no caso dos deveres de agir do que nos deveres de omissão. Assim sendo, a disponibilidade poderá traduzir-se na exclusividade de funções prestadas à sociedade se se tratar de um gestor especializado ao serviço de uma grande sociedade anónima, credor de avultadas quantias a título de remunerações; já poderá não ser assim no caso de um gerente, não especializado, de uma sociedade em nome colectivo ou de uma pequena sociedade por quotas que realiza a sua actividade de forma gratuita ou contra o pagamento de uma remuneração simbólica. Perante as situações de comportamentos proibidos (designadamente, a proibição de celebração de negócios com a sociedade, de exercício de uma actividade concorrente ou de apropriação de negó-

---

[159] Contra a elaboração destes tipos intermédios, e a favor de um critério concreto na apreciação da culpa, v. M. GOMES DA SILVA, *cit.*, pp. 137-9.

[160] ELISABETE GOMES RAMOS, *cit.*, pp. 91 e ss..

[161] MENEZES CORDEIRO, "Os deveres fundamentais dos administradores das sociedades", *cit.*, p. 486.

cios da sociedade), o conceito de diligência em sentido normativo assume menor relevância argumentativa. Neste último conjunto de casos, o concreto dever de omissão decorre antes das ideias de correcção e honestidade e da confiança suscitada na contraparte de que a execução do dever de administrar será feita na observância dos interesses dos sócios[162]. À diligência será reservada a função de bitola de culpa[163], a funcionar já na concretização dos pressupostos de um ulterior dever de indemnizar.

§ 4. A referência aos "interesses"

4.1. O "interesse da sociedade"

I. O conceito de "interesse" surge, em diversas perspectivas, como referente do dever de lealdade. Importa atender, desde logo, ao "interesse da sociedade"[164], que constava já do texto do artigo 64.º antes da reforma de 2006. Como se sabe, discute-se sobre se se pode efectivamente falar de um interesse da sociedade, distinto do interesse dos sócios[165-166]. A discussão remonta à querela dos universais e à dicotomia realismo/nominalismo[167].

---

[162] V., *infra*, § 5, 5.2.

[163] A "diligência moral" de que falava M. GOMES DA SILVA, *cit.*, p. 116.

[164] Sobre a origem da referência ao interesse social, v. MENEZES CORDEIRO, "Os deveres fundamentais dos administradores das sociedades comerciais", *cit.*, pp. 455 e ss. (também, *Manual de Direito das Sociedades*, I, *cit.*, pp. 691 e ss.): a expressão remonta ao texto da proposta da 5.ª Directriz do Direito das sociedades, aludindo à co-gestão dos trabalhadores; a Directiva acabou por ser abandonada, ficando a referência comunitária a uma tentativa de estabelecimento de um critério de conduta uniforme para representantes de accionistas e trabalhadores (p. 463).

[165] Aderem a uma visão instituciolista do "interesse social": OLIVEIRA ASCENSÃO, *Direito Comercial*, IV, *Sociedades Comerciais – Parte Geral*, pp. 68-69: "o interesse da sociedade que se protege contra as deliberações abusivas é, pois, o interesse da estrutura jurídica./Este não pode ser o dos sócios; por isso, ele manifesta-se mesmo perante uma posição unânime dos sócios. O órgão de fiscalização deve nomeadamente intervir ainda neste caso, ficando responsabilizado se o não fizer: contra o que já foi defendido entre nós" (acrescentando poder ser lícito sacrificar a capacidade produtiva da empresa à situação ou ao resultado financeiro da sociedade); A. PEREIRA DE ALMEIDA, *cit.*, defende que "o interesse social corresponde ao interesse da empresa como sociedade colectiva e que constitui o substracto da sociedade comercial; este interesse pode não coincidir com o interesse de cada um dos sócios ou grupo de sócios"; MARQUES ESTACA, *O interesse da sociedade nas deliberações sociais*, Almedina, Coimbra, p. 96: o interesse da sociedade prende-se, em primeira linha com uma certa visão institucionalista de conservação e rentabilidade da empresa, criada, nas suas vertentes ontológico-social e económico-financeira, orientação que se

336   Nuno Tiago Trigo dos Reis

encontra em perfeita consonância quer com a determinação concreta de um objecto social, que baliza a actividade da empresa, quer com o seu escopo ou finalidade, não se limitando qualquer daqueles conceitos à prossecução de uma actividade lucrativa (acrescenta o A. que o dever de gerir no interesse da sociedade, implica, assim, a obrigação de não praticar ou de omitir actos contrários àquele interesse, como seja o dever de não actuar em conflito de interesses com a sociedade, a proibição de concorrência, a proibição de celebrar negócios com a sociedade ou a proibição de voto em deliberação do órgão de gestão, p. 38). Também PEDRO CAETANO NUNES, *Responsabilidade civil dos administradores perante os accionistas*, Almedina, Coimbra, p. 96, defende que "o critério do êxito da empresa constitui um limite absoluto à restrição do interesse social motivada pela ponderação dos interesses individuais dos accionistas".

A maioria da doutrina afirma, no entanto, a recondução do interesse social ao interesse dos sócios. V. MENEZES CORDEIRO, *Manual de Direito das Sociedades*, I, *cit.*, p. 691: "[a] sociedade é sempre um regime jurídico. Ela não sofre nem ri: apenas o ser humano o pode fazer. Separar a sociedade dos sócios é má escolha: despersonaliza um instituto que uma longa experiência mostrou melhor estar no Direito privado. O administrador servirá, pois, os sócios. Mas não enquanto pessoas singulares: antes enquanto partes que puseram a gestão dos seus valores num modo colectivo de tutela e de protecção" (cf. também "Os deveres fundamentais dos administradores das sociedades", *cit.*, p. 468). No mesmo sentido, RAÚL VENTURA, *Sociedades por Quotas*, III, Almedina, Coimbra, 1996, pp. 150-151: "o interesse social é o interesse dos sócio, nesta qualidade, ou seja, o interesse que os levou a efectuar contribuições para o exercício comum de uma actividade, a fim de distribuírem os lucros"; BRITO CORREIA, *Direito Comercial*, II, *Sociedades Comerciais*, AAFDL, Lisboa, 1989, pp. 49 e ss.: "a expressão interesse da sociedade quer apenas traduzir a ideia de que a finalidade a prosseguir não é, em rigor, um interesse duma ou várias pessoas físicas concretas, mas um interesse juridicamente definido como o resultante da conjugação de interesses dos sócios enquanto tais, por um lado, e dos trabalhadores da sociedade (quando existam, obviamente), por outro". Também PEDRO DE ALBUQUERQUE, *Limitação ou supressão do direito de preferência dos sócios*, Coimbra, Almedina, 1993, p. 340, defende que o interesse social não pode ser senão o interesse comum dos sócios. COUTINHO DE ABREU, *Curso de Direito Comercial*, II, *Das Sociedades*, Almedina, Coimbra, 2002, pp. 286-303, segue um entendimento mais moderado, segundo o qual se deverá fazer uma distinção entre o interesse social como critério (ou limite) à validade das deliberações e o conteúdo do artigo 64.º: ainda que o contratualismo seja predominante, no comportamento dos órgãos de administração, marca presença o institucionalismo – embora moderado (já por apenas os interesses dos trabalhadores deverem ser tidos em conta juntamente com os interesses dos sócios, já porque aqueles interesses possuem menor peso do que estes). PEDRO PAIS DE VASCONCELOS, *A participação social nas sociedades comerciais*, Almedina, Coimbra, 2006, p. 307: "[q]ual, então, a diferença entre o interesse social e os interesses individuais dos sócios? A diferença está no *modo individual* e no *modo societário*. (...) A posição do sócio não é, pois, nunca puramente isolada, puramente individual e, por isso, ele não deve desconsiderar a sociedade e os seus consórcios no exercício do seu direito social. Não pode, todavia, ser considerada unitariamente a posição do sócio abstracto da sociedade abstracta com consórcicos abstractos. Uma abstracção como esta falsearia a realidade. É necessário distinguir consoante o tipo legal e até o tipo social de sócio, de sociedade, de consórcios". No mesmo sentido, v. ainda V. LOBO XAVIER, *Anulação de deliberação social e deliberações conexas*, 1976, p. 242.

[166] Não se visa aqui dar conta da discussão em torno da existência de um interesse autónomo

Os deveres de lealdade dos administradores de sociedades comerciais 337

A questão convoca o problema prévio da operacionalidade do conceito de "interesse". O interesse pode ser tido numa acepção subjectivista e numa acepção objectivista: na primeira, interesse será a relação que existe entre um sujeito e um bem que é idóneo a satisfazer uma sua necessidade; na segunda, a relação entre um sujeito e um bem que este considera apto a satisfazer uma sua necessidade, independentemente da idoneidade desse bem a alcançar o fim que lhe é destinado[168]. A maioria da doutrina adere à concepção objectivista de interesse, considerando-o como uma relação entre uma pessoa e o bem susceptível de satisfazer uma necessidade ou um fim[169]. Mas, como afirma Menezes Cordeiro, este interesse objectivo não pode deixar de ser o resultado entre os espaços de auto-determinação e heteronomia, equivalendo a norma de conduta imposta pelo Direito[170-171].

As críticas tecidas contra as teorias contratualistas, assentes na função significativa da pessoa colectiva ou na circunstância de haver dissonância entre os interesses de diferentes sócios em dado momento (ou na divergência entre a

---

do grupo nos grupos de sociedades; sobre este aspecto, v. J. ENGRÁCIA ANTUNES, *Os Grupos de Sociedades*, Almedina, Coimbra, 1993, pp. 105 e 603 e ss.; MARIA AUGUSTA FRANÇA, *A estrutura das sociedades anónimas em relação de grupo*, AAFDL, Lisboa, 1990, p. 54; ANA PERESTRELO DE OLIVEIRA, *cit.*, pp. 92 e ss. Seja como for, a rejeição de uma visão institucionalista implicará a aceitação de um interesse do grupo distinto do interesse da sociedade (*rectius*, dos respectivos sócios) dominante. Como referem MARIA AUGUSTA FRANÇA e ANA PERESTRELO DE OLIVEIRA, o interesse do grupo é o prolongamento do interesse da sociedade superior em função do qual é celebrado o contrato de subordinação.

[167] V. PEDRO PAIS DE VASCONCELOS, *loc. cit.*.

[168] MENEZES CORDEIRO, "Os deveres fundamentais dos administradores das sociedades", p. 465; M. GOMES DA SILVA, *cit.*, p. 72.

[169] M. GOMES DA SILVA, *cit.*, p. 70; PEDRO DE ALBUQUERQUE, *Limitação ou supressão…*, *cit.*, p. 316.

[170] *Responsabilidade civil dos administradores das sociedades comerciais*, *cit.*, pp. 516-7; *Tratado de Direito Civil Português*, I, cit., pp. 139 e ss.; "Os deveres fundamentais dos administradores das sociedades", cit., p. 464: "[n]a verdade, se releva o interesse subjectivo, caberá ao próprio "interessado" defini-lo; o Direito apenas fixará limites às actuações resultantes das opções que ele faça. Se predominar o interesse objectivo, terá de haver alguém exterior que o defina. Tal definição não poderá ser arbitrária – ou saímos do Direito. Quer dizer que a explicitação do interesse objectivo deverá ser feita por regras de conduta, dirigidas ao sujeito". Reduzindo o conceito a uma mera remissão para normas e princípios, PEDRO DE ALBUQUERQUE, *A representação voluntária em direito civil (Ensaio de reconstrução dogmática)*, Almedina, Coimbra, 2003, pp. 939-40, n. 1477.

[171] Note-se que com isto não se visa negar, em absoluto a utilidade da noção de "interesse". O interesse não terá conteúdo preceptivo, não constitui um critério orientador da acção humana. Mas permite, pela linguagem, representar uma situação da vida que serve de previsão normativa a várias regras: é o que sucede quando se fala de "conflito de interesses" (como acontece no Direito Civil, aliás: v. artigo 261.º Cód. Civil).

maioria e a minoria) não parecem proceder. O contrato de sociedade é um contrato de fim comum que constitui uma forma de dar resposta à necessidade de agir colectivamente. Trata-se, assim, de um caso especial de exercício jurídico colectivo, em que por razões pragmáticas se tem que imputar a vontade de uma pluralidade de sócios a uma pessoa colectiva. Quando se diz que o interesse da sociedade é o interesse dos sócios, não quer dizer que a direcção da acção da sociedade corresponda aos interesses de todos os sócios ou à soma de todos eles, mas antes que corresponde ao interesse dos sócios, exercido de modo colectivo, nos termos contratualmente previstos e dentro dos limites à autonomia privada (lei, pacto social e deliberações dos sócios).

II. O que se acaba de dizer-se deixa, contudo, em aberto a associação entre o "interesse" e a "lealdade". A lealdade parece reconduzir-se a valores ético--jurídicos diferentes do interesse da sociedade e de terceiros[172]. Desde logo, possui um conteúdo preceptivo próprio, dela podendo ser retiradas normas de comportamento. Por outro lado, exige-se um comportamento leal perante a pessoa a quem se fez certa promessa ou perante a qual se estabelece uma relação de proximidade tal que se impõe a tutela das situações de confiança. Tal não se verifica relativamente aos sócios ou outros terceiros. Apenas perante a sociedade, aqui credora de deveres (acessórios) de conduta independentes da consideração de quaisquer "interesses". Por outro lado, os interesses (da sociedade ou de terceiros) são disponíveis ou, pelo menos, a consideração dos interesses pela administração da sociedade é disponível e renunciável, o que não sucede com a lealdade na conduta dos administradores. Por estas razões, pode mesmo dizer-se que os "interesses" estarão mais próximos do dever de cuidado do que do dever de lealdade[173]. Assim, a observância de deveres de cuidado na gestão do património social justifica-se, desde logo, pela prossecução do fim lucrativo comum dos sócios[174].

---

[172] Nas palavras de CARNEIRO DA FRADA, "A *business judgement rule* no quadro dos deveres gerais dos administradores", ponto 4., "[a] lealdade não realiza, por si, interesses. Está acima e para além deles. Pode, assim, levar ao sacrifício de interesses próprios ou − em casos mais raros − alheios".

[173] Apontando para um esbatimento da fronteira entre o dever de cuidado e o dever fiduciário de fidelidade, GABRIELA FIGUEIREDO DIAS, *cit.*, p. 46.

[174] CARNEIRA DA FRADA, *loc. cit.*.

[175] P. OLAVO DA CUNHA, *cit.*, pp. 692-4.

4.2. O *"interesse de longo prazo dos sócios"*

I. O Decreto-Lei n.° 76-A/2006 veio acrescentar à referência ao interesse da sociedade a expressão "atendendo ao interesse de longo prazo dos sócios". A nova redacção do artigo 64.° reavivou a questão, vivida, quase sempre de forma apaixonada, do interesse social. Como afirma Paulo Olavo da Cunha, antes mesmo que se conseguisse obter uma satisfatória sedimentação dogmática do conceito[175]. Para além do que já foi dito quanto à noção de interesse, faz-se notar que os titulares do interesse são, agora, na própria expressão do legislador, os sócios. Pelas razões já aduzidas, tal não implica que o "interesse da sociedade" seja distinto do interesse dos sócios: nem faria sentido que, numa inferência logicamente incorrecta, o legislador apenas tivesse querido proteger o interesse de longo prazo dos sócios, considerando irrelevantes os interesses de médio e curto prazo[176].

II. Menezes Cordeiro vê neste enunciado "uma chamada para aquilo a que chamamos "o modo colectivo de defesa dos sócios" e que implica, naturalmente, que não se sacrifique a sociedade – por hipótese – a uma apetência imediata de lucros"[177]. Com efeito, visa-se acrescentar um factor de ponderação no conflito frequente nas sociedades anónimas abertas entre os accionistas institucionais, mais interessados em incrementos da distribuição de dividendos e no curto prazo e de um aumento do valor da participação (*share value*) e outros accionistas, para quem a manutenção de uma boa saúde financeira da empresa no longo prazo (a "sustentabilidade" a que se alude na al. *b*) do artigo 64.°/1) terá outra importância.

III. Parece, antes de mais, que este enunciado não comporta conteúdo normativo autónomo: pareceria ser suficiente a referência ao interesse social que o antecede. Deparamo-nos, novamente, com a distinção entre o interesse subjectivo e objectivo. Caso se entenda o interesse numa perspectiva subjectiva, poder-se-ão levantar alguns problemas quanto à possibilidade de aferição desse interesse num momento em concreto, em especial, nas sociedades anónimas, por força do artigo 373.°/3. Se o "interesse do longo prazo" dos sócios for tido numa acepção objectiva, há apenas um apelo ao cumprimento de normas que visem garantir a sanidade financeira da sociedade (como as normas que visam

---

[176] MENEZES CORDEIRO, "Os deveres fundamentais dos administradores", *cit.*, p. 468.
[177] *Idem, ibidem, loc. cit.*.

a conservação do capital (cfr., p.ex., artigos 32.° e 33.°) e a distribuição de dividendos (218.°, 295.° e 296.°). A violação destas normas já poderia levar à responsabilidade dos administradores ou gerentes em relação aos sócios, nos termos do artigo 79.° e 483.°, 2.ª parte, do Código Civil. O apelo deve ser entendido como uma referência sugestiva: *quod abundat non nocet*.

IV. Mais do que um dever, concreto, de agir de acordo com os interesses de longo prazo dos sócios, parece antes um vector de conteúdo difuso no exercício da administração e que surgiria mais apropriado nos quadros da *soft law*, nos códigos e "normas" de bom governo das sociedades. Aliás, a adopção de condutas, para além das citadas normas, exige uma concretização. A título de exemplo, será conforme com o interesse de longo prazo dos sócios uma política de dividendos baixos acompanhada de realização de investimento em matéria de investigação e desenvolvimento.

4.3. *Os "interesses dos outros sujeitos relevantes para a sustentabilidade da sociedade"*

I. Na última parte da alínea *b*) do artigo 64.°/1, o legislador acrescentou ainda a expressão "ponderando os interesses dos outros sujeitos relevantes para a sustentabilidade da sociedade, tais como os seus trabalhadores, clientes e credores"[178].

II. Menezes Cordeiro afirmou recentemente que "no tocante aos "outros sujeitos relevantes para a sustentabilidade" – fórmula que, por mais própria de um texto de gestão, deveria ter sido evitada: estão em causa os *stakeholders*, exemplificados com trabalhadores, clientes e credores. Os administradores devem observar as regras atinentes à globalidade do ordenamento. Tudo isto deve ser autonomizado, uma vez que nada tem a ver com a lealdade. Quando muito, com a diligência. Quanto aos *stakeholders*: uma noção sem tradições entre nós e que, deste modo, não terá sido introduzida da melhor maneira"[179].

---

[178] GABRIELA FIGUEIREDO DIAS, *cit.*, pp. 47-8, vê nesta disposição o resultado da tensão entre as concepções anglo-saxónica e germânica do dever de cuidado: a primeira, centrada na criação de valor; a segunda, influenciada pela ideia de co-gestão, tomando em consideração o "interesse da sociedade como um todo".

[179] MENEZES CORDEIRO, "Os deveres fundamentais dos administradores das sociedades", *cit.*, pp. 468-69.

Relembrando a distinção entre a lealdade enquanto fonte de deveres de acção e de omissão, dir-se-á que aquela terá, relativamente aos *stakeholders*, um conteúdo negativo, obstando a comportamentos manifestamente violadores do dever de correcção[180]. Mas, quando tal suceda, sempre nos teremos de perguntar pela natureza da ilicitude. Na verdade, encontramos novamente vectores gerais e difusos que devem pautar a administração das sociedades, mas deles não podem ser retirados deveres concretos de acção ou omissão. Quanto aos trabalhadores, é certo que os gerentes ou os administradores estão numa posição privilegiada para lhes causarem danos. O recurso à transmissão de estabelecimentos, à mobilidade geográfica de trabalhadores, à redução ou suspensão do contrato de trabalho, a despedimentos colectivos, pode ser conveniente ou mesmo imposto pelo interesse dos sócios e pela subsistência da própria sociedade. Os titulares dos órgãos de administração estão ao serviço dos interesses dos sócios: em caso de conflito, o interesse da sociedade deverá prevalecer, desde que a opção de gestão seja tomada com observância das normas de Direito do trabalho, nos termos gerais. Quando isso não suceda, poderemos estar perante a violação de normas destinadas a proteger interesses alheios, aferidas perante o caso, respondendo os administradores nos termos dos artigos 79.º do Código das Sociedades Comerciais e 483.º, 2.ª parte, do Código Civil[181]. As boas intenções do legislador[182] senão constituem "um toque de preocupação social, sem conteúdo concreto, como Raúl Ventura chegou a defender, não representam deveres autónomos cuja violação importe a obrigação de indemnizar. Não cabe aqui falar de um dever de agir com lealdade – os administradores não são parceiros contratuais dos trabalhadores, nem suscitam relativamente a eles situações de confiança que os obriguem a proteger expectativas delas decorrentes – nem de deveres de protecção – pela razão de não existir entre eles uma relação de proximidade provocada por um contacto negocial[183]. O mesmo pode ser afirmado relativamente aos credores sociais (artigo 78.º).

---

[180] CARNEIRO DA FRADA, "A *business judgement rule*…", ponto 5.

[181] Não parece possível encontrar na própria al. *b)* do artigo 64.º uma disposição destinada a proteger interesses particulares, tendo em conta a indefinição do modo de protecção dos interesses dos trabalhadores e credores.

[182] PEDRO PAIS DE VASCONCELOS refere, a este propósito, que "esta é uma matéria em que não faz mal recordar algo que um recente hiperliberalismo tende a esquecer", cf. *A participação social…, cit.*, p. 300.

[183] Por esta razão, é duvidoso que exista um conflito de deveres que leva a considerar como não ilícito o comportamento dos administradores que viole o dever de diligência na prossecução dos interesses individuais dos accionistas em operações de controlo quando se defenda o interesse social e os interesses dos trabalhadores (PEDRO CAETANO NUNES, *Responsabilidade civil dos admi-*

342   *Nuno Tiago Trigo dos Reis*

Em suma, também neste ponto os interesses de terceiros equivalem à remissão para normas de comportamento. Na falta de uma proposição específica, a norma de comportamento terá de ser encontrada na boa fé (desde logo, no tipo do abuso de direito). São facilmente intuídas situações de conflito de deveres ou de conflito de interesses, tornando necessária a intervenção do princípio da proporcionalidade[184].

Em qualquer caso, a lealdade relativamente à sociedade tem um significado distinto. Esse significado encontra-se relacionado com os deveres de comportamento impostos pela boa fé em face de uma relação especial com a sociedade, como se verá no ponto seguinte.

§ 5. A recondução à boa fé

5.1. *A dimensão normativa da boa fé e os deveres acessórios de conduta*

I. O primeiro problema que, neste ponto, cabe resolver é o da *fonte* dos deveres de lealdade. Não pode considerar-se que as partes possam prever todas as situações geradoras de actuais ou futuros conflitos de interesses ou de violação do dever de revelar disponibilidade, sem ficção ou irrealismo[185]. Está, pois,

---

nistradores perante os accionistas, cit., p. 95). Parece que o dever de proteger os interesses dos trabalhadores, a existir enquanto dever autónomo, no que não se concede, sempre deveria ceder perante os interesses dos sócios, considerados no longo prazo. Por outro lado, considerando que nas operações de controlo das sociedades se verifica, por natureza, uma situação de conflito de interesses entre os administradores e a sociedade, aquela tese permitiria situações de prevalência dos interesses dos primeiros, que se escudariam na tutela de interesses de terceiros.

[184] Dando conta de que, em regra, neste tipo de casos, a vinculação à lealdade se reduz numa proibição do excesso, MARINA HELLENHOFER-KLEIN, *cit.*, p. 587.

[185] Mesmo que se reconheça à interpretação jurídica das declarações negociais uma função complementadora (MENEZES CORDEIRO, *Da Boa Fé...*, *cit.*, pp. 1063 e ss.; CARNEIRO DA FRADA, *Contrato e deveres de protecção*, *cit.*, pp. 69 e ss.; sobre a *ergänzande Vertragsauslegung*, v. ainda LARENZ, *Allgemeiner Teil des Bürgerlichen Rechts*, 9.ª Ed., C.H. Beck, München, pp. 540-5), visando a obtenção da regulação objectiva conseguida pelo contrato, apenas se poderá considerar que aquela permite a integração de lacunas negociais resultante de uma conjugação entre a vontade hipotética das partes e a boa fé. A sua sede legal é o artigo 239.º do Cód. Civil. Mas a imposição de condutas conformes com a confiança suscitada em outrem não decorre da existência de uma lacuna negocial, entendendo-se esta como "uma incompletude do conteúdo preceptivo do contrato como *falha* do plano regulador previsto ou querido pelas partes" (CARNEIRO DA FRADA, *Contrato e deveres de protecção*, *cit.*, p. 76). É, ao invés, uma imposição heterónoma, não indispensável ao sentido global do dever-ser contratual, mas reclamada por princípios de Direito objectivo. Acresce a cir-

em causa a determinação dos limites da vontade das partes e o alcance do próprio princípio do contrato. Os efeitos que não sejam resultado da consciência e vontade de uma acção jurídico-negocial (artigo 246.º do Cód. Civil) não podem dizer-se ainda produzidos pelo acordo[186-187]. As partes num negócio jurídico prosseguem finalidades distintas e, muitas vezes, opostas: a lealdade é uma bitola correcta de conduta à luz de princípios transversais à ordem jurídica[188]. Generalizando, é reclamada pela possibilidade de universalização, condição de validade de proposições em todo o discurso prático-normativo.

Posto isto, deve considerar-se que as teorias contratualistas devem ser recusadas[189]: seguindo o entendimento de Menezes Cordeiro, os deveres de leal-

---

cunstância de, frequentemente, os deveres de lealdade surgirem – e verem os seus limites variarem – na pendência da execução de negócios jurídicos, ou seja, em momento posterior ao da formação do consenso negocial supostamente carecido de integração.

[186] A alternativa só poderia resultar do acolhimento de concepções objectivistas radicais da declaração negocial e do negócio jurídico, fazendo substituir a noção de "vontade" pela de "comportamento juridicamente relevante", seja por se entender o negócio jurídico como um acto performativo sujeito a normas constitutivas da linguagem de que se não pode dispor (assim, FERREIRA DE ALMEIDA, *Texto e enunciado na teoria do negócio jurídico*, Almedina, Coimbra, 1992, p. 138), seja por se conceber as vinculações negociais como consequências decorrentes de uma autovinculação não negocial do sujeito, na sua relação com o outro mediada por papéis sociais geradores de expectativas (v. JOHANNES KÖNDGEN, *Selbstbindung öhne Vertrag – Zur Haftung aus geschäftsbezogenem Handeln*, J. C. B. Mohr, Tübingen, 1981, p. 187). Estas construções são de rejeitar, por argumentos que, não podendo aqui ser integralmente analisados, se reconduzem, no geral, à necessidade de fazer anteceder o sentido de acto de vontade e de validade ao de acto de comunicação no discurso fundamentador da vinculação negocial e, bem assim, à incompatibilidade daquelas teorias com o sistema de fontes de vinculações negociais do Direito positivo português. Para uma crítica geral às teorias objectivistas do negócio jurídico, v., por todos, MENEZES CORDEIRO, *Da Boa Fé…*, p. 643 e *Tratado de Direito Civil Português*, I, 3.ª Ed., Almedina, Lisboa, 2005, pp. 539-543; PAULO MOTA PINTO, *Declaração tácita e comportamento concludente no negócio jurídico*, Almedina, Coimbra, 1995, pp. 39 e ss..

[187] Sem prejuízo, naturalmente, de poderem ser reguladas algumas situações típicas de conflitos de interesses (com origem, por hipótese, no exercício de uma actividade concorrente), sejam elas contratuais ou pós contratuais. Nessa circunstância, as partes procedem à estipulação de verdadeiros deveres de prestação, de conteúdo positivo ou negativo, cujo não cumprimento dará lugar à acção de cumprimento ou à aplicação das normas respeitantes à mora, à impossibilidade imputável ao devedor ou à resolução por não cumprimento. Cf., mas relativamente aos deveres de protecção, LARENZ, *Lehrbuch des Schuldrechts, cit.* pp. 11 e ss. e CARNEIRO DA FRADA, *Contrato e deveres de protecção, cit.*, p. 57.

[188] MENEZES CORDEIRO, "A lealdade no direito das sociedades", *cit.*, p. 1035.

[189] Na medida em que tentam integrar os deveres de lealdade no âmbito do consenso negocial, pelas razões já observadas. Mais promissoras são aquelas construções que, por via de um conceito alargado de prestação, compreendem a conduta leal na noção de prestação como conduta devida.

344 Nuno Tiago Trigo dos Reis

dade constituem normas de conduta de fonte legal[190]. Contudo, eles não existem fora do contexto de uma relação especial ou particular entre sujeitos[191].

II. A sede normativa dos deveres acessórios de lealdade é o artigo 762.º/2 do Cód. Civil. Esta proposição, assenta, desde logo, sobre dois pólos distintos: (i) a complexidade dos vínculos intra-obrigacionais e (ii) o problema das formas de não cumprimento não recondutíveis à mora ou à impossibilidade de cumprimento.

A complexidade da relação creditícia é hoje um dado praticamente incontestado[192]. Esta surge polarizada em torno dos *deveres principais ou primários de prestação*; a seu lado, é possível delimitar *deveres secundários de prestação*, com a finalidade de complementar a prestação principal[193]. Já os *deveres acessórios ou laterais de conduta* correspondem a um desenvolvimento diferente: o

---

Exemplo deste segundo grupo parece ser a construção de FIKENTSCHER (WOLFGANG FIKENTSCHER/ANDREAS HEINEMANN, *cit.*, pp. 29-30), ao compreender os deveres laterais no conteúdo da relação obrigacional, como sejam os deveres de lealdade negociais e pós-eficazes, os deveres de colaboração, os deveres de esclarecimento, deveres de garantia do resultado da prestação, os deveres de omissão e ainda os deveres de protecção.

[190] MENEZES CORDEIRO, *Da Boa Fé…*, *cit.*, p. 554: "Os deveres de lealdade, por fim, são também corpo estranho à contratualidade, como tal. Pretendem evitar conformações apenas formais com a lei e proteger a confiança dos intervenientes. Desfeitas as ilusões comunitaristas, deve reconhecer-se que as partes, com interesses deferentes, quando não contrapostos, podem considerar-se leais apenas numa leitura jusromântica, distante das realidades. A autonomia, em si, só comporta liberdade no seu sentido próprio, de arbítrio. Qualquer «lealdade» que se pretenda descobrir, tem de ser atribuída a vectores estranhos à contratação e às partes: é, apenas, uma necessidade jurídica de respeitar normas e princípios específicos. Há que conhecê-los." Quanto à qualificação da responsabilidade pela confiança como uma responsabilidade *ex lege* e não *ex voluntate*, C.-W. CANARIS, *Die Vertrauenshaftung im Deutschen Privatrecht*, C. H. Beck, München, 1971, p. 429 (responsabilidade "legal", com fundamento em norma não escrita de direito objectivo); CARNEIRO DA FRADA, *Teoria da confiança…*, *cit.*, pp. 66 e ss. e 865 e ss., identificando a responsabilidade pela confiança e o negócio jurídico em antinomia e posicionando a primeira no plano de uma justificação *prater legem* do sistema jurídico.

[191] CARNEIRO DA FRADA, *Contrato e deveres de protecção*, *cit.*, pp. 238 e 265 e ss. e *Teoria da confiança…*, cit., p. 432; WOLFGANG FIKENTSCHER/ANDREAS HEINEMANN, *cit.*, p. 115.

[192] V. também C. MOTA PINTO, *Cessão da posição contratual*, Almedina, Coimbra, 1982, pp. 282 e ss.; ANTUNES VARELA, *Das obrigações em geral*, I, 9.ª Ed., pp. 123 e ss., ALMEIDA COSTA, *Direito das Obrigações*, 9.ª Ed., Almedina, Coimbra, 2001, pp. 46 e ss., L. MENEZES LEITÃO, *Direito das Obrigações*, I, 5.ª Ed., Almedina Lisboa, 2006, pp. 85 e ss..

[193] As diferenças entre os deveres primários e secundários de prestação decorrem essencialmente da impossibilidade linguística de uma proposição que compreenda todas as condutas materiais que se destinem ao cumprimento, como nota MENEZES CORDEIRO, *Da Boa Fé…*, *cit.*, p. 591: "[a]

Os deveres de lealdade dos administradores de sociedades comerciais 345

Direito impõe deveres destinados a que, na realização da prestação, tudo se passe de modo devido[194]. Generalizando, passou a considerar-se que, a envolver os deveres de prestação, o parceiro negocial honesto e leal deve ainda salvaguardar outros interesses que devam ser tidos em consideração no quadro da relação negocial[195].

Quanto à questão do não cumprimento, o problema coloca-se quanto a saber qual o regime a seguir perante a violação de um dever que acompanha a prestação principal mas que com ela não se confunde. Menezes Cordeiro aproxima a evolução registada na violação positiva do contrato com aquela verificada nos deveres acessórios[196], integrando na figura as situações de cumprimento defeituoso da prestação principal, de incumprimento ou impossibilitação de prestações secundárias e de violação de deveres acessórios. A teoria da violação positiva, por seu turno, seria de manter enquanto figura unitária: os regimes do direito à indemnização pelos danos, da possibilidade de recusar legalmente a prestação e da excepção de não cumprimento assegurariam tal resultado[197]. A violação dos deveres de lealdade, como forma de "violação positiva do contrato" foi, entretanto, integrada como forma de responsabilidade *intermédia* ou de *terceira via*, entre a responsabilidade delitual e a obrigacional[198].

---

determinação de prestações, principais, e, disso sendo o caso, secundárias, faz-se pela interpretação das fontes. A boa fé pode, nesse campo, ser chamada a depor. Se bem se atentar, essa problemática releva puramente da linguagem. Querendo exprimir-se uma determinada obrigação, há, em regra, que recorrer a perífrases e conjunções verbais que dão, duma operação unitária, em sentido social e jurídico, uma projecção complexa. A necessidade linguística de retratar, de modo aparente composto, uma conduta una, dá corpo à autonomização dos comportamentos que a constituam e que, como tudo, são cindíveis até ao infinito".

[194] MENEZES CORDEIRO, *Da Boa Fé...*, *cit.*, p. 592. O A. apresenta uma tipificação tripartida dos deveres acessórios em deveres de protecção, esclarecimento e lealdade (*cit.*, pp. 604 e ss.; *Tratado de Direito Civil Português*, I, *cit.*, pp. 504 e ss.).

[195] CARNEIRO DA FRADA, *Contrato e deveres de protecção, cit.*, pp. 39 e ss.; LARENZ, *Lehrbuch des Schuldrechts, cit.*, p. 10, enquadrando os deveres de lealdade nos *weitere Verhaltenspflichten* cuja autonomia em face dos deveres de prestação se vê nas relações primárias sem deveres de prestação (*Schuldverhältnisse ohne primäre Leistungspflicht*), de que seriam exemplos típicos os contratos com eficácia de protecção para terceiros e os contratos com eficácia de protecção contra terceiros.

[196] MENEZES CORDEIRO, *Da Boa Fé...*, *cit.*, pp. 594-602.

[197] MENEZES CORDEIRO, *Da Boa Fé...*, *cit.*, p. 602.

[198] CARNEIRO DA FRADA, *Uma terceira via no Direito da Responsabilidade civil?/O problema da imputação dos danos causados a terceiros por auditores de sociedades*, Coimbra, 1997; L. MENEZES LEITÃO, *Direito das Obrigações*, I, *cit.*, pp. 348 e ss..

346 *Nuno Tiago Trigo dos Reis*

III. Quanto ao seu conteúdo, os deveres de lealdade, em sede de execução de negócios jurídicos[199], proíbem as partes de comportamentos "que possam falsear o objectivo do negócio ou desequilibrar o jogo das prestações por elas consignado", podendo ainda assumir deveres de agir, de conteúdo variável[200]. Neles podem ser enquadrados os deveres de não concorrência, de não celebração de contratos incompatíveis com o primeiro, de sigilo relativamente a informações obtidas na pendência do contrato[201]. Podemos acrescentar os *deveres de colaboração* no cumprimento de obrigações, como conduta positivamente devida: há um esforço mínimo exigido ao onerado (credor, devedor ou mesmo um terceiro que com ele as partes estabeleça uma relação de proximidade) para garantir a satisfação ou a manutenção do resultado da prestação.

Estes deveres hão-de imputar-se à boa fé e não ao próprio contrato em si, quando não resultem apenas da mera interpretação contratual, mas antes das exigências do sistema, face ao contrato considerado"[202]. A esta autonomia genética corresponde uma autonomia no plano da eficácia temporal dos deveres de lealdade: estes surgem antes da mesma, numa *relação unitária de deveres de lealdade*.

IV. Dos deveres de lealdade devem ser igualmente distinguidos os deveres de *protecção*, entendidos como aqueles que têm por função a defesa das partes das intromissões danosas na sua esfera patrimonial ou pessoal, potenciadas pela mediação do contacto contratual[203]. Como notou Heinrich Stoll, estes deve-

---

[199] Os deveres de lealdade surgem igualmente como categoria típica de deveres no quadro dos padrões de correcção de conduta impostos pela boa fé na formação de contratos (artigo 227.º do Cód. Civil). Aí, os deveres de lealdade traduzem-se na proibição de comportamentos "que se desviem de uma negociação correcta e honesta" (MENEZES CORDEIRO, *Da Boa Fé...*, *cit.*, p. 583), como sejam a difusão de informações obtidas nas negociações ou a ruptura injustificada de negociações.

[200] MENEZES CORDEIRO, *Da Boa Fé...*, *cit.*, pp. 606-8.

[201] Os deveres acessórios de lealdade assumem feição marcada no Direito do trabalho: v. artigo 121.º, al. *e*) do Código do Trabalho ("sem prejuízo de outras obrigações, o trabalhador deve guardar lealdade ao empregador, não negociando por conta própria ou alheia em concorrência com ele, nem divulgando informações referentes à sua organização, métodos de produção ou negócios"). MENEZES CORDEIRO, "Os deveres fundamentais dos administradores das sociedades", *cit.*, pp. 470-1; "A lealdade no direito das sociedades", *cit.*, pp. 1039-40; MARINA WELLENHOFER-KLEIN, *cit.*, pp. 567-571.

[202] MENEZES CORDEIRO, *Da Boa Fé...*, *cit.*, pp. 606-607.

[203] MENEZES CORDEIRO, *Da Boa Fé...*, *cit.*, pp. 582 e ss., distinguindo entre deveres acessórios de protecção, lealdade e informação. O Professor começou por defender que os deveres de protecção seriam desnecessários em face do sistema de responsabilidade aquiliana do Direito português, ao contrário daquilo que C.W.-CANARIS havia demonstrado na ordem jurídica alemã. Mais

res têm uma finalidade negativa, visando apenas o *status quo* pessoal ou patrimonial das partes intervenientes no tráfego negocial, ao contrário dos interesses ordenados à satisfação do interesse do credor da relação obrigacional, conexos com o interesse da prestação, e que se destinam a proporcionar um *status ad quem* para além do simples interesse de cumprimento da prestação convencionada. O critério distintivo entre os deveres de lealdade e os deveres de protecção é, portanto, funcional[204]. Os administradores também se encontram sujeitos a uma ordem especial de protecção do património pertencente à sociedade: a sua violação dá lugar a formas de responsabilidade civil igualmente especiais, situada entre aquela que decorre da violação dos deveres de prestação e a responsabilidade delitual. Nessa hipótese, estaremos perante um dever de indemnizar por violação de deveres acessórios de protecção, e já não por deveres de lealdade. Pode ainda questionar-se a possibilidade de existência de deveres de protecção para os sócios, terceiros relativamente à relação de administração entre a sociedade e o administrador, perante as notórias insuficiências que a responsabilidade aquiliana oferece em sede de responsabilidade do administrador por danos directamente causados aos sócios[205]. O problema será retomado adiante.

---

tarde, contudo, e em coerência com o abandono da visão de um sistema monista da responsabilidade civil, o Professor passou a aderir à teoria unitária dos deveres de protecção, reabilitando-os no domínio obrigacional v. *Da responsabilidade civil dos administradores das sociedades comerciais*, *cit.*, p. 470. CARNEIRO DA FRADA, *cit.*, pp. 40 e ss. e 268 e ss.; *Teoria da confiança…*, *cit.*, p. 447, n. 460. Com dúvidas quanto à amplitude da expansão da responsabilidade contratual e a consequente perda relativa de autonomia desta relativamente à responsabilidade aquiliana, e aderindo à anterior posição do Professor MENEZES CORDEIRO, v. E. SANTOS JÚNIOR, *cit.*, p. 215, n. 728.
[204] Ao contrário da distinção entre os deveres de lealdade e de informação, que é o do objecto: v. MENEZES CORDEIRO, *Da Boa Fé…*, *cit.*, pp. 604 e ss. Note-se, porém, que, como nota CARNEIRO DA FRADA, *Contrato e deveres de protecção*, cit., p. 42, n. 72, o dever de agir de forma leal pode ter precisamente uma função protectora do esclarecimento. Em concreto, a conduta devida por uma parte leal e honesta pode consistir em concreto, e em primeiro lugar, num dever de informar. Assim sucede com o dever lateral de informar a sociedade relativamente a uma situação de conflito de interesses, actual ou futura. Seguindo o critério funcional ou de finalidade, também FIKENTSCHER, *cit.*, p. 30, distingue entre deveres laterais de prestação e deveres laterais de protecção. Segundo o A., os primeiros têm fonte legal no § 242 do *BGB*, os segundos no § 241, II (introduzido aquando da reforma alemã do Direito das obrigações, de 2001: "[a] relação obrigacional pode, mercê do seu conteúdo, vincular cada parte ao respeito pelos direitos, pelos bens jurídicos e pelos interesses da outra"). No caso concreto, especialmente, no caso de prestação defeituosa, pode haver concurso de deveres, cuja violação abre portas às regras gerais em matéria de concurso de pretensões.
[205] *Infra*, § 8. Para uma visão relação de administração como uma relação obrigacional com eficácia de protecção para terceiros, CATARINA MONTEIRO PIRES, "Algumas notas sobre a responsabilidade civil dos administradores", *OD*, (2005), pp. 115 e ss..

348 *Nuno Tiago Trigo dos Reis*

V. A concretização da teoria dos deveres acessórios de lealdade na conduta devida dos administradores deve ser antecedida pela análise da fonte e da estrutura particulares da situação de administração.

A situação de administração pode surgir em resultado de diferentes factos juridicamente relevantes, a saber: imanência da qualidade de sócio, designação, *inter partes*, no contrato social, designação a favor de terceiro no contrato de sociedade, designação pelos sócios ou por minorias especiais, designação pelo Estado, substituição automática, cooptação, designação pelo conselho geral ou designação judicial[206]. Com efeito, só na designação pelo conselho geral e de supervisão existirá um contrato [artigo 441.º, al. *b*)][207]. Este contrato será um contrato de administração, legalmente atípico.

A situação jurídica de administração não pode ser definida pelo critério do facto constitutivo, mas antes pelo seu conteúdo material: compreende um feixe complexo e de direitos e deveres para os administradores, de conteúdo relativamente indeterminado. É, quanto à estrutura, uma situação complexa, na medida em que não implica uma relação jurídica; ao invés, descobrem-se nela inúmeros poderes potestativos, como sejam o de representar e gerir[208]. Nela hão-de integrar-se os espaços de heteronomia correspondentes aos deveres acessórios de conduta[209], mas sem que se justifique um olhar mais atento à

---

[206] MENEZES CORDEIRO, *Da responsabilidade civil dos administradores das sociedades comerciais*, cit., p. 394.

[207] Conforme demonstrou o Professor MENEZES CORDEIRO (*Da responsabilidade civil dos administradores das sociedades comerciais, cit.*, pp. 360 e ss., *Manual de direito das sociedades*, I, *cit,*, pp. 719 e ss. e 731 e ss.) o regime aplicável à constituição da situação de administração tem natureza especificamente deliberativa, societária e não contratual. O acto unilateral da eleição é, aliás, a fonte mais frequente da situação jurídica de administração. Note-se, contudo, que a divisão entre teorias contratualistas e não contratualistas permanece viva no espaço português: FERRER CORREIA, *Lições de Direito Comercial*, vol. II, *Reprint*, 1994, p. 389; RAÚL VENTURA, *Sociedades por quotas*, III, Almedina, 1991, pp. 28 e ss., defendendo a existência de um acordo de vontades e, logo, de um contrato na origem da situação de administração; BRITO CORREIA, *cit.*, pp. 412 e ss.; ILÍDIO RODRIGUES, *cit.*, pp. 271 e ss.

[208] MENEZES CORDEIRO, *Da responsabilidade civil dos administradores das sociedades comerciais*, cit., p. 396.

[209] Contra a transposição da classificação civilística dos deveres integrantes da relação obrigacional complexa, alegando que a equiparação do dever de administrar a dever principal de prestar falha porque a administração consistiria num poder-dever (*Pflichtrecht*) e que "os deveres de cuidado e de lealdade não jogam bem num esquema radial de dever principal-deveres acessórios, secundários, laterais" e, preferindo, por isso, a qualificação destes deveres como "gerais", v. J. COUTINHO DE ABREU, *Responsabilidade civil...*, pp. 35-6, n. 68. Com o devido respeito, não concordamos com este entendimento: por um lado, só a existência de uma relação especial entre socie-

Os deveres de lealdade dos administradores de sociedades comerciais 349

especial circunstância de o administrador assumir a função de um "representante" de um património alheio, assumindo a lealdade um conteúdo fiduciário.

5.2. *O papel fundamentador da tutela da confiança*

I. Segundo Menezes Cordeiro, a lealdade tem os seus pólos na previsibilidade e na correcção de comportamentos[210]: a previsibilidade está na base do surgimento de representações sobre o comportamento futuro de outrem, levando-o a investir na situação de confiança ("quem é imprevisível não é leal"); mas a correcção oferece os limites para a lealdade ("[q]uem, dentro do correcto, actue imprevisivelmente, não é leal"). Este ponto de vista deve ser integrado no pensamento geral do A. sobre a confiança, como princípio integrador de parte do conteúdo substancial da boa fé, a par da primazia da materialidade subjacente[211]. Assim, como factores necessários para a protecção da boa fé, temos: uma situação de confiança conforme com o sistema e traduzida na boa fé subjectiva e ética; uma justificação para a confiança, expressa na presença de elementos objectivos susceptíveis de provocarem uma crença plausível; um investimento da confiança consistente em um assentar efectivo de actividades jurídicas sobre a crença consubstanciada, em termos que desaconselhem o seu preterir; a imputação da situação de confiança criada ao prejudicado o qual por acção ou omissão contribuíra para a entrega do confiante ou ao factor objectivo que a tanto conduziu[212]. Estes elementos surgem alinhados

---

dade e administrador justifica a intervenção da boa fé, na sua feição normativa-objectiva; por outro, existem no domínio do tratamento civilístico dos deveres acessórios de conduta conquistas científicas culturalmente integradas que facilmente poderão ser transpostas para a compreensão e elaboração dogmática da situação jurídica da administração. V. também MENEZES CORDEIRO, *Da responsabilidade civil dos administradores das sociedades comerciais, cit.*, p. 373; *Manual de Direito das sociedades*, I, *cit.*, p. 729.

[210] MENEZES CORDEIRO, "A lealdade no direito das sociedades", *cit.*, pp. 1033-5.

[211] MENEZES CORDEIRO, *Da Boa Fé...*, *cit.*, p. 1250: "nas suas manifestações subjectiva e objectiva, a boa fé está ligada à ideia de confiança: a primeira dá a esta, o momento essencial; a segunda confere-lhe a base juspositiva necessária quando, para tanto, falte uma disposição específica". A conexão entre a confiança é igualmente afirmada por C. MOTA PINTO, *cit.*, p. 339. Ela já não surge, porém, em ANTUNES VARELA (*cit.*, II, pp. 10 e ss.).

[212] MENEZES CORDEIRO, *Da Boa Fé...*, *cit.*, pp. 1248-1249. Em sentido próximo, C.-W. CANARIS, *cit.*, pp. 491 e ss.: a existência de um facto objectivamente idóneo a suscitar a confiança em determinada direcção (*Vertrauenstatbestand*, pp. 491-8); a existência de uma situação de confiança (pp. 503-10), que não deve ser entendida como mero facto psíquico positivamente determinável, sendo suficientes "meras ocorrências espirituais"; a boa fé daquele que confia, como critério

350   *Nuno Tiago Trigo dos Reis*

num sistema móvel: a especial intensidade que um dos elementos apresente no caso concreto é suficiente para compensar a menor intensidade, ou mesmo a ausência, de um outro[213].

II. A recondução do pensamento da confiança à lógica dos deveres impostos pela boa fé não corresponde, contudo, a um entendimento unânime entre nós. No sistema de confiança proposto por Carneiro da Frada[214], os deveres acessórios de conduta são imposições de correcção, honestidade e lealdade que se fundamentam em si e por si, sem recurso ao pensamento da confiança.

O cerne da regra da conduta de boa fé seria ético-jurídico: procederia de boa fé quem se ativesse às determinações da recta consciência[215]. Ao invés, existem situações em que a confiança concretamente suscitada em outrem seria *qua tale* protegida, com autonomia em relação aos deveres inter-subjectivamente relevantes; a sua violação daria lugar a uma situação de responsabilidade[216]. Na violação da boa fé, não interessaria perguntar quem confiara, mas se alguém poderia confiar no comportamento de outrem. Contudo, a razoabilidade ou legitimidade das expectativas corresponderia já a exigências heteronomamente postas pelo ordenamento jurídico, pelo que a tutela das expectativas pela boa fé seria apenas *reflexa*[217]. A própria "relação de confiança" entre

---

aferidor da necessidade de protecção (pp. 504-7); o conhecimento do facto confiável (pp. 507-10), que estabelece a conexão entre o *Vertrauenstatbestand* e a confiança; a disposição ou o investimento de confiança merecedor de tutela (pp. 510-4); a causalidade entre a situação de confiança e a realização do investimento (pp. 514-6) e a imputabilidade da situação de confiança ao onerado em termos de risco ou culpa (pp. 517-8). A distinção no plano da imputabilidade da situação de confiança é estabelecida pelo A. em coerência com a distinção entre a responsabilidade pela aparência jurídica (*Rechtsscheinhaftung*, pp. 9 e ss.) e a responsabilidade por necessidade ético-jurídica (*Vertrauenshaftung kraft rechtsethischer Notwendigkeit*, pp. 266 e ss.): na primeira, predomina a imputação pelo risco, na segunda o princípio da culpa.

213 MENEZES CORDEIRO, *Da Boa Fé…*, *loc. cit.*. Defendendo uma mobilidade relativa, CARNEIRO DA FRADA, *Teoria da confiança…*, pp. 586 e ss. e n. 618. Aceitando o sistema móvel como um instrumento ao serviço do pensamento dogmático e não como um pensamento não sistemático a partir da ideia de uma articulação casuística e arbitrária entre os vários elementos, concordamos igualmente com a existência de limites para a imputação de situações de confiança. Designadamente, não cremos que possa ser dispensada a situação de confiança ou o investimento. A imputação far-se-á apelando a diferentes critérios, variando entre a culpa e o risco. A justificação pode ser, em concreto dispensável, desde que a intensidade valorativa dos restantes requisitos o permita.

214 Neste ponto, as posições do A. vieram recentemente a ser reafirmadas no quadro dos deveres de lealdade dos administradores: cf. "A *business judgement rule…*".

215 CARNEIRO DA FRADA, *Teoria da confiança…*, *cit.*, p. 447.

216 *Idem, ibidem*, pp. 452 e ss..

217 *Idem, ibidem*, p. 454.

Os deveres de lealdade dos administradores de sociedades comerciais 351

sujeitos, invocada por alguma doutrina como justificação da imposição de um dever de conduta de acordo com a boa fé, seria redundante se se aceitasse que todas as interacções sociais postulavam uma especial confiança[218]. Por outro lado, não é dogmaticamente aceitável o recurso a ficções de confiança: muitas vezes, na formação de contratos ou na execução de obrigações, as partes não confiam ou manifestam mesmo a desconfiança no outro; a expectativa de que o outro cumpra os deveres de correcção e lealdade que a ordem jurídica lhe impõe, não releva enquanto fundamento autónomo de responsabilidade[219]. A confiança constituiria um mero requisito ou condição (de facto) do surgimento de deveres de lealdade e correcção, mas não o fundamento da responsabilidade[220]. A dispensabilidade da confiança não poderia ser extensível à imposição de condutas decorrentes da boa fé, pois isso representaria valores fundamentais da ordem jurídica, integradores do mínimo ético que a cláusula dos bons costumes visa preservar[221]. O mesmo se diga quanto à possibilidade de exclusão unilateral da vinculação à confiança concitada em outrem (por destruição ou impedimento do *Tatbestand* de confiança), sem paralelo na responsabilidade por preterição de deveres de conduta[222].

Também as relações obrigacionais sem deveres principais de prestação se não deixam reconduzir ao pensamento da confiança: as situações de confiança empiricamente existentes não servem de razão para a sua própria tutela, mas antes os "deveres de correcção e probidade de conduta" (cuja preterição, aliada à manutenção daquela confiança, será causadora de danos)[223].

O dever enquanto fórmula conclusiva e sintética dos pressupostos da protecção da confiança traria problemas no plano da concretização "cronológica" daqueles pressupostos: a admissão de um dever de comportamento póstumo em relação ao investimento da confiança não teria sentido quando o investimento ocorre tipicamente em momento posterior ao da criação do *Tatbestand* de confiança (pense-se no caso de responsabilidade por declarações) cuja violação seria (desta maneira, paradoxalmente) fundamento de responsabilidade[224]. A responsabilidade por meras omissões seria impossível na doutrina da confiança[225]. A própria justificabilidade da confiança, elevada a pressuposto da

---

[218] *Idem, ibidem*, pp. 474 e ss..
[219] *Idem, ibidem*, p. 476.
[220] *Idem, ibidem*, p. 478.
[221] *Idem, ibidem*, pp. 464-5 e n. 478.
[222] *Idem, ibidem*, pp. 465-6.
[223] *Idem, ibidem*, pp. 463 e 478.
[224] *Idem, ibidem*, pp. 588 e ss..
[225] *Idem, ibidem*, p. 591.

352 Nuno Tiago Trigo dos Reis

tutela da confiança no pensamento da doutrina maioritária, seria incompatível com a responsabilidade por violação de deveres; a demonstrá-lo estaria o facto de a ligeireza ou a negligência na averiguação da realidade por parte daquele que confia ser razão para excluir a tutela no quadro da teoria da confiança, mas já poder permitir a manutenção, a redução ou a exclusão do direito à indemnização, no respeito pelo critério do artigo 570.° do Cód. Civil, caso estivesse em causa uma violação de deveres[226]. Por fim, o investimento de confiança seria também incompatível com o modelo de responsabilidade por infracção de regras de conduta: adquirido que estivesse que a obrigação de indemnizar decorreria da infracção de deveres, tornar-se-ia dispensável a exigência de um investimento de confiança como pressuposto autónomo daquela obrigação; se, por outro lado, se entendesse que o dever seria o de proteger o sujeito de uma disposição fundada numa perturbação de uma representação alheia, não faria sentido que se mantivesse o dever depois de aquela disposição ter tido lugar (pois que o dever teria caducado, por ter ficado sem objecto)[227].

III. Uma análise exaustiva à complexa teoria "pura" da confiança propugnada pelo Professor Carneiro da Frada excede, em muito, os objectivos visados pela presente investigação. Contudo, em face das proximidades semânticas e funcionais entre a lealdade e a confiança, não podemos deixar de fazer algumas considerações quanto a esta construção. Desde logo, pensamos que a remissão da boa fé para as regras de comportamento integrantes do *civiliter agere* não pode constituir um esvaziamento valorativo. Cabe perguntar pelo fundamento da imposição no nosso sistema jurídico de uma actuação correcta e leal ou, se se preferir, pela concretização do que deva ser entendido por *correcção* ou *lealdade*. Quanto a nós, a lealdade surge valorativamente associada à confiança[228] e à ideia de que os comportamentos devem ser previsíveis e correctos. Os pressupostos da tutela da confiança são chamados a integrar a previsão normativa de regras de conduta decorrentes da boa fé. Caso os respectivos pressupostos não estejam preenchidos, não poderá falar-se da existência de um dever de agir. A confiança será, nessa hipótese, juridicamente irrelevante. Não deve dizer-se que a confiança, associada à lógica do dever, apenas poderia redundar numa irrelevante expectativa de que a outra parte numa relação especial observasse o comportamento devido. Ou mesmo que a confiança em ter-

---

[226] *Idem, ibidem*, pp. 592 e ss.
[227] *Idem, ibidem*, pp. 596 e ss.
[228] MENEZES CORDEIRO, "A lealdade no direito das sociedades", *cit.*, pp. 1034-5.

mos fáctico-empíricos fosse inexistente, atenta a desconfiança que as pessoas reciprocamente manifestam entre si nas relações especiais que integram. Pelo contrário, as expectativas, quando merecedoras de tutela, irão contribuir para a delimitação de espaços de liberdade e de proibição, quando a norma de conduta não decorra já directamente de uma proposição legal ou negocial estrita. O merecimento de tutela apela a valores gerais do sistema jurídico, ou seja, ao campo da heteronomia; ultrapassa em muito as situações típicas de ligeireza ou "negligência" daquele que confia. Os parâmetros do Direito objectivo relevantes nesta sede acham-se num patamar de maior abstracção: confia-se se e quando seja legítimo confiar, a partir de uma relação especial, susceptível de enquadrar a conduta de outrem na planificação de comportamentos futuros do confiante.

Por outro lado, deve perguntar-se se o comportamento conforme com o dever de correcção, mas desconforme com a confiança legítima suscitada num terceiro ainda será leal. A resposta, negativa, só pode fundar-se numa noção compreensiva e material dos deveres de correcção e lealdade (concretizados por apelo à noção menos abstracta de *confiança*). Para este caso, a alternativa estaria em considerar-se o dever cumprido, passando a enquadrar o comportamento num *Tatbestand* autónomo de responsabilidade, fundado numa teoria (pura) da confiança. Mas, para além de parecer estranha a solução consistente em considerar-se que um comportamento correcto mas imprevisível ainda é leal e, nessa medida, lícito, ela contrasta ainda com a situação em que se encontra tipicamente o administrador: este recebe a curadoria de um património alheio, ficando obrigado a subordinar os seus interesses próprios à prossecução do fim social; a partir daqui, há uma multiplicidade de condutas que lhe serão lícitas. Mas a demarcação das margens de comportamento permitidas (sempre em concreto) não pode ocorrer de forma desligada da confiança. A demonstrá-lo está o problema da proibição da apropriação de oportunidades pertencentes à sociedade, quando se refiram a actividades ainda não desenvolvidas pela sociedade. A confiança da sociedade ou dos sócios no sentido de que todas as oportunidades de negócio conexas com o ramo de negócios explorado pela sociedade lhe serão atribuídas, quando já fosse previsível para o administrador o alargamento da esfera de actividades, surge, neste ponto, como elemento interpretativo a contribuir para a construção da norma de proibição perante o caso concreto[229].

---

[229] Reconhece-se, todavia, que a posição do administrador não é originária e valorativamente neutra. E pode mesmo suceder que seja assim antes da criação de alguma expectativa concreta

354 *Nuno Tiago Trigo dos Reis*

Por outro lado, pensamos que o investimento não surge necessariamente em momento posterior ao da criação do *Tatbestand* de confiança.Veja-se o caso da situação de administração de patrimónios alheios, em que tanto a auto-colocação pela sociedade numa situação de vulnerabilidade patrimonial perante a intervenção dos "agentes" quanto a aceitação de uma remuneração dos mesmos pela actividade prestada são temporalmente coincidentes com a expectativa de que a actividade de administração será conduzida de acordo com os melhores interesses dos "principais", i.e., orientada para o lucro. Nesta situação, pensamos que a lealdade implica o respeito pela confiança, sugerindo a sua consolidação num dever de respeitar as expectativas de outrem.

A asserção de que a frustração da confiança suscitada em outrem não constituiria um acto ilícito também suscita dúvidas: quando merecedora de tutela, encontramos na confiança o fundamento ético-jurídico próprio de um dever. Por isso, não se compreenderia que a responsabilidade pela violação daquela confiança se quedasse pelo ressarcimento do dano de confiança ou do interesse contratual negativo. À violação da confiança fundamentadora da boa fé terá que corresponder o ressarcimento de todos os danos daí resultantes (artigo 562.º do Cód. Civil), abrangendo, assim, o chamado interesse contratual positivo[230].

Faz-se, contudo, notar que não se pretende negar o espaço que uma pura teoria da confiança ocupa no nosso sistema. Tal asserção só poderia, de resto, surgir no seguimento de um análise sistemática da *confiança*, como ponto de partida necessário no estudo de todos aspectos de regime e institutos em que ela se manifesta: é empresa que não aqui ser assumida. Pensamos também que a violação de expectativas legítimas pode fundar uma responsabilidade desligada da ilicitude, em muitos dos casos apresentados por CARNEIRO DA FRADA.

---

quanto à actuação futura do administrador por parte da sociedade. Mas o facto de se poder partir de uma pauta de comportamento correcto sem recorrer à confiança como suporte não quer dizer que a confiança não surja, noutras situações, no centro do discurso fundamentador do dever. Assim será perante a inexistência de previsões estritas relativamente à conduta do administrador e a excessiva abstracção do padrão de "correcção". Na (re)construção interpretativa do tipo objectivo genericamente previsto na al. *b*) do artigo 64.º, as expectativas legítimas da sociedade servirão de referente de comportamento.

[230] MENEZES CORDEIRO, *Da Boa Fé...*, *cit.*, pp. 1249 ([e]m regra, o direito português exprime a tutela da confiança através da manutenção das vantagens que assistiriam ao confiante, caso a sua posição fosse real") e 1250 ("[q]uando, porém, a confiança incorporada em situações mais vastas, se manifeste no momento da sua violação, em conjunturas próprias do dever de actuar de boa fé, a saída a observar será a da indemnização, nos termos gerais"). Limitando, em regra, o dever de indemnizar por violação do dever de lealdade ao dano de confiança, v. LARENZ, *Lehrbuch des Schuldrechts, AT*, I, *cit.*, p. 112.

Apenas se pretende afirmar que, quanto a nós, a teoria pura da confiança não encontra manifestação nas regras de administração das sociedades, em particular, no campo dos deveres de lealdade. Por outro lado, a confiança é elemento de recurso para conseguir atingir a normatividade jurídica concreta de conceitos de maior abstracção, como a lealdade ou boa fé, auxiliando na descoberta de um esquema de interesses, fins ou princípios que a prática revela e exemplifica. Neste sentido, as situações materiais de confiança surgem como objecto de uma "interpretação construtiva", com capacidade para justificar a decisão concreta em ordem àqueles fins ou princípios (resultado que, escapando às proposições legais, não pode dizer-se "descoberto", mas "construído" pelo intérprete)[231-232].

---

[231] Cf. CASTANHEIRA NEVES, *O actual problema metodológico da interpretação jurídica*, I, Coimbra, 2003, pp. 343-7, no sentido da afirmação da interpretação jurídica como actividade normativa e não hermenêutica ou analítico-linguística e da prioridade do caso jurídico decidendo e das exigências normativo-jurídicas do seu juízo decisório. Ao mesmo tempo, o A. defende a unidade intencional e metodológica de todos os elementos que concorrem no juízo da realização concreta do direito. O pensamento jurisprudencialista do A. não desemboca num casuísmo, antes atende igualmente à "normatividade jurídica fundamentantemente constitutiva da validade jurídica", colocando o "problema" e o "sistema" numa dialéctica inerente à própria realização do Direito: "o sistema é reconstituído em função das exigências e dos resultados da judicativa realização do direito, o problema (o caso) é não só intencionado na sua específica problematicidade jurídica como constituído enquanto o referente concreto do juízo em função das exigências e da validade da normatividade jurídica que o sistema vai objectivando" (*cit.*, p. 346). V. também FRIEDRICH MÜLLER, *Discours de la Méthode Juridique*, Trad. Olivier Jouanjan, Presses Universitaires de France, 1996, pp. 186 e ss. e 358 e ss.. Sobre a relação entre o problema e o sistema, v. MENEZES CORDEIRO, *Da Boa Fé...*, *cit.*, pp. 1258 e ss..

[232] Distinguindo três "momentos" ou "estádios" no Direito como conceito interpretativo (*interpretative concept*): um momento *pré-interpretativo* (identificador das proposições positivas – *rules and standards* – relevantes), um momento *interpretativo* e um momento *pós-interpretativo* (em que o intérprete recorre à global concepção normativa requerida pela prática "como justificação reconstrutiva dos resultados obtidos no momento interpretativo", condição de uma "coerência normativa"), v. R. DWORKIN, *Law's Empire*, Harvard University Press, London, 1986, pp. 66 e ss.. Estes surgem como pressupostos metodológicos orientados à construção do Direito como integridade (*Law as integrity*): "[l]aw as integrity, that is, provides both a better fit with and a better justification of our legal practice as a whole" (p. 411; cf. também pp. 176 e ss.). Em particular, a decisão do caso concreto, como momento particular da prática interpretativa, encontra o seu fundamento e sentido de validade na coerência dessa prática como um todo. Para uma visão geral do pensamento de DWORKIN, v. CASTANHEIRA NEVES, *cit.*, pp. 349 e ss., criticando aquele A. pela sua aproximação à hermenêutica filosófica (a "coerência normativa" de DWORKIN é também uma "coerência narrativa") e a recondução do sentido de validade da concreta decisão jurídica à integração da prática jurídica no seu todo ("[e]sse modelo como que só se ocupa do *«context of justification»* e não cura do *«context of discovery»*, quando é certo que no problema da interpretação,

356 *Nuno Tiago Trigo dos Reis*

IV. Em suma, na situação de administração, estão preenchidos os pressupostos da tutela da confiança[233]: a sociedade coloca a gestão do seu património aos seus administradores (facto indutor da confiança e investimento), confiando em que estes conduzam a respectiva actividade no respeito pelos respectivos deveres legais e convencionais e na prossecução dos interesses dos sócios (situação de confiança[234] e justificação da confiança); os administradores aceitam o cargo (imputação da situação de confiança), mediante remuneração (investimento na confiança). Mas a consideração da tutela das expectativas da sociedade relativamente à conduta dos seus administradores não estará concluída se não se atentar na especial relação que entre eles se estabelece, em virtude de função de administração de patrimónios alheios. A ponto de poder falar-se de um relação de *fidúcia*, mais do que de simples confiança. É do que se tratará no ponto seguinte.

§ 6. A relação especial de fidúcia na administração de patrimónios alheios

I. A posição dos administradores em relação à sociedade é diferente daquela em que se encontra um comum parceiro contratual[235]. Com efeito, é de reconhecer no direito positivo português, a existência de negócios jurídicos que implicam uma especial confiança entre as partes[236], uma *uberrima bona fides* ou figuras análogas às *fiduciary relationships* ou às *relationships of trust and confidence no common law*[237]. A situação em que se movem os administradores de socie-

---

enquanto momento do juízo normativo-jurídico concreto, a justificação não pode ser pensada *a posteriori*, pois que ela própria não é senão a inferência da justeza do juízo, da metodológico-juridicamente válida e concludente decisão judicativa", *cit.*, pp. 443-4).

[233] PEDRO CAETANO NUNES, *Corporate Governance*, *cit.*, p. 89.

[234] Naturalmente, a confiança de um ente colectivo não dispensa uma necessária normativização. A categoria da pessoa colectiva, por um lado, e uma concepção de confiança que ultrapassa os meros estados psicológicos permite um tratamento dogmático adequado das expectativas de que uma sociedade, enquanto centro de imputação autónomo de interesses e destinatário de normas jurídicas, pode ser titular.

[235] PEDRO CAETANO NUNES, *Corporate Governance*, cit., p. 89; CARNEIRO DA FRADA, "A business judgement rule…", *loc. cit.*.

[236] CARNEIRO DA FRADA, *Teoria da Confiança…*, pp. 544-559.

[237] V. E. ALLAN FARNSWORTH, *Farnsworth on Contracts*, I, 2.ª Ed., New York, 1998, p. 452; P. S. ATIYAH, *An introduction to the Law of Contract*, 3.ª Ed., Clarendon Law Series, London, 1982, pp. 232 e ss. Fazendo a transposição para o direito continental, incluem-se aqui uma plêiade heterogénea de relações negociais, das quais é possível autonomizar as relações fiduciárias em sentido

Os deveres de lealdade dos administradores de sociedades comerciais   357

dades justifica uma particular configuração dos deveres de lealdade de que são destinatários[238]. Por um lado, os administradores encontram-se numa situação de poder, propícia a conduzir um determinado património a gerar lucros, mas igualmente a permitir utilizações disfuncionais, afectando-os ao interesse próprio ou de terceiros que não sejam os sócios[239]. Por outro, a situação do administrador tende a prolongar-se no tempo, suscitando um aprofundamento da relação de proximidade com a sociedade.

II. Como situação tipicamente fiduciária, a concretização do sentido da lealdade na administração revela especificidades de regime. Desde logo, a lealdade não assume apenas o sentido de um dever acessório (lateral) de comportamento correcto. Ao invés, em consequência de uma tutela da confiança da contraparte particularmente intensa[240], a lealdade assume um efeito definidor do conteúdo contratual. Tal efeito pode ser imputado ao consenso contratual

---

estrito, i.e., aquelas em que ocorre a transmissão da titularidade sobre bens ou direitos, ficando o adquirente obrigado à funcionalização do aproveitamento do bem ou do exercício do direito à obtenção de determinado fim (assim, na fidúcia continental ou no *trust* anglo-saxónico). A lealdade serve de contraponto à desproporção entre os meios (a transmissão do direito sobre o bem) e o fim. Sobre os deveres de lealdade no *trust*, v. MARIA JOÃO VAZ TOMÉ/DIOGO LEITE DE CAMPOS, *A Propriedade Fiduciária (Trust)/Estudo para a sua consagração no direito português*, Almedina, Coimbra, 1999, pp. 108-110. Numa acepção mais ampla, os negócios fiduciários abrangem aqueles em que surge o exercício de certas profissões ou actividades que envolvem conhecimentos técnicos ou especializados (médicos, advogados, notários) e aqueloutras em que uma das partes concede uma posição de poder à outra ou se auto-coloca numa posição de exposição em face da interferência de outrem, confiando-lhe o seu património (como sucede, em nossa opinião, com a situação de administração de sociedades). Para um entendimento da relação especial de confiança como um tipo, a ser preenchido no plano de uma sistemática móvel, v. CARNEIRO DA FRADA, *Teoria da confiança...*, p. 548.

[238] MENEZES CORDEIRO, "A lealdade no direito das sociedades", *cit.*, pp. 1038-9, distingue "quatro áreas preferenciais de aplicação" dos deveres de lealdade: a lealdade como dever acessório de conduta com apoio no artigo 762.º/2 do Cód. Civil; a lealdade como deveres acessórios modeladores da própria prestação principal; a lealdade como dever próprio de uma obrigação sem dever principal de prestar, assentes na boa fé e no artigo 227.º/1 do Cód. Civil; a lealdade como configuração das condutas exigidas a quem gira um património alheio, assumindo um carácter fiduciário [caso dos deveres do gestor ou do mandatário; artigos 465.º, al. *a*), 1161.º e 1162.º do Cód. Civil].

[239] Podendo, por isso, dizer-se que a atribuição de um poder de disposição reclama o dever de lealdade como correctivo e contraponto da exposição e vulnerabilidade que com que o titular do património se depara: K. RUSCH, *cit.*, p. 200.

[240] A qual se manifesta, então, pela frequente imposição de *deveres de agir* e não apenas de *deveres de omissão*, como tendencialmente tende a suceder em outras relações especiais não fiduciárias.

358 Nuno Tiago Trigo dos Reis

ou pode, noutros casos, resultar da intervenção de normas de direito supletivo ou da integração de lacunas por apelo a princípios ou cláusulas gerais do sistema. Desta perspectiva, o próprio conteúdo do dever principal de prestar é modelado pelos deveres de lealdade[241]. Por outro lado, a especial configuração da lealdade nas relações fiduciárias justifica que: (i) os deveres acessórios impostos aos administradores tenham um conteúdo mais intenso do que os existentes numa relação obrigacional comum (genericamente previstos no artigo 762.°/2 do Cód. Civil)[242] e (ii) o padrão de diligência relativamente à observância desses deveres seja igualmente mais estrito[243].

[241] Assim, o dever de prestação principal de um administrador – exercer a gestão da sociedade, revelando a disponibilidade, a competência técnica e o conhecimento da actividade adequados às suas funções – pode implicar, no caso concreto, a assunção de uma actividade que até então não vinha sendo exercida ou o desenvolvimento de um esforço pessoal do administrador para obter, em benefício da sociedade, uma determinada oportunidade de negócio.

[242] Neste sentido, CARNEIRO DA FRADA, *Teoria da confiança...*, p. 551. Entre os deveres que tipicamente nascem de relações fiduciárias está o dever de informar (*duty of disclosure*) sobre situações que possam ser relevantes para o fim contratual, ainda que não digam directamente respeito ao objecto do dever principal de prestar (entre as quais se conta, desde logo, as situações geradoras de conflitos de interesses). Mas o A. parece ir mais longe, em "A *business judgement rule...*", ao defender que o dever de lealdade que é imposto ao administrador ultrapassa a medida da conduta de acordo com a boa fé, reclamada pelo artigo 762.°/2 do Cód. Civil: esta disposição visaria promover uma concordância prática de interesses contrapostos das partes numa relação de troca (mais evidente no caso de contratos onerosos sinalagmáticos); pelo contrário nas relações especiais de confiança, a boa fé impõe o sobreordenação dos interesses da sociedade e as condições da sua prossecução. De resto, seria a especial ligação entre a lealdade e a curadoria de interesses alheios que justificaria a intervenção do enriquecimento sem causa (e da teoria do conteúdo da destinação) perante situações de deslealdade (em particular, na apropriação de oportunidades de negócio pertencentes à sociedade) perante a sociedade, o mesmo não sucedendo com a violação de deveres de lealdade para com os sócios. Tendemos a aderir ao segundo argumento: pelo menos, durante vigência do vínculo de administração, há uma secundarização dos interesses próprios do administrador relativamente à prossecução do interesse dos sócios; por outro lado, a particular compatibilização de interesses é acompanhada pela circunstância de a boa fé assumir uma função na conformação do(s) próprio(s) deveres principais de prestar relativamente maior do que aquela que surge, em geral, numa relação negocial. Mas já nos parece que o efeito de atribuição dos resultados obtidos em consequência do aproveitamento de oportunidades de negócio deve ser considerado irrelevante para a eventual recondução dos deveres de lealdade dos administradores ao tipo objectivo constante do artigo 762.°/2 do Cód. Civil.

[243] A necessidade de concretização da bitola de comportamento leal tendo em consideração o agente e a específica actividade que lhe é confiada há muito foi reconhecida. Assim, já em 1911 FLETCHER-MOULTON LJ na decisão *Coomber* v. *Coomber* sublinhava que: "[f]iduciary relations are of many different types; they extend from the relation of myself to an errand boy who is bound to bring me back my change up to the most intimate and confidential relations which can pos-

Os deveres de lealdade dos administradores de sociedades comerciais   359

III. A violação destes deveres, "acrescidos", de lisura e correcção dão origem a um dever de indemnizar. Quanto a nós, o *quantum* indemnizatório deve corresponder ao interesse contratual positivo: o lesado deve ser colocado na situação em que estaria se o dever houvesse sido cumprido[244].

IV. Quanto à natureza da situação dos administradores, o entendimento está longe de ser consensual. A maior parte da doutrina reconduz a situação do administrador a um contrato: um contrato de mandato; um contrato de administração[245], legalmente atípico e especificamente comercial; um contrato de trabalho. Neste aspecto, tem todo o sentido a distinção entre a fonte da situação jurídica do administrador e a natureza da relação jurídica estabelecida entre o administrador e a sociedade. A administração não emerge, na maior parte das situações, de um contrato, como nota Menezes Cordeiro: antes surge de uma sequência complexa de factos jurídicos, que compreende a designação pela assembleia-geral e a aceitação do administrador complexo. Aliás, a defesa da tese oposta dificilmente permitiria uma redução dogmática da situação jurídica dos titulares de cargos de administração, mesmo no campo das sociedades comerciais: nas sociedades em nome colectivo, por exemplo, a qualidade de gerente advém do *status socii*. Só no caso, pouco frequente, de designação pelo conselho geral e aceitação pelo director isso sucederá. Tal não implica a qualificação como não obrigacional da relação estabelecida entre o administrador e a sociedade: basta que o conteúdo das posições de cada uma das pessoas em questão, decorrente da lei, dos estatutos ou da deliberação social, conduza a essa conclusão[246]. Faz-se notar que a existência de deveres acessórios de lealdade em nada colide com uma qualificação não contratual da situação jurídica dos administradores. Veja-se o que antes se disse acerca da natureza dos deveres acessórios de conduta: a sua natureza é obrigacional, embora a sua fonte seja

---

sibly exist between one party and another where the one is wholly in the hands of the other because of his infinite trust in him"; v. [1911] 1 Ch 723 e ss. *per* FLETCHER-MOULTON LJ (CA).
[244] Contra, limitando a indemnização decorrente da violação de deveres de conduta com origem em relações especiais de confiança ao interesse contratual negativo, salvo quando se verifique uma verdadeira responsabilidade pela confiança (como seria o caso no *venire contra factum proprium*), v. CARNEIRO DA FRADA, *Teoria da confiança…*, pp. 557-8.
[245] RAÚL VENTURA/L. BRITO CORREIA, *cit.*, p. 92; L. BRITO CORREIA, *cit.*, pp. 214 e ss. e 412 e ss. (embora conclua por uma concepção eclética da posição do administrador, a qual pode "resultar tanto de um contrato de administração, de natureza jurídico-comercial "*sui generis*" como de um acto administrativo (unilateral), de um contrato administrativo ou de um acto processual (unilateral)", p. 803); V. LOBO XAVIER, *cit.*, pp. 242 e ss..
[246] Neste sentido, CATARINA MONTEIRO PIRES, *cit.*, p. 98.

legal. Isto não deve causar estranheza: esse entendimento encontra-se historicamente consolidado quanto aos deveres pré-contratuais de informação e lealdade e, em nossa opinião, igualmente quanto ao dever de protecção.

§ 7. O conteúdo dos deveres de lealdade

7.1. *A concretização de conceitos indeterminados e cláusulas gerais. A vagueza da linguagem. A especificidade dos conceitos (indeterminados) normativos*

I. Pode perguntar-se pela natureza conceptual do dever de lealdade, designadamente pela sua qualificação como cláusula geral ou como conceito indeterminado.

De acordo com a doutrina dominante, o conceito em sentido estreito distingue-se do tipo pela circunstância de permitir "a indicação exaustiva de todos as notas distintivas que o caracterizam"[247]; o tipo, pelo contrário, não permite "a definição através da indicação de algumas notas já estabelecidas, que ocorrem em todos os casos e que são também suficientes"[248], sendo com frequência passíveis de gradação e até certo ponto comutáveis entre si"[249]. São igualmente pensáveis situações intermédias, quando um tipo legal faz referência a conceitos. Contudo, dentro do conjunto de conceitos, cumpre distinguir um relevante sub-conjunto, que é o dos conceitos indeterminados. Seguindo Menezes Cordeiro, o conceito indeterminado é aquele que "exige uma ponderação prévia das possibilidades várias que a sua comunicação pemite", tornando-se "juridicamente actuante[s] mediante a complementação com valorações", num processo que culmina com a obtenção da regra do caso[250]. A razão da existência de conceitos indeterminados reside na impossibilidade de comu-

---

[247] Karl Larenz, *Metodologia da Ciência do Direito*, 3.ª Ed., trad. José Lamego, F. C. Gulbenkian, 1997, p. 300.

[248] *Idem, ibidem*, p. 307. Já J. Oliveira Ascensão, *O Direito – Introdução e teoria geral*, 10.ª Ed., Almedina, Coimbra, 1999, p. 479, considera o tipo como "algo mais concreto do que o conceito, uma vez que por natureza preenche incompletamente o domínio abrangido por um conceito". A lei recorreria "com frequência a tipologias, conseguindo desta maneira especificar, em relação à abstracção conceitual".

[249] Karl Larenz, *Metodologia...*, *loc. cit.*.

[250] Menezes Cordeiro, *Da Boa Fé...*, p. 1178. Karl Larenz, *Metodologia...*, pp. 310 e ss. e 406 e ss., refere-se a "bitolas carecidas de preenchimento", de que seriam exemplos a boa fé, a justa causa, um prazo razoável ou o prudente arbítrio. Manifesta-se, neste caso, com a máxima intensidade, a necessidade de "um pensamento orientado a valores".

Os deveres de lealdade dos administradores de sociedades comerciais 361

nicações claras quanto ao seu conteúdo, designadamente por existir polissemia, vagueza, ambiguidade, porosidade ou esvaziamento. Com a *lealdade*, o problema seria o da vagueza: a reduzida compreensão e o alargado conjunto de casos candidatos à integração na extensão tornava necessária a concretização[251]. Note-se que a distinção entre conceitos indeterminados e os restantes conceitos utilizados no discurso jurídico é de grau e não de género: praticamente todos os conceitos implicam áreas maiores ou menores de concretização, tornando insuficiente e, por isso, insatisfatório, o recurso a juízos subsuntivos-dedutivos na procura da decisão do caso (*Rechtsfindung*)[252].

II.A garantia da racionalidade da decisão concretizadora de conceitos indeterminados encontra-se na fundamentação da própria decisão. Nela deve transparecer a ponderação dos diferentes tópicos relevantes, entre os quais se conta os próprios interesses *prima facie* atendíveis, e, bem assim, a autoridade que cada um deles deve assumir na resolução do problema. Foram já avançadas pela doutrina "metodologias" especiais no âmbito da concretização dos deveres de lealdade, destinadas a garantir a coerência e o controlo racional na obtenção de

---

[251] MENEZES CORDEIRO, *Da Boa Fé…*, *loc. cit.*.

[252] Assim, não só deve ser rejeitada a teoria *in claris non fit interpretatio*, como também deve ser considerada insatisfatória a contraposição de HECK entre núcleo e periferia dos conceitos, que veio a tornar-se um lugar comum na metodologia jurídica. Como refere A. CASTANHEIRA NEVES, *O actual problema metodológico…*, pp. 14 e ss., aquele projecto mantém-se aqui como impossível, desde logo porque o "núcleo conceptual" é ele próprio já resultado de experiência significativo-interpretativa conseguida e estabilizada e, como tal, sujeito a revisão. Por outro lado, os limites entre o núcleo e a periferia revelam-se fluidos e indeterminados, em função de novos contextos de aplicação (*cit.*, pp. 21-2). Por fim, o próprio núcleo é vulnerável à "porosidade semântica", nas situações em que o surgimento de novos problemas ou imprevistas intenções sistemáticas pode implicar a sua revisão, como sucede na analogia em sentido estreito, na redução teleológica ou na interpretação correctiva. É neste sentido que H. HART, *O conceito de Direito*, 3.ª Ed., Trad. ARMINDO RIBEIRO MENDES, F. C. Gulbenkian, 2001, p. 155 e ss., se refere à *open texture* característica dos textos legais, que se manifesta numa indeterminação conotativa (sempre em função de um contexto de "contexto de significação") e numa indeterminação denotativa (sempre em função de um "contexto de aplicação"). Assim como na linguagem o significado das palavras é função de uma *praxis*, de um uso no contexto de certo "jogo de linguagem" (no sentido da *Gebrauchstheorie* do segundo L. WITTGENSTEIN, *Philosophical Investigations*, 3.ª Ed., Ed. bilingue, trad. G. E. M. ANSCOMBE, Blackwell, 2001, n.º 23, p. 10), também o específico significado *jurídico* de um conceito e a concreta delimitação da respectiva extensão apenas podem ocorrer pela mediação constitutiva do intérprete-aplicador do Direito. Aqui, releva o papel da analogia na interpretação jurídica, cujos referentes não são o caso concreto e certo significado pré-existente para o texto legal, mas o resultado de uma comunicação recíproca entre o caso e proposições retiradas do sistema ou entre o caso e um caso semelhante anteriormente decidido.

362 *Nuno Tiago Trigo dos Reis*

soluções concretas[253]. Em particular, assumem relevância particular o acervo de conhecimentos relativamente ao conflito de deveres, tendo sempre em consideração o possível efeito "contaminador" dos direitos fundamentais sobre as relações jurídico-privadas[254].

III. Por fim, à cláusula geral correspondem proposições mais gerais do que as do conceito, "determinadas pelo cotejo que, num prisma juscultural, com ela se articulem"[255], sendo inviável a sua recondução a elementos extra-sistemáticos, como sejam factores materiais ético-jurídicos. Surgindo com o propósito de orientar comportamentos, a cláusula geral pode surgir acompanhada ou desacompanhada de conceitos indeterminados[256]. A boa fé pode, no sistema de Direito positivo português, assumir a configuração de cláusula geral[257]. No

---

[253] Veja-se a "receita" sugerida por J. HENNRICHS, *cit.*, pp. 249 e ss., que consiste em dividir a estrutura de ponderação em quatro passos: determinação dos deveres de comportamento possivelmente existentes, a partir dos efeitos provocados (a função de orientação de comportamentos favorecedora da segurança jurídica seria feita a *posteriori*, mediante a construção de casos típicos); a reunião do "material objecto de ponderação" (incluindo interesses de terceiros); a ponderação em sentido estrito (segundo dois pontos de vista fundamentais, o da ponderação da importância [*Wichtigkeit*] do interesse lesado e o da ponderação do grau de lesão dos interesses ameaçados e da probabilidade da sua ocorrência, para os quais seriam importantes diversos aspectos, como sejam a possibilidade e a simplicidade de evitar a lesão dos interesses, o critério da exigibilidade, o tipo de interesse lesado, o tipo ou estrutura da sociedade, o tipo de interesses lesado, o princípio da proporcionalidade e a ponderação das consequências da aplicação da norma ao caso); demonstração da compatibilidade da "nova" norma resultante da concretização da cláusula geral com as valorações da ordem jurídica. Estes elementos seriam ponderados num sistema móvel. O dever de o juiz fundamentar a sua decisão, pondo a descoberto os interesses lesados ou ameaçados, bem como os argumentos conducentes à afirmação da importância dos mesmos, serve aqui de controlo racional da completude e justeza da própria decisão (*cit.*, p. 254). É evidente a recepção pelo pensamento do A. dos ensinamentos de ROBERT ALEXY; cf. R. ALEXY, *Theorie der juristischen argumentation; die theorie des rationalen diskurses als theorie der juristischen Begründung*, Suhrkamp, Frankfurt an Main, 1982, pp. 259 e ss..

[254] Pense-se, por exemplo, nos casos em que a prossecução dos interesses da sociedade, *vg.*, de situações jurídicas dos sócios exercidas colectivamente, pode lesar o direito de propriedade de algum ou alguns dos sócios (artigo 62.º/1 da Constituição da República Portuguesa), do direito à iniciativa privada (artigo 61.º/1 da Constituição da República Portuguesa) e da livre escolha da profissão dos gestores (artigo 47.º/1, da Constituição da República Portuguesa) ou da segurança no trabalho dos trabalhadores da sociedade (artigo 53.º da Constituição da República Portuguesa).

[255] MENEZES CORDEIRO, *Da Boa Fé…*, *cit.*, p. 1192.

[256] *Idem, ibidem*, p. 1183.

[257] *Idem, ibidem*, p. 1192, considerando que aquela qualificação tem sempre conteúdo descritivo, dependendo da "configuração formal das fontes". Assim, se a boa fé subjectiva não pode ser considerada como uma cláusula geral, por falta de uma referência de conjunto, em detrimento de

Os deveres de lealdade dos administradores de sociedades comerciais   363

caso da lealdade, estamos ainda a meio caminho disto: da concretização daquele conceito, pode advir a imposição de deveres de comportamento, a imposição de limites ou o afastamento de permissões *prima facie* de agir, num conjunto de situações muito heterogéneo, não só relativamente ao âmbito material do problema, quanto à configuração subjectiva da relação material. Numa perspectiva normativa, a intervenção de lealdade implica o preenchimento de previsões no contexto de diferentes institutos, desde o direito do cumprimento ao direito da responsabilidade, contribuindo para a densificação de outras cláusulas gerais, como sucede com a do abuso de direito. Porém, tudo isto tem lugar por intermédio da boa fé, enquanto conceito de abstracção e extensão superiores, ou cláusula geral a que pode ser reconduzido o conceito indeterminado de lealdade.

IV. A afirmação segundo a qual o problema da concretização da extensão de conceitos indeterminados *normativos* pode ser reconduzido a um problema falta de clareza na relação entre significantes e significados suscita fundadas dúvidas[258]. Como afirma R. Dworkin, os conceitos normativos, que o A. designa de *interpretive concepts*, seriam caracterizados por um *semantic sting*. Quando dois juristas divergem sobre se certo comportamento é conforme com o dever de agir de acordo com a lealdade, e retiram duas normas de conteúdo diferente ou dois critérios diferentes para a atribuição do valor de verdade a duas proposições normativas de sentido contrário, então dir-se-ia que ambos estão em desacordo sobre aquilo que seja a *lealdade* para o Direito. É comum considerar--se que apenas se pode estar em desacordo se se partir de critérios comuns para se definir o conceito sobre cuja aplicação recai a controvérsia; no caso contrário, a divergência seria apenas aparente, porquanto ambos estariam a falar de conceitos diferentes. Assim, por exemplo, pode suceder que nenhum dos juristas em desacordo negue a recondução do conceito de lealdade às ideias de *con-*

---

uma ordenação a partir de numerosas disposições, a boa fé objectiva atinge, por vezes, a extensão suficiente para formular tal conclusão, como sucede no artigo 762.º/2 ou no artigo 437.º/1 do Cód. Civil.

[258] Em sentido contrário, ao que parece, DAVID DUARTE, *A norma de legalidade procedimental administrativa*, Almedina, Coimbra, 2006, pp. 499 e ss., escreve a propósito das normas de discricionariedade administrativa, que "os problemas de linguagem precedem a determinação das normas, em razão de as incertezas respectivas constituírem indefinições sobre o conteúdo da própria norma, pelo que a discricionariedade que daí resulta não é uma autonomia adveniente da norma enquanto significado". O A. identifica três situações típicas de incertezas de linguagem: a polissemia, a vagueza e a textura aberta. Nos dois primeiros casos, ao contrário do terceiro, teríamos "um instrumento de discricionariedade e a diferença em relação a uma norma que a confere está apenas, em rigor, na deslocação das alternativas do conteúdo da norma para a sua expressão" (*cit.*, p. 503).

fiança e de *correcção*. No entanto, a divergência surge num nível de maior concretude, acerca de subconceitos ou subintepretações do conceito de lealdade. Assim, podem os juristas estar em desacordo sobre o que deva entender-se por "confiança" ou "correcção de comportamento". Por hipótese, um dos juristas pode entender que um administrador executivo de certa sociedade anónima não pode exercer actividade de administração em sociedade concorrente imediatamente após a cessação da relação de administração com a primeira sociedade, ainda que não lese algum direito ou se aproprie de informação reservada à sociedade. O outro, pelo contrário, pode entender que os direitos à iniciativa privada ou à escolha da profissão devem ceder perante a confiança da primeira sociedade no sentido da abstenção de comportamentos potencialmente lesivos daquele que foi investido numa posição particularmente próxima dos bens jurídicos da sociedade. Cumpre fazer referência à distinção entre *conceitos* e *concepções*[259]: no exemplo acabado de referir, os juristas não estarão em desacordo sobre o conceito de lealdade, que reconduzem às noções de confiança e correcção de comportamento, mas já estarão em desacordo relativamente àquilo que seja concretamente exigido pela confiança e pela correcção de comportamento. Este contraste entre o conceito e a concepção é um contraste entre diferentes níveis de abstracção nos quais pode ser estudada a interpretação de certa prática social: num primeiro momento, é identificado o consenso em torno de algumas noções que são de forma mais ou menos estabilizada comuns a todas as interpretações; posteriormente, a divergência antes latente é detectada e sujeita a prova[260]. A distinção também não se confunde com aquela que opõe o significado à extensão de certo conceito. Na medida em que ambos os juristas assentam numa estrutura comum relativamente à interpretação do que seja a lealdade para certa comunidade jurídica, eles estão em acordo sobre o significado do conceito de lealdade[261]. Só não será assim se for consensualmente reconhecido naquela comunidade que a lealdade não está relacionada com aquelas duas noções ou se tal consenso vier posteriormente a ser estabelecido. Contudo, ainda nessa hipótese, as suas posições são interpretativas e não semânticas. De resto, não está excluída a possibilidade de contestação ou

---

[259] R. DWORKIN, *cit.*, pp. 70 e ss. e 90 e ss.. Sobre a discussão v. PEDRO MÚRIAS, "Um símbolo como bem jurídico protegido – Sobre o casamento entre pessoas do mesmo sexo" in PEDRO MÚRIAS/MIGUEL NOGUEIRA DE BRITO, *Casamento entre pessoas do mesmo sexo – sim ou não?*, Entrelinhas, Lisboa, 2008, pp. 26 e ss., com várias referências.

[260] *Idem, ibidem*, p. 71.

[261] É a ideia de que só os conceitos são significado dos termos utilizados; v. PEDRO MÚRIAS, "Um símbolo...", *cit.*, p. 30.

mesmo de superação da sua posição. Como nota Pedro Múrias:"[a] a distinção entre conceitos e concepções, note-se, não é um problema de vaguidade nem de ambiguidade das palavras. Pelo contrário, sem equívocos, o debate das concepções pode ser um debate quanto a aspectos *centrais* da aplicação daquele conceito. Trata-se do aspecto fulcral dos conceitos que admitem várias concepções, que incluem todos os conceitos normativos ou valorativos."[262]. E acrescenta o A. que "[u]m aspecto também decisivo para a própria filosofia da linguagem e para uma série de pressupostos lógicos, visto demonstrar que o significado (a «intensão») de um termo nem sempre basta para determinar os casos da sua aplicação (a «extensão»)"[263]. Ora, nestes casos, importa compreender que a interpretação e a aplicação destes termos não pode ser dissociada de as mesmas serem fundamento de orientação de comportamentos humanos.

7.1.1. *A função conformadora dos tipos legais e sociais de* sociedade *e de* administrador

Ao mesmo tempo que proliferam os estudos e as decisões respeitantes aos deveres de lealdade no Direito das sociedades, mantém-se a necessidade de assinalar os seus precisos contornos: os deveres de lealdade não podem servir de arma para todas finalidades político-legislativas[264]. Este resultado apenas pode ser evitado mediante uma referência ao conceito de dever de lealdade conforme com o sistema, que permita um tratamento das suas diversas manifestações periféricas recondutível seu núcleo material. Este trabalho não pode almejar a tal resultado, por não caber no seu escopo o estudo das fontes não societárias e não estritamente civis. Por tudo quanto se disse antes, não se pode igualmente esperar a ausência de uma tentativa de enquadramento jus-civil dos vários problemas que aqui se visa tratar: os deveres de lealdade pertencem, na sua génese e no seu conteúdo, ao Direito civil[265].

Os deveres de lealdade variam, no seu conteúdo e duração consoante os tipos legais e reais (ou sociais) de sociedade a que o administrador pertença. Contra o entendimento tradicional, segundo o qual as relações de lealdade

---

[262] *Idem, ibidem,* p. 31.

[263] *Idem, ibidem, loc. cit.*.

[264] Marina Wellenhofer-Klein, *cit.*, p. 566.

[265] Negando a especialidade dos deveres de lealdade no Direito das sociedades e acentuando a necessidade de recondução às categorias gerais do Direito civil, J. Hennrichs, "Treupflichten im Aktienrecht", *AcP*, 195 (1995), p. 223.

366   *Nuno Tiago Trigo dos Reis*

seriam mais intensas, porque mais típicas[266], nas sociedades de pessoas, têm surgido vozes no sentido da imposição de maiores constrangimentos sobre os titulares de órgãos de administração de sociedades de capitais[267]. Os argumentos são conhecidos: nas sociedades de capitais, em particular, nas sociedades abertas, o distanciamento entre os titulares do património societário e os responsáveis pela gestão é maior; o exercício do direito de voto pelos sócios tornou-se um acto meramente plebiscitário, inidóneo para servir de meio de controlo eficaz da actividade de administração; os meios de fiscalização externa da administração têm-se revelado insuficientes para resolver os "problemas de agência", facto de que os recentes escândalos de colapso financeiro de grandes sociedades cotadas (Enron, World.com, etc.) constituem demonstração evidente. Faz-se notar que a concretização da lealdade exigida aos administradores não pode ser indiferente à elasticidade dos tipos legais de sociedade, à recondução da sociedade ao centro ou à periferia do tipo, às razões que implicam o afastamento do tipo legal e ao seu sentido e relevância para a concretização[268]. Cremos, contudo, que, pelo menos tipicamente, a relação de proximidade estabelecida entre os administradores e a sociedade é maior nas sociedades de pessoas do que nas sociedades de capitais; nestas, a proximidade será tendencialmente maior nas sociedades por quotas do que nas sociedades anónimas (e, dentro destas, mais nas sociedades fechadas do que nas sociedades abertas e cotadas).

A isto acresce um outro factor valorativamente significativo na realização do raciocínio tipológico: *o tipo social de administrador*. Com efeito, nas sociedades em nome colectivo, o gerente será, em regra, um sócio. Ora, os sócios-administradores estão sujeitos a acrescidas exigências de lisura e correcção de comportamento[269]. As expectativas da sociedade quanto à dedicação dos admi-

---

[266] Neste sentido, quanto aos deveres de lealdade dos sócios, Pedro Pais de Vasconcelos, *cit.*, p. 291.

[267] Cf., a título de exemplo, Brudney/R. C. Clark, *loc. cit.*; V. também Silvia Corso, "Il conflito di interessi degli amministratori di s.r.l. e la collocazione del tipo", GC, 325 (2006), Set.-Out., pp. 635 e ss..

[268] Uma sociedade familiar pode adoptar um tipo legal sem que deixe de ser uma sociedade familiar; uma sociedade entre cônjuges pode adoptar qualquer um dos tipos legais, sem que isso torne irrelevante a especial relação entre os sócios entre si, entre os sócios e a sociedade e entre a administração e a sociedade; há, por seu lado, sociedades por quotas fortemente capitalizadas, em que alguns dos sócios entram com capitais, ao lado de sócios trabalhadores; as variações são extensíveis às sociedades abertas; Pedro Pais de Vasconcelos, *cit.*, pp. 44 e ss. e 291-2.

[269] Como exemplo de manifestações legais expressas desta diferença quanto à maior exigibilidade em termos de lealdade, veja-se o âmbito objectivo alargado da proibição de concorrência nas sociedades em nome colectivo (cf. artigos 180.º/3 e 254.º/2 e 398.º/5). Acentuando a

nistradores e à prossecução dos interesses dos sócios ("interesse da sociedade") encontram aqui tutela mais intensa: o sujeito surge agora, simultaneamente, nas vestes de pessoa obrigada à realização de um fim contratual comum e de gestor de um património alheio[270-271]. Por outro lado, é de atender ao tipo de actividade de administração desenvolvida: os titulares de órgãos encarregados de actos de natureza executiva deverão estar sujeitos a restrições acrescidas relativamente àqueles que desempenham funções de mera fiscalização[272].

importância da distinção entre os direitos de uso próprios e direitos de uso não próprios, v. MARINA WELLENHOFER-KLEIN, *cit.*, p. 573.

[270] PEDRO PAIS DE VASCONCELOS, *cit.*, p. 320: "[o] gestor profissional não deve ser um mercenário, mas não deixa de ser um terceiro em relação à sociedade, apesar de ser titular de um seu órgão. A sua posição em relação à sociedade é interessada: ele tem um interesse próprio contraposto ao da sociedade. Diversamente, o sócio gestor exerce essa função na qualidade de sócio e, embora seja remunerado pelo seu exercício, não tem uma posição de terceiro em relação à sociedade, da qual é membro e da qual faz parte. No exercício da gestão, o sócio gestor não tem um interesse contraposto ao da sociedade. Apenas o interesse da sociedade rege a sua actuação."

[271] Pode ainda questionar-se se a assunção de uma posição nos órgãos de administração pode surgir em consequência de um dever de lealdade. Naturalmente, a hipótese coloca-se relativamente a um sócio e não relativamente a um terceiro, surgindo no quadro dos deveres de lealdade do sócio relativamente à sociedade (quando seja esta a solicitar o exercício das funções de administração) ou dos sócios entre si (por hipótese, quando resulte de um acordo parassocial a obrigação de um dos sócios assumir tais funções). Em princípio, a investidura num cargo de administração depende da livre aceitação do sócio. Cf. PEDRO PAIS DE VASCONCELOS, *cit.*, pp. 316-8. Mas não será sempre assim. Quando as especiais qualidades de gestão do sócio ou a confiança que lhe merecem os credores sociais ou os clientes da sociedade o justifiquem, pode defender-se a existência de um dever de aceitação de funções, ainda que tal dever deva ser tendencialmente restringido às sociedades em nome colectivo ou a pequenas sociedades por quotas. Quanto a nós, o problema coloca-se sobretudo numa investidura subsequente à constituição da sociedade: quando seja concomitante à constituição, poderemos estar perante uma situação de não cumprimento do contrato de sociedade e/ou de um acordo parassocial.

O mesmo deve afirmar-se quanto à renúncia de cargos de administração: a saída de um administrador que possua certa competência específica ou no qual terceiros (financiadores, fornecedores ou clientes) depositem especial confiança pode revelar-se nociva para os interesses dos sócios. Cf. PEDRO PAIS DE VASCONCELOS, *cit.*, pp. 318-9. Contudo, ressalvadas as situações de violação dolosa das regras impostas pela boa fé (por hipótese, o administrador renuncia ao cargo para assumir funções de administração ou de fiscalização em sociedade concorrente tendo em vista transmitir-lhe informação respeitante à sociedade de origem ou visa, por qualquer razão, prejudicar a sociedade à qual está vinculado), será lícita a renúncia [p. ex., por razões pessoais ou profissionais (incluindo as sociais)].

[272] Ainda que seja de concluir que, no Direito português, tanto os membros do conselho de administração quanto os membros do conselho geral e de supervisão se encontram onerados com um dever de lealdade que, nos termos do qual são genericamente proibidos o exercício de uma

368 *Nuno Tiago Trigo dos Reis*

Há que distinguir igualmente os gestores profissionais que desenvolvem a sua actividade em regime de exclusividade, mediante o pagamento de elevadas remunerações, dos administradores não especializados que exercem funções executivas em regime de tempo parcial. Na vigência da situação de administração, os constrangimentos impostos pela lealdade hão-de ser maiores no primeiro tipo de situações[273-274].

O conteúdo dos deveres impostos sobre os órgãos de administração pode depender de elementos circunstanciais. Assim, em caso de dificuldades financeiras, é esperável dos membros dos órgãos de administração uma especial disponibilidade para o exercício das suas funções, podendo tal equivaler, no caso, a um dever de renúncia a assunção de cargos ou actividades extra-societárias, assim como a cessação de uma actividade concorrente anteriormente autorizada pelo órgão competente. A duração do vínculo entre o administrador e a sociedade é igualmente um aspecto importante na determinação do dever de agir ou omitir no caso concreto[275].

---

actividade concorrente e a apropriação de oportunidades de negócio pertencentes à sociedade. V., *infra*, 7.2.1.2..

[273] V. RAÚL VENTURA/L. BRITO CORREIA, *cit.*, pp. 99-100. Referimo-nos a especiais deveres norteadores da conduta dos administradores "profissionais" cuja violação constituirá um *ilícito*, embora também existam razões para fundamentar uma exigibilidade acrescida quanto ao cumprimento daqueles deveres, a operar em sede de *culpa*. Pressuposta está, pois, a distinção entre as duas noções e a sua autonomia na teoria da imputação de danos; v. M. GOMES DA SILVA, *cit.*, pp. 107 e ss., defendendo que "mesmo nos ilícitos consistentes em se terem omitido as cautelas necessárias para prevenir um dano previsível (factos que determinam a violação de deveres definidos por critérios predominantemente subjectivos), é impossível considerar o facto ilícito elemento de culpa", bastando pensar em que o agente pode omitir os cuidados exigidos ou praticar os actos danosos, cônscio do resultado que vai produzir, para ver que a culpa e o facto ilícito não têm a mesma extensão" (p. 112); só há culpa quando há um comportamento ilícito, mas com este é compatível qualquer das formas de "nexo moral" (aspas nossas), podendo o mesmo procedimento ilegítimo ser ou não adoptado com culpa em sentido restrito. Para apreciar a culpa, deve analisar-se a capacidade de culpa e a previsibilidade do dano, atendendo a todas as circunstâncias objectivas e subjectivas susceptíveis de terem influenciado aquela possibilidade; o A. defendia, porém, uma apreciação concreta da culpa, na responsabilidade civil contratual e aquiliana. V. também F. PESSOA JORGE, *cit.*, pp. 61 e ss. e 315 e ss., salientando, contudo o carácter unitário do facto ilícito e a relação entre o juízo de reprovação típico da culpa e o carácter devido do comportamento (v. p. 70).

[274] Quanto à relevância do tipo de administrador para o âmbito de vigência temporal dos deveres de lealdade e, consequentemente, para o surgimento de deveres de lealdade pós-eficazes, v., *infra*, 7.2.2..

[275] Sobre a importância da duração do vínculo especial para a conformação da cláusula geral da boa fé, v.; LARENZ, *Lehrbuch des Schuldrechts*, *AT*, I, *cit.*, pp. 136-7.

Os deveres de lealdade dos administradores de sociedades comerciais 369

Note-se que os deveres dos administradores têm de poder ser entendidos em termos tais que não os impeçam de correr os riscos normais da empresa (entendidos na sua mutabilidade consoante o objecto, os meios financeiros e técnicos da sociedade e com a própria natureza e circunstâncias do caso)[276].

7.1.2. *O preenchimento da cláusula geral através de constelações típicas de casos*

A determinação do conteúdo e extensão dos deveres de lealdade ocorre numa margem de concretização. O conteúdo dos deveres de comportamento emergentes do contrato de sociedade e/ou da nomeação da alguém como administrador são fixados num elevado nível de abstracção e indeterminação[277].

Para um estudo da forma como a lealdade se desenvolve em normas de conduta (de proibição ou de obrigação), seguir-se-á o método da análise de grupos ou constelações típicas de casos. O "caso" não consiste aqui no caso concreto, mas antes no *caso-tipo*, enquanto conjunto de proposições colocados num plano intermédio entre a teoria e o caso decidendo[278]. O recurso aos casos-tipos permitirá testar a validade de uma teoria e, bem assim, a sua capacidade de prestar soluções satisfatórias e explicativas[279].

7.2. *Fenomenologia*

7.2.1. *Deveres de lealdade no exercício da administração*

7.2.1.1. Negócios celebrados com a sociedade

I. Algumas das hipóteses mais comuns de imposição de deveres de lealdade estão hoje legalmente previstas, correspondendo assim a deveres de lealdade em

---

[276] RAÚL VENTURA/L. BRITO CORREIA, *cit.*, pp. 94-5.

[277] MARINA WELLENHOFER-KLEIN, *cit.*, p. 581.

[278] R. DWORKIN, *cit.*, p. 72, refere-se a *paradigms*, exemplos que qualquer interpretação plausível de certa instituição deve aceitar; os argumentos contra certa interpretação devem, tanto quanto possível assumir a forma de demonstração de que certo caso não pode ser incluído ou apoiado num "caso paradimático".

[279] Sobre a diferença entre a validade (*rectius*, a sua "falsificabilidade") de uma teoria jurídica e a sua "capacidade de prestar" (*Leistungsfähigkeit*), v. C.-W. CANARIS, "Funktion, Struktur und Falsification juristischer Theorien", *JZ*, 48 (1993), IV, al. d), pp. 385 e ss..

370   *Nuno Tiago Trigo dos Reis*

sentido impróprio[280]. São elas: (i) os contratos celebrados com a sociedade e (ii) as situações de conflito de interesses em matéria de deliberações do conselho de administração.

II. Quanto ao primeiro grupo de casos, os administradores das sociedades anónimas não podem celebrar certos negócios com a sociedade, sob pena de nulidade: "[é] proibido à sociedade conceder empréstimos ou crédito a administradores, efectuar pagamentos por conta deles, prestar garantias a obrigações por eles contraídas e facultar-lhes adiantamentos de remunerações superiores a um mês"(artigo 397.°/1)[281]. No n.° 2, encontramos situações em que a validade dos contratos celebrados entre o administrador e a sociedade depende da aprovação do órgão a que o administrador pertence e de parecer favorável do órgão de fiscalização: "[s]ão nulos os contratos celebrados entre a sociedade e os seus administradores, directamente ou por interposta pessoa, se não tiverem sido previamente autorizados por deliberação do conselho de administração, na qual o interessado não pode votar, e com o parecer favorável do conselho fiscal"[282]. Para a determinação do que seja "interposta pessoa", é suficiente a

---

[280] Poder-se-ia dizer que, nos casos em que existe uma previsão legal ou regras de bom governo das sociedades, a referência ao conceito de "dever de lealdade" se mostraria desnecessária. Contudo, também aqui os deveres de lealdade jogam um papel, na integração de lacunas e no campo de concretização dos direitos e deveres dos sujeitos intervenientes. V. M. LUTTER, "Treupflichten und ihre Anwendungsprobleme", p. 167; MARINA HELLENHOFER-KLEIN, *cit.*, p. 586.

[281] A aplicação de disposições proibitivas da celebração de contratos com a sociedade é extensível aos administradores executivos (artigo 428.°) e aos membros do conselho geral e de supervisão (artigo 445.°/1) nas sociedades com estrutura dualista, bem como aos membros do conselho de auditoria (artigo 423.°-H) nas sociedades organizadas de acordo com o modelo anglo-saxónico.

[282] Faz-se notar que os constrangimentos a que os administradores estão sujeitos são, neste ponto, por um lado menos intensos do que os previstos nos *PCG* [§ 5.02, (a) (2) (A), na medida em que se faz depender a validade do negócio celebrado da sua equidade (*fairness*)] e, por outro, mais intensos [§ 5.02, (a) (2) (B), (C) e (D), na medida em que a aprovação e ratificação pela administração ou a aprovação pelos sócios depende de exigências adicionais, como sejam a condição de que o negócio seja considerado *fair* pelos restantes administradores ou que não constitua um desaproveitamento de bens societários (*waste of corporate assets*)]. F. GUEZZI, *cit.*, pp. 509 e ss., apela a um tríplice critério para determinar a conduta devida, neste ponto: (i) o preço praticado deve ser acordado no respeito de um dever de correcção, não devendo os administradores beneficiar de preços que nenhum terceiro pagaria nas actuais condições de mercado; (ii) o administrador deverá comunicar à sociedade todas as circunstâncias relevantes para a celebração do contrato (*full disclosure*), como seja o de informar a sociedade sobre as variações relativamente aos preços praticados no mercado em operações semelhantes e (iii) o administrador deverá conduzir as negociações com a sociedade na observância de um estrito dever de correcção, como aquele que se

Os deveres de lealdade dos administradores de sociedades comerciais 371

possibilidade de exercício de uma influência directa sobre a parte contratante com a sociedade[283]. O n.º 3 vem estender a proibição de contratar a sociedades em situação de domínio ou de grupo. A reforma de 2006 veio reforçar as garantias de transparência das relações negociais entre os membros dos órgãos de administração e a sociedade[284].

É livre a celebração de negócios que se enquadrem no próprio comércio da sociedade e de que não resultem vantagens especiais para o contraente administrador (artigo 397.º/5)[285]. O administrador poderá, naturalmente, adquirir um automóvel produzido pela sociedade a que pertence, desde que as condições acordadas (preço, condições de crédito, garantias exigidas) sejam equivalentes àquelas que a sociedade costuma praticar no comércio com vendedores grossistas.

Por analogia, estas proibições devem considerar-se extensíveis aos membros dos órgãos de administração de todos os tipos legais de sociedades[286].

---

esperaria de um sujeito estranho à sociedade, de comprovada profissionalismo e independência. Também aqui o dever de lealdade impõe uma conduta positiva (desde logo, o cumprimento de um dever de informação). V. M. EISENBERG, "An overview of the Principles of Corporate Governance", *cit.*, pp. 1284-5: "The price is often a range, rather than a point, and disclosure of a material fact might have induced and allowed the corporation to bargain the price lower in the range Accordingly, an interested director or senior executive owes a duty to the corporation not only to avoid misleading the corporation by misstatements, but affirmatively to disclose the material facts known to him or her".

[283] Sendo o âmbito de pessoas abrangidas maior do que aquele previsto no artigo 579.º/2 do Cód. Civil; v. RINGLEB/KREMER/LUTTER/WERDER, *Kommentar zum Deutschen Corportate Governance Kodex*, Beck, München, 2003, p. 169, *apud* J. COUTINHO DE ABREU, *Responsabilidade civil...*, p. 27.

[284] Cf. o novo artigo 397.º/4: [n]o seu relatório anual, o conselho de administração deve especificar as autorizações que tenha concedido ao abrigo do n.º 2 e o relatório do conselho fiscal ou da comissão de auditoria deve mencionar os pareceres proferidos sobre essas autorizações."

[285] Evidentemente, poderá o administrador beneficiar de condições contratuais mais favoráveis, previstas em regulamento interno para trabalhadores da sociedade; v. J. COUTINHO DE ABREU, *Responsabilidade civil...*, p. 28, n. 44..

[286] Neste sentido, J. COUTINHO DE ABREU, *Responsabilidade civil...*, p. 28, n. 45. Naturalmente, quando o órgão de administração seja singular (caso de gerência singular ou de administrador único, por hipótese), a aprovação prevista no artigo 397.º/2 caberá aos sócios, devendo ser precedida de parecer favorável do órgão de fiscalização, caso exista. Recusando a aplicação destas disposições às sociedades por quotas, v. I. DUARTE RODRIGUES, *A administração de sociedades por quotas e anónimas – Organização e estatuto dos administradores*, Petrony, Lisboa, 1990, p. 145. RAÚL VENTURA, *Sociedades por quotas*, III, Almedina, Coimbra, 1991, pp. 176-7, defende a aplicação do artigo 261.º do Cód. Civil aos contratos celebrados entre o gerente e a sociedade por quotas.

III. No que se refere às situações de impedimento de voto no conselho de administração, rege o artigo 410.°/3: "[o] administrador não pode votar sobre assuntos em que tenha, por conta própria ou de terceiro, um interesse em conflito com o da sociedade; em caso de conflito, o administrador deve informar o presendente sobre ele." A disposição é aplicável aos membros do conselho de administração executivo (artigo 433.°/1) e aos membros do conselho geral e de supervisão (artigo 445.°/2) nas sociedades de estrutura dualista e, por analogia, para as reuniões da Comissão de Auditoria, nas sociedades de tipo anglo-saxónico.

7.2.1.2. Dever de não concorrência

I. O dever de não concorrência, pelas dificuldades que suscita, é merecedor de uma referência mais aprofundada. O dever de não concorrência visa: (i) evitar situações futuras de conflitos de interesses do administrador; (ii) o uso, pelo administrador concorrente, de informações privilegiadas que lhe advenham da relação de proximidade com a sociedade; (iii) evitar a diminuição de oportunidades de negócio da sociedade[287-288]. Alguns autores acrescentam os

---

[287] A propósito do dever de não concorrência dos sócios em sociedades em nome colectivo, v. MENEZES CORDEIRO, *Manual de Direito das Sociedades*, II, *cit.*, p. 163. Contudo, para ALEXANDRE SOVERAL MARTINS, "O exercício de actividades concorrentes pelos gerentes de sociedades por quotas", *BFDUC*, 72 (1996), pp. 319-20, a razão de ser da proibição para o gerente de concorrer com a sociedade por quotas seria apenas a de evitar um potencial conflito de interesses que pudesse afastar o gerente da realização do interesse social; a proibição subsistiria mesmo se o gerente não tivesse conhecimento de informações perigosas. Mas, quanto a nós, sem razão: o dever de não concorrência não deve ser equiparado a um mero dever de não contratar com a sociedade, agindo em directo conflito de interesses. A sua concorrência é potencial e particularmente mais danosa para a sociedade, na medida em que o administrador tem acesso a conhecimentos especiais respeitantes à actividade societária. A violação deste dever tem, para além disso, um especial significado no plano ético-jurídico, dada a relação de fidúcia estabelecida entre o administrador e a sociedade.

[288] Para os membros do conselho de administração executivo, vigorava, antes da revisão de 2006, de acordo com a anterior redacção do artigo 428.°, a proibição de exercer qualquer actividade comercial, por conta própria ou alheia, ou de ser membros de órgão de administração ou de fiscalização de qualquer sociedade, salvo autorização do conselho geral e sem prejuízo do disposto na alínea *c*) do n.° 5 do artigo 425.°. Entendia-se, então que sobre os directores das sociedades anónimas impendia "um autêntico dever de se absterem de intervir, de forma continuada, no tráfego mercantil", v. NOGUEIRA SERENS/PEDRO MAIA, "O artigo 428.°, n.° 1 e 2 do Código das Sociedades Comerciais – análise da sua natureza jurídica", *Revista da Banca*, 38 (1996), p. 34; ALEXANDRE SOVERAL MARTINS, *cit.*, p. 320, n. 15, entendia, por isso, que a proibição de concorrên-

Os deveres de lealdade dos administradores de sociedades comerciais 373

inconvenientes que decorreriam da dispersão do tempo e atenção dos administradores por outros domínios, mas essa razão não convence: estão também onerados com um dever de não exercer concorrência com a sociedade aqueles sobre quem não impenda um dever de dedicação exclusiva aos assuntos societários[289].

II. Quanto à noção de concorrência, existem duas referências legais. A propósito das sociedades em nome colectivo, pode ler-se, no artigo 180.º/3: "[e]ntende-se como concorrente qualquer actividade abrangida no objecto da sociedade, embora de facto não esteja a ser exercida por ela." Para as sociedades por quotas, o artigo 254.º/2 estabelece: "[e]ntende-se como concorrente com a da sociedade qualquer actividade abrangida no objecto desta, desde que esteja a ser exercida por ela ou o seu exercício tenha sido deliberado pelos sócios". Para as sociedades anónimas, por razões óbvias, tem mais sentido a aproximação ao artigo 254.º/2: o administrador não poderá exercer actividade concorrente com aquela que se insira no objecto social e que esteja a ser exercida ou venha num futuro próximo a ser exercida[290]. Pode, assim, concluir-se que, à semelhança do que a *communis opinio* vem sustentando no Direito alemão, a noção de "actividade concorrente" deve corresponder à actividade efectivamente desenvolvida pela sociedade ou cujo desenvolvimento é iminente[291].

---

cia dos directores tinha, como o § 88 do *AktG*, que lhe tinha sido fonte inspiradora, igualmente a finalidade de evitar que os directores desviem a sua "força de trabalho" dos assuntos da sociedade; no mesmo sentido, PEDRO CAETANO NUNES, *Corporate Governance*, cit., pp. 96-7. Contra, apontando para a possibilidade de os administradores exercerem funções em sociedades não concorrentes, ELISABETE GOMES RAMOS, *cit.*, p. 135, n. 293. Pese embora a nova redacção do artigo 428.º, que se limita agora a fazer operar uma remissão para os artigos 397.º e 398.º, não deve ser outro o entendimento correcto relativamente à extensão do dever de lealdade com que se deparam os membros do conselho de administração executivo. Para essa conclusão concorre a consagração, em termos gerais, mas carecedora de uma concretização social-tipológica, do dever de lealdade, no artigo 64.º, als. *a*) (prossecução do interesse da sociedade) e *b*) (revelação da disponibilidade, competência e conhecimento da actividade adequados às funções exercidas). Dos administradores integrantes do conselho de administração executivo, geralmente gestores especializados a quem os sócios confiam a administração do seu património contra o pagamento de avultadas quantias, é esperável uma dedicação e uma disponibilidade sem dúvida incompatíveis, na maior parte dos casos, com o exercício de funções de administração em outras sociedades, ainda que não concorrentes.

[289] Como pode suceder, como se viu, quanto aos administradores executivos das sociedades anónimas, em decorrência de um dever de agir extraído do dever de lealdade.

[290] Cf. artigo 398.º/5.

[291] V. RAÚL VENTURA, *Sociedades por quotas*, III, cit., pp. 59-60, o conceito de actividade concorrente implica uma efectiva inserção no mesmo mercado. Importa atender ao tipo de produtos

374 Nuno Tiago Trigo dos Reis

Do mesmo modo, não se considera haver violação do dever caso se trate de uma actividade ainda não efectivamente explorada pela sociedade. Mas já estará vedado aos administradores exercer concorrência com actividade efectivamente desenvolvida pela sociedade, ainda que esta extravase do objecto social[292]: não teria sentido que o administrador se pudesse prevalecer da prática de actos que excedam o objecto social, alegando não violar o dever de não exercer actividade concorrente quando aquele excesso decorre de facto praticado por si próprio. O contrário representaria, aliás, uma incoerência sistemática: os actos praticados para além do objecto social não deixam de ser imputáveis à sociedade, constituindo os administradores no dever de indemnizar a sociedade pelos danos daí resultantes (artigos 6.°/4, 260.°/2 e 3, 409.°/1 e 2, 431.°/3 e 443.°/2).

Em nossa opinião, o dever de não concorrência, ao abrigo do artigo 762.°/2 do Cód. Civil só existirá se: (i) o administrador pretender iniciar uma actividade concorrente depois de tal actividade já estar a ser exercida pela sociedade ou (ii) na situação em que a sociedade só exerce efectivamente aquela actividade depois de o administrador a ter iniciado, *desde que este soubesse ou não devesse ignorar que a sociedade estenderia os seus negócios para aquele domí-*

(em sentido amplo, incluindo serviços e produtos incorpóreos) comerciados e ao tempo e ao lugar do comércio. Contra este entendimento restritivo da noção de "actividade concorrente", poder-se-ia argumentar com o perigo da criação futura de situações de conflitos de interesses, que passariam a ser uma realidade a partir do momento em que a sociedade entendesse iniciar o exercício da actividade em causa. Mas a necessidade de uma tutela preventiva de conflitos de interesses não deve ir tão longe. Tendo em consideração a forma, ampla, em que o objecto social surge frequentemente formulado no texto dos estatutos, a restrição da iniciativa privada dos administradores seria desnecessariamente restringida se a sociedade nunca chegasse a desenvolver a actividade anteriormente iniciada pelo administrador. Mas, a partir do momento em que a sociedade o faça (ou os sócios assim o deliberem), o dever de lealdade deve sobrepor-se àquela forma de iniciativa privada do administrador, passando este a estar obrigado a cessar a actividade concorrente, *desde que este conhecesse ou não devesse desconhecer que a sociedade alargaria o seu âmbito de negócios.*

[292] RAÚL VENTURA, *Sociedades por quotas*, III, *cit.*, p. 59, relativamente aos gerentes das sociedades por quotas: "[…] a concorrência existe e seria farisaico que o gerente, que dirige a actividade de facto da sociedade protegida, pudesse invocar não estar ela abrangida no objecto contratual, para livremente concorrer com ela". PEDRO CAETANO NUNES, *Corporate Governance*, *cit.*, p. 94, acolhe a mesma solução, invocando o artigo 762.°/2 do Cód. Civil; v. também J. COUTINHO DE ABREU, *A responsabilidade dos administradores de sociedades comerciais*, *cit.*, p. 29. Contra, ALEXANDRE SOVERAL MARTINS, *cit.*, p. 329, n. 25, considerando que o "objecto" previsto no artigo 254.°/2 é o objecto social consagrado no contrato de sociedade e não o "objecto de facto" e que o gerente que, em representação da sociedade, pratica actos que não respeitam o objecto social, está a actuar de forma ilícita (artigo 6.°/4).

Os deveres de lealdade dos administradores de sociedades comerciais   375

nio[293]. Por via desta última proposição, haverá ilicitude se o administrador iniciar uma actividade concorrente com aquela que sabe que a sociedade desenvolverá no futuro, ainda que não tenha ainda havido deliberação dos sócios, mas tão só planeamento por parte da administração ou comissão executiva[294]. Nos casos em que o administrador não conhecesse o alargamento da actividade societária, embora devesse não desconhecê-lo, estar-se-á no campo da violação negligente dos deveres de lealdade. A recente alteração à redacção do artigo 398.°/5, que deixou de remeter para o n.° 4 do artigo 254.° não prejudica essa solução; o facto de não se presumir o consentimento 90 dias após o exercício da actividade não quer dizer que se entenda que a sociedade se possa opor, *em qualquer caso*, a uma actividade que vinha sendo exercida pelo administrador[295].

Tem igualmente sido discutida a questão de saber se um acto isolado é suficiente para nela ser integrado[296]. Parece-nos que, dependendo da *espécie de acti-*

---

[293] Em sentido próximo, relativamente aos associados de sociedades em nome colectivo, MENEZES CORDEIRO, *Manual de Direito Comercial,* cit., II, p. 164. Por esta razão, é ilícita a conduta do administrador que exerce concorrência depois de a AG ter deliberado a suspensão do exercício da actividade. No mesmo sentido, entendendo porém, ser este um dos casos em que existe deliberação do exercício da actividade pelos sócios (artigo 254.°/2, *in fine*), RAÚL VENTURA, *Sociedades por quotas*, III, *cit.*, p. 60.

[294] V. PEDRO CAETANO NUNES, *Corporate Governance*, *cit.*, p. 95.

[295] Com efeito, estar-se-á, naquele caso, perante uma situação em que o tipo subjectivo não estará preenchido, não se podendo considerar que o sujeito violara o dever de não concorrência nos termos dos artigos 254.° e 398.°. O problema – mais geral – da relevância da imputação subjectiva e da culpa na execução específica de deveres acessórios de conduta não pode aqui, com a profundidade reclamada pela complexidade do tema, ser tratado. Contudo, não existem dúvidas de que a falta de elementos suficientes para se concluir pela violação intencional de uma disposição destinada a tutelar interesses particulares ou de um dever de cuidado traduzido na indagação e investigação quanto às actividades planeadas da sociedade afastará o dever de indemnizar. Ainda que se considerasse que se estaria perante uma típica violação do dever de não concorrência, a sociedade teria de agir de acordo com os ditames da boa fé, respeitando a situação de confiança de que o administrador era titular. No limite, haveria exercício abusivo do direito de exigir o cumprimento do dever de lealdade, exigindo a cessação da actividade concorrente, nos termos da *Verwirkung* ou da *supressio*, seguindo a tradução que MENEZES CORDEIRO propõe , v. *Da Boa Fé…*, *cit.*, pp. 797 e ss..

[296] No sentido de que se pode falar em violação do dever de não concorrência com a mera prática de um acto isolado, RAÚL VENTURA, *Sociedades por quotas*, III, cit., p. 56. Em sentido negativo, v. ALEXANDRE SOVERAL MARTINS, *cit.*, p. 332, considerando que o legislador visou unicamente restringir o exercício de uma actividade e já não de um acto isolado, embora este possa traduzir uma violação do dever de diligência a que se acham obrigados os gerentes da sociedade, conducente a uma obrigação de indemnizar a sociedade pelos danos sofridos e até à destituição com justa causa do gerente. Para PEDRO CAETANO NUNES, *Corporate Governance, cit.*, pp. 94-5, "a

376   *Nuno Tiago Trigo dos Reis*

vidade da sociedade gerida[297], a prática de um acto isolado poderá traduzir a violação do dever de não concorrência[298]. Ainda que assim não seja de entender, poder-se-á ainda recorrer à proibição (geral) de violação do dever lealdade. O que já não se aceita é que se considere estarmos perante um dos casos padrão de apropriação de oportunidades de negócio apenas porque se trata de um único acto. Trata-se de duas situações típicas de casos de violação de deveres de lealdade, redutíveis a vectores materiais comuns, mas construídas, apesar de tudo, sobre factualidades distintas e que devem ser tipologicamente recortadas entre si por requisitos distintos. Um acto isolado de concorrência pode não representar a apropriação ilícita de uma oportunidade de negócio da sociedade, assim como esta poderá ocorrer independentemente do exercício de uma actividade concorrente[299].

III. Nas sociedades de estrutura monista, os membros do conselho de administração estão sujeitos a um dever de não concorrência, independentemente de terem, ou não, delegado funções de gestão numa comissão executiva[300]. Para além de o artigo 398.º/3 não distinguir entre administradores executivos e não executivos, a delegação de poderes de gestão constante do artigo 407.º é limitada, não permitindo garantir a inexistência de futuros conflitos de interesses, como se depreende pela circunstância de a delegação de poderes poder ser imprópria, permanecendo os administradores não executivos com a titularidade do direito de assumir os poderes de gestão e pela existência de limites objectivos ao conteúdo da delegação (artigo 407.º/4). Por estas razões,

---

prática de um acto isolado deverá ser analisada em sede de violação do dever de lealdade, mas por apelo ao dever de não apropriação de oportunidades e sem recurso ao artigo 254.º/2 CSC"; o fundamento do dever de não concorrência seria neste caso directamente extraído do artigo 762.º/2 do Cód. Civil.

[297] V. RAÚL VENTURA, *loc. cit.*.

[298] Pense-se na situação em que uma sociedade se dedica à promoção de concertos ou à organização de eventos festivos na passagem do ano. A organização de um único concerto ou de uma festa de comemoração do ano vindouro consubstanciaria uma violação do dever de não concorrência, sem que se possa concomitantemente falar do aproveitamento de uma oportunidade de negócio destinada à sociedade.

[299] Assim, se um terceiro propuser um contrato ao administrador, no exercício das suas funções e por causa delas, e este celebrar o negócio em nome e por conta própria, haverá aproveitamento ilícito de uma oportunidade de negócio pertencente à sociedade, mas não acto de concorrência. O mesmo será de concluir se o administrador utilizar bens ou serviços da sociedade em benefício próprio. V., num sentido próximo, J. COUTINHO DE ABREU, *A responsabilidade civil…*, pp. 32-3.

[300] PEDRO CAETANO NUNES, *Corporate Governance*, *cit.*, pp. 95-6.

Os deveres de lealdade dos administradores de sociedades comerciais 377

parece precipitada a equiparação da posição dos administradores não executivos nas sociedades de estrutura monista àquela de que gozam os membros do conselho geral e de supervisão nas sociedades de tipo germânico (ainda que, com a reforma de 2006, estes tenham passado a estar expressamente sujeitos a um dever de não exercer actividade concorrente com a da sociedade).

A proibição vigora de modo idêntico relativamente ao administrador único e aos administradores suplentes, quando sejam chamados à substituição.

IV. Nas sociedades de estrutura dualista, tanto os directores quanto os membros do conselho geral e de supervisão estão sujeitos a um dever de não concorrência (artigos 428.° e 434.°/5)[301]. A equiparação do dever de não concorrência dos membros do conselho geral e de supervisão aos directores não é, contudo, isenta de críticas. Os membros do conselho geral e de administração não desempenham funções de gestão corrente da sociedade, para além de a prática demonstrar que muitas vezes não exercem as suas funções em regime de exclusividade, assumindo as posições de sócios ou titulares de órgãos sociais em outras sociedades: a função do conselho geral e de supervisão é fundamentalmente fiscalizadora (artigo 441.°)[302]. Melhor teria sido restringir o âmbito objectivo a actividades de que previsivelmente possam resultar conflitos de interesses *relevantes*, como sejam as de administração, fiscalização ou consultadoria em sociedades que exerçam ou previsivelmente venham a exercer actividades coincidentes com a actividade social[303]. Ainda assim, na concretização do dever de não concorrência, deve entender-se que o núcleo de condutas vedadas aos membros do conselho geral e de supervisão por decorrência do

---

[301] A consagração expressa do dever de não concorrência para os membros do conselho geral e de supervisão foi introduzido pelo Decreto-Lei n.° 76-A/2006, de 29 de Março. Antes dessa data, a doutrina encontrava-se dividida: cf. PEDRO CAETANO NUNES, *Corporate Governance, cit.*, p. 100.

[302] MENEZES CORDEIRO, *Manual de Direito das Sociedades*, II, *cit.*, p. 789.

[303] No Direito alemão, em que não existe nenhum dever de não concorrência previsto para os membros do *Aufsichtsrat* (v. MICHAEL KORT, *cit.*, § 88, pp. 281-2), encontramos, contudo, uma recomendação no *Deutsche Corporate Governance Kodex*, na versão de 12.06.2006 (parág. 5.5.3), no sentido da cessação do mandato em caso de exercício de funções em sociedade concorrente de que resulte um conflito de interesses *relevante e não meramente temporário* (*wesentliche und nicht nur vorübergehende Interessenkonflikte*). Naturalmente, neste caso, o membro do *Aufsichtsrat* deve informar os restantes membros do órgão do exercício de funções em sociedade concorrente, na medida em que se trata de uma permanente fonte de situações de conflito de interesses, cf. MARCUS LUTTER, "Interessenkonflikte und Business Judgement Rule", *cit.*, pp. 253-4. V. MICHAEL KORT, *cit.*, § 88, p. 282, entendendo as funções orgânicas e de consultadoria como aquelas de que tipicamente decorre um risco de surgimento de conflitos de interesses.

378 *Nuno Tiago Trigo dos Reis*

dever de lealdade é mais estreito do que o daquele que impende sobre os membros do conselho de administração executivo.

Por analogia, o mesmo regime deverá valer para os membros da comissão de auditoria[304].

V. Nas sociedades anónimas, o consentimento para o exercício lícito de uma actividade concorrente deve ser prestado pela AG (artigo 398.º/3, para os administradores das sociedades anónimas de estrutura monista e 434.º/5, para os membros do conselho geral ou de supervisão, nas de estrutura dualista) ou pelo conselho geral ou de supervisão (artigo 428.º, para os membros do conselho de administração executivo). A circunstância de o artigo 398.º/5 não remeter para o n.º 4 do artigo 254.º não impede que o mesmo deixe de considerar-se aplicável, por analogia[305].

Nas sociedades por quotas, o consentimento deverá ser também prestado pela AG (artigo 254.º/1).

7.2.1.3. Dever de não apropriação de oportunidades de negócio pertencentes à sociedade

I. O dever de não aproveitamento de oportunidades de negócio societárias tem a sua fonte positiva na boa fé, consistindo em normas de conduta que não

---

[304] Atentas as especiais cautelas de isenção e independência exigidas aos membros da comissão de auditoria, como garantia de uma eficaz actividade de fiscalização e auto-controlo societário (v. artigo 423.º-B/5, devendo a independência ser aferida pelos critérios constantes do artigos 414.º/5 e 414.º-A e artigo 1.º do Reg. CMVM 7/2001, sobre o governo das sociedades cotadas). Sobre o significado da comissão de auditoria no actual contexto de governação de sociedades e da importância de mecanismos internos de fiscalização da actividade societária por quem simultaneamente integre o procedimento de tomada de decisões e gestão, GABRIELA FIGUEIREDO DIAS, *cit.*, pp. 24 e ss.

[305] Assim, também para as sociedades anónimas se presume o consentimento no caso de o exercício da actividade ser anterior à nomeação do gerente e conhecido de sócios que disponham da maioria do capital, e bem assim quando, existindo tal conhecimento da actividade do gerente, este continuar a exercer as suas funções decorridos mais de 90 dias depois de ter sido deliberada nova actividade da sociedade. O consentimento só se presume, obviamente, em relação às actividades exercidas de que esses sócios tivessem conhecimento. Na segunda hipótese, a "nova actividade" é tanto aquela que já se encontrava abrangida pelo objecto social, quanto a que não estava sequer inicialmente incluída naquele objecto; v. ALEXANDRE SOVERAL MARTINS, *cit.*, pp. 341-2. V. J. COUTINHO DE ABREU, *Responsabilidade civil...*, p. 31, n. 52. Naturalmente, a aplicação desta proposição faz-se sem prejuízo da proibição do abuso do direito.

Os deveres de lealdade dos administradores de sociedades comerciais   379

correspondem a um dever principal de prestar, mas que o complementam e modelam[306], formando um programa de comportamento na execução do cumprimento de obrigações conforme com as expectativas do devedor (a sociedade) (artigo 762.º do Cód. Civil).

Os diferentes casos-padrão que o Direito alemão e norte-americano dão a conhecer valem igualmente entre nós: (i) o aproveitamento de um bem ou um negócio no qual a sociedade tinha uma expectativa; (ii) a celebração de um negócio de que se teve conhecimento por força da utilização de pessoal, bens ou informações que pertençam à sociedade; (iii) a celebração de um negócio que ofereceria à sociedade ganhos sinergéticos relevantes[307]. Remetemos para o que então se disse quanto a esta constelação típica de incumprimento de deveres de lealdade.

II. No primeiro conjunto de casos, estarão abrangidas as situações em que já foram iniciadas negociações com um terceiro (por maioria de razão, quando este já tiver dirigido à sociedade uma proposta ou um convite a contratar). Mas há que acrescentar aquelas outras em que o administrador sabe ou não deve ignorar a intenção da sociedade no sentido da celebração de certo negócio[308-309]. É irrelevante que o administrador tenha tomado conhecimento da oportunidade de negócio em termos comerciais ou privados[310].

No segundo grupo de casos, cremos que o administrador deverá oferecer o aproveitamento da oportunidade à sociedade, sem necessidade de um juízo quanto ao carácter vantajoso para os interesses desta. Pelo contrário, na ter-

---

[306] Como bem observa CARNEIRO DA FRADA, não é pensável uma relação obrigacional pela qual a lealdade constitua o objecto de um dever de prestar autónomo, podendo, porém, modelar a própria prestação típica da relação de administração, não lhe sendo meramente justaposto; v. "A responsabilidade dos administradores na insolvência", ROA, 66 (2006), Ponto 8, n. 31.

[307] PEDRO CAETANO NUNES, *Corporate Governance, cit.*, p. 101.

[308] Assim, por exemplo, um administrador, através de uma intervenção num projecto de expansão da sociedade, fica a saber que a sociedade pretende adquirir uma posição noutra sociedade e antecipa-se, adquirindo em nome próprio essa participação. Ou, por hipótese, sabe que a sociedade precisa de expandir as suas instalações industriais e adquire pessoalmente os terrenos contíguos às instalações existentes.

[309] A expectativa concreta de aproveitamento de uma vantagem pela sociedade pode ser inferida a partir das práticas negociais consolidadas, do acesso a correspondência ou outro meio de informação adequado, ou ainda da celebração de um contrato de mandato para a aquisição da vantagem; v. K. RAUSCH, *cit.*, p. 189.

[310] ANA PERESTRELO DE OLIVEIRA, *cit.*, pp. 128-9 (cit. JUNGKURTH): "[u]m administrador está sempre ao serviço". Assim, a relação entre o conhecimento da oportunidade e o exercício das funções pode ser meramente casual (surgindo, p.ex., durante uma partida de golfe entre gestores).

380 Nuno Tiago Trigo dos Reis

ceira constelação típica de casos, exige-se que a oportunidade de negócio surja como potencialmente valiosa[311]. Não é irrelevante a consideração do objecto social da sociedade, mas, como se disse a propósito do dever de não concorrência, é suficiente que o administrador conhecesse ou não devesse ignorar que a sociedade alargaria a sua actividade para além do objecto estatutário. Perante a boa fé do administrador, é irrelevante a consideração de que a oportunidade de negócio era afim daquela que a sociedade exercia efectivamente[312]. Contudo, é vedado ao administrador o aproveitamento de uma vantagem que seja de considerar incluída na actividade efectivamente desenvolvida pela sociedade, ainda que esta não encontre correspondência com o objecto estatutário.

Relativamente à utilização de informação reservada à sociedade, note-se que não é necessário que estejam reunidos os elementos típicos do crime de *insider trading* ou que a informação seja susceptível de influenciar o preço de valores mobiliários[313]. Assim, viola o dever de lealdade o administrador que, no exercício das suas funções numa sociedade que se dedica à exploração mineira, descobre que o terreno que é propriedade de uma outra sociedade tem um subsolo rico em petróleo e adquire esse terreno, esperando poder revendê-lo no futuro a um preço superior.

---

[311] Não se exige um juízo de certeza ou, sequer, de probabilidade quanto ao carácter vantajoso da oportunidade. O juízo sobre a conveniência de um negócio não pode ser deixado a um único administrador, ainda menos quando este seja parte interessada. Porém, o aproveitamento de negócio que pareça desvantajoso ao administrador de boa fé não parece ser relevante. No sentido de que não é lícito o aproveitamento de negócio que possa "causar dano à sociedade", v. F. GUEZZI, *loc. cit.*.

[312] Em sentido contrário, v. K. RAUSCH, *cit.*, p. 188. A jurisprudência alemã maioritária parece acolher o mesmo entendimento: um sócio comanditado de uma sociedade que se dedicava à exploração de uma empresa de transportes, em especial em veículos de curta distância, tractores de lagarta, escavadeiras, veículos preparados para construção subterrânea e para utilização industrial, bem como a sua locação e transporte para todos os fins, está proibido de explorar por conta própria um negócio de locação de empilhadeiras de forquilha, uma vez que esta actividade, ainda que seja distinta daquelas que constam dos estatutos e, bem assim, daquelas que a sociedade efectivamente exercia, consistia numa empresa "afim" (*verwandte*) da esfera de negócios desenvolvidos pela sociedade até então [*BGHZ*, 70 (1978), pp. 331 e ss.]. Não discutimos a justeza da decisão, mas não nos parece razoável a fundamentação encontrada. Se é duvidoso que a actividade iniciada pelo administrador não podia ser considerada incluída no objecto social por via das regras gerais de interpretação, parecia haver argumentos sólidos para fundamentar a má fé do administrador neste caso.

[313] F. GUEZZI, *cit.*, p. 518, afirmando ser suficiente que o administrador tenha recorrido ao uso de informação da sociedade.

Os deveres de lealdade dos administradores de sociedades comerciais   381

III. O dever de não apropriação de oportunidades de negócio societárias impende tanto sobre os administradores quanto sobre os membros do conselho geral e de supervisão ou da comissão de auditoria[314]. As situações de interposição de terceiros estão naturalmente cobertas: é suficiente que o administrador possa exercer um poder de influência na sociedade interposta para que a esta não seja lícito o aproveitamento da oportunidade.

IV. Deve entender-se que uma oportunidade de negócio pertence à sociedade *quando seja conhecida pelo administrador por força ou por ocasião do exercício das funções de administração ou, ainda que sejam conhecidas pelo administrador por outro meio, sejam conexas com a actividade que esteja a ser exercida pela sociedade ou que esta tenha a expectativa de exercer no futuro, desde que, neste último caso, o administrador conheça ou não deva desconhecer o alargamento da actividade societária.* Estarão ainda abrangidas as situações em que a negociação apenas é possível mediante a utilização de pessoal ou de informação pertencentes à empresa.

Não deverão ser considerados relevantes os argumentos assentes na impossibilidade de aproveitamento da oportunidade pela sociedade por razões financeiras ou comerciais. O mesmo se diga quanto às limitações decorrentes do objecto social.

O consentimento para o aproveitamento da oportunidade de negócio societária pertence ao conselho geral e de supervisão ou à AG, por aplicação analógica das disposições relativas ao dever de não concorrência. No primeiro caso, à deliberação deverá poderá ser aplicado o *business judgement rule*, em termos de que já demos conta[315].

V. A determinação das consequências jurídicas resultantes da apropriação ilícita de oportunidades de negócio pertencentes à sociedade suscita problemas delicados. Neste ponto, é impossível almejar a uma teoria geral. Essa impossi-

---

[314] K. Rusch, *cit.*, pp. 118-9, fazendo referência ao Direito inglês, suscita a questão da distinção do dever de não apropriação de oportunidades societárias entre administradores executivos (os *executive directors*) e os administradores não executivos (*non-executive directors*, equiparados pelo A. aos membros do *Aufsichtsrat* alemão), concluindo pela maior intensidade do dever no caso do exercício de funções executivas. Assim, se alguém que exerce simultaneamente funções executivas numa sociedade e funções de fiscalização numa outra se depara com uma oportunidade de negócio enquadrada no ramo de negócios de ambas, o administrador deverá requerer o consentimento, em primeiro lugar, da sociedade em que exerce funções executivas, gozando esta de uma "preferência" quanto ao aproveitamento da oportunidade de negócio.

[315] V., *supra*, § 3, 3.2..

bilidade fica a dever-se à grande diversidade de situações jurídicas que encontram tutela através da *corporate oportunities doctrine*. Pela estrutura do Direito da responsabilidade civil e do enriquecimento sem causa, e, bem assim, do Direito dos contratos, as consequências da intervenção do administrador desleal serão distintas consoante a natureza do bem que aquele vise obter. Assim, se a oportunidade de negócio da sociedade respeitar a um *"direito absoluto"*[316], as consequências serão, em regra, diversas daquelas que se verificam se a oportunidade consistir numa expectativa de celebração de um contrato com um terceiro. Em particular, pode suceder que o aproveitamento da oportunidade (*vg.*, celebração do contrato com terceiro, utilização com finalidade lucrativa de informação respeitante à sociedade, aquisição de bens em relação aos quais a sociedade possuía já uma expectativa de aquisição) permita a obtenção de lucros superiores à diminuição patrimonial da sociedade. É mesmo possível que não ocorra qualquer diferença entre a situação patrimonial actual e a situação patrimonial hipotética da sociedade, caso não tivesse havido violação do dever de lealdade, não existindo nesse caso, *à luz da teoria da diferença* (artigo 566.º/2 do Cód. Civil), qualquer dano ressarcível. Por outro lado, há que articular a intervenção das normas respeitantes à responsabilidade civil com o Direito do enriquecimento sem causa, em particular, com a modalidade de enriquecimento por intervenção em património alheio[317]. Seguem-se três casos modelares, a propósito dos quais se procurará expor os diferentes efeitos que a aplicação da teoria da proibição da apropriação de oportunidades de negócio implica. A par da plasticidade da teoria, manifestada pela aplicação a três diferentes situações, ou mesmo como contraponto a tal plasticidade, realça-se a impossibilidade de encontrar um efeito comum a todos os tipos de casos. A título de conclusão antecipada, pensa-se que a teoria das oportunidades de negócio societárias assume uma função de teoria de primeiro grau, procurando unificar os casos em que o aproveitamento de certo bem se encontra reservado à sociedade. Com recurso a ela, podem ser fundamentadas normas de proibição (redutíveis a normas de imposição de abstenção de aproveitamento de certa vantagem patrimonial), mas não normas secundárias que tenham como previsão a violação das primeiras. As consequências para a violação da proibição de aproveitamento de oportunidades de negócio terão, pois, de derivar de institutos gerais

---

[316] Compreendendo, assim, os direitos reais, os direitos de autor, os direitos de propriedade industrial e os direitos de personalidade, desde que, evidentemente, não sejam incompatíveis com a personalidade colectiva.

[317] V., por todos, L. MENEZES LEITÃO, *O enriquecimento sem causa no direito civil*, CEF, Lisboa, 1996, pp. 668 e ss..

Os deveres de lealdade dos administradores de sociedades comerciais   383

de Direito civil, designadamente, da responsabilidade civil ou do enriquecimento sem causa. Adoptando como exemplo-tipo a situação em que um administrador celebra em seu nome, e por conta própria, um contrato de agência
que lhe fora oferecido em virtude das funções exercidas na sociedade, e na qual
assume a posição de agente, haverá que distinguir entre três formas de cálculo
do dano:

(1) Um administrador da sociedade A celebra em seu nome, e por conta
própria, um contrato de agência que lhe fora oferecido em virtude
das funções exercidas na sociedade, e na qual o primeiro vem a assumir a posição de agente;

(2) A sociedade B é titular de uma patente do processo de fabrico de
certo medicamento. Um dos administradores inicia a exploração de
um negócio de fabrico do mesmo medicamento, sem autorização da
sociedade. Até à data, a sociedade não havia concedido a qualquer terceiro uma autorização para explorar aquele produto, apesar de já ter
recebido propostas de pagamento de quantias avultadas para a atribuição de uma licença;

(3) A sociedade C dedica-se à extracção, corte, lapidação e comercialização de diamantes. Aproveitando-se de informação confidencial da
sociedade, um dos administradores adquire uma mina que sabe ser
rica naquele mineral. Tanto o processo de extracção quanto o de
transporte, corte e escoamento dos diamantes foram levados a cabo
exclusivamente com meios do próprio administrador. Em consequência disto, o administrador obtém avultadíssimos lucros, parte dos
quais se acredita ser resultado do *know-how* e conhecimentos técnicos
e comerciais sedimentados por uma experiência profissional construída pelo administrador ao longo de décadas.

VI. Na situação (1), a sociedade A poderia exigir o pagamento de uma
indemnização pelos lucros cessantes, desde que conseguisse demonstrar que o
contrato teria sido celebrado em seu nome se não se tivesse verificado a intervenção do administrador desleal e que teria com isso obtido lucros (deduzindo,
naturalmente o valor correspondente à poupança de despesas correspondente
à contrapartida hipoteticamente devida ao terceiro). A titularidade do direito a
exigir uma indemnização pelos lucros cessantes resulta da violação do dever
acessório de lealdade (artigo 566.º/2 do Cód. Civil), situação que se quadra,
em nossa opinião, numa responsabilidade de terceira via, entre a contratual e a
delitual.

384 Nuno Tiago Trigo dos Reis

VII. Na situação (2)[318], contra parte da doutrina[319-320], cremos que a sociedade é titular de uma pretensão de restituição nos termos do enriquecimento

[318] Na determinação do montante da indemnização devida por intervenção em direitos sobre bens imateriais, a jurisprudência alemã tem entendido que o lesado pode optar por uma de três formas possíveis de cálculo: através das regras gerais de determinação do dano; a restituição dos lucros obtidos mediante o facto ilícito (sem necessidade de demonstrar a ocorrência de lucros cessantes); a atribuição de uma quantia correspondente àquela que normalmente seria cobrada por um contrato de licença (cf. L. MENEZES LEITÃO, *O enriquecimento...*, pp. 720 e ss.; JÚLIO VIEIRA GOMES, *O conceito de enriquecimento, o enriquecimento forçado e os vários paradigmas do enriquecimento sem causa*, Universidade Católica Portuguesa, 1998, pp. 784 e ss.; v. também LARENZ, *Lehrbuch des Schuldrechts*, ATI, *cit.*, pp. 514-6). Para além de a apropriação de uma oportunidade de negócio poder consistir igualmente na intervenção em direitos sobre bens imateriais (de propriedade intelectual ou industrial), o conjunto de situações de determinação da obrigação de restituir e de indemnizar pode ser transposto para o exemplo que apresentamos no texto. De resto, L. MENEZES LEITÃO admite a possibilidade de aplicar o enriquecimento por intervenção quando determinado concorrente venha a obter uma vantagem patrimonial em resultado da violação de uma disposição relativa à protecção contra a concorrência desleal, desde que esta disposição tenha por finalidade a protecção de interesses individuais (*O enriquecimento...*, pp. 759-61); dir-se-á que, por maioria de razão, i.e., tendo em consideração a situação de proximidade relativamente ao património alheio em que se encontra o administrador, o instituto será aplicável quando se esteja diante de factualidades típicas de tutela da posição da sociedade em face da concorrência do administrador ou de outras formas de proibição de condutas violadoras do dever de lealdade.
[319] Considerando não ser este o espaço adequado para maiores desenvolvimentos, refira-se que relativamente à questão do conceito de dano, e, bem assim, a de saber quando se verifica um dano relevante nos termos da responsabilidade civil, partiremos de uma *concepção fáctico-normativa de dano,* seguindo o entendimento de L. MENEZES LEITÃO, *O enriquecimento...*, p. 722 e n. 17 (e *Direito das Obrigações*, I, *cit.*, p. 330): "representando a frustração de uma utilidade que era objecto de tutela jurídica, não sendo assim relevantes para a sua determinação os ganhos do lesante (...) Por outro lado, o segundo método de qualificação como dano da perda da remuneração não passa de uma ficção conceptual, já que, não tendo sido celebrado qualquer contrato, o titular do bem não adquiriu nenhum direito a essa remuneração que pudesse ser lesado pelo interventor" (v., anteriormente, em *A responsabilidade do gestor perante o dono do negócio no direito civil português*, CEF, Lisboa, 1991, p. 274). MENEZES CORDEIRO, *Direito das Obrigações*, II, cit., pp. 297 e ss., seguindo a linha de pensamento de GOMES DA SILVA, defende a natureza concreta do dano, recorrendo à generalidade do património apenas com fins de avaliação – " dano como diminuição duma qualquer vantagem tutelada pelo Direito, ou de um bem, em sentido amplo, que seja protegido" (p. 300); posteriormente, porém, o Professor veio a defender um conceito normativo de dano, associando a determinação do dano às regras de imputação e, em particular, da causalidade (*Da responsabilidade civil dos administradores das sociedades comerciais*, cit., pp. 554-6): a causalidade normativa permite delimitar com a maior precisão o universo dos danos a considerar – a correspondência aos bens atribuídos, pelos vínculos violados.
[320] Cf. JÚLIO VIEIRA GOMES, *cit.* p. 797, que enquadra o problema no âmbito da responsabilidade civil, considerando haver aqui um dano abstracto, que corresponde ao valor do bem determinado pelo mercado e que deve ser ressarcido como dano mínimo.

Os deveres de lealdade dos administradores de sociedades comerciais   385

sem causa, não podendo falar-se, sem mais, de um dano ressarcível nos quadros da responsabilidade civil[321]. Com efeito, o nosso sistema geral de responsabilidade civil concede uma evidente primazia a uma concepção de dano concreto, compreensível, de resto à luz da finalidade primordial de eliminar um dano ocorrido na esfera jurídica de uma pessoa distinta daquela que o deve supor-

---

[321] Distinto do problema do critério identificador do dano é aquele que se prende com a determinação do respectivo montante, ainda que seja de reconhecer que nem sempre se possa indentificar uma prioridade temporal ou lógica do primeiro relativamente ao segundo, quer na doutrina, quer mesmo nas soluções legais (assim, a relevância da chamada "teoria da diferença" na identificação e quantificação de certo tipo de danos). No contexto dos problemas relacionados com a determinação do montante do dano e do modo do respectivo ressarcimento, surge a distinção entre "dano real" e "dano patrimonial". Conforme ensina L. MENEZES LEITÃO, *Direito das Obrigações*, I, *cit.*, pp. 330-1, "[e]m sentido real, o dano corresponde à avaliação em abstracto das utilidades que eram objecto de tutela jurídica, o que implica a sua indemnização através da reparação do objecto lesado (restauração natural) ou da entrega de outro equivalente (indemnização específica)./Em sentido patrimonial, o dano corresponde à avaliação concreta dos efeitos da lesão no âmbito do património do lesado, consistindo assim a indemnização na compensação da diminuição verificada nesse património, em virtude da lesão". Não deixa, contudo, de se fazer sentir uma relativa vagueza de linguagem, na medida em que por vezes se identifica o dano real com o prejuízo concreto e o dano patrimonial com o dano abstracto. Assim, convém referir que certa doutrina se refere ao critério do dano abstracto ou ideal como a diferença entre o valor actual do património (situação real) e o valor que ele teria se não tivesse havido o facto lesivo (situação hipotética), *como forma de aferição de um dano* (ou *conceito* de dano); por outro lado, para efeitos de determinação do *quantum* da indemnização, a disputa entre defensores da tese da apreciação em concreto e em abstracto ressurge, num diferente plano. De resto, não falta quem perfilhe um conceito concreto de dano, defendendo embora que a fixação da indemnização seja feita de acordo com a teoria da diferença; assim, PESSOA JORGE, cit., pp. 381 e 413 e ss., e M. GOMES DA SILVA, cit., pp. 74 e ss., *maxime*, p. 80: "[o] conceito de dano é fundamentalmente concreto, facto que permite resultarem vários danos da mesma lesão num direito; como porém, êsse conceito respeita menos à perda do bem do que à da utilidade dêle, o prejuízo tem de ser apreciado relativamente ao conjunto do património da pessoa ofendida". Quanto a nós, deve autonomizar-se a distinção entre dano real e dano patrimonial, por um lado, e dano concreto e dano abstracto, por outro. De acordo com esta última distinção, e embora também aqui a terminologia seja variável, o dano concreto corresponde ao prejuízo patrimonial efectivamente sofrido pelo lesado, enquanto o dano abstracto consiste na atribuição de uma quantia a título de indemnização independentemente da demonstração de uma diminuição patrimonial na esfera do lesado. Naturalmente, perante a finalidade compensatória da responsabilidade civil, as situações de ressarcibilidade do dano abstracto consituem uma excepção, surgindo na maior parte dos casos como quantificação legal do montante do dano que deve ser ressarcido. Assim sucede, por exemplo, com a indemnização pela mora no cumprimento de uma quantia em dinheiro, para quem, com a maioria da doutrina, a considere resultar de uma norma de Direito material e não como uma norma de distribuição do ónus da prova do montante do dano; v. LARENZ, *Lehrbuch des Schuldrechts*, AT, I, *cit.*, pp. 512-3.

tar. Por essa razão, quando se demonstre que não ocorreu qualquer evento patrimonialmente desvantajoso para a sociedade, esta não deverá ser considerada como lesada. Por outro lado, o argumento de que a fixação da indemnização deve fazer-se, fundamentalmente, em abstracto não merece aqui relevância, pois a sua procedência implicaria confundir a determinação da ocorrência de um dano com a determinação do respectivo montante, fazendo derivar uma resposta afirmativa ao primeiro problema a partir do critério normativo apto a resolver o segundo.

Deve, porém, permitir-se ao lesado o recurso ao "dano típico" ou usual, nas circunstâncias do caso, de modo a facilitar a demonstração do dano concreto sofrido[322-323]. Neste caso, porém, ainda nos movemos no dano em concreto, *rectius*, na sua quantificação: só quando for vedada ao administrador a invocação de que a sociedade não retiraria nenhum benefício da oportunidade de negócio correspondente a certo valor objectivo estaremos diante de um dano em sentido abstracto (i.e., quando ao lesante seja inadmissível a prova de que aquele valor objectivo seria conseguido caso não houvesse violação do dever de lealdade)[324]. Este entendimento tem sido defendido a propósito da violação de direitos imateriais, em que é difícil a demonstração em concreto do prejuízo sofrido, perante a possibilidade de aproveitamento de um bem imaterial alheio ao mesmo tempo, em diferentes lugares, e em que àquele aproveitamento ilícito corresponda sempre um não exercício do direito pelo seu titular[325]. Note-se que a doutrina das oportunidades de negócio societárias já compreende casos de apropriação de direitos imateriais pertencentes à sociedade. Cremos, porém, que se deverá ir mais longe, defendendo igual solução para as restantes situações típicas de aproveitamento de oportunidades de negócio. Para esse caminho apontam a finalidade preventiva da responsabilidade civil, fazendo recair sobre o lesante o risco da não demonstração do dano[326]. Contudo, quando tal demonstração não seja possível, ainda que ao

---

[322] Assim, o artigo 566.º/3 do Cód. Civil permite fixar a indemnização de acordo com a equidade, se não puder ser determinado o valor exacto dos danos.

[323] Neste sentido, CARNEIRO DA FRADA, *Direito civil-Responsabilidade civil/O método do caso, cit.*, pp. 93 e ss..

[324] CARNEIRO DA FRADA, *Direito civil-Responsabilidade civil/O método do caso, cit.*, p. 95.

[325] CARNEIRO DA FRADA, *loc. cit.*. Cf. também artigo 211.º do Cód. do Direito de Autor.

[326] Agravada pelas dificuldades probatórias que poderiam ser suscitadas pelo administrador, que pode ter acesso a informações relativas à actividade societária a que outros poderão não aceder com facilidade, ou agir em eventual conluio com o terceiro para a determinação do valor obtido com o negócio "apropriado".

Os deveres de lealdade dos administradores de sociedades comerciais 387

abrigo de uma "facilitação da prova" concedida ao lesado – como sucede no exemplo (2) – não caberá falar-se de uma situação de responsabilidade. Através da responsabilidade civil pretende assegurar-se certa evolução patrimonial que teria tido lugar caso não se tivesse verificado um facto ilícito. Não se visa atribuir ao lesado os benefícios correspectivos a uma actuação ilícita de um terceiro, e que aqui consistiriam numa retribuição.

Ao invés da reparação de um dano, deparamo-nos, neste caso típico, perante a necessidade de tutela de um direito. Salvo o recurso à acção inibitória[327], o meio de tutela adequado é o enriquecimento sem causa, obrigando o administrador-interventor a restituir a contrapartida adequada, em termos de mercado, à ingerência no património ou esfera de negócios da sociedade[328].

VIII. Por fim, na situação (C), o enriquecimento do administrador, excedente do dano sofrido pela sociedade (ainda que determinado em abstracto), não pode ser objecto de uma obrigação de indemnizar. A aplicação das regras da responsabilidade civil a este caso representaria um recurso contrário aos pressupostos e à finalidade daquele instituto, pelo menos para quem continue a reconhecer a finalidade reparadora ou ressarcitória como a sua finalidade primordial[329]. Por um lado, o Direito do enriquecimento sem causa pressupõe a colocação de dois patrimónios independentes entre si enquanto na responsabilidade civil apenas se efectua uma ponderação isolada do património do lesado, independentemente dos efeitos produzidos na esfera do lesante. Por outro lado, o instituto do enriquecimento sem causa visa reprimir o enriquecimento, só removendo o dano de forma indirecta, enquanto a responsabili-

---

[327] A qual não se confunde com a responsabilidade civil, mas antes constitui uma fonte autónoma de obrigações de Direito material, dirigidas à tutela preventiva de bens jurídicos; v. LARENZ/CANARIS, *Lehrbuch des Schuldrechts, BT*, II, C. H. Beck, München, 1994, pp. 704-5.

[328] Não falta, todavia, quem defenda que, no caso em que o titular do bem vinha permitindo a terceiros o aproveitamento do mesmo contra o pagamento de uma quantia superior ao valor do mercado, terá direito ao pagamento de idêntica quantia em caso de ingerência ilícita de um terceiro, por se tratar de uma "regulação do dono"; sobre a teoria, v. PEDRO MÚRIAS, "Regulações do dono: uma fonte de obrigações", *cit.*.

[329] L. MENEZES LEITÃO, *O enriquecimento...*, pp. 700 e ss.. Além disso, note-se que a atribuição dos lucros a título de indemnização significaria colocar o lesado numa posição consideravelmente mais favorável do que aquela em que estaria caso o dever tivesse sido observado, ou seja, parece quadrar-se mal com a noção de interesse contratual positivo e com a finalidade de reconstituição da situação hipotética actual própria da responsabilidade civil (artigo 562.º do Cód. Civil). E não têm razão aqueles que pretendem ver no dano a reconstituição da situação que existiria em cada caso, e independentemente de ela ocorrer na esfera do lesado ou do lesante, como refere JÚLIO VIEIRA GOMES, *cit.*, p. 794 e n. 1247.

388   *Nuno Tiago Trigo dos Reis*

dade civil visa remover danos, surgindo a repressão do enriquecimento apenas como finalidade reflexa e secundária[330]. O concurso de pretensões é quase pacífico na nossa doutrina[331]. Contudo, o caso diz respeito à *responsabilidade por lucros recebidos em consequência do incumprimento de uma obrigação negocial*[332]. Não é líquido que o lucro ou vantagem patrimonial que não teria sido obtido se não se tivesse verificado uma situação de perturbação no cumprimento de obrigações deva ser qualificado como um enriquecimento injustificado para os efeitos de aplicação do artigo 473.º/1 do Cód. Civil. Uma primeira dificuldade respeita à circunstância de o montante dos lucros obtidos pelo enriquecido ser superior ao enriquecimento real, que constitui o critério geral de determinação da obrigação de restituir[333] ou, pelo menos, o critério exigido para a fina-

---

[330] L. Menezes Leitão, *loc. cit.*.

[331] L. Menezes Leitão, *O enriquecimento…*, pp. 703-4.

[332] O problema, de âmbito mais geral, da restituição do lucro ilicitamente obtido através da ingerência na esfera jurídica alheia representa um desafiante campo no estudo do Direito das Obrigações, pela posição de fronteira que ocupa entre a responsabilidade civil e o enriquecimento sem causa e pelas potencialidades de superação dos "ângulos mortos dos ilícitos que não produzem empobrecimentos patrimoniais" (nas palavras de Júlio Vieira Gomes, *cit.*, p. 796). E, como nota Pereira Coelho, "uma reflexão sobre o lucro por intervenção tem de ser uma reflexão sobre o enriquecimento e sobre o dano, sobre a *noção* de enriquecimento e de dano relevante no enriquecimento sem causa e na responsabilidade civil, sobre o *lugar* que o enriquecimento e o dano tenham ou não em cada um dos dois institutos" (*O enriquecimento e o dano*, Coimbra, 1970, p. 13), levando a perguntar pela justeza das concepções patrimoniais de dano e de enriquecimento, relativamente às quais vão surgindo vozes discordantes em número crescente na doutrina. Naturalmente, o estudo dos pressupostos de uma "obrigação de restituição do lucro ilicitamente obtido", os precisos limites para o seu conteúdo, o diferente significado que ela assume no contexto da tutela aquiliana e na responsabilidade contratual, a relevância ou irrelevância da culpa ou da má fé do enriquecido, o seu enquadramento dogmático e até a possibilidade de uma teoria geral dos deveres de restituição dos lucros obtidos ilicitamente não podem ser tratados com a profundidade desejada num estudo que verse sobre os deveres de lealdade, ainda que se reconheça ser a violação de deveres numa relação fiduciária uma das constelações de casos em que se suscita a questão da existência de um tal dever. Em geral, sobre o problema, v. W. Däubler, "Anspruch auf Lizenzgebühr und Herausgabe des Verletzersgewinns – atypische Formen des Schadensersatzes", *JuS*, 1969, pp. 49 e ss.; D. König, "Gewinnhaftung", *Festschrift für Ernst von Caemmerer zum 70. Geburtstag*, Tübingen, 1978, pp. 179 e ss., T. Helms, *Gewinnherausgabe als haftungsrechtliches Problem*, Mohr Siebeck, 2007 e, entre nós, Pereira Coelho, *loc. cit.*, Júlio Vieira Gomes, *cit.*, pp. 735 e ss. e Paula Meira Lourenço, *A função punitiva da responsabilidade civil*, Coimbra, Coimbra Ed., 2006, p. 409 e 421 e ss..

[333] Para quem, como nós, defenda, em termos gerais, uma concepção real ou objectiva de enriquecimento; v. Júlio Vieira Gomes, *cit.*, p. 855: "[é], por isso, suficiente que se tenha usurpado um bem ou uma competência alheios, independentemente de saber se o respectivo titular estava ou não disposto, era ou não capaz, de obter esse mesmo enriquecimento".

Os deveres de lealdade dos administradores de sociedades comerciais   389

lidade de eliminação do enriquecimento por intervenção[334]. No Direito anglo-saxónico, este problema vem sendo analisado no âmbito da chamada responsabilidade por *wrongs*[335], perguntando-se se o Direito do enriquecimento não deve assegurar o princípio de que ninguém deve manter um lucro que apenas recebeu por ter incumprido um dever. A partir do diferente conteúdo da obrigação de restituir, divisa-se o conjunto das situações de enriquecimento sem causa consoante a fonte do enriquecimento e do lucro seja uma transmissão de um valor entre diferentes patrimónios (*restitution by subtraction*) ou a ingerência ilícita numa esfera patrimonial alheia (*restitution for wrongs*). No âmbito deste último têm sido estudadas diferentes constelações típicas de casos: lucros auferidos em consequência de realização de ilícitos criminais; lucros recebidos em resultado da violação de direitos de personalidade; aproveitamento abusivo de situações de agência.

Nesta hipótese, estaremos antes perante um caso de enriquecimento por intervenção, explicável pela teoria do conteúdo da destinação (*Zuweisungsgehalt*): visa-se a restituição integral das vantagens resultantes da exploração de bens ou posições jurídicas alheias[336]. Note-se, porém, que, com bem nota Luís Menezes Leitão, a expressão "conteúdo da destinação" indicia um carácter tautológico, na medida em que se limita a referir que a exploração de certa posição jurídica deve ser atribuída ao seu titular; cumpre ainda determinar qual a medida em que o aproveitamento do bem é reservado pelo Direito material ao seu titular. É, pois, necessário demonstrar que as utilidades apropriadas pelo administrador são exclusivamente atribuídas à sociedade. Tal é o propósito da definição do critério de atribuição da oportunidade à sociedade, já analisado: chegados à conclusão de que a oportunidade "pertence" à sociedade, todos os proveitos dever-lhe-ão ser reservados, mediante uma pretensão à restituição integral do enriquecimento[337-338]. Com efeito, a solução de reconhecer a

---

[334] L. Menezes Leitão, *O enriquecimento…*, *cit.*.

[335] Expressão que, como sublinha Júlio Vieira Gomes, *cit.*, p. 773, não é susceptível de tradução para língua portuguesa, pois não apresenta uma exacta correspondência com nenhuma categoria da responsabilidade civil aquiliana ou contratual da *civil law.*

[336] L. Menezes Leitão, *O enriquecimento…*, pp. 801 e ss. e 815 e ss., devendo ser recusadas a teoria da deslocação patrimonial, que aqui só poderia corresponder a uma ficção e a teoria da ilicitude, na medida em que pressupõe uma noção de ilicitude centrada no resultado e desligada do desvalor da acção, ao contrário do que sucede com a ilicitude enquanto categoria da responsabilidade civil; Carneiro da Frada, *Direito civil-Responsabilidade civil/O método do caso*, p. 96.

[337] Assim, Carneiro da Frada, "A *business judgement rule*…" *loc. cit.*.

[338] Este é um aspecto que a teoria do conteúdo da destinação coloca em evidência, como nota Pedro Múrias: "Regulações do dono: uma fonte de obrigações", *Estudos em homenagem à Pro-*

manutenção dos lucros àqueles que tenham incumprido um dever, restringindo a obrigação de restituir ao montante que o lesante deveria ter pago como contrapartida à utilização do bem significaria permitir uma espécie de expropriação privada violadora do direito à propriedade e à iniciativa privadas[339]. A questão é particularmente sensível aos padrões de correcção de comportamento vigentes nas situações em que o comportamento ilícito é praticado com um intuito lucrativo, após uma ponderação racional da relação entre o custo (no qual é incluído o valor da indemnização ou da restituição) e o benefício (o lucro almejado). A isto acresce o enfraquecimento de uma função preventiva[340], a qual aliás, pode ser alicerçada em juízos de natureza utilitarista[341], que deve ser reconhecida ao sistema e que não se esgota na responsabilidade civil, mas também está presente no Direito do enriquecimento sem causa[342]. A utilização de um

---

fessora Doutora Isabel de Magalhães Collaço, II, Almedina, Coimbra, 2002, pp. 255-293 (*id.*, http://muriasjuridico.no.sapo.pt/Reguls%20do%20Dono.htm#_ftnref19) "[o] ponto positivo que mais nos interessa na dogmática do enriquecimento por intervenção, e que se deve à teoria do conteúdo da destinação, reside em afirmar-se que a obrigação de restituir é *um desenvolvimento, um subproduto do próprio direito «lesado»* pelo interventor, uma «continuação da actuação jurídica» desse direito. (…) O enriquecimento por intervenção é sempre, por isso, um instituto de segundo grau, no sentido de que não pode prescindir da resolução, num momento anterior, do problema de saber se os Direitos Reais, o Direito de Autor, os Direitos de Personalidade, o Direito da Propriedade Industrial, etc., conferem ou não uma reserva, um exclusivo à pessoa em cuja esfera se interveio".

[339] Dando origem ao fenómeno designado como "curto-circuito do contrato" ou *contractual bypass*, que consiste em evitar o contrato e a negociação com o titular do bem, em detrimento do seu aproveitamento ilícito, fazendo desencadear as consequências, ora da responsabilidade civil, ora do enriquecimento sem causa. Este efeito, por sua vez, traz consigo as consequências do afastamento do contrato como maximizador da utilidade e instrumento de realização de escolhas individuais em detrimento de formas não voluntárias de transacção, que aumentam os custos de transacção e podem causar a lesão de expectativas do titular do bem, em particular quando a aquisição tenha resultado de investimentos iniciais; v. JÚLIO VIEIRA GOMES, *cit.*, p. 755.

[340] A qual não pode ser justificada com a mera inércia do titular do bem, ainda que esta seja causadora de elevados custos sociais. Para evitar tal resultado, intervirá o abuso do direito de propriedade ou a usucapião, quando estiverem preenchidos os respectivos pressupostos; v. JÚLIO VIEIRA GOMES, *cit.*, p. 801.

[341] Como nos mostram os ensinamentos da análise económica do Direito, se o titular de um direito de monopólio se vê privado da sua utilidade é abalado o principal pilar da economia de mercado e diminui a confiança daquele e de outros agentes económicos para continuar a investir; simultaneamente, o agente interventor adquire uma vantagem comparativa injusta face aos seus concorrentes, na medida em que aproveita um bem sem quaisquer custos adicionais.

[342] Como se verifica pela diferença de conteúdo da obrigação de restituir, consoante a boa ou a má fé do enriquecido (artigo 479.º/2 do Cód. Civil) e pelo agravamento da sua responsabilidade a partir do momento em que cesse a sua boa fé (artigo 480.º do Cód. Civil).

Os deveres de lealdade dos administradores de sociedades comerciais 391

bem e o exercício de um direito devem resultar de uma decisão que pertence, em qualquer caso, ser ao respectivo titular.

Não se deixa, porém, de reconhecer as dificuldades que com que a solução apresentada se depara, mormente na sua fundamentação positiva e no seu enquadramento dogmático. Em particular, não deixa de poder ser apontado ao princípio de que ninguém deve beneficiar de um acto ilícito (*no one can profit from a wrong*) um carácter demasiado vago e impreciso para fundamentar a imposição de uma obrigação de restituição dos lucros, perante a diversidade dos interesses contrapostos em presença. Não existe na lei arrimo suficiente para se considerar aquela proposição como uma fonte autónoma de obrigações[343] ou como mais do que uma ideia regulativa por imposição de justiça na distribuição dos bens e seus proveitos. Mas a norma que necessariamente terá de ser construída pelo intérprete surge melhor enquadrada no âmbito das proposições do enriquecimento sem causa[344]. Nesta operação de ordenação dogmática surgem duas dificuldades adicionais. Em certa perspectiva, pode suscitar--se a dúvida sobre se o resultado lucrativo do aproveitamento de um bem ou de uma expectativa alheia ainda deverá ser atribuído ao titular do bem segundo aquele princípio de justiça distributiva quando é certo que o interventor pode ter realizado um investimento ou um esforço tais que se possa dizer que sem estes nenhum lucro teria sido obtido. É, aliás, este o principal argumento invocado pelos detractores de uma obrigação de restituição dos lucros[345] ou, pelo

---

[343] Contra, v. D. KÖNIG, *cit.*, p. 205, que autonomiza a restituição do lucro relativamente ao enriquecimento sem causa.

[344] Propondo a solução, mas nos termos de uma gestão de negócios imprópria, JÚLIO VIEIRA GOMES, *cit.*, p. 857, considera ser impossível *de jure constituto* a recondução do problema a uma obrigação de restituir o enriquecimento: "[d]*e jure condendo*, impõe-se a criação de mecanismos de restituição do lucro ilícito, sobretudo quando obtido dolosamente. O enquadramento dogmático de um tal mecanismo é controverso, podendo o mesmo conceber-se, ora como uma nova consequência da responsabilidade civil, ora como uma modalidade de enriquecimento sem causa, ora como um instituto autónomo. Neste momento, a única figura que permite, indirectamente, tal restituição é a gestão imprópria de negócios".

[345] Contra, PEREIRA COELHO, *cit.*, p. 37, defendendo que, a não ser assim, para se evitar uma injustiça (a de ficar sem sanção a violação do direito), se estaria a fazer outra injustiça (a de entregar ao lesado todo o lucro obtido pelo lesante com a lesão, ainda que isso fosse, do ponto de vista do lesado, um benefício inteiramente gratuito e imerecido); L. MENEZES LEITÃO, *O enriquecimento....*, *cit.*, no sentido de não se poder dizer que os lucros foram obtidos à custa do empobrecido, antes derivam do seu esforço, da actividade e iniciativa. A nossa posição não representa uma concessão à teoria da ilicitude no enriquecimento por intervenção, na medida em que apenas se defende que uma obrigação de restituição "agravada" pela violação de um dever de lealdade. É que aqui a intervenção no património de outrem concorre com uma conduta ética e juridicamente reprovável.

menos, pelos defensores de uma remuneração do agente interventor deduzida sobre o montante dos lucros restituendos. Note-se, contudo, que a discussão deste modo travada não tem lugar fora dos quadros da teoria do conteúdo da destinação, cabendo apenas indagar pelo critério que permita decidir pela atribuição da vantagem a algum dos patrimónios em presença, não faltando quem fale, a este propósito, de uma regra de causalidade[346-347]. Neste ponto, cremos não ser relevante que o valor acrescentado pelo interventor seja superior à vantagem obtida nem que ao interventor possa aproveitar a relevância negativa da causa virtual. Em contrapartida, o titular do bem deverá restituir ao interventor o valor equivalente ao trabalho ou factores efectivamente dispendidos para obter o resultado lucrativo[348]. Por outro lado, parece excessivo pretender imputar um dever de restituição dos lucros quando o agente estiver de boa fé ou tenha agido sem culpa. Com efeito, e se é certo que na passagem da responsabilidade civil para o enriquecimento sem causa o centro de referência deixa de ser o lesado para ser o enriquecido, essa mudança de perspectiva não pode deixar de atender também aos estados subjectivos do enriquecido e aos juízos de censura de que seja merecedor, reconhecendo uma adequação entre a má fé ou a culpa de que lhe possa ser imputada, por um lado, e o montante da obrigação de restituir, por outro. E esta relação de adequação deve ser estabelecida ainda que o texto da lei não a tenha levado até às últimas consequên-

---

[346] Havendo ainda quem, neste ponto, propugne por uma regra de causalidade análoga àquela que vigora na responsabilidade civil, enquanto outros preferem uma causalidade *sine qua non*, por se estar perante uma situação valorativamente distinta da situação de responsabilidade.

[347] Não se deixa de reconhecer, entretanto, que a importância relativa de uma obrigação de restituição dos lucros aumenta nas ordens juríças que não reconheçam o instituto da execução específica, como sucede nos Direitos de matriz anglo-saxónica e que justificam o surgimento de regras de *tracing*, de uma sub-rogação real genericamente admitida ou de institutos afins. Ainda que não seja esse o caso do Direito português, parece-nos que aquela obrigação não pode deixar de ser sustentada entre nós, por ser indispensável para o preenchimento de uma lacuna evidenciada pela contraditoriedade do problema com as finalidades prosseguidas pelo instituto do enriquecimento sem causa.

[348] Sob pena de se permitir, então, um enriquecimento injustificado do titular do bem. A solução não é distinta daquela a que se chega na chamada gestão de negócios imprópria, em que o "gestor" age de má fé, i. e., consciente de que o negócio não lhe pertence. Simplesmente, cremos que esta "gestão de negócios imprópria", em que nem o elemento subjectivo nem o elemento da utilidade da gestão estão presentes, deve ser mais correctamente qualificada como uma situação de enriquecimento sem causa. De resto, como afirma, JÚLIO VIEIRA GOMES, *cit.*, não teria sentido não aplicar o artigo 472.º/1 do Cód. Civil (que remete para as regras do enriquecimento sem causa quando não haja lugar à aprivação da gestão) à situação em que o "gestor" intervém em negócio que sabe ser alheio.

Os deveres de lealdade dos administradores de sociedades comerciais   393

cias, num desenvolvimento do Direito imanente à lei. Assim, cremos que o dever de restituição dos lucros se restringe às situações em que o interventor tenha agido com dolo ou culpa grave. Reconhece-se, deste modo, ao Direito do enriquecimento uma função secundária de tutela preventiva dos bens jurídicos, na medida em que são criados mecanismos desincentivadores da ingerência em esferas patrimoniais de terceiros, e, bem assim, uma acessória função punitiva, obstando a que os comportamentos gravemente lesivos de deveres de correcção impostos pelo ordenamento sejam fonte de vantagens patrimoniais. De resto, a intervenção neste ponto de cláusulas gerais (nomeadamente, a do abuso do direito) não levaria a um resultado distinto. No contexto particular da percepção de lucros por administradores desleais, acresce ainda que a ingerência de má fé ocorre no quadro de uma relação de proximidade tipicamente obrigacional, no seio da qual são maiores as expectativas de não ingerência e maior é o espaço para a ponderação entre os benefícios e os custos da ingerência por parte do administrador desleal[349].

---

[349] Vale a pena fazer referência ao entendimento perfilhado por K. RUSCH que, na sua dissertação de agregação intitulada *Gewinnhaftung bei Verletzung von Treuepflichten – Eine rechtsvergleichende Untersuchung zum englischen und deutschen Recht*, já citada, analisou o problema da pretensão de restituição dos lucros resultantes da violação de deveres de lealdade. Como ponto de partida, o A. apresenta o conceito de "responsabilidade por percepção de lucros" (*Gewinnhaftung*): a sanção para o comportamento ilícito, nos termos da qual o agente deve restituir ao titular da situação jurídica violada os lucros obtidos em virtude da sua conduta (pp. 1-2).

Partindo da investigação de direito comparado, orientada pelo estudo da origem dos "*fiduciary duties*" do direito anglo-saxónico (pp. 15 e ss.), K. RUSCH estabelece uma relação entre o *trust law*, surgido no sec. XVII e os deveres de fidúcia, constituindo o primeiro um fonte para o surgimento daqueles deveres (pp. 29 e ss.). Do *trust law* destaca o tratamento jurisprudencial das regras do *no-profit* e do *no-conflict*, surgindo, no entendimento de Rusch, o primeiro como um desenvolvimento do segundo (p. 83). A tutela de interesses pode surgir de forma preventiva (sendo suficiente "uma possibilidade razoável de surgimento de um conflito de interesses", mas já não uma mera prevenção abstracta de um "conflito futuro", pp. 85 e ss.). Refere os critérios jurisprudencialmente estabelecidos para aferir do interesse do beneficiário, nos termos da *corporate opportunities doctrine*: o *scope of business test* (que critica, pela incerteza que a sua aplicação proporciona), o *line of business test* e o *interest* ou *expectancy test*, rejeitando que o administrador possa invocar como meio de defesa a impossibilidade de aproveitamento da oportunidade pela sociedade (pp. 89 e ss.). A responsabilidade pela percepção de lucros aproxima-se da *equity*: basta a violação do dever de lealdade, ainda que não se demonstre a existência de culpa do fiduciário, para se sustentar a existência de uma obrigação de restituição (p. 92). Quanto ao enquadramento dogmático dos deveres de lealdade no Direito anglo-saxónico, o A. opta pela recondução à proibição do enriquecimento sem causa (na modalidade de *restitution for wrongs*).

Para o A., o dever de restituição de lucros em consequência da concorrência desleal não se confunde com o dever de restituição de lucros com fundamento no dever de lealdade (*Treuepflicht-*

394   *Nuno Tiago Trigo dos Reis*

Existem, de resto, proposições que podem ser trazidas para este contexto a partir de outros lugares do sistema e que suportam esta conclusão. Ao contrário do que sucede no caso alemão, não existe no Direito das sociedades português um "direito de entrada" expressamente consagrado, nos termos do qual a sociedade possa exigir a restituição das vantagens e lucros obtidos em consequência da violação de deveres de lealdade. Porém, encontramos na curiosa figura do "direito de ingresso", previsto como consequência para a violação do dever de não concorrência do sócio nas sociedades em nome colectivo uma manifestação do Direito positivo favorável ao acolhimento desta solução[350]. A esta conclusão não obsta a aplicação das disposições gerais respeitantes à determinação do montante da obrigação de restituição do enriquecimento sem causa.

Em suma, cremos que o conteúdo da obrigação de restituição deve coincidir com o *quantum* do enriquecimento quando este seja resultado de um acto ilícito e doloso de um curador de um património alheio, que se aproveita da sua situação privilegiada e contraria o plano de distribuição de vantagens e proveitos acordado com outrem numa relação especial, com uma dedução eventual correspondente ao valor das despesas em que o lesante efectivamente incorreu.

---

verhältnis). Neste último caso, o dever tem o seu fundamento num núcleo de interesses contratualmente protegido, de acordo com o qual o agente deve reservar para o principal todas as possibilidades de realização de lucros, independentemente da influência que o agente possa ter sobre o destino do património do principal. O fundamento material da responsabilidade pelos lucros obtidos por violação do contrato reside na restituição do objecto de um enriquecimento que contraria a atribuição patrimonial contratualmente acordada pelas partes. Pelo contrário, o fundamento material da responsabilidade pelos lucros obtidos em consequência de condutas desleais reside na prevenção de conflitos de interesses de modo a criar incentivos para o respeito pela lealdade devida (pp. 254 e ss.). O conteúdo do dever de restituição deve abranger todos os lucros auferidos pelo agente violador do dever de lealdade, independentemente da relevância das suas qualidades pessoais para o enriquecimento.

[350] Nos termos do disposto no artigo 180.°/2, "[o] sócio que violar o disposto no número antecedente fica responsável pelos danos que causar à sociedade; em vez de indemnização por aquela responsabilidade, a sociedade pode exigir que os negócios efectuados pelo sócio, de conta própria, sejam considerados como efectuados por conta da sociedade e que o sócio lhe entregue os proveitos próprios resultantes dos negócios efectuados por ele, de conta alheia, ou lhe ceda os seus direitos a tais proveitos". Não se deve, no caso, partir de uma interpretação *a contrario sensu* a partir do silêncio para firmar a inexistência de uma solução idêntica para a violação do dever de não concorrência nos outros tipos de sociedades e para semelhantes situações de condutas desleais imputadas a membros dos órgãos de administração. Com efeito, há aqui apenas mais uma manifestação do princípio de que os administradores devem observar estritos padrões de correcção, sendo evidente o carácter não excepcional desta disposição.

7.2.1.4. Dever de lealdade dos titulares dos órgãos de administração na pendência de uma operação de tomada de controlo (*takeover*).

I. A pendência de uma proposta de tomada de controlo de uma sociedade[351] constitui um exemplo de imposição temporária de restrições acrescidas à conduta da administração, com fundamento na lealdade. Em jogo está a necessidade de protecção do funcionamento das regras de mercado relativamente às medidas que impeçam os accionistas de transaccionar livremente as suas acções perante uma oferta que eles considerem vantajosa. Quando exista uma proposta de operação de mudança de controlo da sociedade, os administradores encontram-se, tipicamente, numa situação de conflito de interesses, havendo que assegurar que as medidas defensivas não se limitem a servir de escudo para a sua posição de administradores ou para evitar a sua responsabilidade[352].

A matéria dos deveres dos administradores na pendência de uma oferta de transferência de controlo de sociedades tem conhecido desenvolvimentos profundos na jurisprudência norte-americana, surgindo associada, quer ao *business judgement rule* como critério de aprovação, rejeição ou decisão de não considerar uma proposta de tomada de controlo de sociedades hostis, quer à *fairness*, quando o administrador seja parte interessada na operação (como sucederá nos casos de *management buy-out* [MBO])[353]. Tem igualmente sido sugerida uma

---

[351] MENEZES CORDEIRO, "Da tomada de sociedades (*takeover*): efectivação, valoração e técnicas de defesa", *ROA*, 54 (1994), pp. 761 e ss..

[352] V. artigo 181.°/5, al. *d*) do Cód.Valores Mobiliários, nos termos do qual o órgão de administração da sociedade visada deve, a partir da publicação do anúncio preliminar e até ao apuramento do resultado da oferta, "agir de boa fé, designadamente quanto à correcção da informação e quanto à lealdade do comportamento". V. também L. MENEZES LEITÃO, "As medidas defensivas contra uma oferta pública de aquisição hostil", *OD*, 138 (2006), pp. 459-60; O. GUINÉ, "A transposição da Directiva 2004/25/CE e a limitação dos poderes da sociedade visada", *Cad. CMVM*, 22 (2005), pp. 24 e ss.

[353] Soluções que constam do texto dos *PCG*. Quanto às OPA hostis em geral, dispõe o § 6.01: "(a) The board of directors, in the exercise of its business judgement [§ 4.01 (c)], may approve, reject, or decline to consider a proposal to the corporation to engage in a transaction in control [§ 1.38]. (b) A transaction in control of the corporation is a party should require approval by the shareholders [§ 1.02]". Quanto às medidas que tenham como efeito previsível o bloqueio de OPA hostis, aquelas serão permitidas, desde que a medida seja considerada uma resposta razoável (*reasonable*) à OPA, tendo em consideração todos os factores relevantes para os melhores interesses da sociedade e dos sócios (incluindo a ameaça para os *corporation's essential economic prospects*), bem como os interesses de terceiros em relação a quem a sociedade deve uma preocupação legítima, desde que isso não desfavoreça significativamente os interesses de longo prazo dos sócios

396   Nuno Tiago Trigo dos Reis

reconstrução do *business judgement rule*, acrescentando requisitos adicionais de aplicabilidade da figura, adaptados ao contexto particular das medidas de defesa anti-OPA (*enhanced business judgement rule*): existência de razões consideráveis para pensar que a OPA constitui uma ameaça séria para a estratégia e eficácia do projecto societário e empresarial; proporcionalidade das medidas adoptadas à ameaça que a OPA representa[354].

(§ 6.02). É, em qualquer caso, novamente ressalvada a aplicação do *business judgment rule*. Porém, não é este o regime previsto para os *MBO*: como já foi afirmado, o *business judgement rule* não é aplicável quando o administrador se encontre numa actual ou potencial situação de conflito de interesses. A isto acresce que aquisições levadas a cabo pelos próprios membros de administração podem esconder práticas ilícitas de *insider trading*, merecendo, por isso, a desconfiança do Direito (cf. MENEZES CORDEIRO, "Da tomada de sociedades…", p. 771). Assim sendo, os requisitos de que os *PCG* fazem depender a sua validade são acrescidos (§ 5.15): "(a) If directors or principal senior executives [§ 1.30] of a corporation are interested [§ 1.23] in a transaction in control [§ 1.38] or a tender offer that results in a transfer of control [§ 1.08] of the corporation to another person [§ 1.28], then those directors or principal senior executives have the burden of proving that the transaction was fair to the shareholders of the corporation unless (1) the transaction involves a transfer by a controlling shareholder [§ 1.10] or (2) the conditions of Subsection (b) are satisfied." Para uma visão geral dos deveres dos administradores em situação de *MBO, transaction in control* e *takeovers*, v. PEDRO CAETANO NUNES, *A responsabilidade civil dos administradores perante os accionistas*, cit., pp. 19 e ss. e 26 e ss.. Faz-se notar que estas disposições do *PCG* têm sido objecto de merecidas críticas: a "razoabilidade" das respostas a uma operação de tomada de controlo não oferece um critério de conduta claro para os administradores; o texto parece ignorar a circunstância de a administração se encontrar *necessariamente* numa situação de conflito de interesses (reconhecida no *leading-case Unocal*, proferido no Delaware, em 1985) sendo por isso justificada a opção, em todos os casos, pelo *fairness test* em detrimento do *business judgement rule*; a referência a "grupos e interesses" diversos dos dos sócios concede aos administradores uma latitude de comportamentos em face de uma operação de tomada de controlo demasiado ampla, permitindo que aqueles sejam invocados com a intenção de manter a continuidade dos administradores nos respectivos cargos; por último, foi, a respeito dos anteriores aspectos, ignorada a vasta experiência jurisprudencial em matéria de deveres de lealdade (*duty of loyalty*) dos tribunais estaduais, em particular, do Delaware; neste sentido, F. GUEZZI, cit., pp. 525 e ss.. Contra, defendendo a aplicação do *business judgment rule* quando os administradores consigam demonstrar que agiram de boa fé e livres de quaisquer conflitos de interesses (num entendimento próximo do *two-step test* defendido na decisão *Unocal* – primeiro, os administradores deveriam demonstrar que agiram de boa fé e cumpriram os deveres de investigação, havendo razão acreditar num perigo para a política empresarial e a eficiência e ainda que a medida concretamente tomada foi razoável; chegado este ponto, os administradores poderiam invocar a seu favor o *business judgement rule*, cabendo ao lesado a prova de que a decisão da administração fora desconforme com os deveres de boa fé e de informação), A. SPARKS/F. BALLOTI/K. ABRAMS, "Director's fiduciary duties in corporate control contests", *Practicing Law Institute/ Hostile Battles for Corporate Control*, 1987, in www.westlaw.com, p. 37.

[354] GABRIELA FIGUEIREDO DIAS, *cit.*, p. 73.

No Direito positivo português, deve partir-se do artigo 182.º do Cód. Valores Mobiliários, que impõe uma restrição aos poderes da administração da sociedade visada por uma OPA[355]:

---

[355] Esta disposição sofreu alterações significativas, introduzidas pelo Decreto-Lei n.º 219/2006, de 2 de Novembro, o qual, por sua vez, veio fazer a transposição para a ordem jurídica portuguesa da Directiva 2004/25/CE, de 21 de Abril (v. JOCE, L-142, de 30 de Abril de 2004, pp. 12-23), relativa às ofertas públicas de aquisição. Em matéria de medidas defensivas, a Directiva veio impor um regime com consentâneo com o conhecido princípio da *board neutrality/shareholder choice*, de acordo com o qual a administração deve manter-se neutral e as medidas defensivas serem suspensas, de forma a permitir aos accionistas a livre transacção da sua propriedade mobiliária. Assim, de acordo com o texto da Directiva, os administradores devem proporcionar aos titulares de valores mobiliários tempo e informações suficientes para poderem tomar uma decisão sobre a oferta com conhecimento de causa [artigo 2.º, al. *b*)] e agir tendo em conta os interesses da sociedade no seu conjunto, não impedindo os accionistas de decidirem sobre o mérito da oferta [artigo 2.º, al. *c*)]. Aos administradores é ainda imposta a autorização prévia da AG para o efeito antes de "empreender qualquer acção susceptível de conduzir à frustração da oferta, exceptuando a procura de outras ofertas e, nomeadamente a qualquer emissão de valores mobiliários susceptível de impedir de forma duradoura que o oferente assuma o controlo da sociedade visada (...)" enquanto o resultado da oferta não for tornado público ou a oferta não terminar (artigo 9.º/2), bem como a aprovação ou ratificação das decisões que, sendo tomadas antes do início daquele período e não hajam sido total ou parcialmente aplicadas, não se insiram no quadro normal das actividades da sociedade e cuja aplicação seja susceptível de conduzir à frustração da oferta (artigo 9.º/3). A estas medidas acresce a consagração de um *mini break-through rule* (proibição de medidas defensivas de uma OPA) de alcance restringido à não oponibilidade das restrições à transmissão de valores mobiliários ao oferente (artigo 11.º/2) e ao exercício do direito de voto (artigo 11.º/3, incluindo a proibição do voto plural) durante o período de aceitação da oferta; do mesmo modo, sempre que o oferente adquirir 75% do capital social com direito a voto, deixam de lhe ser aplicáveis as restrições à transmissão de valores mobiliários e ao direito de voto e tem ainda a possibilidade de convocar uma assembleia geral com o propósito de alterar os estatutos ou destituir ou nomear membros do órgão de administração em que os valores mobiliários a que seja atribuído voto plural têm um único voto. De acordo com GÉRARD HERTIG/JOSEPH A. McCAHERY, ("An Agenda for reform: Company and Takeover Law in Europe", em GUIDO FERRARINI/KLAUS HOPT/JAAP WINTER/EDDY WYMMEERSCH (org.), *Reforming Company and Takeover Law in Europe*, Oxford University Press, Oxford, 2004, pp. 36 e ss. e "Company and Takeover Law Reform in Europe: Misguided Harmonization Efforts of Regulatory Competition", *ECGI Law Working Paper*, 12 (2003), www.ssrn.com/abstract=438421, p. 37), isto significa que a partir dos 75% do capital, o oferente poderá livremente: alterar os estatutos; remover medidas defensivas estabelecidas anteriormente; remover limitações ao direito de voto; remover as regras de neguem o exercício do direito de voto ou que permitam exercê-lo sem relação com o capital; nomear, suspender ou destituir membros da administração e, bem assim, passar a determinar a sua composição; alterar as regras de duração dos mandatos dos administradores; retirar os direitos especiais associados a determinadas categorias de acções.

Artigo 182.º (*Limitação dos poderes da sociedade visada*)

1 – A partir do momento em que tome conhecimento da decisão de lançamento de oferta pública de aquisição que incida sobre mais de um terço dos valores mobiliários da respectiva categoria e até ao apuramento do resultado ou até à cessação, em momento anterior, do respectivo processo, o órgão de administração da sociedade visada não pode praticar actos susceptíveis de alterar de modo relevante a situação patrimonial da sociedade visada que não se reconduzam à gestão normal da sociedade e que possam afectar de modo significativo os objectivos anunciados pelo oferente.

(...)

II. O impacto desta proposição em matéria de admissibilidade de medidas defensivas de uma OPA é significativo, podendo afirmar-se que, após a reforma do Direito dos valores mobiliários de 2006, as sociedades portuguesas enfrentam maiores dificuldades em lançar medidas defensivas que impeçam o sucesso de OPA hostis[356].

As medidas defensivas contra uma OPA podem ser preventivas ou tomadas no decurso de uma OPA hostil.

A título de exemplo de medidas defensivas preventivas, a doutrina costuma apontar[357]: (i) medidas organizatórias; (ii) limitações ao exercício do direito de voto; (iii) esquemas financeiros; (iv) controlo sobre as acções. As medidas organizatórias consistem na estipulação de regras dirigidas a tornar a administração menos vulnerável à alteração da maioria accionista: imposição de uma substituição parcial da administração com a tomada do controlo da sociedade (por hipótese, substituição de um administrador por ano, adiando a obtenção da maioria no conselho de administração) ou atribuição de presença permanente de um accionista minoritário num órgão de fiscalização (conselho fiscal), de modo a sujeitar o controlo absoluto da sociedade a uma OPA sucedida a 100%. Estas medidas organizatórias são permitidas no nosso Direito das sociedades, embora com o alcance limitado decorrente do princípio da livre destituição, a todo o tempo, dos titulares de órgãos de administração (artigo 403.º/1). Em contrapartida, do contrato de sociedade podem constar regras especiais de eleição que permitam a eleição de uma minoria de administradores entre propostas de accionistas titulares de acções representativas de mais de 20% e menos

---

[356] Assim, L. MENEZES LEITÃO, "As medidas defensivas...", p. 475.
[357] V. MENEZES CORDEIRO, "Da tomada de sociedades...", p. 772 e ss.; L. MENEZES LEITÃO, "As medidas defensivas...", pp. 461 e ss.. Para outras classificações, v. RAÚL VENTURA, *Estudos vários sobre sociedades anónimas, cit.*, pp. 306-7.

Os deveres de lealdade dos administradores de sociedades comerciais 399

de 10% do capital social: não podendo os administradores assim eleitos ser destituídos sem justa causa por deliberação contra a qual tenham votado accionistas que representem, pelo menos, 20% do capital social, esta medida pode revelar-se eficaz para garantir uma temporária permanência dos administradores nos respectivos cargos. As limitações ao direito de voto podem assumir diferentes modalidades, como sejam a limitação ao número de votos por accionista [artigo 384.º/2, al. *b*)][358] ou a criação de acções preferenciais sem voto[359] (embora esta última possa não se revelar muito eficaz na medida em que a OPA pode ser dirigida precisamente às acções ordinárias)[360]. As medidas preventivas que assentam em esquemas financeiros podem consistir na atribuição à administração de benefícios económicos em caso de cessação antecipada da sua actividade, especialmente em caso de destituição pela nova maioria accionista. Estes benefícios, comummente designados por *golden parachutes*, constituem um desincentivo à OPA, na medida em que a encareçam[361]. Porém, são igualmente susceptíveis de levar à descapitalização da sociedade[362]. Discute-se se a atribuição deste tipo de benefícios constitui uma violação do dever de lealdade, na medida em que se trata de indemnizações acordadas com o próprio administrador, que tenderá a prosseguir os seus interesses individuais na estipulação do montante da indemnização. Cremos, porém, que esta medida deve ser considerada admissível, tendo em consideração que também a remuneração dos administradores é determinada por acordo entre a sociedade e o administrador. Em todo o caso, a sua eficácia anti-OPA pode revelar-se curta, na medida em que em muitos casos, o administrador poderá aceitar a destituição, recebendo em contrapartida os benefícios económicos, mas até podem enfraquecer a resistência da sociedade a uma OPA[363]. Quanto ao controlo sobre as acções, os

---

[358] Desde que não esteja previsto nos estatutos da sociedade a suspensão voluntária do exercício do direito de voto constante dos estatutos ou de acordos parassociais [artigo 182.º-A/1, al. *b*) do Cód.Valores Mobiliários] ou a aplicação do *break-through rule* ao oferente que consiga obter 75% do capital social com direito ao voto [artigo 182.º-A/1, al. *c*) do Cód.Valores Mobiliários].

[359] Não sendo, contudo, lícitas as cláusulas pelas quais se atribui a estas acções direito de voto, no caso de alteração do domínio da sociedade (*springing voting right*); RAÚL VENTURA, *Estudos vários sobre sociedades anónimas, cit.*, p. 313.

[360] RAÚL VENTURA, *Estudos vários sobre sociedades anónimas, loc. cit.*; L. MENEZES LEITÃO, "As medidas defensivas…", p. 469.

[361] Com dúvidas quanto à legalidade da atribuição de indemnizações por cessão de funções, v. RAÚL VENTURA, *Estudos vários sobre sociedades anónimas, cit.* p. 315.

[362] MENEZES CORDEIRO, "Da tomada de sociedades…", p. 774; L. MENEZES LEITÃO, "As medidas defensivas…", p. 463.

[363] Existem ainda outros esquemas financeiros possíveis, como a sujeição da distribuição de divi-

400 *Nuno Tiago Trigo dos Reis*

exemplos mais frequentes são as *poison pills*, nos termos das quais uma OPA hostil atribui aos restantes accionistas especiais direitos de aquisição de valores mobiliários. Dentro destas, destacam-se o *flip-in*, em que a sociedade permite aos accionistas a aquisição de acções suas por um preço inferior ao valor de mercado, e o *flip-over*, em que a sociedade concede aos accionistas o direito de adquirir acções do próprio oferente a um preço mais baixo após a aquisição, de modo a transferir o controlo do oferente para os próprios accionistas[364]. Estas medidas não devem considerar-se admissíveis, assim como não será admissível a restrição quanto à transmissibilidade das acções em resultado de uma OPA [artigos 328.°/2 e 204.°/2, al. *a*), do Cód.Valores Mobiliários].

Na pendência de uma OPA que incida sobre mais de um terço dos valores mobiliários da respectiva categoria, os órgãos de administração devem abster-se de praticar actos susceptíveis de alterar de modo relevante a situação patrimonial na sociedade visada que não se reconduzam à gestão normal da sociedade e que possam afectar de modo significativo os objectivos anunciados pelo oferente. Entre as "alterações relevantes da situação patrimonial da sociedade visada" contam-se, designadamente, "a emissão de acções ou de outros valores mobiliários que confiram direito à sua subscrição ou aquisição e a celebração de contratos que visem a alienação de parcelas importantes do activo social" [artigo 182.°/2, al. *b*) do Cód.Valores Mobiliários]. Naturalmente, se a administração promovesse a emissão de acções ou outros títulos, tal faria encarecer a OPA, podendo mesmo ditar o seu fracasso, caso fosse excluído o exercício do direito de preferência dos sócios e fosse formada uma minoria de bloqueio[365]. Devem considerar-se "actos de gestão normal" os actos que não correspondam à execução da estratégia empresarial delineada pelos sócios e pela administração até ao momento em que se tome conhecimento da decisão de lançamento da OPA[366]. A afectação significativa dos interesses do oferente

---

dendos à permanência das acções na titularidade do accionista durante certo período (dois ou três anos), podendo servir de obstáculo à obtenção de lucros rápidos com a aquisição; L. MENEZES LEITÃO, "As medidas defensivas…", p. 463.

[364] L. MENEZES LEITÃO, "As medidas defensivas…" pp. 463-4. Como outros exemplos de medidas defensivas por controlo sobre acções, temos a exigência do consentimento da sociedade como condição de eficácia da OPA ou o dever de reaquisição das acções em troca de um bónus especial ao oferente (*Greenmail*).

[365] O. GUINÉ, *cit.*, p. 27.

[366] O. GUINÉ, *cit.*, p. 30. Devem considerar-se abrangidos os actos de relevante significado económico, desde que planeados anteriormente; por outro lado, não são actos de gestão normal actos excepcionais ou oportunidades de negócio inesperadas. Por exemplo, será, em princípio, proibida a aquisição de acções próprias.

Os deveres de lealdade dos administradores de sociedades comerciais 401

deve ser significativa, isto é, idónea a comprometer definitivamente o sucesso da operação de tomada de controlo, de modo directo (através da alienação de elementos valiosos do património societário) ou indirecto (por hipótese, dissuadindo os accionistas de venderem as suas participações sociais mediante dispendiosas campanhas publicitárias ou adquirindo acções próprias)[367].

Como exemplos de medidas defensivas na pendência de uma OPA temos[368]: a alienação dos activos mais valiosos e interessantes da sociedade, de modo a fazer decrescer o interesse na sociedade (*sale of crown jewels* ou *suicide pill*); decisões respeitantes ao passivo da sociedade, tornando-a pouco apetecível para o oferente[369]; o recurso ao controlo dos órgãos do Estado para proibir a oferta (*safe harbour*); o lançamento de uma OPA concorrente, mediante colaboração de um terceiro (*white knight*); o lançamento de uma contra-OPA (*Pac-man defense*), isto é, o lançamento de uma oferta sobre o capital do oferente, movida pela sociedade visada ou por um terceiro. A "venda de jóias da Coroa" e, bem assim, a liquidação antecipada do passivo societário são proibidas, excepto se resultarem do cumprimento de obrigações assumidas antes do conhecimento do lançamento da oferta, se tiverem sido previamente autorizadas pela AG ou se forem destinadas à procura de oferentes concorrentes (artigo 182.º/1 e 3 do Cód. Valores Mobiliários). Com efeito, estas medidas são ofensivas do dever de lealdade, na medida em que a administração aceita delapidar o património societário com o propósito de daí retirar benefícios pessoais, independentemente de a oferta que se pretende inviabilizar corresponder aos interesses lucrativos dos sócios. A intervenção dos órgãos do Estado visando inviabilizar uma operação de tomada de controlo de uma sociedade consiste numa actuação vedada, mas por razões estranhas à lealdade: retirar a possibilidade de alienação da propriedade mobiliária aos respectivos titulares, antes dos conhecidos efeitos sistémicos que se conhecem, representa uma violação fundamental à propriedade desacompanhado de qualquer compensação (artigo 62.º/1 da Constituição da República Portuguesa)[370]. As OPA concorrentes são admissíveis, na observância dos artigos 185.º e ss. do Cód. Valores Mobiliários[371].

---

[367] O. GUINÉ, *cit.*, pp. 33-4.

[368] V. RAÚL VENTURA, *Estudos vários sobre sociedades anónimas, cit.*, pp. 314-7; MENEZES CORDEIRO, "Da tomada de sociedades…" *loc. cit.*; L. MENEZES LEITÃO, "As medidas defensivas…", pp. 464-5.

[369] Decisões de pagamento de dívidas ainda não vencidas, celebração de novos contratos de crédito, oneração de património da sociedade, etc..

[370] MENEZES CORDEIRO, "Da tomada de sociedades…", *loc. cit.*.

[371] O. GUINÉ, *cit.*, p. 27: os "cavaleiros brancos", surgindo em OPA concorrentes, poderão servir os interesses dos accionistas, uma vez que o valor da OPA concorrente deve ser superior (artigo

402 Nuno Tiago Trigo dos Reis

A conveniência das regras restritivas da adopção de medidas defensivas contra uma operação de tomada de controlo tem sido objecto de discussão[372]. A seu favor, pode argumentar-se que a administração tem um interesse próprio na oposição à oferta, não devendo poder adoptar medidas defensivas, limitando as possibilidades de criação de riqueza. Caso contrário, apenas seriam permitidas as ofertas amigáveis, as quais poderiam apenas garantir benefícios à administração e não aos accionistas. Contra a admissibilidade de regras restritivas relativamente a medidas defensivas, pode dizer-se que os accionistas não dispõem da necessária e completa informação acerca da proposta de tomada de controlo, não tendo igualmente a capacidade de organização para permitir uma eficaz coordenação para avaliar o que seria melhor para a sociedade, devendo ser a administração a fazer tal juízo. Somos da opinião que, em geral, a administração apenas pode adoptar medidas preventivas na pendência de uma operação de transferência de controlo após a aprovação pela AG: só os sócios, enquanto proprietários da empresa, poderão decidir da adopção de medidas que directamente (no caso de alienação ou oneração de património) ou indirectamente (no limite, no caso de frustração da operação de tomada de controlo) prejudicam financeiramente a sociedade[373-374].

185.º/5 do Cód. Valores Mobiliários), podendo igualmente levar a um reajustamento do valor oferecido inicialmente (artigo 184.º do Cód. Valores Mobiliários).

[372] GERARD HERTIG/JOSEPH MCCAHERY, "Company and Takeover Law Reform in Europe: Misguided Harmonization Efforts of Regulatory Competition", cit., pp. 24-5.

[373] Salvaguardando a aplicação de medidas de tutela de sócios minoritários, os quais poderão, por hipótese, invocar a anulabilidade da deliberação social que autorize a alienação de património societário [artigo 58.º/1, al. b)].

[374] L. MENEZES LEITÃO, "As medidas defensivas…." p. 467. Alguns AA. (v. GERARD HERTIG/ /JOSEPH MCCAHERY, "Company and Takeover Law Reform in Europe: Misguided Harmonization Efforts of Regulatory Competition", cit., pp. 27 e ss.) sugerem, no entanto, que se deverá distinguir entre o board neutrality rule e os break-through rules. O primeiro deveria vigorar sem reservas, por apelo a um princípio de transparência. Já os segundos deveriam ser consagrados a título supletivo, permitindo às partes a opção entre as medidas restritivas constantes da Directiva e aquelas que vigoram no Estado Membro da sede da sociedade. Sustentam também os AA. a ineficiência, numa perspectiva económica, destas regras restritivas relativamente à adopção de medidas defensivas, na medida em que o seu principal efeito é o de transformar uma oferta para uma sociedade com uma estrutura de capital concentrada numa oferta para capital disperso e, por isso, pouco atractiva.

7.2.2. Deveres de lealdade *post factum finitum*

I. A existência de deveres acessórios de conduta impostos pela boa fé, após a cessação do vínculo contratual, é hoje pacificamente aceite[375]. A violação destes deveres constitui, de resto, uma das constelações típicas de casos integrantes da chamada *terceira via da responsabilidade civil*[376]. No caso particular da situação de administração, verifica-se uma necessidade de não adoptar comportamentos que possam levar à frustração da finalidade da situação obrigacional extinta e, sobretudo, possam implicar a perda de vantagens ou a ocorrência de danos para o ex-parceiro[377]. Os vectores materiais que concretizam a boa fé neste tipo de casos são, como sucede com os deveres de lealdade contemporâneos da situação de administração, a tutela da confiança e o princípio da materialidade subjacente. Com efeito, em virtude da especial proximidade relativamente ao património e à actividade societária, os administradores encontram-se em posição privilegiada para aproveitar ilicitamente oportunidades de negócio que devam considerar-se reservadas à sociedade ou difundir informação economicamente sensível a ela respeitante, havendo confiança justificada

---

[375] MENEZES CORDEIRO, "Da pós-eficácia das obrigações", *Sep. Estudos em honra do Senhor Professor Doutor Cavaleiro de Ferreira*, 1984, e *Da Boa Fé…*, *cit.*, pp. 625 e ss. O Senhor Professor distingue entre a pós-eficácia aparente (aquela que corresponde à violação de deveres legais expressos associados à extinção de obrigações), a pós-eficácia virtual (existente nas situações em que a própria situação jurídica complexa prevê deveres a observar no seu termo), a eficácia continuada (quando numa situação complexa se extinga o dever de prestar principal, subsistindo os restantes) e a pós-eficácia em sentido estrito (decorrente de deveres acessórios de conduta fundados na boa fé, com consagração legal efectiva no artigo 762.º/2 do Cód. Civil). É conveniente proceder a duas prevenções: em face das conclusões a que se chegou em 5., para o tema da nossa investigação, interessará apenas a pós-eficácia em sentido estrito. Para além disto, não cabe, no caso, falar-se de deveres pós-contratuais, pois, como se viu, a situação de administração só raramente terá fonte num contrato; poder-se-ia falar em "deveres pós-eficazes", mas a expressão não seria, então, menos imprecisa: os deveres legais de lealdade têm o seu próprio âmbito de eficácia, ainda que desprovido de acessoriedade relativamente à obrigação de fonte negocial. A mesma crítica pode ser dirigida ao emprego da expressão "deveres pós-obrigacionais", na medida em que ainda se fala, neste ponto, de situações de estrutura e conteúdo obrigacionais. A melhor expressão, ainda que de referente assumidamente mais estrito do que a realidade cuja utilização visa descrever, parece ser, ainda assim, a de "deveres pós-negociais". Por comodidade de expressão, e, sobretudo, pelo respeito à terminologia introduzida e tornada comum entre nós pelos maiores cultores do direito civil, recorreremos igual e indistintamente às expressões "deveres pós-eficazes" e "deveres pós-contratuais".

[376] V. L. MENEZES LEITÃO, *Direito das Obrigações*, I, *cit.*, p. 348 e ss.; CARNEIRO DA FRADA, *Uma terceira via…*", *op. cit.*.

[377] MENEZES CORDEIRO, *Da Boa Fé…*, *cit.*, p. 629.

em que o comportamento futuro dos ex-administradores respeite aquelas posições (sendo aqui predominante a tutela da confiança). Por outro lado, impõe-se, em certos casos, um dever de não concorrência pós-obrigacional, agora com fundamento na exigência ético-jurídica de não prejudicar a prossecução da finalidade lucrativa da sociedade (não considerando a celebração, a execução e a extinção da situação de administração como elementos de referência puramente formais, desligados do fim da prestação – primazia da materialidade das situações em jogo).

II. Aplicada à situação particular dos administradores, a concretização de deveres de lealdade após a cessação da relação com a sociedade suscita problemas de resolução difícil. O surgimento do dever e, bem assim, a determinação dos seus precisos conteúdo e duração só na consideração do caso poderá satisfatoriamente ser atingida. Consideremos, na reserva de nos referirmos apenas a algumas das manifestações típicas de deveres de lealdade pós-eficazes: (i) o exercício de concorrência com a sociedade da qual se tenha sido administrador; (ii) a apropriação de uma oportunidade de negócio pertencente à sociedade; (iii) a divulgação de informação ou de segredos adquiridos no exercício da actividade de administração.

III. No primeiro caso, dir-se-ia, desde logo, que, o problema se restringe, no caso das sociedades anónimas, aos administradores executivos, no modelo monista e aos membros do conselho de administração executivo, nos modelos de administração dualista. De facto, em conformidade com o que antes se disse quanto à obrigação de não concorrência no exercício da actividade de administração, as funções de administração resumem-se, quanto ao administradores não executivos, a deveres de vigilância e intervenção (artigo 407.º/8) e a deveres de fiscalização, vigilância, segredo, de nomeação e de destituição do conselho de administração quanto aos membros do conselho geral e de supervisão (artigos 441.º e 441.º-A). Se, por imposição legal expressa, é de considerar que os membros do conselho geral e de supervisão estão sujeitos a um dever de não concorrência durante a vigência das funções de administração, conforme foi defendido anteriormente, crê-se que, em virtude da natureza e da finalidade das funções exercidas, tal dever tem um conteúdo mais estrito. A essa conclusão deve acrescer, agora, a de que também a duração do dever de lealdade imposto é menor. Os argumentos são diversos: no exercício de uma função concorrente, o membro do conselho geral e de supervisão não beneficiará, normalmente, da experiência e do saber acumulados no exercício das suas funções de fiscalização; a proximidade e a intensidade do vínculo com a sociedade

Os deveres de lealdade dos administradores de sociedades comerciais   405

são menos intensos, sendo menores a justificação para a confiança na abstenção de uma concorrência futura e a necessidade de respeito pelo escopo contratual da sociedade. O mesmo vale para os membros da comissão de auditoria.

Quanto à situação do administrador executivo e dos gerentes de sociedades por quotas e em nome colectivo, há que ponderar a relevância argumentativa – sempre variável – de diferentes elementos. Desde logo, importa averiguar da duração da situação de administração: os deveres de lealdade serão tão
mais intensos quanto mais longa tiver sido a relação com a sociedade. Por outro
lado, é de atender ao tipo real de sociedade em causa: em princípio, será exigível uma omissão de concorrência mais duradoura no caso de uma sociedade
em nome colectivo do que numa sociedade anónima. Porém, o tipo real de
administrador também releva: é nas sociedades anónimas, em particular, nas
grandes sociedades anónimas, que será mais frequente o surgimento de gestores profissionalizados e bem remunerados, dedicados a tempo inteiro à gestão
dos assuntos da sociedade; é também nestas sociedades que a separação entre a
propriedade societária e a administração será maior, com os conhecidos problemas de agência daí resultantes. Dir-se-á, então, que o gestor que se aproxime
do tipo acabado de descrever estará mais facilmente vinculado a deveres de não
concorrência pós-eficazes[378].

Por outro lado, e prosseguindo na apreciação das circunstâncias particulares do caso, dir-se-á que o dever existe quando o exercício imediatamente posterior de funções de gestão em sociedade concorrente implique a ocorrência
de danos ou lucros cessantes significativos e a conduta em causa constitua uma
violação de uma situação de confiança suscitada perante a sociedade (sobretudo, quando o investimento da parte deste seja avultado: investimentos na formação do administrador; aceitação de projectos que impliquem acesso a informação sensível; etc.). Importa ainda considerar outros factores: a existência de
um eventual aproveitamento do cargo anteriormente exercido (por hipótese,
o aproveitamento de clientela, de informação ou de património ou quadros

---

[378] Já foi defendido que, inversamente, a *duração* da vinculação a um dever de acessório de lealdade seria menor. Seria assim por imposição da especialização e da competência: o gestor profissional não pode deixar de enriquecer a sua experiência de gestão, não lhe sendo exigível que
deixe de aproveitar "tudo aquilo que o exercício profissional lhe faculta como memória e como
cultura de gestão". Quando nada tivesse sido estipulado entre o administrador e a sociedade,
dever-se-ia entender que, em princípio, nenhuma limitação teria vigência: cf. PEDRO PAIS DE
VASCONCELOS, *cit.*, pp. 320-1. Poder-se-ia, contudo, questionar se não haverá situações em que a
realização de um prévio investimento de confiança pela sociedade justifique a existência de um
dever legal de lealdade.

pertencentes à sociedade a quem o administrador prestara serviços); o facto extintivo da situação de administração (a destituição com justa causa do administrador contribuirá para a fundamentação do surgimento de um dever de não concorrência, o que, por si, não sucederá quanto à destituição sem justa causa). Em sede de responsabilidade civil, cumpre ainda analisar a *culpa* na violação do dever (devendo ser exigido, pelo menos, um comportamento negligente).

IV. Quanto à apropriação ilícita de oportunidades de negócio reservadas à sociedade, o momento relevante parece ser o do conhecimento da oportunidade de negócio. Se o administrador teve conhecimento da oportunidade de negócio no exercício das suas funções, a cessação da situação de administração não obsta a que o administrador deva rejeitar qualquer vantagem que dela decorra. São, aliás, frequentes os casos em que o administrador cessa intencionalmente as suas funções para aproveitar essa oportunidade de negócio[379].

V. Por fim, quanto ao dever de sigilo, este deve vigorar para além da cessação da situação de administração, sem reservas.

§ 8. **Deveres de lealdade para com os sócios?**

I. Não existem deveres de lealdade legalmente típicos dos administradores relativamente aos sócios. Com efeito, e acompanhando a doutrina maioritária, a situação de responsabilidade constante do artigo 79.°[380] enquadra-se no âmbito da responsabilidade delitual, por não existirem relações obrigacionais entre a administração e os sócios[381]. Mas para que o administrador possa ser pessoalmente responsável perante o sócio é necessário que os danos lhe hajam sido *directamente* causados. Quanto a nós, haverá que distinguir entre o incumprimento de deveres da sociedade para com o sócio, pela qual apenas aquela responderia, e o incumprimento de um dever fundamental do administrador.

---

[379] H. MERKT, *cit.*, p. 446, defende que o administrador não pode aproveitar a título pessoal uma oportunidade de negócio ainda que já tenha apresentado o pedido de renúncia ao cargo.
[380] "Artigo 79.° (*Responsabilidade para com sócios e terceiros*)

1 – Os gerentes ou administradores respondem também, nos termos gerais, para com os sócios e terceiros pelos danos que directamente lhe causarem no exercício das suas funções.
(...)"
[381] Assim, MENEZES CORDEIRO, *Da responsabilidade civil dos administradores das sociedades comerciais*, *cit.*, p. 496.

No primeiro conjunto de situações, só a sociedade poderá será responsável: os actos praticados pelo administrador serão imputados à própria sociedade[382]. Já na segunda hipótese, verifica-se a violação de um dever específico do administrador perante a sociedade plurilesivo, i.e., provocando danos na esfera da sociedade e do sócio. Neste aspecto, assume importância particular a lesão de deveres de lealdade, que constitui, nas palavras de Catarina Monteiro Pires, o núcleo duro da responsabilidade dos membros da administração perante os accionistas[383]. Mas, neste ponto, cumpre determinar quem é o credor do dever de lealdade dos administradores. Na al. *b*) do artigo 64.°/1, encontramos apenas uma referência aos "interesses de longo prazo dos sócios", com o sentido já analisado. A prossecução dos interesses dos sócios faz-se de modo colectivo, i.e., com a interposição da personalidade colectiva da sociedade. Em rigor, é a esta que o administrador deve lealdade. Com o enquadramento dogmático na boa fé, e consequente concretização veiculada pela confiança e pela primazia da materialidade subjacente[384], não pode pensar-se na titularidade de uma relação de lealdade entre a administração e os sócios. É certo que os sócios ocupam uma posição de proximidade com a administração intermédia entre o contrato e o delito, em termos que parecem constituir um *tertium genus*[385]: os sócios confiam a sua propriedade à administração (com a mediação da sociedade), deixando a descoberto a possibilidade de condutas danosas por parte daqueles. Mas falta aqui uma situação de confiança dos sócios individualmente considerados, em particular, nas sociedades anónimas de capital disperso pelo público. Inexiste uma proximidade suficiente para que se complete a equipa-

---

[382] CARNEIRO DA FRADA, *Teoria da confiança...*, p. 172 e n. 120: "(...) cremos que a responsabilidade pessoal dos titulares de órgãos perante terceiros – e o mesmo valerá essencialmente para a dos sócios – depende em princípio da viabilidade de afirmar um fundamento de imputação pessoal do prejuízo a tais sujeitos, ultrapassando o âmbito dos deveres próprios da pessoa colectiva, pelos quais apenas esta responde". A responsabilidade da sociedade por factos praticados pela administração é firmada pelo artigo 165.° do Cód. Civil (por remissão, os artigos 500.° e 800.° do Cód. Civil) e 6.°/5 do Cód. das Sociedades Comerciais, negando uma imputação directa do facto à pessoa colectiva e exigindo que o acto tenha sido praticado no exercício ou por causa do exercício das suas funções (assim, MENEZES CORDEIRO, *Da responsabilidade civil dos administradores das sociedades comerciais, cit.*, p. 496 e CARNEIRO DA FRADA, *Teoria da confiança...*, pp. 278 e ss. e n. 260; contra, defendendo que a representação orgânica não cabe no artigo 165.° do Cód. Civil, disposição apenas aplicável à responsabilidade das pessoas colectivas que não são titulares dos respectivos órgãos, OLIVEIRA ASCENSÃO, *Direito civil/Teoria Geral*, I, 2.ª Ed., Coimbra, 2000, pp. 274 e ss.).

[383] CATARINA MONTEIRO PIRES, *cit.*, pp. 115 e ss..

[384] V., *supra*, §5, 5.1. e 5.2..

[385] CARNEIRO DA FRADA, *Teoria da confiança...*, p. 173, n. 120.

408   *Nuno Tiago Trigo dos Reis*

ração com a relação especial própria de quem estabelece um contacto negocial: para além de a administração desconhecer frequentemente a composição da estrutura societária, também os sócios desconhecerão em muitos casos os membros dos órgãos de administração da sociedade a que pertencem. Defender o contrário implicaria aceitar a degradação da confiança na ideia difusa de uma mera expectativa de cumprimento do dever por parte de um estranho[386]. A lealdade apenas é exigível a quem surja como titular de situações jurídicas obrigacionais. A consequência será a remissão, em regra, para os quadros da responsabilidade delitual, sempre que esteja em causa a violação de direitos absolutos dos sócios ou a violação de disposições legais específicas de protecção dos seus interesses.

II. Poder-se-ia, todavia, alvitrar uma relação jurídica de protecção do património dos sócios, a partir do contrato de sociedade ou da própria relação de administração. Uma saída seria a hipótese de qualificação do contrato de sociedade (ou da relação de administração) como contrato (ou relação obrigacional) com eficácia de protecção de terceiros (*Vertrag mit Schutzwirkung für Dritte*)[387]. Trata-se de atribuir a um terceiro um direito de indemnização pela violação de um dever acessório de conduta de fonte legal, mas em estrita relação com um contrato celebrado entre terceiros. O dever de protecção surge, assim, numa relação obrigacional sem dever primário de prestação, com fundamento na boa fé[388]. A sua violação importa o ressarcimento de todos os danos sofridos, compreendendo os danos primariamente patrimoniais ou danos patrimoniais puros. É certo que o terceiro sócio se encontra numa situação de proximidade em relação à prestação devida pelo administrador, em termos que levam a afirmar que se encontra exposto aos mesmos riscos contra-

---

[386] No sentido da restrição dos deveres acessórios de conduta a relações especiais e os deveres acessórios de lealdade à pendência de uma relação contratual, MENEZES CORDEIRO, *Da Boa Fé...*, *cit.*, pp. 606 e ss..

[387] Sugerida por CATARINA MONTEIRO PIRES, *cit.*, pp. 127 e ss.. Sobre o contrato com eficácia de protecção de terceiros, v. LARENZ, *Lehrbuch des Schuldrechts*, *AT*, I, *cit.*, pp. 224 e ss.. Sobre a figura, v. ainda C. MOTA PINTO, *cit.*, pp. 420 e ss.; MENEZES CORDEIRO, *Da Boa Fé...*, *cit.*, pp. 620-5; SINDE MONTEIRO, *cit.*, pp. 518 e ss.; CARNEIRO DA FRADA, *Contrato e deveres de protecção*, pp. 43-44 e 72; L. MENEZES LEITÃO, *Direito das Obrigações*, I, *cit.*, p. 362.

[388] LARENZ, *Lehrbuch des Schuldrechts*, *AT*, I, *cit.*, p. 229 e MENEZES CORDEIRO, *Da Boa Fé...*, *cit.*, p. 624. Parecendo quadrar o contrato com eficácia de protecção para terceiros na integração de lacunas negociais atendendo à circunstância de a boa fé poder sobrepôr-se à vontade hipotética das partes em sede de integração de lacunas (artigo 239.º do Cód. Civil), v. SINDE MONTEIRO, *cit.*, p. 552.

Os deveres de lealdade dos administradores de sociedades comerciais   409

tuais, e com a mesma intensidade, que o credor. Ao que acresce o interesse especial do credor na protecção do terceiro (decorrente da titularidade pré--existente da participação social do sócio). Porém, temos dúvidas que possa dizer-se que a exposição aos riscos do contrato e a especial relação entre o terceiro (sócio) e a credor (sociedade) sejam reconhecidas pelo devedor (administrador)[389]. Com efeito, aquele reconhecimento não parece poder ser afirmado sem recorrer a uma verdadeira ficção nos casos em que ao administrador não seja exigível o conhecimento da estrutura societária, o que sucede com maior clareza nos casos de dispersão de capital das grandes sociedades anónimas[390]. Por outro lado, não é certo que o terceiro sócio esteja carecido de protecção, na medida em que o seu investimento pode já ser mediatamente protegido pela tutela do património social. A tutela do património do sócio, por seu turno, pode ser assegurada pela intervenção da responsabilidade aquiliana (em particular, mediante disposições de protecção da posição do sócio). A isto acresce que a ressarcibilidade, em geral, dos danos primariamente patrimoniais em face de ilícitos meramente negligentes redundaria numa injustificada ponderação entre a liberdade de actuação dos administradores e o risco de gestão ou de empresa[391], conduzindo a um âmbito excessivamente alargado da responsabilidade civil dos administradores das sociedades comerciais[392]. Por estas razões, cremos que a qualificação do contrato de sociedade como um contrato de eficácia de protecção de terceiros só em casos contados poderá ser possível. Tendencialmente, esses casos coincidirão com as sociedades pessoais, e os danos ressarcíveis tenderão a não incluir os danos patrimoniais puros provocados negligentemente.

III. Os casos típicos de actuação desleal relativamente a um dos sócios (por hipótese, tratamento intencionalmente discriminatório) encontram uma zona

---

[389] Contra, considerando que este reconhecimento está por natureza assegurado quando o administrador for designado pelo contrato de sociedade ou nomeado pela assembleia geral, CATARINA MONTEIRO PIRES, *cit.*, p. 132.

[390] Como aliás a A. citada na nota anterior, com a devida vénia, reconhece: "[p]ara finalizar, importa não absolutizar a relevância do contrato com eficácia de protecção de terceiros nesta sede. Nem todas as situações de facto se deixarão assimilar pela normatividade ínsita nesta figura negocial, sobretudo quando esteja em causa a realidade de sociedades anónimas com o capital disperso pelo público. Estas poderão ser solucionadas segundo os quadros próprios da responsabilidade delitual, sem prejuízo da coerência interna da responsabilidade civil do administrador" (*cit.*, p. 134).

[391] Sobre os danos primariamente patrimoniais, v. SINDE MONTEIRO, *cit.*, pp. 187 e ss..

[392] E não obstante a eventual aplicação do n.° 2 do artigo 72.°, *ex vi* artigo 79.°/2.

410 *Nuno Tiago Trigo dos Reis*

de confluência com os casos de actuação contrária aos bons costumes[393]. Neste ponto, Carneiro da Frada vem defendendo entre nós a possibilidade de construção *praeter legem* de um tipo análogo ao do § 826 do *BGB*, para os casos em que a favor da ressarcibilidade dos danos deponham exigências indeclináveis de protecção do mínimo ético-jurídico exigível[394]. A questão é merecedora de desenvolvimentos, que ultrapassam o escopo da presente investigação.

§ 9. **Efeitos decorrentes da violação de deveres de lealdade. Remissão**

I. A violação dos deveres de lealdade implica consequências distintas. Desde logo, nos casos de conflitos de interesses com a sociedade, poderá levar à aplicação do regime de impedimento de voto ou à necessidade de consentimento de um órgão social para a celebração de um contrato entre o administrador e a própria sociedade.

Um dos efeitos gerais da violação do dever de agir com lealdade é o surgimento de um dever de indemnizar, em termos de que já demos conta[395]. A indemnização deve abranger aqui o interesse contratual positivo.

II. Noutras situações, designadamente, nos casos de violação do dever de não concorrência ou de não apropriação de oportunidades de negócio societárias, a sociedade pode exigir o cumprimento do dever de conteúdo negativo.

Para além do dever de indemnizar, a sociedade poderá ainda exercer o *direito de ingresso* nos negócios efectuados pelo sócio (artigo 180.º/2, relativamente às sociedades em nome colectivo), de conta própria. Apesar de o preceito se referir apenas às sociedades em nome colectivo, deve entender-se que a solução deve valer igualmente, por analogia, para a violação do dever de não concorrência dos gerentes (artigo 254.º) e dos administradores (artigos 398.º/3, 428.º e 434.º/5). O direito a exigir que os negócios efectuados pelo administrador sejam considerados como efectuados por conta da sociedade e, bem assim, o direito a exigir a entrega dos proveitos próprios resultantes dos

---

[393] Sobre os bons costumes, v. MENEZES CORDEIRO, *Tratado de Direito Civil Português*, I, *cit.*, pp. 699 e ss., considerando que os bons costumes envolvem as áreas dos códigos de sexual e familiar e códigos deontológicos, que a lei não explicita mas que são de fácil reconhecimento objectivo, em cada momento social (p. 709). CARNEIRO DA FRADA, *Teoria da Confiança...*, pp. 842 e ss.; *Uma terceira via...*, pp. 48 e ss..

[394] CARNEIRO DA FRADA, *Teoria da confiança...*, pp. 223 e ss..

[395] V., *supra*, § 5, 5.1..

Cadernos O Direito 4 (2009), 279-419

negócios efectuados por ele, de conta alheia, ou a cessão dos seus direitos a tais proventos, não são, contudo, oponíveis a terceiros[396].

Nestes dois conjuntos de casos, a violação do dever poderá dar ainda origem a uma obrigação de restituição do indevido, nos termos do enriquecimento sem causa; a particularidade reside aqui no dever de restituição de todos os lucros recebidos em consequência do comportamento desleal[397].

III. Finalmente, a violação do dever de lealdade implica a destituição com justa causa do administrador [artigos 186.°/1, al. *a*), 257.°/4, 403.°/4 e 430.°/1, al. *b*)]. Os deveres de lealdade constituem a hipótese genericamente mais gravosa, de um ponto de vista ético, do incumprimento dos deveres dos administradores[398]: a sua verificação implicará o preenchimento da *justa causa subjectiva*, por quebra da relação de confiança entre a sociedade e os administradores[399].

IV. Os deveres de lealdade podem ainda ser preventivamente tutelados através da acção inibitória. Não só em caso de iminência de um acto lesivo, mas também de um acto danoso, a sociedade pode exigir judicialmente a condenação do administrador à abstenção de certo comportamento [artigo 4.°/2, al. *b*), do Cód. de Proc. Civil].

---

[396] Antes da reforma de 2006, dispunha o artigo 428.°/3 que "[q]uando a actividade exercida pelo director, sem autorização do conselho geral, for concorrente com a da sociedade, deve aquele indemnizar os prejuízos sofridos por esta, os quais se consideram, pelo menos, de montante igual aos lucros ou proventos auferidos pelo director". À luz desta disposição, certa doutrina afirmava a existência de uma presunção uma presução inilídivel quanto ao montante dos danos (RAÚL VENTURA, *Novos estudos sobre sociedades anónimas e sociedades em nome colectivo*, cit., p. 26; PEDRO CAETANO NUNES, *Corporate Governance*, *cit.*, p. 111; contra, ALEXANDRE SOVERAL MARTINS, *cit.*, n. 52). Quanto a nós, pensamos que no Direito antigo apenas existia uma presunção ilidível quanto ao *quantum* dos danos sofridos pela sociedade, não obstando à prova de montante era inferior ao dos lucros obtidos pelo administrador; esta interpretação era já mais consentânea com a finalidade principal da responsabilidade civil: a reparação do dano sofrido por outrem. A solução contrária – a da equiparação do dano ao valor do enriquecimento – parece confundir a finalidade da responsabilidade civil com o enriqueciemento sem causa. Como se disse, apesar da supressão do n.° 3 do artigo 428.°, provocada pela reforma de 2006, o resultado que se retirava daquela proposição continua a valer, na medida em que se verifiquem os pressupostos do enriquecimento por intervenção.

[397] V., *supra*, § 7, 7.2.1.3..

[398] CATARINA MONTEIRO PIRES, *cit.*, p. 113.

[399] PEDRO CAETANO NUNES, *Corporate Governance*, *cit.*, p. 112.

§ 10. Conclusão: enquadramento dogmático dos deveres de lealdade dos administradores das sociedades comerciais

I. A natureza jurídica dos deveres de lealdade é objecto de discussão. Menezes Cordeiro[400] dá conta de duas posições distintas: (i) uma de tipo mais tradicional, retirando a lealdade em causa da boa fé[401]; (ii) uma outra, de natureza especificamente societária, decorrente da circunstância de se estar perante uma curadoria de bens de um terceiro. A autonomia dos deveres de lealdade perante a boa fé remonta a Hueck[402] e foi posteriormente assumida por M. Lutter[403], K. Schmidt[404], S. Grundmann[405], K. Rusch (relativamente ao dever de resti-

---

[400] Menezes Cordeiro, "Os deveres fundamentais dos administradores das sociedades", p. 475.

[401] Para além do entendimento de Menezes Cordeiro, v. L. Menezes Leitão, *Direito das obrigações*, III, *cit.*, pp. 304-6, escrevendo a propósito do contrato de sociedade civil, defende que a proibição de concorrência e a proibição do uso de bens da sociedade não constituem uma prestação autónoma do contrato de sociedade, mas sim um dever acessório de lealdade imposto pela boa fé (artigo 762.º/2 Cód. Civil), que vai impedir a lesão de expectativas de outros sócios; J. Hennrichs, "Treupflichten im Aktienrecht", *cit.*, p. 241, reconduzindo os deveres de lealdade à cláusula geral da boa fé e acentuando a sua independência quanto à forma jurídica da sociedade.

[402] A. Hueck, *cit.*, pp. 9 e ss. e 18 e ss..

[403] M. Lutter, "Treupflichten und ihre Anwendungsprobleme", *cit.*, p. 160. A propósito dos deveres de lealdade entre os sócios, o A. sustenta que existência de um dever de lealdade não suscita hoje especial discussão nem carece de uma acrescida fundamentação: trata-se de um princípio jurídico do Direito das sociedades. O dever de lealdade corresponderia a uma cláusula geral de fonte jurisprudencial e estaria hoje estabelecida através do direito consuetudinário, nomeadamente no seu desenvolvimento como dever jurídico do sócio relativamente à sociedade e, bem assim, nas relações dos sócios entre si Estes deveres, na sua essência, seriam deveres principais (*Hauptpflichten*) da relação de sócio que poderiam ser reivindicados através de uma acção, uma vez que o dever de lealdade não controla e limita o exercício jurídico de direitos, mas através dele apenas são de facto concretizados deveres para acção e omissão (não é como o § 242 do *BGB*, que determina o tipo e a forma como a prestação devida é para ser realizada). Já em "Die Treupflicht des Aktionärs – Bemerkungen zur Linotype. Entscheidung des BHG", *cit.*, p. 453, o A. havia defendido a equiparação ao conceito de "dever de promover o fim lucrativo", nos termos previstos no contrato de sociedade (*Förderpflicht*, constante do §705 do *BGB*). Este argumento será, na melhor das hipóteses, insatisfatório para traçar o enquadramento da totalidade dos casos na medida em que, p. ex., não permite explicar o surgimento de deveres de lealdade entre accionistas.

[404] K. Schmidt, *cit.*, § 20, IV, defende que o ponto de referência jurídico-funcional (*rechtsfunktionelle Anknüpfungspunkte*), bem como a qualificação dogmática dos deveres de lealdade devem ser distinguidos; também Hüffer, *cit.*, § 53a, anot. 15, fala aqui de um diferente fundamento de validade (*Geltungsgrund*).

[405] S. Grundmann, *cit.*, pp. 167 e ss. e 192 e ss., distinguindo entre o dever de lealdade como "dever de protecção de interesses em sentido estreito" ("Interessenwahrungspflicht *stricto sensu*") e o dever geral de agir de acordo com a boa fé.

Os deveres de lealdade dos administradores de sociedades comerciais   413

tuição dos lucros obtidos em resultado de uma conduta desleal)[406], Marina Wellenhofer-Klein[407] e, entre nós, por Paulo Câmara[408]. Também Carneiro da Frada[409] parece ir nesse sentido.

II. Como sustenta Menezes Cordeiro, não existe qualquer contradição entre a recondução do dever de lealdade à boa fé e a consideração da especial relação de fidúcia que se estabelece entre o gestor e a sociedade. A boa fé intervém igualmente em contratos que não são de troca e até em negócios gratuitos[410]. Relativamente à estrutura dos deveres de lealdade, como já foi referido,

---

[406] K. RUSCH, *cit.*, pp. 254 e ss.. No Direito alemão, o fundamento material para o dever de lealdade (*duty of loyalty*) seria a assunção voluntária da protecção de interesses patrimoniais alheios.

[407] Pronunciando-se acerca dos deveres de lealdade entre os sócios, a A. atribui aos deveres de lealdade uma "dupla natureza": são correlato do poder jurídico que se reflecte numa possibilidade de influência e de intervenção dos sócios; são descobertos no campo de protecção da confiança, na medida em que esta é necessariamente pressuposta na realização da empresa comum – o sócio deve praticar todas condutas necessárias ao escopo da sociedade e omitir todas aquelas que lhe possam causar dano; *cit.*, p. 573; ultrapassam as exigências gerais impostas pela boa fé, nos termos do § 242 do *BGB*, *cit.*, p. 587.

[408] PAULO CÂMARA, *Parassocialidade e transmissão de valores mobiliários*, *cit.*, p. 284-5: os deveres de lealdade não excluiriam a geral aplicação dos deveres dimanados da boa fé, mas não se confundiriam com estes, na medida em que correspondem a exigências especiais do Direito das sociedades, encontrando a sua legitimação, de forma implícita, na estrutura do sistema societário e não em disposições positivas sobre boa-fé (§ 242 *BGB* ou artigo 762.º do Cód. Civil, por exemplo). A autonomização dos deveres de fidelidade no âmbito influenciador da boa fé harmonizar-se-ia, aliás, com as modernas tendências do estudo desta última figura – privilegiando as suas concretizações periféricas sobre a sua dogmatização unitária.

[409] CARNEIRO DA FRADA, "A business judgement rule…", ponto. 4. O dever de lealdade do administrador ultrapassaria o exigido pelo artigo 762.º/2 do Cód. Civil. Esta disposição apenas seria aplicável nas relações de troca, em que jogam interesses contrapostos, mas não obstaria à prossecução de interesses próprios do agente, ao contrário do que sucede com o dever de lealdade.

[410] Afastamo-nos, por esta razão, da posição defendida por S. GRUNDMANN segundo a qual o elemento caracterizador do dever de lealdade seria a aceitação gratuita (pelo fiduciário) de uma posição patrimonial (do principal); *cit.*, pp. 166 e ss. e 192 e ss.. De acordo com o A., o fundamento para agir com lealdade não seria a possibilidade de afectação de interesses de um terceiro, mas antes a assunção de uma posição potenciadora do aproveitamento de certo bem. O dever de determinação de acordo com os interesses patrimoniais do principal não poderia ser considerado como uma contraprestação relativamente à transmissão de uma posição de influência sobre aqueles interesses. O simples aproveitamento do bem permitido pela transmissão do direito serviria de pagamento para a assunção daquele dever. Aliás, só a gratuitidade da assunção da posição pelo fiduciário justificaria que a intensidade do dever de lealdade fosse aqui superior ao dever geral de agir de boa fé. Apesar de ser certo que em muitos casos os deveres de lealdade podem emergir de contratos não sinalagmáticos (como sejam o contrato de transmissão do direito de pro-

414 Nuno Tiago Trigo dos Reis

não estamos perante deveres de principais (*Hauptpflichten*), mas antes perante certo tipo de deveres acessórios ou secundários de conduta (*Nebenpflichten*)[411].

É certo que a curadoria de um património alheio parece fazer intuir um dever de duração e extensão particularmente agravadas relativamente ao que, em geral, sucede numa relação especial (*Sonderverbindung*) entre duas pessoas. A relação de administração não é caracterizada por uma posição paritária entre as partes. Através do poder de administração e da consequente susceptibilidade de poder influir unilateralmente nos destinos e no conteúdo da prestação devida, uma das partes dispõe de uma ampla possibilidade de afectação e de influência na esfera de bens jurídicos da outra[412]. Por outro lado, a sociedade

---

priedade a título fiduciário ou da cessão em garantia), falta ao argumento generalidade suficiente para servir de eixo a uma teoria geral das relações fiduciárias ou do dever de lealdade. Caso contrário, os deveres de lealdade emergentes de contratos de trabalho, de mandato ou, generalizando, de prestação de serviços onerosos, de relações de administração, só para dar alguns exemplos, não poderiam aparentemente ter cabimento naquela teoria. Por outro lado, o argumento segundo o qual o dever de lealdade que impende sobre o trabalhador não tem como contrapartida o pagamento da remuneração prova demais, pois, como se disse, o dever de lealdade surge como um dever acessório e não como objecto de uma prestação principal. Dir-se-ia mesmo que as situações de assunção onerosa de uma posição susceptível de causar danos podem implicar uma intensidade agravada dos deveres de lealdade, informação ou protecção (cf., nesse sentido, artigo 504.º/3 do Cód. Civil, em que se prevê a limitação da responsabilidade aos danos pessoais em caso de danos causados por veículos a pessoas transportadas a título gratuito ou artigos 956.º/2 e 957.º/1 do Cód. Civil, que estabelecem uma responsabilidade para o doador em caso de doação de bens alheios ou onerados diminuída por comparação com o que se verifica em contratos onerosos, como sucede no caso da compra e venda, cf. artigos 898.º, 899.º, 900.º, 908.º, 909.º e 910.º do Cód. Civil). Por fim, a teoria de GRUNDMANN não atribui relevância suficiente à presença da titularidade de uma posição de influência sobre bens de terceiro, à intervenção do pensamento da confiança e à materialidade subjacente, elementos comuns a todas as constelações de casos em que tipicamente o dever de lealdade é pensado (assim, K. RUSCH, *cit.*, pp. 200-1).

[411] Contrariamente ao sustentado por M. LUTTER, *loc. cit.*. Evidentemente, tão-pouco pode ser aceite o argumento apresentado por J. HENNRICHS, *cit.*, p. 232, segundo o qual as relações obrigacionais sem deveres primários de prestação têm o seu conteúdo restringido a deveres de conduta que são, por esta razão, os "deveres principais" deste tipo de relações; a recondução das relações obrigacionais sem deveres primários de prestação à cláusula geral da boa fé demonstraria que também o § 242 do *BGB* seria fonte de deveres principais (*Hauptflichten*). Sob pena de perder um conceito unitário de "dever principal", contraposto ao de "dever acessório", ainda que não interdefenível a partir deste, dever-se-á entender que o que resulta do § 242 do Código Civil alemão e constitui conteúdo único deste tipo de relações são deveres acessórios.

[412] Ainda que seja merecedora de referência a circunstância especial de, neste caso, ao contrário do que sucede nas relações de lealdade emergentes de outros contratos de colaboração (como sejam contratos de trabalho ou de distribuição comercial), ser a parte integrada pela organização empresarial aquela sobre a qual impendem as acrescidas exigências em termos de lisura de comportamento.

Os deveres de lealdade dos administradores de sociedades comerciais   415

encontra-se numa situação de particular dependência económica relativamente aos administradores: estes podem aproveitar em benefício próprio bens, *know-how* ou oportunidades de negócio que não lhe pertencem; o mercado pode, por si só, não apresentar mecanismos suficientemente eficazes para assegurar a observância da conciliação de interesses contrapostos neste tipo de relações contratuais[413]. Não parece, contudo, que essa circunstância seja suficiente para negar a atribuição do fundamento jurídico do dever de lealdade no Direito das sociedades à boa fé[414]. Desde logo, e conforme se julga demonstrado pelo presente trabalho, a correcta concretização do dever de lealdade pressupõe distinções, quer no plano dos *tipos*, quer no das *constelações típicas de casos*, de que resultam deveres de lealdade de recorte e intensidade variáveis. Por outro lado, a boa fé não impõe, por si, bitolas de comportamento: estas resultam da relação recíproca entre a norma retirada da boa fé e o sistema em que aquela se integra. Mas será pelo menos duvidosa a afirmação segundo a qual os deveres de lealdade do mandatário perante o mandante ou de um pequeno agente perante um principal[415] são revestidos de menor intensidade e extensão do que aqueles que vinculam um administrador de uma sociedade anónima.

A circunstância de o dever de agir de forma leal poder, em certas situações[416], ter como beneficiário terceiros (designadamente, o(s) sócio(s)), não constitui naturalmente óbice à recondução do pensamento da lealdade no Direito societário à boa fé[417]. Como é sabido, foi ao abrigo desta cláusula geral

---

[413] MARINA WELLENHOFER-KLEIN, *cit.*, p. 585.

[414] Faz-se notar que, sob pena de se decair em vício conceptualista, não poderá dizer-se que existiria um dever especial de tutela da lealdade no Direito das sociedades porque o seu enquadramento dogmático não se coadunaria com a cláusula da boa fé e antes se retiraria de um instituto próprio de Direito das sociedades, de que se fariam derivar bitolas de comportamento mais exigentes. A conclusão quanto à natureza jurídica do dever de lealdade só pode ser suportada por conclusões retiradas de proposições normativas verdadeiras relativamente ao campo de aplicação de tais deveres (e onde, de resto, a própria determinação da previsão da norma de comportamento conforme com a lealdade é momento importante da construção da norma decidenda do caso concreto).

[415] Cf., de resto, a referência expressa à boa fé no artigo 6.º (princípio geral), do Decreto-Lei n.º 178/86, de 3 de Julho: "[n]o cumprimento da obrigação de promover a celebração de contratos, e em todas as demais, o agente deve proceder de boa fé, competindo-lhe zelar pelos interesses da outra parte e desenvolver as actividades adequadas à realização plena do fim contratual".

[416] Como foi afirmado, v., *supra*, § 9, a qualificação da relação jurídica de administração como uma relação jurídica com eficácia de protecção a favor do sócio deve ser tendencialmente infirmada, em particular nas grandes sociedades anónimas.

[417] No mesmo sentido, J. HENNRICHS, *cit.*, p. 232.

416   Nuno Tiago Trigo dos Reis

que foi sendo desenvolvido o conceito de contrato com eficácia de protecção para terceiros, ou contra terceiros[418].

Os defensores da tese da autonomia dogmática dos deveres de lealdade incorrem, por outro lado, numa frequente confusão de planos, misturando argumentos que se prendem com a natureza dogmática dos deveres de lealdade com argumentos respeitantes aos factos constitutivos daquele dever, i.e., às condições suficientes e, não meramente necessárias, para a imposição a outrem do dever de agir ou omitir certo comportamento conforme com a lealdade. É o que sucede quando se afirma que, sob pena de inversão, não pode o dever de lealdade impor uma modificação, a extinção, ou mesmo a constituição/ /renovação da relação jurídica especial entre os sujeitos, porquanto seria daquela relação que resultaria o próprio dever de lealdade. Como refere J. Hennrichs, o dever de modificação, constituição ou extinção da relação jurídica é heteronomamente imposto por uma cláusula geral de fonte legal, não se confundindo com a constituição e modelação do conteúdo da relação jurídica pela autonomia privada[419].

Segundo a maioria da doutrina alemã, também o chamado argumento da correlação entre poder jurídico e responsabilidade (*Prinzips der Korrelation zwischen Rechtsmacht und Verantwortung*) implicaria a atribuição aos deveres de lealdade de uma especial natureza societária[420]. Contudo, cremos que este princípio concorre para fundamentar a existência de uma relação especial ou de proximidade entre a sociedade e o gestor, na medida em que a grande possibilidade de intervenção na esfera da sociedade e a particular susceptibilidade de causação de danos sustenta a imposição de deveres especiais de comportamento ao gestor, para além do que é lícito exigir no contexto de relações entre estranhos[421]. Em particular, realça-se a adequação da posição do gestor para determinar e lesar interesses puramente patrimoniais da sociedade, cuja ressarcibilidade é, em geral, admissível em sede de responsabilidade civil obrigacional, ao contrário daquilo que sucede na responsabilidade delitual. Por outro lado, dir-se-ia que este princípio permite identificar a função dos deveres de lealdade no âmbito do Direito das sociedades[422], designadamente, a introdução de limites à actuação de sócios, sociedade e gestores quando dessa actuação

---

[418] Cf., por todos, MENEZES CORDEIRO, *Da Boa Fé…*, *cit.*, pp. 620 e ss.

[419] J. HENNRICHS, *loc. cit.*. Contra, HÜFFER, *Festschrift für Steindorff*, 1990, p. 71.

[420] Assim, K. SCHMIDT, *loc. cit.*.

[421] Assim, J. HENNRICHS, *cit.*, pp. 235 e ss..

[422] Em particular, no âmbito das relações entre sócios ou entre os sócios e a sociedade, contextos em que o princípio foi primeiramente invocado.

possam advir avultados danos para a outra parte, ou, menos frequentemente, a imposição de deveres de agir com idêntica finalidade. Mas, como se disse anteriormente, o plano do fundamento jurídico e da natureza jurídica não pode ser confundido com o da *função* de certo instituto, como o permitem concluir as observações de que certo instituto pode servir múltiplas finalidades ou de que a mesma finalidade pode ser prosseguida (embora em diferentes relações de preferência e ordenação perante outras) por diferentes institutos. Uma última nota a propósito deste tópico. Na correlação entre poder jurídico ou de influência e responsabilidade, não pode fazer-se equivaler a primeira variável à detenção de participações sociais numa proporção suficiente para se considerar o sócio como um responsável pela condução dos negócios da sociedade; ou a atribuição ao gestor de funções de administração executivas. Também um sócio minoritário ou um "pequeno sócio"[423], ou um administrador não executivo[424] ou desprovido de um apoio no conselho de administração suficiente para a aprovação das medidas por si pretendidas sob a forma de deliberação estão sujeitos a deveres de comportamento de acordo com a lealdade. É o contexto de proximidade caracterizador das relações entre as partes (sócios e sociedade, sócios entre si ou gestores e sociedade), com a relação de confiança estabelecida e a proscrição de condutas só formalmente conformes com o Direito, que justifica a intervenção da boa fé. Quando o exercício de posições jurídicas emergentes daquelas relações seja manifestamente atentatório da boa fé, o mesmo estará vedado (artigo 334.º do Cód. Civil), independentemente da possibilidade real de causação de danos à sociedade ou aos sócios[425]. É o que sucede quando a adopção de uma medida indispensável para a saneamento financeiro da sociedade ou a celebração de um contrato importante no quadro estratégico da actividade societária é impedida mediante um sócio minoritário ou um administrador que se abstém de intervir no conselho de administração, obstando à formação de *quórum*.

Para além do que foi dito, o argumento segundo o qual a atribuição da totalidade dos lucros obtidos pelo gestor à sociedade, ultrapassando o objecto da restituição esperada caso houvesse sido cumprido o dever, também não é

---

[423] Veja-se o caso "Girmes", já relatado *supra*, § 2, 2.2.1..

[424] Veja-se, por exemplo, o que se disse a propósito dos deveres de concorrência e de não aproveitamento de oportunidades de negócio pertencentes à sociedade, *supra*, § 7, 7.2.1.2 e 7.2.1.3..

[425] Esta possibilidade de influência sobre a esfera patrimonial da sociedade interessará apenas no âmbito da fundamentação de um dever de indemnizar, mais concretamente, na identificação de um dano, na imputação objectiva do mesmo ao comportamento do agente ou mesmo na atribuição de um juízo de culpa. Nestes termos, J, HENNRICHS, *cit.*, p. 237.

418 Nuno Tiago Trigo dos Reis

decisivo. O que se visou demonstrar foi que a boa fé serve de fonte para o surgimento de certo dever de agir ou omitir. Tal não significa que não possa haver intervenção de outros princípios ou cláusulas gerais tais como o enriquecimento sem causa, sempre que estiverem reunidos os respectivos pressupostos. Decerto, a boa fé, enquanto cláusula geral ou ideia regulativa geral, pode estar na origem de certo instituto e este pode, apesar disso, conquistar autonomia dogmática. Isso sucede nos casos em que os pressupostos dogmáticos de base são de tal modo enriquecidos com contributos da periferia que do instituto-base se torna possível distinguir uma teoria intermédia (enformada por certos princípios específicos da periferia que lhe conferem a necessária operacionalidade).

III. A recondução dogmática à boa fé garante assegura duas vantagens metodológicas[426]. De um lado, permite esclarecer uma série de proposições sobre normas de lealdade indiscutidas ou, pelo menos, dominantes: a irrelevância da forma jurídica da sociedade; a existência de deveres de lealdade dos sócios entre si; a configuração da lealdade não apenas como um instrumento de protecção da minoria societária, mas também de protecção contra aquela minoria. A referência à cláusula geral da boa fé permite ainda explicar os pontos de contacto entre a problemática dos deveres de lealdade e a do abuso do direito, que não raras vezes surge adequada à delimitação de espaços de liberdade e de proibição no comportamento dos administradores. Simultaneamente, todo o material oferecido pela doutrina e pela jurisprudência na análise e na concretização daquela cláusula geral, bem como a metodologia aí desenvolvida, asseguram resultados adequados à prática e também um controlo racional da decisão do caso[427].

---

[426] J. HENNRICHS, *cit.*, p. 230.

[427] Tem aqui validade a ideia de uma unidade ou coerência sistemática como fundamental elemento de racionalidade do discurso prático-jurídico. Para além da obra de DWORKIN, *Law's Empire*, já citada, v. também R. ALEXY/A. PECZENIK, "The concept of Coherence and its Significance for Discursive Rationality", *Ratio Juris*, 3 (1990), pp. 130 e ss.; K. GÜNTHER, "Ein normativer Begriff der Kohärenz für eine Theorie der juristischen Argumentation", *Rechtstheorie*, 20 (1989), pp. 175 e ss.. Note-se que o conceito normativo de coerência está presente em praticamente todos os conhecidos modelos de argumentação jurídica, em particular em certas correntes da hermenêutica jurídica; só poderá falar-se de um modelo autónomo quando a coerência surja como critério exclusivo ou, pelo menos, preponderante e decisivo para a validade de certa interpretação. Crê-se que ela não implica a aceitação da tese de um holismo jurídico, segundo o qual todas as premissas já devessem ser consideradas como pertença de um sistema jurídico previamente existente ou deste pudessem ser feitas derivar, carecendo apenas de ser descobertas. Em

IV. Uma teoria jurídica prossegue também uma finalidade explicativa e demonstrativa da correcção de soluções. Em face das coordenadas metodológicas actuais, torna-se desnecessário explicitar a relevância de um sistema externo, que permita uma racional exposição de proposições normativas retiradas das fontes, a realização de inferências a partir de proposições de base, e a prestação de um valor de explicação para a solução de certos conjuntos de problemas[428-429]. O melhor valor explicativo (*Erklärungswert*) para a sistematização e manuseio dos problemas materiais que podem ser reduzidos à problemática dos deveres de lealdade encontra-se na boa fé, como denominador comum a à extensa fenomenologia ali compreendida e fonte de Direito positivo de deveres acessórios de lealdade, informação e cuidado. A localização dogmática aqui defendida permite ainda uma teoria geral da lealdade no Direito das sociedades, por recorrer a uma linguagem e a elementos valorativos comuns para a concretização da cláusula no caso concreto relativamente ao conjunto de problemas associados aos deveres de lealdade vigentes na relação entre a sociedade e os sócios e dos sócios entre si.

V. Cremos que, do exposto neste trabalho resulta que a lealdade se reconduz sempre a conceitos nucleares do Direito Civil, como sejam a confiança e a correcção de comportamentos em contextos particulares. É esse o denominador comum à (diversificada) casuística analisada. E parece ser no regresso às proposições de base da boa fé, e à analogia com lugares paralelos no Direito Civil, que serão encontradas as respostas para os problemas de fronteira.

---

qualquer caso, como nota R. ALEXY, "Die juristische Argumentation als rationaler Diskurs", in R. ALEXY/H. J. KOCH/L. KUHLEN/RÜßMANN, *Elemente einer juristischen Begründungslehre*, Baden-Baden, 2003, pp. 116 e ss., sendo o sistema normativo um sistema necessariamente institucionalizado, o postulado da coerência não dispensa, antes exige, uma necessária teoria da argumentação que permita identificar a validade e força dos diversos argumentos assim como a racionalidade da respectiva fundamentação.

[428] V. C.-W. CANARIS, *Pensamento sistemático e conceito de sistema*, trad. de MENEZES CORDEIRO, F. C. Gulbenkian, Lisboa, 1989, p. 26.

[429] J. HENNRICHS, *cit.*, p. 234, acentua a relação existente entre a pretensão de validade de uma ordem jurídica, os deveres processuais da segurança jurídica e da uniformização de decisões e a procura de uma teoria dogmática com o melhor valor explicativo.